税法虽纷繁复杂，但有规律可循，
找准规律，把握变化，通过考试。

2021年度全国税务师职业资格考试

涉税服务实务

应试指南 下册

■ 奚卫华 中华会计网校 编

感恩21年相伴 助你梦想成真

中国商业出版社

目录

CONTENTS

下 册

第3章 所得税纳税审核、涉税鉴证与纳税申报代理 …………… 343

考情解密 ……………………………………………………… 343

考点详解及精选例题 ………………………………………… 345

同步训练 ……………………………………………………… 436

同步训练答案及解析 ………………………………………… 453

第4章 其他税种纳税审核、涉税鉴证与纳税申报代理 ………… 468

考情解密 ……………………………………………………… 468

考点详解及精选例题 ………………………………………… 469

同步训练 ……………………………………………………… 501

同步训练答案及解析 ………………………………………… 512

第5章 社会保险费申报代理与审核 ………………………………… 520

考情解密 ……………………………………………………… 520

考点详解及精选例题 ………………………………………… 520

同步训练 ……………………………………………………… 524

同步训练答案及解析 ………………………………………… 524

第6章 跨章节 …………………………………………………………… 525

跨章节知识点总结 …………………………………………… 525

跨章节知识点训练 …………………………………………… 537

第四部分　思维导图全解

本书各章思维导图全解 ··· 545

第五部分　考前模拟试卷

2021 年考前模拟试卷 ·· 609

　　模拟试卷（一） ··· 609

　　模拟试卷（一）参考答案及详细解析 ··· 617

　　模拟试卷（二） ··· 625

　　模拟试卷（二）参考答案及详细解析 ··· 636

第3章　所得税纳税审核、涉税鉴证与纳税申报代理*

考情解密

历年考情概况

本章是涉税服务实务考试的重中之重，考试会以各种形式去考核，分值所占比重非常高，预计分值会在30~50分。

近年考点直击

考点	主要考查题型	考频指数	考查角度
企业所得税的基本税制构成要素	单选题、多选题、简答题	★★	(1)法人所得税制，个人独资企业和合伙企业无须缴纳企业所得税； (2)居民企业和非居民企业的划分； (3)所得来源地的确定； (4)征税对象； (5)税率的确定——尤其要注意小型微利企业、高新技术企业条件
收入总额的审核	单选题、多选题、简答题、综合分析题	★★★	(1)收入不入账； (2)视同销售； (3)推迟收入入账时间； (4)投资收益； (5)不征税收入与免税收入的范围； (6)政府补助的税会差异； (7)国债利息收入与转让价差的税务处理； (8)企业撤回或减少投资的税务处理
税前扣除项目的审核	单选题、多选题、简答题、综合分析题	★★★	(1)账务处理是否正确；是否符合税法规定(**一定要注意哪些需要调账，哪些需要做纳税调整**)； (2)允许扣除的项目：工资及三项费用(注意劳务派遣等的政策)，企业为职工缴纳的基本保险、补充保险和商业保险，借款费用，汇兑损失，业务招待费(**必考**)，佣金和手续费，广告费和业务宣传费，公益性捐赠，专项资金，保险费用、租赁费、资产损失等； (3)不得扣除的项目：未经核定的准备金，罚金、罚款以及被没收财物的损失等； (4)与企业所得税有关的税金

---

* 本部分内容由教材第3章第4节、第4章第3节、第5章第2节、第6章第2~5节整合而成。

续表

考点	主要考查题型	考频指数	考查角度
企业所得税的鉴证服务	单选题、多选题、简答题	★★★	(1)研发费用加计扣除鉴证：研发费用加计扣除的范围、费用归集及相关规定； (2)资产损失税前扣除鉴证：资产损失税前扣除的条件、证据要求、管理要求； (3)高新技术企业专项认定鉴证服务：高新技术企业的条件
企业所得税税收优惠	单选题、多选题、简答题、综合分析题	★★★	(1)加计扣除； (2)加速折旧； (3)税额抵免； (4)技术转让所得； (5)农业、环保、节能节水、公共基础设施免征、减征优惠 上述方面是考试中经常涉及的优惠。在所得税的综合分析题中每年都要涉及相应的税收优惠； (6)海南自贸港的优惠
企业所得税纳税申报、纳税审核和汇算清缴鉴证	单选题、多选题、简答题、综合分析题	★★★	(1)考查企业所得税的计算方法； (2)考查企业所得税纳税申报表的填制； (3)考查企业所得税收入和扣除项目的审核
个税的基本规定	单选题、多选题	★★	考查基本规定，应税项目划分、减免税等
个税纳税申报与纳税审核	单选题、多选题、简答题、综合分析题	★★★	(1)综合所得的范围、综合所得的预扣预缴与汇算清缴； (2)全年一次性奖金、股票期权、离职补偿等重点项目应纳税额的计算等； (3)高收入人群的个税； (4)销售不动产、房屋租赁的税务处理； (5)境外所得税收抵免的计算； (6)将个人的多项所得结合起来，出简答题或综合分析题

本章2021年考试主要变化

(1)新增小型微利企业和个体户的税收优惠；
(2)新增电影行业和集成电路生产企业亏损弥补政策；
(3)个税境外所得的税收抵免发生变化；
(4)新增海南自由贸易港企业所得税政策；
(5)新增个税预扣预缴的有关政策。

考点详解及精选例题

一、企业所得税的基本规定

扫我解疑难

(一)纳税人★★

1. 法人所得税制

个人独资企业、合伙企业不适用企业所得税法。各类组织形式的所得税税务处理见表3-1。

表3-1 各类组织形式的所得税税务处理

组织形式	法人资格	税务处理
个体户、个人独资企业、合伙企业	不具有法人资格	(1)不纳企业所得税； (2)个人投资者按"经营所得"缴纳个税
公司制企业	具有法人资格	(1)企业缴纳企业所得税； (2)个人投资者分得的股息、红利按照"利息、股息、红利所得"缴纳个税

2. 居民企业与非居民企业的划分

企业所得税将纳税人分为"居民企业"和"非居民企业"。居民企业就来源于中国境内外的所得纳税。居民企业实行单一具备原则：登记注册地或实际管理机构在中国境内。具体规定见表3-2。

表3-2 居民企业与非居民企业的划分

纳税人	判定标准	纳税人范围
居民企业	(1)依照中国法律、法规在中国境内成立的企业； (2)依照外国(地区)法律成立但实际管理机构在中国境内的企业	不包括：个人独资企业和合伙企业
非居民企业	依照外国(地区)法律成立且实际管理机构不在中国境内，但在中国境内设立机构、场所的企业	在中国境内从事生产经营活动的机构、场所，包括： (1)管理机构、营业机构、办事机构； (2)工厂、农场、开采自然资源的场所； (3)提供劳务的场所； (4)从事建筑、安装、装配、修理、勘探等工程作业的场所； (5)其他从事生产经营活动的机构、场所
	在中国境内未设立机构、场所，但有来源于中国境内所得的企业	—

3. 所得来源地的确定(见表3-3)(相对重要，容易出选择题)

表3-3 所得来源地的确定

所得类型		所得来源地的确定
销售货物所得		按照交易活动发生地确定
提供劳务所得		按照劳务发生地确定
转让财产所得	不动产	按照不动产所在地确定
	动产	按照转让动产的企业或者机构、场所所在地确定
	权益性投资资产	按照被投资企业所在地确定
股息、红利等权益性投资所得		按照分配所得的企业所在地确定
利息、租金、特许权使用费所得		按照负担、支付所得的企业或者机构、场所所在地，个人的住所地确定
其他所得		由国务院财政、税务主管部门确定

精选例题

【例题1·单选题】下列各项中，不属于企业所得税纳税人的是( )。

A. 在中国境内未设立机构、场所，但有来源于中国境内所得的企业

B. 在中国境内成立的外商独资企业

C. 在中国境内成立的个人独资企业

D. 在中国境内设立的一人有限公司

解析 ▶ 个人独资企业征收个税，不是企业所得税的纳税人。一人有限公司不同于个人独资企业，属于有限责任公司，需要缴纳企业所得税。

答案 ▶ C

【例题2·多选题】根据企业所得税法及其相关规定，下列所得属于来源于中国境内的所得有( )。

A. 美国某公司承建中国某水电站获得的所得

B. 中国某公司将其在美国分支机构的办公楼转让所获得的所得

C. 中国某中外合资企业的英国股东将其股权转让给日本某企业获得的所得

D. 中国某外商投资企业向日本股东支付股息

E. 中国某企业向印度某银行支付贷款利息

解析 ▶ 转让不动产的所得，按照不动产所在地确定所得来源地。由于选项B转让的是位于美国的办公楼，因此属于来自美国的所得。

答案 ▶ ACDE

(二)征税对象(见表3-4) ★★

企业所得税的征税对象是企业的生产经营所得、其他所得和清算所得。

表3-4 纳税人与征税对象

纳税人	判定标准	征税对象
居民企业	(1)依照中国法律、法规在中国境内成立的企业；(2)依照外国(地区)法律成立但实际管理机构在中国境内的企业	来源于中国境内、境外的所得
非居民企业	依照外国(地区)法律成立且实际管理机构不在中国境内，但在中国境内设立机构、场所的企业	来源于中国境内的所得，以及发生在中国境外但与其所设机构、场所有实际联系的所得
	在中国境内未设立机构、场所，但有来源于中国境内所得的企业	来源于中国境内的所得

(三)税率(见表3-5和表3-6)★★

表3-5 税率

种类	税率	适用范围
基本税率	25%	(1)居民企业； (2)在中国境内设有机构、场所且取得的所得与机构、场所有联系的非居民企业
优惠税率	20%	符合条件的小型微利企业
	15%	国家重点扶持的高新技术企业、技术先进型服务企业、从事污染防治的第三方企业、海南自由贸易港、中国(上海)自贸试验区临港新片区
预提所得税税率	20% (实际：10%税率)	适用于在中国境内未设立机构、场所的，或者虽设立机构、场所但取得的所得与其所设机构、场所没有实际联系的非居民企业

表3-6 非居民企业适用的税率

情形		税率
机构、场所	所得情形	
在中国境内设有机构、场所	取得的所得与机构、场所有联系的	25%
	取得的所得与其所设机构、场所没有实际联系	20%(实际：10%)
在中国境内未设立机构、场所的	有来自中国境内的所得	

【知识点拨】企业所得税的计税依据是应纳税所得额。应纳税所得额=收入总额-不征税收入-免税收入-扣除额-允许弥补的以前年度亏损。

(1)按税法规定计算应纳税所得额。

(2)应纳税所得额=利润总额+纳税调整增加额-纳税调整减少额。

对于企业的财务人员而言，在每年企业所得税汇算清缴过程中需要做的两项最重要的工作是：①确保利润总额计算准确；②对税会差异进行纳税调整。这两项工作也会反映在我们的考试中：①一旦账务处理错误，调账，从而确保利润总额是正确的；②在正确的利润总额基础上对税会差异进行纳税调整。

下面我们分别介绍收入、扣除、亏损弥补等有关规定。

二、年度收入总额的审核

扫我解疑难

收入总额是指企业以货币形式和非货币形式从各种来源取得的收入。

(一)不征税收入和免税收入★★★

【知识点拨】注意对二者进行区分，容易出选择题。

1. 不征税收入(见表3-7)

表3-7 不征税收入

情形	具体内容和税务处理
财政拨款	各级政府对纳入预算管理的事业单位、社会团体等组织拨付的财政资金
依法收取并纳入财政管理的行政事业性收费、政府性基金	(1)对企业依法收取并上缴财政的政府性基金和行政事业性收费，准予作为不征税收入，于上缴财政的当年在计算应纳税所得额时从收入总额中减除；未上缴财政的部分，不得从收入总额中减除； (2)企业收取的各种基金、收费，应计入企业当年收入总额

续表

情形	具体内容和税务处理	
国务院规定的其他不征税收入	属于国家投资和资金使用后要求归还本金的	不计入企业当年收入总额
	专项用途财政性资金	不征税收入 形成的成本费用等不允许扣除，更不允许加计扣除
	非专项用途财政性资金	征税收入 形成的成本费用允许扣除，符合加计扣除条件，允许加计扣除

【知识点拨】符合条件的软件企业按规定取得的即征即退增值税款，由企业专项用于软件产品研发和扩大再生产并单独进行核算，可以作为不征税收入，在计算应纳税所得额时从收入总额中减除。

2. 免税收入（经常出现在简答题或综合分析题中）

(1) 国债利息收入。

①企业取得的国债利息收入，应以国债发行时**约定**应付利息的日期，确认利息收入的实现；②**国债转让收益（损失）依法缴纳企业所得税**。

国债利息收入和转让收益的税务处理见表3-8。

表3-8 国债利息收入和转让收益的税务处理

情形	税务处理
企业从发行者处直接投资购买的国债持有至到期	从发行者取得的国债利息收入，全额免征企业所得税
企业到期前转让国债，或者从非发行者处投资购买的国债	国债利息收入=国债金额×（适用年利率÷365）×持有天数——免征企业所得税 国债金额：按照国债发行面值或发行价格确定
	转让国债收益（损失）=企业转让或到期兑付国债取得的价款-购买国债成本-持有期间尚未兑付的国债利息收入-交易过程中相关税费——应计算缴纳企业所得税

(2) 符合条件的居民企业之间的股息、红利等权益性投资收益。

其中"符合条件"指的是居民企业**直接投资**于另一家居民企业。

(3) 在中国境内设立机构、场所的非居民企业从居民企业取得与该机构、场所**有实际联系**的股息、红利等权益性投资收益。

上述收益均不包括连续持有居民企业公开发行并上市流通的股票不足12个月取得的投资收益——即投资于上市公司不满12个月，取得的股利是应税的投资收益。

【知识点拨】持有上市公司股票获得的股息、红利满12个月才能享受免税待遇，否则征税；持有非上市公司股权获得的股息红利：在享受免税待遇时不受12个月的限制。

(4) 符合条件的非营利组织的收入。

(5) 对企业取得的2009年及以后年度发行的地方政府债券利息所得，免征企业所得税。

📝 精选例题

【例题3·多选题】某纳入预算管理的事业单位在进行企业所得税纳税申报时，下列项目中，准予从收入总额中扣除的不征税收入有（ ）。

A. 财政拨款
B. 依法收取并纳入财政管理的行政事业性收费
C. 附属单位缴款
D. 依法收取并纳入财政管理的政府性基金
E. 国债利息收入

解析 ▶ 选项 C 应该照章纳税；选项 E 属于免税收入，而非不征税收入。**答案** ▶ ABD

3. 企业接收政府、股东划入资产的企业所得税处理(见表 3-9)

表 3-9 企业接收政府、股东划入资产的企业所得税处理

投资主体	情形	税务处理
企业接收政府划入资产的企业所得税处理	县级以上人民政府将国有资产明确以股权投资方式投入企业	企业应作为国家资本金（包括资本公积）处理，该项资产如为非货币性资产，应按政府确定的接收价值确定计税基础
	县级以上人民政府将国有资产无偿划入企业	符合专项用途财政性资金条件的，按不征税收入处理
	其他情形	应按政府确定的接收价值计入当期收入总额计算缴纳企业所得税；政府没有确定接收价值的，按资产的公允价值计算确定应税收入
企业接收股东划入资产的企业所得税处理	凡合同、协议约定作为资本金（包括资本公积）且在会计上已做实际处理的	不计入企业的收入总额，企业应按公允价值确定该项资产的计税基础
	凡作为收入处理的	应按公允价值计入收入总额，计算缴纳企业所得税，同时按公允价值确定该项资产的计税基础

真题精练（客观题）

(2017 年多选题)企业取得的下列收入中，属于企业免税收入的有(　　)。
A. 转让股票取得的收入
B. 从境内非上市居民企业取得的投资分红
C. 接受县以上政府无偿划入的国有资产
D. 接受股东赠与资产收入
E. 国债利息收入

解析 ▶ 本题考核企业所得税的免税收入的范围。**答案** ▶ BE

(二)视同销售收入(经常为综合分析题的业务内容)★★★

1. 视同销售的规定

(1)企业所得税视同销售的判断标准：所有权是否转移。

企业所得税视同销售的判定见表 3-10。

表 3-10 企业所得税视同销售的判定

所有权是否转移	会计和所得税处理	情形
所有权转移	会计：确认收入，按销售征企业所得税	销售产品
	会计：未确认收入，按视同销售征企业所得税	将资产用于市场推广、用于交际应酬、对外捐赠等
所有权未转移，除将资产转移至境外以外	不视同销售，不征企业所得税	将本企业生产的钢材用于修建厂房等

(2)企业所得税的视同销售≠增值税的视同销售。

企业所得税视同销售的判断以所有权是否转移为准;增值税的视同销售以税法所列举的情形为准。两者不能混淆。

会计、增值税法及企业所得税法中视同销售收入的对比见表3-11。

表 3-11 视同销售收入对比

项目		会计	增值税	所得税
将货物交付其他单位或者个人代销		√	√	√
销售代销货物	收取手续费	×	√	×
	视同买断	√	√	√
统一核算,异地移送		×	√	×
职工个人福利（给个人）	自产、委托加工	√	√	√
	外购	×	×	√
集体福利（食堂、浴室）	自产、委托加工	×	√	×
	外购	×	×	×
投资(自产、委托加工、外购)		√	√	√
分配(自产、委托加工、外购)		√	√	√
赠送(自产、委托加工、外购)		×	√	√
交际应酬	自产、委托加工	×	√	√
	外购	×	×	√
市场推广、广告样品耗用	自产、委托加工	×	√	√
	外购	×	√	√

注:(1)上述表格中"√"代表确认收入或征税;"×"代表不确认收入或不征税。
(2)上述规定中会计处理按照企业会计准则的一般方法给出。

真题精练(客观题)

(2017年单选题)企业处置资产的下列情形中,应视同销售确认企业所得税应税收入的是( )。

A. 将资产用于股息分配
B. 将资产用于生产另一产品
C. 将资产从总机构移送至分支机构
D. 将资产由自用转为经营性租赁

解析 选项BCD,资产所有权没有发生转移,不属于视同销售范围。 答案 A

2. 视同销售收入和视同销售成本的确定(见表3-12)

表 3-12　视同销售收入和视同销售成本的确定

税种	具体情形	视同销售收入	视同销售成本
企业所得税	企业自制的资产	企业同类资产同期对外销售价格	生产成本
	外购的资产	除另有规定外,应按照被移送资产的公允价值确定销售收入	购入时的价格
增值税	确定销售额的顺序：先售价,后组价		

【知识点拨1】会计上已经确认销售收入,则企业所得税上无需再视同销售——税会无差异。

【知识点拨2】有视同销售收入,一定有视同销售成本。

【知识点拨3】对应支出的税会差异通过"扣除类调整"的"其他"进行调整。

【知识点拨4】企业所得税视同销售的纳税调整步骤。

(1)发生视同销售,视同销售收入纳税调增,视同销售成本纳税调减,填写A105010的相应行次;

(2)视同销售导致的支出的税会差异进行调整,填写 A105000 的"扣除类调整"中的"其他";

(3)填写相应支出项目的"账载金额"时,不是填写账簿记录的相应金额,而是填写计入本年损益的税收规定金额,账载金额=会计核算金额+视同销售纳税调整金额。

精选例题

【例题4·简答题】A 公司将自产货物作为样品赠送客户用于产品宣传,产品生产成本80万,同类不含增值税售价100万,该企业当年主营业务收入和其他业务收入合计为1 000万。请问如何进行账务处理?如何进行税会差异调整?

答案

(1)账务处理:

借：销售费用——业务宣传费　　93
　　贷：库存商品　　　　　　　　80
　　　　应交税费——应交增值税(销项税额)　　　　　　　　13

(2)税会差异的纳税调整:

①视同销售的纳税调整:

视同销售收入:100万

视同销售成本:80万

纳税调增:20万

②"扣除类调整"的"其他"纳税调整:

扣除类项目的"其他"中,账载金额为93万,税收金额为113万(即100+13万)*,纳税调减20万。

③业务宣传费的纳税调整:

通过前面的纳税调整,业务宣传费的本年金额为113万(而非93万),税前扣除限额=[1 000+100(注:视同销售收入属于"销售营业收入"的组成部分作为计算广告费、业务宣传费税前扣除限额的基数。)]×15%=165(万),由于未超过扣除限额,因此无需纳税调整。

通过前面的步骤,我们可以看到,先调增20万、再调减20万,是否可以置之不理、直接不调整?此处大家一定要注意,在考试答题和实务中都需要按照上述顺序进行调整,而且该项调整会影响销售(营业)收入,影响广告费和业务宣传费、业务招待费的纳税调整。尤其要注意该项变化对今年考试的可能影响。

(三)企业所得税中收入确认的条件与时间★★★

在计算应纳税所得额时,除企业所得税法及实施条例另有规定外,企业销售收入的确认,应遵循权责发生制原则和实质重于形

---

* 确定该金额的依据是:税收按照赠送产品的价值100万视同销售了,并且缴纳了13万增值税,因此税收上认同的费用金额是113万。

式原则。

1. 销售商品收入

表3-13　新收入准则的适用时间

主体		时间
上市公司	在境内外同时上市的企业以及在境外上市并采用国际财务报告准则或企业会计准则编制财务报表的企业	2018年1月1日
	其他境内上市企业	2020年1月1日
执行企业会计准则的非上市企业		2021年1月1日
允许提前执行		

新收入准则是以五步法模型确认收入：①识别合同；②区分履行义务；③确定交易价格；④分配交易价格；⑤确认收入。

（2）企业所得税收入确认的条件——不承认会计的谨慎性原则。

①商品销售合同已经签订，企业已将商品所有权相关的主要风险和报酬转移给购货方；

（1）会计上收入确认的条件。

新收入准则的适用时间见表3-13。

②企业对已售出的商品既没有保留通常与所有权相联系的继续管理权，也没有实施有效控制；

③收入的金额能够可靠地计量；

④已发生或将发生的销售方的成本能够可靠地核算。

销售商品收入企业所得税上确认时间见表3-14。

表3-14　销售商品收入企业所得税上确认时间

结算方式	企业所得税中收入的确认时间
分期收款	合同约定的收款日期
采取产品分成方式取得收入的	以企业分得产品的时间确认收入的实现，其收入额按照产品的公允价值确定
托收承付方式	在办妥托收手续时确认收入
预收款方式	在发出商品时确认收入
销售商品需要安装和检验的	在购买方接受商品以及安装和检验完毕时确认收入，如果安装程序比较简单，可在发出商品时确认收入
采用支付手续费方式委托代销的	在收到代销清单时确认收入

增值税的纳税义务发生时间我们在第三部分第2章已经介绍过，此处不再赘述。

精选例题

【例题5·简答题】2020年5月6日A公司与B公司签订预收货款销售合同，销售商品一批，不含税销售价格为100万元。合同约定，B公司应当于5月6日支付预付款50万元，A公司必须于5月6日按全额开具专票给B公司。5月6日A公司按合同规定开具了发票，并将预收款存入银行。该批商品的实际成本80万元。

请问应如何进行账务处理和税务处理？

答案

先开具发票的，增值税纳税义务发生时间为开具发票的当天。因此，应当确认增值税销项税额13万元。但是会计上、企业所得税上既不确认收入，也不结转成本。

借：银行存款　　　　　　　　500 000
　　贷：预收账款　　　　　　　370 000
　　　　应交税费——应交增值税（销项税额）　　　　　　　　130 000

【思路点拨】对于该项业务而言，由于已经开出发票，因此增值税纳税义务已经发生，需要贷记"应交税费——应交增值税(销项税额)",但是由于货物尚未发出,尚未履约,会计上未达到收入确认条件,因此需要贷记"预收账款"。

2. 提供劳务收入

(1)会计上收入确认的条件——遵循五步法模型。

(2)企业所得税收入确认的条件。

①企业在各个纳税期末,提供劳务交易的结果能够可靠估计的,应采用完工进度(完工百分比)法确认提供劳务收入;

②企业受托加工制造大型机械、设备、船舶、飞机等,以及从事建筑、安装、装配工程业务或者提供劳务等,持续时间超过12个月的,应当按照纳税年度内完工进度或者完成的工作量确认收入的实现。

注意:宣传媒介的收费,应在相关的广告或商业行为出现于公众面前时确认收入。

增值税纳税义务发生时间第三部分第2章已经介绍过,此处不再赘述。

精选例题

【例题6·简答题】某建筑工程公司为增值税一般纳税人,2020年承接了某中央公园建造工程,采用一般计税方法。2021年3月工程完工,但按合同规定预留了10%的质保金,价税合计109万元。请做出相应的账务处理。

答案

借:应收账款　　　　　　　1 090 000
　　贷:主营业务收入(或合同结算)
　　　　　　　　　　　　　1 000 000
　　　　应交税费——待转销项税额
　　　　　　　　　　　　　　90 000

【思路点拨】对于建筑服务而言,工程已经完工,无论款项是否收到,均应该确认收入,因此贷记"主营业务收入(或合同结算)";在增值税中,由于该质保金既未开具发票,也未收取款项,因此增值税的纳税义务并未发生。由于在该项业务中会计上收入确认时间早于增值税纳税义务发生时间,因此相应的增值税应通过"应交税费——待转销项税额"核算。

3. 企业所得税收入确认的其他规定(见表3-15)

表3-15　企业所得税上收入确认的其他规定

情形	收入确认的规定
股息、红利等权益性投资收益	除另有规定外,应当以被投资企业股东会或股东大会作出利润分配或转股决定的时间确认收入的实现。 【知识点拨】永续债的税务处理——双方应采用相同的税务处理方式 ①可适用股息、红利企业所得税政策: a. 发行方和投资方均为居民企业的:永续债利息收入可按居民企业之间的股息、红利,免税; b. 发行方支付的永续债利息支出:不得在企业所得税税前扣除。 ②发行符合规定条件的永续债,也可按照债券利息适用企业所得税政策: a. 发行方支付的永续债利息支出:准予在其企业所得税税前扣除; b. 投资方取得的永续债利息收入应当依法纳税
股权转让收入	应于转让协议生效且完成股权变更手续时确认收入的实现
利息、租金、特许权使用费收入	按合同约定的应付日期确认收入 国税函〔2010〕79号:如果交易合同或协议中规定租赁期限跨年度,且租金提前一次性支付的,出租人可对上述已确认的收入,在租赁期内,分期均匀计入相关年度收入——注意增值税与企业所得税的不同
接受捐赠收入	按照实际收到捐赠资产的日期确认收入的实现

精选例题

【例题7·多选题】 关于企业所得税收入确认时间的说法,正确的有( )。

A. 股息、红利等权益性投资收益以被投资人作出利润分配决定的日期确认收入的实现

B. 特许权使用费收入按照合同约定的特许权使用人应付特许权使用费的日期确认收入的实现

C. 股权转让收入按实际收到转让款项时间确认收入的实现

D. 分期收款方式销售货物按合同约定的收款日期确认收入的实现

E. 采取产品分成方式取得收入,以企业分得产品的时间确认收入的实现

解析 股权转让收入应于转让协议生效且完成股权变更手续时确认收入的实现。

答案 ABDE

(四)收入确认的金额(见表3-16) ★★★

表3-16 企业所得税收入确认的金额

类型		收入确认的金额
1. 售后回购	一般情况	采用售后回购方式销售商品的,销售的商品按售价确认收入,回购的商品作为购进商品处理
	以销售商品方式进行融资	收到的款项应确认为负债,回购价格大于原售价的,差额应在回购期间确认为利息费用
2. 折扣、折让、销货退回	商业折扣	按扣除商业折扣后的金额确定销售商品收入金额
	现金折扣	按扣除现金折扣**前**的金额确定销售商品收入金额,**现金折扣在实际发生时作为财务费用扣除**
	销售折让和退回	企业已经确认销售收入的售出商品发生销售折让和销售退回,应**在发生当期冲减当期销售商品收入**
3. 企业以<u>买一赠一</u>等方式<u>组合销售</u>本企业商品的		不属于捐赠,应将总的销售金额按各项商品的公允价值的比例来分摊确认各项的销售收入
4. 无赔款优待		需计入应纳税所得额 (1)企业参加财产保险和运输保险,按规定交纳的保险费用,准予扣除; (2)保险公司给予企业的无赔款优待,须计入应纳税所得额

(五)收入方面常考的内容 ★★★

审核时,注意会计账务处理应符合会计制度的规定;纳税申报时根据税法的规定进行纳税调整。

1. 收入不入账

(1)表现形式:

①以物易物不计收入。

②将收入计入往来账项——注意其他应付款、其他应收款等科目。

③以收入冲减费用。

④价外费用未计入收入。

……

(2)收入不入账的处理。

收入不入账的应该可以总结为"3+3",即从3个方面影响利润,从3个方面影响应纳税所得额,具体见表3-17。

表 3-17 收入不入账的处理

判断	处理	对会计利润的影响	对应纳税所得额的影响	涉及的税种
账务处理出现错误	调账时：注意当年错账以及跨年度错账调整方式的不同	①增加收入，随之调整相应成本费用；②如果原来冲减的是费用，在调增收入同时，还要调增费用；③应补消费税、城建税及教育费附加、印花税影响利润	①通过影响会计利润影响应纳税所得额；②影响销售（营业）收入，进而影响业务招待费、广宣费用的税前扣除；③影响会计利润，进而影响公益性捐赠的税前扣除	增值税（及消费税）、城建税及教育费附加、印花税、企业所得税

📝 精选例题

【例题 8·简答题】 税务师 2021 年 3 月对某 WHM 食用油公司 2020 年账册进行纳税审查时发现，食用油的销售数量和产品完工入库、库存数量不匹配。经税务师进一步核实，发现其相差的数量系企业按市场价格直接抵消 WHM 餐饮公司就餐招待费用 722 000 元（有 WHM 餐饮公司提供的一百余张收据及双方协议为证，业务发生时间为 2020 年 7 月 1 日至 2020 年 12 月 31 日），公司相关账务处理为：借记"管理费用——其他"722 000 元，贷记"应付账款"722 000 元；借记"应付账款"350 088 元，贷记"库存商品"350 088 元，剩余属于正常损失数量。请问应如何进行处理？（注：不考虑城建税及教育费附加的影响）

答案

该项业务属于账务处理错误。

（1）企业用自产产品抵债，应该确认主营业务收入，同时计算增值税的销项税额。

增值税的销项税额 = 722 000 ÷（1 + 9%）× 9% = 59 614.68（元）。

（2）应调增利润额和应纳税所得额 = 722 000 ÷（1 + 9%）（收入）- 350 088（成本）= 312 297.32（元）。

（3）企业列支的管理费用取得的是收据，应该取得发票才能在税前扣除。由于该项业务只取得收据未取得发票，所以调减管理费用 722 000 元，调增应纳税所得额 722 000 元。

（4）应纳税所得额合计调增 = 312 297.32 + 722 000 = 1 034 297.32（元）。

调账过程如下所示：

错账	正确的账务处理
借：管理费用——其他　　　　722 000 　　贷：应付账款　　　　　　　　722 000 借：应付账款　　　　　　　　350 088 　　贷：库存商品　　　　　　　　350 088	借：管理费用——其他　　　　722 000 　　贷：应付账款　　　　　　　　722 000 借：应付账款　　　　　　　　722 000 　　贷：主营业务收入　　　　　662 385.32 　　　　应交税费——应交增值税（销项税额）59 614.68 借：主营业务成本　　　　　　350 088 　　贷：库存商品　　　　　　　　350 088
调账分录	
借：应付账款　　　　　　　　371 912（722 000 - 350 088） 　　贷：以前年度损益调整　　　　312 297.32 　　　　应交税费——应交增值税（销项税额）59 614.68	

2. 推迟收入入账时间

（1）**流转税纳税义务发生时间 ≠ 企业所得税收入确认时间 ≠ 会计上收入确认时间**。

（2）掌握不同结算方式下，收入的确认时间；尤其注意是否属于真正的分期收款、预收账款等结算方式。

（3）利息、租金、特许权使用费收入：按合同约定的应付日期确认收入。在应付当天，无论是否收到,都要确认收入。

国税函〔2010〕79 号:如果交易合同或协议中规定租赁期限跨年度,且租金提前一次性支付的,出租人可对上述已确认的收入,在租赁期内,分期均匀计入相关年度收入。

(4)向境外支付款项时,注意代扣代缴预提所得税,流转税等问题。

精选例题

【例题9·综合分析题】 2021 年 2 月审核 2020 年纳税事项。2020 年 12 月 5 日 23#记账凭证企业账务处理为:

借:预收账款　　　　　　　288 150
　　贷:主营业务收入　　　　255 000
　　　　应交税费——应交增值税(销项
　　　　税额)　　　　　　　33 150
借:主营业务成本　　　　　180 000
　　贷:发出商品　　　　　　180 000
借:银行存款　　　　　　　14 950
　　预收账款　　　　　　　11 850
　　贷:管理费用——仓储保管费
　　　　　　　　　　　　　　26 800

后附原始凭证四张:①产品出库单(2020 年 12 月 5 日填制);②"专票"记账联、取货单各 1 张,开具专用发票的日期、取货单的日期均为 2020 年 10 月 6 日;③该公司向客户收取产品仓储保管费收据 1 张。

税务师进一步审核,发现该企业并未与客户签订分期收款销售合同,企业在 2020 年 10 月 6 日收到款项时,企业账务处理为:

借:银行存款　　　　　　　300 000
　　贷:预收账款　　　　　　300 000
借:发出商品　　　　　　　180 000
　　贷:库存商品　　　　　　180 000

要求:指出企业税务处理存在哪些问题并作出调整分录。

答案

(1)企业并没有与客户签订分期收款销售合同,不得按分期收款销售货物确认纳税义务发生时间,应该在收取货款,并开出取货单的当天(即 10 月 6 日)确认收入、发生增值税纳税义务,企业是在 12 月 5 日货物实际发出时确认的收入,发生纳税义务,属于人为推迟纳税义务时间、推迟收入确认,属违法行为。

(2)企业在销售货物时收取的仓库保管费,应该属于价外费用的性质,所以应该计入销售额中计算增值税销项税额。

(3)调账分录:

借:以前年度损益调整(管理费用)
　　　　　　　　　　　　　　26 800
　　贷:以前年度损益调整(主营业务
　　　　收入) 23 716.81[26 800÷1.13]
　　　　应交税费——应交增值税(销项
　　　　税额)
　　　　　3 083.19[26 800÷1.13×13%]
借:以前年度损益调整(税金及附加)
　　　　369.98[3 083.19×(7%+5%)]
　　贷:应交税费——应交城建税
　　　　　　　　215.82[3 083.19×7%]
　　　　应交税费——教育费附加
　　　　　　　　　92.50[3 083.19×3%]
　　　　应交税费——地方教育附加
　　　　　　　　　61.66[3 083.19×2%]

3. 视同销售

前面我们已经介绍过视同销售的增值税与企业所得税的差异以及税会差异纳税调整的三步法,此处不再赘述。

精选例题

【例题10·简答题】 2020 年 8 月某公司将自产产品捐赠给某老年福利院,经审核该批产品生产成本为 20 万元;同类产品不含税销售价格为 30 万元。该企业 2020 年会计利润为 100 万元。

要求:简述如何进行账务处理、如何进行增值税和企业所得税的税务处理。

答案

(1)账务处理:

借:营业外支出　　　　　　23.9
　　贷:库存商品　　　　　　20
　　　　应交税费——应交增值税(销项
　　　　税额)　　　　　　　3.9

(2)增值税：增值税视同销售，销项税额=30×13%=3.9(万元)。

(3)企业所得税——三步调整法。

①视同销售：

视同销售收入：30万元；

视同销售成本：20万元；

纳税调增：10万元

②扣除类调整项目的"其他"的纳税调整：捐赠支出的账载金额为23.9万，税收金额为33.9万元，纳税调减10万元。

③公益性捐赠税前扣除限额的调整：

公益性捐赠的税前扣除限额=100×12%=12(万元)。

支出金额33.9万元(以税收认可的金额为准)，超标21.9万元，可以结转3年扣除。

4. 销售折扣、折让(见表3-18)

表3-18　销售折扣、折让的税务处理

项目	内容
增值税	如果销售额和折扣额在同一张发票上分别注明的，可按折扣后的余额作为销售额计算增值税； 如果将折扣额另开发票，不论其在财务上如何处理，均不得从销售额中减除折扣额
企业所得税	销售货物涉及折扣销售的，应按扣除商业折扣后的金额确定销售货物收入金额。

📝 **精选例题**

【例题11·简答题】根据现行有关税收政策规定，简述折扣销售在增值税、企业所得税上分别应如何处理。

答案 ▶

(1)增值税：

如果销售额和折扣额在同一张发票金额栏上分别注明的，可按折扣后的余额作为销售额计算增值税。

如果将折扣额另开发票，不论其在财务上如何处理，均不得从销售额中减除折扣额。

(2)企业所得税：

销售货物涉及折扣销售的，应按扣除商业折扣后的金额确定销售货物收入金额。

5. 投资收益(考试重点，需要特别注意)

考试中主要涉及的是成本法和权益法下长期股权投资收益的税会差异问题(见表3-19)。

表3-19　成本法与权益法的税会差异

核算方法	确认投资收益时间	账务处理	税法规定	税会差异
成本法	被投资企业作出利润分配决策时	(1)决定分配利润时： 借：应收股利 　　贷：投资收益 (2)收到股利时： 借：银行存款 　　贷：应收股利	投资收益的确认： 除另有规定外，应当以被投资方作出利润分配决策的时间确认收入的实现。 **免税收入：** 符合条件的居民企业之间的股息、红利等权益性投资收益	免税投资收益；纳税调减
权益法	随被投资方所有者权益的变化	(1)所有者权益变化时： 借：长期股权投资——损益调整 　　贷：投资收益 (2)决定分配股利时： 借：应收股利 　　贷：长期股权投资——损益调整 (3)收到股利时： 借：银行存款 　　贷：应收股利		(1)会计与税法确认投资收益的时间不一致：暂时性差异； (2)免税投资收益：纳税调减

📝 **真题精练（客观题）**

（2016年单选题）税务师受托对某企业投资收益税务处理情况进行审核时，发现其处理错误的是（　　）。

A. 将对居民企业投资的分回利润作为免税收益申报

B. 将持有2年以上居民企业上市公司股票的股息作为免税收益申报

C. 将购买国库券的利息作为免税收益申报

D. 将购买S公司债券的利息作为免税收益申报

解析 ▶ 选项AB，属于符合条件的股息、红利所得，享受免税优惠；选项C，国债利息收入属于免税收入；选项D，公司债券利息收入没有免税优惠。　**答案** ▶ D

6. 对外投资收回或转让收益

（1）股权转让所得。

①企业转让股权收入，应于<u>转让协议生效、且完成股权变更手续时</u>，确认收入的实现；

②转让股权收入扣除为取得该股权所发生的成本后，为股权转让所得；

③<u>企业在计算股权转让所得时，不得扣除被投资企业未分配利润等股东留存收益中按该项股权所可能分配的金额。</u>

（2）投资企业从被投资企业撤回或减少投资，其取得资产的税务处理见表3-20。

表3-20　撤资或减少投资的税务处理

类型		税务处理
相当于初始出资的部分	投资收回	不征企业所得税
相当于被投资企业累计未分配利润和累计盈余公积按减少实收资本比例计算的部分	股息所得	符合条件的居民企业的股息、红利等权益性投资收益，免税
其余部分	投资资产转让所得	征企业所得税

📝 **精选例题**

【例题12·简答题】2020年A企业在年度决算报表编制前，委托税务师事务所进行所得税汇算清缴的审核。税务师发现情况如下：

（1）当年4月收到从其投资的境内居民企业B公司分回的投资收益5万元，A企业认为该项属于免税项目。

（2）当年1月4日，购买了上市公司C企业的流通股股票，6月10日，收到C企业发放的现金股利2万元，A企业认为该项属于免税项目。

（3）将对D企业的一项长期股权投资对外出售，取得了处置收益30万元，并计入了"投资收益"科目，A企业认为该项也属于免税项目。

问题：请判断A企业上述做法是否正确，并说明理由。

答案 ▶

（1）做法正确。居民企业直接投资于其他居民企业取得的投资收益是免税收入。

（2）做法错误。因为居民企业连续持有居民企业公开发行并上市流通的股票不足12个月取得的投资收益是不能享受免税优惠的。本题中A企业持有C企业的股票还不足12个月，不能享受免税政策。

（3）做法错误。将长期股权投资对外出售，属于股权转让行为，其取得的所得没有免税规定，应该并入应纳税所得额计算缴纳企业所得税。

7. 无法支付的应付账款

📝 **精选例题**

【例题13·简答题】企业于2020年底，经过清理往来账户，发现有一笔确实无法支付的应付账款，金额8万元，企业按会计准则规定，做如下账务处理：

借：应付账款——甲单位　　80 000
　　贷：营业外收入　　　　　　80 000

要求：判断该业务是否存在税会差异以

及如何调整。

答案

无法支付的应付账款按税法规定应并入应纳税所得额,计征所得税,税会无差异,无需纳税调整。

三、准予扣除项目与不得扣除项目的审核

扫我解疑难

审核时重点关注:①账务处理是否正确;②是否符合税法的规定。

【知识点拨1】汇算清缴时未及时取得发票的处理:

企业当年度实际发生的相关成本、费用,由于各种原因未能及时取得该成本、费用的有效凭证,企业在预缴季度所得税时,可暂**按账面发生金额进行核算**;但在汇算清缴时,应补充提供该成本、费用的有效凭证。——如未取得,纳税调增。

【知识点拨2】以前年度发生应扣未扣支出的税务处理。

对企业发现以前年度实际发生的、按照税收规定应在企业所得税前扣除而未扣除或者少扣除的支出,企业做出专项申报及说明后,准予追补至该项目发生年度计算扣除,但**追补确认期限不得超过5年**。

企业由于上述原因多缴的企业所得税税款,可以在追补确认年度企业所得税应纳税款中抵扣,不足抵扣的,可以向以后年度递延抵扣或申请退税。

(一)准予扣除项目:成本、费用、税金、损失和其他支出(见表3-21)★★★

表3-21 准予扣除项目

类别	具体内容	特别提示
成本	销货成本、销售成本、业务支出等	企业必须将经营活动中发生的成本合理划分为直接成本和间接成本
费用	销售费用、管理费用和财务费用	需要取得有效凭证才能扣除
税金	除企业所得税和增值税以外的各项税金及其附加 【知识点拨】企业为职工负担的个税不得在税前扣除	(1)作为税金及附加扣除的:消费税、城建税、资源税、土地增值税、出口关税、教育费附加、房产税、车船税、土地使用税、印花税等; (2)计入资产成本的:契税、车辆购置税、耕地占用税等
损失	在生产经营活动中发生的固定资产和存货的盘亏、毁损、报废损失,转让财产损失,呆账损失,坏账损失,自然灾害等不可抗力因素造成的损失以及其他损失(净损失)	从2017年企业所得税汇算清缴开始,资产损失无论清单申报还是专项申报,都无须向税务机关提供资料,资料由企业留存备查即可

【知识点拨】企业因存货盘亏、毁损、报废等原因不得从销项税额中抵扣的进项税额,应视同企业财产损失,准予与存货损失一起在企业所得税税前按规定扣除。

(二)具体扣除项目的标准★★★

1. 工资、薪金支出

企业**发生的合理的**工资、薪金支出,准予据实扣除。

(1)合理性的判断。

①企业制订了较为规范的员工工资、薪金制度;

②企业所制订的工资、薪金制度符合行业及地区水平;

③企业在一定时期所发放的工资、薪金是相对固定的,工资、薪金的调整是有序进行的;

④企业对实际发放的工资、薪金,已依法履行了代扣代缴个税义务;

⑤有关工资、薪金的安排,不以减少或逃避税款为目的。

(2)审核纳税人有无将应由管理费用列支的离退休职工工资及6个月以上病假人员工

资计入生产成本；有无将在建工程、固定资产安装、清理等发生的工资计入生产成本。

(3)劳务派遣用工工资的税务处理(见表3-22)。

表3-22 劳务派遣用工工资的税务处理

项目	内容
按照协议(合同)约定**直接支付**给劳务派遣公司的费用	作为**劳务费**支出
直接支付给员工个人的费用	应作为**工资薪金支出和职工福利费支出**。其中属于工资薪金支出的费用，准予计入企业工资薪金总额的基数，作为计算其他各项相关费用扣除的依据

(4)国企工资、薪金总额不得超过政府有关部门给予的限定数额；超标部分不得计入工资、薪金总额，也不得在企业所得税前扣除。

(5)"应付职工薪酬"核算的范围与税前扣除的工资薪金范围不同。

税前扣除的工资薪金：企业按规定实际发放的工资薪金总和，不包括职工福利费、工会经费、职工教育经费、社会保险费、住房公积金等。

实际发放的工资薪金是指汇算清缴年度计提，汇算清缴结束前发放。

(6)税前不得扣除的工资薪金不得作为计算福利费、工会经费、职工教育经费、补充养老保险和补充医疗保险税前扣除标准的基数。

(7)居民企业实行股权激励计划有关企业所得税处理问题见表3-23。

表3-23 股权激励的税务处理

情形	税务处理
对股权激励计划实行后**立即可以行权**的	可根据**实际行权时**该股票的公允价格与激励对象实际行权支付价格的差额和数量，计算确定作为当年企业工资薪金支出，依税法规定进行税前扣除
需待一定服务年限或者达到规定业绩条件方可行权的——确定性原则	等待期内会计上计算确认的相关成本费用，不得在对应年度计算缴纳企业所得税时扣除——**纳税调增**
	在股权激励计划可行权后，企业方可根据该股票**实际行权时**的公允价格与当年激励对象实际行权支付价格的差额及数量，计算确定作为当年企业工资薪金支出，依照税法规定进行税前扣除——**纳税调减**

2.职工福利费、职工工会经费和职工教育经费

(1)职工福利费。

企业**发生的**职工福利费支出，不超过**工资薪金总额14%**的部分，准予扣除。

①企业职工福利费的范围。

a.尚未实行分离办社会职能的企业，其内设福利部门所发生的设备、设施和人员费用，包括职工食堂、职工浴室、理发室、医务所、托儿所、疗养院等集体福利部门的设备、设施及维修保养费用和福利部门工作人员的工资、薪金、社会保险费、住房公积金、劳务费等；

b.为职工卫生保健、生活、住房、交通等所发放的各项补贴和非货币性福利，包括企业向职工发放的因公外地就医费用、未实行医疗统筹企业职工医疗费用、职工供养直系亲属医疗补贴、供暖费补贴、职工防暑降温费、职工困难补贴、救济费、职工食堂经费补贴、职工交通补贴等；

c.按照其他规定发生的其他职工福利费，包括丧葬补助费、抚恤费、安家费、探亲假

路费等。

②企业福利性补贴支出税前扣除问题见表3-24。

表3-24 企业福利性补贴支出税前扣除规定

情形	税务处理
列入企业员工工资薪金制度、**固定**与工资薪金一起发放的福利性补贴，符合国税函〔2009〕3号工资薪金规定的	可作为企业发生的**工资薪金**支出，按规定在税前扣除
不能同时符合上述条件的福利性补贴	应作为国税函〔2009〕3号文件规定的**职工福利费**，按规定计算限额税前扣除

③须单设账册准确核算，没有单独设置账册准确核算的，税务机关应责令限期改正。逾期不改的，税务机关对其进行合理的核定。

（2）职工工会经费。

企业**拨缴**的职工工会经费支出，不超过**工资薪金总额2%**的部分，准予扣除。

需取得工会组织开具的《工会经费收入专用收据》。在委托税务机关代收工会经费的地区，企业拨缴的工会经费，也可凭合法、有效的工会经费代收凭据依法在税前扣除。

（3）职工教育经费（见表3-25）——暂时性差异。

自2018年1月1日起，企业实际发生的职工教育经费，不超过工资薪金总额8%的部分准予扣除，超过部分准予结转以后纳税年度扣除。

表3-25 职工教育经费的税务处理

情形	税务处理
一般规定	企业实际发生的职工教育经费，不超过工资薪金总额8%的部分准予扣除，超过部分准予结转以后纳税年度扣除
航空企业实际发生的飞行员养成费、飞行训练费、乘务训练费、空中保卫员训练费等空勤训练费用	作为航空企业运输成本税前扣除
核力发电企业为培养核电厂操纵员发生的培养费用	记入发电成本在税前扣除
集成电路设计企业、符合条件的软件生产企业的**职工培训费用**	据实扣除

【知识点拨】对于三项经费需要注意其记账凭证、账务处理，同时注意发生的才可以扣除，计提的不允许扣除。

精选例题

【例题14·单选题】下列项目中，根据企业财务规定可以计入职工工资总额，不作为职工福利费的是（　　）。

A. 探亲假期补助

B. 供暖费补贴

C. 职工困难补贴

D. 职工交通补贴

解析 探亲假期间领取到的补助不同于探亲假路费，不属于职工福利费的开支范围。

答案 A

【例题15·单选题】下列关于职工教育经费的说法，正确的是（　　）。

A. 高新技术企业职工教育经费税前扣除限额为工资薪金的6%

B. 集成电路设计企业的职工教育经费可以据实扣除

C. 职工教育经费属于税法与会计的永久性差异

D. 核力发电企业为培养核电厂操纵员发生的培养费用，作为发电成本在税前扣除

解析 选项A，高新技术企业职工教育经费税前扣除限额为工资薪金的8%；选项B，集成电路设计企业的职工培训费用、而非职工教育经费可以据实扣除；选项C，

职工教育经费属于税法与会计的暂时性差异。

答案 ▶ D

【例题16·简答题】某企业2020年"应付职工薪酬"账户各明细栏目反映，支付给职工的工资总额合计2 000 000元，全部为合理的工资、薪金支出；发生职工福利费合计400 000元；发生职工教育经费80 000元；拨缴工会经费24 000元已取得相关工会拨缴款收据，同时又另行列支工会活动费40 000元。简述如何进行所得税纳税调整。

答案 ▶

企业发生的工资总额2 000 000元全部为合理的工资薪金支出为，无需调整；

实际发生的职工福利费不超过工资薪金总额14%的部分准予扣除，扣除限额为280 000元，实际发生400 000元，纳税调增120 000元；

实际发生的职工教育经费不超过工资薪金总额8%的部分准予扣除，扣除限额为160 000元，实际发生80 000元，未超过限额，无需调整；

企业拨缴的职工工会经费支出，不超过工资薪金总额2%的部分，准予扣除。扣除限额为40 000，实际发生且取得合法收据的金额为24 000元，未超过限额，无需调整。另行列支的工会活动费，因未取得工会凭证，不能税前抵扣，纳税调增40 000元。

工资及三项费用合计纳税调增160 000元。

【思路点拨】对于职工工会经费，必须取得工会组织收据或税务机关代收收据、且在不超过扣除限额的条件下才允许税前扣除。

3. 企业为职工缴纳的保险费(见表3-26)

表3-26 企业为职工缴纳的保险费的税务处理

类型	企业所得税	个税
基本保险	允许扣除	免个税
补充保险	限额扣除：分别在不超过职工工资总额5%标准内的部分	补充养老保险有免税优惠
商业保险	区别对待 (1) 可以扣除：依规定为特殊工种职工支付的人身安全保险费、雇主责任险、公众责任险和国务院财税主管部门规定可扣的商业保险费； (2) 不得扣除：其他商业保险费	(1) 商业健康保险：有扣除； (2) 税收递延型商业养老保险：有扣除； (3) 其他商业保险：征收个税

【知识点拨1】在计算扣除限额时所指的工资薪金以税前准予扣除的工资薪金为准；

【知识点拨2】企业参加财产保险按规定缴纳的保险费，准予扣除。

📝 精选例题

【例题17·简答题】公司于2020年12月份为全体30名职工家庭财产支付商业保险费，每人1 000元，合计30 000元，企业账务处理为：

借：管理费用——保险费　30 000
　　贷：银行存款　　　　　　　30 000

请问企业所得税和个税应如何处理？

答案 ▶

企业为职工个人支付的家庭财产保险，税前不得扣除，所以应纳税调增30 000元，并代扣代缴个人取得商业保险所得的个税。

4. 借款费用

(1) 借款费用税前扣除的基本规定。

企业在生产、经营活动中发生的利息费用，按下列规定扣除：

①据实扣除：非金融企业向金融企业借款的利息支出、金融企业的各项存款利息支出和同业拆借利息支出、企业经批准发行债券的利息支出，准予据实扣除；

②限额扣除：非金融企业向非金融企业借款的利息支出，不超过按照金融企业同期同类贷款利率计算的数额部分扣除。

【知识点拨】如何确定金融企业同类同期贷款利率：企业在按照合同要求首次支付利息并进行税前扣除时，应提供"金融企业的同期同类贷款利率情况说明",以证明其利息支出的合理性。

a."情况说明"中,应包括在签订该借款合同当时,本省任何一家金融企业提供同期同类贷款利率情况;

b.金融企业:应为经政府有关部门批准成立的可以从事贷款业务的企业,包括银行、财务公司、信托公司等金融机构;

c.同期同类贷款利率:在贷款期限、贷款金额、贷款担保以及企业信誉等条件基本相同情况下,金融企业提供贷款的利率。既可以是金融企业公布的同期同类平均利率,也可以是金融企业对某些企业提供的实际贷款利率。

(2)加息、罚息允许在企业所得税前扣除,但在计算土地增值税的增值额时不得扣除。

(3)资本化和费用化问题。

利息资本化和费用化的范围见表3-27。

表3-27 资本化和费用化的范围

用途	时间	财税处理
为购置、建造和生产固定资产、无形资产和经过12个月以上的建造才能达到预定可销售状态的存货而发生的借款	在有关**资产购建期间**发生的借款费用	应作为**资本性支出**计入有关资产的成本
	有关资产**交付使用后**发生的借款利息	**费用化**:可在发生当期扣除
其他借款利息		费用化
特别注意:一旦资本化、费用化出错,对折旧的影响		

(4)利息支出税前扣除的原始凭证:向银行金融企业借款发生的利息支出,2018.6.30之前,以银行开具的银行利息结算单据扣除;2018.7.1之后,必须取得增值税发票;②向非银行金融企业或非金融企业或个人借款发生的利息支出,须取得付款单据和发票,辅之以借款合同(协议);首次支付利息并进行税前扣除时,应提供本省金融机构同期同类贷款利率情况说明;③为向银行或非银行金融企业借款而支付的融资服务费、融资顾问费,应取得符合规定的发票。

📝 **精选例题**

【例题18·简答题】企业2020年1月1日向银行贷款1 000万元,年利率为12%,其中800万元用于A车间基建工程,该车间于2020年9月交付使用;200万元用于采购材料物资从事生产经营,企业在2020年度按权责发生制原则计提了贷款利息支出120万元,全部计入"财务费用"科目借方。

简述相应的所得税纳税调整。

答案 ▶

利息支出未按税法规定在资本性支出与收益性支出之间合理分配,虚增期间费用。

①应该资本化的利息支出=800×12%×9÷12=72(万元)。

②计入财务费用的利息支出:48(万元)。

③财务费用中列支了120(万元),应调增利润额和应纳税所得额72万元,此外相应调整A车间折旧。

(4)资本的利息不能在税前扣除。

凡企业投资者在规定期限内未缴足其应缴资本额的,该企业对外借款所发生的利息,相当于投资者实缴资本额与在规定期限内应缴资本额的差额应计付的利息,其不属于企业合理的支出,应由企业投资者负担,不得在计算企业应纳税所得额时扣除。

【知识点拨】不得在计算企业应纳税所得额时扣除的借款利息的具体计算:以企业一个年度内每一账面实收资本与借款余额保持不变的期间作为一个计算期。

每一计算期不得扣除的借款利息=该期间借款利息额×该期间未缴足注册资本额÷该期间借款额

一个年度内不得扣除的借款利息总额=

该年度内每一计算期不得扣除的借款利息额之和

(5)企业将资金无偿让渡他人使用的涉税问题见表3-28。

表3-28 企业将资金无偿让渡他人使用的涉税问题

类型	税务处理
企业将自有资金无偿让渡他人或其他企业使用	应遵循独立交易原则,收取利息; 否则:增值税视同销售【自2019年2月1日至2023年12月31日,对企业集团内单位(含企业集团)之间的资金无偿借贷行为,免征增值税】;企业所得税:税务机关有权核定其利息收入并缴纳企业所得税
企业将银行借款无偿让渡他人或其他企业使用	该企业所支付的银行利息与取得收入无关,应调增应纳税所得额

(6)企业向个人借款利息支出税前扣除的条件。

①借贷是真实、合法、有效的——不违法。

②签订了借款合同。

③利息支出不超过按照金融企业同期同类贷款利率计算的数额。

④取得合法凭证。

a. 个人到税务机关代开发票。

b. 代开发票时,需要缴纳:增值税(3%*);城建税(7%、5%、1%)教育费附加、地方教育附加(3%、2%);个税(20%);无印花税(民间借贷合同不属于印花税征税范围)。

⑤一般企业关联债资比例不超过2:1(向股东或其他与企业有关联关系的自然人借款)。

(7)永续债的税务处理(见表3-29)——双方应采用相同的税务处理方式。

表3-29 永续债的税务处理

项目	内容
可适用**股息、红利**企业所得税政策	(1)发行方和投资方均为居民企业的:永续债利息收入可按居民企业之间的股息、红利,免税; (2)发行方支付的永续债利息支出:不得在企业所得税前扣除
发行符合规定条件的永续债,也可按照**债券利息**适用企业所得税政策	(1)发行方支付的永续债利息支出:准予在其企业所得税前扣除; (2)投资方取得的永续债利息收入应当依法纳税

📝 真题精练(主观题)

(2016年简答题)王先生以200万元在某市投资设立一家有限责任公司,由于公司业务扩大,需要大量流动资金,但公司无法从金融机构取得贷款。2016年7月1日王先生通过住房抵押以个人名义按年利率6.5%,向银行取得贷款500万元,期限半年,取得贷款后,王先生全部交给有限责任公司使用,银行同期同类贷款利率为6.5%。

(1)王先生支付给银行的利息支出,能否在有限责任公司计算企业所得税时扣除?简述理由。

(2)假定王先生按银行贷款利率向有限责任公司收取利息,应缴纳哪些税费?半年利息应缴税费金额分别是多少?

(3)假定有限责任公司向王先生按银行贷款利率支付利息,2016年允许企业所得税扣除金额为多少,应如何办理。

---

* 2020年3月1日至2021年3月31日:湖北省免征,其他地方减按1%;2021年4月1日至2021年12月31日:全国减按1%。

真题精练（主观题）答案

【答案】

(1) 王先生向银行支付的利息不能在有限责任公司计算企业所得税时扣除。

理由：因为王先生是以个人名义贷款，其利息支出不能作为有限责任公司的费用扣除。

(2) 应缴纳增值税、城建税、教育费附加、地方教育附加、个税。

应缴纳增值税 = 500×6.5%÷12×6÷(1+3%)×3% = 0.47(万元)

应缴纳城建税、教育费附加及地方教育附加 = 0.47×(7%+3%+2%) = 0.06(万元)

应缴纳个税 = [500×6.5%÷12×6÷(1+3%)]×20% = 3.16(万元)

(3) 如果公司成立时间为2016年1月1日，关联债资比例 = (500×6)÷(200×12) = 1.25，未超标。支付的利息允许全额扣除。

如果公司成立时间为2016年7月1日，关联债资比例 = (500×6)÷(200×6) = 2.5，超标。税前可以扣除的利息支出 = 200×2×6.5%÷12×6 = 13(万元)。

王先生应自行缴纳税款并向税务局申请代开发票，企业凭发票可以税前扣除。

精选例题

【例题19·简答题】 某企业"财务费用"由三部分构成：以年利率6%向银行贷款2 000万元（其中500万元作为注册资本注入），利息支出120万元；汇兑损益损失20万元；支付开户银行结算手续费等10万元。请问在计算应纳税所得额时应如何处理？

答案

该企业不得在税前列支资本的利息，应当进行纳税调增，应对资本的利息全部调增应纳税所得额 = 500×6% = 30(万元)。

【例题20·单选题】 对公司银行贷款逾期的罚息，正确的财务或税务处理是( )。

A. 罚息属于企业所得税法规定的不可以扣除的罚款支出

B. 银行贷款发生的罚息应在企业"财务费用"科目贷方反映

C. 罚息不属于行政罚款，类似于经济合同的违约金，可以在企业所得税税前扣除

D. 因银行贷款发生罚息，属于与企业生产经营无关的支出，应在"营业外支出"中核算，不得在企业所得税前扣除

解析 罚息应该在"财务费用"科目借方反映；可以在所得税前扣除。 **答案** C

5. 汇兑损失

企业在货币交易中，以及纳税年度终了将人民币以外的货币性资产、负债按照期末即期人民币汇率中间价折算为人民币时产生的汇兑损失，**除已经计入资产成本以及与向所有者进行利润分配相关的部分外**，准予扣除。

6. 业务招待费（综合分析题必考内容）

(1) 业务招待费是否真实、合理、合法；是否与企业生产经营有关——与企业生产经营无关的业务招待费支出税前不得扣除。

(2) 按发生额的60%与当年销售（营业）收入的5‰中较小的一方扣除。

(3) 销售（营业）收入的确定见表3-30。

表3-30 销售（营业）收入的确定

项目	内容
一般规定	主营业务收入+其他业务收入+视同销售收入；但不包括营业外收入
房地产开发企业	主营业务收入+其他业务收入+视同销售收入+**销售未完工产品的收入-销售未完工产品转完工产品确认的销售收入**
对从事股权投资业务的企业（包括集团公司总部、创业投资企业等）	其从被投资企业所分配的股息、红利以及股权转让收入，可以按规定的比例计算业务招待费扣除限额。

（4）企业在筹建期间，发生的与筹办活动有关的业务招待费支出，可按实际发生额的60%计入企业筹办费，并按有关规定在税前扣除。

7. 广告费和业务宣传费（常考）——暂时性差异

（1）扣除限额和比例。

①一般企业：不超过当年销售（营业）收入15%的部分，准予扣除；超过部分，准予在以后纳税年度结转扣除。

②化妆品制造或销售、医药制造和饮料制造（不含酒类制造）：30%。

（2）烟草企业的烟草广告费和业务宣传费支出，一律不得在税前扣除。

（3）企业在筹建期间，发生的广告费和业务宣传费，可按实际发生额计入企业筹办费，并按有关规定在税前扣除。

（4）计算扣除的基数：销售（营业）收入。

（5）企业申报扣除的广告费支出应与赞助支出严格区分。

广告是通过工商部门批准的专门机构制作的；已实际支付费用，并已取得相应发票；通过一定的媒体传播。

（6）属于会计与税法的暂时性差异，可能出现纳税调增，也可能出现纳税调减。

8. 佣金和手续费

（1）企业发生与生产经营有关的手续费及佣金支出，按以下标准扣除：

①自2019年1月1日起，保险企业发生与其经营活动有关的手续费及佣金支出，不超过当年全部保费收入扣除退保金等后余额的18%（含本数）的部分，在计算应纳税所得额时准予扣除；超过部分，准予结转以后年度扣除；

②其他企业：签订服务协议或合同确认的收入金额的5%计算限额，限额以内的部分准予扣除，超过部分，部分不得扣除。

（2）支付方式。

①企业向具有合法经营资格中介服务机构支付的佣金和手续费，必须转账支付；

②向个人支付的，可以以现金方式，但需要有合法的凭证。

（3）企业为发行权益性证券支付给有关证券承销机构的手续费及佣金不得在税前扣除。

（4）企业不得将手续费及佣金支出计入回扣、业务提成、返利、进场费等费用。

（5）企业已计入固定资产、无形资产等相关资产的手续费及佣金支出，应通过折旧、摊销等方式分期扣除，不得在发生当期直接扣除。

（6）企业支付的手续费及佣金不得直接冲减服务协议或合同金额，并如实入账。

9. 公益性捐赠

（1）公益性捐赠的界定——企业通过公益性社会团体或者县级以上人民政府及其部门等国家机关，用于《中华人民共和国公益事业捐赠法》规定的公益事业的捐赠。不符合规定的捐赠支出不能在税前扣除。

（2）一般情况下，纳税人向受赠人的直接捐赠不能在税前扣除。

（3）扶贫捐赠。

自2019年1月1日至2022年12月31日，用于目标脱贫地区的扶贫捐赠支出，准予在计算企业所得税应纳税所得额时据实扣除。在政策执行期限内，目标脱贫地区实现脱贫的，可继续适用上述政策；

"目标脱贫地区"包括832个国家扶贫开发工作重点县、集中连片特困地区县（新疆阿克苏地区6县1市享受片区政策）和建档立卡贫困村。

（4）不超过年度利润总额12%的部分，准予扣除；超过部分准予结转以后三年内在计算应纳税所得额时扣除。

【知识点拨1】年度利润总额，是指企业依照国家统一会计制度的规定计算的年度会计利润。如果在题目中，会计利润有误，需要先调整出正确的会计利润，再计算捐赠限额。

【知识点拨2】企业在对公益性捐赠支出计算扣除时，应先扣除以前年度结转的捐赠支出，再扣除当年发生的捐赠支出。

（5）企业将自产货物用于捐赠，应分解为按公允价值视同销售和捐赠两项业务进行所得税处理。

📝 **精选例题**

【例题 21·单选题】税务师接受委托对某县城的企业进行 2020 年度纳税审核，企业的营业外支出中列支的捐赠支出包括：通过非营利性的社会团体向农村义务教育捐款 120 万元。企业利润表中体现的会计利润为 620 万元，经税务师审核发现，该企业将一部分厂房出租，含增值税租金收入 157.5 万元（符合简易征收条件），挂在"其他应付款"账上，假设房产税的缴纳不存在问题，此外，企业将自产货物作为礼品赠送给客户，账务处理为：

借：管理费用——业务招待费
　　　　　　　　　　　　578 000
　贷：库存商品　　　　　500 000
　　　应交税费——应交增值税（销项税额）　　　　　　　　78 000

经查，同类产品的售价为 60 万元。税务师确定的可以在 2020 年所得税税前扣除的捐赠支出为（　）万元。

A. 28.59　　　B. 92.31
C. 93.51　　　D. 120

解析 ▶ 提示：视同销售只要账务处理正确不影响会计利润。

不含增值税租金=157.5÷1.05=150（万元）
应补增值税=150×5%=7.5（万元）
该企业的会计利润=620+150-7.5×(5%+3%+2%)=769.25（万元）
公益性捐赠扣除限额=769.25×12%=92.31（万元）
2020 年所得税前可以扣除的捐赠支出=92.31（万元）
答案 ▶ B

10. 租赁费
（1）以经营租赁方式租入固定资产发生的租赁费支出，按照租赁期限均匀扣除；
（2）以融资租赁方式租入固定资产发生的租赁费支出，按照规定构成融资租入固定

产价值的部分应当提取折旧费用，分期扣除。

11. 有关资产的费用
（1）企业转让各类固定资产发生的费用，允许扣除；
（2）企业按规定计算的固定资产折旧费、无形资产和递延资产的摊销费，准予扣除。

12. 资产损失的审核和税前扣除鉴证服务（经常考）
（1）税前允许扣除的资产损失是**净损失**，即资产损失减除保险公司赔偿和责任人赔偿后的金额。
（2）资产损失税前扣除的方法。
企业当期发生的固定资产和流动资产盘亏、毁损净损失，准予扣除，资产损失资料由企业留存备查，无需报送税务机关。
（3）增值税进项税额转出。
企业因非正常损失等原因不得从销项税额中抵扣的进项税额，应作为企业财产损失，准予与存货损失一起在所得税前按规定扣除。
考核中涉及进项税额转出问题，如果应转出未转出：
a. 补交增值税；
b. 补交城建、教育费附加等影响利润；
c. 补交的增值税影响"营业外支出"，影响利润。
（4）坏账损失的税前扣除。
企业应收及预付款项坏账损失应依据以下相关证据材料确认：
①相关事项合同、协议或说明；
②属于债务人破产清算的，应有人民法院的破产、清算公告；
③属于诉讼案件的，应出具人民法院的判决书或裁决书或仲裁机构的仲裁书，或者被法院裁定终（中）止执行的法律文书；
④属于债务人停止营业的，应有工商部门注销、吊销营业执照证明；
⑤属于债务人死亡、失踪的，应有公安机关等有关部门对债务人个人的死亡、失踪证明；
⑥属于债务重组的，应有债务重组协议

及其债务人重组收益纳税情况说明；

⑦属于自然灾害、战争等不可抗力而无法收回的，应有债务人受灾情况说明以及放弃债权申明。

企业逾期三年以上的应收款项在会计上已作为损失处理的，可以作为坏账损失，但应说明情况，并出具专项报告；

企业逾期一年以上，单笔数额不超过五万元或者不超过企业年度收入总额万分之一的应收款项，会计上已经作为损失处理的，可以作为坏账损失，但应说明情况，并出具专项报告。

精选例题

【例题 22·简答题】某服装制造公司系增值税一般纳税人，2020 年 10 月 10 日该企业仓库被盗，损失一批原材料，价款 100 万元，被盗事件发生后公司及时向公安机关报案，但案件尚未侦破。被盗事件发生后，仓库保管员赔偿 5 000 元，保险公司赔偿 80 万元，该批货物系 2020 年 5 月购进并抵扣进项税额。简要分析该企业在税务处理方面应当注意的事项。

答案

（1）增值税方面：

该项损失属于因管理不善造成的非正常损失，原材料的进项税额不得抵扣，需要转出进项税额 13 万元。

（2）企业所得税：

该项资产损失应申报后在企业所得税前扣除。

资产损失金额，为其计税成本扣除保险理赔以及责任人赔偿后的余额，即 32.5 万元（113-0.5-80）。

13. 劳动保护支出

合理的劳动保护支出，准予扣除。

劳务保护支出的范围：

（1）必须是确因工作需要，如果企业发生的所谓支出，并非出于工作的需要，那么其支出就不得予以扣除；

（2）为其雇员配备或提供，而不是给与其没有任何劳动关系的人配备或提供；

（3）限于工作服、手套、安全保护用品、防暑降温用品等，如高温冶炼企业职工、道路施工企业的防暑降温用品，采煤工人的手套、头盔等用品。

14. 员工服饰支出

企业根据其工作性质和特点，由企业统一制作并要求员工工作时统一着装所发生的工作服饰费用，可以作为企业合理的支出给予税前扣除。

15. 专项资金

企业依照法律、行政法规有关规定**提取的**用于环境保护、生态恢复等方面的专项资金，准予扣除；上述专项资金提取后改变用途的，不得扣除。

【知识点拨】该项资金只要提取、即使尚未使用就可以在税前扣除，这是非常特殊的，大家需要注意。

16. 总机构分摊的费用

非居民企业在中国境内设立的机构、场所，就其中国境外总机构发生的与该机构、场所生产经营有关的费用，能够提供总机构出具的费用汇集范围、定额、分配依据和方法等证明文件，并合理分摊的，准予扣除。

【知识点拨】企业之间支付的管理费，母公司以管理费形式向子公司提取的费用，不得扣除。母公司为其子公司提供各种服务而发生的费用，应按照独立企业之间公平交易原则确定服务的价格，准予扣除。

17. 其他项目

依照有关法律、行政法规和国家有关税法规定准予扣除的其他项目，如会员费、合理的会议费、差旅费、违约金、诉讼费用等，准予扣除。

真题精练（客观题）

（2019 年多选题）根据企业所得税相关规定，企业实际发生的超过当年税前扣除标准的金额，准予在以后纳税年度结转扣除的有（　　）。

A. 职工福利费支出

B. 业务招待费支出
C. 公益性捐赠支出
D. 工会经费支出
E. 广告费和业务宣传费支出

解析 选项C，企业当年发生以及以前年度结转的公益性捐赠支出，不超过年度利润总额12%的部分，准予扣除。超过年度利润总额12%的部分，准予以后三年内在计算应纳税所得额时结转扣除；选项E，企业发生的符合条件的广告费和业务宣传费支出，除另有规定外，不超过当年销售（营业）收入15%的部分，准予扣除；超过部分，准予结转以后纳税年度扣除。 **答案** CE

（三）不得扣除项目★★★

（1）向投资者支付的股息、红利等权益性投资收益款项。

（2）企业所得税税款。

（3）税收滞纳金。

（4）罚金、罚款和被没收财物的损失。

【知识点拨1】罚金、罚款和被没收财物的损失，是指纳税人违反国家有关法律、法规规定，被有关部门处以的罚款，以及被司法机关处以的罚金和被没收财物。

【知识点拨2】违约金、罚息、诉讼赔偿等违反合同的支出，可以在税前扣除。

📝 **精选例题**

【例题23·简答题】某企业当期支付罚款、违约金10万元（经审核属环保部门处以罚款5万元；因未采取火灾防范措施，消防部门处罚款3万元；因产品质量原因，经协商支付购货方赔款2万元）。请问哪些允许在税前扣除，哪些不得在税前扣除？

答案
该企业被环保部门所处罚款5万元，消防部门所处罚款3万元，均属于行政性罚款，不得在税前扣除，应当调增应纳税所得额8万元；违约金支出2万元，可以在税前扣除，无须纳税调整。

（5）超标的捐赠支出（可以结转以后三年内在计算应纳税所得额时扣除）。

（6）赞助支出——与生产经营活动无关的各种非广告性质支出。

（7）未经核定的准备金支出——暂时性差异。

①除金融、保险、证券、中小企业信用担保外，其他企业的准备金支出不得在税前扣除，包括坏账准备金；

②坏账损失实际发生时准予扣除。

（8）企业之间支付的管理费、企业内营业机构之间支付的租金和特许权使用费，以及非银行企业内营业机构之间支付的利息，不得扣除。

（9）与取得收入无关的其他支出。

【知识点拨1】与取得收入不直接相关的支出，比如非公益救济性捐赠、非广告性质的赞助支出、其他与取得收入无关的支出不得扣除。

【知识点拨2】不合理的支出，比如企业向非金融企业借款超过银行同期同类贷款利率标准的部分，税收滞纳金、罚金、罚款，违法经营罚款和被没收财物损失，税前不得扣除。

【知识点拨3】不得扣除项目的审核要点，主要是把握与准予扣除项目的区分。

📝 **真题精练（客观题）**

（2018年单选题，改）下列项目在企业所得税纳税调整项目明细表中可能出现纳税调减的是（ ）。

A. 税收滞纳金
B. 捐赠支出
C. 业务招待费支出
D. 非保险企业的佣金和手续费支出

解析 符合条件的捐赠支出，超过年度利润总额12%的部分，准予以后三年内在计算应纳税所得额时结转扣除，可能会纳税调减。 **答案** B

📝 **精选例题**

【例题24·多选题】根据企业所得税法的规定，企业的下列各项支出，在计算应纳税所得额时，准予从收入总额中直接扣除的有（ ）。

A. 发生的合理的劳动保护支出
B. 转让固定资产发生的费用
C. 非居民企业向总机构支付的合理费用
D. 企业所得税税款
E. 企业内营业机构之间支付的租金

解析 ▶ 选项 D, 企业所得税税款不得扣除; 选项 E, 企业内营业机构之间支付的租金不得扣除。 **答案** ▶ ABC

(四) 与企业所得税审核有关的其他税费问题见表3-31★★★

表3-31 与企业所得税审核有关的其他税费问题

是否扣除	扣除方式	税金
允许扣除	税金及附加	消费税、城建税、资源税、土地增值税、出口关税、教育费附加、地方教育附加、房产税、车船税、土地使用税、印花税等
	资产成本	契税、车辆购置税、耕地占用税等
不得扣除		增值税（价外税）
		企业所得税、企业为职工负担的个税

1. 增值税

在综合分析题中可能会涉及到:

(1) 隐瞒收入应补缴增值税;

(2) 非正常损失进项税额转出问题;

(3) 进项税额的抵扣问题;

(4) 减免的税款计入营业外收入或其他收益问题;

(5) 视同销售行为应计提销项税额。

2. 城建税、教育费附加、地方教育附加、印花税

📝 **精选例题**

【**例题 25·综合分析题**】(跨年度纳税审查) 2020 年 10 月 1 日, 公司签订了一份营改增前原有房屋出租协议(贴印花税票 5 元), 期限 2 年, 不含增值税月租金为 2 万元, 根据合同约定, 10 月 1 日收到本年度 10~12 月含税租金 6.3 万元(已按规定正确缴纳了房产税)。账务处理为:

借: 银行存款　　　　　　 63 000
　　贷: 其他应付款　　　　　 63 000

请问上述账务处理是否正确？如果不正确, 应如何进行处理？

答案 ▶

(1) 账务处理不正确。收到本年房屋租赁收入, 应当计入其他业务收入、而非其他应付款中核算, 并应补缴增值税、城建税及教育费附加、地方教育附加。

(2) 财产租赁合同的印花税税率为 1‰, 企业应当补缴印花税 = 20 000×24×1‰-5 = 475(元)。

(3) 对于企业补缴的城建税及教育费附加、地方教育附加、印花税应调减利润额和应纳税所得额。

(4) 调账分录。

确认收入:

借: 其他应付款　　　　　　 63 000
　　贷: 以前年度损益调整　　　 60 000
　　　　应交税费——简易计税　 3 000

补城建税、教育费附加、印花税:

借: 以前年度损益调整　　　　 835
　　贷: 应交税费——应交城建税　 210
　　　　应交税费——应交教育费附加
　　　　(含地方教育附加)　　　 150
　　　　银行存款　　　　　　　 475

3. 个税

在企业所得税的计算中, 单位为职工代付个税税款不得在税前扣除。

📝 **精选例题**

【**例题 26·综合分析题(节选)**】审核"营业外支出"账户, 其中记载有如下事项: 代付个税税款 3 万元。请问上述业务对企业所得税的影响。

答案 ▶

代付个税税款 3 万元不得在税前扣除,

应当调增应纳税所得额3万元。

四、资产税务处理及主要审核要点

扫我解疑难

（一）固定资产的税务处理★★★

1. 不得计算折旧扣除的固定资产

（1）**房屋、建筑物以外**未投入使用的固定资产；

（2）以**经营租赁方式租入**的固定资产；

（3）以**融资租赁方式租出**的固定资产；

（4）已足额提取折旧仍继续使用的固定资产；

（5）与经营活动无关的固定资产；

（6）单独估价作为固定资产入账的土地；

（7）其他不得计算折旧扣除的固定资产。

2. 固定资产折旧的计提方法（直线法）

（1）企业应当根据固定资产的性质和使用情况，**合理确定**固定资产的预计净残值。固定资产的预计净残值**一经确定，不得变更；**——税法未限制固定资产的净残值比例。

（2）企业应当自固定资产投入使用月份的**次月**起计提折旧；停止使用的固定资产，应当自停止使用月份的**次月**起停止计提折旧。

（3）固定资产按照直线法计提的折旧，准予扣除。

3. 固定资产折旧的计提年限（见表3-32）

表3-32 最低折旧年限

资产类别	最低折旧年限
房屋、建筑物	20年
飞机、火车、轮船、机器、机械和其他生产设备	10年
与生产经营活动有关的器具、工具、家具等	5年
飞机、火车、轮船以外的运输工具	4年
电子设备	3年

【知识点拨】税法只限定了最低折旧年限，只要不低于此年限即可。

4. 加速折旧、摊销（见表3-33）

表3-33 加速折旧、摊销

类型	具体规定
一般规定	（1）可以加速折旧的固定资产： ①由于技术进步，产品更新换代较快的固定资产； ②常年处于强震动、高腐蚀状态的固定资产。 （2）加速折旧方法： ①缩短折旧年限：最低折旧年限不得低于规定折旧年限的60%； ②加速折旧方法：双倍余额递减法或年数总和法
特殊行业加速折旧	（1）涵盖范围——六大行业、四大领域、全部制造业： ①六大行业：生物药品制造业，专用设备制造业，铁路、船舶、航空航天和其他运输设备制造业，计算机、通信和其他电子设备制造业，仪器仪表制造业，信息传输、软件和信息技术服务业等行业企业，2014年1月1日后**新购进**的固定资产（包括自行建造） ②四大领域：轻工、纺织、机械、汽车四个领域重点行业企业，2015年1月1日后**新购进**的固定资产（包括自行建造）； ③全部制造业：2019年1月1日后**新购进**的固定资产（包括自行建造）

续表

类型	具体规定
特殊行业加速折旧	(2)加速折旧方法： ①缩短折旧年限：最低折旧年限不得低于规定折旧年限的60%； ②加速折旧方法：双倍余额递减法或年数总和法
研发活动方面加速折旧的优惠	对所有行业企业在2014年1月1日后**新购进**并专门用于研发活动的仪器、设备，以及**六大行业**(2014年)、**四大领域**(2015年)、**全部制造业**(2019年)**小型微利企业新购进**的研发和生产经营共用的仪器设备： ①单位价值≤100万元的，可以一次性在计算应纳税所得额时扣除； ②单位价值>100万元的，允许按不低于企业所得税法规定折旧年限的60%缩短折旧年限，或选择采取双倍余额递减法或年数总和法进行加速折旧
设备、器具等固定资产、无形资产一次性扣除、摊销的规定	(1)企业在2018年1月1日至2023年12月31日期间新购进的设备、器具，单位价值≤500万元的，允许一次性计入当期成本费用在计算应纳税所得额时扣除，不再分年度计算折旧。 【知识点拨1】设备、器具：除房屋、建筑物以外的固定资产。 【知识点拨2】固定资产在投入使用月份的**次月所属年度**一次性税前扣除。 (2)对在海南自由贸易港设立的企业，新购置(含自建、自行开发)固定资产或无形资产，单位价值≤500万元的，允许一次性计入当期成本费用在计算应纳税所得额时扣除；单位价值>500万元的，可以缩短折旧、摊销年限或采取加速折旧、摊销的方法。 【知识点拨】差别之处在于：①海南自贸港没有时间限制；②海南自贸港加速折旧、摊销的范围不仅包括固定资产，还包括无形资产；③单价>500万，也可以加速折旧、摊销
持有的固定资产一次性抵扣的规定	对**所有行业企业持有的单位价值≤5 000元的固定资产**，允许**一次性**计入当期成本费用在税前扣除

【知识点拨】加速折旧的方法。

(1)缩短折旧年限——最低折旧年限不得低于税法规定折旧年限的60%。

(2)加速折旧的方法：

①双倍余额递减法。

年折旧率=2÷预计使用年限×100%

年折旧额=固定资产账面净值×年折旧率

月折旧额=年折旧额÷12

最后两年，将固定资产净值扣除预计净残值后的余额平均摊销。

②年数总和法。

年折旧率=尚可使用年限÷预计使用年限的年数总和×100%

年折旧额=(固定资产原价-预计净残值)×年折旧率

月折旧额=年折旧额÷12

在双倍余额递减法和年数总和法下，当折旧年度与会计年度不一致时，会计年度折旧额应分段计算。

📝 **精选例题**

【例题27·单选题】某企业2019年12月31日购入设备一台，取得普通发票，支付价款80 000元，支付运杂费及保险费1 400元。该设备预计净残值率3%，预计使用年限4年。在采用年数总和法下，则2020年应计提的折旧额为(　　)元。

A. 27 645　　　B. 23 687.4

C. 23 037.5　　D. 31 583.2

解析 ▶ 设备实际成本=80 000+1 400=81 400(元)；2020年折旧率=4÷(1+2+3+4)=0.4；2020年应计提的折旧额=81 400×(1-3%)×0.4=31 583.20(元)。　答案 ▶ D

5. 固定资产折旧税会差异的处理——暂时性差异(见表3-34)

表3-34　固定资产折旧税会差异的处理

情形	税务处理
会计折旧年限<税法最低折旧年限，会计折旧数额>税收折旧数额	调增当期应纳税所得额
会计折旧年限已满且折旧已提足，但税收上尚未提足折旧	未足额扣除部分准予在剩余的税收折旧年限继续按规定扣除
会计折旧年限>税法规定最低折旧年限	除另有规定外，按会计折旧年限计算扣除
会计上提取减值准备	不得税前扣除，折旧按税法确定的计税基础计算扣除
税法加速折旧的	可全额在税前扣除

6. 固定资产的租赁费

(1)经营租赁：出租方计提折旧，承租方税前扣除租赁费。

(2)融资租赁：作为承租企业自有固定资产进行管理，不得扣除租赁费，允许计提折旧扣除。

(二)无形资产的税务处理★★★

1. 不得摊销的无形资产

(1)自行开发的支出已在计算应纳税所得额时扣除的无形资产；

(2)自创商誉；

(3)与经营活动无关的无形资产；

(4)其他不得计算摊销费用扣除的无形资产。

2. 摊销方法和年限

(1)无形资产按照直线法计算的摊销费用，准予扣除；

(2)当月增加的无形资产，当月开始摊销；当月减少的无形资产，当月不再摊销；

(3)无形资产的摊销年限不得少于10年；作为投资或者受让的无形资产，在有关法律或协议、合同中规定使用年限的，可依其规定使用年限分期计算摊销；

(4)外购商誉的支出，在企业整体转让或清算时，准予扣除。

『提示』企业外购的软件，凡符合固定资产或无形资产确认条件的，可以按照固定资产或无形资产进行核算，其折旧或摊销年限可以适当缩短，最短可为2年(含)。

(三)长期待摊费用的税务处理★★★

(1)已足额提取折旧的固定资产的改建支出，按照固定资产预计尚可使用年限分期摊销。

(2)租入固定资产的改建支出，按照合同约定的剩余租赁期限分期摊销。

固定资产改建支出是指企业改变房屋、建筑物结构、延长使用年限等发生的支出。

(3)固定资产的大修理支出，按照固定资产尚可使用年限分期摊销。

固定资产大修理支出是指同时符合下列条件的支出：

①修理支出达到取得固定资产时的计税基础50%以上；

②修理后固定资产的使用年限延长2年以上。

【知识点拨】注意固定资产后续支出的税务处理(见表3-35)。

表3-35　固定资产后续支出的税务处理

类别			税务处理
房屋、建筑物支出	日常维修支出		列入当期费用
	改建支出	租入的、已提足折旧的	列入长期待摊费用
		自有未提足折旧 推倒重置	并入重置固定资产计税基础
		提升功能、增加面积	增加固定资产计税基础
其他固定资产	日常修理费用		列入当期费用
	大修理支出		长期待摊费用

(4) 其他应当作为长期待摊费用的支出。

① 自支出发生月份的次月起,分期摊销,摊销年限不得低于 3 年。

② 开办费:开办费可以在开始经营之日的当年一次性扣除,也可按长期待摊费用处理(不低于 3 年摊销)。

【知识点拨】 开办费问题。

(1) 不得在开办费中列支的内容。

投资各方在商谈筹办企业时发生的差旅费用;投资者以贷款形式投入的资本金所发生的利息支出;购进资产发生的相关费用,如买价、运输费、安装调试费等,专为购买固定资产贷款的利息,用外汇结算形式购进固定资产、无形资产的汇兑损益等。

(2) 可作长期待摊费用,在不短于 3 年的时间内摊销;也可以在开始经营之日的当年一次性扣除,但一经选定,不得改变。

(四)存货的税务处理 ★★★

可以采用先进先出法、加权平均法等方法核算存货成本,取消后进先出法。

(五)生物资产的税务处理 ★★★

(1) 生物资产分为消耗性生物资产、生产性生物资产和公益性生物资产。

(2) 生物资产中只有生产性生物资产涉及到折旧问题,其按照直线法计算的折旧,准予扣除。企业应当自生产性生物资产投入使用月份的次月起计算折旧。

生产性生物资产,是指为产出农产品、提供劳务或出租等目的而持有的生物资产,包括经济林、薪炭林、产畜和役畜等。

(3) 生产性生物资产计算折旧的最低年限如下:

① 林木类生产性生物资产,为 10 年;

② 畜类生产性生物资产,为 3 年。

📝 精选例题

【例题 28·单选题】 下列关于资产的折旧或摊销处理中,错误的是( )。

A. 生产性生物资产的支出,准予按成本一次性扣除

B. 林木类生产性生物资产,最低折旧年限为 10 年

C. 自行开发无形资产的费用化支出,不得计算摊销费用

D. 已足额提取折旧的固定资产的改建支出,按固定资产预计尚可使用年限分期摊销

解析 ▶ 生产性生物资产的支出,准予摊销扣除,不得一次性扣除。 **答案** ▶ A

(六)主要审核要点 ★★

(1) 企业有无将资本性支出作收益性支出处理。

(2) 有无将应计入固定资产、无形资产的成本计入当期费用的问题。

(3) 折旧、摊销的计提是否正确;注意最短折旧年限的规定。

📝 精选例题

【例题 29·综合分析题】 2020 年年底修建仓库发生运杂费合计 50 000 元,取得普通发票,企业账务处理为:

借:销售费用——运杂费　　50 000

　　贷:银行存款　　　　　　　　50 000

经核查,仓库尚未完工。请问账务处理是否正确?对企业所得税会产生怎样的影响?

答案 ▶

账务处理错误。修建仓库发生的运杂费用 50 000 元,属于资本性支出,应计入在建工程,不应在当期费用中列支,应将销售费用中包含的 50 000 元,转入在建工程科目中,同时调增会计利润和应纳税所得额 50 000 元。

五、税收优惠

扫我解疑难

(一)加计扣除优惠——税基式优惠 ★★

1. 研究开发费用加计扣除的纳税审核和鉴证服务

(1) 研发费用加计扣除的基本规定。

① 一般企业研发费用的加计扣除。

自 2018.1.1~2023.12.31,企业开展研发活动发生的研究开发费用,未形成无形资产

计入当期损益的,在按规定据实扣除的基础上,按研究开发费用的75%加计扣除;形成无形资产的,按无形资产成本的175%进行摊销。

②制造业企业研发费用的加计扣除。

除制造业企业开展研发活动中实际发生的研发费用,未形成无形资产计入当期损益的,在按规定据实扣除的基础上,自2021年1月1日起,再按照实际发生额的100%在税前加计扣除;形成无形资产的,自2021年1月1日起,按照无形资产成本的200%在税前摊销。

【知识点拨1】制造业企业:以制造业业务为主营业务,享受优惠当年主营业务收入占收入总额的比例达到50%以上的企业。

【知识点拨2】企业预缴申报当年第3季度(按季预缴)或9月份(按月预缴)企业所得税时,可以自行选择就当年上半年研发费用享受加计扣除优惠政策,采取"自行判别、申报享受、相关资料留存备查"办理方式。

企业办理第3季度或9月份预缴申报时,未选择享受研发费用加计扣除优惠政策的,可在次年办理汇算清缴时统一享受。

(2)可加计扣除的费用范围。

①人员人工费用——含五险一金。

直接从事研发活动人员的工资薪金、基本养老保险费、基本医疗保险费、失业保险费、工伤保险费、生育保险费和住房公积金,以及外聘研发人员的劳务费用。

②直接投入费用。

第一,研发活动直接消耗的材料、燃料和动力费用;

第二,用于中间试验和产品试制的模具、工艺装备开发及制造费,不构成固定资产的样品、样机及一般测试手段购置费,试制产品的检验费;

第三,用于研发活动的仪器、设备的运行维护、调整、检验、维修等费用,以及通过经营租赁方式租入的用于研发活动的仪器、设备租赁费。

③折旧费用。

用于研发活动的仪器、设备的折旧费。

④无形资产摊销。

用于研发活动的软件、专利权、非专利技术(包括许可证、专有技术、设计和计算方法等)的摊销费用。

⑤新产品设计费、新工艺规程制定费、新药研制的临床试验费、勘探开发技术的现场试验费。

⑥其他相关费用。

与研发活动直接相关的其他费用,如技术图书资料费、资料翻译费、专家咨询费、高新科技研发保险费,研发成果的检索、分析、评议、论证、鉴定、评审、评估、验收费用,知识产权的申请费、注册费、代理费、差旅费、会议费等。此项费用总额不得超过可加计扣除研发费用总额的10%。

⑦财政部和国家税务总局规定的其他费用。

(3)下列活动不适用税前加计扣除政策:

①企业产品(服务)的常规性升级;

②对某项科研成果的直接应用;

③企业在商品化后为顾客提供的技术支持活动;

④对现存产品、服务、技术、材料或工艺流程进行的重复或简单改变;

⑤市场调查研究、效率调查或管理研究;

⑥作为工业(服务)流程环节或常规的质量控制、测试分析、维修维护;

⑦社会科学、艺术或人文学方面的研究。

(4)下列行业不适用加计扣除:

①烟草制造业;

②住宿和餐饮业;

③批发和零售业;

④房地产业;

⑤租赁和商务服务业;

⑥娱乐业;

⑦财政部和国家税务总局规定的其他行业。

(5)特别事项的处理。

①企业委托外部机构或个人进行研发活动

所发生的费用，按照费用实际发生额的80%计入委托方研发费用并计算加计扣除，受托方不得再进行加计扣除。委托外部研究开发费用实际发生额应按照独立交易原则确定。

自2018年1月1日起，委托境外进行研发活动所发生的费用，按照费用实际发生额的80%计入委托方的委托境外研发费用。委托境外研发费用不超过境内符合条件的研发费用2/3的部分，可以按规定在企业所得税前加计扣除。上述所称委托境外进行研发活动不包括委托境外个人进行的研发活动。

②企业共同合作开发的项目，由合作各方就自身实际承担的研发费用分别计算加计扣除。

③企业集团根据生产经营和科技开发的实际情况，对技术要求高、投资数额大，需要集中研发的项目，其实际发生的研发费用，可以按照权利和义务相一致、费用支出和收益分享相配比的原则，合理确定研发费用的分摊方法，在受益成员企业间进行分摊，由相关成员企业分别计算加计扣除。

④企业为获得创新性、创意性、突破性的产品进行创意设计活动而发生的相关费用，可按照规定进行税前加计扣除。

⑤由财政和上级部门拨付的研发费用。

a. 如果取得的政府补助属于不征税收入，那么由政府补助形成的研发费用不允许扣除，更不允许加计扣除；

b. 如果所取得的政府补助属于应税收入，那么由政府补助形成的研发费用允许扣除，也可以依法进行加计扣除。

【知识点拨】根据国家税务总局公告2017年第40号《关于研发费用税前加计扣除归集范围有关问题的公告》的规定，企业取得的政府补助，会计处理时采用直接冲减研发费用方法且税务处理时未将其确认为应税收入的，应按冲减后的余额计算加计扣除金额。

既会计上对政府补助采用的是净额法核算，且税法上属于不征税收入的，应按冲减后的余额计算加计扣除金额。

⑥固定资产加速折旧对研发费用加计扣除的影响。

企业用于研发活动的仪器、设备，符合税法规定且选择加速折旧优惠政策的，在享受研发费用税前加计扣除政策时，就税前扣除的折旧部分计算加计扣除。

2. 特定人员工资加计扣除

企业安置残疾人员的，在按照支付给残疾职工工资据实扣除的基础上，按照支付给残疾职工工资的100%加计扣除。

真题精练（客观题）

（2017年单选题）下列适用企业所得税研究开发费用加计扣除政策的行业是（　　）。

A. 烟草制造业
B. 新能源汽车制造业
C. 房地产业
D. 娱乐业

解析　下列行业不适用加计扣除：①烟草制造业；②住宿和餐饮业；③批发和零售业；④房地产业；⑤租赁和商务服务业；⑥娱乐业；⑦财政部和国家税务总局规定的其他行业。　答案　B

（二）税额抵免优惠——税额式优惠 ★★★

企业购置并实际使用符合规定的环境保护、节能节水、安全生产等专用设备的，该专用设备投资额的10%可以从企业当年的应纳税额中抵免；当年不足抵免的，可以在以后5个纳税年度结转抵免。

【知识点拨】专用设备投资额不包括可以抵扣的增值税进项税额。

企业购置上述专用设备在5年内转让、出租的，应当停止享受企业所得税优惠，并补缴已经抵免的企业所得税税款。转让的受让方可以按照该专用设备投资额的10%抵免当年企业所得税应纳税额，当年不足抵免的，可以在以后5个纳税年度结转抵免。

精选例题

【例题30·简答题】某企业于2020年购置并实际使用了《环境保护专用设备企业所得

税优惠目录》内的环境保护专用设备，设备投资额为1 000万元。2020年企业的应纳税所得额为600万元。应该如何进行抵免？

答案

2020年应纳税额=600×25%=150(万元)

设备投资额的10%为100万元，可以抵免2020年所得税100万元，实际缴纳50万元所得税。

(三) 免征、减征企业所得税——税基式优惠★★★

1. 从事农、林、牧、渔业项目的所得

(1) **免征**企业所得税。

企业从事下列项目的所得，免征企业所得税：

①蔬菜、谷物、薯类、油料、豆类、棉花、麻类、糖料、水果、坚果的种植；

②林木的培育和种植；

③牲畜、家禽的饲养；

④林产品的采集；

⑤灌溉、农产品初加工、兽医、农技推广、农机作业和维修等农、林、牧、渔服务业项目；

⑥远洋捕捞；

⑦"公司+农户"经营模式从事农、林、牧、渔业项目生产的企业。

(2) **减半**征收企业所得税。

企业从事下列项目的所得，减半征收企业所得税：

①花卉、茶以及其他饮料作物和香料作物的种植；

②海水养殖、内陆养殖。

企业从事国家限制和禁止发展的项目，不得享受企业所得税优惠。

2. 从事国家重点扶持的**公共基础设施项目**的投资经营所得

自项目**取得第一笔生产经营收入**所属纳税年度起，第一年至第三年免征企业所得税，第四年至第六年减半征收企业所得税——即实行"**三免三减半**"的税收优惠政策。

3. 从事符合条件的**环境保护**、**节能节水**项目的所得

自项目**取得第一笔生产经营收入**所属纳税年度起，第一年至第三年免征企业所得税，第四年至第六年减半征收企业所得税——即实行"**三免三减半**"的税收优惠政策。

企业投资经营的享受减免税优惠的项目，在减免税期限内转让的，受让方自受让之日起，可以在剩余期限内享受规定的减免税优惠；减免税期限届满后转让的，受让方不得就该项目重复享受减免税优惠。

4. 符合条件的技术转让所得(非常重要)

在一个纳税年度内，居民企业技术转让所得不超过**500万元**的部分，**免征**企业所得税；**超过500万元**的部分，**减半**征收企业所得税。

【知识点拨】

(1) 根据技术转让所得，而非收入，确定企业所得税的优惠政策。

技术转让所得=技术转让收入-技术转让成本-相关税费

技术转让收入是指当事人履行技术转让合同后获得的价款，包括转让方为使受让方掌握所转让的技术投入使用、实现产业化而提供必要的技术咨询、技术服务、技术培训所产生的收入。上述技术咨询、技术服务、技术培训所产生的收入要具有相关性，一并收取价款；技术转让收入不包括销售或转让设备、仪器、零部件、原材料等非技术性收入。

(2) 技术转让的范围：居民企业转让专利技术、计算机软件著作权、集成电路布图设计权、植物新品种、生物医药新品种以及财政部、国家税务总局确定的其他技术。

(3) 技术转让，是指居民企业转让其拥有的技术所有权或5年以上(含5年)全球独占许可使用权的行为。

(4) **超过500万元**的部分，**减半**征收企业所得税，是按照**25%的税率减半**征收企业所得税。

(5) 居民企业从直接或间接持有股权之和达到**100%**的关联方取得的技术转让所得，不享受技术转让减免企业所得税优惠政策。

(6)试点纳税人提供技术转让、技术开发和与之相关的技术咨询、技术服务,免征增值税。

5.集成电路生产企业或项目所得(见表3-36)

表3-36 集成电路生产企业或项目所得的税收优惠

情形	税收优惠
自2020年1月1日起,国家鼓励的集成电路线宽≤28纳米,且经营期在15年以上的集成电路生产企业或项目	10免
国家鼓励的集成电路线宽≤65纳米,且经营期在15年以上的集成电路生产企业或项目	5免5减半(按25%减半)
国家鼓励的集成电路线宽≤130纳米,且经营期在10年以上的集成电路生产企业或项目	2免3减半(按25%减半)
国家鼓励的线宽≤130纳米的集成电路生产企业,属于国家鼓励的集成电路生产企业清单年度之前5个纳税年度发生的尚未弥补完的亏损	准予向以后年度结转,总结转年限最长不得超过10年
国家鼓励的集成电路设计、装备、材料、封装、测试企业和软件企业	自获利年度起,2免3减半(按25%减半)
国家鼓励的重点集成电路设计企业和软件企业	自获利年度起,5免,接续年度减按10%的税率征收企业所得税

【知识点拨】对于按照集成电路生产企业享受税收优惠政策的,优惠期自获利年度起计算;对于按照集成电路生产项目享受税收优惠政策的,优惠期自项目取得第一笔生产经营收入所属纳税年度起计算,集成电路生产项目需单独进行会计核算、计算所得,并合理分摊期间费用。此部分内容的学习与第8章的"代理软件和集成电路产业企业所得税优惠事项资料报告业务"的内容结合起来学习。

(四)减按15%的税率征收企业所得税的优惠★★★

(1)国家需要重点扶持的高新技术企业,减按15%的税率征收企业所得税。

【知识点拨】高新技术企业认定专项鉴证服务*的重点是高新技术企业的条件。

(1)企业申请认定时须注册成立一年以上;

(2)企业通过自主研发、受让、受赠、并购等方式,获得对其主要产品(服务)在技术上发挥核心支持作用的知识产权的所有权;

(3)对企业主要产品(服务)发挥核心支持作用的技术属于《国家重点支持的高新技术领域》规定的范围;

(4)企业从事研发和相关技术创新活动的科技人员占企业当年职工总数的比例≥10%;

(5)企业近三个会计年度(实际经营期不满三年的按实际经营时间计算)的研究开发费用总额占同期销售收入总额的比例符合如下要求(见表3-37):

表3-37 研究开发费用总额占同期销售收入总额的相关要求

销售收入	比例
最近一年销售收入≤5 000万元的	比例≥5%
5 000万元至2亿元(含)的	比例≥4%
在2亿元以上的	比例≥3%

企业在中国境内发生的研究开发费用总额占全部研究开发费用总额的比例不低于60%

(6)近一年高新技术产品(服务)收入占企业同期总收入的比例≥60%;

(7)企业创新能力评价应达到相应要求;

(8)企业申请认定前一年内未发生重大安全、重大质量事故或严重环境违法行为。

---

* 教材第6章的内容。

(2)对经认定的技术先进型服务企业,减按15%的税率征收企业所得税。

(3)对符合条件的从事污染防治的第三方企业减按15%的税率征收企业所得税。

第三方防治企业是指受排污企业或政府委托,负责环境污染治理设施(包括自动连续监测设施)运营维护的企业。

(五)小型微利企业的税收优惠(见表3-38)★★★

自2019年1月1日至2020年12月31日,对小型微利企业年应纳税所得额不超过100万元的部分,减按25%计入应纳税所得额,按20%的税率缴纳企业所得税。自2021年1月1日至2022年12月31日,对小型微利企业年应纳税所得额不超过100万元的部分,减按12.5%计入应纳税所得额,按20%的税率缴纳企业所得税。自2019年1月1日至2021年12月31日,对小型微利企业年应纳税所得额超过100万元但不超过300万元的部分,减按50%计入应纳税所得额,按20%的税率缴纳企业所得税。

表3-38 小型微利企业的税收优惠

项目	指标	具体规定	
		国家非限制和禁止行业	备注
小型微利企业条件	年度应纳税所得额	≤300万元	以企业所得税纳税申报主表23行为准;弥补亏损后的数字
	从业人数	≤300人	包括与企业签订劳动合同的人员和接受的劳务派遣人员
	资产总额	≤5 000万元	按照季度平均值计算
小型微利企业税收优惠	年应纳税所得额≤100万元	减按12.5%计入应纳税所得额,按20%的税率缴纳企业所得税	相当于适用2.5%的税率
	100万元<年应纳税所得额≤300万元	减按50%计入应纳税所得额,按20%的税率缴纳企业所得税	相当于适用10%的税率;应纳税额=应纳税所得额×10%-7.5

【知识点拨】

(1)年度应纳税所得额:以弥补亏损后的数字为准;

(2)符合条件的小型微利企业,无论采取查账征收方式还是核定征收方式均可享受小型微利企业所得税优惠政策;

(3)仅就来源于我国所得负有我国纳税义务的非居民企业,不适用小型微利企业的规定。

(六)海南自贸港的税收优惠★★★

(1)对注册在海南自由贸易港并实质性运营的鼓励类产业企业,减按15%的税率征收企业所得税。

鼓励类产业企业:以海南自由贸易港鼓励类产业目录中规定的产业项目为主营业务,且其主营业务收入占企业收入总额60%以上的企业。

实质性运营:企业的实际管理机构设在海南自由贸易港,并对企业生产经营、人员、账务、财产等实施实质性全面管理和控制。

对总机构设在海南自由贸易港的符合条件的企业,仅就其设在海南自由贸易港的总机构和分支机构的所得,适用15%税率;对总机构设在海南自由贸易港以外的企业,仅就其设在海南自由贸易港内的符合条件的分支机构的所得,适用15%税率。

(2)对在海南自由贸易港设立的<u>旅游业、现代服务业、高新技术产业企业新增境外直接投资取得</u>的所得,免征企业所得税。

新增境外直接投资所得应当符合以下条件：

①从境外新设分支机构取得的营业利润，或从持股比例超过20%（含）的境外子公司分回的，与新增境外直接投资相对应的股息所得；

②被投资国（地区）的企业所得税法定税率不低于5%。

(3)对在海南自由贸易港设立的企业，新购置（含自建、自行开发）固定资产或无形资产，单位价值不超过500万元（含）的，允许一次性计入当期成本费用在计算应纳税所得额时扣除；新购置（含自建、自行开发）固定资产或无形资产，单位价值超过500万元的，可以缩短折旧、摊销年限或采取加速折旧、摊销的方法。

固定资产：除房屋、建筑物以外的固定资产。

由于近年来我国税收政策的一个主旋律是减税降费，因此大家要在注意总结有关税收优惠政策。

📝 **真题精练（主观题）**

(2019年简答题，改)某从事电子元器件生产的工业企业，2021年第一季度季初从业人数100人，季末从业人数120人；季初资产总额2 900万元，季末资产总额3 000万元；第一季度销售额3 100万元，应纳税所得额190万元。

请逐一回答下列问题：

(1)企业第一季度预缴企业所得税时，能否享受小型微利企业的企业所得税优惠政策？

(2)2021年1月1日起至2022年12月31日止，享受小型微利企业所得税优惠的条件是什么？可以享受怎样的企业所得税优惠？

(3)小型微利企业优惠条件中从业人数和资产总额是如何确定的？请列出计算公式。

📝 **真题精练（主观题）答案**

【答案】

(1)该企业第一季度预缴企业所得税时，可以享受小型微利企业的税收优惠。

(2)①享受小型微利企业所得税优惠的条件：从事国家非限制和禁止行业，且同时符合年度应纳税所得额不超过300万元、从业人数不超过300人、资产总额不超过5 000万元等条件。

②可以享受的企业所得税优惠政策：自2019年1月1日至2020年12月31日，对小型微利企业年应纳税所得额不超过100万元的部分，减按25%计入应纳税所得额，按20%的税率缴纳企业所得税。自2021年1月1日至2022年12月31日，对小型微利企业年应纳税所得额不超过100万元的部分，减按12.5%计入应纳税所得额，按20%的税率缴纳企业所得税。自2019年1月1日至2021年12月31日，对小型微利企业年应纳税所得额超过100万元但不超过300万元的部分，减按50%计入应纳税所得额，按20%的税率缴纳企业所得税。

(3)从业人数和资产总额指标，应按企业全年的季度平均值确定。具体计算公式如下：

季度平均值=（季初值+季末值）÷2

全年季度平均值=全年各季度平均值之和÷4

(七)创业投资企业的税收优惠★★

创业投资企业采取**股权**投资方式投资于**未上市**的**中小高新技术企业2年**以上的，可以按照其**投资额**的**70%**在股权持有满2年的当年抵扣该创业投资企业的**应纳税所得额**；当年不足抵扣的，可以在以后纳税年度**结转抵扣**。

(八)减计收入优惠★★

企业以《资源综合利用企业所得税优惠目录》规定的资源作为主要原材料，生产非国家限制和禁止并符合国家和行业相关标准的产品取得的收入，**减按90%**计入收入总额。

(九)非居民企业优惠★

非居民企业在中国境内未设立机构、场所的，或者虽设立机构、场所但取得的所得与其所设机构、场所没有实际联系的，减按

10%税率征收企业所得税。

下列所得可以免征企业所得税：

（1）外国政府向中国政府提供贷款取得的利息所得；

（2）国际金融组织向中国政府和居民企业提供优惠贷款取得的利息所得；

（3）经国务院批准的其他所得。

📝 **精选例题**

【例题31·多选题】企业下列的账务处理中，税务师在进行企业所得税汇算清缴时，应纳税调整增加的有（ ）。

A. 接受的货币捐赠计入"资本公积"

B. 安置残疾人员按规定可加计扣除的工资费用，未作扣除

C. 因逾期归还流动资金贷款，银行加收的罚息计入"财务费用"

D. 超过税法规定税前扣除标准的业务招待费，计入"管理费用"

E. 购置办公用品因取得普票无法抵扣进项税额，价税合计全额计入"管理费用"

解析 ▶ 选项A，接受的捐赠（包括货币捐赠和非货币捐赠）应该计入收入总额计算纳税，由于企业账务处理计入了"资本公积"，因此应纳税调增；选项B，加计扣除的残疾职工工资应纳税调减；选项C，银行加收的罚息，税前允许扣除，无需纳税调整；选项D，超过扣除限额的业务招待费需要纳税调增；选项E，不能抵扣的进项税额企业所得税前允许扣除，无需纳税调整。 答案 ▶ AD

【例题32·单选题】下列关于税收优惠政策的描述，不正确的是（ ）。

A. 企业从事远洋捕捞项目的所得，免征企业所得税；企业从事海水养殖项目的所得，减半征收企业所得税

B. 企业购置并实际使用的节能节水、安全生产等专用设备，该专用设备的投资额的10%可以从企业当年的应纳税额中抵免，当年不足抵免的，不可以结转以后年度抵扣

C. 对注册在海南自由贸易港并实质性运营的鼓励类产业企业，减按15%的税率征收企业所得税

D. 企业新购入一批单位价值为4 000元的设备，无需计提折旧，可以一次性计入当期成本费用在计算应纳税所得额时扣除

解析 ▶ 选项B，当年不足抵免的，可以在以后5个纳税年度结转抵免。 答案 ▶ B

六、应纳税所得额的审核

扫我解疑难

（一）弥补亏损的审核★★★

（1）税法上的亏损。

（2）弥补年限：一般企业为5年。

①自2018年1月1日起，当年具备<u>高新技术企业或科技型中小企业</u>资格的企业，其具备资格年度之前5个年度发生的尚未弥补完的亏损，准予结转以后年度弥补，最长结转年限由5年延长至10年。

②国家鼓励的<u>线宽≤130纳米的集成电路生产企业</u>，属于国家鼓励的集成电路生产企业清单年度之前5个纳税年度发生的尚未弥补完的亏损，准予向以后年度结转，<u>总结转年限最长不得超过10年</u>；

③受疫情影响较大的<u>困难行业企业、电影行业企业</u>2020年度发生的亏损<u>最长结转年限延长至8年</u>。

困难行业企业：交通运输、餐饮、住宿、旅游（指旅行社及相关服务、游览景区管理两类）四大类。困难行业企业2020年度主营业务收入须占收入总额（剔除不征税收入和投资收益）的50%以上。

电影行业企业限于电影制作、发行和放映等企业，不包括通过互联网、电信网、广播电视网等信息网络传播电影的企业。

（3）<u>企业筹办期间不计算为亏损年度</u>，企业自开始生产经营的年度，为开始计算企业损益的年度。企业从事生产经营之前进行筹办活动期间发生筹办费用支出，不得计算为当期的亏损，企业可以在开始经营之日的当年一次性扣除，也可以按照税法有关长期待

摊费用的处理规定处理，但一经选定，不得改变。

（4）企业在汇总计算缴纳企业所得税时，其境外营业机构的亏损不得抵减境内营业机构的盈利。

（二）查增的应纳税所得额的税务处理 ★★

税务机关对企业以前年度纳税情况进行检查时调增的应纳税所得额，凡企业以前年度发生亏损、且该亏损属于企业所得税法规定允许弥补的，应允许调增的应纳税所得额弥补该亏损。弥补该亏损后仍有余额的，按照企业所得税法规定计算缴纳企业所得税。

对检查调增的应纳税所得额应根据其情节，依有关规定进行处理或处罚。

（三）外国企业常驻代表机构应税所得的审核要点 ★★

（1）采取查账征税方法应税所得的核查（简单了解）。

（2）核定征税方法见表3-39。

代表机构的核定利润率不应低于15%。

表3-39 核定征税方法下如何计算应纳税额

情形	应纳税额
按收入总额核定应纳税所得额	应纳企业所得税额=收入总额×核定利润率×企业所得税率
按经费支出换算收入	换算的收入额=本期经费支出额÷(1-核定利润率) 应纳企业所得税额=换算的收入额×核定利润率×企业所得税率

经费支出的审核要点：

①总机构直接支付给常驻代表机构雇员的工资可不入账，但属于该纳税人的经费支出；

②购置固定资产所发生的支出，以及代表机构设立时或者搬迁等原因发生的装修费支出，应在发生时一次性作为经费支出额换算收入计税；

③利息收入不得冲减经费支出额，发生的实际应酬费，以实际发生数额计入经费支出额；

④以货币形式用于我国境内公益、救济性质的捐赠，滞纳金和罚款，以及为其总机构垫付的不属于其自身业务活动的费用，不作为经费支出。

（四）外币业务审核要点 ★★

企业所得以人民币以外的货币计算的，预缴企业所得税时，应当按照月度或者季度最后一日的人民币汇率中间价，折合成人民币计算应纳税所得额。年终汇算清缴时，对已经按照月度或者季度预缴税款的，不再重新折合计算，只就该纳税年度内未缴纳企业所得税的部分，按照纳税年度最后一日的人民币汇率中间价，折合成人民币计算应纳税所得额。

（五）清算所得的审核要点 ★★

1. 被清算企业的税务处理（见表3-40）

表3-40 被清算企业的税务处理

程序	清算所得的计算
进入清算程序	清算所得=全部资产可变现价值或交易价格-资产的计税基础+债务清偿损益-清算费用、相关税费 应将清算期作为一个独立的纳税年度计算清算所得
计算清算所得	
缴纳企业所得税	
向所有者分配剩余资产	

2. 清算企业向所有者分配剩余资产

（1）企业全部资产的可变现价值或交易价格减除清算费用、职工的工资、社会保险费用和法定补偿金，结清清算所得税、以前年度欠税等税款，清偿企业债务，按规定计算可以向所有者分配的剩余资产。

清算所得与剩余资产的区别见表3-41。

表3-41 清算所得与剩余资产的区别

清算所得	剩余资产
需要考虑资产、债务的原计税基础	无须考虑资产、债务的原计税基础
—	需要考虑清算所得税

被清算企业的股东从被清算企业分得的资产应按可变现价值或实际交易价格确定计税基础。

（2）股东取得剩余资产的税务处理见表3-42。

表3-42 股东取得剩余资产的税务处理

性质	法人股东	个人股东
投资成本的回收	不纳税	不纳税
股息所得	符合条件的股息所得免征企业所得税；纳税调减	缴纳个税，适用税率20%
投资资产转让所得或损失	并入应纳税所得额征收企业所得税	

精选例题

【例题33·单选题】某企业进入清算阶段，该企业资产的账面价值5 700万元，负债的账面价值3 300万元，实收资本2 000万元，盈余公积800万元，累计亏损400万元，其中未超过税前弥补期的亏损是100万元。该企业全部资产可变现价值6 960万元，资产的计税基础5 900万元，依据协议债务清理实际偿还3 000万元，其余无需偿还。企业清算期内支付清算费用80万元，清算过程中发生的相关税费为20万元。该企业清算阶段应缴纳的企业所得税为（ ）万元。

A. 152.5   B. 127.5
C. 290   D. 215

解析 ▶ 清算所得=6 960-5 900+(3 300-3 000)-80-20=1 260（万元）

清算的应纳税所得额=1 260-100=1 160（万元）

应纳企业所得税=1 160×25%=290（万元）

答案 ▶ C

【例题34·单选题】资料同上题，清算企业能够向投资者分配的剩余资产为（ ）万元。

A. 3 045   B. 6 345
C. 6 560   D. 3 570

解析 ▶ 可以分配的剩余资产=6 960-80-20-290-3 000=3 570（万元）

答案 ▶ D

七、长期股权投资的税务处理

扫我解疑难

本知识点是历年考试的重点，经常作为简答题、综合分析题的考点出现。

（一）成本法下各阶段的账务处理与税会差异（见表3-43）

表3-43 成本法下各阶段的账务处理与税会差异

阶段	账务处理	税会差异
投资时	借：长期股权投资 　　贷：银行存款等	—
决定分配利润时	借：应收股利 　　贷：投资收益	免税收入，纳税调减——永久性差异，填写A107011的第6、7列

续表

阶段	账务处理	税会差异
收到股利时	借：银行存款 　　贷：应收股利	—

(二)权益法下各阶段的账务处理与税会差异(见表3-44)

表3-44　权益法下各阶段的账务处理与税会差异

阶段	税会差异	纳税申报表
投资阶段	投资成本的确认可能有差异	A105000《纳税调整项目明细表》的第5行
持有阶段	投资收益的确认时间存在差异	A105030《投资收益纳税调整明细表》"持有收益"部分
	免税收入	纳税调减——永久性差异，填写A107011的第6、7列
处置阶段	确认的投资收益金额存在差异	A105030《投资收益纳税调整明细表》"处置收益"部分

1. 第一阶段：投资阶段(见表3-45)

(1)按投资成本记录长期股权投资的账面价值。

　　借：长期股权投资
　　　　贷：银行存款等

(2)比较初始投资成本与投资时可享有被投资单位可辨认净资产公允价值的份额，对于初始投资成本小于应享有被投资单位可辨认净资产公允价值份额的，应调整长期股权投资账面价值，计入取得投资当期的损益。

　　借：长期股权投资
　　　　贷：银行存款
　　　　　　营业外收入

表3-45　权益法下投资阶段的税会差异

情形	会计处理	税会差异
吃亏——初始投资成本大于取得投资时应享有被投资单位可辨认净资产公允价值份额	借：长期股权投资——投资成本 　　贷：银行存款	无差异
占便宜——初始投资成本小于取得投资时应享有被投资单位可辨认净资产公允价值份额	借：长期股权投资——投资成本 　　贷：银行存款 　　　　营业外收入	有差异，纳税调减，填写A105000第5行

2. 第二阶段：持有阶段(见表3-46)

表3-46　权益法下持有阶段的税会差异

情形	账务处理	税会差异	表格填写
被投资方所有者权益变化时	借：长期股权投资——损益调整 　　贷：投资收益	会计：确认投资收益 税收：不确认	纳税调减； A105030，再转入A105000
决定分配股利时	借：应收股利 　　贷：长期股权投资——损益调整	会计：不再确认 税收：确认	纳税调增；A105030，再转入A105000 免税调减：A107011
收到股利时	借：银行存款 　　贷：应收股利	无差异	—

3. 第三阶段：长期股权投资的处置阶段

结转与所售股权相对应的长期股权投资的账面价值，出售所得价款与处置长期股权投资账面价值之间的差额，记入处置损益。

借：银行存款
　　贷：长期股权投资
　　　　投资收益

在处置阶段，由于会计与税法的投资成本不一致，因此税会确认的投资收益不同，需要通过 A105030（税收上有收益时）或 A105090（税收上有损失时）进行纳税调整，从而使得长期股权投资的税会暂时性差异消失。

权益法下税会差异见图 3-1。

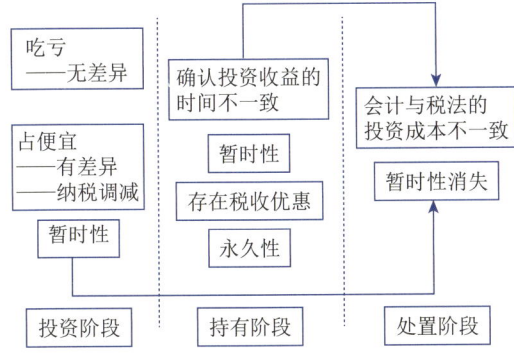

图 3-1　权益法下税会差异

真题精练（主观题）

（2017 年简答题）2016 年 8 月甲公司将持有的乙公司股票全部转让，取得转让收入 7 500 万元，经审核发现，甲公司向乙公司投资时支付款项 6 000 万元，并拥有乙公司 40% 股权，采用权益法核算，在股权转让时，该项投资账面记录为"长期股权投资——投资成本"借方余额 6 000 万元和"长期股权投资——损益调整"借方 2 000 万元。

（1）作出甲公司该项股权转让业务的会计分录。
（2）该项股权的应纳税所得额，并说明在 2016 年汇算清缴时如何进行纳税调整？

真题精练（主观题）答案

【答案】
（1）转让股权的会计处理：
借：银行存款　　　　　75 000 000
　　投资收益　　　　　 5 000 000
　　贷：长期股权投资——成本
　　　　　　　　　　　60 000 000
　　　　长期股权投资——损益调整
　　　　　　　　　　　20 000 000

（2）股权转让前长期股权投资在所得税上的计税基础为投资成本 6 000 万元。

股权转让应纳税所得额：7 500－6 000＝1 500（万元）。

所得税汇算清缴时需要调增应纳税所得额 2 000 万元。

八、企业重组的税务处理

扫我解疑难

本知识点是难点，非一级重点。

包括企业法律形式改变、债务重组、股权收购、资产收购、合并、分立等。

（一）企业重组的税务处理类型分为一般性税务处理和特殊性税务处理（见表 3-47）★★

表 3-47　企业重组的税务处理类型

类型		具体规定
一般性税务处理		按公允价值确认资产的转让所得或损失，按公允价值确认资产或负债的计税基础
特殊性税务处理	非股权支付部分	
	股权支付部分	暂不确认有关资产的转让所得或损失；按原计税基础确认新资产或负债的计税基础
	非股权支付对应的资产转让所得或损失＝（被转让资产的公允价值－被转让资产的计税基础）×（非股权支付金额÷被转让资产的公允价值）	

（二）适用特殊性税务重组的条件（见表 3-48）★★

企业重组同时符合下列条件的，适用特殊性税务处理规定。

表 3-48　适用特殊性税务处理的条件

类别	具体条件
1 个合理商业目的	（1）具有合理的商业目的，且不以减少、免除或者推迟缴纳税款为主要目的
2 个比例	（2）被收购、合并或分立部分的资产或股权比例符合 50% 以上的规定
	（3）重组交易对价中涉及股权支付金额符合 85% 以上的规定
2 个 12 个月	（4）企业重组后的连续 12 个月内不改变重组资产原来的实质性经营活动
	（5）企业重组中取得股权支付的原主要股东，在重组后连续 12 个月内，不得转让所取得的股权

适用特殊性税务处理情形的一些比例规定见表 3-49。

表 3-49　适用特殊性税务处理情形的一些比例规定

情形	具体规定
债务重组	债务重组确认的应纳税所得额占该企业当年应纳税所得额 50% 以上，可以在 5 个纳税年度的期间内，均匀计入各年度的应纳税所得额
	债转股
股权收购	收购企业购买的股权不低于被收购企业全部股权的 50%，且收购企业在该股权收购发生时的股权支付金额不低于其交易支付总额的 85%
资产收购	受让企业收购的资产不低于转让企业全部资产的 50%，且受让企业在该资产收购发生时的股权支付金额不低于其交易支付总额的 85%
合并	企业股东在该企业合并发生时取得的股权支付金额不低于其交易支付总额的 85%，以及同一控制下且不需要支付对价的企业合并
分立	被分立企业所有股东按原持股比例取得分立企业的股权，分立企业和被分立企业均不改变原来的实质经营活动，且被分立企业股东在该企业分立发生时取得的股权支付金额不低于其交易支付总额的 85%

精选例题

【例题 35·简答题】甲公司与乙公司达成股权收购协议，甲公司以本公司公允价值为 8 元/股的 5 400 万股和 4 800 万元银行存款收购乙公司的全资子公司丙公司 80% 的股份，从而使得丙公司成为甲公司的控股子公司。丙公司共有股权 10 000 万股，假定收购日丙公司每股资产的计税基础为 5 元，每股资产的公允价值为 6 元，交易各方承诺股权收购完成后不改变原有经营活动。针对此项业务，三个公司如何进行税务处理？甲、乙公司如何确定各自取得的股权的价格？

答案

三方：收购方——甲公司；转让方——乙公司；被收购企业——丙公司。

（1）计算股权支付比例。

股权收购中涉及的丙公司股权数量 = 10 000 万股 × 80% = 8 000（万股）

被转让资产的公允价值 = 8 000 万股 × 6 = 48 000（万元）

被转让资产的原计税基础 = 8 000 万股 × 5 = 40 000（万元）

股权支付的金额 = 5 400 × 8 = 43 200（万元）

股权支付所占比例 = 股权支付金额 ÷ 被转让资产的公允价值 = 43 200 ÷ 48 000 = 90%

非股权支付所占比例为 10%。

具体双方支付关系见下表所示：

情形	转让方：乙公司	收购方：甲公司
股权支付部分	支出：8 000 × 90% = 7 200 万股丙公司股权 收到：5 400 万股甲公司股权	收到：8 000 × 90% = 7 200 万股丙公司股权 支出：5 400 万股甲公司股权

续表

情形	转让方：乙公司	收购方：甲公司
非股权支付部分	支出：8 000×10%＝800万股丙公司股权 收到：4 800万银行存款	收到：8 000×10%＝800万股丙公司股权 支出：4 800万银行存款

(2) 税务处理方式。

由于该项股权收购中，收购企业购买的被收购企业的股权占被收购企业全部股权的80%，超过了50%；收购企业在该股权收购发生时的股权支付比例为90%，超过了交易支付总额的85%，且股权收购完成后不改变原有经营活动，因此该股权收购可以选择按照特殊性税务处理进行处理。

特殊性税务处理下，三方公司的各自税务处理方法见下表：

具体情形	转让方：乙公司	收购方：甲公司	被收购企业：丙公司
股权支付部分(90%)：暂不确认有关资产的转让所得或损失，按原计税基础确认新资产或负债的计税基础	(1) 乙公司转让的丙公司8 000万股股权的90%，即7 200万股股权暂不确认转让所得或损失。 (2) 乙公司取得甲公司5 400万股股权的计税基础，以其转让的丙公司股权的原有计税基础确定。 原有计税基础：5元/股 对应股份数：7 200万股 因此乙公司取得的甲公司5 400万股股权的计税基础为：36 000万元(7 200万股×5元/股)	甲公司取得丙公司7 200万股股权的计税基础，以收购股权的原有计税基础确定： 原有计税基础：5元/股 对应股份数：7 200万股 因此甲公司取得的丙公司7 200万股股权的计税基础为：36 000万元(7 200万股×5元/股)	丙公司的相关所得税事项保持不变，但股东要进行变更税务登记
非股权支付部分(10%)：按公允价值确认资产的转让所得或损失；按公允价值确认资产或负债的计税基础	乙公司取得4 800万元银行存款对应的资产转让所得＝(被转让资产的公允价值－被转让资产的计税基础)×(非股权支付金额÷被转让资产的公允价值)＝(48 000－40 000)×(4 800÷48 000)＝8 000×10%＝800(万元)	非股权支付所对应的800万股丙公司股权的计税基础为4 800万元 对应过程：800万股股权原计税基础为800×5＝4 000万元；加上乙公司相应的资产转让所得800万元，从而得到相应股份的公允价值。或者直接按支付的银行存款4 800万元确认这800万股份的计税基础	

甲公司取得丙公司8 000万股股权的计税基础合计为：4.08亿元，即股权支付部分36 000万元＋非股权支付部分(4 000万元原计税基础＋800万元资产转让所得)。

如采用一般性税务处理，三方公司的各自税务处理方法见下表：

转让方：乙公司	收购方：甲公司	被收购企业：丙公司
(1) 乙公司转让的丙公司8 000万股股权应确认的转让所得为8 000万元； (2) 乙公司取得甲公司5 400万股股权的计税基础，按公允价值确定：43 200万元	甲公司取得丙公司8 000万股股权的计税基础，以公允价值确定：48 000万元	丙公司的相关所得税事项保持不变，但股东要进行变更税务登记

(三)企业合并、分立过程中亏损的处理(见表3-50)★★★

表3-50 企业合并、分立过程中亏损的处理

类型		税务处理
企业合并	一般性	被合并企业的亏损**不得在合并企业结转**弥补
	特殊性	可由合并企业弥补的被合并企业亏损的**限额**=被合并企业**净**资产**公允价值**×截至合并业务发生当年年末国家发行的**最长期限的国债利率**
企业分立	一般性	企业分立相关企业的亏损**不得相互结转**弥补
	特殊性	被分立企业未超过法定弥补期限的亏损额可按**分立资产占全部资产的比例**进行分配,由分立企业继续弥补

精选例题

【例题36·简答题】2020年某摩托车生产企业合并一家小型股份公司,股份公司全部资产公允价值为5 700万元、全部负债为3 200万元、未超过弥补年限的亏损额为620万元。合并时摩托车生产企业给股份公司的股权支付额为2 300万元、银行存款200万元。2020年国家发行的最长期限的国债利率为6%。若该企业采用特殊性税务处理,分析可由该摩托车生产企业弥补的亏损。

答案 ▶

可以弥补的亏损限额
=被合并企业净资产公允价值×截至合并业务发生当年年末国家发行的最长期限的国债利率
=(5 700-3 200)×6%=150(万元)

未超过弥补年限的亏损额为620万元,只能由该某摩托车公司弥补150万元亏损。

(四)非货币性资产投资企业所得税处理 ★★★

(1)企业以非货币性资产对外投资确认的非货币性资产转让所得,可在**不超过5年期限**内,**分期均匀**计入相应年度的应纳税所得额,按规定计算缴纳企业所得税。

(2)企业以非货币性资产对外投资而取得被投资企业的股权,应以非货币性资产的原计税成本为计税基础,加上每年确认的非货币性资产转让所得,逐年进行调整。

被投资企业取得非货币性资产的计税基础,应按非货币性资产的公允价值确定。

(3)企业在对外投资5年内转让上述股权或投资收回的,应**停止执行**递延纳税政策,并就递延期内尚未确认的非货币性资产转让所得,在转让股权或投资收回当年的企业所得税年度汇算清缴时,一次性计算缴纳企业所得税;企业在计算股权转让所得时,可按规定将股权的计税基础一次调整到位。

(4)企业或个人以**技术成果**投资入股到境内居民企业,被投资企业支付的对价全部为股票(权)的,企业或个人:

a. 可选择5年内递延纳税;

b. 也可选择投资入股当期可暂不纳税,允许递延至转让股权时,按股权转让收入减去技术成果**原值**和合理税费后的差额计算缴纳所得税。

真题精练(主观题)

(2018年简答题,改)某设备制造厂系增值税一般纳税人,2020年6月以自产设备投资一家生物制药公司,该设备的不含税公允价值为2 000 000元,账面成本为1 400 000元,当年该厂的年应纳税所得额为5 000 000元。

(1)请写出设备制造厂此项投资业务的会计分录。

(2)设备制造厂对此项投资业务确认的所得若选择递延缴纳企业所得税,应如何处理?此项投资股权的计税基础如何确定?

(3)若设备制造厂选择递延缴纳企业所得税,生物制药公司取得该设备的计税基础如何确定?

(4)若设备制造厂选择递延缴纳企业所得税后第二年又将该项投资转让。企业所得税应如何处理？

真题精练（主观题）答案

【答案】

(1)会计分录如下：

借：长期股权投资　　　　　2 260 000
　　贷：主营业务收入　　　　2 000 000
　　　　应交税费——应交增值税(销项
　　　　税额)　　　　　　　　260 000
借：主营业务成本　　　　　1 400 000
　　贷：库存商品　　　　　　1 400 000

(2)居民企业(以下简称企业)以非货币性资产对外投资确认的非货币性资产转让所得，可在不超过5年期限内，分期均匀计入相应年度的应纳税所得额，按规定计算缴纳企业所得税。

2020年投资时的计税基础应该为设备的原计税基础(账面成本)1 400 000元。之后加上每年确认的非货币性资产转让所得(2 000 000-1 400 000)÷5=120 000(元)，逐年进行调整。

(3)生物制药企业应该以该设备的公允价值2 000 000元作为计税基础。

(4)该设备制造厂选择递延缴纳企业所得税后，第二年又将该项投资转让，应该一次性确认所得=2 000 000-(1 400 000+120 000)=480 000(元)。

【思路点拨】企业在对外投资5年内转让上述股权或投资收回的，应停止执行递延纳税政策，并就递延期内尚未确认的非货币性资产转让所得，在转让股权或投资收回当年的企业所得税年度汇算清缴时，一次性计算缴纳企业所得税。

(五)股权、资产划转的税务处理

对100%直接控制的居民企业之间，以及受同一或相同多家居民企业100%直接控制的居民企业之间按账面净值划转股权或资产，凡具有合理商业目的、不以减少、免除或者推迟缴纳税款为主要目的，股权或资产划转后连续12个月内不改变被划转股权或资产原来实质性经营活动，且划出方企业和划入方企业均未在会计上确认损益的，可以选择按以下规定进行特殊性税务处理：

(1)划出方企业和划入方企业均不确认所得；

(2)划入方企业取得被划转股权或资产的计税基础，以被划转股权或资产的原账面净值确定；

(3)划入方企业取得的被划转资产，应按其原账面净值计算折旧扣除。

【知识点拨】企业重组常考的知识点：

(1)特殊性税务处理的条件；

(2)特殊性税务处理中非股权支付部分所得或损失的计算；

(3)合并过程中亏损的弥补；

(4)非货币性资产投资的税务处理。

九、应纳税额的计算

扫我解疑难

应纳税额=应纳税所得额×适用税率-减免税额-抵免税额

抵免税额分为投资抵免和境外所得税收抵免。

境外所得抵免税额问题——"多不退、少要补"；"分国不分项"或综合抵免。

(一)抵免税额的范围——直接抵免+间接抵免★★★

企业取得的下列所得已在境外缴纳或负担的所得税税额，可以从其当期应纳税额中抵免：

(1)居民企业来源于中国境外的应税所得；

(2)非居民企业在中国境内设立机构、场所，取得发生在中国境外但与该机构、场所有实际联系的应税所得；

(3)居民企业从其直接或者间接控制的外国企业分得的来源于中国境外的股息、红利等权益性投资收益，外国企业在境外实际缴纳的所得税税额中属于该项所得负担的部分。

直接控制：居民企业直接持有外国企业20%以上股份

间接控制：居民企业以间接持股方式持有外国企业20%以上股份

（二）抵免限额★★★

我国对居民企业来源于境外的所得在境外已经缴纳或负担的所得税税款实行限额抵免。

抵免限额：自2017.1.1起，分国（地区）不分项或不分国不分项（综合抵免），**一经选择，5年内不得改变**。

境外所得税税额的抵免限额
=来自某国（地区）应纳税所得额（或境外应纳税所得总额）×我国税率

计算抵免限额时的税率：

（1）一般企业：25%。

（2）符合条件的高新技术企业：15%。

以境内、境外全部生产经营活动有关的研究开发费用总额、总收入、销售收入总额、高新技术产品（服务）收入等指标申请并经认定的高新技术企业，其来源于境外的所得可以享受高新技术企业所得税优惠政策，即对其来源于境外所得可以按照15%的优惠税率缴纳企业所得税。在计算境外抵免限额时，可按照15%的优惠税率计算境内外应纳税总额。

（三）实际抵免税额—已纳税额 VS 抵免限额，**孰小原则**★★★

超过抵免限额的部分，可以在以后5个年度内，用每年度抵免限额抵免当年应抵税额后的余额进行抵补。

5个年度：从企业取得的来源于中国境外的所得，已经在中国境外缴纳的企业所得税性质的税额超过抵免限额的当年的次年起连续5个纳税年度。

境外所得纳税问题：多不退，少要补；分国不分项或综合抵免。

十、房地产开发经营业务企业所得税处理（见表3-51）★★

扫我解疑难

表3-51 房地产开发经营业务企业所得税处理

预售阶段	将房屋交付业主
以不含增值税预售收入按预计毛利率计算的预计利润缴纳企业所得税，应纳税调增	在"预收账款"转入"主营业务收入"或"其他业务收入"时，与其相对应的已经缴纳过企业所得税的预计利润需要做纳税调减
按照预售收入缴纳的城建税、教育费附加、预缴的土地增值税在缴纳当年的企业所得税时允许在税前扣除，应纳税调减	相应的城建税、教育费附加、土地增值税需要做纳税调增
预售收入作为计算广告费和业务宣传费、业务招待费的基数	"预收账款"转为"主营业务收入"或"其他业务收入"时，不再作为计算广告费和业务宣传费、业务招待费的基数

【知识点拨1】计入房地产开发成本的利息支出，仍旧在房地产开发成本中扣除；

【知识点拨2】房地产开发企业逾期开发缴纳的土地闲置费在企业所得税前可以扣除；

【知识点拨3】房地产开发企业的预提费用，除另有规定外，不得扣除：

（1）出包工程未最终办理结算而未取得全额发票的，在证明资料充分的前提下，其发票不足金额可以预提，但最高不得超过合同总金额的10%；

（2）公共配套设施尚未建造或尚未完工的，可按预算造价合理预提建造费用。此类公共配套设施必须符合已在售房合同、协议或广告、模型中明确承诺建造且不可撤销，或依法必须配套建造的条件；

（3）应向政府上交但尚未上交的报批报建费用、物业完善费用可以按规定预提。

【知识点拨4】对于房地产开发企业要特别注意是否按照税法规定进行相关亏损确认和抵补,一是房地产企业按规定对开发项目进行土地增值税清算后,当年企业所得税汇算清缴出现亏损且有其他后续开发项目的,该亏损应按照税法规定向以后年度结转,用以后年度所得弥补。二是房地产企业按规定对开发项目进行土地增值税清算后,当年企业所得税汇算清缴出现亏损,且没有后续开发项目的,可以按照以下方法,计算出该项目由于土地增值税原因导致的项目开发各年度多缴企业所得税税款,并申请退税:

(1) 该项目缴纳的土地增值税总额,应按照该项目开发各年度实现的项目销售收入占整个项目销售收入总额的比例,在项目开发各年度进行分摊,具体按以下公式计算:

各年度应分摊的土地增值税=土地增值税总额×(项目年度销售收入÷整个项目销售收入总额)

销售收入包括视同销售房地产的收入,但不包括企业销售的增值额未超过扣除项目金额20%的普通标准住宅的销售收入。

(2) 该项目开发各年度应分摊的土地增值税减去该年度已经在企业所得税税前扣除的土地增值税后,余额属于当年应补充扣除的土地增值税;企业应调整当年度的应纳税所得额,并按规定计算当年度应退的企业所得税税款;当年度已缴纳的企业所得税税款不足退税的,应作为亏损向以后年度结转,并调整以后年度的应纳税所得额。

(3) 按照上述方法进行土地增值税分摊调整后,导致相应年度应纳税所得额出现正数的,应按规定计算缴纳企业所得税。

(4) 企业按上述方法计算的累计退税额,不得超过其在该项目开发各年度累计实际缴纳的企业所得税;超过部分作为项目清算年度产生的亏损,向以后年度结转。

十一、企业所得税汇算清缴鉴证服务及代理填制企业所得税纳税申报表的方法

扫我解疑难

(一) 企业所得税汇算清缴鉴证服务

(1) 鉴证人是受托提供鉴证服务的涉税专业服务机构及人员;

(2) 被鉴证人不一定是委托人;

(3) 鉴证事项包括交易处理、会计处理和税务处理,核心是纳税调整及纳税申报表的填写。

(4) 关注事项。

①利润总额计算是否合法、准确;

②应纳税所得额计算是否合法、准确;

③应纳税额计算是否合法、准确;

(二) 申报表的填写

1. 税款所属期间的填写(见表3-52)★★★

表3-52 税款所属期间

情形	税款所属期间
正常经营的纳税人	填报公历当年1月1日至12月31日
纳税人年度中间开业的	填报实际生产经营之日至当年12月31日
纳税人年度中间发生合并、分立、破产、停业等情况的	填报公历当年1月1日至实际停业或法院裁定并宣告破产之日
纳税人年度中间开业且年度中间又发生合并、分立、破产、停业等情况的	填报实际生产经营之日至实际停业或法院裁定并宣告破产之日

📝 **真题精练(客观题)**

(2016年单选题)某企业2015年8月11日开业,填报2015年度企业所得税年度申报表封面"税款所属期间"时,应填写为( )。

A. 2015年8月11日至2015年12月31日

B. 2015 年 9 月 1 日至 2015 年 12 月 31 日
C. 2015 年 8 月 1 日至 2015 年 12 月 31 日
D. 2015 年 1 月 1 日至 2015 年 12 月 31 日

解析 ▶ 企业所得税的纳税年度，自公历 1 月 1 日起至 12 月 31 日止。企业在一个纳税年度的中间开业，或者由于合并、关闭等原因终止经营活动，使该纳税年度的实际经营期不足 12 个月的，应当以其实际经营期为一个纳税年度。 **答案** ▶ A

2. 所得税年度纳税申报表的填写（见表 3-53）★★★

表 3-53 中华人民共和国企业所得税年度纳税申报表（A 类）

行次	类别	项目	金额	说明
1	利润总额计算	一、营业收入	主营业务收入和其他业务收入	按照会计制度填写
2		减：营业成本	主营业务成本和其他业务成本	
3		税金及附加		
4		销售费用		
5		管理费用		
6		财务费用		
7		资产减值损失		
8		加：公允价值变动收益		
9		投资收益		
10		二、营业利润(1-2-3-4-5-6-7+8+9)		
11		加：营业外收入		
12		减：营业外支出		
13		三、利润总额(10+11-12)		
14	应纳税所得额计算	减：境外所得		纳税调整过程
15		加：纳税调整增加额		
16		减：纳税调整减少额		
17		减：免税、减计收入及加计扣除	税基式优惠，新表合并为一栏，详细内容在《免税、减计收入及加计扣除优惠明细表》填报	
18		加：境外应税所得抵减境内亏损	特殊规定	
19		四、纳税调整后所得(13-14+15-16-17+18)	税法上的盈利额或亏损额；如为负数，则为可结转以后年度弥补的亏损	
20		减：所得减免	填报所得减免金额	
21		减：弥补以前年度亏损	弥补亏损的税额	
22		减：抵扣应纳税所得额	应抵扣的应纳税所得额	
23		五、应纳税所得额(19-20-21-22)		

续表

行次	类别	项目	金额	说明
24	应纳税额计算	税率(25%)	填写 25%	税额计算
25		六、应纳所得税额(23×24)		
26		减：减免所得税额	税额式优惠	
27		减：抵免所得税额		
28		七、应纳税额(25-26-27)		
29		加：境外所得应纳所得税额	境外所得补税； 多不退少要补； 分国不分项	
30		减：境外所得抵免所得税额		
31		八、实际应纳所得税额(28+29-30)	实际应纳税额	
32		减：本年累计实际已预缴的所得税额	预缴所得税	
33		九、本年应补(退)所得税额(31-32)		
34		其中：总机构分摊本年应补(退)所得税额	根据《跨地区经营汇总纳税企业年度分摊企业所得税明细表》填报	
35		财政集中分配本年应补(退)所得税额		
36		总机构主体生产经营部门分摊本年应补(退)所得税额		

(三)跨地区经营汇总缴纳企业所得税征收管理* ★★

1. 适用范围

跨省市总分机构企业是指跨省(自治区、直辖市和计划单列市，下同)设立不具有法人资格分支机构的居民企业。

总机构和具有主体生产经营职能的二级分支机构就地预缴企业所得税。三级及三级以下分支机构，其营业收入、职工薪酬和资产总额等统一并入二级分支机构计算。

2. 税款预缴

由总机构统一计算企业应纳税所得额和应纳所得税额，并分别由总机构、分支机构按月或按季就地预缴(见表3-54)。

表3-54　总分支机构税款预缴

	项目	具体内容
分支机构分摊预缴税款	(1)时限	总机构在每月或每季终了之日起10日内，按上年度各省市分支机构的营业收入、职工薪酬和资产总额三项因素，将统一计算的企业当期应纳税额的50%在各分支机构之间进行分摊
	(2)总分机构预缴比例	总机构：50%；分支机构：50% 所有分支机构应分摊的预缴总额=统一计算的企业当期应纳所得税额×50%

---

* 此部分内容的学习与教材第8章"代理企业所得税汇总纳税信息报告业务"学习结合起来。

续表

项目		具体内容
分支机构分摊预缴税款	(3)分支机构分摊比例	该分支机构分摊比例=(该分支机构**营业收入**/各分支机构营业收入之和)×0.35+(该分支机构**职工薪酬**/各分支机构职工薪酬之和)×0.35+(该分支机构**资产总额**/各分支机构资产总额之和)×0.30 **当年新设立的分支机构第2年起参与分摊**；当年撤销的分支机构自办理注销税务登记之日起不参与分摊
	(4)分支机构分摊预缴额	各分支机构分摊预缴额=所有分支机构应分摊的预缴总额×该分支机构分摊比例
总机构就地预缴税款		总机构应将统一计算的企业当期应纳税额的25%，就地办理缴库
总机构预缴中央国库税款		总机构应将统一计算的企业当期应纳税额的剩余25%，就地全额缴入中央国库
汇总清算		(1)补缴的税款按照预缴的分配比例，50%由各分支机构就地办理缴库；25%由总机构就地办理缴库；其余25%部分就地全额缴入中央国库； (2)多缴的税款按照预缴的分配比例，50%由各分支机构就地办理退库；25%由总机构就地办理退库；其余25%部分就地从中央国库退库

(四)核定征收企业所得税*

对核定征收企业所得税的居民企业生产经营范围、主营业务发生重大变化，或者应纳税所得额或应纳税额增减变化达到20%的，及时向税务机关报告，申报调整已确定的应纳税额或应税所得率。

十二、个税的基本规定

扫我解疑难

(一)纳税人★★

(1)个人独资企业和合伙企业不缴纳企业所得税，其投资者为个税的纳税人。

(2)居民纳税人和非居民纳税人的划分(见表3-55)——划分标准：住所和居住时间。

表3-55 居民纳税人和非居民纳税人的划分

纳税人	判断标准	纳税义务
居民纳税人	只要具备以下条件之一即为居民纳税人： (1)在中国境内有住所的个人(住所是指因户籍、家庭、经济利益关系而在中国境内习惯性居住)； (2)无住所而一个纳税年度内在中国境内居住**累计满183天**的个人	负有无限纳税义务，就其来源于中国境内、境外所得，向中国境内缴纳个税

---

* 内容来自教材第8章"代理核定征收企业所得税重大变化报告业务"。

续表

纳税人	判断标准	纳税义务
非居民纳税人	只要具备以下条件之一即为非居民纳税人： (1)在中国境内无住所又不居住； (2)或者无住所而一个纳税年度内在中国境内居住**累计不满183天**的个人，为非居民个人	承担有限纳税义务，仅就其来源于中国境内所得，向中国境内缴纳个税

(二)应税所得项目★★

在本部分内容的学习中，要做到：①分清哪些属于综合征收，哪些属于分类征收；②注意居民个人与非居民个人在纳税上的不同；③注意个税适用的应税项目，尤其是工资薪金所得与劳务报酬所得的区别。

1. 应税所得项目的基本规定(掌握)

个税的应税项目有9个，见表3-56。

表3-56 个税的应税所得项目

税目	非居民个人	居民个人
(1)工资、薪金所得	按月分项计算	按纳税年度合并计算个税
(2)劳务报酬所得	按次分项计算	
(3)稿酬所得	按次分项计算	
(4)特许权使用费所得	按次分项计算	
(5)经营所得	按年分项计算	按年分项计算
(6)利息、股息、红利所得	按次分项计算	按次分项计算
(7)财产租赁所得	按次分项计算	按次分项计算
(8)财产转让所得	按次分项计算	按次分项计算
(9)偶然所得	按次分项计算	按次分项计算

【知识点拨1】只有居民纳税人有综合征收，非居民纳税人无综合所得的概念，不需要综合征收。

【知识点拨2】对于居民纳税人而言，综合所得只包括工资薪金所得、劳务报酬所得、稿酬所得和特许权使用费所得，不包括其他税目。

【知识点拨3】综合征收的含义是：在每次或每月支付所得时，支付方需要预扣预缴个税，年度终了，取得综合所得的纳税人属于税法规定情形的，需要汇算清缴，多退少补。

📝 精选例题

【例题37·多选题】下列各项中，属于"综合所得"项目按年计算征税的有(　　)。

A. 工资薪金所得
B. 财产转让所得
C. 经营所得
D. 稿酬所得
E. 特许权使用费所得

解析 对于居民纳税人而言，综合所得只包括工资薪金所得、劳务报酬所得、稿酬所得和特许权使用费所得，不包括其他税目。

答案 ADE

2. 应税所得项目的具体规定

考试中注意个税适用的应税项目，尤其是工资薪金所得与劳务报酬所得的区别，各个税目的重点注意事项见表3-57。

表 3-57 个税税目的具体规定

税目	具体规定
(1) 工资、薪金所得	个人因**任职或者受雇**而取得的工资、薪金、奖金、年终加薪、**劳动分红**、津贴、补贴以及与任职或者受雇有关的其他所得。 【知识点拨1】工资薪金所得为**非**独立个人劳动所得，劳务报酬所得为**独立**个人劳动所得。 【知识点拨2】**不予征税项目**： ①独生子女补贴； ②执行公务员工资制度**未纳入基本工资总额**的补贴、津贴差额和家属成员的副食品补贴； ③托儿补助费； ④差旅费津贴、误餐补助。 误餐补助：个人**因公**在城区、郊区工作，**不能在工作单位或返回**就餐，根据实际误餐顿数，按**规定标准**领取的误餐补助费。单位以**误餐补助名义**发给职工的补助、津贴不能包括在内。 【知识点拨3】个人取得公务用车、通讯补贴收入，扣除一定标准的公务费用后，按工资薪金所得计征个税。 【知识点拨4】公司职工取得的用于购买企业国有股权的**劳动分红**，按"**工资、薪金所得**"项目计征个税。 【知识点拨5】出租汽车经营单位对出租车驾驶员采取**单车承包或承租方式**运营，出租车驾驶员从事客货营运取得的收入，按**工资、薪金所得**项目征税。 【知识点拨6】**退休人员再任职**取得的收入，在减除按个税法规定的费用扣除标准后，按"工资、薪金所得"项目缴纳个税。 【知识点拨7】**个人兼职**取得的收入，应按照"劳务报酬所得"应税项目缴纳个税
(2) 劳务报酬所得	个人独立从事各种**非雇用劳务**取得的所得。 【知识点拨1】工资薪金所得为**非**独立个人劳动所得，劳务报酬所得为**独立**个人劳动所得。 【知识点拨2】通过免收差旅费、旅游费对个人实行的营销业绩奖励，如何纳税，取决于该个人是雇员还是非雇员。 ①雇员：按照工资薪金所得缴纳个税； ②非雇员：按照劳务报酬所得缴纳个税。 【知识点拨3】个人兼职取得的收入应按照"劳务报酬所得"应税项目缴纳个税
(3) 稿酬所得	个人因其作品以图书、报刊形式出版、发表而取得的所得。 【知识点拨】对不以图书、报刊出版、发表的翻译、审稿、书画所得归为劳务报酬所得
(4) 特许权使用费所得	个人(**包括权利继承人**)提供专利权、商标权、著作权、非专利技术以及其他特许权的使用权取得的所得。 【知识点拨1】提供著作权的使用权取得的所得，不包括稿酬所得。 【知识点拨2】对于作者将自己的文字作品手稿原件或复印件公开拍卖(竞价)取得的所得，属于提供著作权的使用权取得的所得，故应按"特许权使用费所得"项目征收个税
(5) 经营所得	①个体户从事生产、经营活动取得的所得，个人独资企业投资人、合伙企业的个人合伙人来源于境内注册的个人独资企业、合伙企业生产、经营的所得； ②个人依法从事办学、医疗、咨询以及其他有偿服务活动取得的所得； ③个人对企业、事业单位承包经营、承租经营以及转包、转租取得的所得； a. 对经营成果拥有所有权：按经营所得缴纳个税 b. 对经营成果不拥有所有权：按照工资薪金所得缴纳个税

续表

税目	具体规定
（5）经营所得	④个人从事其他生产、经营活动取得的所得。 【知识点拨】（1）个人因从事**彩票代销业务**而取得的所得，按"经营所得"缴纳个税； （2）从事**个体出租车**运营的出租车驾驶员取得的收入，按"**经营所得**"缴纳个税。 出租车司机所得——关键：**车辆所有权** ①出租车属于个人所有：按照"经营所得"缴纳个税； ②出租车属于出租汽车经营单位所有：工资薪金所得。 （3）个体户和从事生产、经营的个人，取得与生产、经营活动无关的其他各项应税所得，应**分别**按照其他应税项目的有关规定，计征个税。如**对外投资**取得的股息所得，应按"利息、股息、红利"税目的规定单独计征个税
（6）利息、股息、红利所得	个人拥有债权、股权而取得的利息、股息、红利所得。 【知识点拨1】个人取得的**国债利息收入**、**地方政府债券利息**和国家发行的**金融债券利息收入**，免征个税。 【知识点拨2】自2008年10月9日起，对居民储蓄存款利息暂免征收个税。 【知识点拨3】个人独资企业、合伙企业的个人投资者以企业资金为本人、家庭成员以及其他人员支付与企业生产无关的消费性支出及购买住房等其他财产的，按"经营所得"征税；除个人独资企业、合伙企业以外其他企业的投资者及家庭成员取得上述所得按"利息、股息、红利"所得征税
（7）财产租赁所得	个人出租不动产、机器设备、车船以及其他财产取得的所得
（8）财产转让所得	个人转让有价证券、股权、合伙企业中的财产份额、不动产、机器设备、车船以及其他财产取得的所得。 职工个人以股份形式取得的仅作为分红依据，不拥有所有权的企业量化资产，不征收个税；职工以股份形式取得的拥有所有权的企业量化资产，暂缓征收个税，参与企业分配而获得的股息、红利，按"利息、股息、红利所得"项目征收个税，待个人将股份转让时，按"财产转让所得"项目征收个税。 【知识点拨1】股权转让按照财产转让所得征收个税： （1）对**股票转让所得**、**新三板挂牌企业非原始股**转让所得暂免征收个税，对**限售股**、**新三板挂牌企业原始股**转让所得征收20%个税。 （2）股权转让行为结束后，当事人双方签订并执行解除原股权转让合同、退回股权的协议，是**另一次股权转让行为**，对前次转让行为征收的个税款不予退回。 【知识点拨2】个人终止投资经营收回款项征收个税规定： （1）税目：财产转让所得； （2）应纳税所得额=个人取得的股权转让收入、**违约金、补偿金、赔偿金及以其他名目收回款项合计数**-原实际出资额（投入额）及相关税费。 【知识点拨3】个人通过招标、竞拍或其他方式购置债权以后，通过相关司法或行政程序主张债权而取得的所得，应按照"财产转让所得"项目缴纳个税
（9）偶然所得	个人得奖、中奖、中彩以及其他偶然性质的所得。 【知识点拨1】企业向个人支付不竞争款项征收个税：按"偶然所得"征税。 不竞争款项规定针对资产购买方企业与资产出售方企业自然人股东之间在资产购买交易中支付给资产出售方企业自然人股东的款项。 支付给离职员工的**竞业禁止补偿金**，不适用上述规定，应按照因解除劳动合同取得一次性补偿收入的相关规定征收个税

续表

税目	具体规定
(8)财产转让所得	【知识点拨2】个人取得单张有奖发票奖金所得不超过800元(含800元)的，暂免征收个税；超过800元的，按全额征税。 【知识点拨3】个人为单位或他人提供担保获得收入，按照"偶然所得"项目计算缴纳个税。 【知识点拨4】企业在业务宣传、广告等活动中，随机向本单位以外的个人赠送礼品(包括网络红包，下同)，以及企业在年会、座谈会、庆典以及其他活动中向本单位以外的个人赠送礼品，个人取得的礼品收入，按照"偶然所得"项目计算缴纳个税，但企业赠送的具有价格折扣或折让性质的消费券、代金券、抵用券、优惠券等礼品除外

3. 其他规定

(1)符合以下情形的房屋或其他财产，不论所有权人是否将财产无偿或有偿交付企业使用，其**实质**均为企业对个人进行了实物性质的分配，应依法计征个税。

①企业出资购买房屋及其他财产，将所有权登记为投资者个人、投资者家庭成员或企业其他人员的；

②企业投资者个人、投资者家庭成员或企业其他人员向企业借款用于购买房屋及其他财产，将所有权登记为投资者、投资者家庭成员或企业其他人员，且借款年度终了后未归还借款的。

上述两项所得征税个税适用的税目见表3-58。

表3-58 两项所得征收个税适用的税目

情形	税务处理
非法人企业的个人投资者或其家庭成员	经营所得
法人企业的个人投资者或其家庭成员	利息、股息、红利所得
企业其他人员	工资、薪金所得

(2)企业为个人支付消费性支出。

以企业资金为投资者本人、家庭成员等支付与企业生产经营无关的消费性支出：

①非法人企业的个人投资者或其家庭成员：经营所得。

②法人企业的个人投资者或其家庭成员：利息、股息、红利所得。

(3)作品征税适用的税目见表3-59。

表3-59 作品征税适用的税目

情形		税目
任职、受雇于报纸、杂志等单位的人员，因在本单位的报纸、杂志上发表作品取得的所得	记者、编辑等专业人员	工资、薪金所得
	其他人员	稿酬所得
出版社的专业作者撰写、编写或翻译的作品，由本社以图书形式出版而取得的稿费收入		稿酬所得
对于剧本作者从电影、电视剧的制作单位取得的剧本使用费	不再区分剧本的使用方是否为其任职单位	特许权使用费所得

(4)个人取得拍卖收入征收个税的规定见表3-60。

表3-60 个人取得拍卖收入征收个税的规定

情形	适用税目	应纳税额的计算
作者将自己的文字作品手稿原件或复印件拍卖取得的所得	特许权使用费所得	预扣预缴:(转让收入额-800元或20%)×20% 年度终了,并入综合所得汇算清缴
个人拍卖除文字作品原稿及复印件外的其他财产	财产转让所得	(转让收入额-财产原值-合理费用)×20%
纳税人如不能提供合法、完整、准确的财产原值凭证,不能正确计算财产原值的		转让收入额×3%征收率
		拍卖品为经文物部门认定是海外回流文物的:转让收入额×2%

真题精练(客观题)

1.(2017年单选题,改)企业应按"工资薪金所得"预扣预缴个税的是( )。
   A. 个体户支付给业主的工资
   B. 在校学生因勤工俭学活动取得的报酬
   C. 不变更企业形式,承包人对企业的销售成果不拥有所有权,仅据合同规定取得的承包费
   D. 支付给不在公司任职的独立董事的董事费

   解析 选项A,应按"经营所得"纳税;选项BD,均应按"劳务报酬所得"纳税。
   答案 C

2.(2016年单选题)税务师审核某公司2015年度纳税情况时发现,该公司年末有800万元"其他应收款"余额,经进一步审核确认,其中600万元系2015年2月起借给公司股东王某投资于另一家企业,另200万元系2015年8月该公司股东王某因个人购买房产而向公司的借款。对这些"其他应收款"税务师下列处理符合现行个税政策规定的是( )。
   A. 200万元部分应按"工资薪金所得"缴纳个税;600万元部分不涉及个税
   B. 800万元均应按"股息、利息、红利所得"缴纳个税
   C. 不涉及个税
   D. 200万元部分应按"股息、利息、红利所得"缴纳个税;600万元部分不涉及个税

   解析 纳税年度内个人投资者从其投资企业(个人独资企业、合伙企业除外)借款,在该纳税年度终了后既不归还,又未用于企业生产经营的,其未归还的借款可视为企业对个人投资者的红利分配,依照"利息、股息、红利所得"项目计征个税;除个人独资企业、合伙企业以外的其他企业的个人投资者,以企业资金为本人、家庭成员及其相关人员支付与企业生产经营无关的消费性支出及购买汽车、住房等财产性支出,视为企业对个人投资者的红利分配,依照"利息、股息、红利所得"项目计征个税。
   答案 B

3.(2016年单选题)下列项目不予列入工资薪金所得征收个税的是( )。
   A. 年终加薪   B. 劳动分红
   C. 托儿补助费   D. 全勤奖金

   解析 不属于工资、薪金性质的补贴、津贴,不征收个税,包括:①独生子女补贴;②托儿补助费;③差旅费津贴、误餐补助;④执行公务员工资制度未纳入基本工资总额的补贴、津贴差额和家属成员的副食品补贴。
   答案 C

(三)个税预扣率与税率★★★

2019年个税改革后,由于居民个人的综合所得涉及到预扣预缴问题,在预扣时适用预扣率;在汇算清缴和代扣代缴时适用税率。个税按照不同的项目,分别规定了超额累进税率和比例税率两种形式,具体规定见表3-61。

表 3-61 个税的预扣率与税率

应税项目	预扣率	税率	注意事项
1. 工资、薪金所得	7级超额累进预扣率	综合所得，年度汇算清缴时，适用7级超额累进税率	(1)对于居民个人，综合所得按年度纳税；年度终了，汇算清缴时，适用7级超额累进税率； (2)对于非居民个人，没有综合所得的概念，没有预扣预缴的概念，直接代扣代缴个税，我们后面加以介绍
2. 劳务报酬所得(掌握)	3级超额累进预扣率		
3. 稿酬所得	20%比例预扣率		
4. 特许权使用费所得	20%比例预扣率		
5. 经营所得		5级超额累进税率	(1)按全年应纳税所得额确定适用税率； (2)对企事业单位承包经营、承租经营所得： ①对经营成果拥有所有权：5级超额累进税率； ②对经营成果不拥有所有权：按"工资薪金所得"征税
6. 利息、股息、红利所得 7. 财产转让所得 8. 财产租赁所得 9. 偶然所得		20%比例税率	

(四)税收优惠★★★

1. 免纳个税(需要关注的)

(1)福利费、抚恤金、救济金。

下列收入不属于免税的福利费范围：

①从超出国家规定的比例或基数计提的福利费、工会经费中支付给个人的各种补贴、补助；

②从福利费和工会经费中支付给单位职工的人人有份的补贴、补助；

③单位为个人购买汽车、住房、电子计算机等不属于临时性生活困难补助性质的支出。

【知识点拨】免税的福利费、救济金

a. 福利费：根据国家有关规定，从企业、事业单位、国家机关、社会组织提留的福利费或者工会经费中支付给个人的生活补助费；

b. 救济金：各级人民政府民政部门支付给个人的生活困难补助费。

(2)国债和国家发行的金融债券利息。

(3)保险赔款。

(4)军人的转业费、复员费、退役金。

(5)按照国家统一规定发给干部、职工的安家费、退职费、退休工资、离休工资、离休生活补助费。

(6)企业按照省级以上人民政府规定的比例提取并缴付的住房公积金、医疗保险金、基本养老保险金、失业保险金，不计入个人当期的工资、薪金收入，免予征收个税。超过规定的比例缴付的部分计征个税。

个人领取原提存的住房公积金、医疗保险金、基本养老保险金时，免予征收个税。

【知识点拨】企业从个人工资中扣缴的社会保险及住房公积金，属于专项扣除范围。

(7)个人办理代扣代缴税款手续，按规定取得的扣缴手续费。

(8)外籍个人从外商投资企业取得的股

息、红利所得。

（9）对被拆迁人按照国家有关城镇房屋拆迁管理办法规定的标准取得的拆迁补偿款。

（10）个人转让境内上市公司的股票和新三板挂牌企业的股票。但限售股和新三板挂牌企业的原始股转让所得需要缴纳20%个税。

（11）对被拆迁人按照国家有关城镇房屋拆迁管理办法规定的标准取得的拆迁补偿款，免征个税。

2. 暂免征收个税

（1）个人转让自用达5年以上并且是唯一的家庭居住用房取得的所得；

（2）对个人购买福利彩票、赈灾彩票、体育彩票，一次中奖收入在1万元以下的（含1万元），暂免征收个税，超过1万元的，全额征收个税；

（3）自2008年10月9日起，对储蓄存款利息所得暂免征收个税。

（4）个人取得单张有奖发票奖金所得不超过800元（含800元）的，暂免征收个税；个人取得单张有奖发票奖金所得超过800元的，应全额按个税法规定的"偶然所得"项目征收个税。

精选例题

【例题38·单选题】下列收入，免征个税是（ ）。

A. 职工个人参加单位集资取得的利息所得

B. 外籍个人从外商投资企业取得的股息

C. 中国公民从企业取得的红利

D. 职工个人出资交纳的风险抵押金存款取得的利息收入

解析 ▶ 选项 ACD 不免个税。   答案 ▶ B

十三、综合所得的预扣预缴、汇算清缴

扫我解疑难

对于居民个人而言，工资薪金所得、劳务报酬所得、稿酬所得、特许权使用费所得属于综合所得。居民个人取得综合所得，按年计算个税；有扣缴义务人的，由扣缴义务人按月或按次预扣预缴税款；需要办理汇算清缴的，应当在取得所得的**次年3月1日至6月30日**内办理汇算清缴。

对于非居民个人而言，没有综合所得的概念，扣缴义务人向非居民个人支付工资薪金所得、劳务报酬所得、稿酬所得、特许权使用费所得时，代扣代缴个税，非居民个人无需汇算清缴。

（一）居民个人综合所得的应纳税所得额 ★★★

居民个人综合所得的应纳税所得额=每一纳税年度的收入额-基本费用扣除60 000元-专项扣除-专项附加扣除-依法确定的其他扣除

1. 收入额

在确定居民个人综合所得的年收入额时，按照下列标准确定：

劳务报酬所得、稿酬所得、特许权使用费所得以收入减除20%的费用后的余额为收入额。稿酬所得的收入额减按70%计算。也就是说，在确定收入额时：

（1）劳务报酬所得、特许权使用费所得按照收入的80%确定收入额；

（2）稿酬所得按照收入的56%确定收入额。

2. 扣除项目

综合所得的扣除项目见表3-62。

表3-62 综合所得的扣除项目

扣除项目	具体规定
基本费用扣除	每年60 000元

续表

扣除项目		具体规定
专项扣除		居民个人按照国家规定的范围和标准缴纳的基本养老保险、基本医疗保险、失业保险等社会保险费和住房公积金等
专项附加扣除（由国务院确定，报全国人大常委会备案）	子女教育	①纳税人的子女接受**全日制**学历教育的相关支出，按照**每个子女每月1 000元**的标准定额扣除。 ②学历教育包括义务教育（小学、初中教育）、高中阶段教育（普通高中、中等职业、技工教育）、高等教育（大学专科、大学本科、硕士研究生、博士研究生教育）。 ③年满3岁至小学入学前处于学前教育阶段的子女，按照子女教育支出扣除。 ④父母可以选择由其中一方按扣除标准的100%扣除，也可以选择由双方分别按扣除标准的50%扣除，具体扣除方式在一个纳税年度内不能变更。 ⑤纳税人子女在中国境外接受教育的，纳税人应当留存境外学校录取通知书、留学签证等相关教育的证明资料备查
	继续教育	①纳税人在中国境内接受学历（学位）继续教育的支出，在学历（学位）教育期间按照**每月400元**定额扣除。同一学历（学位）继续教育的扣除期限不能超过48个月。纳税人接受技能人员职业资格继续教育、专业技术人员职业资格继续教育的支出，在取得相关证书的当年，按照**3 600元定额**扣除。 ②个人接受本科及以下学历（学位）继续教育，符合本办法规定扣除条件的，可以选择由其父母扣除，也可以选择由本人扣除。 ③纳税人接受技能人员职业资格继续教育、专业技术人员职业资格继续教育的，应当留存相关证书等资料备查
	大病医疗	①在一个纳税年度内，纳税人发生的与**基本医保**相关的医药费用支出，扣除医保报销后**个人负担**（指**医保目录范围内**的自付部分）累计**超过15 000元的部分**，由纳税人在办理**年度汇算清缴**时，在80 000元限额内据实扣除。 ②纳税人发生的医药费用支出可以选择由本人或者其配偶扣除；未成年子女发生的医药费用支出可以选择由其父母一方扣除。 ③纳税人及其配偶、未成年子女发生的医药费用支出，按第①项规定**分别**计算扣除额。 ④纳税人应当留存医药服务收费及医保报销相关票据原件（或者复印件）等资料备查。医疗保障部门应当向患者提供在医疗保障信息系统记录的本人年度医药费用信息查询服务。 【知识点拨1】该项扣除属于限额扣除，按照**医保目录范围内**的自付部分扣除15 000元的余额与80 000元比较，按照较小一方扣除。 【知识点拨2】如果纳税人及其配偶、未成年子女均发生医药费支出，应分别计算扣除
	住房贷款利息	①纳税人**本人或者配偶**单独或者共同使用商业银行或者住房公积金个人住房贷款为**本人或者其配偶**购买**中国境内**住房，发生的**首套**住房贷款利息支出，在实际发生贷款利息的年度，按照**每月1 000元**的标准定额扣除，扣除期限**最长不超过240个月**。纳税人**只能享受一次**首套住房贷款的利息扣除。 首套住房贷款是指购买住房享受首套住房贷款利率的住房贷款。 ②经夫妻双方约定，可以选择由其中一方扣除，具体扣除方式在一个纳税年度内不能变更。 ③夫妻双方**婚前分别**购买住房发生的首套住房贷款，其贷款利息支出，婚后可以选择其中一套购买的住房，由购买方按扣除标准的100%扣除，也可以由夫妻双方对各自购买的住房分别按扣除标准的50%扣除，具体扣除方式在一个纳税年度内不能变更。 ④纳税人应当留存住房贷款合同、贷款还款支出凭证备查

续表

扣除项目		具体规定
专项附加扣除	住房租金	①纳税人在主要工作城市没有自有住房而发生的住房租金支出，可以按照以下标准定额扣除： a. 直辖市、省会(首府)城市、计划单列市以及国务院确定的其他城市，扣除标准为每月1 500元。 b. 除第一项所列城市以外，市辖区户籍人口超过100万的城市，扣除标准为每月1 100元；市辖区户籍人口不超过100万的城市，扣除标准为每月800元。 ②纳税人的配偶在纳税人的主要工作城市有自有住房的，视同纳税人在主要工作城市有自有住房。 【知识点拨】主要工作城市是指纳税人任职受雇的直辖市、计划单列市、副省级城市、地级市（地区、州、盟）全部行政区域范围；纳税人无任职受雇单位的，为受理其综合所得汇算清缴的税务机关所在城市。 ③夫妻双方主要工作城市相同的，只能由一方扣除住房租金支出。 ④住房租金支出由签订租赁住房合同的承租人扣除。 ⑤纳税人及其配偶在一个纳税年度内不能同时分别享受住房贷款利息和住房租金专项附加扣除。 ⑥纳税人应当留存住房租赁合同、协议等有关资料备查
	赡养老人	纳税人赡养一位及以上被赡养人的赡养支出，统一按照以下标准定额扣除： ①纳税人为独生子女的，按照每月2 000元的标准定额扣除； ②纳税人为非独生子女的，由其与兄弟姐妹分摊每月2 000元的扣除额度，每人分摊的额度不能超过每月1 000元。可以由赡养人均摊或者约定分摊，也可以由被赡养人指定分摊。约定或者指定分摊的须签订书面分摊协议，指定分摊优先于约定分摊。具体分摊方式和额度在一个纳税年度内不能变更。 【知识点拨】被赡养人是指年满60岁的父母，以及子女均已去世的年满60岁的祖父母、外祖父母
依法确定的其他扣除	企业年金、职业年金	①单位按有关规定缴费部分：免征个税； ②个人缴费不超过本人缴费工资计费基数4%标准内部分：暂从应纳税所得额中扣除
	商业健康保险	对个人购买符合规定的商业健康保险产品的支出，允许在当年(月)计算应纳税所得额时予以税前扣除，扣除限额为2 400元/年(200元/月)
	商业养老保险	税收递延型商业养老保险的支出
	其他项目	国务院规定可以扣除的其他项目

【知识点拨1】上述6项专项附加扣除中只有大病医疗属于限额扣除（按照医保目录范围内的自付部分扣除15 000元的余额与80 000元比较，按照较小一方扣除）；其他5项专项附加扣除均属于标准定额扣除，即使纳税人的该项支出未达到标准，也按照标准扣除。

【知识点拨2】上述6项专项附加扣除中只有大病医疗只能在汇算清缴时扣除，其他的专项附加扣除项目可以选择在预扣预缴时扣除，也可以选择在汇算清缴时扣除。

【知识点拨3】如果纳税人及其配偶、未成年子女均发生医药费支出，应分别计算扣除。

【知识点拨4】专项附加扣除需要留存证明资料的：

（1）子女在境外接受教育；

（2）职业资格继续教育；

（3）首套住房贷款利息支出；

（4）住房租金；

（5）大病医疗。

【知识点拨5】有以下情形之一的，纳税人可以选择在次年3月1日至6月30日内，自行向汇缴地主管税务机关办理汇算清缴申报时进行专项附加扣除，税款多退少补；个税专项附加扣除信息随纳税申报表一并报送：

（1）不愿意通过单位办理扣除，未将相关专项附加扣除信息报送给任职受雇单位的；

（2）没有工资、薪金所得，但有劳务报酬所得、稿酬所得、特许权使用费所得的；

（3）有大病医疗支出项目的；

（4）纳税年度内未享受或未足额享受专项附加扣除等情形。

如果同时有两个以上发工资的单位，那么对同一个专项附加扣除项目，在一个纳税年度内，税务师要提示纳税人只能选择从其中的一个单位办理扣除。

【知识点拨6】 个税专项附加扣除操作办法

纳税人可以通过填写**纸质表格、电子表格、登录远程报税端**等方式，填写并提交《个税专项附加扣除信息表》，以享受专项附加扣除。除大病医疗支出由纳税人进行汇算清缴时扣除外，其他的扣除项目可以选择由单位在预扣预缴税款时扣除，也可以选择由纳税人汇算清缴时扣除。

真题精练（客观题）

（2020年单选题）下列专项附加扣除中，只能在年度汇算清缴时扣除的是（ ）。

A. 子女教育　　B. 大病医疗
C. 赡养老人　　D. 住房贷款利息

解析 ▶ 六项专项附加扣除中，除大病医疗以外，其他专项附加扣除可由纳税人选择在预扣预缴税款时进行扣除。大病医疗只能在汇算清缴时扣除。　　**答案** ▶ B

真题精练（主观题）

（2020年简答题，改）我国居民王某，咨询其适合的个税政策，提出下列问题，请逐一回答。

（1）年初未及时向单位提供专项附加扣除信息的，是否可以在后续月份提交相关材料后要求单位对之前月份未足额扣除的进行补扣。

（2）纳税人2018年取得职业资格继续教育证书的，能否在2019年度汇算清缴时享受继续教育专项附加扣除。

（3）一个纳税年度内，纳税人的大病医疗专项扣除的金额上限是多少？纳税人及其配偶、未成年子女应该合并还是分别计算扣除额。

（4）专项附加扣除相关佐证资料应当留存几年。

（5）如果纳税人当期没有工资薪金所得，是否可以从其他综合所得（不包括按照累计预扣法扣缴个税的劳务报酬）中扣除标准5 000元/月。

真题精练（主观题）答案

【答案】

（1）可以。扣缴单位根据纳税人提交的专项附加扣除信息，按月计算应扣预缴的税款，向税务机关办理全员全额纳税申报，纳税人按月享受专项附加扣除政策。如果未能及时报送，也可在以后月份补报，由单位在当年剩余月份发放工资时补扣，不影响纳税人享受专项附加扣除政策。

（2）不可以在2019年度汇算清缴时享受继续教育专项附加扣除。专项附加扣除政策从2019年1月1日开始实施，纳税人需要填报的是在此之后取得的职业资格继续教育证书。

（3）大病医疗专项扣除的金额上限是80 000元。纳税人及其配偶、未成年子女发生的医药费用支出，按规定**分别**计算扣除额。

（4）纳税人需要在次年的汇算清缴期结束后5年内留存备查。

（5）不可以。劳务报酬所得（不包括按照累计预扣法扣缴个税的劳务报酬）、稿酬所得、特许权使用费三项综合所得以每次收入减除费用后的余额为收入额，其中稿酬所得的收入额减按70%计算。当三项综合所得每次收入不超过4 000元的，减除费用按800元计算；当每次收入在4 000元以上的,减除费用按20%计算。

精选例题

【例题39·多选题】下列关于个税专项附加扣除的说法,正确的有( )。

A. 子女教育支出按照子女数量扣除

B. 赡养老人支出按照被赡养人老人数量扣除

C. 大病医疗支出实行限额扣除

D. 大病医疗支出只能在汇算清缴时扣除

E. 纳税人及其配偶在一个纳税年度内不能同时分别享受住房贷款利息和住房租金专项附加扣除

解析 ▶ 选项B,确定税前可以扣除的赡养老人支出时不考虑被赡养人的数量。

答案 ▶ ACDE

(二)居民个人综合所得的预扣预缴 ★★★

扣缴义务人在向居民个人支付综合所得时,需要预扣预缴个税。

1. 工资薪金所得的预扣预缴

扣缴义务人向居民个人支付工资、薪金所得时,应当按照累计预扣法计算预扣税款,并按月办理扣缴申报。

具体计算公式如下:

本期应预扣预缴税额=(累计预扣预缴应纳税所得额×预扣率-速算扣除数)-累计减免税额-累计已预扣预缴税额

累计预扣预缴应纳税所得额=累计收入-累计免税收入-累计减除费用-累计专项扣除-累计专项附加扣除-累计依法确定的其他扣除

其中:

(1)累计减除费用,按照5 000元/月乘以纳税人当年截至本月在本单位的任职受雇月份数计算。

(2)自2020年7月1日起,对一个纳税年度内首次取得工资、薪金所得的居民个人,扣缴义务人在预扣预缴个税时,可按照5 000元/月乘以纳税人当年截至本月月份数计算累计减除费用。

首次取得工资、薪金所得的居民个人:自纳税年度首月起至新入职时,未取得工资、薪金所得或者未按照累计预扣法预扣预缴过连续性劳务报酬所得个税的居民个人。

(3)自2021年1月1日起,对上一完整纳税年度内每月均在同一单位预扣预缴工资、薪金所得个税且全年工资、薪金收入≤6万元的居民个人,扣缴义务人在预扣预缴本年度工资、薪金所得个税时,累计减除费用自1月份起直接按照全年6万元计算扣除。

工资薪金所得的预扣率与综合所得的税率表相同,只是将"应纳税所得额"替换为"累计预扣预缴应纳税所得额",将"税率"替换为"预扣率",具体见表3-63。

表3-63 居民个人工资薪金所得的预扣率表

级数	累计预扣预缴应纳税所得额	预扣率(%)	速算扣除数
1	不超过36 000元的部分	3	0
2	超过36 000元至144 000元的部分	10	2 520
3	超过144 000元至300 000元的部分	20	16 920
4	超过300 000元至420 000元的部分	25	31 920
5	超过420 000元至660 000元的部分	30	52 920
6	超过660 000元至960 000元的部分	35	85 920
7	超过960 000元的部分	45	181 920

精选例题

【例题40·简答题】王猛在A公司工作,1~6月每月工资40 000元,7~12月每月工资45 000元。假设无其他收入,各月各项扣除合计均为10 900元。请计算单位应如何预扣预缴个税。

答案

单位在支付所得时,应按下表计算应预扣预缴的个税。

月份	当月工资	当月扣除金额	累计应纳税所得额	预扣率	扣除数	累计预扣税额	当月预扣税额
1	40 000	10 900	29 100	3%	0	873	873
2	40 000	10 900	58 200	10%	2 520	3 300	2 427
3	40 000	10 900	87 300	10%	2 520	6 210	2 910
4	40 000	10 900	116 400	10%	2 520	9 120	2 910
5	40 000	10 900	145 500	20%	16 920	12 180	3 060
6	40 000	10 900	174 600	20%	16 920	18 000	5 820
7	45 000	10 900	208 700	20%	16 920	24 820	6 820
8	45 000	10 900	242 800	20%	16 920	31 640	6 820
9	45 000	10 900	276 900	20%	16 920	38 460	6 820
10	45 000	10 900	311 000	25%	31 920	45 830	7 370
11	45 000	10 900	345 100	25%	31 920	54 355	8 525
12	45 000	10 900	379 200	25%	31 920	62 880	8 525

【知识点拨】 通过上述计算,我们可以看到:

(1)最初预扣税额相对较少,以后随着累计应纳税所得额适用预扣率的提高,预扣税额可能会逐渐增加;

(2)在预扣率维持不变的区间,预扣税额=当月新增应纳税所得额×相应的预扣率;

(3)如果纳税人只在一家单位有工资薪金,无其他综合所得,在扣除信息齐全,年底各月未出现当月应纳税所得额为负数的情况下,扣缴义务人全年的预扣预缴税额和应纳税额是相同的。

2.劳务报酬所得、稿酬所得、特许权使用费所得的预扣预缴(见表3-64)

表3-64 劳务报酬所得、稿酬所得、特许权使用费所得的预扣预缴

税目	预扣预缴的应纳税所得额(收入额)		预扣率	预扣预缴税额
劳务报酬所得	每次收入≤4 000元	收入-800	3级超额累进预扣率(见表3-65)	预扣预缴应纳税所得额×预扣率-速算扣除数
	每次收入>4 000元	收入×(1-20%)		
特许权使用费所得	每次收入≤4 000元	收入-800	20%比例预扣率	预扣预缴应纳税所得额×20%
	每次收入>4 000元	收入×(1-20%)		
稿酬所得	每次收入≤4 000元	(收入-800)×70%	20%比例预扣率	预扣预缴应纳税所得额×20%
	每次收入>4 000元	收入×(1-20%)×70%		

居民个人劳务报酬所得的预扣率表见表3-65。

表3-65 居民个人劳务报酬所得的预扣率表

级数	预扣预缴应纳税所得额	预扣率(%)	速算扣除数
1	不超过20 000元的	20	0
2	超过20 000元至50 000元的部分	30	2 000

续表

级数	预扣预缴应纳税所得额	预扣率(%)	速算扣除数
3	超过 50 000 元的部分	40	7 000

【知识点拨1】 劳务报酬、稿酬、特许权使用费按次或按月预扣预缴。

(1)"按次"的具体规定：属于一次性收入的，以取得该项收入为一次；属于同一项目连续性收入的，以一个月内取得的收入为一次。

(2)企业向个人支付劳务报酬，一般是到税务机关代开发票——增值税。

需要缴纳的税收：增值税、城建等、个税(支付方预扣)

【知识点拨2】 劳务报酬所得预扣预缴的特殊规定：

(1)自2020年7月1日起，正在接受全日制学历教育的学生因实习取得劳务报酬所得的，扣缴义务人预扣预缴个税时，可按累计预扣法计算并预扣预缴税款。

(2)自2021年1月1日起，对按照累计预扣法预扣预缴劳务报酬所得个税的居民个人，对上一完整纳税年度内每月均在同一单位预扣预缴劳务报酬个税且累计劳务报酬(不扣减任何费用及免税收入)≤6万元的居民个人，扣缴义务人在预扣预缴本年度劳务报酬个税时，累计减除费用自1月份起直接按照全年6万元计算扣除。

按照累计预扣法预扣预缴劳务报酬所得个税的情形包括：①正在接受全日制学历教育的学生因实习取得劳务报酬所得的；②保险营销员、证券经纪人取得的佣金收入。

精选例题

【例题41·简答题】 2020年1月甲公司聘请王猛到单位进行技术指导，支付劳务报酬3 000元，请计算甲公司应预扣预缴的个税？

答案

预扣预缴应纳税所得额 = 3 000 - 800 = 2 200(元)

预扣率：20%

劳务报酬所得应预扣预缴税额 = 2 200 × 20% = 440(元)

【例题42·简答题】 2020年3月乙公司聘请王猛到单位进行技术指导，支付劳务报酬30 000元，请计算甲公司应预扣预缴的个税？

答案

预扣预缴应纳税所得额 = 30 000 × (1 - 20%) = 24 000(元)

预扣率：30%；速算扣除数：2 000

劳务报酬所得应预扣预缴税额 = 24 000 × 30% - 2 000 = 5 200(元)

关于工资薪金所得、劳务报酬所得、稿酬所得、特许权使用费所得的预扣预缴总结见表3-66。

表3-66 工资薪金所得、劳务报酬所得、稿酬所得、特许权使用费所得的预扣预缴总结

	工资薪金所得	劳务报酬所得	特许权使用费所得	稿酬所得
预扣预缴方法	累计预扣法	除全日制学生实习获得报酬、保险营销员与证券经纪人的佣金收入外，按次或按月预扣	按次或按月预扣	按次或按月预扣

续表

	工资薪金所得	劳务报酬所得	特许权使用费所得	稿酬所得
应纳税所得额	允许减除基本费用、专项扣除、专项附加扣除、依法确定的其他扣除	收入 ≤ 4 000 元：收入-800	收入 ≤ 4 000 元：（收入-800）	收入 ≤ 4 000 元：（收入-800）×70%
		收入 > 4 000 元：收入×（1-20%）	收入 > 4 000 元：收入×（1-20%）	收入 > 4 000 元：收入×（1-20%）×70%
预扣率	7级超额累进预扣率	3级超额累进预扣率	20%比例预扣率	20%比例预扣率

📝 真题精练（客观题）

（2019年单选题）居民个人实施预扣预缴个税时，可以扣除"专项附加扣除费用"的所得是( )。

A. 劳务报酬

B. 工资、薪金

C. 特许权使用费

D. 稿酬所得

解析 ▶ 对居民个人，按照其在本单位截至当前月份工资、薪金所得的累计收入，减除累计免税收入、累计减除费用、累计专项扣除、累计专项附加扣除和累计依法确定的其他扣除计算预扣预缴应纳税所得额。

答案 ▶ B

（三）居民个人综合所得的汇算清缴 ★★★

1. 取得综合所得需要办理汇算清缴的情形

（1）从两处以上取得综合所得，且综合所得年收入额减除专项扣除的余额超过6万元；

（2）取得劳务报酬所得、稿酬所得、特许权使用费所得中一项或者多项所得，且综合所得年收入额减除专项扣除的余额超过6万元；

（3）纳税年度内预缴税额低于应纳税额；

（4）纳税人申请退税。

居民个人需要办理汇算清缴的，应当在取得所得的次年3月1日至6月30日内办理汇算清缴。纳税人可以自行汇算清缴，也可以委托扣缴义务人或者其他单位和个人办理汇算清缴。

【知识点拨】 纳税人已依法预缴个税且符合下列情形之一的，无需办理年度汇算：

（1）纳税人年度汇算需补税但年度综合所得收入不超过12万元的；

（2）纳税人年度汇算需补税金额不超过400元的；

（3）纳税人已预缴税额与年度应纳税额一致或者不申请年度汇算退税的。

📝 真题精练（客观题）

（2020年多选题，改）2020年度居民个人综合所得（无境外所得）在平时已依法预扣预缴个税款的，年终无须办理年度汇算的情形有( )。

A. 纳税人年度汇算需要补税金额不超过600元的

B. 纳税人年度汇算需要补税但年度综合所得收入不超过12万元的

C. 纳税人年度汇算需要补税金额不超过400元的

D. 纳税人不申请年度汇算退税的

E. 纳税人已预缴税款与年度应纳税额一致的

解析 ▶ 本题考核免于汇算清缴的情形。

答案 ▶ BCDE

2. 汇算清缴时的应纳税所得额

取得综合所得的纳税人，年度终了需要办理汇算清缴。可以按照图3-2的思路计算汇算清缴时的应纳税所得额，进行汇算清缴。

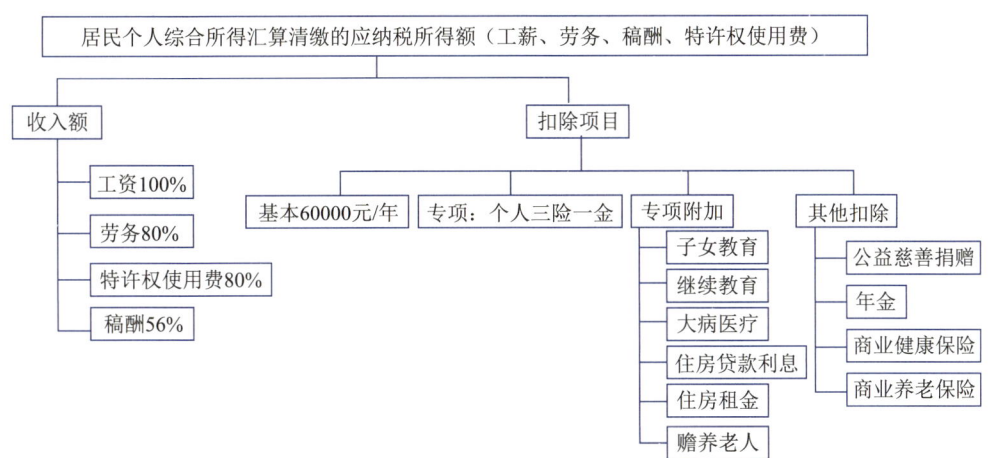

图 3-2　居民个人综合所得汇算清缴的应纳税所得额

3. 综合所得适用的税率表

居民个人的综合所得在计算纳税时适用 7 级超额累进税率表，见表 3-67。

表 3-67　综合所得的税率表

级数	全年应纳税所得额	税率（%）	速算扣除数
1	不超过 36 000 元的	3	0
2	超过 36 000 元至 144 000 元的部分	10	2 520
3	超过 144 000 元至 300 000 元的部分	20	16 920
4	超过 300 000 元至 420 000 元的部分	25	31 920
5	超过 420 000 元至 660 000 元的部分	30	52 920
6	超过 660 000 元至 960 000 元的部分	35	85 920
7	超过 960 000 元的部分	45	181 920

4. 汇算清缴应补应退税额的计算

（1）综合所得汇算清缴的应纳税所得额。

综合所得的应纳税所得额＝每一纳税年度的收入额－60 000（基本费用扣除）－专项扣除－专项附加扣除－依法确定的其他扣除

【知识点拨】在确定年收入额，要注意：

①工资薪金所得：按 100% 计入收入额；

②劳务报酬所得、特许权使用费所得：按 80% 计入收入额；

③稿酬所得：按 56% 计入收入额。

（2）综合所得汇算清缴适用 7 级超额累计税率，见表 3-67。

（3）综合所得年度应纳税额＝综合所得的应纳税所得额×税率－速算扣除数。

综合所得应补应退税额＝综合所得年度应纳税额－预扣预缴税额

5. 办理汇算清缴的时间

居民个人需要办理汇算清缴的，应当在取得所得的次年 3 月 1 日至 6 月 30 日内办理汇算清缴。纳税人可以自行汇算清缴，也可以委托扣缴义务人或者其他单位和个人办理汇算清缴。

6. 汇缴地主管税务机关（见表3-68）

表3-68 汇缴地主管税务机关

情形	汇缴地主管税务机关
有任职受雇单位的	任职受雇单位所在地主管税务机关
有两个以上任职受雇单位的	选择其中一处为主管税务机关
没有任职受雇单位的	户籍所在地或者经常居住地主管税务机关

【知识点拨】综合所得的预扣预缴与汇算清缴的对比

（1）劳务报酬所得、稿酬所得、特许权使用费所得预扣预缴时的收入额（应纳税所得额）不同于汇算清缴时的收入额。在预扣预缴时需要区分每次收入在4 000元以上还是4 000元以下确定收入额，而在汇算清缴时无论这三项收入是多少，均是按照劳务报酬所得、特许权使用费所得按照收入的80%、稿酬所得按照收入的56%计入收入额。

（2）预扣时除工资薪金所得和按照累计预扣法预扣个税的劳务报酬所得外，其他综合所得税目按比例或者数额扣除，不允许基本费用、专项扣除、专项附加扣除、依法确定的其他扣除，而汇算时允许扣除。

（3）劳务报酬所得、稿酬所得、特许权使用费所得预扣率不同于综合所得汇算清缴时的税率。在预扣预缴时，劳务报酬所得适用3级超额累进预扣率，稿酬所得、特许权使用费所得均适用20%的比例预扣率；而综合所得在汇算清缴时均适用7级超额累进税率。

精选例题

【例题43·简答题】结合例题40、41、42，请回答下列问题：

（1）2020年年度终了，王猛是否需要汇算清缴？为什么？

（2）如果王猛需要汇算清缴，应该在什么时候汇算清缴？应该由谁进行汇算清缴？

（3）如果王猛需要汇算清缴，应补应退税额是多少？

答案

（1）王猛需要汇算清缴，因为王猛在2020年度从两处以上取得综合所得，且综合所得年收入额减除专项扣除的余额超过6万元。而且综合所得的年收入额超过了12万元，不符合免于汇算清缴的情形。

（2）王猛应该在2020年3月1日至6月30日之间进行汇算清缴。王猛可以自行汇算清缴，也可以委托扣缴义务人或者其他单位和个人办理汇算清缴。

（3）王猛2020年综合所得的应纳税所得额 = 40 000×6 + 45 000×6 + (3 000 + 30 000)×80% - 10 900×12 = 405 600(元)

适用税率为25%，速算扣除数为31 920元。

王猛2020年综合所得应纳个税 = 405 600×25% - 31 920 = 69 480(元)

王猛应补个税 = 69 480 - 62 880 - 440 - 5 200 = 960(元)

真题精练（主观题）

（2019年简答题）某设计师为非雇佣单位提供设计服务，取得劳务报酬60 000元（不考虑增值税和其他税费），支付单位预扣个税12 000元。

请逐一回答下列问题：

（1）请列式计算支付单位预扣的个税应为多少？

（2）实行综合与分类相结合的个税制后，这笔劳务报酬在汇算清缴时应与哪几项所得合并？

（3）劳务报酬所得预扣税款和年度汇算清缴时，在所得额计算、可扣除项目及适用税率（或预扣率）等方面有什么区别？

附：个税预扣率表二

级数	预扣预缴应纳税所得额	预扣率(%)	速算扣除数
1	不超过 20 000 元的部分	20%	0
2	超过 20 000 元至 50 000 元部分	30%	2 000
3	超过 50 000 元的部分	40%	7 000

真题精练（主观题）答案

【答案】

（1）支付单位应预扣预缴的个税 = 60 000×(1-20%)×30%-2 000 = 12 400(元)。

（2）该笔劳务报酬汇算清缴时应与工资薪金所得、其他的劳务报酬所得、稿酬所得和特许权使用费所得合并为综合所得计税。

（3）劳务报酬所得预扣税款和年度汇算清缴时的区别：

①所得额计算方面，预扣预缴按次或按月计算，汇算清缴时是并入综合所得按年汇总计算。

②可扣除项目确定方面，预扣预缴时，区分每次收入不超过 4 000 元的，减除费用 800 元；4 000 元以上的，减除 20% 的费用。汇算清缴时，统一减除 20% 的费用后并入收入总额，还可以和综合所得一并减除 6 万元的费用扣除和专项扣除、专项附加扣除和依法确定的其他扣除项目。

③税率(或预扣率)方面，预扣预缴时采用 20%~40% 的超额累进预扣率；汇算清缴时采用 7 级综合所得税率。

（四）居民个人工资薪金所得、劳务报酬所得应纳税额计算的其他规定★★★

1. 关于全年一次性奖金、中央企业负责人年度绩效薪金延期兑现收入和任期奖励的政策

（1）居民个人取得全年一次性奖金，在 2021 年 12 月 31 日前，不并入当年综合所得，以全年一次性奖金收入除以 12 个月得到的数额，按照综合所得的月度税率表(见表3-69)，确定适用税率和速算扣除数，单独计算纳税。

计算公式为：

应纳税额 = 全年一次性奖金收入×适用税率-速算扣除数

居民个人取得全年一次性奖金，也可以选择并入当年综合所得计算纳税。

自 2022 年 1 月 1 日起，居民个人取得全年一次性奖金，应并入当年综合所得计算缴纳个税。

表 3-69 按月换算后的综合所得税率表

级数	全月应纳税所得额	税率(%)	速算扣除数
1	不超过 3 000 元的	3	0
2	超过 3 000 元至 12 000 元的部分	10	210
3	超过 12 000 元至 25 000 元的部分	20	1 410
4	超过 25 000 元至 35 000 元的部分	25	2 660
5	超过 35 000 元至 55 000 元的部分	30	4 410
6	超过 55 000 元至 80 000 元的部分	35	7 160
7	超过 80 000 元的部分	45	15 160

【知识点拨 1】一个纳税年度内，对每一个纳税人，上述计税办法只允许采用一次；

【知识点拨 2】雇员取得除全年一次性奖金以外的其他各种名目奖金，如半年奖、季度奖、加班奖、先进奖、考勤奖等，一律与当月工资、薪金收入合并，按税法规定缴纳个税。

📝 **精选例题**

【例题44·单选题】 张欣2020年3月取得全年一次性奖金39 000元，当月张欣的工资收入为8 000元，各项扣除合计为9 000元。张欣对全年一次性奖金选择单独计算纳税，该项全年一次性奖金应缴纳个税（　　）元。

A. 1 140　　　B. 3 590
C. 1 380　　　D. 3 690

解析 ▶ 商数=39 000/12=3 250（元），适用税率为10%，速算扣除数为210元。应纳税额=39 000×10%-210=3 690（元）。

答案 ▶ D

（2）中央企业负责人取得年度绩效薪金延期兑现收入和任期奖励，计税方法见表3-70。

表3-70　中央企业负责人薪酬管理及税务处理

由基薪、绩效薪金和任期奖励构成		
基薪和绩效薪金的60%	在当年度发放	并入综合所得
绩效薪金的40%和任期奖励（延期兑现收入和任期奖励）	任期结束后发放	2021.12.31之前，单独按全年奖计税
		2022.1.1之后，政策另行明确

2. 股权激励的政策

（1）上市公司股权激励的政策。

a. 居民个人取得股票期权、股票增值权、限制性股票、股权奖励等股权激励（以下简称股权激励），在2021年12月31日前，不并入当年综合所得，全额单独适用综合所得税率表，计算纳税。计算公式为：

应纳税额=股权激励收入×适用税率-速算扣除数

其中股权激励收入按表3-71确定。

表3-71　股权激励收入的确定

类型		收入确定时间	股权激励收入的金额
股票认购权		个人行使股票认购权时	个人行使股票认购权时的实际购买价（行权价）低于购买日（行权日）公平市场价之间的数额
股票期权	上市公司不可公开交易的股票期权	员工实际行权时	从企业取得股票的实际购买价（施权价）低于购买日公平市场价（指该股票当日的收盘价）的差额
	上市公司可公开交易的股票期权	员工取得可公开交易的股票期权时	a. 一般情况下，按照授权日股票期权的市场价格确定；b. 如果员工以折价购入方式取得股票期权的，可以授权日股票期权的市场价格扣除折价购入股票期权时实际支付的价款后的余额，确定股权激励收入
	非上市公司的股票期权	员工实际行权时	除存在实际或约定的交易价格，或存在与该非上市股票具有可比性的相同或类似股票的实际交易价格情形外，购买日股票价值可暂按非上市公司上一年度经中介机构审计的会计报告中每股净资产数额来确定

b. 居民个人一个纳税年度内取得两次以上（含两次）股权激励的，应合并按第（1）项规定计算纳税。

c. 2022年1月1日之后的股权激励政策另行明确。

d. 自2016年9月1日起，上市公司授予个人的股票期权、限制性股票和股权奖励，经向主管税务机关**备案**，个人可自股票期权行权、限制性股票解禁或取得股权奖励之日起，在**不超**

过12个月的期限内缴纳个税。

【知识点拨】上市公司不可公开交易股票期权的个税政策(见表3-72)

表3-72 上市公司不可公开交易股票期权的个税政策

阶段	税务处理
授权时	员工接受实施股票期权计划企业授予的股票期权时,除另有规定外,一般不作为应税所得征税
行权时	从企业取得股票的实际购买价(施权价)低于购买日公平市场价(指该股票当日的收盘价)的差额以及行权前转让获得的所得,在2021年12月31日之前不并入综合所得,**全额单独适用综合所得税率表,计算纳税**
拥有股权参与税后利润分配	拥有股权参与税后利润分配而取得的股息、红利所得,按照利息、股息、红利所得征免个税。个人从上市公司取得的股息红利,个人持有全国中小企业股份转让系统挂牌公司股票分得的股息红利:
	持股期限≤1个月 — 股息红利所得**全额**计入应纳税所得额
	1个月<持股期限≤1年 — 暂减按**50%**计入应纳税所得额
	持股期限>1年 — 暂免个税
将行权后的股票再转让	员工将行权后的股票再转让时获得的高于购买日公平市场价的差额,应按照"财产转让所得"适用的征免规定计算缴纳个税。 【知识点拨】个人将行权后的境内上市公司股票再行转让而取得的所得,暂不征收个税;个人转让境外上市公司的股票而取得的所得,应按税法的规定计算应纳税所得额和应纳税额,依法缴纳税款

(2)非上市公司的股权激励(见表3-73)。

表3-73 非上市公司股权激励的个税政策

情形	税务处理
对**同时满足以下7个条件**的非上市公司股票期权、股权期权、限制性股票和股权奖励实行**递延纳税**政策: ①属于境内居民企业的股权激励计划; ②股权激励计划经公司董事会、股东(大)会审议通过。未设股东(大)会的国有单位,经上级主管部门审核批准; ③激励标的应为境内居民企业的**本公司股权;** ④激励对象应为公司董事会或股东(大)会决定的技术骨干和高级管理人员,激励对象人数累计不得超过本公司最近6个月在职职工平均人数的**30%;** ⑤股票(权)期权自授予日起**应持有满3年**,且自行权日起**持有满1年;**限制性股票自授予日起**应持有满3年,且解禁后持有满1年;**股权奖励自获得奖励之日起应持有**满3年**。上述时间条件须在股权激励计划中列明; ⑥股票(权)期权自授予日至行权日的时间**不得超过10年;** ⑦实施股权奖励的公司及其奖励股权标的公司所属行业均不属于《股权奖励税收优惠政策限制性行业目录》范围。公司所属行业按公司上一纳税年度主营业务收入占比最高的行业确定。	①**递延纳税**:员工在**取得股权激励时可暂不纳税,递延至转让**该股权时纳税; ②税目:股权转让时,适用**"财产转让所得"**项目,按照20%的税率计算缴纳个税; ③全国中小企业股份转让系统挂牌公司按此执行。
不符合条件的	按照全年一次性奖金的规定计算纳税

3. 关于保险营销员、证券经纪人佣金收入的政策——累计预扣法

（1）保险营销员、证券经纪人取得的佣金收入，属于劳务报酬所得。

（2）计入当年综合所得的金额=不含增值税的收入×（1-20%）×（1-25%）-城建税及附加。

其中：20%为费用扣除额；25%为展业成本，展业成本按照收入额的25%计算。

（3）扣缴义务人向保险营销员、证券经纪人支付佣金收入时，应该按照工资薪金的**累计预扣法**计算预扣税款。

【知识点拨1】保险营销员、证券经纪人取得的佣金收入，虽然属于劳务报酬所得，但是在预扣预缴个税时，不是按次预扣预缴，而是按照工资薪金的累计预扣法预扣预缴。

【知识点拨2】保险营销员、证券经纪人取得的佣金收入，在计入综合所得时，不仅需要减除20%的费用，还要扣除收入额25%的展业成本以及相应的城建税及附加。

4. 企业年金、职业年金的政策（见表3-74）

表3-74 企业年金、职业年金的个税处理

阶段	情形	税务处理
缴费时	单位**按有关规定**缴费部分	在计入个人账户时，个人暂不缴纳个税
	个人缴费不超过本人**缴费工资计税基数4%**标准内部分	暂从应纳税所得额中扣除
	超标年金单位缴费和个人缴费部分	征收个税
	年金基金投资运营收益分配计入个人账户时	个人暂不缴纳个税
	【知识点拨】个人缴费工资计税基数 ①企业年金：**本人**上一年度月平均工资 VS 职工工作地所在设区**城市**上一年度职工月平均工资300%，**较小一方**； ②职业年金：职工岗位工资和薪级工资之和 VS 职工工作地所在设区城市上一年度职工月平均工资300%，**较小一方**	
领取时	个人达到退休年龄，领取年金时	2019年1月1日政策发生变化：**不并入综合所得，全额单独**计算应纳税款。 （1）**按月**领取：适用**综合所得的月度税率表**计税； （2）**按季**领取：**平均分摊计入各月**，按每月领取额适用**综合所得的月度税率表**计税； （3）**按年**领取：适用**综合所得的税率表**计税
	一次性领取年金	个人因**出境定居**而一次性领取年金个人账户资金：适用**综合所得的税率表**计税 个人死亡后其指定的**受益人或法定继承人**一次性领取年金个人账户余额：适用综合所得的税率表计税其他情形：适用综合所得**月度税率表**计税
	对单位和个人在2014年1月1日之前开始交付年金缴费，个人在2014年1月1日后领取年金的	允许从领取的年金中**减除**2014年1月1日**前缴付**的年金单位缴费和个人缴费**已经缴纳个税部分**。 分期领取时，可按2014年1月1日前缴付的年金缴费金额占全部缴费金额的百分比减计当期的应纳税所得额

5. 商业健康保险

对个人购买符合规定的商业健康保险产品的支出，允许在当年（月）计算应纳税所得额时

予以税前扣除，扣除限额为2 400元/年（200元/月）

适用范围：取得工资薪金所得或连续性劳务报酬所得、经营所得。

我们一起总结一下保险费(金)的个税政策，具体内容见表3-75。

表3-75 保险费(金)的个税政策

类型	税务处理	
	企业缴费	个人缴费
基本保险	免税收入	专项扣除
企业年金和职业年金	按规定缴费：免税收入	依法确定的其他扣除
商业健康保险	——	限额扣除：2 400元/年
其他商业保险	征收个税	

6. 个人因解除劳动合同取得的经济补偿金

（1）**企业依法宣告破产，职工取得的一次性安置收入：免征个税。**

（2）个人与用人单位解除劳动关系取得一次性补偿收入（包括用人单位发放的经济补偿金、生活补助费和其他补助费），在<u>当地上年职工平均工资3倍数额以内的部分，免征个税</u>；超过3倍数额的部分，不并入当年综合所得，<u>单独适用综合所得税率表</u>，计算纳税。

精选例题

【例题45·单选题】某企业雇员张某2021年2月28日与企业解除劳动合同关系，张某在本企业工作年限8年，领取经济补偿金650 000元。假定当地上年度职工平均工资为50 000元，对于该笔经济补偿金，张某应缴纳的个税为（ ）元。

A. 29 840　　　B. 97 080
C. 142 080　　D. 195 000

解析 超过上年平均工资三倍以上的部分=650 000-50 000×3=500 000（元）；找到适用税率30%，速算扣除数52 920元。应纳个税=500 000×30%-52 920=97 080（元）。

答案 B

7. 提前退休取得补贴收入

个人办理提前退休手续而取得的一次性补贴收入，应按照办理提前退休手续至法定离退休年龄之间实际年度数平均分摊，确定适用税率和速算扣除数，单独适用综合所得税率表，计算纳税。计算公式：

应纳税额=｛[（一次性补贴收入÷办理提前退休手续至法定退休年龄的实际年度数）-费用扣除标准]×适用税率-速算扣除数｝×办理提前退休手续至法定退休年龄的实际年度数

精选例题

【例题46·单选题】2021年1月李某办理了提前退休手续，距法定退休年龄还有4年，取得一次性补贴收入96 000元，李某月度费用扣除标准为9 000元，年度费用扣除标准为108 000元。李某就一次性补贴收入应缴纳的个税是（ ）元。

A. 0　　　　　B. 2 880
C. 6 180　　　D. 7 080

解析 （1）按提前退休年度数平均：96 000÷4=24 000（元）；（2）由于商数未超过年度费用扣除标准，因此无需缴纳个税。

答案 A

十四、非居民个人应纳税额的计算

在本部分内容中介绍非居民个人工资薪金、劳务、稿酬、特许权使用费应纳税额的计算。由于非居民个人无综合所得，因此无预扣预缴，只有代扣代缴。其他应税项目我们在下个知识点中介绍。

扣缴义务人向非居民个人支付工资、薪

金所得，劳务报酬所得，稿酬所得和特许权使用费所得时，应当按照以下方法按月或者按次代扣代缴税款：

(1)非居民个人工资、薪金所得，劳务报酬所得，稿酬所得和特许权使用费所得的应纳税所得额(见表3-76)。

表3-76 非居民个人工资、薪金所得，劳务报酬所得，稿酬所得和特许权使用费所得的应纳税所得额

税目	应纳税所得额
工资、薪金所得	每月收入额-5 000
劳务报酬所得	每次收入额×80%
稿酬所得	每次收入额×56%
特许权使用费所得	每次收入额×80%

【知识点拨1】外籍个人可以享受免税的外籍个人津贴：

(1)外籍个人以非现金形式或实报实销形式取得的住房补贴、伙食补贴、搬迁费、洗衣费；

(2)外籍个人按合理标准取得的境内、外出差补贴；

(3)外籍个人取得的探亲费、语言训练费、子女教育费等，经当地税务机关审核批准为合理的部分。

【知识点拨2】2019年1月1日至2021年12月31日期间，外籍个人符合居民个人条件的，可以选择享受个税专项附加扣除，也可选择按照规定，享受住房补贴、语言训练费、子女教育费等津补贴免税优惠政策，但不得同时享受。外籍个人一经选择，在一个纳税年度内不得变更。

【知识点拨3】自2022年1月1日起，外籍个人不再享受住房补贴、语言训练费、子女教育费津补贴免税优惠政策，应按规定享受专项附加扣除。

(2)适用的税率(见表3-77)。

表3-77 非居民个人工资、薪金所得，劳务报酬所得，稿酬所得，特许权使用费所得适用的税率表

级数	应纳税所得额	税率(%)	速算扣除数
1	不超过3 000元的	3	0
2	超过3 000元至12 000元的部分	10	210
3	超过12 000元至25 000元的部分	20	1 410
4	超过25 000元至35 000元的部分	25	2 660
5	超过35 000元至55 000元的部分	30	4 410
6	超过55 000元至80 000元的部分	35	7 160
7	超过80 000元的部分	45	15 160

(3)非居民个人在一个纳税年度内税款扣缴方法保持不变，达到居民个人条件时，应当告知扣缴义务人基础信息变化情况，年度终了后按照居民个人有关规定办理汇算清缴。

【知识点拨1】非居民纳税人无综合所得的概念，因此向非居民纳税人支付工资薪金所得、劳务报酬所得、稿酬所得、特许权使用费所得时，扣缴义务人应该代扣代缴税款，而不是预扣预缴税款。

【知识点拨2】非居民纳税人无需办理汇算清缴。

【知识点拨3】非居民纳税人在计算工资

薪金所得的应纳税所得额时,只允许每月扣除 5 000 元的费用,无其他费用扣除的规定。

📝 **精选例题**

【例题 47·简答题】2021 年 3 月甲公司聘请美国人大卫(非居民个人)到单位进行技术指导,支付劳务报酬 30 000 元,请计算甲公司应代扣代缴的个税?

答案 ▶

应纳税所得额 = 30 000 × (1 - 20%) = 24 000(元)

税率:20%;速算扣除数:1 410

应代扣代缴税额 = 24 000 × 20% - 1 410 = 3 390(元)

十五、其他项目个税的计算与审核

扫我解疑难

(一)经营所得个税的计算与审核★★

1. 审核取得经营所得的主体是否符合规定

"经营所得"税目的适用范围为:

(1)个体户从事生产、经营活动取得的所得,个人独资企业投资人、合伙企业的个人合伙人来源于境内注册的个人独资企业、合伙企业生产、经营的所得;

(2)个人依法从事办学、医疗、咨询以及其他有偿服务活动取得的所得;

(3)个人对企业、事业单位承包经营、承租经营以及转包、转租取得的所得;

(4)个人从事其他生产、经营活动取得的所得。

2. 审核经营所得的计算是否符合税法规定

(1)查账征收。

应纳税所得额 = 每一纳税年度的收入总额-成本-费用-损失

税前扣除项目的规定:

①支付给生产经营<u>从业人员</u>的工资可以在计算应纳税所得额时扣除,但<u>业主的工资</u><u>不得从应纳税所得额中扣除</u>。取得经营所得的个人,<u>没有综合所得的</u>,计算其每一纳税年度的应纳税所得额时,应当减除费用 6 万元、专项扣除、专项附加扣除以及依法确定的其他扣除,专项附加扣除在办理汇算清缴时减除。

【知识点拨】取得经营所得的人员只有在没有综合所得时,才允许扣除基本费用 6 万元、专项扣除、专项附加扣除以及依法确定的其他扣除。如果有综合所得,即使综合所得的金额很低,未达到费用扣除标准,也不能在经营所得中扣除基本费用 6 万元、专项扣除、专项附加扣除以及依法确定的其他扣除。

②个体户生产经营活动中,应当分别核算生产经营费用和个人、家庭费用。对于生产经营与<u>个人、家庭生活混用难以分清的费用,其 40% 视为与生产经营有关费用</u>,准予扣除。

③个体户按照国务院有关主管部门或者省级人民政府规定的范围和标准为其业主和从业人员缴纳的基本养老保险费、基本医疗保险费、失业保险费、生育保险费、工伤保险费和住房公积金,准予扣除。

个体户为从业人员缴纳的补充养老保险费、补充医疗保险费,分别在不超过从业人员工资总额 5% 标准内的部分据实扣除;超过部分,不得扣除。

个体户业主本人缴纳的补充养老保险费、补充医疗保险费,以当地(地级市)上年度社会平均工资的 3 倍为计算基数,分别在不超过该计算基数 5% 标准内的部分据实扣除;超过部分,不得扣除。

④个体户研究开发新产品、新技术、新工艺所发生的开发费用,以及研究开发新产品、新技术而购置单台价值在 10 万元以下的测试仪器和试验性装置的购置费准予直接扣除;单台价值在 10 万元以上(含 10 万元)的测试仪器和试验性装置,按固定资产管理,不得在当期直接扣除。

⑤个体户通过公益性社会团体或者县级以上人民政府及其部门，用于《中华人民共和国公益事业捐赠法》规定的公益事业的捐赠，捐赠额不超过其应纳税所得额30%的部分可以据实扣除。

⑥实际发生的职工教育经费在工资、薪金总额8%的标准内据实扣除。

其他扣除项目比照企业所得税税前扣除规定。

⑦下列税前不允许扣除的各项支出，要从成本费用中剔除：

a. 个税税款；

b. 税收滞纳金；

c. 罚金、罚款和被没收财物的损失；

d. 不符合规定的捐赠支出；

e. 赞助支出；

f. 用于个人和家庭的支出；

g. 国家税务总局规定不准扣除的其他支出。

真题精练（客观题）

1. （2018年单选题）个体户为业主缴纳的补充养老保险、补充医疗保险，计算应纳税所得额可以（　　）。

   A. 不允许税前扣除

   B. 按实际缴纳数额扣除

   C. 按当地上年度社会平均工资的3倍为计算基础，分别在5%标准内的部分据实扣除

   D. 按省级人民政府规定的计算基数，分别在5%标准内的部分据实扣除

   解析 个体户业主本人缴纳的补充养老保险、补充医疗保险以当地（地级市）上年度社会平均工资的3倍为计算基数，分别在不超过该计算基数5%标准内的部分据实扣除；超过部分，不得扣除。**答案** C

2. （2016年单选题，改）实行查账征收的个人独资企业发生的下列支出，在计算应纳税所得额时不允许扣除的是（　　）。

   A. 为从业人员缴纳的"五险一金"

   B. 为从业人员按工资总额4%标准缴纳补充医疗保险

   C. 支付行业协会的会费

   D. 支付给业主的工资薪金

   解析 个人独资企业支付给业主的工资薪金，不得税前扣除。**答案** D

精选例题

【例题48·多选题】下列关于2020年个人独资企业和合伙企业投资者个税的计税规定的表述中，正确的说法有（　　）。

A. 企业实际发生的工会经费、职工福利费、职工教育经费分别在工资总额的2%、14%、1.5%的标准内据实扣除

B. 企业生产经营和投资者及其家庭生活共用的固定资产，难以划分的，全部视为投资者及其家庭的资产，所提折旧费，不允许在税前扣除

C. 除特殊行业外，企业每一纳税年度发生的广告和业务宣传费不超过当年销售（营业）收入的15%的部分，可据实扣除；超过部分可无限期向以后纳税年度结转

D. 企业计提的各种准备金不得扣除

E. 企业发生的与生产经营业务有关的业务招待费支出，按发生额的60%扣除，但最高不得超过当年销售（营业）收入的5‰

解析 选项A应该是在工资总额的2%、14%、8%的标准内据实扣除；选项B应该是由税务机关根据企业的生产经营类型、规模等具体的情况，核定准予在税前扣除的折旧费用的数额或比例。**答案** CDE

（2）核定征税。

有下列情形之一的，采取核定征收方式征收个税：

①企业依照国家有关规定应当设置但未设置账簿的；

②企业虽设置账簿，但账目混乱或者成本资料、收入凭证、费用凭证残缺不全，难以查账的；

③纳税人发生纳税义务，未按照规定期限办理纳税申报，经税务机关责令限期申报，逾期仍不申报的。

应纳所得税额的计算公式：

应纳税所得额=收入总额×应税所得率

或=成本费用支出额÷(1−应税所得率)×应税所得率

应纳所得税额=应纳税所得额×适用税率−速算扣除数

(3)个体户的税收优惠。

①基本规定：

2021.1.1~2022.12.31 期间，对个体户年应纳税所得额不超过 100 万元的部分，在现行优惠政策基础上，减半征收个人所得税。

【知识点拨】个体户不区分征收方式，均可享受。

②个体户在预缴税款时即可享受，其年应纳税所得额暂按截至本期申报所属期末的情况进行判断，并在年度汇算清缴时按年计算、多退少补。若个体户从两处以上取得经营所得，需在办理年度汇总纳税申报时，合并个体户经营所得年应纳税所得额，重新计算减免税额，多退少补。

③减免税额=(个体户经营所得应纳税所得额不超过 100 万元部分的应纳税所得额−其他政策减免税额×个体户经营所得应纳税所得额不超过 100 万元部分÷经营所得应纳税所得额)×(1−50%)。

④个体户需将按上述方法计算得出的减免税额填入对应经营所得纳税申报表"减免税额"栏次，并附报《个人所得税减免税事项报告表》。

(二)利息、股息、红利应纳税额的计算与审核要点★★

(1)利息、股息、红利所得适用20%的比例税率。

(2)从上市公司获得的股息红利、持有全国中小企业股份转让系统挂牌公司的股票获得的股息红利，采用股息红利差别化纳税政策(见表3-78)。

表 3-78 股息红利差别化纳税政策

持股期限	税务处理
持股期限≤1 个月	**全额**计入应纳税所得额
1 个月<持股期限≤1 年	**暂减按 50%**计入应纳税所得额
持股期限>1 年	**暂免**个税

(3)关于沪港通、深港通试点个税的规定见表3-79。

表 3-79 "沪港通""深港通"股息红利相关的税务处理

情形	税务处理
内地个人投资者通过沪港通、深港通投资香港联交所上市 H 股取得的股息红利	缴纳 20%个税
香港市场投资者投资上交所、深交所上市 A 股取得的股息红利	10%个税(或按税收协定税率)

(4)企业以未分配利润、盈余公积、资本公积向个人股东转增股本时，应按照"利息、股息、红利所得"项目，适用20%税率征收个税。

自 2016 年 1 月 1 日起，全国范围内的中小高新技术企业以未分配利润、盈余公积、资本公积向个人股东转增股本时，个人股东一次缴纳个税确有困难的，可根据实际情况自行制定分期缴税计划，在不超过 5 个公历年度内(含)分期缴纳，并报主管税务机关备案；股东转让股权并取得现金收入的，该现金收入应优先用于缴纳尚未缴清的税款。

(三)财产转让所得应纳税额的计算与审核要点★★

1. 个人转让股票所得(见表3-80)

表3-80 个人转让股票所得的税务处理

情形	税务处理
转让上市公司限售股、转让全国中小企业股份转让系统挂牌公司原始股取得的所得	转按照"财产转让所得",适用20%的比例税率征收个税 限售股应纳税额的计算: 应纳税所得额=限售股转让收入-(限售股原值+合理税费) 应纳税额=应纳税所得额×20%
转让上市公司流通股、转让全国中小企业股份转让系统挂牌公司非原始股取得的所得	免征个税

2. 关于沪港通试点个税的规定(见表3-81)

表3-81 沪港通试点个税的规定

情形	税务处理
内地个人投资者通过沪港通投资香港联交所上市股票取得的转让差价所得	暂免征收个税
香港市场投资者投资上交所上市A股取得的转让差价所得	暂免个税

3. 个人转让股权应纳税额的计算——适用税目:财产转让所得

(1)个人转让股权的税务处理。

①不征收增值税;

②按"产权转移书据"缴纳印花税;

③按"财产转让所得"缴纳个税。

(2)个税计税依据的确定。

应纳税所得额=股权转让收入-股权原值-合理费用

(3)主管税务机关可以核定股权转让收入的情形:

①申报的股权转让收入明显偏低且无正当理由的;

②未按照规定期限办理纳税申报,经税务机关责令限期申报,逾期仍不申报的;

③转让方无法提供或拒不提供股权转让收入的有关资料;

④其他应核定股权转让收入的情形。

(4)符合下列情形之一,视为股权转让收入明显偏低:

①申报的股权转让收入低于股权对应的净资产份额的;

②申报的股权转让收入低于初始投资成本或低于取得该股权所支付的价款及相关税费的;

③申报的股权转让收入低于相同或类似条件下同一企业同一股东或其他股东股权转让收入的;

④申报的股权转让收入低于相同或类似条件下同类行业的企业股权转让收入的;

⑤不具合理性的无偿让渡股权或股份;

⑥主管税务机关认定的其他情形。

(5)股权转让收入虽明显偏低,但视为有正当理由的情形:

①能出具有效文件,证明被投资企业因国家政策调整,生产经营受到重大影响,导致低价转让股权;

②继承或将股权转让给其能提供具有法律效力身份关系证明的配偶、父母、子女、祖父母、外祖父母、孙子女、外孙子女、兄弟姐妹以及对转让人承担直接抚养或者赡养义务的抚养人或者赡养人;

③相关法律、政府文件或企业章程规定,并有相关资料充分证明转让价格合理且真实的本企业员工持有的不能对外转让股权的内部转让;

④股权转让双方能够提供有效证据证明其合理性的其他合理情形。

4. 个人以非货币性资产投资的个税规定

个人以非货币性资产投资，属于个人转让非货币性资产和投资同时发生。对个人转让非货币性资产的所得，应按照"财产转让所得"项目，依法计算缴纳个税。具体税务处理见表3-82。

表3-82 个人以非货币资产投资的税务处理

情形	税务处理	
个人转让非货币性资产	税目	财产转让所得
	应纳税所得额	转让收入(按评估后的公允价值确定转让收入)-资产原值及合理税费
	收入实现时间	非货币性资产转让、取得被投资企业股权时
	缴纳时间	个人应在发生上述应税行为的次月15日内向主管税务机关申报纳税。纳税人一次性缴税有困难的，可合理确定分期缴纳计划并报主管税务机关备案后，自发生上述应税行为之日起不超过5个公历年度内(含)分期缴纳个税。 【知识点拨】个人以**技术成果**投资入股到境内居民企业，被投资企业支付的对价**全部为股票(权)的**，个人可以： a. 选择5年内递延纳税； b. 经向主管税务机关备案，投资入股当期可暂不纳税，允许递延至转让股权时，按股权转让收入减去技术成果原值和合理税费后的差额依照"财产转让所"计算缴纳所得税。 个人以非货币性资产投资交易过程中取得现金补价的，现金部分应优先用于缴税；现金不足以缴纳的部分，可分期缴纳
投资入股：按评估后的公允价值投资入股，确定投资成本		

5. 无偿受赠房屋产权的税务处理

(1)对以下情形的房屋产权无偿赠与，对当事双方不征收个税：

①房屋产权所有人将房屋产权无偿赠与配偶、父母、子女、祖父母、外祖父母、孙子女、兄弟姐妹；

②房屋产权所有人将房屋产权无偿赠与对其承担直接抚养或者赡养义务的抚养人或赡养人；

③房屋产权所有人死亡，依法取得房屋产权的法定继承人、遗嘱继承人或受遗赠人。

除此之外其他情形，应该按照"偶然所得"计算缴纳个税。

(2)受赠人转让受赠房屋，按照"财产转让所得"计算缴纳个税。

应纳税所得额=转让受赠房屋的收入-原捐赠人取得该房屋的实际购置成本-赠与和转让过程中受赠人支付的相关税费

(四)财产租赁所得应纳税额的计算与审核要点★★

1. 应纳税所得额(见表3-83)

表3-83 财产租赁所得的应纳税所得额

收入标准	应纳税所得额
每次收入≤4 000元	应纳税所得额=每次(月)收入额-准予扣除项目-修缮费用(800元为限)-800
每次收入>4 000元	应纳税所得额=[每次(月)收入额-准予扣除项目-修缮费用(800元为限)]×(1-20%)

2. 个人出租住房的相关税费(见表3-84)

表3-84 个人出租住房的相关税费

税种	相关规定
增值税	个人出租住房,按照5%的征收率减按1.5%
房产税	不含增值税的价格、4%的税率
城镇土地使用税	免征城镇土地使用税
个税	减按10%的税率
印花税	对个人出租、承租住房签订的租赁合同,免征印花税

(五)偶然所得应纳税额的计算与审核要点★★

应纳个税额=每次收入额×20%

(六)捐赠税前扣除政策★★

居民个人发生的公益捐赠支出可以在分类所得、综合所得或者经营所得中扣除。在当期一个所得项目扣除不完的公益捐赠支出,可以按规定在其他所得项目中继续扣除。

居民个人发生的公益捐赠支出,在综合所得、经营所得中扣除的,扣除限额分别为当年综合所得、当年经营所得应纳税所得额的30%;在分类所得中扣除的,扣除限额为当月分类所得应纳税所得额的30%。

居民个人根据各项所得的收入、公益捐赠支出、适用税率等情况,自行决定在综合所得、分类所得、经营所得中扣除的公益捐赠支出的顺序。

1. 在综合所得中如何扣除公益捐赠支出(见表3-85)

表3-85 综合所得中如何扣除公益捐赠支出

项目	如何扣除
工资薪金所得	可选在预扣时扣除,也可选在年度汇算时扣除。选择在预扣时扣除的,应按照累计预扣法计算扣除限额
劳务报酬、稿酬、特许权使用费所得	预扣预缴时不扣除,统一在汇算时扣除
其他情形	居民个人取得全年一次性奖金、股权激励等所得,且按规定采取不并入综合所得而单独计税方式处理的,公益捐赠支出扣除比照分类所得的扣除规定处理

2. 分类所得中如何扣除公益捐赠支出

可在捐赠当月取得的分类所得中扣除。当月分类所得应扣除未扣除的公益捐赠支出,可以按照以下规定追补扣除(见表3-86)。

表3-86 应扣未扣公益捐赠支出如何追补扣除

情形	如何扣除
扣缴义务人已经代扣但尚未解缴税款的	居民个人可以向扣缴义务人提出追补扣除申请,退还已扣税款
扣缴义务人已经代扣且解缴税款的	居民个人可以在公益捐赠之日起90日内提请扣缴义务人向征收税款的税务机关办理更正申报追补扣除,税务机关和扣缴义务人应当予以办理
居民个人自行申报纳税的	可以在公益捐赠之日起90日内向主管税务机关办理更正申报追补扣除

续表

情形	如何扣除
居民个人捐赠当月有多项多次分类所得的,应先在其中一项一次分类所得中扣除。已经在分类所得中扣除的公益捐赠支出,不再调整到其他所得中扣除	

3. 经营所得中如何扣除公益捐赠支出

(1)经营所得采取核定征收方式的,不扣除公益捐赠支出;查账征收可以扣除;

(2)在经营所得中扣除公益捐赠支出的,可选择在预缴税款时扣除,也可以选择在汇算清缴时扣除。

4. 个人捐赠北京2022年冬奥会、冬残奥会、测试赛的资金和物资支出可在计算个人应纳税所得额时予以全额扣除。

5. 疫情捐赠全额扣除的规定

(1)通过公益性社会组织或县级以上人民政府及其部门等国家机关捐赠应对疫情的现金和物品允许企业所得税或个税税前全额扣除。

注意:全额扣除的范围不仅包括物品,还包括现金。

(2)2020.1.1-2021.3.31期间,企业和个人直接向承担疫情防治任务的医院捐赠用于应对新型冠状病毒感染的肺炎疫情的物品,允许在计算企业所得税或个税应纳税所得额时全额扣除。

注意:仅限于物品,不包括现金;捐赠人凭承担疫情防治任务的医院开具的捐赠接收函办理税前扣除事宜,并留存备查。

(七)境外所得已纳税款的扣除★★

纳税人从中国境外取得的所得,准予其在应纳税额中扣除已在境外缴纳的个税税额。但扣除额不得超过该纳税义务人境外所得依我国税法规定计算的应纳税额。

1. 当期境内和境外所得应纳税额的计算(表3-87)

表3-87 当期境内和境外所得应纳税额的计算

所得类别	应纳税额计算
居民个人来源于中国境外的综合所得	与境内综合所得合并计算应纳税额
居民个人来源于中国境外的经营所得	与境内经营所得合并计算应纳税额 居民个人来源于境外的经营所得,按规定计算的亏损,不得抵减其境内或他国(地区)的应纳税所得额,但可以用来源于同一国家(地区)以后年度的经营所得按中国税法规定弥补
居民个人来源于中国境外的其他分类所得	不与境内所得合并,分别单独计算应纳税额

2. 抵免限额的计算——分国不分项计算(见表3-88)

表3-88 抵免限额的计算

1. 先分项计算	综合所得	中国境内外综合所得依规定计算的综合所得应纳税额×来源于该国(地区)的综合所得收入额÷中国境内和境外综合所得收入额合计 【知识点拨】按照收入额、而非收入所占比重计算抵免限额
	经营所得	中国境内外经营所得依规定计算的经营所得应纳税所得额×来源于该国(地区)的经营所得应纳税所得额÷中国境内和境外经营所得应纳税所得额合计 【知识点拨】按照应纳税所得额所占比重计算抵免限额
	其他分类所得	该国(地区)的其他分类所得依规定计算的应纳税额
2. 再分国计算	来源于该国(地区):综合所得抵免限额+经营所得抵免限额+其他分类所得抵免限额	

3. 限额抵免方法

(1)一个纳税年度内来源于一国(地区)的所得实际已经缴纳的所得税税额 VS 抵免限额,按照较小一方进行抵免。

居民个人申报境外所得税收抵免时,除另有规定外,应当提供境外征税主体出具的税款所属年度的完税证明、税收缴款书或者纳税记录等纳税凭证,未提供符合要求的纳税凭证,不予抵免。

(2)超过部分可以在以后5个纳税年度内结转抵免。

4. 居民个人从中国境外取得所得的,应当在取得所得的次年3月1日至6月30日内申报纳税。

十六、个税纳税申报★★

(一)自行申报纳税

个税实行代扣代缴(预扣预缴)和自行申报相结合的纳税申报制度。自行申报纳税的有关规定见表3-89。

表3-89 自行申报纳税的有关规定

自行申报的情形	自行申报的时限
(1)取得综合所得需要办理汇算清缴	应当在取得所得的次年3月1日至6月30日内办理汇算清缴
(2)取得应税所得没有扣缴义务人	在取得所得的次月15日内向税务机关报送纳税申报表,并缴纳税款
(3)取得应税所得,扣缴义务人未扣缴税款	纳税人应当在取得所得的次年6月30日前,缴纳税款;税务机关通知限期缴纳的,纳税人应当按照期限缴纳税款
(4)取得境外所得	应当在取得所得的次年3月1日至6月30日内申报纳税
(5)因移居境外注销中国户籍	应当在注销中国户籍前办理税款清算
(6)非居民个人在中国境内从两处以上取得工资、薪金所得	应当在取得所得的次月15日内申报纳税
(7)国务院规定的其他情形	

精选例题

【例题49·多选题】个人取得下列各项所得,需要自行纳税申报的有( )。

A. 个体户取得的生产经营所得

B. 非居民个人在中国境内从两处以上取得工资、薪金所得

C. 从中国境外取得的所得

D. 从多处取得财产租赁所得

E. 因移居境外注销中国户籍

解析 财产租赁所得属于分类征收,由支付方扣缴个税,无需自行申报。 答案 ABCE

(二)个人所得税递延纳税*

个人所得税可以递延纳税的情形见表3-90。

---

* 结合教材第8章的"代理个人所得税递延纳税报告业务""代理个人所得税分期缴纳报告业务"增加此项内容。

表 3-90　个人所得税可以递延纳税的情形 *

情形	税务处理
非上市公司授予本公司员工股权激励	同时符合 7 项条件，经向主管税务机关**备案**，递延到股权转让时按照财产转让所得纳税
上市公司实施股权激励	经向主管税务机关**备案**，个人可自股票期权行权、限制性股票解禁或取得股权奖励之日起，在**不超过 12 个月的期限内**缴纳个税
个人以技术成果投资入股	以技术成果投资入股到境内居民企业，被投资企业支付的对价全部为股票（权）的，个人：a. 可选择 5 年内递延纳税； b. 也可选择投资入股当期可暂不纳税，递延至转让股权时，按股权转让收入减去技术成果原值和合理费用后的差额计算缴纳所得税
中小高新技术企业向个人股东转增股本时	全国范围内的**中小高新技术企业（未上市或未在新三板挂牌交易的）**以**未分配利润**、**盈余公积**、**资本公积**向**个人股东**转增股本时，个人股东一次缴纳个税确有困难的，可根据实际情况自行制定分期缴税计划，在不超过**5 个公历年度**内（含）分期缴纳，并报主管税务机关备案；**中小高新技术企业**：境内、查账、高新、年销售额和资产总额均不超过 2 亿、从业人数不超过 500 人
科技成果转化暂不征个税	科研机构、高等学校转化职务科技成果以股份或出资比例等股权形式给予科技人员个人奖励，应在授（获）奖的次月 15 日内向主管税务机关备案，暂不征收个人所得税**

（三）个人所得税抵扣的有关规定***

（1）**合伙创投企业**采取**股权投资方式****直接**投资于**初创科技型企业满 2 年**（24 个月，下同）的，合伙创投企业的**个人合伙人**可以按照对初创科技型企业**投资额的 70%**抵扣个人合伙人从合伙创投企业分得的**经营所得**；当年不足抵扣的，可以在以后纳税年度结转抵扣；

（2）**天使投资个人**采取股权投资方式直接投资于初创科技型企业满 2 年的，可以按照投资额的 70%抵扣转让该初创科技型企业股权取得的应纳税所得额；当期不足抵扣的，可以在以后取得转让该初创科技型企业股权的应纳税所得额时结转抵扣；

（3）创投企业可以选择按**单一投资基金核算**或者按**创投企业年度所得整体核算**两种方式之一，对其个人合伙人来源于创投企业的所得计算个税应纳税额。

十七、税务师需要掌握个税新增的扣缴权利与义务 ★

扫我解疑难

（1）居民个人向扣缴义务人提供专项附加扣除信息的，扣缴义务人按月预扣预缴税款时应当按照规定予以扣除，不得拒绝。

（2）扣缴义务人对纳税人提供的专项附加扣除和其他扣除资料，应当按照规定妥善保存备查。扣缴义务人应当依法对纳税人报送的相关涉税信息和资料保密。

（3）扣缴义务人应当按照纳税人提供的信息计算办理扣缴申报，不得擅自更改纳税人提供的信息。纳税人对所提交义务人发现纳税人提供的信息与实际情况不符的，可以要求纳税人修改，纳税人拒绝修改的，扣缴义

---

* 对于企业年金和职业年金，按照最新个税政策，不属于递延纳税，而是企业缴纳部分作为免税收入，个人缴纳部分属于依法确定的其他扣除，因此此处未包括年金的内容。

** 与之相关的另外一项政策——职务科技成果转化的现金奖励：依法批准设立的非营利性研究开发机构和高等学校根据《中华人民共和国促进科技成果转化法》规定，从职务科技成果转化收入中给予科技人员的现金奖励，可减按50%计入科技人员当月"工资、薪金所得"，依法缴纳个人所得税。

*** 根据教材第 8 章"代理个人所得税抵扣情况报告业务"增加此项内容。

务人应当报告税务机关。

（4）纳税人取得工资薪金所得，除纳税人另有要求外，扣缴义务人应当于年度终了后两个月内，向纳税人提供其个人所得和已扣缴税款等信息。

（5）纳税人取得除工资薪金所得以外的其他所得，扣缴义务人应当在代扣税款后，及时向纳税人提供其个人所得和已扣缴税款等信息。

（6）扣缴义务人依法履行代扣代缴义务，纳税人不得拒绝。纳税人拒绝的，扣缴义务人应当及时报告税务机关。

（7）扣缴义务人有未按照规定向税务机关报送资料和信息、未按照纳税人提供信息虚报虚扣专项附加扣除、应扣未扣税款、不缴或少缴已扣税款、借用或冒用他人身份等行为的，依照《税收征收管理法》等相关法律、行政法规规定处理。

十八、个人所得税的会计核算

扫我解疑难

（1）对于扣缴义务人扣缴的个税，通过"应交税费——代扣代缴个税"核算；

（2）对于经营所得，纳税人自行申报的个税，通过"应交税费——应交个税"核算。

真题精练（主观题）*

1.（2018年简答题）某有限责任公司分别由企业和自然人投资设立，2018年4月召开股东大会形成决议，将2017年度实现的税后利润中的2 000万元分配给股东，3 000万元转增股本，并于2018年4月办理款项支付和转增手续。

（1）向企业股东和自然人股东分红及转增股本时，有限责任公司分别应如何履行扣缴义务？

（2）在向股东分红和转增股本时，有限责任公司分别应如何履行纳税义务？

2.（2016年简答题，改）税务师在对某公司2020年企业所得税汇算清缴时发现2020年12月31日有一笔账务处理如下：
借：销售费用　　　　　　　159 000
　　贷：应付职工薪酬　　　　159 000
后附《销售人员年终奖计算表》

后附《销售人员年终奖计算表》

单位：元

姓名	年终奖金额
李帅	86 000
王平	53 000
张成	20 000
合计	159 000

经询问公司财务人员获悉，该公司销售人员年终奖考核规定，销售人员年终奖依业绩计提，需经公司办公会议结合客户反馈情况确定（每年只发一次奖金），同时，财务人员告知，2021年公司办公会议已对销售人员年终奖最终确定，因张成被客户投诉，扣年终奖1 800元，其余人员全额发放，经审核年终奖已于2021年3月发放。已知三位各月工资分别为（已扣五险一金）18 000、20 000、3 000元。

（1）这部分销售人员年终奖，在2020年企业所得税汇算清缴时，应如何处理？说明理由。

（2）假设这三位选择将全年奖不并入综合所得，分别计算公司在发放全年奖时应扣缴的个税？

3.（2020年综合分析题）甲公司2016年8月设立，位于A市城区，主营建材制造，2017年7月登记，为增值税一般纳税人。甲公司会计核算遵循企业会计准则，2019年度利润总额计算过程如下表所示：

---

* 对于各个知识点联系紧密的简答题，我们在知识点后面加以介绍了，此部分内容介绍涉及内容较为广泛的简答题和综合分析题。

利润表

2019年1月1日—2019年12月31日 金额单位：元

行次	项目	金额
1	营业收入	33 796 250.79
2	减：营业成本	20 584 231.32
3	减：税金及附加	235 767.5
4	减：销售费用	2 077 222.81
5	减：管理费用	5 103 016.49
6	减：财务费用	387 251.46
7	减：资产减值损失	175 620.37
8	加：公允价值变动收益	0
9	加：投资收益	294 136.45
10	二、营业利润	5 527 277.29
11	加：营业外收入	1 582 868.77
12	减：营业外支出	1 037 496.39
13	三、会计利润	6 072 649.67

某税务师事务所为甲公司提供2019年度企业所得税纳税申报代理服务，在资料准备和审核过程中发现如下信息资料，请分别回答有关问题（涉及金额的，单位为元，保留小数点后两位）。

资料一：

甲公司用工业废渣生产的砖瓦、砌块属于资源综合利用产品增值税优惠目录和资源综合利用企业所得税优惠目录范畴，可分别享受增值税即征即退70%的政策和企业所得税减计收入的优惠政策。已知2019年度该部分收入总计29 055 210.61元，即征即退增值税1 016 932.37元，已全部计入"营业外收入"。

资料二：

2019年末甲公司对一批存货提取"存货跌价准备金"，对一台设备计提减值准备，会计处理如下：

借：资产减值损失　　　175 620.37
　　贷：存货跌价准备金——××存货
　　　　　　　　　　　　80 620.37
　　　　固定资产资产减值准备金——××设备　　　　　　　95 000.00

已知该批存货和设备均尚未处置，亦未进行损失核销的会计处理。

资料三：

2019年11月与乙公司签订房屋租赁合同，将一栋自有房产（2017年购入）出租给乙公司，合同约定租期一年，起租日为2019年12月1日，租金120 000元（含税）于2019年12月1日一次性支付，甲公司如约收到租金并开具专票，甲公司会计处理如下：

借：银行存款　　　　　120 000
　　贷：预收账款　　　　110 091.74
　　　　应交税费——应交增值税（销项税额）　　　　9 908.26
借：预收账款　　　　　9 174.31
　　贷：其他业务收入——××房屋租金收入　　　　9 174.31

资料四：

2019年12月向某基金会捐赠600 000元用于资助养老机构。企业会计处理如下：

借：营业外支出——公益性捐赠
　　　　　　　　　　　　600 000

贷：银行存款　　　　　　　600 000
附有基金会开具的由同级财政部门印制的公益性捐赠票据。

已知甲公司 2018 年度有超过公益性捐赠扣除标准而结转的待扣除金额 200 000 元，2019 年度甲公司公益性捐赠项目扣除应如何进行纳税调整？结转以后年度扣除的公益性捐赠金额是多少？请列出算式和计算结果。

资料五：

甲公司 2019 年度内各季初、季末从业人数未发生变化，甲公司建立劳动关系的职工人数 267 人，接受劳务派遣的人数为 58 人。另外各季初、季末甲公司资产总额金额如下表所示（金额单位：万元）。

	第一季度	第二季度	第三季度	第四季度
季初资产总额	5 010	5 030	4 980	4 990
季末资产总额	5 030	4 980	4 990	4 998
季度平均	5 020	5 005	4 985	4 994

要求：

(1) 根据资料一，请问这部分即征即退的增值税是否应该缴纳企业所得税。

(2) 根据资料二，请问对该事项，甲公司应如何进行纳税调整？（可从以下几个层次回答：是否需要调整？如果需要，则应该调增还是调减应纳税所得额？金额多少？其他类似问题同）

(3) 根据资料三，请问甲公司增值税处理是否正确？依据是什么？企业所得税应如何进行纳税调整？依据是什么？

(4) 根据资料四，已知该基金会在财政税务部门公布的公益性社会团体名单之内。假设甲公司 2019 年度会计核算准确且仅有此一项捐赠，则 2019 年度可以税前扣除的公益性捐赠金额是多少？

(5) 根据资料五，请问甲公司资产和从业人数是否符合小型微利企业标准（不考虑年度应纳税所得额）并说明理由。

(6) 2017 年 12 月用闲置资金购买境内居民企业公开发行的股票，2019 年 5 月股票派发现金红利 294 136.45 元，计入"投资收益"科目。请问该收益是否需要缴纳增值税？是否可以免征企业所得税？

(7) 2019 年 6 月购入一台设备，入账价值 2 160 000 元，当月投入使用。甲公司当年对该设备计提折旧 180 000 元。请问甲公司是否可将该设备一次性税前扣除？如果可以，应如何进行纳税调整？

(8) 不考虑其他因素，根据上述资料和要求，列式计算甲公司 2019 年度的应纳税所得额。

4. (2018 年综合分析题，改) 某企业位于市区，系增值税一般纳税人，年末增值税无留抵税额和待抵扣进项税额。2020 年度按会计核算的利润总额为依据预缴企业所得税，享受的税收优惠政策及资产损失能提供留存备查的相关资料。

2020 年度利润表（摘要）如下：

2020 年 12 月　　　　　　单位：元

利润表	
一、营业收入	8 000 000.00
减：营业成本	5 300 000.00
税金及附加	40 000.00
管理费用	700 000.00
财务费用	360 000.00
加：投资收益	50 000.00
其中：对联营企业和合营企业投资收益	50 000.00
二、营业利润	1 650 000.00
加：营业外收入	60 000.00
减：营业外支出	160 000.00
三、利润总额	1 550 000

续表

利润表	
减：所得税费用	387 500.00
四、净利润	1 162 500.00

税务师对该企业2020年度纳税情况进行审核，发现如下纳税相关问题：

(1) 2020年度管理费用中累计列支了业务招待费60 000元；

(2) 5月18日，该企业投资的A企业注销，从A公司分得剩余财产250 000元，已知A公司注销时的《剩余财产计算和分配明细表》载明剩余财产2 500 000元，其中累计未分配利润和盈余公积合计400 000元，企业投资额200 000元，投资比例为10%，分配的资产金额250 000元，其中确认的股息金额40 000元，账务处理如下：

借：银行存款　　　　　　250 000
　　贷：长期股权投资　　　　200 000
　　　　投资收益　　　　　　 50 000

(3) 7月18日收回2019年度已经作坏账损失核销并在企业所得税前扣除的应收账款60 000元，账务处理如下：

借：银行存款　　　　　　 60 000
　　贷：营业外收入　　　　　 60 000

(4) 8月16日收到购货方支付的拖欠货款2 000 000元，以及货款利息30 000元，账务处理：

借：银行存款　　　　　2 030 000
　　贷：应收账款　　　　　2 000 000
　　　　财务费用　　　　　　 30 000

(5) 8月24日与销售方协商，原订购的货物不再购进，预付的70 000元货款作为违约金支付给销售方，收到销售方开具的收款凭证。账务处理：

借：营业外支出　　　　　 70 000
　　贷：预付账款　　　　　　 70 000

(6) 10月24日，将一批被盗电脑进行核销。根据企业资产损失核销审批表显示，这批电脑分别于2017-2018年期间购进，购进时适用的增值税税率为17%，购置时均取得专票，合计金额200 000元，税额34 000元，进项税额均按规定抵扣，截止被盗时会计上已累计计提折旧额80 000元，从保险公司取得理赔30 000元，账务处理：

①借：固定资产清理　　　　120 000
　　　累计折旧　　　　　　 80 000
　　贷：固定资产　　　　　 200 000

②借：银行存款　　　　　　 30 000
　　　资产处置损益　　　　 90 000
　　贷：固定资产清理　　　 120 000

本题不考虑地方教育附加，假定除上述问题外，企业的其他处理与纳税无涉。

(1) 请逐一简述上述问题应如何进行税务处理？

(2) 请计算2020年度应补缴的增值税，城市维护建设税及教育费附加。

(3) 请填写所附2020年度A105000《纳税调整项目明细表》(摘要)(无纳税调整的项目不填写)。

A105000 纳税调整项目明细表(简表)

行次	项　目	账载金额	税收金额	调增金额	调减金额
		1	2	3	4
1	一、收入类调整项目(2+3+…+8+10+11)	*	*		
2	(一)视同销售收入(填写A105010)	*			*
4	(三)投资收益(填写A105030)	50 000	50 000		
10	(八)销售折扣、折让和退回				
11	(九)其他				

续表

行次	项　目	账载金额	税收金额	调增金额	调减金额
		1	2	3	4
12	二、扣除类调整项目(13+14+…+24+26+27+28+29+30)	*	*		
13	(一)视同销售成本(填写A105010)	*		*	
15	(三)业务招待费支出				*
18	(六)利息支出				
19	(七)罚金、罚款和被没收财物的损失			*	*
	……				
30	(十七)其他				
31	三、资产类调整项目(32+33+34+35)	*	*		
32	(一)资产折旧、摊销(填写A105080)				
34	(三)资产损失(填写A105090)				
35	(四)其他				
	……				
45	六、其他	*	*		
46	合计(1+12+31+36+43+44)	*	*		

(4)请计算2020年度的应纳企业所得税税额及应补(或退)的企业所得税额。

5.(2018年综合分析题,改)A公司是一家生产软件的非上市公司,系增值税一般纳税人,2020年实现的会计利润总额为780万元,取得的高新技术企业资格于2020年2月到期,2020年8月更新认定通过,2021年3月某税务师事务所受托对A公司纳税情况进行审核。

(一)审核2019年度纳税情况,记录如下信息：

(1)2019年实际发生的工资支出550万元,职工福利费支出86万元,职工教育经费支出20万元(其中包括职工培训费支出4万元),拨缴的工会经费9万元,取得合法有效凭证。

(2)2019年8月,将一项自行开发的专利技术所有权转让给B公司,转让合同经省级科技部门认定登记并免征增值税,该项技术转让取得收入60万元,成本18万元,相关费用2万元。

(3)2019年11月采购一批固定资产,账务处理如下：

借：固定资产　　　　　　　　39 000
　　应交税费——应交增值税(进项税额)
　　　　　　　　　　　　　　6 240
　贷：银行存款　　　　　　　45 240

附领用清单一份,见下表：

资产领用单

2019年11月9日　　　　　　　　　　　　　　　　　　单位：元

项目	数量	单价	小计	领用部门
电脑	5	3 000.00	15 000.00	人事部
电脑	5	3 000.00	15 000.00	办公室

续表

项目	数量	单价	小计	领用部门
复印机	1	9 000.00	9 000.00	办公室
合计			39 000.00	

A公司对2019年度新购进的符合加速折旧政策条件的固定资产，选择适用加速折旧，会计上对上述固定资产当年计提折旧1 000元。

(4) 2019年10月，通过当地市政府进行公益性捐赠100万元，取得公益性捐赠票据。

(5) 2019年资产负债表的所有者权益部分如下表：

单位：元

项目	2018年	2019年
实收资本(或股本)	10 000 000.00	11 000 000.00
资本公积	1 000 000.00	0
盈余公积	400 000.00	400 000.00
未分配利润	2 180 000.00	2 960 000.00
所有者权益(或股东权益)合计	13 580 000.00	14 360 000.00

经进一步审核，发现3月份有以下一笔账务处理：

借：资本公积——其他资本公积
　　　　　　　　　　　　1 000 000
　　贷：实收资本　　　　1 000 000

公司章程中标明，A公司由甲公司和张先生投资设立，张先生持股30%。

(二)审核2020年度纳税情况，记录如下信息：

(1) 2020年第一季度按25%预缴企业所得税。

(2) 2020年4月，公司的股权激励方案满足有关条件，相关人员行权。其中，技术人员小李按股权激励方案取得20 000股股权奖励，并约定根据在2020年10月31日前不能转让，该股权奖励行权时的公平市场价格为每股8元。

(3) 张先生于2020年5月将所持股份全部转让给配偶赵女士，约定转让收入为350万元，A公司的实收资本没有发生变化。

问题：

(1) 根据审核，2019年度纳税情况记录的信息，请逐一分析对2019年度企业所得税应纳税所得额的影响，并计算2019年度应缴纳的企业所得税。

(2) 请计算2019年A公司以资本公积转增实收资本时股东张先生应缴纳的个税。

(3) 请分析2020年第一季度预缴企业所得税是否准确，并简要说明理由。

(4) 请说明技术人员小李取得的股权奖励可选择的缴纳个税方法及使用的应税所得项目。

(5) 2020年股东张先生将股权转让给配偶，税务机关是否需要重新核定转让收入并说明理由？并计算应缴纳的个税。

📝 **真题精练（主观题）答案**

1.【答案】

(1) 向企业股东分红及转增股本，有限责任公司无须履行扣缴义务；向自然人股东分红及转增股本，有限责任公司应按"利息、股息、红利所得"计算并履行扣缴个税义务。

(2) 用税后利润向股东分红和转增股本时，有限责任公司都无须纳税。

2.【答案】

(1) 年终奖在企业所得税汇算清缴前发放，

可以按实际发放数在税前扣除。

理由：企业在年度汇算清缴结束前向员工实际支付的已预提汇缴年度工资薪金，准予在汇缴年度按规定扣除。

(2) 年终奖实际发放的时候扣缴个税。

年终奖应扣缴个税：

李帅：86 000÷12 = 7 166.67(元)，适用税率10%，速算扣除数210，应扣缴个税 = 86 000×10%−210 = 8 390(元)；

王平：53 000÷12 = 4 416.67(元)，适用税率10%，速算扣除数210，应扣缴个税 = 53 000×10%−210 = 5 090(元)；

张成：18 200÷12 = 1 516.67(元)，适用税率3%，速算扣除数为0，应扣缴个税 = 18 200×3% = 546(元)。

3. 【答案】

(1) 应该缴纳企业所得税。

【思路点拨】只有符合条件的软件企业按规定取得的即征即退的增值税税款，由企业专项用于软件产品研发和扩大再生产并单独进行核算，可以作为不征税收入，其他的即征即退增值税税款，不属于不征税收入，需要计入收入总额计算缴纳企业所得税。

(2) 需要进行纳税调整，应调增应纳税所得额，调增金额 = 175 620.37(元)。

(3) 增值税处理正确。依据：采用预收款方式提供租赁服务，纳税义务发生时间为收到预收款的当天。

企业所得税无需进行纳税调整。依据：如果租赁期限跨年度，且租金提前一次性支付的，出租人可对上述已确认的收入，在租赁期内分期均匀计入相关年度收入。

(4) 公益性捐赠扣除限额 = 6 072 649.67×12% = 728 717.96(元)。

2018年度结转的公益性捐赠支出金额为200 000元，可以在2019年税前扣除，纳税调减200 000元。扣除限额的余额 = 728 717.96 − 200 000 = 528 717.96(元)，2019年公益性捐赠支出税前可以扣除528 717.96元，纳税调增 = 600 000 − 528 717.96 = 71 282.04，因此共计纳税调减 = 200 000 − 71 282.04 = 128 717.96(元)，应结转下年度扣除的公益性捐赠金额是71 282.04元。

(5) 资产总额和从业人数不符合小型微利企业的标准。

理由：小型微利企业的标准：从事国家非限制和禁止行业，从业人数不超过300人，资产总额不超过5 000万元，年应纳税所得额不超过300万元的纳税人。

资产总额：全年季度平均值 = 全年各季度平均值之和÷4 = (5 020 + 5 005 + 4 985 + 4 994)÷4 = 5 001(万元)，大于5 000万元。

从业人数：267 + 58 = 325(人)，大于300人。

【思路点拨】从业人数是指与企业建立劳动关系的职工人数和企业接受的劳务派遣用工人数之和。

(6) 不需要缴纳增值税。免征企业所得税。符合条件的居民企业之间的股息、红利等权益性投资收益，免征企业所得税。

(7) 可以一次性扣除。对于企业在2018年1月1日至2023年12月31日期间新购进的单位价值不超过500万元的器具、设备，可以选择一次性在企业所得税前扣除。应调减应纳税所得额。调减金额 = 2 160 000 − 180 000 = 1 980 000(元)。

(8) 2019年应纳税所得额 = 6 072 649.67 − 29 055 210.61×10% + 175 620.37 − 128 717.96 − 294 136.45 − 1 980 000 = 939 894.57(元)。

4. 【答案】

(1) ①业务招待费发生额60 000元。发生额的60%为36 000元，业务招待费扣除限额 = (8 000 000 + 30 000÷1.13)×0.5% = 40 132.74(元)，税前允许扣除金额为36 000元，调增应纳税所得额 = 60 000 − 36 000 = 24 000(元)。

②初始投资额200 000元，分配金额

250 000元,投资收益50 000元,其中股息金额40 000元,由于居民企业之间的股息免税,该部分投资收益免税;投资资产转让所得 = 250 000 - 200 000 - 40 000 = 10 000(元),应依法纳税。调减应纳税所得额40 000元。

【思路点拨】该项差异属于税收优惠带来的差异,应该填写A107011表格,之后转入A107010,然后直接转入主表,而不通过A105000表格调整。

③收回坏账60 000元应计入应纳税所得额,依法纳税。由于税会无差异,因此无需进行纳税调整。

④延期付款利息,应作为价外费用,计算缴纳增值税、城建税及教育费附加。同时,作为价外费用核算,应确认为主营业务收入,并作为业务招待费计算的基数。

应计入营业收入的金额 = 30 000÷1.13 = 26 548.67(元)

应纳增值税 = 30 000÷1.13×13% = 3 451.33(元)

应纳城建税及教育费附加 = 3 451.33×(7%+3%) = 345.13(元)

调减会计利润 = 3 451.33 + 345.13 = 3 796.46(元)

【思路点拨】该项业务属于账务处理错误,而非税会差异,应该调账,通过调账,影响会计利润,进而影响应纳税所得额,而非纳税调整。

⑤无需调整。

⑥未考虑固定资产对应的进项税额转出,并影响城建税及教育费附加的计算。

进项税额转出 = 120 000×17% = 20 400(元)。增加营业外支出20 400元。

应纳城建税及教育费附加 = 20 400×(7%+3%) = 2 040(元)

调减会计利润 = 20 400 + 2 040 = 22 440(元)

【思路点拨】该项业务属于账务处理错误,而非税会差异,应该调账,通过调账,影响会计利润,进而影响应纳税所得额,而非纳税调整。

(2)补交增值税 = 3 451.33 + 20 400 = 23 851.33(元)。

补交城建税及教育费附加 = 345.13 + 2 040 = 2 385.13(元)。

(3)

A105000 纳税调整项目明细表(简表)

行次	项目	账载金额	税收金额	调增金额	调减金额
		1	2	3	4
1	一、收入类调整项目(2+3+…+8+10+11)				
2	(一)视同销售收入(填写A105010)				
4	(三)投资收益(填写A105030)	50 000	50 000		
10	(八)销售折扣、折让和退回				
11	(九)其他				
12	二、扣除类调整项目(13+14+…+24+26+27+28+29+30)			24 000	
13	(一)视同销售成本(填写A105010)				
15	(三)业务招待费支出	60 000	36 000	24 000	
18	(六)利息支出				
19	(七)罚金、罚款和被没收财物的损失				
	……				

续表

行次	项　　目	账载金额	税收金额	调增金额	调减金额
		1	2	3	4
30	（十七）其他				
31	三、资产类调整项目(32+33+34+35)				
32	（一）资产折旧、摊销（填写A105080）				
34	（三）资产损失（填写A105090）				
35	（四）其他				
	……				
45	六、其他				
46	合计(1+12+31+36+43+44)	＊	＊	24 000	

（4）2020年会计利润＝1 550 000－3 796.46－22 440＝1 523 763.54（元）

2020年应纳税所得额＝1 523 763.54－40 000+24 000＝1 507 763.54（元）

2020年应纳企业所得税＝1 507 763.54×25%＝376 940.89（元）

应退企业所得税＝387 500－376 940.89＝10 559.11（元）

注：该项税收也可以不申请退税，抵2020年应纳所得税。

5.【答案】

（1）业务①职工福利费税前扣除的限额＝550×14%＝77（万元），实际发生的支出金额为86万元，职工福利费应纳税调增＝86－77＝9（万元）；

职工教育经费税前扣除的限额＝550×8%＝44（万元）。软件生产企业发生的职工教育经费中的职工培训费用4万元，可以全额在企业所得税前扣除。剩余的职工教育经费金额＝(20－4)＝16（万元），未超过扣除限额，所以职工教育经费无需调整；

工会经费税前扣除的限额＝550×2%＝11（万元），实际发生额为9万元，所以实际发生的工会经费无需纳税调整。

三项经费合计应纳税调增＝9（万元）。

业务②专利技术转让所得＝60－18－2＝40（万元），不超过500万元的部分，免征企业所得税。所以技术转让所得应纳税调减40万元。

业务③单位价值不超过500万元的仪器、设备，允许一次性计入当期成本费用在应纳税所得额扣除，不再分年度计算折旧。该企业购入的电脑每台3 000元，复印机每台9 000元，可以享受上述优惠政策。所以该批固定资产均可以一次性计入费用扣除。应纳税调减3.8万元。

业务④公益性捐赠支出的扣除限额＝780×12%＝93.6（万元），实际发生支出金额为100万元，所以捐赠支出应纳税调增100－93.6＝6.4（万元）。超过的6.4万元准予结转以后三年内在计算应纳税所得额时扣除。

业务⑤该企业用资本公积（除股本溢价之外）转增股本，个人股东张先生获得转增的股本，应按照"利息、股息、红利所得"项目，适用20%税率征收个税。

甲企业从该企业取得的转增股本的部分视为股息红利所得，免征企业所得税。

2019年度应纳税所得额＝780+9－40－3.8+6.4＝751.6（万元）

应纳企业所得税＝751.6×15%＝112.74（万元）。

（2）张先生股息红利所得应缴纳的个税1 000 000×30%×20%＝60 000（元）。

（3）2020年第一季度预缴企业所得税按照25%预缴是错误的。虽然2020年2月资格到期、8月份资格更新认定通过，但按照规定企业的高新技术企业资格期满当年，在通过重新认定前，其企业所得税暂按15%的税率预缴，在年底前仍未取得高新技术企业资格的，应按规定补缴相应期间的税款。

(4) 小李在取得股权激励时可暂不纳税，递延至转让该股权时纳税；股权转让时，按照股权转让收入减除股权取得成本及合理税费后的差额，适用"财产转让所得"项目，按照20%的税率计算缴纳个税。

(5) 张先生低价将股权转让给配偶，属于转让计税价格明显偏低但有正当理由的，税务机关可以不重新核定。

股票转让所得 = 3 500 000 - 11 000 000 × 30% = 200 000(元)。

股票转让所得应纳个税 = 200 000 × 20% = 40 000(元)。

真题精练（主观题）考点总结

1. 企业所得税方面

类别	具体内容
收入方面	(1) 延期付款利息应作为价外费用，计算缴纳增值税——对城建及附加、会计利润、应纳税所得额的影响； (2) 不征税收入的税务处理及纳税筹划； (3) 视同销售的税务处理； (4) 股息红利的税收优惠及纳税调整； (5) 房租租金增值税纳税义务发生时间、会计上收入确认、企业所得税收入确认
扣除方面	(1) 业务招待费的税前扣除； (2) 三项经费的税前扣除； (3) 捐赠支出的税前扣除； (4) 股权激励支出的企业所得税税前扣除； (5) 佣金手续费的税前扣除； (6) 违约金所得税前可以扣除； (7) 准备金的纳税调整
税收优惠	(1) 小型微利企业的预缴、税款计算等； (2) 加速折旧政策及税收筹划； (3) 股息红利免税的规定； (4) 技术转让的税收优惠； (5) 高新技术企业资格认定及对预缴、汇算清缴的影响
长期股权投资	基本每年都会考核一道简答题，涉及投资阶段、持有阶段、收回投资阶段的财税处理； 关联内容：向个人股东和公司制股东分红和转股的税务处理——投资方、被投资方的税务处理；资本公积转增资本的税务处理
其他方面	(1) 收回核销坏账的税务处理； (2) 发生非正常损失进项税额转出对城建及附加、会计利润、应纳税所得额的影响

2. 个税方面

(1) 专项附加扣除的具体规定；
(2) 工资薪金所得、劳务报酬所得、稿酬所得、特许权使用费所得的预扣预缴；
(3) 综合所得的汇算清缴；
(4) 其他各项所得的代扣代缴；
(5) 分得的股息红利的税务处理，税款代扣代缴；
(6) 资本公积转增资本的个税处理；
(7) 股权激励的个税；
(8) 低价转让股权的税务处理；
(9) 重要的税收优惠。

3. 企税和个税结合考核

(1) 企业为职工发放的全年奖如何在企业

所得税前扣除；如何计算缴纳个税；

（2）股权激励的企业所得税和个税处理；

（3）企业向个人借款支付的利息：收取利息方如何计算缴纳各项税收（含个税），支付利息方如何取得税前扣除凭证、利息税前扣除的条件。

同步训练 限时241分钟

扫我做试题

一、单项选择题

1. 下列有关企业所得税法内容的表述，错误的是（ ）。
   A. 依照中国法律规定设立的个人独资企业不适用企业所得税法
   B. 应纳税所得额为企业每一纳税年度的收入总额，减除不征税收入、免税收入、各项扣除以及允许弥补的以前年度亏损后的余额
   C. 纳税人的职工教育经费可按工资总额的2%计算扣除
   D. 国家重点扶持的高新技术企业，可按15%的税率征收企业所得税

2. 某企业以100万元的价格购入面值为100万元的国债，年利率4.25%，持有183天后以104万元的价格转让。在计算缴纳企业所得税时应该纳税调减（ ）万元。
   A. 0   B. 1.87
   C. 2.13   D. 4

3. 下列（ ）属于企业的不征税收入。
   A. 国家拨付企业使用后要求归还本金的资金
   B. 企业取得的专项用途财政性资金
   C. 国债利息收入
   D. 符合条件的居民企业之间的股息、红利等权益性投资收益

4. 根据企业所得税法的规定，下列不属于企业免税收入的是（ ）。
   A. 国债利息收入
   B. 符合条件的居民企业之间的股息、红利等权益性投资收益
   C. 在中国境内设立机构、场所的非居民企业从居民企业取得与该机构、场所有实际联系的股息、红利等权益性投资收益
   D. 所有的非营利组织的收入

5. 下列支出，属于企业所得税中职工福利费范围的是（ ）。
   A. 过节费
   B. 防暑降温费
   C. 职工出差期间的伙食补助
   D. 职工劳动保护费

6. 2019年初，A居民企业通过投资，拥有B上市公司15%股权。2020年3月，B公司增发普通股1 000万股，每股面值1元，发行价格2.5元，股款已全部收到并存入银行。2020年6月B公司将此次增发的股本溢价形成的资本公积全部转增股本，下列关于A居民企业相关投资业务的说明，正确的是（ ）。
   A. A居民企业应确认股息收入225万元
   B. A居民企业应确认红利收入225万元
   C. A居民企业应增加该项投资的计税基础225万元
   D. A居民企业转让股权时不得扣除转增股本增加的225万元

7. 2020年某居民企业实现商品销售收入2 000万元，发生现金折扣100万元，接受捐赠收入100万元，转让无形资产所有权收入20万元。该企业当年实际发生业务招

待费30万元，广告费240万元，业务宣传费80万元。税务师认为，2020年度该企业可税前扣除的业务招待费、广告费、业务宣传费合计（　　）万元。

A. 294.5　　　　B. 310
C. 325.5　　　　D. 330

8. 税务师受托对某企业2020年度企业所得税纳税情况进行审核，发现"财务费用"账户中列支有两次利息费用：一次是向银行流动资金借款的利息支出5万元，借款金额200万元，借款期限6个月；另一次是经过批准向本企业职工集资借款的利息支出5万元，集资金额50万元，借款期限12个月。企业计算2020年度应纳税所得额时，允许扣除的利息为（　　）万元。

A. 7.5　　　　B. 8.25
C. 6.25　　　　D. 10

9. 税务师根据企业所得税法对企业的固定资产折旧费进行审核时，下列折旧可以在税前扣除的是（　　）。

A. 以经营租赁方式租出的固定资产
B. 以融资租赁方式租出的固定资产
C. 未使用的固定资产（机器设备）
D. 单独估价作为固定资产入账的土地

10. 企业下列支出中，在计算企业所得税应纳税所得额时准予扣除的是（　　）。

A. 工商机关所处的罚款
B. 银行对逾期贷款加收的罚息
C. 税务机关加收的滞纳金
D. 司法机关没收的财物

11. 某工业企业2020年8月在改制重组过程中将自建的办公楼以不含增值税价9 500万元投资于另一工业企业，该自建办公楼的净值为4 000万元。对于该项投资，正确的税务处理是（　　）。

A. 不需要缴纳增值税、土地增值税和企业所得税
B. 以9 500万元确认为销售收入，分别按规定计算缴纳增值税、土地增值税和企业所得税

C. 不需要缴纳增值税，以9 500万元确认为销售收入计算缴纳土地增值税和企业所得税
D. 以9 500万元确认为销售收入计算缴纳增值税，不需要缴纳土地增值税，非货币性资产转让所得可在不超过5年期限内，分期均匀计入相应年度的应纳税所得额，按规定计算缴纳企业所得税

12. 某电器公司2020年度境内经营应纳税所得额为33 000万元，该公司在A国、B国设有分支机构。A国分支机构当年应纳税所得额1 600万元，其中电器销售所得1 000万元（A国规定税率为20%），转让商标权所得600万元（A国规定的税率为30%）；B国分支机构当年应纳税所得额400万元，其中电器经营所得300万元（B国规定的税率为30%），房产租金所得100万元（B国规定的税率为20%）。已知该公司采用"分国不分项"方式计算境外所得税税额和抵免限额，则当年度境内外所得汇总缴纳的企业所得税为（　　）万元。

A. 7 726　　　　B. 7 779
C. 8 715　　　　D. 8 270

13. 企业所得税年度申报表A105000《纳税调整项目明细表》中所列业务招待费支出属于（　　）调整项目。

A. 收入类　　　　B. 资产类
C. 扣除类　　　　D. 与取得收入无关的

14. 某外国企业常驻代表机构从事服务业，在2020年发生如下支出：购置固定资产发生支出100万元，发生交际应酬费40万元，以货币形式对外公益性捐赠20万元，缴纳滞纳金30万元。同时，该代表机构自行核算本年获得收入150万元，其中利息收入50万元，经税务机关核实该代表机构收入及成本费用不能准确核算。该代表机构按核定方式应纳企业所得税（　　）万元。（核定利润率为15%）

A. 5.63　　　　　B. 6.18
C. 8.91　　　　　D. 7.5

15. 某商业企业（增值税一般纳税人）2020年批发货物取得不含税收入7 900万元，对消费者零售取得价款2 260万元；对某客户提供商业咨询顾问取得不含税收入100万元；以成本价为550万元，对外不含税销售价为800万元的外购货物对灾区捐赠；将外购价值100万元的商品用于交际应酬。则企业填列《企业所得税年度纳税申报表（A类）》第1行"营业收入"为（　　）万元。（企业经营货物适用增值税税率为13%）

A. 8 954　　　　B. 8 690
C. 10 000　　　　D. 10 720

16. 企业所得税税收优惠"符合条件的技术转让所得"项目中，不超过（　　）万元的部分免征企业所得税。

A. 200　　　　　B. 300
C. 500　　　　　D. 600

17. 《企业所得税年度纳税申报表（A类）》第27行"抵免所得税额"，不得填报（　　）的投资额。

A. 纳税人购置用于节能节水专用设备
B. 纳税人购置用于环境保护专用设备
C. 纳税人购置用于安全生产专用设备
D. 创业投资企业投资于未上市中小高新技术企业的股权投资额

18. 某商业企业2014年亏损40万元，2015年盈利6万元，2016年亏损6万元，2017、2018、2019年各盈利7万元，2020年盈利10万元，企业2020年申报缴纳的企业所得税是2.5万元，税务机关审核后认为，应（　　）。

A. 补缴企业所得税款0.6万元
B. 补缴企业所得税款1.1万元
C. 退还企业所得税款1.5万元
D. 退还企业所得税款2.5万元

19. 某建筑企业2020年亏损20万元，2021年纳税调整后所得310万元，该企业2021年从业人数290人，资产总额4 800万元，符合小型微利企业标准，该企业2020年应该缴纳企业所得税（　　）万元。

A. 21.5　　　　　B. 24
C. 29　　　　　　D. 77.5

20. 关于企业所得税中境外所得抵免的说法，错误的是（　　）。

A. 居民企业境外盈利在境外已纳的所得税额，超过抵免限额的部分，可以在以后5个纳税年度内进行结转抵免
B. 以境内外相关指标被认定的高新技术企业，对其来源于境外的所得要按照15%的税率计算境外抵免限额
C. 居民企业2020年在境外甲国亏损300万元，在境外乙国盈利600万元，在计算抵免限额时不能用乙国的盈利弥补甲国的亏损
D. 居民企业2020年境内所得为亏损，境外所得为盈利，可以用境外盈利弥补境内亏损

21. 某公司财务主管向税务师咨询，下列股息利息收入中，应交纳个税的是（　　）。

A. 职工个人以股份形式取得的企业量化资产参与企业分配获得的股息
B. 国家发行的金融债券利息收入
C. 国债利息收入
D. 个人按规定缴付住房公积金而存入银行账户取得的利息

22. 对于综合所得，其专项扣除指的是（　　）。

A. 居民个人按照国家规定的范围和标准缴纳的基本养老保险、基本医疗保险、失业保险等社会保险费和住房公积金等
B. 单位按照国家规定的范围和标准为职工缴纳的基本养老保险、基本医疗保险、失业保险等社会保险费和住房公积金等
C. 子女教育支出
D. 大病医疗支出

23. 关于综合所得专项附加扣除中的子女教育支出，下列说法错误的是（　　）。

A. 在税前扣除子女教育支出时，必须留存学校录取通知书等相关教育的证明资料备查

B. 纳税人的子女接受全日制学历教育的相关支出，按照每个子女每月1 000元的标准定额扣除

C. 年满3周岁至小学入学前处于学前教育阶段的子女，按照子女教育支出扣除

D. 父母可以选择由其中一方按扣除标准的100%扣除，也可以选择由双方分别按扣除标准的50%扣除

24. 下列关于预扣率和税率的说法，错误的是( )。

A. 综合所得适用7级超额累进税率

B. 工资薪金预扣预缴时适用7级超额累进预扣率

C. 劳务报酬所得预扣预缴时适用3级超额累进预扣率

D. 特许权使用费所得预扣预缴时适用7级超额累进预扣率

25. 王新2020年6月研究生毕业，7月参加工作，取得工资9 200元，这是王新第一次取得工资。单位在支付王新工资预扣个税时，可以减除的基本费用是( )元。

A. 5 000　　　　B. 30 000
C. 35 000　　　D. 60 000

26. 王蒙2020年12月份取得150 000元全年奖，当月工资28 000元，当月各项扣除合计为9 000元。对于全年奖，王蒙选择单独计算纳税，全年奖应纳个税( )元。

A. 13 080　　　　B. 15 000
C. 28 590　　　　D. 30 000

27. 下列关于不可公开交易的股票期权的表述，错误的是( )。

A. 除另有规定外，员工取得不可公开交易的股票期权时不缴纳个税

B. 行权时，从企业取得股票的实际购买价(施权价)低于购买日公平市场价的差额，在2021年12月31日之前不并入综合所得，全额单独适用综合所得税率表，计算纳税

C. 员工因拥有股权而参与企业税后利润分配取得的所得，按"利息、股息、红利所得"缴纳个税

D. 员工将行权后的股票再转让时获得的高于购买日公平市场价的差额，应按照"工资薪金所得"适用的征免规定计算缴纳个税

28. 下列关于个人独资企业计算个税时有关扣除项目的表述，正确的是( )。

A. 企业发生的职工教育经费、职工福利费扣除比例分别是2%、14%

B. 投资者及职工工资不得在税前扣除

C. 个人独资企业生产经营和投资者及其家庭生活共用的固定资产，难以划分的，全部视为投资者及其家庭的资产，不得税前扣除折旧

D. 企业计提的各种准备金不得在税前扣除

29. 在代理个税纳税申报时下列各项所得，需要按"经营所得"税目缴纳个税的是( )。

A. 个人独资企业的投资者以独资企业资金进行个人消费

B. 股份制企业以盈余公积转增股本，个人股东获利部分

C. 股份制企业的个人投资者以该企业的资金进行个人消费

D. 股份制企业的个人投资者从该企业借款，超过12个月仍未归还的借款

30. 关于个税的说法，错误的是( )。

A. 自然人股东从注销的被投资企业取得的剩余资产价值，超过原投资成本部分，需要缴纳个税

B. 演职人员参加非任职单位组织的演出取得的报酬，应按照"劳务报酬所得"项目计征个税

C. 个人转让限售股，以每次限售股转让收入，减除股票原值和合理税费后的余额，为应纳税所得额

D. 员工为公司内部培训，取得讲课费，应按"劳务报酬所得"计算缴纳个税

31. 王某聘请税务师对其股票项目的个税进行咨询，具体资料如下：2020年3月购入某上市公司的股票10 000股，此后，上市公司公布2019年度的利润分配方案为每10股送3股，并于2020年6月份实施，该股票的面值为每股1元。王某2020年8月转让了该股票，税务师认为，上市公司应扣缴王某的个税为（　　）元。
    A. 300　　　　　　B. 600
    C. 1 500　　　　　D. 3 000

32. 下列关于个人以非货币性资产投资的个税说法中，错误的是（　　）。
    A. 个人转让非货币性资产的所得，应按照"财产转让所得"项目，依法计算缴纳个税
    B. 个人以非货币性资产投资，应按评估后的公允价值确认非货币性资产转让收入
    C. 个人以非货币性资产投资，应于个人股东身份记载于股东名册时，确认非货币性资产转让收入的实现
    D. 纳税人一次性缴税有困难的，可合理确定分期缴纳计划并报主管税务机关备案后，自发生上述应税行为之日起不超过5个公历年度内（含）分期缴纳个税

33. 下列关于实行查账征收办法的个人独资企业计算缴纳个税，允许税前扣除的说法中，错误的是（　　）。
    A. 企业实际支付给从业人员的合理工资，税前允许扣除
    B. 投资者及其家庭发生的生活费用不允许在税前扣除
    C. 投资者本人的工资不得在税前扣除，但可以减除费用6万元、专项扣除、专项附加扣除以及依法确定的其他扣除
    D. 实际发生的广告和宣传费不超过当年营业收入15%的部分据实扣除，超过部分，在以后年度结转扣除

二、多项选择题
1. 企业所得税中，下列有关来源于中国境内、境外所得的确定原则的表述中，正确的有（　　）。
    A. 销售货物所得按照交易活动发生地确定
    B. 提供劳务所得按照劳务报酬支付地确定
    C. 权益性投资资产转让所得按照被投资企业所在地确定
    D. 股息所得按负担、支付所得的企业所在地确定
    E. 不动产转让所得按照转让不动产的企业或者机构、场所所在地确定

2. 企业所得税收入确认时间的说法，正确的有（　　）。
    A. 股息、红利等权益性投资收益以被投资人作出利润分配决定的日期确认收入的实现
    B. 特许权使用费收入按照合同约定的特许权使用人应付特许权使用费的日期确认收入的实现
    C. 股权转让收入按实际收到转让款项时间确认收入的实现
    D. 分期收款方式销售货物按合同约定的收款日期确认收入的实现
    E. 采取产品分成方式取得收入，以企业分得产品的时间确认收入的实现

3. 下列经济事项中，既属于增值税视同销售，又属于企业所得税视同销售确认收入的项目有（　　）。
    A. 将生产的产品用于样品展示
    B. 将生产的产品用于投资
    C. 将生产的产品用于职工个人福利
    D. 将生产的产品用于本企业在建工程
    E. 将资产在总机构及外省分支机构之间转移

4. 关于企业所得税的工资薪金扣除，下列说法正确的有（　　）。
    A. 企业支付给在本企业任职或与其有雇佣关系的员工的合理的现金或者非现金形

式的劳动报酬支出准予据实扣除

B. 国有性质的企业，其工资薪金在不超过政府有关部门给予的限额内的部分可以扣除

C. 企业在年度汇算清缴结束前向员工实际支付的已预提汇缴年度工资薪金，准予在汇缴年度按规定扣除

D. 上市公司制定股权激励计划，所支付给员工的股票期权，需要等到实际行权时，才能按行权时股票的公允价值与激励对象实际行权时支付的价格差额，确认为公司的工资薪金支出，予以在企业所得税前扣除

E. 上市公司实行股权激励计划，等待期内会计计算确认的相关成本费用，可以作为合理工资薪金在企业所得税前扣除

5. 下列支出，属于企业所得税中职工福利费范围的有( )。

    A. 职工交通补贴

    B. 职工差旅费津贴

    C. 因公外地就医费用

    D. 组织员工旅游费用

    E. 防暑降温费

6. 下列说法中，符合企业所得税相关规定的有( )。

    A. 企业发生的职工教育经费超过扣除限额的，允许无限期结转到以后纳税年度扣除

    B. 企业发生的符合确认条件的实际资产损失，在当年因某种原因未能扣除的，准予结转到以后年度扣除

    C. 企业筹建期间发生的广告费、业务宣传费，可以按实际发生额计入企业筹办费，并按规定在税前扣除

    D. 饮料制造企业发生的广告费和业务宣传费支出，超过标准的部分，允许结转到以后纳税年度扣除

    E. 上市公司实施股权激励计划，凡实施后立即可以行权的，可以根据实际行权时该股票的公允价值和数量，计算确定作为当年上市公司工资薪金支出，依照税法规定进行税前扣除

7. 纳税人取得的下列应税收入，可以作为计算业务招待费、广告费和业务宣传费扣除限额基数的有( )。

    A. 出售固定资产收入

    B. 销售材料收入

    C. 政策搬迁从政府部门取得搬迁补偿收入

    D. 自产货物用于捐赠而确认的视同销售收入

    E. 包装物出租收入

8. 企业所得税的税前扣除项目中，可以按照实际发生额从应税收入中扣除的有( )。

    A. 存货跌价准备   B. 银行罚息

    C. 融资租赁费用   D. 财产保险费

    E. 支付给商贸企业的利息支出

9. 下列关于企业手续费及佣金支出税前扣除的规定，表述正确的有( )。

    A. 保险企业按当年全部保费收入扣除退保金等后余额的18%计算扣除限额

    B. 除委托个人代理外，企业以现金等非转账方式支付的手续费及佣金不得在税前扣除

    C. 其他非保险企业，按与具有合法经营资格中介服务机构或个人(不含交易双方及其雇员、代理人和代表人等)所签订服务协议或合同确认的收入金额的5%计算扣除限额

    D. 企业为发行权益性证券支付给有关证券承销机构的手续费及佣金不得在税前扣除

    E. 企业可以将手续费及佣金计入进场费等费用扣除

10. 企业2020年度下列事项的涉税处理符合企业所得税相关法规的有( )。

    A. 摊派支出可以税前扣除

    B. 企业所得以人民币以外的货币计算的，预缴企业所得税时，按照月份或者季度第一日的人民币汇率中间价，折合成人民币计算应纳税所得额

C. 烟草企业的烟草广告费用和业务宣传费用支出，一律不得税前扣除

D. 资产损失的资料无需报送税务机关，由企业留存备查

E. 某大型企业当期发生的符合规定的研究开发支出、费用化的，可以加计扣除75%；形成无形资产的，按照无形资产成本的175%摊销

11. 关于企业所得税税前扣除的说法，符合现行税法规定的有(　　)。

A. 酒类企业的广告费一律不得在企业所得税前扣除

B. 商业企业计提的存货跌价准备金允许在企业所得税前扣除

C. 酒店因客人住店刷信用卡向银行支付手续费5万元，可以在企业所得税前扣除

D. 企业以转账方式支付的手续费及佣金不得在企业所得税前扣除

E. 企业接受政府科技部门的补助进行技术开发，企业发生支出时冲减了研发费用，在进行税务处理时将该项补助作为不征税收入处理，则政府补助对应的研发费用不能享受在企业所得税前加计扣除的优惠

12. 下列关于研发费用的税收政策表述，正确的有(　　)。

A. 企业开发新技术、新产品、新工艺发生的研究开发费用允许加计扣除

B. 新产品设计费、新工艺规程制定费属于研发费用支出

C. 企业没有独立的研发部门，发生的研发费用不得享受加计扣除

D. 研发费用形成无形资产的，摊销年限均不得低于10年

E. 受托开发项目，受托方可以加计扣除

13. 企业发生的下列折旧，根据规定不得在税前扣除的有(　　)。

A. 尚未投入使用的生产设备折旧

B. 经营租出的机械设备折旧

C. 企业总经理私家车折旧

D. 暂时不用的办公楼的折旧

E. 融资租入大型设备的折旧

14. 某税务师事务所在进行2021年企业所得税纳税审核过程中，发现下列涉税事项，企业的税务处理正确的有(　　)。

A. 甲企业符合小型微利企业标准，减按20%税率征收企业所得税

B. 乙企业为经认定的技术先进型服务企业，企业在计算所得税时，适用20%的所得税税率

C. 丙汽车制造企业，2021年购进价值98万的设备同时用于研发和生产经营活动，企业一次性将98万元在计算应纳税所得额时扣除

D. 丁生物制造企业，2021年1月合并了A企业，形成商誉300万元，在计算2021年应纳税所得额时没有对该商誉进行摊销扣除

E. 戊企业为制造业企业，2021年开展研发活动中实际发生的研发费用150万，未形成无形资产计入当期损益，企业在计算应纳税所得额时加计扣除了112.5万元

15. 某生产企业填列2020年度《企业所得税年度纳税申报表(A类)》时，第1行"营业收入"应当包括以下(　　)内容。

A. 销售产品取得的收入

B. 对外投资的自产产品的公允价值

C. 出租房产取得的租赁收入

D. 转让旧设备取得的净收益

E. 专利权使用费收入

16. 某工业企业2020年：销售产品一批，取得收入800万元，成本500万元；以成本为500万元的产品与其他企业对外投资设立公司；将成本为20万元的产品发放给职工；将成本为50万元的产品用于与其他单位交换原材料；对外转让旧设备一台，转让收入150万元，设备净值为160万元(不考虑其他税费)。产品适用增值税税率13%。则企业在填列企业所得税年度纳税申报表A102010《一般企业成

本支出明细表》，下面处理正确的有( )。

A. 第1行"营业成本"填列1 070万元

B. 第1行"营业成本"填列1 420万元

C. 第16行"营业外支出"填列10万元

D. 第16行"营业外支出"填列5万元

E. 第17行"非流动资产处置损失"填列10万元

17. 企业所得税年度纳税申报表(主表)中的第3行"税金及附加"科目中反映的税金包括( )。

A. 甲企业销售自产货物缴纳的消费税

B. 乙商业企业出租土地使用权应交纳的城建税和教育费附加

C. 丙银行购买土地支付的契税

D. 丁工业企业转让不动产应当缴纳的增值税

E. 戊公司签订销售合同缴纳的印花税

18. 某企业2020年会计账簿记录如下：为支付当期广告费从银行借入资金200万元，支付利息12万元；销售商品发生不含税运杂费20万元；购入材料发生不含税运费及装卸费35万元；企业管理部门办公费6万元；中介机构服务费30万元；董事会费40万元。企业填列《企业所得税年度纳税申报表(A类)》时处理正确的有( )。

A. "销售费用"应当填列200万元

B. "销售费用"应当填列220万元

C. "管理费用"应当填列46万元

D. "管理费用"应当填列76万元

E. 三项期间费用共计308万元

19. 下列各项中，应当自行申报纳税的有( )。

A. 取得综合所得需要办理汇算清缴

B. 取得应税所得没有扣缴义务人

C. 取得境外所得

D. 因移居境外注销中国户籍

E. 年所得15万元的纳税人

20. 在确定综合所得的年收入额时，下列说法正确的有( )。

A. 劳务报酬所得，每次收入不超过4 000元的，允许减除800元的费用

B. 劳务报酬所得以收入减除20%的费用后的余额为收入额

C. 稿酬所得以收入减除20%的费用后的余额为收入额，稿酬所得的收入额减按70%计算

D. 特许权使用费所得以收入减除20%的费用后的余额为收入额

E. 特许权使用费所得以收入全额为收入额

21. 在计算综合所得的应纳税所得额时，专项附加扣除包括( )。

A. 子女教育支出

B. 大病医疗支出

C. 住房贷款利息支出

D. 赡养老人支出

E. 职工个人缴纳的三险一金

22. 关于综合所得汇算清缴的说法，正确的有( )。

A. 从两处以上取得综合所得，且综合所得年收入额减除专项扣除的余额超过6万元的，需要办理汇算清缴

B. 纳税年度内预缴税额低于应纳税额的，需要办理汇算清缴

C. 纳税人申请退税的，需要办理汇算清缴

D. 居民个人需要办理汇算清缴的，应当在取得所得的次年1月1日至3月31日内办理汇算清缴

E. 纳税人可以委托单位代为办理汇算清缴

23. 下列关于全年奖计算缴纳个税的规定，正确的有( )。

A. 居民个人取得全年一次性奖金，在2021年12月31日前，不并入当年综合所得，以全年一次性奖金收入除以12个月得到的数额，按照综合所得的月度税率表，确定适用税率和速算扣除数，单独计算纳税

B. 居民个人取得全年一次性奖金，在

2021年12月31日前，不并入当年综合所得，按照综合所得的年度税率表，确定适用税率和速算扣除数，单独计算纳税

C. 在2021年12月31日前，居民个人取得全年一次性奖金，可以选择并入当年综合所得计算纳税

D. 自2022年1月1日起，居民个人取得全年一次性奖金，应并入当年综合所得计算缴纳个税

E. 全年一次性奖金是否并入综合所得计算缴纳个税由扣缴义务人决定

24. 关于企业年金个税的征收管理规定，下列表述正确的有（　　）。

A. 个人取得单位支付的企业年金计入个人账户的部分作为工资薪金所得单独计算缴纳个税

B. 个人按规定缴费的部分，在不超过本人缴费工资计税基数的4%标准内的部分，暂从个人当期的应纳税所得额中扣除

C. 单位按规定缴费部分，在计入个人账户时，个人暂不缴纳个税

D. 年金基金投资运营收益分配计入个人账户时，个人暂不缴纳个税

E. 个人领取年金时，应该并入综合所得计算缴纳个税

25. 扣缴义务人向居民个人支付工资、薪金所得时，应当按照累计预扣法计算预扣税款，下列关于费用减除的说法，正确的有（　　）。

A. 均按照5 000元/月乘以纳税人当年截至本月在本单位的任职受雇月份数计算

B. 自2020年7月1日起，对一个纳税年度内首次取得工资、薪金所得的居民个人，扣缴义务人在预扣预缴个税时，可按照5 000元/月乘以纳税人当年截至本月月份数计算累计减除费用

C. 自2021年1月1日起，对上一完整纳税年度内每月均在同一单位预扣预缴工资、薪金所得个税且全年工资、薪金收入不超过6万元的居民个人，扣缴义务人在预扣预缴本年度工资、薪金所得个税时，累计减除费用自1月份起直接按照全年6万元计算扣除

D. 大病医疗支出属于标准定额扣除

E. 赡养老人专项附加扣除需要考虑赡养老人的数量

26. 2019年2月宋某被授予本公司（上市公司）股票期权，约定一年后可以行权，施权价1元/股，股票3万股。2020年3月份行权，股票当日收盘价7元/股。2020年11月，分配当年的红利，每股0.02元。2020年12月，宋某将行权后的股票出售。针对上述业务，下列说法正确的有（　　）。

A. 接受该股票期权时，宋某无须缴纳个税

B. 2020年3月份，行权时，宋某取得的所得应该并入综合所得缴纳个税

C. 2020年11月，取得分配的红利可以免税

D. 2020年11月，取得分配的红利可以减按50%计入应纳税所得额

E. 2020年12月，转让股票可以免个税

27. 下列业务中，依据个税法的规定，应当缴纳个税的有（　　）。

A. 国债持有期间取得的利息

B. 国债转让所得

C. 个人借款给企业取得的利息收入

D. 行权前转让股票期权取得的收入

E. 中国居民持有境内非上市公司股票取得的股息收入

28. 国内某作家将其小说委托国内一位翻译译成英文后送交国外出版商出版发行。作家与翻译就翻译费达成协议如下：小说出版后作者署名，译者不署名；作家分两次向该翻译支付翻译费，一次是译稿完成后支付10 000元人民币，另一次是小说在国外出版后将收入的10%支付给译者。已知该作家从国外取得的收入

是 150 000 元。不考虑其他税费，则下列说法符合规定的有（　）。

A. 该作家的所得应当按照稿酬所得缴纳个税

B. 翻译人员的所得应当按照劳务报酬所得缴纳个税

C. 翻译人员的所得应当按照稿酬所得缴纳个税

D. 作家的所得属于境外的所得，不用缴纳个税

E. 应预扣预缴翻译人员个税 4 000 元

三、简答题

1. 某国有制造业企业 2021 年从政府部门取得下列财政拨款：（1）300 万元研发专项拨款，当年全部用于新产品设计费支出，在"管理费用—研发费用"科目单独核算归集；（2）5 000 万元环保资金拨款，不符合专项用途条件，企业按会计准则规定计入"递延收益"核算。根据上述事项，请回答下列问题：

（1）研发专项拨款如果作为不征税收入处理，根据现行规定应该同时符合哪些条件？

（2）将研发专项拨款作为应税收入处理，与作为不征税收入处理相比，哪种对企业有利，为什么？

（3）对于 5 000 万元环保拨款而言，企业所得税法与会计在处理上存在什么差异？应如何调整？

2. 甲、乙公司均为境内居民企业，甲公司对乙公司投资 700 万元，持有乙公司 35% 的股份，并派人参与乙公司的经营决策。甲公司对此部分投资采用权益法核算。2020 年 6 月 30 日乙公司董事会决定向全体投资者分配现金股利 140 万元，2020 年度乙公司实现净利润 200 万元。

问题：

（1）作出甲公司上述事项的会计分录。

（2）假设没有其他长期股权投资项目，填写甲公司企业所得税年度纳税申报表 A105030 和 A105000 时，表中字母对应的金额分别为多少？

A105030

投资收益纳税调整明细表

行次	项目	持有收益			处置收益							纳税调整金额
		账载金额	税收金额	纳税调整金额	会计确认的处置收入	税收计算的处置收入	处置投资的账面价值	处置投资的计税基础	会计确认的处置所得或损失	税收计算的处置所得	纳税调整金额	
		1	2	3(2-1)	4	5	6	7	8(4-6)	9(5-7)	10(9-8)	11(3+10)
1	一、交易性金融资产											
2	二、可供出售金融资产											
3	三、持有至到期投资											
4	四、衍生工具											
5	五、交易性金融负债											
6	六、长期股权投资	A	B	C								
	……											

A105000

纳税调整项目明细表

行次	项 目	账载金额	税收金额	调增金额	调减金额
		1	2	3	4
1	一、收入类调整项目(2+3+…+8+10+11)	*	*		
2	(一)视同销售收入(填写 A105010)		*	*	*
3	(二)未按权责发生制原则确认的收入(填写 A105020)				
4	(三)投资收益(填写 A105030)	D	E	F	G
5	(四)按权益法核算长期股权投资对初始投资成本调整确认收益	*	*	*	
……	……				

3. 某居民企业 2020 年度"投资收益"账户借方发生额 300 万元,贷方发生额为 500 万元。税务师审核该企业的投资收益各明细核算及相关资料时发现:

(1)借方发生额由如下两部分组成:

①以 500 万元转让原持有 A 商场 5% 的股份,这部分股权的投资成本为 550 万元;

②投资的 B 工厂 2019 年度发生经营亏损,按权益法核算应分担的份额为 250 万元,这部分投资的投资成本为 600 万元。

(2)贷方发生额由如下四部分组成:

①以 800 万元转让所持有 C 公司 10% 的股权,这部分股权的投资成本为 600 万元。

②投资的 D 贸易公司清算注销,收回货币剩余资产 500 万元。对 D 贸易公司投资的原始计税基础为 400 万元,占有 30% 股权;清算注销后,D 贸易公司累计未分配利润和累计盈余公积为 200 万元,其中 150 万元为清算前形成,50 万元为本次清算形成。

③对 E 外贸公司投资采取权益法核算,2020 年度分享的份额为 160 万元,这部分投资的投资成本为 500 万元。

④2020 年 2 月以 8 元/股在二级市场购进 F 上市公司的流通股 200 万股(每股面值 1 元)。2020 年 6 月 F 上市公司股东大会决议,以股票溢价所形成的资本公积每 10 股转增股本 5 股;以未分配利润每 10 股现金分红 2 元,企业获现金分红 40 万元,计入"投资收益"。

问题:分别说明上述各项投资收益在 2020 年度企业所得税计算缴纳时应如何处理。

4. 拓展投资有限公司于 2009 年 8 月以 2 000 万元货币资金投资成立了全资子公司凯旋特种器材贸易公司。后因拓展投资有限公司经营策略调整,拟于 2020 年 3 月终止对凯旋特种器材贸易公司的投资。经对有关情况的深入调查,税务师了解到:

(1)终止投资时,凯旋特种器材贸易公司资产负债表显示如下:

资产	期末数	负债及所有者权益	期末数
流动资产	6 000	流动负债	1 000
其中:货币资金	6 000	其中:短期借款	1 000
长期投资	0	长期负债	0

续表

资产	期末数	负债及所有者权益	期末数
固定资产	0	所有者权益	5 000
其他资产	0	其中：实收资本	2 000
		盈余公积	500
		未分配利润	2 500
资产总计	6 000	负债及所有者权益总计	6 000

（2）拓展投资有限公司终止投资有三种初步方案，具体情况为：

①注销方案：注销凯旋特种器材贸易公司，支付从业人员经济补偿金及清算费用合计100万元，偿还短期价款1 000万元后，收回货币资金4 900万元；

②股权转让方案：以5 000万元价格转让凯旋特种器材贸易公司的股权；

③先分配后转让股权方案：先将未分配利润2 500万元收回，然后以2 500万元价格转让凯旋特种器材贸易公司的股权。

假定上述三种方案都可行，其他情况都一致，拓展投资有限公司没有可税前弥补的亏损。

要求：

（1）拓展投资有限公司三种终止投资方案企业所得税应如何处理？

（2）分别计算拓展投资有限公司三种终止投资方案实施后的税后净利润，判断企业应选择的方案。

5. A公司2020年已经计入成本费用的实发工资总额为420万元，职工工会经费6万元、支出职工福利费64万元、职工教育经费14万元，上交的工会经费未取得工会经费缴款收据。

除上述已经计入成本费用的工资外，公司2017年3月制订股权激励方案，授予管理人员股票期权，行权期限为3年，约定到期可以按1元/股的价格购买公司的股票。2020年3月，公司股票价格上涨到10元/股，副总经理李某行权5万股。

根据上述资料，请回答下列问题：

（1）计算该企业工资薪金及三项经费需要调整的金额。

（2）副总经理李某行权时，需要缴纳多少个税？

6. 某环境污染治理企业转让污染治理专利技术，取得不含增值税收入2 000万元，同时出售污染治理设备，取得不含增值税收入500万元。转让专利技术的成本为600万元，相应的进项税额为80万元，污染治理设备的成本为400万元。

请回答下列问题：

（1）该企业可以享受哪些税收优惠？

（2）可以享受到多少优惠金额？

7. 张欣2021年4月准备创业，开设一家小型咨询公司，为了解税收政策，前往聚成税务师事务所咨询，国家对于小型企业在税收政策方面有哪些优惠？

8. 2020年，A公司为了扩大规模，贯通产业链条，计划收购下游B公司的全资子公司C公司80%股权，A公司股东大会决议向B公司定向增发股票3 000万股，每股增发价格为3元，同时A公司向B公司支付现金1 000万元。A公司和B公司为非同一控制下的独立交易方。C公司共有股权2 500万股，假定收购日C公司每股资产的计税基础为4元，每股资产的公允价值为5元。交易各方承诺股权收购完成后12个月内不改变原有经营活动。如果符合特殊性税务处理的条件，则选择适用特殊性税务处理。

要求：

（1）计算A公司、B公司取得股份的计税

基础。

(2)简要分析 B 公司、C 公司的税务处理。

9. 某上市公司高级工程师王先生，2020 年度取得个人收入项目如下：

(1)每月应发工资 35 000 元，单位为其缴纳"五险一金" 5 000 元，单位从其工资中代扣代缴"三险一金" 3 000 元，12 月取得年终奖 180 000 元。

(2)从 1 月 1 日起出租两居室住房用于居住，扣除相关税费后的每月租金所得为 6 000 元，全年共计 72 000 元。

(3)2 月 8 日对 2017 年 1 月公司授予的股票期权 30 000 股行权，每股施权价 8 元，行权当日该股票的收盘价为 15 元。

(4)10 月 26 日通过拍卖市场拍卖祖传字画一幅，拍卖收入 56 000 元，不能提供字画原值凭据。

(5)11 月因实名举报某企业的污染行为获得当地环保部门奖励 20 000 元，同时因其参与的一项技术发明获得国家科技进步二等奖，分得奖金 50 000 元。

其他相关资料：(1)上述所得是王先生 2020 年的全部所得，王先生无其他所得。(2)王先生的家庭情况为：王先生有 1 个儿子正在上初中，王先生是家中的独生子，其父母现在均是 80 岁高龄。(3)王先生与爱人于 2015 年购买了首套住房，每月还贷利息支出 800 元。(4)由于王先生收入较高，夫妻双方约定，由王先生扣除子女教育、住房贷款利息支出等项目。

要求：根据以上材料，按照下列序号计算回答问题，如有计算需计算出合计数。

(1)如果全年奖不并入综合所得计算纳税，计算单位在支付全年工资所得和年终奖应预扣预缴的个税。

(2)不考虑其他税费，计算出租两居室住房取得的租金收入应交纳的个税。

(3)计算股票期权所得应交纳的个税。

(4)计算拍卖字画收入应交纳的个税。

(5)回答王先生 11 月获得的奖金应如何缴纳个税并简要说明理由。

(6)2020 年度终了，王先生是否需要汇算清缴？为什么？如果需要汇算清缴，王先生需要补退多少个税？

10. 某拟上市公司为了稳定队伍，2020 年度综合考虑相关人员的工作年限、职称、职务及能力等因素后，出台了如下三项激励措施：

(1)给在公司五年以上的员工办理补充养老保险、补充医疗保险。

(2)根据出资多少，给原出资的股东各购置面积不等的住宅一套，并将产权办到其本人名下；给非股东的副总经理以上员工，各购置一辆小轿车，并将产权办到其个人名下。

(3)对在公司工作十年以上的员工给予一定份额的股票期权，承诺在公司股票上市流通日，由公司以每股高出当日开盘价 2 元的价格回购。

上述各项激励措施涉及的企业所得税和个税应如何处理？

11. 某建筑业央企将本企业的中层干部李鑫派驻海外。李鑫 2020 年全年收入和捐赠情况为：

(1)2020 年 1～5 月在境内工作，月工资 32 000 元，单位共计预扣个税 8 480 元；

(2)2020 年 6～12 月单位派驻 A 国工作，月工资 48 000 元，已经在 A 国缴纳个税 9 600 元；

(3)2020 年在我国出版一本著作，获得稿酬 68 000 元，出版社在支付稿酬时已经预扣个税 7 616 元；

(4)2020 年将自己的一项专利技术许可给 B 国的某公司使用，获得特许权使用费 120 000 元，已经在 B 国缴纳个税 20 000 元。

李鑫综合所得的各项费用扣除为 110 000 元，此外在 2020 年新冠肺炎疫情期间，李鑫通过红十字会向承担疫情防治任务的医院捐赠 1 万元。

请根据上述资料，回答下列问题：
(1) 李鑫的捐赠支出应如何在个税前扣除？
(2) A国和B国所得的抵免限额是多少？实际抵免额是多少？
(3) 李鑫在汇算清缴时应该补交或者退还多少个税？

12. 某个人独资企业2020年发生下列费用：
(1) 企业部门经理、销售人员的工资；
(2) 投资人居住房与办公房共用的电费、通讯费等难以划分的支出；
(3) 该企业发生的广告和业务宣传费用；
(4) 投资者的个人工资。
请判断上述费用是否可以在缴纳个税时税前扣除？若能扣除，其标准是如何规定的？

四、综合分析题

1. 位于市区的某软件生产企业，经批准实行增值税即征即退政策（企业将退还的税款用于扩大再生产），企业执行企业会计准则，主要开发和销售动漫软件，拥有固定资产原值6 500万元，其中房产原值4 000万元，2020年发生以下业务：
(1) 销售软件产品给某销售公司，开具专票，按销售合同约定全年取得不含税销售额7 000万元；为生产软件产品购进原材料，合同全年不含税金额3 500万元，取得专票，发票上注明货款金额3 500万元、增值税额455万元。全年各月购销业务均衡发生，购销合同均于每月月末签订。
(2) 投资收益共30万元，全部为国债利息收入。
(3) 企业全年销售软件产品应扣除的销售成本4 000万元。
(4) 全年发生销售费用1 500万元，其中广告费用1 200万元，按销售收入10%计提并支付给某中介机构的佣金300万元。
(5) 全年发生管理费用700万元（其中业务招待费用60万元，符合条件的新技术研究开发费用90万元）。
(6) 已计入成本、费用中的实际发生的合理工资费用400万元，实际拨缴的工会经费7万元，实际发生的职工福利费用60万元，实际发生的职工教育经费15万元。为员工支付的补充养老保险金额为29.4万元。
(7) 受外部环境因素的影响，企业持有的原账面价值300万元的交易性金融资产，到12月底公允价值下降为210万元（企业以公允价值核算）。
（说明：当地政府确定计算房产余值的扣除比例为20%，上年经税务机关核定未弥补亏损金额102.9万元，考虑地方教育附加，假设该企业的增值税税率均为13%。）
次年初，企业聘请税务师审核2020年度纳税事项，发现以下问题：
(1) 审核8月的35号凭证分录如下：
借：原材料   600 000
    应交税费——应交增值税(进项税额)
                             78 000
    贷：资本公积   678 000
经查为接受捐赠原材料，受赠原材料不用于软件生产，用于其他生产经营活动，计入资本公积核算。企业取得捐赠方开具的专票，注明货款金额60万元、增值税额7.8万元，企业已认证抵扣。
(2) 企业尚未核算各项税收。
要求：作为税务师帮助企业计算各项税款，并填列企业所得税申报表。

中华人民共和国企业所得税年度纳税申报表（A 类）

行次	类别	项目	金额
1	利润总额计算	一、营业收入（填写 A101010\101020\103000）	
2		减：营业成本（填写 A102010\102020\103000）	
3		税金及附加	
4		销售费用（填写 A104000）	
5		管理费用（填写 A104000）	
6		财务费用（填写 A104000）	
7		资产减值损失	
8		加：公允价值变动收益	
9		投资收益	
10		二、营业利润（1-2-3-4-5-6-7+8+9）	
11		加：营业外收入（填写 A101010\101020\103000）	
12		减：营业外支出（填写 A102010\102020\103000）	
13		三、利润总额（10+11-12）	
14	应纳税所得额计算	减：境外所得（填写 A108010）	
15		加：纳税调整增加额（填写 A105000）	
16		减：纳税调整减少额（填写 A105000）	
17		减：免税、减计收入及加计扣除（填写 A107010）	
18		加：境外应税所得抵减境内亏损（填写 A108000）	
19		四、纳税调整后所得（13-14+15-16-17+18）	
20		减：所得减免（填写 A107020）	
21		减：弥补以前年度亏损（填写 A106000）	
22		减：抵扣应纳税所得额（填写 A107030）	
23		五、应纳税所得额（19-20-21-22）	
24	应纳税额计算	税率（25%）	
25		六、应纳所得税额（23×24）	
26		减：减免所得税额（填写 A107040）	
27		减：抵免所得税额（填写 A107050）	
28		七、应纳税额（25-26-27）	
29		加：境外所得应纳所得税额（填写 A108000）	
30		减：境外所得抵免所得税额（填写 A108000）	
31		八、实际应纳所得税额（28+29-30）	
32		减：本年累计实际已预缴的所得税额	
33		九、本年应补（退）所得税额（31-32）	
34		其中：总机构分摊本年应补（退）所得税额（填写 A109000）	
35		财政集中分配本年应补（退）所得税额（填写 A109000）	
36		总机构主体生产经营部门分摊本年应补（退）所得税额（填写 A109000）	

2. 某市 A 房地产开发有限公司，开发建设"美丽园"居住小区项目，开发的商品房可销售面积为 10 万平方米。

2019 年 5 月取得房屋预售许可证，当年取得含税预售款 4 200 万元(不含增值税预售收入 4 000 万元)，按预售收入缴纳增值税 120 万元(简易计税方法)、税金及附加 14.4 万元(城建税税率 7%，教育费附加及地方教育附加 5%)，按预售收入预缴土地增值税 80 万元(预征率 2%)。当年发生管理费用 100 万元，其中业务招待费 36 万元，当年发生销售费用 670 万元，其中广告费 620 万元，因扬尘被城管部门罚款 30 万元，当地主管税务机关规定开发产品商品房企业所得税预计计税毛利率为 15%，房地产开发企业预售款可以作为业务招待费和广告宣传费的基数。

2020 年 11 月项目完工但尚未交付业主，当年取得含税预售款 6 300 万元(不含增值税预收款 6 000 万元，年末转营业收入)，共计预缴增值税 180 万元，城建及教育费附加 21.6 万元，预缴土地增值税 120 万元。当年 12 月将房屋交付业主，发生增值税纳税义务，缴纳增值税 200 万元，城建及教育费附加 24 万元，结转实现销售的商品房 5.2 万平方米，并将上年预收款结转营业收入 4 000 万元，预收账款期末余额 0 万元。

企业根据有关合同和预算等资料，采取预提方法计入开发成本，至 2020 年底该项目开发成本账面金额合计为 7 800 万元，并结转到完工产品成本，其中，出包合同总金额为 4 600 万元，出包工程均已完工，已取得发票的 4 120 万元，其余尚未取得发票。发生出包合同以外的开发成本 3 200 万元，当年发生管理费用 120 万元，其中业务招待费 60 万元。当年发生销售费用 100 万元，其中广告费 24 万元。

根据上述资料，回答下列问题：
(1)计算 2019 年应纳所得税额。
(2)计算 2020 年可以扣除的计税成本。
(3)填报 2020 年度报表：A105010(视同销售和房地产开发企业特定业务纳税调整明细表)、A105060(广告费和业务宣传费跨年度纳税调整明细表)、A105000(纳税调整项目明细表)、A100 000(主表)。

A105010

视同销售和房地产开发企业特定业务纳税调整明细表(简表)

行次	项　　目	税收金额	纳税调整金额
21	三、房地产开发企业特定业务计算的纳税调整额(22-26)		
22	（一）房地产企业销售未完工开发产品特定业务计算的纳税调整额		
26	（二）房地产企业销售的未完工产品转完工产品特定业务计算的纳税调整额(28-29)		
27	1. 销售未完工产品转完工产品确认的销售收入		
28	2. 转回的销售未完工产品预计毛利额		
29	3. 转回实际发生的税金及附加、土地增值税		

A105060

广告费和业务宣传费跨年度纳税调整明细表（简表）

行次	项目	金额
1	一、本年广告费和业务宣传费支出	
2	减：不允许扣除的广告费和业务宣传费支出	
3	二、本年符合条件的广告费和业务宣传费支出(1-2)	
4	三、本年计算广告费和业务宣传费扣除限额的销售（营业）收入	
5	税收规定扣除率	
6	四、本企业计算的广告费和业务宣传费扣除限额(4×5)	
7	五、本年结转以后年度扣除额（3>6，本行=3-6；3≤6，本行=0）	
8	加：以前年度累计结转扣除额	
9	减：本年扣除的以前年度结转额[3>6，本行=0；3≤6，本行=8或(6-3)孰小值]	
12	七、本年广告费和业务宣传费支出纳税调整金额（3>6，本行=2+3-6+10-11；3≤6，本行=2+10-11-9）	
13	八、累计结转以后年度扣除额(7+8-9)	

A105000

纳税调整项目明细表（简表）

行次	项　　目	账载金额	税收金额	调增金额	调减金额
		1	2	3	4
1	一、收入类调整项目	*	*		
12	二、扣除类调整项目	*	*		
15	（三）业务招待费支出				*
16	（四）广告费和业务宣传费支出(A105060)	*	*		
30	（十六）其他				
31	三、资产类调整项目	*	*		
36	四、特殊事项调整项目	*	*		
40	（四）房地产开发企业特定业务计算的纳税调整额（填写A105010）	*			
46	合计	*	*		

A100000

中华人民共和国企业所得税年度纳税申报表（A 类）（简表）

行次	类别	项　　目	金额
1	利润总额计算	一、营业收入	
2		减：营业成本	
3		税金及附加	
4		销售费用	
5		管理费用	
6		财务费用	
10		二、营业利润	
13		三、利润总额	
15	应纳税所得额计算	加：纳税调整增加额	
16		减：纳税调整减少额	
19		四、纳税调整后所得	
21		减：弥补以前年度亏损	
22		减：抵扣应纳税所得额（填写 A107030）	
23		五、应纳税所得额	
24	应纳税额计算	税率（25%）	
25		六、应纳所得税额（23×24）	

同步训练答案及解析

一、单项选择题

1. C 【解析】自 2018 年 1 月 1 日起，除另有规定外，企业发生的职工教育经费支出，不超过工资薪金总额 8% 的部分，准予扣除；超过部分，准予在以后纳税年度结转扣除。

2. C 【解析】国债利息收入免税，国债转让差价不免税。国债利息收入＝国债金额×（适用年利率÷365）×持有天数＝100×（4.25%÷365）×183＝2.13（万元）。

3. B 【解析】企业的不征税收入包括：（1）财政拨款；（2）依法收取并纳入财政管理的行政事业性收费、政府性基金；（3）国务院规定的其他不征税收入。选项 A，拨付时属于企业的负债，到期企业需偿还，不属于收入；选项 C、D 属于免税收入。

4. D 【解析】符合条件的非营利组织的收入作为免税收入，并不是所有的非营利组织的收入都可以作为免税收入处理。

5. B 【解析】退休职工的费用；被辞退职工的补偿金；职工劳动保护费；职工的病假、生育假、探亲假期间领取到的补助；职工的学习费；职工的伙食补助费（包括职工在企业的午餐补助和出差期间的伙食补助）以及企业发给员工的年货、过节费、节假日物资及组织员工旅游支出等都不属于职工福利费的开支范围。

6. D 【解析】被投资企业将股权(票)溢价所形成的资本公积转为股本的,不作为投资方企业的股息、红利收入,投资方企业也不得增加该项长期投资的计税基础,所以选项D正确。

7. B 【解析】销售商品涉及现金折扣的,应当按扣除现金折扣前的金额确定销售商品收入金额。业务招待费扣除限额:(1)销售营业收入的0.5%=2 000×0.5%=10(万元),(2)实际发生额的60%=30×60%=18(万元),按较小的一方即10万元扣除。广告费和业务宣传费扣除限额:2 000×15%=300(万元),按300万元扣除。扣除金额合计=10+300=310(万元)。

8. A 【解析】纳税人在生产、经营期间,向金融机构借款提取利息支出,按照实际发生数扣除;向非金融机构借款的利息支出,不高于按照金融机构同类、同期贷款利率计算的数额以内的部分,准予扣除。允许扣除的利息支出=5+50×(5÷200)×12÷6=7.5(万元)。

9. A 【解析】下列固定资产不得计算折旧扣除:房屋、建筑物以外未投入使用的固定资产;以经营租赁方式租入的固定资产;以融资租赁方式租出的固定资产;已足额提取折旧仍继续使用的固定资产;与经营活动无关的固定资产;单独估价作为固定资产入账的土地;其他不得计算折旧扣除的固定资产。

10. B 【解析】罚款、滞纳金、被没收财物的损失,在企业所得税前不得扣除;罚息、违约金等违反合同的支出允许在企业所得税前扣除。

11. D 【解析】以非货币性资产投资入股,应按公允价值计算缴纳增值税;非房地产开发企业在改制重组中以房地产投资入股,暂不缴纳土地增值税;非货币性资产转让所得可在不超过5年期限内,分期均匀计入相应年度的应纳税所得额,按规定计算缴纳企业所得税。

12. D 【解析】该企业当年境内外应纳税所得额=33 000+1 600+400=35 000(万元)
A国分支机构在境外实际缴纳的税额=1 000×20%+600×30%=380(万元)
A国抵免限额=1 600×25%=400(万元),实际抵免380万元。
B国分支机构在境外实际缴纳的税额=300×30%+100×20%=110(万元)
B国抵免限额=400×25%=100(万元),实际抵免100万元。
全年应纳税额=35 000×25%-380-100=8 270(万元)。

13. C 【解析】在企业所得税纳税申报表《纳税调整项目明细表》中,业务招待费支出属于扣除类调整项目。

14. B 【解析】该外国常驻代表机构收入不能准确核算,应按照经费支出核定应纳税所得额缴纳企业所得税。
其经费支出额=100+40=140(万元);收入额=140÷(1-15%)=164.71(万元);应纳企业所得税额=164.71×15%×25%=6.18(万元)。

15. C 【解析】第1行"营业收入":填报纳税人主要经营业务和其他经营业务取得的收入总额。本行根据"主营业务收入"和"其他业务收入"科目的数额计算填报,即以会计口径为准。外购的货物用于捐赠和用于交际应酬,会计上不确认收入,应作为视同销售收入,不计入"营业收入"栏目。第1行"营业收入"=7 900+2 260÷(1+13%)+100=10 000(万元)。

16. C 【解析】企业所得税税收优惠"符合条件的技术转让所得"项目中,不超过500万元的部分免征企业所得税,超过500万元的部分减半征收。

17. D 【解析】第27行"抵免所得税额":填报纳税人购置用于环境保护、节能节水、安全生产等专用设备的投资额,其设备投资额的10%可以从企业当年的应纳所得税额中抵免;当年不足抵免的,可以在以后5个纳税年度结转抵免——该项抵免属于税额式税收优惠。选项D属于税基式税收优惠。

18. C 【解析】2014年亏损应在2015~2019年进行弥补,2016年的亏损应在2017~2021年进行弥补,2019年弥补了2014年的亏损后,尚余40-6-7-7-7=13(万元)的亏损税前不得弥补,应该用税后利润弥补,2020年的应纳企业所得税=(10-6)×25%=1(万元),企业应申请退还企业所得税2.5-1=1.5(万元)。

19. A 【解析】该企业弥补亏损后应纳税所得额为290万元,未超过300万元;该企业符合小型微利企业的条件,应纳税额=100×12.5%×20%+(290-100)×50%×20%=21.5(万元)或应纳税额=290×10%-7=21.5(万元)。

20. C 【解析】选项C,自2017年1月1日起,企业可以选择按国(地区)别分别计算[即"分国(地区)不分项"],或者不按国(地区)别汇总计算[即"不分国(地区)不分项"]其来源于境外的应纳税所得额,如果企业选择后者,则可以相互弥补亏损。

21. A 【解析】对职工个人以股份形式取得的企业量化资产参与企业分配而获得的股息、红利以及参加企业集资而取得的利息收入,征收个税。

22. A 【解析】选项B,属于免税收入;选项C、D,属于专项附加扣除。

23. A 【解析】只有纳税人子女在中国境外接受教育的,纳税人才需要留存境外学校录取通知书、留学签证等相关教育的证明资料备查;如果在境内接受教育,无须留存资料备查。

24. D 【解析】特许权使用费所得预扣预缴时适用20%的比例预扣率。

25. C 【解析】对一个纳税年度内首次取得工资、薪金所得的居民个人,扣缴义务人在预扣预缴个税时,可按照5 000元/月乘以纳税人当年截至本月月份数计算累计减除费用,因此可以减除的费用=5 000×7=35 000元。

26. C 【解析】商数=150 000/12=12 500(元),适用税率20%,速算扣除数1 410元,应纳税额=150 000×20%-1 410=28 590(元)。

27. D 【解析】员工将行权后的股票再转让时获得的高于购买日公平市场价的差额,应按照"财产转让所得",而非工资薪金所得适用的征免规定计算缴纳个税。

28. D 【解析】选项A,企业发生的职工教育经费、职工福利费扣除比例分别是8%、14%;选项B,投资者工资不得在税前扣除,职工工资可以在税前扣除;选项C,个人独资企业生产经营和投资者及其家庭生活共用的固定资产,难以划分的,由主管税务机关根据企业的生产经营类型、规模等具体情况,核定准予在税前扣除的折旧费用的数额或比例。

29. A 【解析】选项B、C、D按股息红利所得缴纳个税。

30. D 【解析】员工为公司内部培训,取得讲课费,应按"工资薪金所得"计算缴纳个税。

31. A 【解析】对个人投资者从上市公司取得的股息、红利所得,持股期限在1个月以上至1年的,暂减按50%计入个人应纳税所得额计征个税。应纳个税=10 000÷10×3×1×50%×20%=300(元)。

32. C 【解析】个人以非货币性资产投资,应于非货币性资产转让、取得被投资企业股权时,确认非货币性资产转让收入的实现。

33. C 【解析】选项C,取得经营所得的个人,只有在没有综合所得时,计算其每一纳税年度的应纳税所得额时,应当减除费用6万元、专项扣除、专项附加扣除以及依法确定的其他扣除；如果有综合所得，在计算经营所得的应纳税所得额时，不得减除费用6万元、专项扣除、专项附加扣除以及依法确定的其他扣除。

二、多项选择题

1. AC 【解析】提供劳务所得按照劳务发生地确定所得来源地；股息所得按分配所得的企业所在地确定所得来源地；不动产转让所得按照不动产的所在地确定所得来源地。

2. ABDE 【解析】股权转让收入应于转让协议生效且完成股权变更手续时确认收入的实现。

3. BC 【解析】选项A、D，企业所得税和增值税均无须视同销售；选项E，增值税需要视同销售，企业所得税无须视同销售。

4. ABCD 【解析】选项E，上市公司实行股权激励计划，等待期内会计计算确认的相关成本费用，不得在对应年度计算缴纳企业所得税时扣除。

5. ACE 【解析】差旅费津贴是企业员工为了企业的经营活动出差而发生的支出的补偿，不能算一种"福利"；组织员工旅游不属于职工福利费的范围。详情参考国税函〔2009〕3号文件。

6. ACD 【解析】选项B，企业发生的符合条件的实际资产损失，在当年因某种原因未能扣除的，准予追补至该项损失发生年度扣除；选项E，上市公司实施股权激励计划，凡实施后立即可以行权的，可以根据实际行权时该股票的公允价格与激励对象实际行权支付价格的差额和数量，计算确定作为当年上市公司工资薪金支出，依照税法规定进行税前扣除。

7. BDE 【解析】计算业务招待费、广告费和业务宣传费扣除限额的基数是主营业务收入、其他业务收入和视同销售收入之和。出售固定资产收入和政策搬迁从政府部门取得搬迁补偿收入不在此列。

8. BD 【解析】选项A不得在税前扣除；选项C，应该分期计提折旧在税前扣除，而不是一次性扣除；选项E，非金融企业向非金融企业借款的利息支出，不超过按照金融企业同期同类贷款利率计算的数额的部分可据实扣除，超过部分不许扣除。

9. ABCD 【解析】企业不得将手续费及佣金支出计入回扣、业务提成、返利、进场费等费用。

10. CE 【解析】摊派支出不得在税前扣除，因此选项A错误；预缴所得税时，应该按照月份或季度最后一日的人民币汇率中间价折算成人民币，因此选项B错误。

11. CE 【解析】酒类产品的广告费支出不超过销售（营业）收入15%的允许在税前扣除，因此选项A错误；除金融、保险、证券、中小企业信用担保等行业外，准备金不得在税前扣除，因此选项B错误；企业以转账方式支付给中介机构的手续费及佣金可以在企业所得税前扣除，如果是支付给中介个人的手续费及佣金，可以以现金方式支付，因此选项D错误。

12. AB 【解析】选项C，企业没有独立的研发部门，应对研发费用和生产经营费用进行分开核算，准确合理的计算各项研发费用支出，划分不清的，不得加计扣除；选项D，研发费用形成无形资产的，摊销年限一般不得低于10年，法律另有规定的除外；选项E，委托开发发生的研发费用，由委托方按规定加计扣除，受托方不得再进行加计扣除。

13. AC 【解析】选项A，房屋、建筑物以外未投入使用的固定资产折旧不得在税前扣除；选项C，企业总经理私家车不属于企业的固定资产，不得计提折旧在税前扣除。

14. ACD 【解析】选项A，小型微利企业减按20%的税率征收企业所得税；选项B，经认定的技术先进型服务企业，减按15%的税率征收企业所得税；选项C，企业在2018年1月1日至2023年12月

31日新购进的设备、器具,单位价值不超过500万元的,允许一次性计入当期成本费用在计算应纳税所得额时扣除,不再分年度计算折旧;选项D,外购商誉的支出,在企业整体转让或者清算时,才准予扣除;选项E,从2021年开始,制造业企业开展研发活动中实际发生的研发费用,未形成无形资产计入当期损益的,在按规定据实扣除的基础上,按照实际发生额的100%在税前加计扣除,因此应该加计扣除150×100%=150万,而非112.5万元。

15. ABCE 【解析】第1行"营业收入":填报纳税人主要经营业务和其他经营业务取得的收入总额。本行根据"主营业务收入"和"其他业务收入"科目的发生额分析填列。选项D应当填入第11行"营业外收入"中。

16. ACE 【解析】第1行"营业成本"=500+500+20+50=1 070(万元);第16行"营业外支出"=10(万元);第17行"非流动资产处置损失"=(150+10)-150=10(万元)。

17. ABE 【解析】主表中的第3栏"税金及附加"根据会计上该科目的发生额分析填列。选项C,应计入土地的成本;选项D,企业销售不动产,应交纳的增值税计入固定资产清理科目。

18. BDE 【解析】购入材料发生运费及装卸费应当计入购入材料的成本。"销售费用"=200+20=220(万元)。"管理费用"=6+30+40=76(万元)。"财务费用"=12(万元)。三项期间费用合计=220+76+12=308(万元)。

19. ABCD 【解析】需要自行申报纳税的有:(1)取得综合所得需要办理汇算清缴;(2)取得应税所得没有扣缴义务人;(3)取得应税所得,扣缴义务人未扣缴税款;(4)取得境外所得;(5)因移居境外注销中国户籍;(6)非居民个人在中国境内从两处以上取得工资、薪金所得;(7)国务院规定的其他情形。

20. BCD 【解析】在计算综合所得的年收入额时,无论每次收入是否超过4 000元,均按照下列规定计算:劳务报酬所得、稿酬所得、特许权使用费所得以收入减除20%的费用后的余额为收入额。稿酬所得的收入额减按70%计算。

21. ABCD 【解析】综合所得的专项附加扣除包括子女教育支出、继续教育支出、大病医疗支出、住房贷款利息支出、住房租金支出、赡养老人支出。选项E,职工个人缴纳的三险一金属于专项扣除。

22. ABCE 【解析】居民个人需要办理汇算清缴的,应当在取得所得的次年3月1日至6月30日内办理汇算清缴。

23. ACD 【解析】居民个人取得全年一次性奖金,在2021年12月31日前,不并入当年综合所得,以全年一次性奖金收入除以12个月得到的数额,按照综合所得的月度税率表,确定适用税率和速算扣除数,单独计算纳税,而不是按照年度税率表计算纳税。选项E,全年一次性奖金是否并入综合所得计算缴纳个税由纳税人决定,而非由扣缴义务人决定。

24. BCD 【解析】企业年金的个税计算中,就个人缴费的部分,在不超过本人缴费工资计税基数的4%标准内的部分,暂从个人当期的应纳税所得额中扣除;就单位缴费部分,在计入个人账户时,个人暂不缴纳个税。选项E,个人领取年金时,不并入综合所得,全额单独计算应纳税款。

25. BC 【解析】一般情况下,累计减除费用按照5 000元/月乘以纳税人当年截至本月在本单位的任职受雇月份数计算,但选项B、C属于特殊规定,因此选项A错误;选项D,大病医疗支出属于限额扣除;选项E,赡养老人专项附加扣除与赡养老人的数量无关。

26. ADE 【解析】选项 B，居民个人取得股票期权、股票增值权、限制性股票、股权奖励等股权激励（以下简称股权激励），在 2021 年 12 月 31 日前，不并入当年综合所得，全额单独适用综合所得税率表，计算纳税。选项 C，个人从公开发行和转让市场取得的上市公司股票，持股期限超过 1 年的（持股时间从取得股票到卖出股票的时间计算，而不是以获得股息红利的时间计算），股息红利所得暂免征收个税。持股期限在 1 个月以内（含 1 个月）的，其股息红利所得全额计入应纳税所得额；持股期限在 1 个月以上至 1 年（含 1 年）的，暂减按 50% 计入应纳税所得额；上述所得统一适用 20% 的税率计征个税。

27. BCDE 【解析】个人取得的国债利息收入免征个税，国债转让所得没有免税规定。

28. ABE 【解析】小说出版后作者署名、译者不署名说明作者的所得属于稿酬所得，而翻译人员的所得属于劳务报酬所得，应预扣预缴翻译人员个税 =（10 000 + 150 000×10%）×（1 - 20%）× 20% = 4 000（元）。

三、简答题

1. 【答案】

（1）从县级以上各级人民政府财政部门及其他部门取得的财政性资金，凡符合以下条件的，可以作为不征税收入，在计算应纳税所得额时从收入总额中减除：
①企业能够提供规定资金专项用途的资金拨付文件；
②财政部门或其他拨付资金的政府部门对该资金有专门的资金管理办法或具体管理要求；
③企业对该资金以及该资金发生的支出单独进行核算。

（2）作为应税收入有利。
如果作为不征税收入，则其成本费用不得税前扣除，而且不得加计扣除；
如果作为征税收入，不仅成本费用可以税前扣除，而且研发支出可以加计 100% 扣除（因为该企业为制造业企业），可以多扣除 300 万元，因此作为应税收入处理对企业更为有利。

（3）对于不符合专项用途的财政资金而言，税会差异主要体现在收入确认时间不同。会计上对于与资产有关或与以后期间收益有关的政府补助，计入"递延收益"，之后逐期转入"营业外收入"；而税法则要求在收到拨款时一次性计入收入。因此在收到财政拨款时，应做纳税调增处理，等到会计上逐期转入"营业外收入"，再做纳税调减处理。

2. 【答案】

（1）
借：长期股权投资——成本 7 000 000
　　贷：银行存款　　　　　　　　7 000 000
借：应收股利　　　　　　　　490 000
　　贷：长期股权投资——损益调整
　　　　　　　　　　　　　　490 000
借：长期股权投资——损益调整
　　　　　　　　　　　　　　700 000
　　贷：投资收益　　　　　　　700 000

（2）
A、D：700 000
B、E：490 000
C：-210 000
F：0
G：210 000

3. 【答案】

（1）借方发生额。
①本业务中的 50 万元属于股权转让损失，申报后可以在企业所得税税前扣除。
②权益法核算的分担 B 工厂的 250 万元亏损不允许在投资方企业所得税前扣除，应纳税调增；被投资企业可以用以后 5 个纳税年度实现的盈利弥补自己的亏损。

（2）贷方发生额。

①本业务中的200万元股权转让所得属于企业的所得，应该缴纳企业所得税。
②从D公司收回的剩余资产500万元，应分解为三部分：
a. 投资成本的收回：400万元
b. 股息所得：200×30%＝60(万元)，由于持股比例30%，应采用权益法核算，本期应该调增应纳税所得额150×30%＝45(万元)——为权益法核算形成的暂时性差异的纳税调增；之后因居民企业之间的投资收益免征企业所得税，再纳税调减60万元。
c. 资产转让所得：500－60－400＝40(万元)，并入应纳税所得额缴纳企业所得税。
③企业按权益法确认的160万元投资收益由于被投资方E公司尚未宣布分配，因此在税法上不确认为收入，在汇算清缴时需要纳税调减。
④转增股本和现金分红。
a. 被投资企业将股权(票)溢价所形成的资本公积转为股本的，不作为投资方企业的股息、红利收入，投资方企业也不得增加该项长期投资的计税基础。
b. 现金分红40万元。居民企业连续持有其他居民企业公开发行并上市流通的股票不足12个月取得的投资收益不属于免税收入，因此40万元分红收入应并入应纳税所得额征收企业所得税，无须纳税调整。

4. 【答案】
(1)拓展投资有限公司三种终止投资方案企业所得税分别做如下处理：
第一种方案：企业注销其子公司，其子公司需要办理企业所得税的清算。
①计算清算所得
清算所得＝全部资产可变现价值或交易价格－资产的计税基础－清算费用、相关税费＋债务清偿损益＝6 000(全部资产可变现价值)－6 000(资产计税基础)－100(清算费用)＝－100＜0
无清算所得，凯旋特种器材贸易公司无须缴纳企业所得税。
②向股东分配剩余资产
可供分配的剩余资产＝6 000－100－1 000＝4 900(万元)
会计新增留存收益＝－100(万元)
【思路点拨】新增留存收益等于净利润减去股利，净利润等于利润总额减去所得税费用，本题不涉及股利分配，应纳所得税为0，企业清算递延所得税无法转回，所以也不考虑递延所得税，最后结果新增留存收益即利润总额，也就是清算费用－100。
a. 股息性所得＝500＋2 500－100＝2 900(万元)，免税收入，不用缴纳企业所得税。
b. 投资资产转让所得或损失＝(4 900－2 900)－2 000＝0(万元)
投资资产转让所得为0，无须缴纳企业所得税。
第二种方案：企业转让股权
应纳企业所得税＝(5 000－2 000)×25%＝750(万元)
第三种方案：先分配后转让股权
境内子公司分回的股息红利所得属于免税收入，不用缴纳企业所得税。
企业转让股权，企业需要计算转让股权需缴纳的企业所得税。应纳企业所得税＝(2 500－2 000)×25%＝125(万元)。
(2)分别计算拓展投资有限公司三种终止投资方案实施后的税后净利润。
第一种方案：
税后净利润＝4 900－2 000＝2 900(万元)
第二种方案：
税后净利润＝5 000－2 000－750＝2 250(万元)
第三种方案：
税后净利润＝2 500＋2 500－2 000－125＝2 875(万元)
所以，企业应选择第一种方案。

5. 【答案】
(1)计算该企业工资薪金及三项经费需要

调整的金额。

①工资薪金调减应纳税所得额=(10-1)×50 000=450 000(元)=45(万元)

【思路点拨】股权激励计划实施后，需要等待一定服务年限方可行权，等待期内会计上确认的成本费用不得扣除。按实际行权时的公允价格与行权支付价格的差额乘以数量，计算为行权当年公司薪金支出。

②工会经费未取得工会经费缴款收据，不得扣除，纳税调增6万元。

③职工福利费扣除限额=(420+45)×14%=65.1(万元)，实际发生64万元，准予据实扣除。

④职工教育经费扣除限额=(420+45)×8%=37.2(万元)，实际发生14万元，未超过扣除限额，无须纳税调整。

工资及三项经费合计纳税调整=-45+6=-39(万元)，即纳税调减39万元。

(2)股票期权的应纳税所得额=(10-1)×50 000=450 000(元)

适用税率30%，速算扣除数52 920元。

应纳税额=450 000×30%-52 920=82 080(元)

6.【答案】

(1)该企业可以享受的税收优惠包括：

①该企业可以享受企业所得税减税优惠：一个纳税年度内，居民企业转让技术所有权所得不超过500万元的部分，免征企业所得税；超过500万元的部分，减半征收企业所得税；

②技术转让免征增值税：试点纳税人提供技术转让、技术开发和与之相关的技术咨询、技术服务，免征增值税。

(2)可以享受到的优惠金额：

①技术转让实际缴纳企业所得税=[(2 000-600)-500]×50%×25%=112.5(万元)

技术转让可以享受企业所得税优惠金额=(2 000-600)×25%-112.5=237.5(万元)

②享受增值税优惠金额=2 000×6%-80=40(万元)

7.【答案】

(1)增值税方面的优惠：2021.4.1-2022.12.31期间，对月销售额15万元以下(含本数)的增值税小规模纳税人，免征增值税。

(2)自2019年1月1日至2020年12月31日，对小型微利企业年应纳税所得额不超过100万元的部分，减按25%计入应纳税所得额，按20%的税率缴纳企业所得税。自2021年1月1日至2022年12月31日，对小型微利企业年应纳税所得额不超过100万元的部分，减按12.5%计入应纳税所得额，按20%的税率缴纳企业所得税。自2019年1月1日至2021年12月31日，对小型微利企业年应纳税所得额超过100万元但不超过300万元的部分，减按50%计入应纳税所得额，按20%的税率缴纳企业所得税。

小型微利企业的条件：从事国家非限制和禁止行业，且同时符合年度应纳税所得额不超过300万元、从业人数不超过300人、资产总额不超过5 000万元等三个条件的企业。

(3)其他税种的优惠：由省、自治区、直辖市人民政府根据本地区实际情况，以及宏观调控需要确定，对增值税小规模纳税人可以在50%的税额幅度内减征资源税、城市维护建设税、房产税、城镇土地使用税、印花税(不含证券交易印花税)、耕地占用税和教育费附加、地方教育附加。

8.【答案】

收购公司A公司购买的股权占被收购公司C公司全部股权的比例=80%>50%

收购公司在该股权收购发生时的股权支付金额占其交易支付总额比例=9 000÷10 000×100%=90%>85%；另外，此次收购具有合理的商业目的，交易各方承诺股权收购完成后12个月内不改变原有经营活动。所以A公司交易中的股权支付部分适用公司重组的特殊性税务处理。
(1)资产计税基础
①B公司(被收购公司的股东)就非股权支付(1 000万元现金部分)确认所得 = (2 500×80%×5 - 2 500×80%×4)×1 000÷10 000 = 200(万元)
B公司取得收购公司股权的计税基础 = 2 500×80%×4×9 000÷10 000 = 7 200(万元)
②A公司(收购公司股东)取得被收购公司股权的计税基础 = 2 500×80%×4×9 000÷10 000 + 1 000 = 8 200(万元)
(2)B公司(被收购公司的股东)就非股权支付(1 000万元现金部分)确认所得 = (2 500×80%×5 - 2 500×80%×4)×1 000÷10 000 = 200(万元)
被收购公司B公司取得非股权支付的资产转让所得,应纳企业所得税 = 200×25% = 50(万元)。C公司的相关所得税事项保持不变,但控股股东要进行变更税务登记。

9.【答案】
(1)王先生全年综合所得的扣除金额 = 60 000 + 3 000×12 + 12 000 + 12 000 + 24 000 = 144 000(元)
其中:3 000×12为个人缴纳的"三险一金",为专项扣除;12 000元为子女教育支出;12 000元为住房贷款利息支出;24 000元为赡养老人支出。
王先生综合所得的应纳税所得额 = 35 000×12 - 144 000 = 276 000(元)
由于单位正在支付工资时采用累计预扣法,因此单位在支付其工资时共计预扣预缴个税 = 276 000×20% - 16 920 = 38 280(元)
全年奖:
商数 = 180 000/12 = 15 000(元)
找到适用税率20%,速算扣除数1 410(元)。
全年奖预扣个税 = 180 000×20% - 1 410 = 34 590(元)

合计预扣预缴个税 = 38 280 + 34 590 = 72 870(元)
(2)应纳个税 = 6 000×(1 - 20%)×10%×12 = 5 760(元)
(3)股票期权的应纳税所得额 = (15 - 8)×30 000 = 210 000(元)
适用税率20%,速算扣除数16 920元。
应纳个税 = 210 000×20% - 16 920 = 25 080(元)
(4)应纳个税 = 56 000×3% = 1 680(元)
(5)王先生11月获得的两项奖金免征个税。因为省级人民政府、国务院部委以上单位颁发的科学、教育、技术等奖金免征个税,个人举报、协查各种违法、犯罪行为而获得的奖金免征个税。
(6)王先生不需要汇算清缴,因为王先生只在一处取得工资薪金,未取得其他综合所得,而且预扣预缴税额和应纳税额相等,所以无须汇算清缴。

10.【答案】
第(1)项业务。
①企业所得税:补充养老、补充医疗保险分别在不超过工资总额5%标准内的部分,准予扣除。
②个税。
补充养老保险:单位按有关规定缴费部分免个税;个人缴费不超过本人缴费工资计税基数4%标准内部分,暂从应纳税所得额中扣除;单位缴费和个人缴费超标部分,征收个税。
补充医疗保险:并入相关人员当月的"工资薪金所得",按规定预扣预缴其个税。
第(2)项业务。
为股东购置住宅,企业所得税应视为企业对个人投资者的股息红利分配,不允许在企业所得税前扣除;个税按"利息、股息、红利所得"项目计征个税。
为副总以上员工购置轿车,企业所得税应并入工资在企业所得税前扣除;个税按"工资、薪金所得"计算个税。

第(3)项业务。

①企业所得税：授予股票期权时，不得在税前扣除。当企业实际发生支出时，允许在企业所得税前扣除。

②个税：员工接受实施股票期权计划企业授予股票期权时，除另有规定外，一般不作为应税所得征税。员工行权时，从企业取得股票的实际购买价（施权价）低于购买日公平市场价（指该股票当日的收盘价）的差额以及行权前转让获得的所得，在2021年12月31日之前不并入综合所得，全额单独适用综合所得税率表，计算纳税。

11.【答案】

(1)李鑫对新冠肺炎疫情的捐赠可以全额扣除。李鑫的捐赠支出可以在工资薪金所得预扣个税时扣除，也可选择在年度汇算时扣除。在稿酬中扣除时，只能在年度汇算时扣除，而不能在预扣预缴时扣除。

【思路点拨】在2021年3月31日之前，纳税人对新冠肺炎疫情的捐赠可以全额扣除。

(2)李鑫2020年综合所得收入额 = 32 000×5+48 000×7+68 000×80%×70%+120 000×80% = 630 080(元)

李鑫2020年综合所得的应纳税所得额 = 630 080-110 000-10 000 = 510 080(元)

2020年综合所得的应纳税所得额 = 510 080×30%-52 920 = 100 104(元)

A国抵免限额 = 100 104×(48 000×7)÷630 080 = 53 382.02(元)，在A国实际缴纳税款9 600元，实际抵免9 600元

B国抵免限额 = 100 104×(120 000×80%)÷630 080 = 15 252.01(元)，在B国实际缴纳税款20 000元，实际抵免15 252.01元，超过部分结转以后5年抵免。

【思路点拨】在计算综合所得的抵免限额时，应该按照收入额、而非收入占比计算。

(3)李鑫在汇算清缴时应该补交个税 = 100 104-8 480-7 616-9 600-15 252.01 = 59 155.99(元)

12.【答案】

(1)支付给从业人员的、合理的工资、薪金可以在税前据实扣除。

(2)个人独资企业的投资者及其家庭发生的生活费用与企业生产经营费用混合在一起，并且难以划分的，全部视为投资者个人及其家庭发生的生活费用，不允许在税前扣除。

(3)发生的广告和业务宣传费用不超过当年销售（营业）收入的15%的部分据实扣除，超出部分可无限期在以后年度结转扣除。

(4)不得在税前直接扣除，但取得经营所得的个人，没有综合所得的，计算其每一纳税年度的应纳税所得额时，应当减除费用6万元、专项扣除、专项附加扣除以及依法确定的其他扣除。

四、综合分析题

1.【答案】

(1)应纳增值税 = 7 000×13%-(455+7.8) = 447.2(万元)

即征即退增值税 = (7 000×13%-455)-7 000×3% = 245(万元)

(2)应纳城建税、教育费附加和地方教育附加 = 447.2×(7%+3%+2%) = 53.66(万元)

(3)应纳印花税 = (7 000+3 500)×0.03% = 3.15(万元)

(4)应纳房产税 = 4 000×(1-20%)×1.2% = 38.4(万元)

(5)营业收入 = 7 000(万元)；营业成本 = 4 000(万元)；税金及附加 = 53.66+3.15+38.4 = 95.21(万元)；销售费用 = 1 500(万元)；管理费用 = 700(万元)。

公允价值变动损益 = 210-300 = -90(万元)；投资收益 = 30(万元)；营业外收入 =

（60+7.8）+245＝312.8（万元）。

会计利润＝7 000+30+312.8-4 000-95.21-1 500-700-90＝957.59（万元）

（6）即征即退增值税调整的应纳税所得额＝-245（万元）；国债利息收入调整的应纳税所得额＝-30（万元）。

业务招待费：7 000×0.5%＝35（万元）；60×60%＝36（万元）

业务招待费应调整的应纳税所得额＝60-35＝25（万元）

广告费应调整的应纳税所得额＝1 200-7 000×15%＝150（万元）

佣金支出应调整的应纳税所得额＝300÷10%×（10%-5%）＝150（万元）

交易性金融资产减值损失应调整的应纳税所得额＝90（万元）

新技术研发费应加计扣除75%应纳税所得额＝90×75%＝67.5（万元）

工会经费扣除限额＝400×2%＝8（万元），实际支付7万元，没有超标，无须调整；职工教育经费税前扣除限额＝400×8%＝32（万元），实际发生额为15万元，未超过扣除限额，无须调整；职工福利费应该纳税调增＝60-400×14%＝4（万元）。

工资及"三项经费"应调整的应纳税所得额＝4（万元）

补充养老保险调整所得额＝29.4-400×5%＝9.4（万元）

纳税调整增加额＝25+150+150+90+4+9.4＝428.4（万元）

纳税调整减少额＝245（万元）

免税、减计收入及加计扣除＝30+67.5＝97.5（万元）

应纳税所得额＝957.59+428.4-245-97.5-102.9＝940.59（万元）

（7）应交纳的企业所得税＝940.59×25%＝235.15（万元）

中华人民共和国企业所得税年度纳税申报表（A类）

行次	类别	项目	金额
1	利润总额计算	一、营业收入（填写A101010\ \101020\ \103000）	7 000
2		减：营业成本（填写A102010\ \102020\ \103000）	4 000
3		税金及附加	95.21
4		销售费用（填写A104000）	1 500
5		管理费用（填写A104000）	700
6		财务费用（填写A104000）	0
7		资产减值损失	0
8		加：公允价值变动收益	-90
9		投资收益	30
10		二、营业利润（1-2-3-4-5-6-7+8+9）	644.79
11		加：营业外收入（填写A101010\ \101020\ \103000）	312.8
12		减：营业外支出（填写A102010\ \102020\ \103000）	0
13		三、利润总额（10+11-12）	957.59

续表

行次	类别	项目	金额
14	应纳税所得额计算	减：境外所得（填写 A108010）	0
15		加：纳税调整增加额（填写 A105000）	428.4
16		减：纳税调整减少额（填写 A105000）	245
17		减：免税、减计收入及加计扣除（填写 A107010）	97.5
18		加：境外应税所得抵减境内亏损（填写 A108000）	0
19		四、纳税调整后所得（13-14+15-16-17+18）	1043.49
20		减：所得减免（填写 A107020）	0
21		减：抵扣应纳税所得额（填写 A107030）	0
22		减：弥补以前年度亏损（填写 A106000）	102.9
23		五、应纳税所得额（19-20-21-22）	940.59
24	应纳税额计算	税率（25%）	25%
25		六、应纳所得税额（23×24）	235.15
26		减：减免所得税额（填写 A107040）	0
27		减：抵免所得税额（填写 A107050）	0
28		七、应纳税额（25-26-27）	235.15
29		加：境外所得应纳所得税额（填写 A108000）	0
30		减：境外所得抵免所得税额（填写 A108000）	0
31		八、实际应纳所得税额（28+29-30）	235.15
32		减：本年累计实际已预缴的所得税额	
33		九、本年应补（退）所得税额（31-32）	235.15
34		其中：总机构分摊本年应补（退）所得税额（填写 A109000）	0
35		财政集中分配本年应补（退）所得税额（填写 A109000）	0
36		总机构主体生产经营部门分摊本年应补（退）所得税额（填写 A109000）	0

2.【答案】

（1）2019 年纳税调整信息

①纳税调增

a. 计税毛利额 = 4 000×15% = 600（万元）

b. 业务招待费——实际发生额 36 万元

实际发生额的 60% = 36×60% = 21.6（万元）

销售营业收入的 5‰ = 4 000×5‰ = 20（万元）

税前扣除 20 万，纳税调增 16 万元。

c. 广告费和业务宣传费——620 万元

销售营业收入的 15% = 4 000×15% = 600（万元）

税前扣除 600 万，纳税调增 20 万元——可结转以后年度。

d. 罚款：税前不得扣除，纳税调增 30 万元。

②纳税调减

a. 缴纳的城建及教育费附加等：14.4 万元

b. 预缴的土地增值税：80 万元

2019 年应纳所得税额

1. 纳税调增	
（1）计税毛利额	+600

续表

(2)业务招待费	+16	
(3)广宣费	+20	
(4)罚款	+30	
合计	666	
2. 纳税调减		
(1)税金及附加	-14.4	
(2)土地增值税	-80	
合计	-94.4	
应纳税所得额	-670(销售费用)-100(管理费用)-30(罚款)+666(纳税调增)-94.4(纳税调减)= -228.4	
应纳所得税额	0	

(2)2020年可以扣除的计税成本

出包工程最多预提10%，即4 600×10% = 460(万元)

已实现销售的商品房面积占总面积的比例 = 5.2÷10 = 52%

税前可以扣除的计税成本 = (4 120+460+3 200)×52% = 4 045.6(万元)

纳税调增 = 7 800×52% - 4 045.6 = 10.4(万元)

(3)填报2020年度报表

①A105010(视同销售和房地产开发企业特定业务纳税调整明细表)

a. 2019年预计毛利额纳税调减：600万元

b. 2019年税前扣除的城建及教育费附加等纳税调增：14.4万元

c. 2019年税前扣除的土地增值税纳税调增：80万元

A105010

视同销售和房地产开发企业特定业务纳税调整明细表(简表)

行次	项目	税收金额	纳税调整金额
21	三、房地产开发企业特定业务计算的纳税调整额(22-26)	-505.6	-505.6
22	(一)房地产企业销售未完工开发产品特定业务计算的纳税调整额		0
26	(二)房地产企业销售的未完工产品转完工产品特定业务计算的纳税调整额(28-29)	505.6	505.6
27	1. 销售未完工产品转完工产品确认的销售收入	4 000	*
28	2. 转回的销售未完工产品预计毛利额	600	600
29	3. 转回实际发生的税金及附加、土地增值税	94.4	94.4

②A105060(广告费和业务宣传费跨年度纳税调整明细表)

2020年广告费和业务宣传费发生额24万元

销售营业收入的15% = 6 000×15% = 900(万元)

2019年尚有20万尚未扣除的广告费

纳税调减：20万元

A105060

广告费和业务宣传费跨年度纳税调整明细表(简表)

行次	项目	金额
1	一、本年广告费和业务宣传费支出	24
2	减：不允许扣除的广告费和业务宣传费支出	0

续表

行次	项　　目	金额
3	二、本年符合条件的广告费和业务宣传费支出(1-2)	24
4	三、本年计算广告费和业务宣传费扣除限额的销售(营业)收入	6 000
5	税收规定扣除率	15%
6	四、本企业计算的广告费和业务宣传费扣除限额(4×5)	900
7	五、本年结转以后年度扣除额(3>6，本行=3-6；3≤6，本行=0)	0
8	加：以前年度累计结转扣除额	20
9	减：本年扣除的以前年度结转额[3>6，本行=0；3≤6，本行=8 或(6-3)孰小值]	20
12	七、本年广告费和业务宣传费支出纳税调整金额(3>6，本行=2+3-6+10-11；3≤6，本行=2+10-11-9)	-20
13	八、累计结转以后年度扣除额(7+8-9)	0

除上述调整外，还有下列调整：

a. 业务招待费——实际发生额60万元
实际发生额的60%＝60×60%＝36(万元)
销售(营业)收入的5‰＝6 000×5‰＝30(万元)
税前扣除30万，纳税调增30万元。

b. 计税成本
税前可以扣除的计税成本＝(4 120+460+3 200)×52%＝4 045.6(万元)
纳税调增＝7 800×52%－4 045.6＝10.4(万元)

A105000

纳税调整项目明细表(简表)

行次	项　　目	账载金额	税收金额	调增金额	调减金额
		1	2	3	4
1	一、收入类调整项目	*	*	0	0
12	二、扣除类调整项目	*	*	40.40	20
15	(三)业务招待费支出	60	30	30	*
16	(四)广告费和业务宣传费支出(A105060)	*	*	0	20
30	(十六)其他	4 056	4 045.60	10.40	0
31	三、资产类调整项目	*	*	0	0
36	四、特殊事项调整项目	*	*	0	505.60
40	(四)房地产开发企业特定业务计算的纳税调整额(填写A105010)	*	-505.6	0	505.60
46	合计	*	*	40.40	525.60

④**A100000**

中华人民共和国企业所得税年度纳税申报表（A 类）（简表）

行次	类别	项 目	金额
1	利润总额计算	一、营业收入	10 000
2		减：营业成本	4 056
3		税金及附加	260
4		销售费用	100
5		管理费用	120
6		财务费用	0
10		二、营业利润	5 464
13		三、利润总额	5 464
15	应纳税所得额计算	加：纳税调整增加额	40.40
16		减：纳税调整减少额	525.60
19		四、纳税调整后所得	4 978.80
21		减：弥补以前年度亏损	228.40
22		减：抵扣应纳税所得额（填写 A107030）	
23		五、应纳税所得额	4 750.4
24	应纳税额计算	税率（25%）	
25		六、应纳所得税额（23×24）	1 187.6

第4章 其他税种纳税审核、涉税鉴证与纳税申报代理

考情解密

历年考情概况

本章是相对重要的章节，历年考题多以单选题、多选题为主，土地增值税、印花税存在着较大的出简答题的可能性。预计分值在15~20分。

近年考点直击

考点	主要考查题型	考频指数	考查角度
土地增值税的纳税申报与纳税审核	单选题、多选题、简答题	★★★	土地增值税是比较重要的税种，存在出简答题的可能性。 (1)土地增值税的征税范围； (2)土地增值税应税收入和扣除项目的确定，应纳税额计算——在应纳税额计算中注意销售新房、销售旧房有评估价格、销售旧房无评估价格但有发票等几种情况； (3)土地增值税的税收优惠
印花税的纳税申报与纳税审核	单选题、多选题、简答题	★★★	印花税是比较重要的税种，存在出简答题的可能性。 (1)印花税的征税范围——列举征税； (2)印花税的计税依据； (3)印花税的税收优惠； (4)印花税应纳税额计算及纳税方法
契税的纳税申报和纳税审核	单选题、多选题	★★	契税的征税范围、计税依据、应纳税额计算、税收优惠、账务处理
房产税的纳税申报与纳税审核	单选题、多选题、简答题	★★	房产税的征税范围、计税依据、应纳税额计算、税收优惠、账务处理
城镇土地使用税纳税申报与纳税审核	单选题、多选题	★★	城镇土地使用税的征税范围、计税依据、应纳税额计算、税收优惠、账务处理
资源税纳税申报和纳税审核	单选题、多选题	★	资源税的征税范围、计税依据、应纳税额计算、税收优惠、账务处理
环境保护税纳税申报和纳税审核	单选题、多选题、简答题	★★	环境保护税的征税范围、计税依据、应纳税额计算、税收优惠、账务处理
契税的纳税申报与纳税审核	单选题、多选题、简答题	★★	契税的纳税人、征税范围、计税依据，此外要注意存在将房地产交易中涉及到的相关税费合在一起考核简答题的可能性

本章2021年考试主要变化

新增契税纳税申报和纳税审核的内容。

---

* 本章内容由教材第3章第5节、第4章第4节、第5章第3节、第6章第6节整合而成。

考点详解及精选例题

一、土地增值税的纳税申报和纳税审核

扫我解疑难

土地增值税是对**有偿转让国有土地使用权、地上建筑物及其附着物**并取得收入的单位和个人,就其转让房地产所取得的增值额征收的一种税。

【知识点拨1】土地使用权、地上建筑物的产权必须发生转让;房地产的出租、抵押,不缴纳土地增值税。

【知识点拨2】转让房地产过程中双方纳税情况(见表4-1)。

表4-1 转让房地产过程中双方纳税情况

交易方	缴纳的税种
转让方	增值税、城建税、教育费附加(含地方教育附加)、印花税、土地增值税、所得税
承受方	契税、印花税

从2008年11月1日起:
对个人销售或购买住房暂免征收印花税;
对个人销售住房暂免征收土地增值税

精选例题

【例题1·多选题】2021年1月,公民张某在市中心购置一套住房,共计200万元,2021年7月将这套住房以240万元的价格转让给公民万某,在房地产(出售环节)交易过程中张某应交纳( )。

A. 印花税   B. 契税
C. 增值税   D. 个人所得税
E. 土地增值税

解析 从2008年11月1日起,对个人销售或购买住房暂免征收印花税;对个人销售住房暂免征收土地增值税。 答案 CD

(一)土地增值税的征税范围(见表4-2)★★★

表4-2 土地增值税的征税范围

项目	征收土地增值税	不征或免征土地增值税
1. 出售	(1)出售土地**使用权**; (2)取得土地使用权后进行房屋开发后出售; (3)存量房地产买卖	**出让**国有土地使用权的行为;国家**收回**国有土地使用权、**征用**地上建筑物及附着物
2. 继承、赠与	非公益性赠与	(1)房地产的继承; (2)将房屋产权、土地使用权赠与**直系**亲属或承担**直接赠养义务人**的行为; (3)**公益性**赠与
3. 房地产开发企业将开发的部分房地产转为企业自用或用于出租等商业用途	产权发生转移	产权未发生转移

续表

项目	征收土地增值税	不征或免征土地增值税
4. 房地产抵押	以房地产抵债而发生房地产权属转让	抵押期间不征
5. 房地产交换	单位之间进行房地产交换	个人之间互换自有居住用房地产，免征
6. 改制重组	房地产开发企业发生改制重组	非公司制企业整体改建为有限责任公司或者股份有限公司，有限责任公司（股份有限公司）整体改建为股份有限公司（有限责任公司）。对改建前的企业将国有土地、房屋权属转移、变更到改建后的企业，暂不征土地增值税
		两个或两个以上企业合并为一个企业，且原企业投资主体存续的，对原企业将国有土地、房屋权属转移、变更到合并后的企业，暂不征土地增值税
		企业分设为两个或两个以上与原企业投资主体相同的企业，对原企业将国有土地、房屋权属转移、变更到分立后的企业，暂不征土地增值税
		单位、个人在改制重组时以国有土地、房屋进行投资，对其将国有土地、房屋权属转移、变更到被投资的企业，暂不征土地增值税
7. 合作建房	建成后转让	建成后按比例分房自用，暂免征税
8. 其他	土地使用者处置土地使用权；土地使用者转让、抵押或置换土地，只要土地使用者享有占有、使用、收益或处分该土地的权利，且有合同等证据表明其实质转让、抵押或置换了土地并取得了相应的经济利益，土地使用者及其对方当事人就应当依法缴纳相关税收	代建房；房地产重新评估，房地产出租

精选例题

【例题2·多选题】税务师在进行土地增值税的纳税审核时，下列行为应征收土地增值税的有（ ）。

A. 某房地产企业将开发产品作为抵押，向银行借款
B. 某房地产企业将开发产品对外投资
C. 某房地产企业将生地开发为熟地后转让
D. 某外贸企业出地，与某房地产企业出钱合作建造写字楼，约定按三七比例分成自用
E. 房地产重新评估增值

解析 ▶ 选项A，抵押期间不征收土地增值税；选项D，合作建房自用的，暂免征收土地增值税；选项E，重新评估增值没有发生房地产产权转移，不征收土地增值税。

答案 ▶ BC

(二)土地增值税的税率——四级超率累进税率(见表4-3)★★★

表4-3　土地增值税四级超率累进税率表

级数	增值额与扣除项目金额的比率	税率(%)	速算扣除系数(%)
1	未超过50%的部分	30	0
2	超过50%，未超过100%的部分	40	5
3	超过100%，未超过200%的部分	50	15
4	超过200%的部分	60	35

真题精练（客观题）

（2017年单选题）根据土地增值税的规定，下列说法错误的是(　　)。
A. 土地增值税实行四级超率累进税率
B. 将房产无偿转移给法定继承人不征税
C. 取得的收入为外国货币的，应当以取得收入当天或当月1日的国家公布的市场汇价折合成人民币确认
D. 房地产评估增值应征收土地增值税

解析 ▶ 房地产评估增值，没有发生房地产权属的转让，不属于征收土地增值税的范围。　　**答案** ▶ D

(三)土地增值税的纳税申报和纳税审核★★★

土地增值税的计税依据：转让房地产所取得的增值额。

增值额=收入额-规定的扣除项目金额

1. 转让房地产收入审核要点

(1)土地增值税的应税收入包括转让房地产的全部价款及有关的经济收益。从收入的形式来看，包括货币收入、实物收入和其他收入。

(2)审核时注意：有无分解收入、隐瞒收入、收入不及时入账以及成交价格明显偏低的问题。

(3)营改增后，纳税人转让房地产的土地增值税应税收入不含增值税。

(4)纳税人已全额开具发票的，按照发票所载金额确认收入；未开具发票或未全额开具发票的，以交易双方签订的销售合同所载的售房金额及其他收益确认收入；销售合同所载商品房面积与有关部门实际测量面积不一致，在申报前已经发生补、退房款的，应在计算土增时予以调整。

土地增值税应税收入的计算见表4-4。

表4-4　土地增值税的应税收入

计税方法	应税收入
增值税简易计税	应税收入=含增值税收入-增值税应纳税额 而非应税收入=含增值税收入÷(1+5%)
增值税一般计税	应税收入=含增值税收入-销项税额(抵减后的销项税额)=含增值税收入÷1.09+允许扣除的土地价款÷1.09×9%＊=含增值税收入÷1.09+销项税额抵减

【知识点拨1】需要注意，在差额征税情况下，含税收入/(1+税率)≠含税收入-抵减后的销项税额；含税收入/(1+征收率)≠含税收入-应纳税额。虽然营改增的全面深入进行，房地产开发企业采用一般计税方法计算缴纳增值税的越来越多，因此要注意增值税

＊ 该公式的来历：应税收入=含增值税收入-销项税额(抵减后的销项税额)=含增值税收入-(含增值税收入-允许扣除的土地价款)÷1.09×9%=(含增值税收入-含增值税收入÷1.09×9%)+允许扣除的土地价款÷1.09×9%=含增值税收入÷1.09+允许扣除的土地价款÷1.09×9%(销项税额抵减)

一般计税方法对土地增值税应税收入的影响。

【知识点拨2】审核时注意土地价款抵减销售额后计算的增值税销项税额抵减额是否计入土地增值税应税收入。

(5)视同销售。

房地产开发企业将开发产品用于职工福利、奖励、对外投资、分配给股东或投资人、抵偿债务、换取其他单位和个人的非货币性资产等，**发生所有权转移时应视同销售房地产**，其收入按下列方法和顺序确认：

①按本企业在同一地区、同一年度销售的同类房地产的平均价格确定；

②由主管税务机关参照当地当年、同类房地产的市场价格或评估价值确定。

(6)县级及县级以上人民政府要求房地产开发企业代收费用的税务处理见表4-5。

表4-5 县级及县级以上人民政府要求房地产开发企业代收费用的税务处理

情形	收入	扣除
计入房价一并向购买方收取的	计入转让房地产所取得的收入计税	可以扣除，**但不允许作为加计20%扣除的基数**
未计入房价，在房价之外单独收取的	可以不作为转让房地产的收入	在计算增值额时不允许扣除代收费用

2. 扣除项目金额审核要点

土地增值税扣除项目（新5旧3——销售新房允许扣除5项，销售旧房及建筑物允许扣除3项）见表4-6。

表4-6 土地增值税扣除项目

销售新房及建筑物 （主要针对从事房地产开发的纳税人）	销售旧房及建筑物 （非从事房地产开发的纳税人）
地：取得土地使用权所支付的金额	地：取得土地使用权所支付的地价款和按国家统一规定缴纳的有关费用
房：房地产开发成本	房：旧房及建筑物的评估价格
费：房地产开发费用	——
税：与**转让**房地产有关的税金	税：在**转让**环节缴纳的税金
利：财政部确定的其他扣除项目	——

(1)房地产开发企业销售开发产品。

①地：取得土地使用权所支付的金额包括地价款、有关费用和税金（如契税）。

纳税人分期、分批开发、分块转让的：

a.取得土地使用权时所支付的金额需要在已开发转让、未开发转让的项目中进行分配，仅就对外转让部分计入扣除。

b.扣除项目金额=扣除项目的总金额×(转让土地使用权的面积或建筑面积÷受让土地使用权的总面积或总建筑面积)

【知识点拨1】取得土地使用权所支付的金额含契税，不含印花税。

【知识点拨2】扣除时注意比例，包括开发比例、销售比例。

【知识点拨3】房地产开发企业逾期开发缴纳的土地闲置费在土地增值税前不得扣除，但在企业所得税前允许扣除。

②房：房地产开发成本。

包括土地的征用及拆迁补偿费、前期工程费、建筑安装工程费、基础设施费、公共配套设施费、开发间接费用等。拆迁安置费的扣除见表4-7。

表4-7 拆迁安置费的扣除

安置方式			拆迁补偿费
货币安置			凭合法有效凭据计入拆迁补偿费
房产安置	本项目		安置用房视同销售处理，同时将此确认为房地产开发项目的拆迁补偿费。【知识点拨】涉及差价款的话，计入或者抵减拆迁补偿费
	异地安置	自行开发项目	
		购入项目	实际支付的购房支出计入拆迁补偿费

【知识点拨1】房地产开发成本不包括利息支出，含装修费用。

【知识点拨2】开发间接费用只列举四个核算内容：工程监理费、造价审核费、结算审核费、工程保险费，将为企业直接组织和管理开发项目而成立工程部门所发生的费用一律予以剔除，不再作为开发间接费用列支，企业类似部门的职工薪酬、办公费等支出应该列入"管理费用"，不能再列入"开发间接费用"科目。

【知识点拨3】房地产开发成本不包括可以抵扣的增值税进项税额，包括不可以抵扣的进项税额。

【知识点拨4】房地产开发成本的扣除比例要与销售比例匹配。

【知识点拨5】注意发票的要求：在备注栏注明建筑服务发生地县(市、区)名称及项目名称，否则在计算土地增值税时不得扣除。

【知识点拨6】清算时，建筑服务的质保金看发票。房地产开发企业在工程竣工验收后，根据合同约定，扣留建筑安装施工企业一定比例的工程款，作为开发项目的质量保证金。在计算土地增值税时，建筑安装施工企业就质量保证金对房地产开发企业开具发票的，按发票所载金额予以扣除；未开具发票的，扣留的质保金不得计算扣除。

【知识点拨7】多个(或分期)项目共同发生的公共配套设施费，应按项目合理分配。

③费：房地产开发费用。

不是按照实际发生额进行扣除，而是按税法规定扣除，即税法≠会计。

房地产开发费用的两种扣除方式见表4-8。

表4-8 房地产开发费用的两种扣除方式

情形	允许扣除的房地产开发费用	纳税申报表的填写	注意事项
利息支出能够按转让房地产项目计算分摊并提供金融机构证明的	利息+(取得土地使用权所支付的金额+房地产开发成本)×5%以内	a. 第15行"利息支出"据实填写； b. 第16行"其他房地产开发费用"填写：(取得土地使用权所支付的金额+房地产开发成本)×5%以内	①利息的上浮幅度按国家的有关规定执行，超过利息上浮幅度的部分不允许扣除； ②对于超过贷款期限的利息部分和加罚的利息不允许扣除； ③对于超过贷款期限的利息部分和加罚的利息在企业所得税前可以扣除，但在土地增值税不得扣除——注意差别

续表

情形	允许扣除的房地产开发费用	纳税申报表的填写	注意事项
利息支出不能按转让房地产项目计算分摊或不能提供金融机构证明的	(取得土地使用权所支付的金额+房地产开发成本)×10%以内	a. 第15行"利息支出"填写：0； b. 第16行"其他房地产开发费用"填写：(取得土地使用权所支付的金额+房地产开发成本)×10%以内	—

【知识点拨1】房地产开发费用分为两种扣除方式。

【知识点拨2】据实扣除的利息支出与销售比例匹配。

【知识点拨3】无论账务如何处理，利息支出在房地产开发费用中扣除，而不在房地产开发成本中扣除。

【知识点拨4】利用闲置专项借款对外投资取得的收益应该冲减利息支出。

【知识点拨5】利息支出应剔除借款手续费、咨询费、顾问费等费用。

④税：与转让房地产有关的税金。

a. 从事房地产开发的纳税人：城建税、教育费附加和地方教育附加，不包括印花税；注意营改增前包括营业税，营改增后不包括增值税。

b. 允许扣除的城建税、教育费附加的处理见表4-9。

表4-9 允许扣除的城建、教育费附加的处理

项目	税务处理
能够按清算项目准确计算增值税的	据实扣除
不能按清算项目准确计算增值税的	按该清算项目预缴增值税时实际缴纳的城建、教育费附加扣除

【知识点拨】营改增后，如果纳税人同时建设不同的项目，就可能出现无法按照清算项目准确计算增值税的情况，此时需要按照预缴增值税时实际缴纳的城建及附加扣除相应税金。

⑤利：财政部确定的其他扣除项目——仅对从事房地产开发的纳税人适用。

加计扣除=(取得土地使用权所支付的金额+房地产开发成本)×20%

【知识点拨1】取得后未进行任何形式的开发即转让的土地使用权，取得后仅进行土地开发未建造房屋即转让的土地使用权，以及取得后未进行任何实质性的改良或开发即再行转让的房地产产权，均不得加计扣除。

【知识点拨2】取得在建工程，继续开发支付的成本可以加计扣除。

销售新房扣除项目总结见表4-10。

表4-10 销售新房扣除项目总结

扣除项目简称	解释
地	(1)含契税，不含印花税； (2)比例——与开发比例、销售比例匹配
房	(1)不含利息支出，含装修费用； (2)不含可抵进项税额； (3)比例——与销售收入比例匹配； (4)注意发票

续表

扣除项目简称	解释
费	(1)两种扣除方式；利息不能超上浮幅度，超期利息、罚息不扣； (2)比例，包括单独扣除的利息也需要按比例计算扣除； (3)利息支出在开发费用中扣除
税	房地产开发企业：不含印花税；不含增值税；两种情形
利	房地产开发企业适用；比例20%；不要漏掉

真题精练（客观题）

（2018年单选题）在土地增值税清算时，房地产开发企业发生利息支出不能提供金融机构贷款证明的，其允许扣除的房地产开发费用是( )。

A. 房地产开发成本×5%以内

B. 取得土地使用权所支付的金额×10%以内

C. （取得土地使用权支付的金额+房地产开发成本）×10%以内

D. （取得土地使用权支付的金额+房地产开发成本）×5%以内

解析 本题考核开发费用的两种扣除方式。

答案 C

精选例题

【例题3·多选题】税务师在进行土地增值税的纳税审核时，对于可以作为房地产开发费用扣除的借款利息的处理，以下说法正确的有( )。

A. 利息的上浮幅度超过国家有关规定的部分，只要有金融机构的合规票据，就可以作为扣除项目扣除

B. 利息的上浮幅度超过国家有关规定的，不论是否有金融机构的合规票据，全部利息支出不得作为扣除项目扣除

C. 利息的上浮幅度超过国家有关规定的部分，不论是否有金融机构的合规票据，超过上浮幅度的部分不允许作为扣除项目扣除

D. 对于超过贷款期限的利息部分和加罚的利息，只要有金融机构的合规票据，就可以作为扣除项目扣除的

E. 对于超过贷款期限的利息部分和加罚的利息，不论是否有金融机构的合规票据，均不得作为扣除项目扣除

解析 审核企业借款情况时，看其借款利息支出能否按转让房地产项目计算分摊；利息的上浮幅度要按国家的有关规定执行，超过上浮幅度的部分不允许扣除；对于超过贷款期限的利息部分和加罚的利息不允许扣除。

答案 CE

【例题4·单选题】房地产开发企业销售开发产品适用的土地增值税纳税申报表中，"与转让房地产有关的税金"中不包括( )。

A. 增值税

B. 地方教育附加

C. 城市维护建设税

D. 教育费附加

解析 增值税是价外税，不允许在计算土地增值税的增值额时扣除。

答案 A

【例题5·多选题】房地产开发企业在土地增值税清算时，下列项目可作为计算加计扣除凭据的有( )。

A. 取得土地使用权缴纳的契税

B. 支付的拆迁补偿费

C. 逾期开发缴纳的土地闲置费

D. 销售开发产品支付销售公司的手续费

E. 精装房的装修费

解析 可以作为计算加计扣除的项目包括取得土地使用权所支付的金额和房地产开发成本，支付的拆迁补偿费属于房地产开发成本的组成部分。选项C，逾期开发缴纳的土地闲置费不得扣除；选项D，销售开发产品支付销售公司的手续费作为开发费用项目扣除。

答案 ABE

（2）销售旧房及建筑物的扣除项目。

①地：取得土地使用权所支付的地价款

和按国家统一规定缴纳的有关费用；

②旧房及建筑物的评估价格＝重置成本价×成新度折扣率；

【知识点拨】重置成本价的含义是：对旧房及建筑物，按转让时的建材价格及人工费用计算，建筑同样面积、同样层次、同样结构、同样建设标准的新房及建筑物所需花费的成本费用。

③在转让环节缴纳的税金：城建税、教育费附加、地方教育附加、印花税；营改增前包括营业税，营改增后不包括增值税。

（3）销售旧房不能取得评估价格，但能提供购房发票的，经当地税务部门确认，可按发票所载金额并从购买年度起至转让年度止每年加计5%计算扣除。

①发票所载金额的规定（见表4-11）。

表4-11 发票所载金额的规定

发票类型	发票所载金额的含义
营业税发票	发票所载金额不扣减营业税
普票	按价税合计金额
专票	按发票所载不含增值税金额+**不允许抵扣**的增值税进项税额

②"每年"：按购房发票所载日期起至售房发票开具之日止，每满12个月计一年；超过一年，未满12个月但超过6个月的，可以视同为一年。

③对纳税人购房时缴纳的契税，凡能提供契税完税凭证的，准予作为"与转让房地产有关的税金"予以扣除，但不作为加计5%的基数。

销售旧房及建筑物可以扣除的转让环节的税金见表4-12。

表4-12 销售旧房及建筑物可以扣除的转让环节的税金

按评估价格扣除时	按发票金额扣除时
城建税、教育费附加、印花税，不包括增值税	城建税、教育费附加、印花税、购入时的契税；不包括增值税
注意增值税计税方法的规定：全额计税 VS 差额计税；一般计税方法 VS 简易计税方法	

纳税人销售旧房及建筑物，既没有评估价格，又不能提供购房发票的，地方税务机关可以核定征收。

3. 应纳税额的审核

（1）确定收入总额：**不含增值税**。

（2）确定扣除项目——重点，新5旧3；**不含增值税**。

（3）计算增值额。

（4）计算增值率＝增值额÷扣除项目金额。

（5）按照增值率确定适用税率和速算扣除系数。

建造普通标准住宅出售，其增值额未超过扣除项目金额之和20%的，免税。

（6）计算应纳税额。

应纳税额＝增值额×适用税率−扣除项目金额×速算扣除系数

📝 **精选例题**

【例题6·单选题】2020年11月10日，位于市区的某公司销售一座办公楼，签订合同并开具了发票，取得含税收入500万元。企业不能取得该办公楼的评估价格，但能提供购买办公楼的发票，发票上所载的购房金额是300万元，已经过税务机关确认。购房发票上所载日期是2017年1月1日。该公司应交纳土地增值税（　　）万元（选择简易计税办法计算增值税）。

A. 43.13　　B. 38.73

C. 51.13　　D. 60.65

解析 ▶ 计算扣除项目时，"每年"按购房发票所载日期起至售房发票开具之日止，每满12个月计一年,每年加计5%计算扣除;超过1年,未满12个月但超过6个月的,可以视同一年。因此,按持有4年计算。

应纳增值税 = (500 - 300) ÷ 1.05 × 5% = 9.52(万元)

扣除项目 = 300×(1+5%×4)+9.52×(7%+3%+2%)+500×0.05% = 361.39(万元)

增值额 = (500 - 9.52) - 361.39 = 129.09(万元)

增值率 = 129.09÷361.39×100% = 35.72%

应交纳土地增值税 = 129.09 × 30% = 38.73(万元)

答案 ▶ B

(四)土地增值税的纳税申报 ★★★

(1)销售房地产时,按预征率预缴土地增值税。

(2)达到清算条件,进行土地增值税清算。

土地增值税清算的有关规定见表4-13。

表4-13 土地增值税清算的有关规定

应当进行清算	主管税务机关**可要求**纳税人进行清算
(1)房地产开发项目**全部竣工、完成销售的** (2)**整体转让未竣工决算**房地产开发项目的 (3)**直接转让土地使用权的**	(1)已竣工验收的房地产开发项目,**已转让**的房地产建筑面积占整个项目可售建筑面积的比例在**85%**以上,或该比例虽未超过85%,但剩余的可售建筑面积已经出租或自用的 (2)取得**销售(预售)许可证**满三年仍未销售完毕的 (3)纳税人申请**注销税务登记**但未办理土地增值税清算手续的——应在办理注销登记前进行土地增值税清算 (4)省(自治区、直辖市、计划单列市)税务机关规定的其他情况

【知识点拨】土地增值税清算后剩余部分销售的处理。

在土地增值税清算时未转让的房地产,清算后销售或有偿转让的,纳税人应按规定进行土地增值税的纳税申报,扣除项目金额按清算时的单位建筑面积成本费用乘以销售或转让面积计算。

单位建筑面积成本费用 = 清算时的扣除项目总金额÷清算的总建筑面积

(3)对同时转让两个或两个以上计税单位的房地产开发企业,应按每一基本计税单位填报一份申报表的原则操作。如果房地产开发企业同时兼有免税和征税项目单位,也应分别填报。

精选例题

【例题7·简答题】某房地产开发公司专门从事高档住宅商品房开发。2020年6月2日,该公司出售高档住宅一幢,总面积9 100平方米,不含增值税的销售价格为20 000元/平方米。该房屋支付土地出让金2 000万元,房地产开发成本8 800万元,另外支付利息支出1 000万元,其中40万元为银行罚息(利息均不能按收入项目准确分摊)。假设城建税税率为5%、印花税税率为0.05%、教育费附加征收率为3%,地方教育附加征收率为2%。当地省级人民政府规定允许扣除的房地产开发费用的扣除比例为10%。假设该项目缴纳增值税910万元。请计算该项目应该计算缴纳的土地增值税。

答案 ▶

(1)销售收入 = 9 100 × 20 000 ÷ 10 000 = 18 200(万元)

(2)计算扣除项目:

①取得土地使用权所支付的金额:2 000万元

②房地产开发成本:8 800万元

③房地产开发费用 = (2 000 + 8 800) × 10% = 1 080(万元)

④税金:

城建税及教育费附加 = 910 × (5% + 3% + 2%) = 91(万元)

土地增值税中可以扣除的税金 = 91(万元)

⑤加计扣除 = (2 000 + 8 800) × 20% =

2 160(万元)

扣除项目金额合计 = 2 000+8 800+1 080+91+2 160 = 14 131(万元)

(3)增值额 = 18 200 - 14 131 = 4 069(万元)

(4)增值率 = 4 069 ÷ 14 131 = 28.79% <50%

(5)适用税率 30%

(6)土地增值税税额 = 4 069 × 30% = 1 220.7(万元)

(五)税收优惠

(1)纳税人建造普通标准住宅出售,增值额未超过扣除项目金额 20%(含 20%)的,免征土地增值税;**超过 20% 的**,应就其**全部**增值额按规定计税(包括未超过扣除项目金额 20% 的部分)。

(2)因城市实施规划、国家建设的需要而搬迁,由纳税人自行转让原房地产的,免征土地增值税。

(3)2008 年 11 月 1 日起,对居民个人转让住房一律免征土地增值税。

(4)企事业单位、社会团体以及其他组织转让旧房作为改造安置住房房源且增值额未超过扣除项目金额 20% 的,免征土地增值税。

(六)土地增值税的会计核算(见表4-14)

表 4-14 土地增值税的会计核算

情形	会计科目	账务处理
销售作为固定资产管理的房地产	通过"固定资产清理"科目核算	借:固定资产清理 　　贷:应交税费——应交土地增值税
房地产开发企业销售开发产品	应当计入"税金及附加"	借:税金及附加 　　贷:应交税费——应交土地增值税

二、印花税的纳税申报和纳税审核

扫我解疑难

印花税是对经济活动和经济交往中**书立**、**使用**、**领受**的具有法律效力的凭证所征收的一种税。

(一)印花税的税目、税率和纳税人(见表4-15)★★★

表 4-15 印花税的税目、税率和纳税人

应税凭证类别	税目	计税基数及税率	纳税人
合同或具有合同性质的凭证	购销合同	按购销金额 0.3‰	立合同人
	加工承揽合同	按加工或承揽收入 0.5‰	
	建设工程勘察设计合同	按收取费用 0.5‰	
	建筑安装工程承包合同	按承包金额 0.3‰	
	财产租赁合同	按租赁金额 1‰	
	货物运输合同	按收取的运输费用 0.5‰	
	仓储保管合同	按仓储收取的保管费用 1‰	
	借款合同	按借款金额 0.05‰	
	财产保险合同	按收取的保险费收入 1‰	
	技术合同	按所载金额 0.3‰	

续表

应税凭证类别	税目	计税基数及税率	纳税人
书据	产权转移书据	按所载金额 0.5‰	立据人
账簿	营业账簿	记载资金的账簿，按实收资本和资本公积的合计 0.5‰	立账簿人
		其他账簿按件贴花 5 元	
证照	权利、许可证照	按件贴花 5 元	领受人

1. 印花税的征税范围

印花税为**列举征税**，纳入征税范围的，征收印花税；未纳入征税范围的，不征收印花税。

注意以下内容：

(1)购销合同。

发电厂与电网之间、电网与电网之间签订的**购售电合同，按购销合同征收印花税**；电网与用户之间签订的**供用电合同不征收印花税**。

(2)建筑安装工程承包合同，包括总承包合同、分包合同等，均应该缴纳印花税。

(3)借款合同：银行及其他金融组织与借款人所签订的合同。

【知识点拨1】对开展融资租赁业务签订的**融资租赁合同(含融资性售后回租)**，统一按照其所载明的租金总额依照**"借款合同"**税目计税贴花。在融资性售后回租业务中，对承租人、出租人因出售租赁资产及购回租赁资产所签订的合同，不征收印花税。

【知识点拨2】银行同业拆借合同、民间借款合同，不征收印花税。

(4)财产保险合同。

财产保险合同征收印花税，**人寿保险合同不征收印花税**。

(5)技术合同。

包括技术开发、转让、咨询、服务等合同。

①转让合同：包括专利申请权转让、非专利技术转让；

②技术咨询合同：一般的法律、会计、审计等方面的咨询不属于技术咨询，所立合同不贴印花。

(6)产权转移书据。

包括财产所有权、版权、商标专用权、专利权、专有技术使用权等转移书据和土地使用权出让合同、专利实施许可合同、土地使用权转让合同、商品房销售合同等权利转移合同；

"财产所有权"转移书据征税范围是指经政府管理机关登记注册的动产和不动产所有权转移所立的书据，以及企业股权转让所立的书据、个人无偿赠送不动产所签订的"个人无偿赠与不动产登记表"。

(7)营业账簿。

分为记载资金的账簿和其他账簿(包括日记账簿和各明细分类账簿)。自 2018 年 5 月 1 日起，对纳税人设立的资金账簿按实收资本和资本公积合计金额征收的印花税**减半**，对按件征收的其他账簿免征印花税。

(8)权利、许可证照。

房屋产权证、工商营业执照、商标注册证、专利证、土地使用证，不包括卫生许可证、营运许可证等。

真题精练（客观题）

(2017年单选题)下列选项所涉及的证照全部应交纳印花税的是( )。

A. 商标注册证、卫生许可证、土地使用证、营运许可证

B. 房屋产权证、工商营业执照、税务登记证、营运许可证

C. 房屋产权证、工商营业执照、商标注册证、专利证、土地使用证

D. 土地使用证、专利证、特殊行业经营

许可证、房屋产权证

解析 政府部门发给的房屋产权证、工商营业执照、商标注册证、专利证、土地使用证，属于印花税征税范围，应征收印花税。

答案 C

📝 **精选例题**

【例题 8·多选题】下列合同无需缴纳印花税的有（　　）。

A．人寿保险合同
B．融资租赁合同
C．民间借款合同
D．房屋销售合同
E．股权转让书据

解析 融资租赁合同按照借款合同缴纳印花税；房屋销售合同和股权转让书据按照产权转移书据缴纳印花税。

答案 AC

2．印花税的纳税人

（1）在中国境内书立、领受、使用税法所列举凭证的单位和个人。主要包括立合同人、立账簿人、立据人、领受人和使用人等。

（2）签订合同的各方当事人都是印花税的纳税人，但不包括合同的担保人、证人和鉴定人。

（3）从 2008 年 11 月 1 日起，对个人销售或购买住房暂免征收印花税。

（二）印花税纳税申报和纳税审核★★★

1．适用税率的审核

税率适用见表 4-15。

注意：

（1）2008 年 9 月 19 日起，证券交易印花税实行单边收取，对买卖、继承、赠与所书立 A 股、B 股股权转让书据的出让方按 1‰税率征收证券（股票）交易印花税，对受让方不再征税。

（2）定额税率的税额标准是 5 元/件。

自 2018 年 5 月 1 日起，对营业账簿中按件征收印花税的其他账簿免征印花税。

（3）应纳税额不足一角的不征税。应纳税额在一角以上，其尾数按四舍五入方法计算贴花。

（4）适用税率的审核。

①纳税人有无将按比例税率和定额税率计征的凭证相互混淆；

②有无错用税率问题，比如建筑工程勘察设计合同的适用税率为 0.5‰，审核是否误用建筑安装工程承包合同的适用税率 0.3‰；

③技术合同、租赁合同等，在签订时因无法确定计税金额而暂时按每件 5 元计税贴花的，是否在结算实际金额时按其实际适用的比例税率计算并补贴了印花。

📝 **精选例题**

【例题 9·简答题】10 月 1 日，公司签订了一份房屋出租协议（已贴印花税票 5 元），期限 2 年，月租金为 2 万元。计算应补缴的印花税。

答案

财产租赁合同适用税率为 1‰，计税依据为合同载明的租赁金额。企业应当补缴印花税 20 000×24×1‰-5＝475(元)。

2．应税合同的审核要点

对于应税合同的审核，主要是审核征税范围和计税依据。前面我们已经介绍了征税范围的审核。此处介绍应税合同计税依据的审核。

（1）购销合同以合同记载的购销金额为计税依据。如果是以物易物方式签订的购销合同，计税金额为合同所载的购、销金额合计数。

（2）加工承揽合同的计税依据(见表 4-16)。

表 4-16　加工承揽合同的计税依据

情形		计税规定
由受托方提供原材料	在合同中**分别记载**加工费金额与原材料金额的	加工费金额按"**加工承揽合同**"0.5‰计税，原材料金额按"**购销合同**"0.3‰计税
	合同中**未分别记载**	全部金额依照"**加工承揽合同**"计税贴花，税率 0.5‰

续表

情形	计税规定
由委托方提供原材料	无论加工费和辅助材料金额是否分别记载，均以**辅助材料与加工费**的合计数，依照**加工承揽合同**计税贴花，税率0.5‰；对委托方提供的主要材料或原料金额不计税贴花

（3）货物运输合同，计税金额中不包括所运输货物的金额、装卸费、保险费等。

货物运输合同的计税依据见表4-17。

表 4-17 货物运输合同的计税依据

情形		计税依据
国内各种形式的货物联运	在起运地统一结算全程运费的	以**全程运费**为计税依据，由起运地运费结算双方缴纳印花税
	分程结算运费的	以**分程运费**作为计税依据，分别由办理运费结算的各方缴纳印花税
国际货运	由**我国运输企业**运输的	**运输企业**所持的运费结算凭证，以**本程运费**为计税依据计算应纳税额
		托运方所持的运费结算凭证，以**全程运费**为计税依据计算应纳税额
	由**外国运输企业**运输进出口货物的	**运输企业**所持的运费结算凭证**免纳**印花税
		托运方所持的运费结算凭证，以**运费金额**为计税依据计算应纳税额

（4）借款合同的计税依据为借款本金。

借款合同的计税依据见表4-18。

表 4-18 借款合同的计税依据

情形	税务处理
凡是一项信贷业务既签订借款合同，又一次或分次填开借据的	只以借款合同所载金额为计税依据计税贴花
凡只填开借据并作为合同使用的	应以借据所载金额为计税依据计税贴花
借贷双方签订的流动周转性借款合同	只以其规定的**最高限额为计税依据**，在签订时贴花一次，在**限额内随借随还不签订新合同的，不再贴花**
对借款方以**财产**作**抵押**，从贷款方取得一定数量抵押贷款的合同	应按"借款合同"贴花
在借款方因无力偿还借款而将抵押**财产转移给贷款方时**	应再就双方书立的产权书据，按**"产权转移书据"**的有关规定计税贴花
融资租赁业务签订的**融资租赁合同**	应按合同所载**租金总额**，暂按**"借款合同"**计税

（5）合同所载金额有多项内容的，应按规定计算纳税。

①各类技术合同，一般应按合同所载价款、报酬、使用费的合计金额依率计税；

②对**技术开发合同**只就合同所载的报酬金额计税，**研究开发经费不作为计税依据**。

（6）已税合同修订后减少金额的，已纳税款不予退还；但增加金额的，应按增加金额计算补贴印花税。

（7）合同未列明金额的，应按合同所载购、销数量，依照国家牌价或市场价格计算应纳税额；对于签订时无法确定金额的应税凭证,在签订时先按定额5元贴花,在最终结算实际金额后,应按规定补贴印花。

(8)企业应税凭证所记载的金额为外币的,应按凭证书立、领受当日国家外汇管理局公布的外汇牌价折合为人民币,计算应纳税额。

(9)特别注意:印花税为行为税,只要合同签订,无论是否执行,印花税的纳税义务就发生,其计税依据为合同、账簿、凭证所记载金额,而非实际执行金额。

真题精练(客观题)

1.(2018年多选题)下列合同应按规定缴纳印花税的有( )。

A. 电网与电厂间签订的购售电合同
B. 对原购销合同签订补充合同,补充合同购销金额大于原购销合同
C. 企业间借款签订的借款合同
D. 网上购物签订的电子合同
E. 人寿保险合同

解析 选项C,银行及其他金融组织与借款人(不包括银行同业拆借)所签订的合同,属于印花税的征税范围,企业之间签订的借款合同不属于印花税的征税范围;选项E,财产保险合同属于印花税的征税范围,人寿保险合同不属于印花税的征税范围。

答案 ABD

2.(2016年多选题)下列关于税务师对印花税计税依据的审核,错误的有( )。

A. 合同签订时无法确定金额的,先按定额税率计税,待金额确定后再补贴印花税
B. 按金额比例计税的应税凭证,只载明数量未注明金额,按凭证所载数量及国家牌价或市场价格计算金额依适用税率贴足印花
C. 已税合同修改后增加金额的,按增加部分计算补税,减少金额的,按减少部分退税
D. 以外币计价的应税合同,按合同书立当日国家外汇管理局公布的外汇牌价折合人民币计税
E. 技术开发合同,按合同所载价款报酬、使用费的合计金额计税

解析 选项C,已税合同修改后减少金额的,不能退还印花税;选项E,技术开发合同,只就合同所载的报酬金额计税,研究开发经费不作为计税依据。

答案 CE

精选例题

【例题10·单选题】印花税法规定,为了鼓励技术研究开发,对技术开发合同只就合同所载的( )计税。

A. 价款金额
B. 报酬金额
C. 使用费金额
D. 研究开发费金额

解析 对技术开发合同只就合同所载的报酬金额计税,研究开发经费不作为计税依据。

答案 B

3. 其他凭证的审核要点

(1)审核营业账簿计税情况。

①审核资金账簿计税情况是否正确,企业"实收资本"和"资本公积"两项合计金额大于已贴印花资金的,应按规定就增加部分补贴印花税票。

②除记载资金的营业账簿外,其他营业账簿2018年5月1日起免税。

(2)审核产权转移书据、权利许可证照的计税情况。

精选例题

【例题11·单选题】税务师代理印花税纳税审核,审核应税合同的计税依据时,理解正确的是( )。

A. 对技术开发合同,就合同所载的全部金额计税
B. 已税合同修订后增加金额的,不再重新计贴印花
C. 以外币计价的应税合同,是否按规定将计税金额折合成人民币后计算贴花
D. 在签订时无法确定金额的应税凭证,按预计的最可能金额贴花

解析 选项A,对技术开发合同,只就合同所载的报酬金额计税,研究开发经费不

作为计税依据。选项 B，已税合同修订后减少金额的，已纳税款不予退还；但增加金额的，应按增加金额计算补贴印花税票。选项 D，在签订时无法确定金额的应税凭证，在签订时按定额 5 元贴花，在最终结算实际金额后，应按规定补贴印花。 **答案** ▶ C

4. 税收优惠的审核

(1)已缴纳印花税的凭证的副本或抄本免税(但副本或者抄本作为正本使用的应另行贴花)。

(2)财产所有人将财产赠给政府、社会福利单位、学校所立的书据免税。

(3)国家指定的收购部门与村民委员会、农民个人书立的农业产品收购合同免税。

(4)无息、贴息贷款合同免税。

(5)外国政府或国际金融组织向我国政府及国家金融机构提供优惠贷款所书立的合同免税。

(6)房地产管理部门与个人订立的住房租赁合同，凡房屋属于用于 生活居住 的，暂免贴花。

(7)军事物资运输、抢险救灾物资运输，以及新建铁路临管线运输等的特殊货运凭证免税。

(8)自 2018 年 5 月 1 日起，将对纳税人设立的资金账簿按实收资本和资本公积合计金额征收的印花税减半，对按件征收的其他账簿免征印花税。

(9)6税2费的税收优惠：自 2019 年 1 月 1 日至 2021 年 12 月 31 日，由省、自治区、直辖市人民政府根据本地区实际情况，以及宏观调控需要确定，对 增值税小规模纳税人 可以在 50%的税额幅度内减征资源税、城市维护建设税、房产税、城镇土地使用税、印花税(不含证券交易印花税)、耕地占用税和教育费附加、地方教育附加。

【知识点拨】其他税种的该项优惠一并在此介绍，在相关税种中不再赘述。

真题精练（客观题）

(2019 年多选题)关于实施小微企业普惠性税收减免政策，自 2019 年 1 月 1 日至 2021 年 12 月 31 日，对增值税小规模纳税人征收的下列税种，属于可以由省级人民政府决定在 50%的税额幅度减征的有( )。

A. 车船税
B. 房产税
C. 契税
D. 城镇土地使用税
E. 城市维护建设税

解析 ▶ 由省、自治区、直辖市人民政府根据本地区实际情况，以及宏观调控需要确定，对增值税小规模纳税人可以在 50%的税额幅度内减征资源税、城市维护建设税、房产税、城镇土地使用税、印花税(不含证券交易印花税)、耕地占用税和教育费附加、地方教育附加。 **答案** ▶ BDE

精选例题

【例题 12·多选题】下列合同中，应交纳印花税的有( )。

A. 企业购进原料签订的合同
B. 企业接受技术开发业务签订的合同
C. 无息贷款签订的合同
D. 公租房租赁合同
E. 纳税人从事受托加工业务签订的合同

解析 ▶ 无息贷款合同免征印花税；公租房租赁合同免征印花税。 **答案** ▶ ABE

5. 印花税征收管理

(1)印花税的纳税方法(见表 4-19)。

表 4-19 印花税的纳税方法

方法	适用范围	具体规定
自行贴花	应税凭证较少或贴花次数较少的纳税人	自行计算应纳税额，通过购买印花税票，进行贴花和画销，履行纳税义务。对于已贴花的凭证，修改后所载金额增加的，其增加部分应当补贴印花税票，但多贴印花税票的，不得申请退税或者抵用

方法	适用范围	具体规定
汇贴或汇缴	应纳税额较大或者贴花次数频繁的纳税人	**汇贴**：当**一份凭证**应纳税额**超过**500元时，贴用印花税票不方便的，纳税人可以采用将税收缴款、完税凭证其中一联粘贴在凭证上或者由税务机关在凭证上加注完税标记代替贴花 **汇缴**：**同一种类**应税凭证需**频繁贴花**的，可由纳税人根据实际情况自行决定是否采用按期汇总缴纳印花税。汇总缴纳的期限不得超过1个月
委托代征法	税务机关委托由发放或者办理应纳税凭证的单位代为征收印花税	

(2)纳税环节。

印花税应当在书立或领受时贴花。

如果合同是在国外签订，并且不便在国外贴花的，应在将合同带入境时办理贴花纳税手续。

(3)纳税地点。

就地纳税。对于全国性商品物资订货会(包括展销会、交易会等)上所签订合同应纳的印花税，由纳税人回其所在地后及时办理贴花完税手续；对地方主办、不涉及省际关系的订货会、展销会上所签合同的印花税，其纳税地点由各省、自治区、直辖市人民政府自行确定。

📝 **精选例题**

【例题13·多选题】下面有关印花税申报的判断，正确的有( )。

A. 税务登记证和贴息贷款合同无须缴纳印花税

B. 对于加工承揽合同在计算印花税时可作一定金额的扣除，但应审查有无合法的凭证

C. 税务咨询合同无须缴纳印花税

D. 企业预计需要缴纳的印花税时，在实际缴纳时会计处理为借记"应交税费"科目，贷记"银行存款"科目

E. 企业一次缴纳印花税额若超过100元，可用税收缴款书缴纳税款

解析 ▶ 选项B，在加工承揽合同中如果是由委托方提供原材料，原材料金额无需计税贴花，因此选项B正确。选项E，企业一次缴纳印花税额若超过500元，可用税收缴款书缴纳税款，所以选项E错误。

答案 ▶ ABCD

(三)印花税应纳税额的计算及账务处理 ★★★

1. 应纳税额计算

应纳税额＝计税金额×税率

或者，应纳税额＝应税凭证件数×单位税额

2. 印花税的账务处理

印花税应通过"税金及附加"核算。

企业预计缴纳的印花税通过"应交税费"核算；不需预计的印花税无须通过"应交税费"科目核算，购买印花税票时，贷记"银行存款"科目。

印花税的账务处理：

借：税金及附加

　　贷：银行存款或应交税费

📝 **真题精练（主观题）**

(2020年简答题)某食品公司2020年2月与其他企业订立专有技术使用权转移书据一份，所载金额60万元。签订一份既有产品购销业务又有加工承揽业务的电子合同，总金额100万元。2020年3月公司转让一处外购的旧厂房，转让价格1 500万元，成新度折扣率为60%。另外由于市场规模缩小、经营模式改变，公司决定减少注册资本100万元，已知公司原注册资金800万元，已按规定缴纳印花税。该公司咨询税务师事务所下列问题：

(1)公司减少注册资本是否可以申请印花税退税？

(2)公司订立的技术转让书据应缴纳印花税多少？购销合同、加工承揽合同未分别

记载金额应如何缴纳印花税？税额多少？（金额单位为元，印花税税率：产权转移书据0.5‰，购销合同0.3‰，加工承揽合同0.5‰）

(3)公司转让旧厂房应缴纳哪些税种？

(4)旧厂房涉及的土地增值税扣除项目金额确定有几种情况？具体如何确定？

真题精练（主观题）答案

【答案】

(1)不可以申请退税。因为多贴印花税票的，不得申请退税或者抵用。

(2)①技术使用权转移书据属于产权转移书据，所以适用0.5‰的税率。因此应纳印花税=60×0.5‰×10 000=300(元)

②在确定适用税率时，如果一份合同载有一个或几个经济事项，可以同时适用一个或几个税率分别计算贴花，但属于同一笔金额或几个经济事项金额未分开的，应按其中的较高税率计算纳税，而不是分别按多种税率贴花。因此按照加工承揽合同0.5‰计算印花税。应纳印花税=100×0.5‰×10 000=500(元)

(3)公司缴纳旧厂房应缴纳增值税、城建税及教育费附加、地方教育附加、土地增值税、企业所得税和印花税。

(4)分为两种情况

①转让旧房及建筑物能够取得评估价格的可以扣除房屋及建筑物的评估价格、取得土地使用权所支付的地价款或出让金、按国家统一规定缴纳的有关费用和转让环节缴纳的税金。

②转让旧房及建筑物不能取得评估价格，但能提供购房发票的

经当地税务部门确认，取得土地使用权所支付的金额、旧房及建筑物的评估价格，可按发票所载金额并从购买年度起至转让年度止，每年加计5%计算扣除。对纳税人购房时缴纳的契税，能提供契税完税凭证的，准予作为"与转让房地产有关的税金"予以扣除，但不作为加计5%的基数。

三、契税的纳税申报和纳税审核

扫我解疑难

契税是以在我国境内转移土地、房屋权属为征税对象，向产权承受人征收的一种财产税。

(一)纳税人和征税范围的审核★★

1. 纳税人——境内转移土地、房屋权属，承受的单位和个人

与大多数税种不同的是，契税由承受方缴纳，而非转让方缴纳。

【知识点拨】房地产交易过程中的税费缴纳(见表4-20)。

表4-20 房地产交易过程中的税费缴纳

对象	税种
转让方	**增值税**、城建税、教育费附加、印花税、土地增值税、所得税
承受方	契税、印花税

2. 征税对象

契税的征税对象是境内转移的土地、房屋权属。具体包括：

(1)土地使用权出让，承受方缴纳契税，不得因减免土地出让金减免契税。

(2)土地使用权的转让(**不包括**土地承包经营权和土地经营权的转移)，承受方缴纳契税。

(3)房屋买卖：

a. 以房产抵债或实物交换房屋，视同房屋买卖，由产权承受人按房屋现值缴纳契税。其中，**以房产抵债，按房产折价款缴纳契税；**

b. 以房产作投资入股，**以自有房产作股投入本人独资经营的企业，免纳契税；**

c. 买房拆料或翻建新房，应照章征收

契税。

(4) 房屋赠与,受赠人缴纳契税;法定继承人继承,不征契税;非法定继承,征收契税。

(5) 房屋互换,支付差价方纳契税。

(6) 以房地产作价投资(入股)、偿还债务、划转、奖励等方式转移土地、房屋权属的,征收契税。

精选例题

【例题14·单选题】下列关于契税征税范围表述错误的是( )。

A. 国有土地使用权出让,不得因减免土地出让金而减免契税

B. 以自有房产作股投入本人独资经营的企业,免纳契税

C. 买房拆料不征收契税

D. 以房抵债按房屋现值缴纳契税

解析▶ 买房拆料征收契税。 答案▶ C

(二) 契税纳税申报和纳税审核

1. 税率

契税实行3%~5%的幅度税率。

契税的具体执行税率,由各省、自治区、直辖市人民政府在3%~5%的幅度内提出,报同级人大常委会决定,并报全国人大常委会和国务院备案。

省、自治区、直辖市可依规定对不同主体、不同地区、不同类型的住房的权属转移确定差别税率。

2. 计税依据的审核

契税的计税依据为不动产的价格。由于土地、房屋权属转移的方式不同,定价方法也不同,因此计税依据的具体情况也各不相同,具体规定见表4-21。

表4-21 契税的计税依据

具体情形	计税依据
①国有土地使用权出让、出售、房屋买卖	成交价格,包括应交付的货币以及实物、其他经济利益对应的价款。 【知识点拨1】契税的成交价格不含增值税。 【知识点拨2】纳税人申报的成交价格、互换价格差额明显偏低且无正当理由的,由税务机关依照《中华人民共和国税收征收管理法》的规定核定
②土地使用权赠与、房屋赠与,以及其他没有价格的转移土地、房屋权属行为	由征收机关参照土地使用权出售、房屋买卖的市场价格核定
③土地使用权互换、房屋互换	所互换的土地使用权、房屋的价格差额; 互换价格相等时,免征契税; 不等时,由多交付货币、实物、无形资产或其他经济利益的一方缴纳契税
④国有土地使用权出让	承受人为取得该土地使用权而支付的全部经济利益: a. 以协议方式出让的:计税依据为土地出让合同确定的成交价格,具体包括土地出让金、土地补偿费、安置补助费、地上附着物和青苗补偿费、拆迁补偿费、市政建设配套费等承受者应支付的货币、实物、无形资产及其他经济利益。没有成交价格或者成交价格明显偏低的,征收机关可依次按下列两种方式确定计税依据:评估价格、土地基准地价; b. 先以划拨方式取得土地使用权,后经批准改为出让方式取得该土地使用权的:土地受让方应依法补缴契税,计税依据为应补交的土地出让金和其他出让费用

续表

具体情形	计税依据
⑤房屋附属设施征收契税的依据	a. 不涉及土地使用权和房屋所有权转移变动的，不征收契税； b. 采取分期付款方式购买房屋附属设施土地使用权、房屋所有权的，按照合同规定的总价款计征契税； c. 承受的房屋附属设施权属如果是单独计价的，按照当地适用的税率征收，如果与房屋统一计价的，适用与房屋相同的税率
⑥对于个人无偿赠与不动产行为（法定继承人除外）	应对**受赠人**全额征收契税 【知识点拨】对于《中华人民共和国继承法》规定的法定继承人（包括配偶、子女、父母、兄弟姐妹、祖父母、外祖父母）继承土地、房屋权属，不征收契税。按照《中华人民共和国继承法》规定，非法定继承人根据遗嘱承受死者生前的土地、房屋权属，属于赠与行为，应征收契税

注意：对已缴纳契税的购房单位和个人，在未办理房屋权属变更登记前退房的，退还已纳契税；在办理房屋权属变更登记后退房的，不予退还已纳契税

3. 应纳税额的审核

应纳契税税额 = 计税依据 × 税率

精选例题

【例题15·单选题】居民甲将一套价值100万元的一室居住房与居民乙互换为一套两室居住房，并补给居民乙50万的换房补偿款，当地契税税率是4%，应缴纳的契税为（　　）万元。

A. 0万元
B. 4万元
C. 2万元
D. 6万元

解析 ▶ 个人互换房产，互换价格不等时，由多交付货币或实物支付差价的一方缴纳契税。应缴纳契税 = 50×4% = 2（万元）。

答案 ▶ C

【例题16·多选题】关于契税的计税依据，下列说法正确的有（　　）。

A. 房屋赠与，由征收机关参照土地使用权出售、房屋买卖的市场价格核定
B. 国有土地使用权出让，先以划拨方式取得土地使用权，后经批准改为出让方式取得该土地使用权的，计税依据为应补交的土地出让金和其他出让费用
C. 采用分期付款方式购买房屋所有权的，应按合同确定的当期支付价款为计税依据
D. 房屋互换，互换价格不等时，以多支付的货币为计税依据
E. 契税的计税依据为不含增值税成交价格

解析 ▶ 采用分期付款方式购买房屋所有权的，应按合同规定的总价款为计税依据。

答案 ▶ ABDE

（三）税收优惠★★

（1）国家机关、事业单位、社会团体、军事单位承受土地、房屋权属用于办公、教学、医疗、科研和军事设施的，免征契税。

【知识点拨】承受土地、房屋只有用于办公、教学、医疗、科研和军事设施的，才免征契税，用于其它用途的，不免契税。

（2）非营利性的学校、医疗机构、社会福利机构承受土地、房屋权属用于办公、教学、医疗、科研、养老、救助。

（3）承受荒山、荒地、荒滩土地使用权用于农、林、牧、渔业生产。

（4）婚姻关系存续期间夫妻之间变更土地、房屋权属。

（5）法定继承人通过继承承受土地、房屋权属。

（6）依照法律规定应当予以免税的外国驻华使馆、领事馆和国际组织驻华代表机构承受土地、房屋权属。

（7）因土地、房屋被县级以上人民政府征

收、征用，重新承受土地、房屋权属；

(8)因不可抗力灭失住房，重新承受住房权属。

上述(7)、(8)规定的免征或者减征契税的具体办法，由省、自治区、直辖市人民政府提出，报同级人大常委会决定，并报全国人大常委会和国务院备案。

📝 精选例题

【例题17·单选题】 下列房产转让的情形中，产权承受方免于缴纳契税的是( )。

A. 以获奖方式承受土地、房屋权属

B. 将房产赠与非法定继承人

C. 以自有房产投资入股本人独资经营的企业

D. 以预付集资建房款方式承受土地、房屋权属

解析 ▶ 以自有房产作股投入本人独资经营的企业，免纳契税。　　　　**答案** ▶ C

(四)契税的会计核算

契税无需计提，直接缴纳，缴纳契税的账务处理为：

借：固定资产、无形资产
　　贷：银行存款

四、房产税的纳税申报和纳税审核

扫我解疑难

(一)纳税人及征税范围 ★★

房产税在<u>城市</u>、<u>县城</u>、<u>建制镇和工矿区</u>征收，以在征税范围内的房屋产权所有人或经营管理人为纳税人。

(1)产权归国家的，由经营管理单位纳税；归集体和个人所有的，由集体单位和个人纳税。

(2)产权出典的，由承典人纳税。

(3)产权所有人、承典人不在房屋所在地的，由房产代管人或者使用人纳税。

(4)产权未确定及租典纠纷未解决的，亦由房产代管人或者使用人纳税。

(5)无租使用其他房产，由使用人代为缴纳房产税。

【知识点拨1】 房产税的征税对象是房屋。独立于房屋之外的建筑物，如<u>围墙、烟囱、水塔、菜窖、室外游泳池等不属于房产税的征税对象</u>。

【知识点拨2】 房产税实行按年征收，分期缴纳。

📝 精选例题

【例题18·多选题】 按房产税的规定，下列房产或其他建筑物属于房产税征税对象的有( )。

A. 工厂围墙

B. 宾馆的室外游泳池

C. 水塔

D. 企业职工宿舍

E. 房地产公司出租的写字楼

解析 ▶ 房产税的征税对象是房屋。所谓房屋，是指有屋面和围护结构(有墙或两边有柱)，能够遮风避雨，可供人们在其中生产、学习、工作、娱乐、居住或贮藏物资的场所。围墙、室外游泳池、水塔不属于房产税的征税对象。　　**答案** ▶ DE

(二)房产税的纳税申报和纳税审核 ★★

房产税应纳税额的计算见表4-22。

表4-22　房产税应纳税额的计算

房屋类型	计税方法	适用范围	计税依据	税率	应纳税额
地上建筑物	从价计征	经营自用房产	房产计税余值	1.2%	应税房产原值×(1-扣除比例)×1.2%
	从租计征	出租房产	房屋租金	12% 个人出租住房：4%	租金收入×12%(个人为4%)

续表

房屋类型	计税方法	适用范围	计税依据	税率	应纳税额
独立地下建筑物	从价计征	工业用途房产	以房屋原价的 50%~60% 作为应税房产原值，具体比例由各省、自治区、直辖市和计划单列市财税部门在幅度内自行确定	1.2%	应税房产原值×(1-扣除比例)×1.2%
		商业和其他用途房产	以房屋原价的 70%~80% 作为应税房产原值		
	从租计征		同地上建筑物		

1. 自用房产审核要点

从价计征：应纳税额＝房产计税余值×税率(1.2%)

（1）房产计税余值：依照房产原值一次减除 10% 至 30% 的损耗价值以后的余额。

①房产原值以不含增值税的价格确定。

②房产原值：纳税人按照会计制度规定，在账簿"固定资产"账户中记载的房屋造价（或购价），房产原值应包括与房屋不可分割的各种附属设备或一般不单独计算价值的配套设施。

③凡以房屋为载体，不可随意移动的附属设备和配套设施，如给排水、采暖、消防、中央空调、电气及智能化楼宇设备等，无论在会计核算中是否单独记账与核算，都应计入房产原值，计征房产税。对于更换房屋附属设备和配套设施的，在将其价值计入房产原值时，可扣减原来相应设备和设施的价值；对附属设备和配套设施中易损坏、需要经常更换的零配件，更新后不再计入房产原值。

④对按照房产原值计税的房产，无论会计上如何核算，**房产原值均应包含地价**，包括为取得土地使用权支付的价款、开发土地发生的成本费用等。宗地容积率低于 0.5 的，按房产建筑面积的 2 倍计算土地面积并据此确定计入房产原值的地价。

⑤对出租房产，租赁双方签订的租赁合同约定有免收租金期限的，**免收租金期间由产权所有人按照房产原值缴纳房产税。**

【知识点拨】纳税人由于新冠肺炎疫情给予租户房租临时性减免，以共同承担疫情的影响：无需按照房产原值计算缴纳房产税，而是按租金收入的 12% 缴纳房产税。如果租金减为零，则房产税也为零。

📝 **真题精练（客观题）**

1. (2018年单选题)某城市广场经营公司为吸引租户，选取新租户享受免收房租政策。出租房产在免收租金期间的房产税应该（　　）。

A. 不需要缴纳

B. 由城市广场经营公司以同类房租为依据按规定计算缴纳

C. 由城市广场经营公司以房产原值为依据按规定计算缴纳

D. 由租户以房产原值为依据按规定计算缴纳

解析 ▶ 对出租房产，租赁双方签订的租赁合同约定有免收租金期限的，免收租金期间由产权所有人按照房产原值缴纳房产税。

答案 ▶ C

2. (2016年多选题)下列房屋附属设备与配套设施无论会计上是否单独核算，都应计入房屋原值缴纳房产税的有（　　）。

A. 给排水设施

B. 分体式空调

C. 消防设备

D. 地下停车场

E. 智能化楼宇设备

解析 ▶ 凡以房屋为载体，不可随意移动的附属设备和配套设施，如给排水、采暖、消防、中央空调、电气及智能化楼宇设备等，无论在会计核算中是否单独记账与核算，都应计入房产原值，计征房产税。

答案 ACDE

（2）审核时，注意房产的原值是否真实，有无少报、瞒报的现象，有无分解记账的情况；纳税人对原有房屋进行改建、扩建的，是否按规定增加其房屋原值，有无将其改建、扩建支出列入大修理范围处理的情况。

2. 出租房产审核要点

从租计征：应纳税额＝房产租金收入×税率（12%）

【知识点拨】房产出租的，计征房产税的租金收入不含增值税。

（1）审核"其他业务收入"等账户和房屋租赁合同及租赁费用结算凭证，核实房产租金收入，审核有无出租房屋不申报纳税的问题。

（2）审核有无签订经营合同隐瞒租金收入，或以物抵租少报租金收入，或将房租收入计入营业收入未缴房产税的问题。

（3）审核有无出租使用房屋，或租用免税单位和个人私有房产的问题。

【知识点拨】投资联营的房产。

（1）共担风险的，被投资方按房产的计税余值从价计征房产税；

（2）不共担风险的，投资方按租金收入从租计征房产税。

3. 审核房产税的税收优惠

下列房产免征房产税：

（1）国家机关、人民团体、军队<u>自用</u>的房产。

（2）由国家财政部门拨付事业经费的单位<u>自用</u>的房产。

（3）宗教寺庙、公园、名胜古迹<u>自用</u>的房产。

（4）个人所有<u>非营业用</u>房产。

（5）经财政部批准免税的其他房产：

①企业办的各类学校、医院、托儿所、幼儿园<u>自用</u>的房产，免征房产税。

②经有关部门鉴定，对毁损不堪居住的房屋和危险房屋，在<u>停止使用后</u>，可免征房产税。

③对军队空余房产租赁收入暂免征收房产税。

④凡在基建工地为基建服务的各种工棚、材料棚、休息棚和办公室、食堂、茶炉房等临时房屋，不论是施工企业自行建造还是基建单位投资建造，<u>在施工期间</u>，免征房产税。但是在基建工程结束后，施工单位将这种临时性房屋交还或估价转让给基建单位的，应当从基建单位接收的次月起，依照规定征收房产税。

⑤因房屋大修导致<u>连续停用在半年以上的</u>，在大修期间免征房产税，免征税额由纳税人在申报缴纳房产税时自行计算扣除，并在申报附表或备注栏中作相应说明。

⑥纳税单位与免税单位共同使用的房屋，按各自使用的部分划分，分别征收或免征房产税。

⑦对房地产开发企业建造的商品房，在<u>出售前</u>不征收房产税。但对出售前房地产开发企业<u>已使用</u>或<u>出租、出借的商品房应按规定征收房产税</u>。

4. 审核房产税计算纳税的期限

将原有房产用于生产经营的，从生产经营<u>之月</u>起，计征房产税；其他情况，<u>从次月</u>起计征房产税。

审查时，注意对于新建、改造、翻建的房屋，已办理验收手续或未办理验收手续已经使用的，是否按规定期限申报纳税，有无拖延纳税期限而少计税额的问题。

【知识点拨】根据历年考题的表述习惯，在文字表述题中，纳税人出租房产，从交付出租房产的次月起缴纳房产税；在计算题中，如果纳税人从7月1日开始对外出租房产，由于纳税人从7月就开始获得收入，纳税人就应该从7月开始从租计税，如果纳税人从7月的月末才开始出租房产，纳税人就应该从8月开始从租计税。

📝 **真题精练（客观题）**

（2016年单选题）下列房产中，应缴纳房产税的是（　　）。

A. 房地产开发企业建造的尚未出售的商品房

B. 某社区医疗服务中心自用房产

C. 某公园的办公用房

D. 某大学出租的房屋

解析 ▶ 选项ABC都是免征房产税的。

答案 ▶ D

📝 **真题精练（主观题）**

（2020年简答题）某企业2020年6月对其办公楼、厂房进行如下改建或调整：

（1）更换一栋办公楼的中央空调系统和全部灯具：其中，旧中央空调的入账价值30万元，新中央空调入账价值80万元；旧灯具入账价值2万元，新灯具入账价值5万元。

（2）将其一处厂房对外出租，一次性收取2年租金。

该企业咨询下列问题，请你逐一回答：

（1）更换的中央空调是否影响当年房产税的计税原值？请简述理由。

（2）更换的灯具是否影响当年房产税的计税原值？请简述理由。

（3）分析厂房出租对房产税计税方式的影响，一次性收取租金的房产税是分摊计税还是在当年一次性全额计税？

📝 **真题精练（主观题）答案**

【答案】

（1）影响房产税的计税原值。中央空调系统属于房屋不可随意移动的附属设备和配套设施，更换中央空调系统的，在将其价值80万元计入房产原值时，可扣减旧中央空调的价值30万元。对附属设备和配套设施中易损坏、需要经常更换的零配件，更新后不再计入房产原值。

（2）不影响房产税的计税原值。因为灯具属于房屋附属设备和配套设施中易损坏、需要经常更换的零配件，更新后不再计入房产原值，原零配件的原值也不扣除。因此不影响房产税的计税原值。

（3）房产出租前，按照从价计征房产税，税率是1.2%，而房产对外出租，按照从租计征房产税，税率是12%。一次性收取租金的房产税，要分摊计税，不能一次性全额计税，因为房产税是按年计算、分期缴纳的，所以不属于本年的租金，即使收取了也不计入当年房产税的计税依据。

📝 **精选例题**

【例题19·单选题】下列关于房产税代理申报的表述，正确的是（　　）。

A. 房屋的各种附属设施不应计入房屋价值缴纳房产税，如中央空调

B. 委托施工企业建设的房屋，已交付使用但未办理验收手续暂不申报纳税

C. 房产税的计税依据是房产原值

D. 对出售前房地产开发企业已使用或出租、出借的商品房应按规定征收房产税

解析 ▶ 选项A，为了维持房屋的使用功能或使房屋满足设计要求，凡以房屋为载体，不可随意移动的附属设备和配套设施，如给排水、采暖、消防、中央空调、电气及智能化楼宇设备等，无论在会计核算中是否单独记账与核算，都应计入房产原值，计征房产税；选项B，委托施工企业建设的房屋，对于在办理验收手续前已使用的，应从使用的当月起按规定计征房产税；选项C，房产税的计税依据是房产余值或租金收入。

答案 ▶ D

【例题20·多选题】按现行政策，以下房产中可以享受房产税免税优惠政策的有（　　）。

A. 企业办的技工学校用房

B. 军队出租的空余房产

C. 按政府规定的价格出租的廉租房

D. 房地产开发企业建造的出售前用于出租的商品房

E. 公园自用的房产

解析 ▶ 选项 D，如果是出售前未使用或未出租、出借的，在出售前不征收房产税，已使用或出租、出借的应按规定征收房产税。

答案 ▶ ABCE

(三)房产税的会计核算 ★★

企业缴纳的房产税应在"税金及附加"中列支。

借：税金及附加
　　贷：应交税费——应交房产税

📝 精选例题

【例题21·单选题】房产税实行按年征收、分期缴纳，企业缴纳的房产税应在( )中列支。

A."预提费用"
B."待摊费用"
C."其他应收款"
D."税金及附加"

解析 ▶ "税金及附加"科目核算企业经营活动发生的消费税、城市维护建设税、资源税、教育费附加及房产税、土地使用税、车船使用税、印花税等相关税费。

答案 ▶ D

五、城镇土地使用税的纳税申报和纳税审核

城镇土地使用税的征税范围为**城市、县城、建制镇和工矿区**。

应纳税额=单位税额×实际占用土地面积

(一)城镇土地使用税的计税依据 ★★

城镇土地使用税的计税依据是纳税人实际占用的土地面积。不同情形下城镇土地使用税的计税依据见表4-23。

表4-23 城镇土地使用税的计税依据

类型	计税依据
由省、自治区、直辖市人民政府确定的单位组织测定土地面积的纳税人	测定面积
尚未组织测量土地面积，但持有政府部门核发的土地使用证书的纳税人	以证书确认的土地面积
尚未核发土地使用证书的纳税人	申报的土地面积，待核发土地使用证以后再作调整
对在城镇土地使用税征税范围内**单独**建造的地下建筑用地，按规定征收城镇土地使用税	(1)已取得地下土地使用权证的，按**土地使用权证确认的土地面积**计算应征税款 (2)未取得地下土地使用权证或地下土地使用权证上未标明土地面积的，按**地下建筑垂直投影面积**计算应征税款 对上述地下建筑用地暂按应征税款的**50%**征收城镇土地使用税

📝 精选例题

【例题22·单选题】城镇土地使用税的纳税人以( )的土地面积作为计税依据。

A. 实际占用
B. 自用
C. 经税务机关核定
D. 拥有

解析 ▶ 城镇土地使用税的纳税人以实际占用的土地面积作为计税依据。

答案 ▶ A

(二)减免税土地面积审核要点 ★★

(1)国家机关、人民团体、军队**自用**的土地免税。

(2)由国家财政部门拨付事业经费的单位**自用**的土地免税。

(3)宗教寺庙、公园、名胜古迹**自用**的土地免税。

(4)市政街道、广场、绿化地带等**公共用地**免税。

①对企业厂区(包括生产、办公及生活区)**以内**的绿化用地，应**照章征收**城镇土地使用税。

②厂区**以外的公共绿化用地**和向社会开放的公园用地，**暂免**征收城镇土地使用税。

(5)直接用于农、林、牧、渔业的生产用

地免税。

（6）经批准开山填海整治的土地和改造的废弃土地，从使用的月份起免缴城镇土地使用税5年至10年。

【思路点拨】开山填海整治的土地和改造的废弃土地的纳税人，可以享受税收优惠，如果将整治改造的土地转让，接受方无法享受免征的优惠。

（7）免税单位无偿使用纳税单位的土地，免征城镇土地使用税。纳税单位无偿使用免税单位的土地，纳税单位应照章缴纳城镇土地使用税。纳税单位与免税单位共同使用共有使用权土地上的多层建筑，对纳税单位可按其占用的建筑面积占建筑总面积的比例计征城镇土地使用税。

真题精练（客观题）

（2017年单选题）某企业2016年占地5万平方米，其中2万平方米是该企业开办的技术学校用地，该地区城镇土地使用税年税额为5元/平方米，该企业2016年应交纳的城镇土地使用税是（　　）万元。

A. 20　　　　　　B. 25
C. 12.5　　　　　D. 15

解析 税法规定，企业办的学校，其用地能与企业其他用地明确区分的，可以比照由国家财政部门拨付事业经费的单位自用的土地免征城镇土地使用税。该企业应交纳城镇土地使用税=（50 000-20 000）×5÷10 000=15（万元）。

答案 ▶ D

精选例题

【例题23·多选题】下列用地中，应交纳城镇土地使用税的有（　　）。

A. 名胜古迹内管理单位的办公用地
B. 寺庙开办的商店的用地
C. 街道绿化的用地
D. 军队训练场地的用地
E. 中央直属企业的用地

解析 选项B，寺庙自用土地，免征土地使用税，寺庙开办的商店的用地照章征收土地使用税；选项E，中央直属企业的用地

照章征收土地使用税。

答案 ▶ BE

（三）纳税义务发生时间

（1）纳税人购置新建商品房，自房屋交付使用之**次月**起计征城镇土地使用税（同房产税）。

（2）购置存量房，自办理房屋权属转移、变更登记手续，房地产权属登记机关签发房屋权属证书之**次月**起计征城镇土地使用税（同房产税）。

（3）出租、出借房产，自交付出租、出借房产之**次月**起计征城镇土地使用税（同房产税）。

（4）凡是缴纳了耕地占用税的，自批准征收之日起满1年时缴纳城镇土地使用税。

（5）纳税人**新征用的非耕地**，自批准征用之**次月**起缴纳城镇土地使用税。

【知识点拨】通过招拍挂方式取得的建设用地，**不属于新征用的耕地**，应从合同约定交付土地时间的次月起缴纳城镇土地使用税；合同未约定交付土地时间的，从合同签订的次月起缴纳城镇土地使用税。

（四）城镇土地使用税的会计核算

计提时：

借：税金及附加
　　贷：应交税费——应交城镇土地使用税

六、资源税的纳税申报和纳税审核

（一）资源税的纳税人与扣缴义务人★

资源税的纳税义务人是指在中华人民共和国领域及管辖的其他海域开发应税资源的单位和个人。

对资源税纳税义务人的理解，应注意以下几点：

（1）资源税适用"进口不征、出口不退"的规则——资源税仅对在我国领域及管辖海域开发应税资源的单位或个人征收，而对进口应税资源的单位或个人不征资源税。对出口应税资源也不退（免）已纳的资源税。

（2）一次性课征——对开采应税资源进行销售或自用的单位和个人，在出厂销售或自用时一次性征收，而对已税资源批发、零售的单位和个人不再征收资源税。

（3）单位和个人以应税资源投资、分配、抵债、赠与、以物易物等视同销售，应按规定计算缴纳资源税。

（4）中外合作开采陆上、海上石油资源的企业依法缴纳资源税。

2011年11月1日之前已依法订立中外合作开采陆上、海上石油资源合同的，在该合同有效期内，继续依照国家有关规定缴纳矿区使用费，不缴纳资源税；合同期满后，依法缴纳资源税。

真题精练（客观题）

（2017年单选题）下列油类产品中，应征收资源税的是（　　）。

A. 机油　　　　B. 汽油
C. 人造石油　　D. 天然原油

解析 天然原油属于资源税征税范围，应征收资源税。机油、汽油、人造石油均不征收资源税。　　　　　　**答案** D

精选例题

【例题24·多选题】下列选项中应交纳资源税的有（　　）。

A. 外商投资企业开采销售铁矿石
B. 煤炭进出口公司进口煤炭
C. 海盐盐场生产销售海盐
D. 私营企业购进铁矿石直接对外出售
E. 个体户开采原煤销售

解析 选项B，煤炭进出口公司进口煤炭，不征收资源税；选项D，资源税仅对于开采销售的第一个环节征收，对以后的环节不再征收，所以私营企业购进铁矿石后再销售的，不征资源税。　　**答案** ACE

（二）资源税的计税依据★

资源税的计税依据为应税产品的销售额或销售数量。

1. 销售额

（1）销售额的基本规定。

销售额为纳税人销售应税产品向购买方收取的全部价款，但不包括收取的增值税税款。

下列项目不包括在内：
① 增值税销项税额。
② 运杂费用。应税产品从坑口或洗选（加工）地到车站、码头或购买方指定地点的运输费用、建设基金以及随运销产生的装卸、仓储、港杂费用。

【知识点拨】计入销售额中的相关运杂费用，凡取得增值税发票或者其他合法有效凭据的，准予从销售额中扣除。

（2）纳税人有自用应税产品行为而无销售价格的，或申报的应税产品销售额明显偏低且无正当理由的，除另有规定外，按下列顺序确定销售额：

① 按**纳税人**最近时期同类产品的平均销售价格确定；
② 按**其他纳税人**最近时期同类产品的平均销售价格确定；
③ 按后续加工非应税产品销售价格，减去后续加工环节的成本利润后确定；
④ 组成计税价格＝成本×（1＋成本利润率）÷（1－资源税税率）；
⑤ 按其他合理的方法确定。

2. 销售数量

（1）按照新的资源税法，只有地热、石灰岩、其他粘土、砂石、矿泉水、天然卤水六个子税目规定了从价定率和从量定额两种税率。

（2）销售数量包括纳税人开采或者生产应税产品的实际销售数量和视同销售的自用数量。

（三）资源税的税率★

资源税税率从价定率为主，从量定额为辅。按照新的资源税法，只有地热、石灰岩、其他粘土、砂石、矿泉水、天然卤水六个子税目规定了从价定率和从量定额两种税率。

地热、石灰岩、其他粘土、砂石、矿泉水、天然卤水六个子税目可以选择实行从价计征或者从量计征的，具体计征方式由省、自治区、直辖市人民政府提出，报同级人民代表大会常务委员会决定，并报全国人民代表大会常务委员会和国务院备案。

『提示』纳税人开采或者生产同一税目下适用不同税率应税产品的，应当分别核算不同税率应税产品的销售额或者销售数量；未分别核算或者不能准确提供不同税率应税产品的销售额或者销售数量的，从高适用税率。

（四）应纳税额的计算（见表4-24）★

表4-24 资源税应纳税额的计算

从价定率	应纳税额=销售额×税率
从量定额——地热、石灰岩、其他粘土、砂石、矿泉水、天然卤水可能从量定额征收	应纳税额=课税数量×单位税额
已税产品的税务处理	1. 纳税人用已纳资源税的应税产品进一步加工应税产品销售的，不再缴纳资源税。 2. 纳税人以外购原矿与自采原矿混合为原矿销售，或者以外购选矿产品与自产选矿产品混合为选矿产品销售的，在计算应税产品销售额或者销售数量时，直接扣减外购原矿或者外购选矿产品的购进金额或者购进数量。 3. 纳税人以外购原矿与自采原矿混合洗选加工为选矿产品销售的，在计算税产品销售额或者销售数量时，按照下列方法进行扣减： 准予扣减的外购应税产品购进金额（数量）=外购原矿购进金额（数量）/（本地区原矿适用税率÷本地区选矿产品适用税率） 不能按照上述方法计算扣减的，按照主管税务机关确定的其他合理方法进行扣减

（五）税收优惠★

1. 免征资源税

有下列情形之一的，免征资源税：

（1）开采原油以及在油田范围内运输原油过程中用于加热的原油、天然气。

（2）煤炭开采企业因安全生产需要抽采的煤成（层）气。

2. 减征资源税

有下列情形之一的，减征资源税：

（1）从低丰度油气田开采的原油、天然气，减征20%资源税。

（2）高含硫天然气、三次采油和从深水油气田开采的原油、天然气，减征30%资源税；

高含硫天然气：硫化氢含量在每立方米三十克以上的天然气。

（3）稠油、高凝油减征40%资源税。

（4）从衰竭期矿山开采的矿产品，减征30%资源税。

衰竭期矿山是指设计开采年限超过15年，且剩余可采储量下降到原设计可采储量的20%以下或者剩余开采限不超过5年的矿山，衰竭期矿山以开采企业下属的单个矿山为单位确定。

3. 可由省、自治区、直辖市人民政府决定的减税或者免税

有下列情形之一的，省、自治区、直辖市可以决定免征或者减征资源税：

（1）纳税人开采或者生产应税产品过程中，因意外事故或者自然灾害等原因遭受重大损失。

（2）纳税人开采共伴生矿、低品位矿、尾矿。

4. 其他减税、免税

（1）自2014年12月1日至2023年8月31日，对充填开采置换出来的煤炭，资源税减征50%。

（2）纳税人开采或者生产同一应税产品，其中既有享受减免税政策的，又有不享受减免税政策的，按照免税、减税项目的产量占比等方法分别核算确定免税、减税项目的销售额或者销售数量。纳税人开采或者生产同一应税产品，同时符合两项或者两项以上减

征资源税优惠政策的,除另有规定外,只能选择其中一项执行。

纳税人的减税、免税项目,应当单独核算销售额或者销售数量;未单独核算或者不能准确提供销售额或者销售数量的,不予减税或者免税。

(六)资源税的会计核算(见表4-25)

表4-25 资源税的会计核算

具体情形	资源税的会计核算
销售应税产品	借:税金及附加 　　贷:应交税费——应交资源税
自产自用应税产品视同销售时	借:生产成本(管理费用等) 　　贷:应交税费——应交资源税
收购未税矿产品应代扣代缴的资源税,计入采购成本中	借:材料采购或原材料 　　应交税费——应交增值税(进项税额) 　　贷:银行存款 　　　　应交税费——应交资源税

七、环境保护税的纳税申报和纳税审核

扫我解疑难

《环境保护税法》自2018年1月1日起实施,同时停征排污费。

环境保护税是对在我国领域以及管辖的其他海域**直接**向环境排放应税污染物的**企业事业单位和其他生产经营者**征收的一种税。

(一)环境保护税纳税义务人及税目、税率的审核★★

1. 环境保护税纳税义务人的审核

环境保护税的纳税义务人是在中华人民共和国领域和中华人民共和国管辖的其他海域,**直接**向环境排放应税污染物的**企业事业单位和其他生产经营者**。

【知识点拨】环保税的纳税人不包括家庭和个人。

应税污染物,包括《环境保护税法》规定的大气污染物、水污染物、固体废物和**噪声(工业噪声)**。

有下列情形之一的,不属于直接向环境排放污染物,不缴纳相应污染物的环境保护税:

①企业事业单位和其他生产经营者向依法设立的污水集中处理、生活垃圾集中处理场所排放应税污染物的。

②企业事业单位和其他生产经营者在符合国家和地方环境保护标准的设施、场所贮存或者处置固体废物的。

③达到省级人民政府确定的规模标准并且有污染物排放口的畜禽养殖场,应当依法缴纳环境保护税,但依法对畜禽养殖废弃物进行综合利用和无害化处理的。

📝 **真题精练(客观题)**

(2018年单选题)以下属于应征收环境保护税的项目是( )。

A. 商业噪声　　B. 工业噪声
C. 服务业噪声　D. 生活噪声

解析 ▶ 应税噪声污染目前只包括工业噪声。

答案 ▶ B

📝 **精选例题**

【例题25·多选题】下列情形中,需要缴纳环境保护税的有( )。

A. 家庭直接向环境排放固体废物
B. 某化工厂向依法设立的污水集中处理中心排放污水
C. 医院直接向环境排放污水
D. 某工厂昼夜生产产生噪音
E. 达到省级人民政府确定的规模标准并且有污染物排放口的畜禽养殖场,依法对畜禽养殖废弃物进行综合利用和无害化处理

解析 选项 A，环境保护税的纳税人是在中华人民共和国领域和中华人民共和国管辖的其他海域，直接向环境排放应税污染物的企业事业单位和其他生产经营者，不包括自然人及家庭；选项 B，企业事业单位和其他生产经营者向依法设立的污水集中处理、生活垃圾集中处理场所排放应税污染物的，不缴纳环境保护税；选项 E，达到省级人民政府确定的规模标准并且有污染物排放口的畜禽养殖场，应当依法缴纳环境保护税，但依法对畜禽养殖废弃物进行综合利用和无害化处理的，不缴纳环境保护税。**答案** CD

2. 环境保护税税目、税率的审核

具体的税目和税额如表4-26所示。

表4-26 环保税税目税额表

应税大气污染物和水污染物	**幅度定额税率**。省级人民政府在规定的税额幅度内提出，报同级人大常委会决定，并报全国人大常委会和国务院备案
固体废物、噪声	统一的定额税率

【知识点拨1】税目包括大气污染物、水污染物、固体废物和噪声。

【知识点拨2】税率为定额税率。其中：(1)应税大气污染物和水污染物，为幅度定额税率。省级人民政府在规定的税额幅度内提出，报同级人民代表大会常务委员会决定，并报全国人民代表大会常务委员会和国务院备案。(2)固体废物、噪声为统一的定额税率。

📝 **精选例题**

【例题26·单选题】下列关于环境保护税纳税人及税目、税率的说法，错误的是( )。

A. 在中华人民共和国领域，直接向环境排放应税污染物的企业事业单位和其他生产经营者为环境保护税的纳税人

B. 环境保护税税目包括大气污染物、水污染物、固体废物和噪声4大类

C. 企业在符合国家和地方环境保护标准的设施、场所贮存或者处置固体废物的，应当缴纳环境保护税

D. 环境保护税采用定额税率

解析 企业事业单位和其他生产经营者在符合国家和地方环境保护标准的设施、场所贮存或者处置固体废物的，不属于直接向环境排放污染物，不缴纳相应污染物的环境保护税。**答案** C

(二)环境保护税计税依据的审核★★

计税依据确定的基本方法(见表4-27)。

表4-27 计税依据确定的基本方法

税目	计税依据	如何确定计税依据		注意事项
应税大气污染物、水污染物	污染当量数	污染当量数=该污染物的排放量÷该污染物的污染当量值		纳税人有下列情形之一的，以其当期应税大气污染物、水污染物的产生量作为污染物的排放量： (1)未依法安装使用污染物自动监测设备或者未将污染物自动监测设备与环境保护主管部门的监控设备联网。 (2)损毁或者擅自移动、改变污染物自动监测设备。 (3)篡改、伪造污染物监测数据。 (4)通过暗管、渗井、渗坑、灌注或者稀释排放以及不正常运行防治污染设施等方式违法排放应税污染物。 (5)进行虚假纳税申报
		每一排放口或者没有排放口的**应税大气污染物**	按照污染当量数从大到小排序，对**前三项**污染物征收	
		每一排放口的**应税水污染物**	按照污染当量数从大到小排序	
			第一类水污染物	按**前五项**征收
			其他类水污染物	按**前三项**征收

续表

税目	计税依据	如何确定计税依据	注意事项
应税固体废物	排放量	当期固体废物的产生量-当期固体废物的综合利用量-当期固体废物的贮存量-当期固体废物的处置量	纳税人有下列情形之一的,以其当期应税固体废物的产生量作为固体废物的排放量: (1)非法倾倒应税固体废物。 (2)进行虚假纳税申报
应税噪声	按超过国家规定标准的分贝数确定	实际产生的工业噪声与国家规定的工业噪声排放标准限值之间的差值	

【知识点拨】应税大气污染物、水污染物、固体废物的排放量和噪声的分贝数,按照下列方法和顺序计算:

(1)纳税人安装使用符合国家规定和监测规范的污染物自动监测设备的,按照污染物自动监测数据计算。

(2)纳税人未安装使用污染物自动监测设备的,按照监测机构出具的符合国家有关规定和监测规范的监测数据计算。

(3)因排放污染物种类多等原因不具备监测条件的,按照国务院环境保护主管部门规定的排污系数、物料衡算方法计算。

(4)不能按照上述第一项至第三项规定的方法计算的,按照省、自治区、直辖市人民政府环境保护主管部门规定的抽样测算的方法核定计算。

精选例题

【例题27·单选题】下列选项,属于环境保护税计税依据的是( )。

A. 大气污染物的污染当量数

B. 水污染物的产生量

C. 固体废物的贮存量

D. 噪声分贝数

解析 ▶ 大气污染物、水污染物以污染当量数作为计税依据;固体废物以排放量作为计税依据;噪声按超过国家规定标准的分贝数确定适用税额。 答案 ▶ A

(三)环境保护税应纳税额的审核(见表4-28)★★

表4-28 环境保护税应纳税额的计算

类别	应纳税额计算
(一)应税大气污染物	污染当量数×适用税额 【知识点拨】应纳税额计算顺序: ①计算各污染物的污染当量数=该污染物的排放量÷该污染物的污染当量值; ②按污染当量数排序; ③计算应纳税额

续表

类别			应纳税额计算
(二)应税水污染物	1. 一般水污染物		污染当量数×适用税额 注意：第一类水污染物按前五项征收；第二类水污染物按前三项征收
	2. pH值、大肠菌群数、余氯量、色度	(1)pH值、大肠菌群数、余氯量	污水排放量(吨)÷该污染物的污染当量值(吨)×适用税额
		(2)色度	色度的污染当量数×适用税额 其中：色度污染当量数=污水排放量(吨)×色度超标倍数÷色度的污染当量值(吨·倍)
	3. 适用环境保护税法所附《禽畜养殖业、小型企业和第三产业水污染物当量值》表的纳税人	(1)禽畜养殖业的水污染物	污染当量数×适用税额 其中：污染当量数=禽畜养殖数量÷污染当量值
		(2)小型企业和第三产业排放的水污染物	污水排放量(吨)÷污染当量值(吨)×适用税额
		(3)医院排放的水污染物	①应纳税额=医院床位数÷污染当量值×适用税额 ②应纳税额=污水排放量÷污染当量值×适用税额
(三)应税固体废物			(当期固体废物的产生量-当期固体废物的综合利用量-当期固体废物的贮存量-当期固体废物的处置量)×适用税额
(四)应税噪声			超过国家规定标准的分贝数对应的具体适用税额

精选例题

【例题28·单选题】某企业2021年4月排放汞及其化合物500千克，汞及其化合物的污染当量值(单位：千克)为0.000 1，适用税额为8元每污染物当量。该企业当月应交纳环境保护税( )万元。

A. 8 000
B. 400
C. 4 000
D. 2 000

解析 ▶ 污染当量数=该污染物的排放量÷该污染物的污染当量值=500÷0.000 1=5 000 000

应纳税额=污染当量数×适用税额=5 000 000×8÷10 000=4 000(万元) 答案 ▶ C

(四)环境保护税税收优惠的审核★★

1. 暂免征税项目

下列情形，暂予免征环境保护税：

(1)农业生产(不包括规模化养殖)排放应税污染物的。

(2)机动车、铁路机车、非道路移动机械、船舶和航空器等流动污染源排放应税污染物的。

(3)依法设立的城乡污水集中处理、生活垃圾集中处理场所排放相应应税污染物，不超过国家和地方规定的排放标准的。

(4)纳税人综合利用的固体废物，符合国家和地方环境保护标准的。

(5)国务院批准免税的其他情形。

2. 减征税额项目

(1)纳税人排放应税大气污染物或者水污染物的浓度值低于国家和地方规定的污染物排放标准30%的，减按75%征收环境保护税。

(2)纳税人排放应税大气污染物或者水污染物的浓度值低于国家和地方规定的污染物排放标准50%的，减按50%征收环境保护税。

【知识点拨】减征环境保护税的，应当对每一排放口排放的不同应税污染物分别计算。

精选例题

【例题29·多选题】下列选项，免于征

收环境保护税的有( )。

A. 规模化养殖排放应税污染物的
B. 船舶和航空器等流动污染源排放应税污染物
C. 学校直接向环境排放污水
D. 纳税人综合利用的固体废物,符合国家和地方环境保护标准
E. 矿山直接向环境排放废气

解析 本题目考核环境保护税的税收优惠。

答案 BD

(五)环境保护税的征收管理★★

1. 征管方式

环境保护税采用"企业申报、税务征收、环保协同、信息共享"的征管方式。

2. 纳税时间

环境保护税纳税义务发生时间为纳税人排放应税污染物的当日。环境保护税按月计算,按季申报缴纳。不能按固定期限计算缴纳的,可以按次申报缴纳。

纳税人按季申报缴纳的,应当自季度终了之日起15日内,向税务机关办理纳税申报并缴纳税款。纳税人按次申报缴纳的,应当自纳税义务发生之日起15日内,向税务机关办理纳税申报并缴纳税款。

3. 纳税地点

纳税人应当向应税污染物排放地的税务机关申报缴纳环境保护税。应税污染物排放地是指:

(1)应税大气污染物、水污染物排放口所在地。
(2)应税固体废物产生地。
(3)应税噪声产生地。

真题精练(客观题)

(2020年多选题)环境保护税法实行( )的新型征管模式。

A. 税务征收
B. 企业申报
C. 专业机构核定
D. 环保协作
E. 信息共享

解析 环境保护税实行"企业申报、税务征收、环保协作、信息共享"新型征管模式。

答案 ABDE

精选例题

【例题30·多选题】下列关于环境保护税征收管理的表述,正确的有( )。

A. 环境保护税纳税义务发生时间为纳税人排放应税污染物的当日
B. 纳税人按季申报缴纳的,应当自季度终了之日起15日内,向税务机关办理纳税申报并缴纳税款
C. 环境保护税按月计算,按季申报缴纳
D. 纳税人按次申报缴纳的,应当自纳税义务发生之日起10日内,向税务机关办理纳税申报并缴纳税款
E. 不能按固定期限计算缴纳的,可以按次申报缴纳

解析 选项D,纳税人按次申报缴纳的,应当自纳税义务发生之日起15日内,向税务机关办理纳税申报并缴纳税款。

答案 ABCE

真题精练(主观题)

(2018年简答题,改)某房地产开发公司系增值税一般纳税人,2018年3月25日与政府部门签订了紫金花园项目的土地使用权出让合同,土地出让金3亿元,合同约定土地出让金于3月30日前支付,但未约定具体交付日期,实际交付日期4月25日。

(1)该业务的城镇土地使用税何时开始缴纳?简述政策规定。
(2)该业务的契税纳税义务发生时间在何时?简述政策规定。
(3)支付的土地出让金应取得何种合规的票据?
(4)该项目2019年开始预售,2021年交付业主,请写出销售开发产品采用一般计税方法计算增值税时,当期允许扣除的土地价款及当期销项税额的计算公式。

真题精练(主观题)答案

【答案】

(1)该业务城镇土地使用税从4月开始缴纳。

相关政策规定：以出让或转让方式有偿取得土地使用权的，应由受让方从合同约定交付土地时间的次月起缴纳城镇土地使用税；合同未约定交付时间的，由受让方从合同签订的次月起缴纳城镇土地使用税。

(2) 该业务的契税纳税义务时间为签订土地使用权出让合同的当天，即2018年3月25日。

相关政策规定：契税的纳税义务发生时间是纳税人签订土地、房屋权属转移合同的当天，或者纳税人取得其他具有土地、房屋权属转移合同性质凭证的当天。

(3) 向政府、土地管理部门或受政府委托收取土地价款的单位直接支付的土地价款应取得省级以上(含省级)财政部门监(印)制的财政票据。

(4) 当期允许扣除的土地价款 =（当期销售房地产项目建筑面积÷房地产项目可供销售建筑面积）×支付的土地价款；销项税额 =（全部价款和价外费用 - 当期允许扣除的土地价款）÷(1+9%)×9%

近年主观题主要考点：

对于其他税种，在历年主观题的考核中，常见的出题点是土地增值税的计算和清算，印花税的征税范围、计税依据、应纳税额计算和纳税方法，小税种联合出题（比如将与房、地有关的土地使用税、契税、印花税、增值税差额计税结合起来出题，或者将与车辆有关的车辆购置税、车船税、增值税、消费税等联合出题等），为此大家要注意各个税种之间的联系，做好总结。

近年其他税种主观题主要考点包括：

1. 印花税的税目与税率，比如专有技术使用权转移书据按照"产权转移书据"计算缴纳印花税；
2. 电子合同属于印花税的征税范围；
3. 合同金额、注册资本等减少不退还印花税退税；
4. 应纳印花税额的计算；
5. 转让房屋应该缴纳的税种；
6. 转让旧房土地增值税扣除项目的确定；
7. 更换的设备、设施是否影响房产税的计税依据；
8. 房产税按年计算，分期缴纳的规定；
9. 城镇土地使用税的纳税义务发生时间；
10. 契税纳税义务发生时间；
11. 土地出让金的票据及房地产企业差额计税时对于地价款的有关规定。

同步训练　限时144分钟

扫我做试题

一、单项选择题

1. 某工业企业在改制重组过程中将自行开发的商品房，按不含增值税500万元作价对外投资（开发成本为300万元）。对该项投资，正确的税务处理是( )。
   A. 不需要缴纳土地增值税、土地增值税和企业所得税
   B. 以500万元确认为销售收入，分别按规定计算缴纳增值税、土地增值税和企业所得税
   C. 不需要缴纳土地增值税，以500万元确认为销售收入计算缴纳增值税和企业所得税
   D. 不需要缴纳增值税和土地增值税，以500万元确认为销售收入计算缴纳企业所得税

2. 在对2020年土地增值税的纳税审核中，下列各项，应计算缴纳土地增值税的

是( )。

A. 非公司制企业整体改建为有限责任公司,将改制前公司的房屋权属转移到改建后的企业

B. 个人之间互换自有居住用房地产

C. 某工业企业将自有房屋产权用于抵债

D. 房地产开发企业以建造商品房用于商业招租,不发生产权转移的

3. 房地产开发公司2017年开发一幢普通标准住宅,当年6月竣工验收取得销售许可证。由于房价飞涨,至2018年12月销售了可售建筑面积的30%,剩余70%待售。至2019年12月,累计销售了可售建筑面积的60%,剩余40%待售。至2020年8月,累计销售了可售建筑面积的80%,剩余的20%仍然待售。下列说法中正确的是( )。

A. 税务机关可以要求该企业在2018年6月进行土地增值税的清算

B. 税务机关可以要求该企业在2019年12月进行土地增值税的清算

C. 税务机关可以要求该企业在2020年6月进行土地增值税的清算

D. 税务机关可以要求该企业在2020年8月进行土地增值税的清算

4. 下列关于土地增值税中房地产继承的说法中,正确的是( )。

A. 应按照评估价格计算缴纳土地增值税

B. 属于土地增值税的征税范围,但是可以免税

C. 不属于土地增值税的征税范围

D. 由税务机关核定征收土地增值税

5. 对房地产开发公司进行土地增值税清算时,可作为清算单位的是( )。

A. 规划申报项目

B. 审批备案项目

C. 商业推广项目

D. 设计建筑项目

6. 房地产开发企业在进行纳税申报时,如果同时兼有免税和征税项目单位,正确的申报方法是( )。

A. 由主管税务机关核定填报

B. 分别填报

C. 只填报征税项目

D. 合并填报

7. 某省规定土地增值税清算时利息支出以外的其他房地产开发费用扣除比例为5%。某房地产开发企业利息支出能够按清算对象分摊并能够提供金融机构证明,能够单独计算扣除,在进行土地增值税清算时,作为清算对象扣除项目中的"房地产开发费用"金额应是( )。

A. 利息+销售费用+管理费用

B. 利息+[取得土地使用权所支付的金额+房地产开发成本(不含利息支出)]×5%以内

C. 利息+[取得土地使用权所支付的金额+房地产开发成本(含利息支出)]×5%以内

D. 利息+[取得土地使用权所支付的金额+房地产开发成本(含利息支出)]×(5%以内+20%)

8. 下列合同中,属于印花税征税范围的是( )。

A. 供用电合同

B. 融资租赁合同

C. 人寿保险合同

D. 法律咨询合同

9. 下列凭证中,需要缴纳印花税的是( )。

A. 国际金融组织向我国国家金融机构提供普通贷款所签订的借款合同

B. 企业单位内的职工食堂设置的经费收支账簿

C. 抢险救灾物资运输的特殊货运凭证

D. 财产所有人将财产捐赠给学校所书立的各类书据

10. 关于印花税的说法,正确的是( )。

A. 某汽车租赁公司与客户签订一份汽车租赁合同,商定每月租金20 000元,租赁期3年,则该公司在合同签订当日应交纳的印花税为20 000×1‰=20元

B. 房地产企业签订的土地出让合同，不属于印花税列举征税的凭证，不缴纳印花税

C. 某公司在互联网上进行网络销售时，多数情况下是通过电子邮件与客商签订销售合同，由于未打印成纸质合同，故无须缴纳印花税

D. 某运输企业签订的货物运输合同，在计算应交纳印花税时，可仅以不含装卸费和保险费的运输费金额作为计税依据

11. 某汽车厂与某大型设备经销公司签订购买价值3 000万元的生产设备合同，为此与工商银行签订了2 000万元的借款合同。后因资金紧张购销合同作废，改签融资租赁合同，租赁费2 800万元。根据上述情况，汽车厂一共应交纳印花税（　　）元。

    A. 1 200　　　　B. 7 000
    C. 10 200　　　D. 11 400

12. 代理填写印花税纳税申报表时，对于"计税金额"栏填写正确的是（　　）。

    A. 货物运输合同记载金额5 000元，其中装卸费500元，本栏填写5 000元
    B. 一年期借款合同记载借款本金为1 000万元，年利率为5%，本栏填写50万元
    C. 产权转移书据记载房产转让收入分两期支付，第一期55万元，第二期45万元，本栏填写100万元
    D. 以货换货方式签订销售换货合同，记载销售金额40万元，换入货物金额50万元，企业支付10万元差价，本栏填写100万元

13. 某公司2020年10月开业，领受营业执照、专利权证书、商标注册证书及土地使用权证书各一份；公司实收资本600万元，资本公积200万元，除资金账簿外，启用了10本营业账簿；开业后与一家公司签订了一份易货合同，合同约定，以价值420万元的产品换取380万元的原材料；当年该公司转让的非专利技术合同上注明金额100万元。2020年该公司应纳印花税（　　）元。

    A. 4 720　　　　B. 6 770
    C. 6 970　　　　D. 6 980

14. 下列经济行为中，不符合印花税政策规定的是（　　）。

    A. 2018年成立的某公司在2020年启用新资金账簿时因"实收资本"和"资本公积"未变化，未缴纳印花税
    B. 购销合同实际履行金额大于合同所载金额，因未重新签订合同或未签订补充合同，未补缴印花税
    C. 企业与电网签订的供用电合同，因未记载金额，先以5元/件缴纳，年末以实际电费金额按"购销合同"结算印花税
    D. 与税务师事务所签订的税务咨询合同，未缴纳印花税

15. 关于契税的计税依据，下列说法正确的是（　　）。

    A. 土地使用权出售、房屋买卖，其计税依据为不含税成交价格
    B. 土地使用权互换的，以互换的土地使用权的价格作为计税依据
    C. 房屋赠与的，以赠与合同上记载的金额为计税依据
    D. 采取分期付款方式购买房屋附属设施土地使用权的，以市场销售价格为计税依据

16. 某企业拥有三处房产，分别为：办公楼一栋，原值1 200万元，2020年5月31日将其中的50%出租给当地税务机关用于办公，当年收取含税租金收入140万元；厂房一栋，原值580万元，预计可以使用20年，已经使用15年；仓库一座，原值500万元，企业申报缴纳的2020年第三季度的房产税是21.888万元。税务师在审核后，认为（　　）（已知当地税务机关规定的房产原值扣除率为20%，不动产出租采用简易计税方法计算增值税）。

A. 企业计算的房产税是正确的

B. 企业计算的房产税有误，应补缴房产税 17.472 万元

C. 企业计算的房产税有误，应申请退还房产税 10.999 万元

D. 企业计算的房产税有误，应补缴房产税 15.457 万元

17. 某企业财务人员向税务师刘某咨询关于房产税的相关政策，下列说法正确的是( )。

    A. 更换房屋附属设施和配套设施的，其更新价值计入房产原值，但不扣减原来相应旧设备和设施的价值

    B. 完全建在地面以下的建筑不计征房产税

    C. 对于与地上房屋相连的地下建筑，应将地下部分与地上房屋分别按照地上与地下建筑物的规定计算征收房产税

    D. 出租的地下建筑，按照出租地上房屋建筑的有关规定计算征收房产税

18. 下列房产税处理中，不符合房产税政策规定的是( )。

    A. 将单独作为"固定资产"核算的中央空调计入房产原值，计征房产税

    B. 未将完全建在地面以下的地下人防设施计入房产原值，计征房产税

    C. 将与地上房屋相连的地下停车场计入房产原值，计征房产税

    D. 将出租的房屋按租金收入计征房产税后，不再按房产原值计征房产税

19. 2020 年某企业支付 8 000 万元取得 10 万平方米的土地使用权，新建厂房建筑面积 3 万平方米，工程成本 2 000 万元，2020 年底竣工验收，对该企业征收房产税的房产原值是( )万元。

    A. 2 000   B. 6 400
    C. 6 800   D. 10 000

20. A 公司实际占地面积共计 10 000 平方米，其中 2 000 平方米为厂区以外的绿化区，企业内学校和医院共占地 1 500 平方米，另外该企业出租面积 200 平方米的土地使用权，还免费借给军队 600 平方米作训练场地。该企业所处地段适用城镇土地使用税年税额为 2 元/平方米。该企业应交纳的城镇土地使用税为( )元。

    A. 11 800   B. 16 000
    C. 13 000   D. 18 800

21. 下列关于城镇土地使用税征税规定的说法中，错误的是( )。

    A. 经济落后地区，城镇土地使用税的适用税额标准可适当降低，但降低额不得超过规定最低税额的 30%

    B. 城镇土地使用税采用有幅度的差别税额，每个幅度税额的差距为 20 倍

    C. 房地产开发公司开发建造商品房的用地，除经批准开发建设经济适用房的用地外，对各类房地产开发用地一律不得减免城镇土地使用税

    D. 凡是缴纳了耕地占用税的，自批准征收之日起次月缴纳城镇土地使用税

22. 某油田 2020 年 12 月生产原油 12 000 吨，其中已销售 9 000 吨，每吨不含税价为 5 000 元，自用 2 000 吨(不是用于加热、修井)，另有 1 000 吨待销售。该油田当月应纳资源税( )万元(该油田适用资源税税率为 6%)。

    A. 262.5   B. 300
    C. 330   D. 225

23. 下列各项中，不属于环境保护税征税范围，不缴纳环境保护税的是( )。

    A. 噪声

    B. 大气污染物

    C. 企业向依法设立的生活垃圾集中处理场所排放应税污染物

    D. 固体废物

24. 甲钢铁企业 2021 年 3 月冶炼钢铁过程中，产生冶炼渣 500 吨，其中按照国家和地方环境保护标准综合利用 300 吨。已知冶炼渣的税额为每吨 25 元，则该钢铁企业 2020 年 3 月应税固体废物的环境保护税

为( )元。

A. 5 000　　　　B. 6 250

C. 7 500　　　　D. 12 500

二、多项选择题

1. 税务师在进行房地产开发企业土地增值税清算时，对房地产开发企业将自行开发的房地产用于( )的，应确认相应的收入，计算缴纳土地增值税。

   A. 企业办公用房，并办理相应产权转移手续

   B. 对外投资

   C. 通过老年基金会捐赠给老年活动中心

   D. 向投资者分配利润

   E. 出租，但未办理相应产权转移手续

2. 在计算房地产企业的土地增值税时，关于房地产开发费用予以扣除表述正确的有( )。

   A. 利息的上浮幅度要按国家有关规定执行，超过上浮幅度的不允许扣除

   B. 超过贷款期限的利息部分和加罚的利息允许扣除

   C. 借款利息必须按房地产项目计算分摊

   D. 超过贷款期限的利息和加罚的利息不允许扣除

   E. 利息支出可按取得土地使用权支付的金额和房地产开发成本金额之和在15%以内计算扣除(具体比例，由省、自治区、直辖市人民政府规定)

3. 下列情形中，纳税人应进行土地增值税清算的有( )。

   A. 房地产开发项目全部竣工、完成销售的

   B. 整体转让未竣工决算房地产开发项目的

   C. 直接转让土地使用权的

   D. 取得销售(预售)许可证满三年仍未销售完毕的

   E. 纳税人申请注销税务登记但未办理土地增值税清算手续的

4. 下列有关土地增值税的处理，符合税法规定的有( )。

   A. 房地产开发企业兼营普通标准住宅和非普通标准住宅开发，没有分别核算增值额或不能准确核算增值额的，应就其全部增值额按税法规定计征土地增值税

   B. 房地产公司将一块土地，分为三部分开发，并分别办理规划等相关手续，在土地增值税清算时，应分三期进行清算，不能合并一次进行清算

   C. 某生产企业2020年8月销售一栋8年前建造的办公楼，取得不含增值税销售收入1 800万元。该办公楼原值1 000万元，已计提折旧600万元。经房地产评估机构评估，该办公楼的重置成本为2 100万元，成新度折扣率为5成，销售时缴纳城建税、印花税及教育费附加等共计45万元。该生产企业销售办公楼无须缴纳土地增值税

   D. 某单位于2012年接受抵债房产一处，接受价2 450万元，2019年拍卖后取得不含增值税款项1 950万元，则无须缴纳土地增值税

   E. 纳税人按规定预缴土地增值税后，清算补缴的土地增值税，在主管税务机关规定的期限内补缴的，不加收滞纳金

5. 对于土地增值税纳税申报表的理解，下列说法不正确的有( )。

   A. 表中各主要项目内容应根据土地增值税的基本计税单位计算填报

   B. 同时转让两个或两个以上计税单位的，可以在一份申报表中填报

   C. 房地产企业兼有免税和征税项目单位的，应当分别填报

   D. 房地产开发费用，利息单独扣除的，按取得土地使用权所支付的价款和房地产开发成本合计数的10%以内计算扣除

   E. 房地产企业销售商品房缴纳的印花税不填报在"与转让房地产有关的税金"中

6. 下列合同或凭证中，应交纳印花税的有( )。

   A. 营业执照

   B. 贴息贷款合同

   C. 企业出租门店合同

D. 公司签订的审计咨询合同

E. 货物运输合同

7. 企业发生的以下业务中，应当按照规定缴纳印花税的有( )。

A. 甲企业与某公司签订合同，将使用过的办公楼转让给对方

B. 乙企业与某公司签订了合同，用自己的产品换取对方的机器设备

C. 丙企业与某公司签订的货物运输合同中，收取的货物装卸费

D. 丁企业与某公司签订技术开发合同中发生的研究开发经费

E. 戊企业为了保证库存商品数量的准确性，由仓库人员独立记录了一本库存数量进出流水账

8. 下列情形中，纳税人应按照"购销合同"适用税率计算缴纳印花税的有( )。

A. 房地产开发企业与购房者签订商品房销售合同

B. 发电厂与电网的购售电合同

C. 书店与出版社的购书协议

D. 由受托方提供材料的加工合同中分别记载的原材料金额部分

E. 财产抵押后将抵押的车辆转移给贷款银行而签订的车辆抵债协议

9. 税务师对企业的印花税进行纳税审核时，发现企业的下列事项处理正确的有( )。

A. 领取的工商营业执照及副本，缴纳印花税5元

B. 与银行签订的无息借款合同，按照借款金额×0.05‰缴纳印花税

C. 2020年4月设立某公司，设立会计账簿20本，其中实收资本与资本公积账簿合计1本，现金、银行存款账簿各1本，共计缴纳印花税85元

D. 签订技术转让合同，按照转让后3年受让企业的销售收入的10%收取转让费，合同签订时按定额5元贴花，3年后再按实际转让金额补贴印花

E. 签订销售合同一份，销售金额为100万元，已经缴纳了300元的印花税，由于产品质量不好，对方要求折让，双方修订了合同，按照80万元结算货款，冲减了当期应纳印花税额60元

10. 税务师审核某工业企业2020年1月书立、领受的应税凭证时，有关印花税的税务处理正确的有( )。

A. 以产品换材料合同，以产品同类销售价格计算的金额按适用税率缴纳印花税

B. 总账账簿记载的实收资本和资本公积金额没有变化，无须缴纳印花税

C. 与国外科研机构订立技术转让合同，按预期产品销售收入1%付款，尚无销售暂不缴纳印花税

D. 与银行签订贷款期限延长合同，贷款金额不变，无须缴纳印花税

E. 因经营情况变化，减少采购数量和金额，已缴纳印花税的原采购合同做修改，无须缴纳印花税

11. 下列凭证中，无须缴纳印花税的有( )。

A. 外国政府向我国企业提供优惠贷款所签订的借款合同

B. 银行同业拆借所签订的借款合同

C. 无息、贴息贷款合同

D. 应纳税额不足一角的应税凭证

E. 财产所有人将财产捐赠给学校所书立的各类书据

12. 下列房屋附属设备、配套设施或装置于房屋的设备中，即使在会计核算中未计入房产价值，在计征房产税时也应计入房产原价的有( )。

A. 分体式空调

B. 电梯

C. 智能化楼宇设备

D. 消防设备

E. 地下停车场

13. 下列各项中，免征或不征契税的有( )。

A. 国家出让国有土地使用权

B. 受赠人接受他人赠与的房屋

C. 法定继承人继承土地、房屋权属

D. 承受荒山土地使用权用于林业生产

E. 以自有房产作股投入本人独资经营的企业

14. 下列各项中,应依照房产余值缴纳房产税的有( )。

A. 融资租赁的房产

B. 产权出典的房产

C. 无租使用其他单位的房产

D. 用于自营的居民住宅区内业主共有的经营性房产

E. 将房产投资到联营企业,收取固定利润

15. 以下房产中可以享受免征房产税优惠政策的有( )。

A. 中国人民银行总行自用的房产

B. 军队空余的出租房产

C. 农村的房产

D. 某企业出租给公安局的房屋,按年计付租金

E. 公园照相馆经营用房产

16. 税务师接受企业委托对城镇土地使用税进行纳税审核,则对于城镇土地使用税计税依据的确定,以下说法中正确的有( )。

A. 凡已由省、自治区、直辖市人民政府指定的单位组织测定土地面积的,以实际测定的土地面积为应税土地面积

B. 凡已由省、自治区、直辖市人民政府指定的单位组织测定土地面积的,以政府部门核发的土地使用证确认的土地面积为应税土地面积

C. 凡未经省、自治区、直辖市人民政府指定的单位组织测定的,以政府部门核发的土地使用证书确认的土地面积为应税土地面积

D. 凡未经省、自治区、直辖市人民政府指定的单位组织测定的,以纳税人申报的土地面积为应税土地面积

E. 对尚未核发土地使用证书的,暂以纳税人据实申报的土地面积为应税土地面积

17. 下列土地,可以依法免缴城镇土地使用税的有( )。

A. 公园中附设的照相馆使用的土地

B. 农副产品加工场地和生活、办公用地

C. 人民团体的办公楼用地

D. 个人拥有的营业用地

E. 厂区以外的绿化用地

18. 下列关于城镇土地使用税的陈述中,错误的有( )。

A. 核查拥有土地使用权的实际情况,能够确认土地适用的单位税额

B. 城镇土地使用税采用按年计算、分期缴纳的方式

C. 城镇土地使用税的纳税地点是企业的机构所在地

D. 土地使用权未确定或权属纠纷未解决的,由实际使用人纳税

E. 对于农村的土地不用计算征收城镇土地使用税

19. 下列说法不符合城镇土地使用税的相关规定的有( )。

A. 征用非耕地,从批准征用的次月起征收城镇土地使用税

B. 企业厂区外向社会开放的公园用地的土地面积,需要并入计税面积中,缴纳城镇土地使用税

C. 对廉租住房、经济适用住房建设用地免征城镇土地使用税

D. 厂房的防火、防爆、防毒等安全防范用地可由各省、自治区、直辖市确定,暂免征收城镇土地使用税

E. 纳税人尚未取得土地使用证的,先不缴纳城镇土地使用税,待实际收到后再补缴城镇土地使用税

20. 下列关于环境保护税税收优惠的表述,正确的有( )。

A. 农业生产(不包括规模化养殖)排放应税污染物的,暂予免征环境保护税

B. 纳税人综合利用的固体废物,符合国

家和地方环境保护标准的，暂予免征环境保护税

C. 机动车、铁路机车等流动污染源排放应税污染物的，暂予免征环境保护税

D. 纳税人排放应税大气污染物或者水污染物的浓度值低于国家和地方规定的污染物排放标准30%的，减按50%征收环境保护税

E. 纳税人排放应税大气污染物或者水污染物的浓度值低于国家和地方规定的污染物排放标准50%的，减按75%征收环境保护税

三、简答题

1. 2021年3月，A房地产开发企业（以下简称A公司）转让在本地开发的办公楼项目，共取得含增值税收入31 500万元。由于该项目的开工日期在2016年4月30日之前，A公司对于该项目企业选择了简易征收办法计算缴纳增值税。A公司按照国家税法的规定缴纳了增值税、城建税、教育费附加和印花税。

已知A公司为取得该项目土地使用权支付给政府部门的地价款和按照国家规定缴纳的有关税费为5 000万元；该项目房地产开发成本为7 000万元，其中利息支出为2 000万元（含加罚利息100万元），该部分利息支出能够提供金融机构证明，同时能够按照房地产项目进行计算分摊；该项目发生房地产开发费用1 000万元。A公司所在地政府规定的其他房地产开发费用的扣除比例为5%，城建税税率为7%，教育费附加的征收率为3%，地方教育附加征收率为2%，印花税税率为0.05%。在计算土地增值税时，A公司的办税人员认为：

看法1：A公司应该以31 500万元作为收入，计算土地增值税。

看法2：该项目应纳的增值税为917.48万元，增值税可以作为与转让房地产有关的税金扣除。

看法3：A公司为取得土地使用权支付的地价款和按照国家规定缴纳的有关税费5 000万元可以在计算增值税时从销售额中扣除。

看法4：A公司为取得土地使用权支付的地价款和按照国家规定缴纳的有关费用5 000万元以及房地产开发成本7 000万元均可以在土地增值税税前全额扣除。

看法5：由于利息支出能够提供金融机构证明，同时能够按照房地产项目进行计算分摊，因此A公司可以扣除的开发费用为(5 000+7 000)×5%=600万元。

看法6：A公司可以将城建税和教育费附加计入税金及附加在土地增值税税前全额扣除，但印花税不允许作为税金及附加扣除。

看法7：A公司可以加计扣除(5 000+7 000)×20%=2 400万元。

问题：

(1)逐项指出办税人员的看法是否正确。如不正确，说明理由。

(2)计算该项目应纳的土地增值税。

2. A房地产开发公司为在甲市市区开发写字楼专门成立了分公司。2018年6月取得土地使用权时支付给政府部门的土地价款为10 464万元，缴纳契税及相关费用320万元。

对于该项目A公司选择了一般计税方法计算缴纳增值税，房地产开发成本8 800万元，其中含800万元借款利息，无法取得金融机构证明。全部进项税额为798万元。2020年10月开始预售房屋，2021年2月销售完毕，取得含增值税销售收入30 520万元，2021年3月将房屋交付业主。当地省级人民政府规定房地产开发费用的扣除比例为10%。请回答下列问题：

(1)请计算该项目应纳增值税。

(2)请计算该项目应纳城建税、教育费附加和地方教育附加。

(3)请计算土地增值税清算时的应税收入。

(4)请计算土地增值税清算时的允许扣除

项目金额。

(5)请计算应纳的土地增值税。

3. 某市乐家房地产开发公司2016年3月购买一块土地使用权开发写字楼，有关经营情况如下：

(1)签订土地使用权购买合同，支付与该项目相关的土地使用权价款1 400万元，相关税费60万元。

(2)发生前期工程费350万元，建筑安装工程费2 200万元，开发间接费用90万元。

(3)为开发写字楼共发生资本化利息支出500万元，其中有300万元为银行借款利息支出，能够按房地产项目计算分摊利息，并提供金融机构开具的合法凭证。

(4)2019年5月，该写字楼完工开始销售。该项目合计发生销售费用400万元，管理费用70万元。当地政府规定的其他开发费用扣除比例为4%。

(5)截至2019年年底，该写字楼销售85%，取得含税销售收入8 032.5万元，并签订了销售合同。该企业按规定进行了土地增值税的清算。已知企业选择简易计税办法计算增值税，并按规定缴纳了城建税、教育费附加和地方教育附加。

要求：根据上述资料，帮助企业填写土地增值税纳税申报表。土地增值税纳税申报表(从事房地产开发的纳税人清算适用)

土地增值税纳税申报表
（从事房地产开发的纳税人清算适用）

项　　　目		行次	金额
一、转让房地产收入总额　1＝2+3+4		1	
其中	货币收入	2	
	实物收入及其他收入	3	
	视同销售收入	4	
二、扣除项目金额合计　5＝6+7+14+17+21+22		5	
1. 取得土地使用权所支付的金额		6	
2. 房地产开发成本　7＝8+9+10+11+12+13		7	
其中	土地征用及拆迁补偿费	8	
	前期工程费	9	
	建筑安装工程费	10	
	基础设施费	11	
	公共配套设施费	12	
	开发间接费用	13	
3. 房地产开发费用　14＝15+16		14	
其中	利息支出	15	
	其他房地产开发费用	16	
4. 与转让房地产有关的税金等　17＝18+19+20		17	
5. 财政部规定的其他扣除项目		21	
6. 代收费用		22	
三、增值额　23＝1-5		23	

项　　目	行次	金额
四、增值额与扣除项目金额之比(%)24=23÷5	24	
五、适用税率(%)	25	
六、速算扣除系数(%)	26	
七、应交土地增值税税额　27=23×25-5×26	27	
八、减免税额　28=30+32+34	28	
九、已缴土地增值税税额	35	—
十、应补(退)土地增值税税额　36=27-28-35	36	

4. 武汉市某建筑公司于 2020 年 8 月 16 日将拥有的办公楼以含增值税价格 9 900 万元出售，该建筑公司在销售办公楼时选择了简易计税，房屋销售合同中的合同金额为不含增值税金额。经审核：该办公楼为企业 2011 年自建，办公楼的原值为 5 500 万元。截止到出售时，按税法规定已累计计提折旧 600 万元。办公楼的重置成本价为 6 000 万元，成新度折扣率为 80%。

请回答下列问题：

(1)计算出售办公楼时应交纳的相关税费。

(2)计算办公楼出售后应计入企业所得税应纳税所得额的金额。

5. 某企业 2020 年签订如下合同：

(1)与会计师事务所签订年报审计合同，审计费为 12 万元。

(2)与国外某公司签订一份受让期五年的专利技术合同，技术转让费按此项技术生产的产品实现销售收入的 2% 收取，每年分别在 6 月和 12 月结算。

(3)与国内加工企业甲公司签订委托定制产品合同，约定产品生产的原材料由甲公司提供，合同只约定定制产品总金额 40 万元，未分别载明提供的材料款和加工费。

(4)与供电部门签订一份供电合同，合同约定按实际供电数量和金额按月结算电费。

(5)与某材料供应商签订一份材料采购合同，合同金额为 60 万元；次月因生产计划变化，经与供应商协商减少采购数量，签订一份补充合同，合同金额修改为 50 万元。

(6)与银行签订一份流动资金周转借款合同，最高贷款限额为 5 000 万元，每次在限额内借款时，按实际借款金额另行签订借款合同。

(7)以 500 万元取得一宗土地用于建造厂房，与土地管理部门签订一份土地使用权出让合同。

问题：请分别说明该企业签订的上述合同是否缴纳印花税；若缴纳，则简述计算缴纳印花税时的计税依据和适用税目。

6. 2020 年 12 月某税务师事务所收到如下有关印花税的提问：

(1)甲公司筹建一座办公楼，包工包料承包给某建筑公司，建筑公司按甲公司要求采购相应设备，对于采购设备价款，双方按建筑安装工程承包合同交了印花税，建筑公司再签订固定资产采购合同是否应交纳印花税？

(2)独立法人企业之间、母子公司之间、总分公司之间的借款合同是否应交纳印花税？

(3)乙公司与机票代售点签订的机票订购合同，是否应交纳印花税？

(4)债权人与债务人达成债务重组协议，将债权转化成股权，债务人应如何缴纳印花税？

(5)公司董事会拟用资本公积或盈余公积转增股本，两种方案的印花税应如何缴纳？

问题：根据现行税法规定分别予以解答并简述相关政策规定。

7. 某公司为增值税一般纳税人，为改善办公条件，报经有关部门批准于2020年2月10日开始，将原四层的办公楼推倒重建，新办公楼于2020年10月18日建成并投入使用，楼内配有中央空调和电梯。

经审核企业账面记录，原办公楼的账面原值为500万元，已计提折旧16年，累计折旧为400万元。新建办公楼及附属设施的购建成本为5 000万元，办公楼装修费用为1 000万元；中央空调购置成本为200万元，电梯购置成本为300万元，均取得普票。根据该公司财务制度规定，中央空调和电梯单独作固定资产核算。

假定该公司所在地规定房产税的计税余值是按房产原值一次减除20%的损耗价值以后的余额，该公司已在房产推倒重建前向主管税务机关报送相关的证明资料。（计算房产原值时不考虑土地价格）

问题：

（1）说明该办公楼2020年度房产税应税和免税的起止时间。

（2）分别说明办公楼重建前后的房产税计税依据，并计算该办公楼2020年度应纳房产税。

（3）说明办公楼重建后企业所得税的最低折旧年限。

8. 大华公司为位于大同市郊区的一家国有企业，2020年土地使用的相关资料如下：

（1）大华公司提供的政府部门核发的土地使用证书显示：大华公司实际占用的土地面积中，企业内托儿所和厂区医院共占地1 000平方米；厂区以外的公共绿化用地2 000平方米。

（2）本年1月1日将一块350平方米的土地无偿借给国家机关作公务使用。

（3）本年1月1日从某公园无偿借到一块50平方米的土地作为办公场地。

（4）企业与当地海关共同拥有使用同一办公楼，该办公楼占用土地3 000平方米，建筑总面积5 000平方米，其中大华公司实际使用2 000平方米，其余归当地海关部门使用。

（5）除上述土地外，其余土地20 000平方米，均为大华公司生产经营用地。假设当地的城镇土地使用税每年征收一次，每平方米土地年税额3元。

要求：作为税务师，请根据上述资料，逐项分析计算大华公司当年应纳的城镇土地使用税。

9. 某油气田开采企业为增值税一般纳税人，2020年12月税务师审核企业发生以下业务：

（1）开采原油40万吨，当月销售28万吨，取得不含税收入180万元。

（2）加热使用1.6万吨，将2万吨原油赠送给协作单位。

（3）开采天然气50万立方米，当月销售42万立方米，开具专票上注明销售额150万元，另收取储备费7万元。

（4）购进开采设备，取得专票注明价税合计270万元。

（已知该油气田企业开采的原油和天然气适用的资源税税率为6%）

要求：

（1）计算该企业当月应纳的资源税，并作出计提资源税的会计处理。

（2）计算该企业当月应纳的增值税。

10. 某化工厂未安装环保减排设备，只有一个排放口，直接向外排放大气污染物，经监测2019年4月排放量3 200 m³/h，其中二氧化硫浓度120mg/m³，氮氧化物浓度160mg/m³，一氧化碳浓度198mg/m³，硫化氢浓度50mg/m³。（已知二氧化硫、氮氧化物、一氧化碳和硫化氢的污染当量值分别为0.95、0.95、16.7和0.29。当地应税大气污染物的单位税额为每污染当量2.5元。）该厂废气排放时间每天12小时。

要求：

(1)计算每种大气污染物的排放量。

(2)分别计算每种大气污染物的污染当量数。

(3)简要说明哪些污染物是需要缴纳环境保护税的。

(4)计算4月份工厂应交纳的环境保护税。

同步训练答案及解析

一、单项选择题

1. C 【解析】非房地产开发企业在改制重组过程中以房地产对外投资暂不征收土地增值税，但需要按照销售缴纳增值税和企业所得税。

2. C 【解析】选项A，非公司制企业整体改建为有限责任公司或者股份有限公司，有限责任公司整体改建为股份有限公司，对改建前的企业将国有土地、房屋权属转移、变更到改建后的企业，暂不征土地增值税；选项B，个人之间互换房产不缴纳土地增值税；选项D，产权没有发生转移，不属于土地增值税的征税范围，不缴纳土地增值税。

3. C 【解析】取得销售许可证满3年仍未销售完毕的，主管税务机关可要求纳税人进行土地增值税清算。

4. C 【解析】房地产的继承行为虽然发生了房地产的权属变更，但作为房产产权、土地使用权的原所有人(即被继承人)并没有因为权属变更而取得任何收入，因此，不属于土地增值税的征税范围。

5. B 【解析】土地增值税以国家有关部门审批的房地产开发项目为单位进行清算，对于分期开发的项目，以分期项目为单位清算。

6. B 【解析】房地产开发企业同时兼有免税和征税项目单位，应分别填报。

7. B 【解析】如果利息支出能够按清算对象分摊并能够提供金融机构证明，可以单独扣除。另外，可以按取得土地使用权所支付的金额和不含利息支出的房地产开发成本之和的5%以内扣除销售费用和管理费用。

8. B 【解析】电网与用户之间签订的供用电合同、人寿保险合同、法律咨询合同不属于印花税列举征税的凭证，不征收印花税。

9. A 【解析】选项A，对外国政府或者国际金融组织向我国政府及国家金融机构提供优惠贷款所书立的合同免税；选项B，企业单位内的职工食堂、工会组织以及自办的学校、托儿所、幼儿园设置的经费收支账簿，不反映生产经营活动，不属于"营业账簿"税目的适用范围，不征收印花税；选项C、D，免征印花税。

10. D 【解析】选项A，应纳印花税 = 20 000×36×1‰=720(元)；选项B，房地产企业签订的土地出让合同应该按照"产权转移书据"计算缴纳印花税；选项C，通过电子邮件签订的合同也需要缴纳印花税。

11. D 【解析】融资租赁合同属于借款合同，按照借款合同贴花。签订的合同虽然没有实际履行，但在签订时就产生了纳税义务，所以购销合同作废也要贴花。该汽车厂一共应纳印花税=(3 000×0.3‰+ 2 000×0.05‰+2 800×0.05‰)×10 000 = 11 400(元)。

12. C 【解析】选项A，货物运输合同的计税依据不包括装卸费收入；选项B，借款合同的计税依据是借款金额；选项D，以货易货合同相当于既购货又销货，应该按照购货金额50万元和销货金额40万元的合计金额90万元作为计税依据缴纳印花税。

13. A 【解析】应纳印花税=5×4+(600+200)×0.05%×50%×10 000+(420+380)×0.03%×10 000+100×0.03%×10 000=4 720(元)。对于该题而言,关键点是自2018年5月1日起,资金账簿减半征收印花税,除资金账簿外的其他账簿免征印花税。

14. C 【解析】电网与用户之间签订的供用电合同不征印花税。

15. A 【解析】选项B,土地使用权互换的,其计税依据是所互换的土地使用权、房屋的价格差额;选项C,房屋赠与,由征收机关参照土地使用权出售、房屋买卖的市场价格核定;选项D,采取分期付款方式购买房屋附属设施土地使用权、房屋所有权的,以合同规定的总价款为计税依据。

16. C 【解析】该企业2020年第三季度,应纳的房产税=1 200×50%×(1-20%)×1.2%÷4+140÷7×(1+5%)×3×12%+580×(1-20%)×1.2%÷4+500×(1-20%)×1.2%÷4=10.889(万元)。所以,该企业应申请退还房产税=21.888-10.889=10.999(万元)。

17. D 【解析】选项A,更换房屋附属设施和配套设施的,在将其价值计入房产原值时,可扣减原来相应设备和设施的价值;选项B,与地上房屋相连的地下建筑以及完全建在地面以下的建筑、地下人防设施等,均应当依据有关规定征收房产税;选项C,对于与地上房屋相连的地下建筑,如房屋的地下室、地下停车场、商场的地下部分等,应将地下部分与地上房屋视为一个整体按照地上房屋的有关规定计算征收房产税。

18. B 【解析】凡在房产税征收范围内的具备房屋功能的地下建筑,包括与地上房屋相连的地下建筑以及完全建在地面以下的建筑、地下人防设施等,均应当依照有关规定征收房产税。

19. C 【解析】房产原值包括地价款和开发土地发生的成本费用,宗地容积率低于0.5的,按房产建筑面积的2倍计算土地面积并据此确定计入房产原值的地价。该企业征收房产税的房产原值=8 000×(3×2÷10)+2 000=6 800(万元)。

20. A 【解析】免税单位无偿使用纳税单位的土地,免征城镇土地使用税。该企业应交纳的城镇土地使用税=(10 000-2 000-1 500-600)×2=11 800(元)。

21. D 【解析】凡是缴纳了耕地占用税的,自批准征收之日起满1年时缴纳城镇土地使用税。

22. C 【解析】自用原油(非用于加热、修井)要缴纳资源税。该油田当月应纳资源税=(9 000+2 000)×5 000×6%÷10 000=330(万元)。

23. C 【解析】环境保护税的征税范围包括大气污染物、水污染物、固体废物和噪声。企业事业单位和其他生产经营者向依法设立的污水集中处理、生活垃圾集中处理场所排放应税污染物的,不属于直接向环境排放污染物,不缴纳相应污染物的环境保护税。

24. A 【解析】固体废物的排放量为当期应税固体废物的产生量减去当期应税固体废物的贮存量、处置量、综合利用量的余额。应纳的环境保护税=(500-300)×25=5 000(元)。

二、多项选择题

1. ABD 【解析】选项C,房产所有人、土地使用权所有人通过中国境内非营利的社会团体、国家机关将房屋产权、土地使用权赠与教育、民政和其他社会福利、公益事业的行为,无须缴纳土地增值税;选项E,出租,由于未办理产权转移手续,不属于土地增值税的征税范围。

2. AD 【解析】本题考核房地产开发费用的

有关规定。

3. ABC 【解析】符合下列情形之一的，纳税人应进行土地增值税的清算：(1)房地产开发项目全部竣工、完成销售的；(2)整体转让未竣工决算房地产开发项目的；(3)直接转让土地使用权的。选项 D、E，属于主管税务机关可要求纳税人进行土地增值税清算的情形。

4. ABE 【解析】选项 C、D 转让房地产如果有增值额时，应该计算缴纳土地增值税。

5. BD 【解析】选项 B，同时转让两个或两个以上计税单位的，应按每一个基本计税单位填报一份申报表的原则操作。选项 D，房地产开发费用，利息单独计算扣除的，按取得土地使用权所支付的价款和房地产开发成本合计数的 5% 以内计算扣除；利息不允许单独计算扣除的，在合计数 10% 以内计算扣除。

6. ACE 【解析】选项 D 不属于印花税的征税范围，不缴纳印花税；选项 B，免征印花税。

7. AB 【解析】选项 C，货物运输合同中的装卸费不缴纳印花税；选项 D，技术开发合同的研发经费，不缴纳印花税；选项 E，仓库设立的记录进出货物数量的流水账，不属于印花税的征税范围。

8. BCD 【解析】选项 AE，按照"产权转移书据"征收印花税；选项 B，注意发电厂与电网之间、电网与电网之间签订的购售电合同，按"购销合同"征收印花税；电网与用户之间签订的供用电合同不征印花税。

9. AD 【解析】选项 B，贴息、无息贷款合同免征印花税；选项 C，印花税中的资金账簿是指实收资本和资本公积账簿，对于新设年度的资金账簿按照新增金额缴纳印花税，对于其他营业账簿自 2018 年 5 月 1 日起免印花税；选项 E，已税合同修订后增加金额的，应补贴印花，减少金额的，已纳税款不予退还，也不得抵减当期应纳税额。

10. BDE 【解析】选项 A，以物易物合同，应该按照购销合计金额计算缴纳印花税；选项 C，对于签订时无法确定金额的应税凭证，在签订时先按定额 5 元贴花，在最终结算实际金额后，应按规定补贴印花。

11. BCDE 【解析】选项 A，外国政府或国际金融组织向我国政府及国家金融机构提供优惠贷款所书立的合同免印花税，但外国政府向我国企业提供优惠贷款所签订的借款合同应照章计算缴纳印花税。

12. BCDE 【解析】房产原值应包括与房屋不可分割的各种附属设备或一般不单独计算价值的配套设施。凡以房屋为载体，不可随意移动的附属设备和配套设施，如给排水、采暖、消防、中央空调、电气及智能化楼宇设备等，无论在会计核算中是否单独记账与核算，都应计入房产原值，计征房产税。分体空调不属于与房屋不可分割的附属设备，其价值不计入房产价值。

13. CDE 【解析】契税的纳税人，是转移土地、房屋权属行为中的承受人。缴纳出让金取得国有土地使用权、接受赠与的房屋，都要按规定缴纳契税，选项 CDE 属于契税的免税项目。

14. ABCD 【解析】选项 E，将房产投资到联营企业，收取固定利润，应该从租计征房产税。

15. AB 【解析】选项 C 不属于房产税的征税范围；选项 D 如果是免费使用房屋的，可以免征房产税，对于收费使用的房产，不得享受税收优惠政策；选项 E，公园自用的房产免征房产税，对于公园中附设的营业单位和出租的房产，不得享受免征房产税的优惠。

16. ACE 【解析】应税土地面积是实际占用的土地面积，主要分三种不同的情况，进行确定：
(1)凡已由省、自治区、直辖市人民政府指定的单位组织测定土地面积的，以实际测定的土地面积为应税土地面积；

(2)凡未经省、自治区、直辖市人民政府指定的单位组织测定的,以政府部门核发土地使用证书确认的土地面积为应税土地面积;

(3)对尚未核发土地使用证书的,暂以纳税人据实申报的土地面积为应税土地面积。

17. CE 【解析】选项 A,公园自用土地可以免税,但用于经营的土地是不能免税的;选项 B,农副产品加工厂占地、生活、办公用地不能免税;选项 D,个人居住房屋及院落用地可以免税,但对于用于经营活动的,则不能免税。

18. AC 【解析】选项 A,核查拥有土地使用权的实际情况,可以确认纳税义务人;选项 C,城镇土地使用税的纳税地点是土地所在地。

19. BE 【解析】选项 B,厂区外的公共绿化用地和向社会开放的公园用地,暂免征收城镇土地使用税;选项 E,尚未核发土地使用证书的,应由纳税人据实申报土地面积,据以纳税,待核发土地使用证后再作调整。

20. ABC 【解析】选项 D,纳税人排放应税大气污染物或者水污染物的浓度值低于国家和地方规定的污染物排放标准30%的,减按75%征收环境保护税;选项 E,纳税人排放应税大气污染物或者水污染物的浓度值低于国家和地方规定的污染物排放标准50%的,减按50%征收环境保护税。

三、简答题

1.【答案】

(1)看法1:办税人员对收入确认的理解有误。营改增后,应该以不含税价格30 000万[31 500÷(1+5%)]确定收入,计算缴纳土地增值税。

看法2:办税人员对增值税的计算和税前扣除的理解有错误。

应纳增值税 = 31 500÷(1+5%)×5% = 1 500(万元)

增值税不计入土地增值税的应税收入,也不得作为与转让房地产有关的税金扣除。

看法3:办税人员的看法是错误的。

只有房地产开发企业销售开发产品采用一般计税方法时,才允许以取得的全部价款和价外费用,扣除受让土地时向政府部门支付的土地价款后的余额为销售额计算缴纳增值税。由于 A 公司对于老项目采用了简易计税方法,因此不得差额计算增值税。

看法4:办税人员的看法不正确。

A 公司为取得土地使用权支付给政府部门的地价款和按照国家规定缴纳的有关费用5 000万元可以在土地增值税税前全额扣除;

可以扣除的房地产开发成本为(7 000 - 2 000)万元;利息支出应该作为房地产开发费用在土地增值税税前扣除,但其中100万元的加罚利息不能在土地增值税税前扣除。

看法5:办税人员对开发费用扣除的理解有误,发生的利息支出未单独扣除。

A 公司可以扣除的开发费用 = (2 000 - 100) + (5 000+7 000 - 2 000)×5% = 2 400(万元)

看法6:办税人员对土地增值税税前税金扣除的看法正确。

看法7:办税人员对土地增值税税前加计扣除的看法错误。

A 公司可以加计扣除 = (5 000 + 7 000 - 2 000)×20% = 2 000(万元)

(2)计算该项目应纳的土地增值税。

扣除项目金额 = 5 000 + (7 000 - 2 000) + 2 400 + 1 500×(7% + 3% + 2%) + 2 000 = 14 580(万元)

增值额 = 30 000 - 14 580 = 15 420(万元)

增值率 = 15 420÷14 580×100% = 105.76%

应纳土地增值税 = 15 420×50% - 14 580×15% = 5 523(万元)

2.【答案】

(1)应纳增值税 = (30 520 - 10 464)÷(1+

9%)×9%－798＝858(万元)

【知识点拨】房地产开发企业销售开发产品采取一般计税方法的，差额计算缴纳增值税。抵减的销项税额＝10 464÷(1+9%)×9%＝864(万元)。

(2)应纳城建税、教育费附加和地方教育附加＝858×(7%+3%+2%)＝102.96(万元)

(3)应税收入＝30 520－(30 520－10 464)÷1.09×9%＝28 864(万元)

【知识点拨】在差额计算缴纳增值税的情况下，应税收入≠含增值税收入÷1.09×9%，而是＝含增值税收入÷1.09×9%－抵减后的销项税额。

(4)取得土地使用权的金额＝10 464+320＝10 784(万元)

房地产开发成本＝8 800－800＝8 000(万元)

房地产开发费用＝(10 784+8 000)×10%＝1 878.4(万元)

与转让房地产有关的税金＝102.96(万元)

加计扣除＝(10 784+8 000)×20%＝3 756.8(万元)

扣除项目金额合计＝10 784+8 000+1 878.4+102.96+3 756.8＝24 522.16(万元)

(5)收入：28 864(万元)

扣除项目金额合计：24 522.16(万元)

增值额＝28 864－24 522.16＝4 341.84(万元)

增值率＝4 341.84÷24 522.16＝17.71%

适用税率30%

应纳土地增值税＝4 341.84×30%＝1 302.55(万元)

3.【答案】

土地增值税纳税申报表(从事房地产开发的纳税人清算适用)

土地增值税纳税申报表
(从事房地产开发的纳税人清算适用)

项　　目	行次	金额
一、转让房地产收入总额　1＝2+3+4	1	7 650
其中　货币收入	2	7 650
实物收入及其他收入	3	
视同销售收入	4	
二、扣除项目金额合计　5＝6+7+14+17+21+22	5	4 622.30
1.取得土地使用权所支付的金额	6	1 241
2.房地产开发成本　7＝8+9+10+11+12+13	7	2 244
其中　土地征用及拆迁补偿费	8	
前期工程费	9	297.50
建筑安装工程费	10	1 870
基础设施费	11	
公共配套设施费	12	
开发间接费用	13	76.50
3.房地产开发费用　14＝15+16	14	394.40
其中　利息支出	15	255
其他房地产开发费用	16	139.40
4.与转让房地产有关的税金等　17＝18+19+20	17	45.90

续表

项　　　目	行次	金额
5. 财政部规定的其他扣除项目	21	697
6. 代收费用	22	
三、增值额　23＝1－5	23	3 027.70
四、增值额与扣除项目金额之比(%)24＝23÷5	24	65.50%
五、适用税率(%)	25	40%
六、速算扣除系数(%)	26	5%
七、应交土地增值税税额　27＝23×25－5×26	27	979.97
八、减免税额　28＝30＋32＋34	28	
九、已缴土地增值税税额	35	
十、应补(退)土地增值税税额　36＝27－28－35	36	979.97

【解析】

(1)准予扣除的取得土地使用权支付的金额＝(1 400+60)×85%＝1 241(万元)

(2)准予扣除的房地产开发成本＝(350+2 200+90)×85%＝2 244(万元)

(3)准予扣除的房地产开发费用＝300×85%+(1 241+2 244)×4%＝394.4(万元)

(4)准予扣除的税金＝8 032.5÷(1+5%)×5%×(7%+3%+2%)＝45.9(万元)

(5)准予扣除的"其他扣除项目"金额＝(1 241+2 244)×20%＝697(万元)

(6)准予扣除项目合计金额＝1 241+2 244+394.4+45.9+697＝4 622.3(万元)

(7)增值额＝8 032.5÷(1+5%)－4 622.3＝3 027.7(万元)

增值率＝3 027.7÷4 622.3×100%＝65.5%，适用税率40%，速算扣除系数5%。

(8)应纳土地增值税＝3 027.7×40%－4 622.3×5%＝979.97(万元)

4.【答案】

(1)出售时应交纳的相关税费。

①增值税＝9 900÷1.05×5%＝471.43(万元)

②城建税、教育费附加和地方教育附加＝471.43×(7%+3%+2%)＝56.57(万元)

③印花税＝9 900÷1.05×0.05%＝4.71(万元)

④土地增值税：

应税收入＝9 900－471.43＝9 428.57(万元)

扣除项目＝6 000×80%+(56.57+4.71)＝4 861.28(万元)

增值额＝9 428.57－4 861.28＝4 567.29(万元)

增值率＝4 567.29÷4 861.28×100%＝93.95%

税率为40%，速算扣除系数为5%。

土地增值税＝4 567.29×40%－4 861.28×5%＝1 583.85(万元)

(2)应纳税所得额＝9 428.57－(5 500－600)－56.57－4.71－1 583.85＝2 883.44(万元)

5.【答案】

(1)不缴纳印花税。

(2)要缴纳印花税，计税依据是合同所载的金额，但是本题中合同无法确定计税金额，暂按5元贴花，结算时再按实际金额计税，补贴印花；适用"产权转移书据"税目。

(3)要缴纳印花税，计税依据为40万元，对于由受托方提供原材料的加工定做合同，若合同未分别记载加工费金额和原材料金额的，则就全部金额依照加工承揽合同计税贴花；适用"加工承揽合同"税目。

(4)不缴纳印花税。

(5)要缴纳印花税,计税依据为60万元,因为合同金额减少,多贴印花的,不得申请退税或抵扣;适用"购销合同"税目。

(6)要缴纳印花税,在签订流动资金周转借款合同时,应按合同规定的最高借款限额5 000万元计税贴花;在限额内随借随还,签订新合同的按照新合同记载的实际借款金额计税贴花;适用"借款合同"税目。

(7)要缴纳印花税,计税依据为500万元;适用"产权转移书据"税目。

6.【答案】

(1)应交纳印花税。固定资产采购合同属于建筑公司另行和设备销售方所签订的购销合同,应依法纳税。

(2)均无须缴纳印花税。借款合同是银行及其他金融组织与借款人所签订的合同,合同的签订一方必须是银行及其他金融组织,非金融组织之间签订的借款合同,不属于印花税的征税范围。

(3)无须缴纳印花税。印花税属于有名合同,机票订购合同不属于印花税征税范围。

(4)应交纳印花税。债转股后,对债务人来说,记载资金的账簿,"实收资本"和"资本公积"之和金额增加,应计税贴花。

(5)资本公积转增股本,无须缴纳印花税;盈余公积转增股本,应交纳印花税。资本公积转增股本后,记载资金的账簿,"实收资本"和"资本公积"之和金额不变,无须缴纳印花税;盈余公积转增股本后,记载资金的账簿,"实收资本"和"资本公积"之和金额增加,应计税贴花。

7.【答案】

(1)该办公楼2020年房产税应税的时间为1、2月,以及11、12月。免税期间为3~10月。

(2)重置前房产税计税依据 = 500×(1 - 20%) = 400(万元)

重置后房产税计税依据 = [5 000 + (500 - 400) + 1 000 + 200 + 300] × (1 - 20%) = 5 280(万元)

2020年应纳房产税 = 400×1.2%×2÷12 + 5 280×1.2%×2÷12 = 11.36(万元)

(3)推倒重置的房屋按照税法规定的折旧年限计提折旧,所以最低折旧年限为20年。

8.【答案】

(1)企业办的学校、医院、托儿所、幼儿园自用的土地,比照由国家财政部门拨付事业经费的单位自用的土地,免征土地使用税。对企业厂区(包括生产、办公及生活区)以内的绿化用地,应按规定缴纳土地使用税,厂区以外的公共绿化用地和向社会开放的公园用地,暂免征收土地使用税。

(2)对免税单位无偿使用纳税单位的土地,免征土地使用税。

(3)对纳税单位无偿使用免税单位的土地,纳税单位照章缴纳土地使用税。

应纳土地使用税 = 50×3 = 150(元)

(4)纳税单位与免税单位共同使用共有使用权土地上的多层建筑,对纳税单位可按其占用的建筑面积占建筑总面积的比例计征。A企业应纳土地使用税的比例 = 2 000÷5 000×100% = 40%。应纳税额 = 3 000×3×40% = 3 600(元)。

(5)其余土地应纳税额 = 20 000×3 = 60 000(元)

大华公司本年应纳土地使用税 = 150 + 3 600 + 60 000 = 63 750(元)

9.【答案】

(1)加热使用的原油免征资源税。

该企业当月应纳资源税 = (180 + 180÷28×2)×6% + (150 + 7÷1.09)×6% = 20.96(万元)

营业外支出 = 180÷28×2×6% = 0.77(万元)

借:税金及附加　　　　　　　201 900
　　营业外支出　　　　　　　　7 700
　贷:应交税费——应交资源税 209 600

(2)销项税额=(180+180÷28×2)×13%+(150+7÷1.09)×9%=39.15(万元)

进项税额=270÷1.13×13%=31.06(万元)

应纳增值税=39.15-31.06=8.09(万元)

10.【答案】

(1)二氧化硫排放量=3 200×120×30×12÷1 000 000=138.24(kg)

氮氧化物排放量=3 200×160×30×12÷1 000 000=184.32(kg)

一氧化碳排放量=3 200×198×30×12÷1 000 000=228.10(kg)

硫化氢排放量=3 200×50×30×12÷1 000 000=57.6(kg)

【思路点拨】题目中给出的是每小时(/h)排放量,在计算每种污染物排放量时需要考虑浓度值、当月天数和每天排放时间,因此需要"×30×12"。

(2)二氧化硫的污染当量数=138.24÷0.95=145.52

氮氧化物的污染当量数=184.32÷0.95=194.02

一氧化碳的污染当量数228.10÷16.7=13.66

硫化氢的污染当量数57.6÷0.29=198.62

(3)按照污染当量数排序:

硫化氢(198.62)>氮氧化物(194.02)>二氧化硫(145.52)>一氧化碳(13.66)

每一排放口的应税大气污染物,按照污染当量数从大到小排序,对前三项污染物硫化氢、氮氧化物和二氧化硫征收环境保护税。

(4)应交纳的环境保护税=(198.62+194.02+145.52)×2.5=1 345.4(元)

第5章 社会保险费申报代理与审核*

考情解密

历年考情概况
本章为2019年新增章节，预计2021年分值2~5分左右。

近年考点直击

考点	主要考查题型	考频指数	考查角度
基本养老保险	单选题、多选题	★★	(1)缴费的基本规定； (2)《降低社会保险费率综合方案》的主要内容
基本医疗保险	单选题、多选题	★★	(1)缴费的基本规定； (2)统筹单位的规定
生育保险	单选题、多选题	★★	缴费的基本规定
工伤保险	单选题、多选题	★★	(1)缴费的基本规定； (2)行业工伤风险类别划分； (3)费率下调的规定
失业保险	单选题、多选题	★★	(1)缴费的基本规定； (2)失业保险总费率阶段性调整规定

本章2021年考试主要变化
(1)增加社会保险登记的内容；
(2)调整城乡居民养老保险的年缴费档次；
(3)疫情期间的社保优惠政策延期。

考点详解及精选例题

一、社会保险费的整体概况★

扫我解疑难

（一）社会保险登记的办理

（1）在市场监管部门登记的企业和农民专业合作社按照"五证合一、一照一码"登记制度进行社会保险登记证管理，新成立的企业在办理工商注册登记时，同步完成企业的社会保险登记。企业登记信息变更或注销后，社会保险经办机构应依据市场监管部门的交换数据及时更新企业的社会保险登记信息。接收企业社会保险登记信息后，社会保险经办机构要督促已办理"五证合一"营业执照的企业在产生用工后**30日内**，依法及时到社会保险经办机构为职工办理参保登记手续，社

---
* 本章内容由教材第3章第6节和第8章第6节内容整合而成。本章将"工商部门"统一用"市场监管部门"表示。与新冠肺炎疫情有关的优惠，我们统一在第3部分第6章中加以进行介绍。

会保险经办机构应补充开户银行账号等有关资料，完成职工参保登记。职工参保登记时补充的相关信息发生变更的，由企业向社会保险经办机构办理变更手续。

（2）国家机关、事业单位、社会团体等未纳入"五证合一、一照一码"登记制度管理的单位仍按原办法，到社会保险经办机构办理社会保险登记，由社会保险经办机构核发社会保险登记证，并逐步采用统一社会信用代码进行登记证管理。

（二）税务部门统一征收社会保险费的改革

从20世纪90年代中期开始，我国部分地区税务部门开始承担社会保险费的征收工作。1999年国务院发布的《社会保险费征缴暂行条例》明确省、自治区、直辖市人民政府可以选择税务机关征收。2018年年初，中共中央在《深化党和国家机构改革方案》中明确，"将基本养老保险费、基本医疗保险费、失业保险费等各项社会保险费交由税务部门统一征收。"

企业缴费采取"人社、医保核定，税务征收"模式办理，即企业按照现行方式和渠道向人社、医保部门办理人员增减变动、申报缴费基数等。企业应在规定的缴费期，按照人社、医保部门核定的应缴费额，向税务部门缴纳社会保险费。

单位缴费人可通过用人单位客户端、办税服务厅、电子税务局、金融机构进行缴费；个人缴费人可以通过微信、支付宝、手机App等渠道进行缴费。

【知识点拨1】缴费单位每年在规定的时间向社保经办机构申报工资信息，作为缴费基数（单位工资总额和个人缴费工资额）计算核定依据，社保经费机构根据信息资料核定该基数后将数据传递给负责征收的税务机关，税务机关作为征收的依据。

【知识点拨2】缴费的方式——职工个人缴费部分由企业代扣代缴。税务部门为缴费人提供网上、掌上、实体、自助等多元化缴费渠道。

二、基本养老保险缴纳情况审核与申报代理审核

扫我解疑难

（一）基本养老保险的基本规定★★

基本养老保险从缴费主体上可分为企业、机关事业单位、灵活就业人员及城乡居民四类。基本规定见表5-1。

表5-1 基本养老保险的基本规定

情形	缴费主体	缴费比例	缴费基数
城镇职工、机关事业单位职工	由**单位**和**个人**共同缴纳	单位：本单位工资总额的20%	本单位上一年度职工月平均工资总额
		个人：本人缴费工资的8%，由单位代扣	职工本人上一年度月平均工资； 下限：当地上年度在岗职工平均工资60% 上限：当地上年度在岗职工平均工资300%
灵活就业人员、无雇工的个体户、未在用人单位参加基本养老保险的**非全日制**从业人员	可以参加基本养老保险，由**个人**缴纳	当地上年在岗职工平均工资，缴费比例为20%	多数省规定灵活就业人员基本养老保险的缴费基数由参保人员在给定区间内（比如当地上年在岗职工平均工资的60%到300%）自选基数，缴费比例也有低于或高于20%的情况。有些地方是以所在地市上年度城镇非私营或私营企业在岗职工平均工资作为缴费基数
城乡居民	各地区设置了不同的年缴费档次		

【知识点拨】2019年4月国务院办公厅发布的《降低社会保险费率综合方案》，要求自2019年5月1日起，降低城镇职工基本养老保险（包括企业和机关事业单位基本养老保险，以下简称养老保险）单位缴费比例——缴费比例高于16%的，可降至16%；低于16%的，要研究提出过渡办法。

（二）基本养老保险的申报代理与缴费审核要点★★

对于基本养老保险及其他社会保险的申报代理与缴费审核要点，主要集中在缴费人数、缴费基数、缴费比例三个方面。

1. 缴费人数

应关注当年新增参保人员和退休人员的人数变化情况，可结合企业人力资源部门、机关事业单位人事管理部门相关统计资料和明细资料进行核对。

2. 缴费基数

应依据本地区具体政策口径，结合企业、机关事业单位的人力资源或人事管理部门、财务部门的与职工薪酬相关的工资核算资料及工资发放的相关会计凭证、账簿、报表等资料，准确计算缴费人作为缴费基数的工资总额。必要时可结合缴费人个税工资薪金所得扣缴记录，以及企业所得税税前扣除的工资薪金项目金额进行对比分析，确保缴费基数准确无误。另外还应关注本地区统计部门公布的上年度在岗职工平均工资数额。

3. 缴费比例（包括代扣个人缴费的比例）

应该在国家统一规定的基础上，对照本地区的统一标准执行。

📝 **真题精练（客观题）**

（2019年单选题）根据个人基本养老保险扣缴的现行政策，个人基本养老保险扣缴基数按照上年当地在岗职工平均工资（　）为依据。

A. 下限50%，上限400%
B. 下限60%，上限400%
C. 下限60%，上限300%
D. 下限50%，上限300%

解析 ▶ 基本养老保险关于个人缴费基数的上下限，现在是以当地统计部门公布的上年职工平均工资后作为依据计算的，即下限为当地上年度在岗职工平均工资60%，上限为300%。 **答案** ▶ C

三、基本医疗保险和生育保险缴纳情况审核申报代理★★

扫我解疑难

（一）基本医疗保险的基本规定（见表5-2）

表5-2 基本医疗保险的基本规定

情形	缴费主体	缴费比例	缴费基数
城镇职工	由单位和个人共同缴纳	用人单位缴费率：应控制在职工工资总额的6%左右 职工缴费率一般为本人工资收入的2%	基本医疗保险的缴费基数与基本养老保险的缴费基数基本一致，并且也有本地区上年度职工平均工资60%的下限和300%上限的规定。但具体缴费比例，不同地区各不相同
城乡居民	个人缴费与政府补助	—	（1）将城镇居民基本医疗保险和新型农村合作医疗合并为统一的城乡居民基本医疗保险； （2）实行个人缴费与政府补助相结合为主的筹资方式，鼓励集体、单位或其他社会经济组织给予扶持或资助，整合后的实际人均筹资和个人缴费不得低于既有水平； （3）完善筹资动态调整机制，在提高政府补助标准的同时，适当提高个人缴费比重

(二)生育保险缴纳情况审核与申报代理

生育保险的缴纳主体是用人单位,职工个人不缴纳生育保险费。生育保险费的提取比例最高不得超过工资总额的1%。

2019年3月,国务院办公厅发布《关于全面推进生育保险和职工基本医疗保险合并实施的意见》,要求参加职工基本医疗保险的在职职工同步参加生育保险,生育保险基金并入职工基本医疗保险基金,统一征缴,统筹层次一致。按照用人单位参加生育保险和职工基本医疗保险的缴费比例之和确定新的用人单位职工基本医疗保险费率,个人不缴纳生育保险费。

四、工伤保险缴纳情况审核与申报代理★★

扫我解疑难

职工应当参加工伤保险,由用人单位缴纳工伤保险费,职工不缴纳工伤保险费。

根据不同行业的工伤风险程度,由低到高,依次将行业工伤风险类别划分为一类至八类;各行业工伤风险类别对应的全国工伤保险行业基准费率,一类至八类分别控制在该行业用人单位职工工资总额的0.2%、0.4%、0.7%、0.9%、1.1%、1.3%、1.6%、1.9%左右。通过费率浮动的办法确定每个行业内的费率档次。一类行业分为三个档次,即在基准费率的基础上,可向上浮动至120%、150%;二类至八类行业分为五个档次,即在基准费率的基础上,可分别向上浮动至120%、150%或向下浮动至80%、50%。

各省(区、市)确定本地区工伤保险行业基准费率具体标准和费率浮动具体办法。另外对难以按照工资总额缴纳工伤保险费的行业,其缴纳具体方式可以由国务院社会保险行政部门规定,比如,建筑施工企业可以按照项目工程总造价的一定比例缴纳工伤保险。

根据《降低社会保险费率综合方案》,自2019年5月1日起,延长阶段性降低工伤保险费率的期限至2020年4月30日,工伤保险基金累计结余可支付月数在18~23个月的统筹地区可以现行费率为基础下调20%,累计结余可支付月数在24个月以上的统筹地区可以现行费率为基础下调50%。

五、失业保险缴纳情况审核与申报代理★★

扫我解疑难

失业保险由用人单位和职工共同缴纳,有些省份规定本地区农民合同制工人本人不缴纳失业保险费、用人单位负担部分仍需缴纳。基本规定是:用人单位按照本单位工资总额的2%缴纳失业保险费,职工按照本人工资的1%缴纳失业保险费。从2015年3月1日起,失业保险费率暂由3%降至2%;从2016年5月1日起,失业保险总费率可以阶段性降至1%~1.5%,其中个人费率不超过0.5%;自2019年5月1日起,实施失业保险总费率1%的省、自治区、直辖市及新疆生产建设兵团,延长阶段性降低失业保险费率的期限至2020年4月30日。

在结束本章内容学习时,我们一起总结一下五险的相关规定,见表5-3。

表5-3 五险的相关规定

类别	缴费主体	单位	个人	备注
城镇职工基本养老保险	单位和个人	不超20%;阶段性降至16%	8%	上下限:当地上年度在岗职工平均工资60%~300%
基本医疗保险	单位和个人	6%	2%	
生育保险	单位	最高不超过工资总额1%	—	
工伤保险	单位	行业工伤风险类别划分	—	下调规定
失业保险	单位和个人	2%	1%	总费率阶段性下调至1%

同步训练 限时5分钟

扫我做试题

一、单项选择题

1. 工伤保险基金累计结余可支付月数在18（含）至23个月的统筹地区可以现行费率为基础下调（ ）。
   A. 10%　　　　B. 20%
   C. 30%　　　　D. 50%

2. 下列选项中，不属于涉税服务机构向单位缴费人提供的社会保险费申报代理服务内容的是（ ）。
   A. 社会保险登记和变更代理服务
   B. 社会保险缴费工资申报代理服务
   C. 社会保险费申报代理服务
   D. 社会保险费征收代理服务

二、多项选择题

1. 下列社会保险中，个人无须缴费的有（ ）。
   A. 基本养老保险
   B. 基本医疗保险
   C. 生育保险
   D. 失业保险
   E. 工伤保险

2. 下列社会保险中，需要个人申报缴纳的有（ ）。
   A. 灵活就业人员基本养老保险
   B. 城乡居民基本养老保险
   C. 城乡居民基本医疗保险
   D. 机关事业单位工作人员的基本养老保险
   E. 企业职工失业保险

同步训练答案及解析

一、单项选择题

1. B 【解析】工伤保险基金累计结余可支付月数在18（含）至23个月的统筹地区可以现行费率为基础下调20%，累计结余可支付月数在24个月（含）以上的统筹地区可以现行费率为基础下调50%。

2. D 【解析】涉税服务机构可以为单位缴费人提供社会保险登记和变更、社会保险缴费工资申报和社会保险费申报代理服务。

二、多项选择题

1. CE 【解析】基本养老保险、基本医疗保险、失业保险由单位和个人共同缴费；生育保险和工伤保险由单位缴费，个人无须缴费。

2. ABC 【解析】对个人缴费人来说，企业职工、机关事业单位工作人员的基本养老保险、基本医疗保险、失业保险由企业或机关事业单位代扣代缴。只有灵活就业人员和城乡居民基本养老保险、城乡居民基本医疗保险需要个人申报缴纳。

第6章 跨章节

跨章节知识点总结

由于涉税服务实务经常将账务处理、多税种税务处理结合在一起跨章节出题,因此我们单列一章跨章节,对主要的内容进行总结。

一、投资入股的税务处理(见表6-1)

扫我解疑难

表6-1 投资入股的税务处理

项目	有形动产	技术成果	以股权投资入股	不动产、土地使用权	货币资金
增值税	视同销售,按照平均售价或组成计税价格计算缴纳增值税	视同销售,但技术转让有免增值税的规定	股权转让无需缴纳增值税;股票转让按转让金融商品纳税,个人转让金融商品免	按照销售缴纳增值税。注意:差额纳税;简易计税的规定	不担风险,收取固定利润或保底利润,按照"贷款服务"征收增值税
消费税	纳税人用于换取生产资料和消费资料,投资入股和抵偿债务等方面的应税消费品,应当以纳税人同类应税消费品的最高销售价格作为计税依据计算消费税	—	—	—	—
企业所得税	可以分5年均匀计入应纳税所得额	可以:①分5年均匀计入应纳税所得额;②暂不纳税,转让股权时再纳税	可以分5年均匀计入应纳税所得额	可以分5年均匀计入应纳税所得额	—
个人所得税	可以分5年计算缴纳个人所得税,无须均匀缴纳	可以:①分5年计入应纳税所得额;②暂不纳税,转让股权时再纳税	可以分5年计算缴纳个人所得税,无须均匀缴纳	可以分5年计算缴纳个人所得税,无须均匀缴纳	—
土地增值税	—	—	可以分5年计算缴纳个税,无需均匀缴纳	非房地产开发企业改制重组中以房地产投资入股,暂不征土地增值税,否则征土地增值税	—

续表

项目	有形动产	技术成果	以股权投资入股	不动产、土地使用权	货币资金
房产税	—	—	—	共担风险：被投资方缴纳房产税 不担风险：投资方从租计征房产税	—

【知识点拨1】纳税人用于换取生产资料和消费资料，投资入股和抵偿债务等方面的应税消费品，应当以纳税人同类应税消费品的**最高销售价格**作为消费税的计税依据，以**平均售价**作为增值税和所得税的计税依据。

【知识点拨2】投资入股时，企业所得税和个人所得税均可以分5年递延纳税，但企业所得税是均匀递延纳税，而个人所得税无需均匀递延纳税。

【知识点拨3】在改制重组中以不动产、土地使用权投资入股时，是否需要缴纳土地增值税取决于投资方和被投资方是否为房地产开发企业。

【知识点拨4】以房产投资入股时，房产税如何缴纳，取决于是否承担投资风险。

精选例题

【例题1·简答题】2021年3月宝龙汽车制造厂（A市一般纳税人）以10辆自产汽车与瑞德公司合资成立了宝瑞汽车销售公司。该品牌汽车的平均售价为25万元/辆，最高售价为28万元/辆，成本18万元/辆，消费税税率5%。

问题：

（1）对于该项投资行为，增值税、消费税的计税依据是多少？企业所得税确认的收入金额是多少？

（2）计算该投资行为涉及的增值税销项税额、消费税税额及所得税纳税调整金额。

（3）该投资行为对企业所得税应纳税所得额的影响金额。

答案

（1）增值税的计税依据为250万元，消费税的计税依据为280万元，企业所得税确认的收入金额为250万元。

（2）增值税销项税额＝25×10×13%＝32.5（万元）。

消费税＝28×10×5%＝14（万元）。

企业会计利润增加＝250－180＝70（万元），随之影响应纳税所得额。

（3）城建税、教育费附加与地方教育附加＝（32.5＋14）×（7%＋3%＋2%）＝5.58（万元）。

该投资行为对企业所得税应纳税所得额的影响金额＝（250－180）－14－5.58＝50.42（万元）。

二、转增资本的税务处理（见表6-2）

扫我解疑难

表6-2 转增资本的税务处理

情形	税务处理
以未分配利润、盈余公积转增资本	视同股息红利收入；增加股东投资的计税基础
以资本溢价或股本溢价形成的资本公积转增资本	既不视同股息红利收入，也不增加股东投资的计税基础

三、股权转让的税务处理(见表6-3)

表6-3 股权转让的税务处理

项目	税务处理
增值税	转让上市公司股票,按照金融商品转让,差额征收增值税; 个人转让金融商品,免增值税; 转让非上市公司的股权,不属于增值税的征税范围
印花税	按产权转移书据缴纳印花税
企业所得税、个人所得税	企业转让股权收入,应于转让协议生效且完成股权变更手续时,确认收入的实现,缴纳所得税; 在计算股权转让所得时,不得扣除被投资企业未分配利润等股东留存收益中按该项股权所可能分配的金额; 对于分期投入获得的股权,在部分转让时,转让部分股权计税成本=全部股权计税成本×转让比例

税务登记手续;转让价格明显偏低的情况下如何核定征收

📝 真题精练(主观题)

(2017年简答题)宋先生持有境内甲有限责任公司30%股权,投资成本为600万元,经评估公允价值为4 000万元,现境内乙公司有意按公允价值向宋先生收购这部分股权,有两种收购方案。

方案一:宋先生向乙公司转让持有甲公司的股权,全部收取现金;

方案二:宋先生以持有甲公司的全部股权向乙公司投资,取得乙公司股权。

请结合现行相关政策,回答宋先生咨询的如下问题:

(1)该收购业务中宋先生是否缴纳增值税?简述理由。

(2)按照上述两个方案收购,宋先生分别缴纳多少个人所得税?

(3)上述两个方案是否可以免征或延迟交个税?如何操作?

📝 真题精练(主观题)答案

【答案】

(1)该收购业务中宋先生不缴纳增值税,因为不属于增值税征税范围。

(2)方案一,宋先生按照"财产转让所得"缴纳个人所得税,个人所得税=(4 000-600)×20%=680(万元)。

方案二,属于非货币性资产投资,可以申请延期纳税,在投资行为之日起的5个纳税年度内分期缴纳个人所得税,个人所得税合计=(4 000-600)×20%=680(万元)。

(3)方案一,宋先生按照"财产转让所得"缴纳个人所得税,不能免征或延迟缴纳。

方案二,属于非货币性资产投资,可以申请延期纳税。宋先生一次性缴税有困难的,可合理确定分期缴纳计划并在发生非货币性资产投资行为的次月15日内报主管税务机关备案,自行制定缴税计划并向主管税务机关报送《非货币性资产投资分期缴纳个人所得税备案表》、纳税人身份证明、投资协议、非货币性资产评估价格证明材料、能够证明非货币性资产原值及合理税费的相关资料,申请自发生上述应税行为之日起不超过5个公历年度内(含)分期缴纳个人所得税。

四、不动产经营租赁的财税处理

出租、承租不动产,是企业在经营过程中经常会遇到的问题。不动产租赁过程中,不仅要注意其税务处理——尤其要注意各个税种纳税义务发生时间与企业所得税收入确认时间,而且还要注意其账务处理,见表6-4。

表 6-4 不动产经营租赁的财税处理

项目	财税处理
增值税	(1)收到预收款时，增值税纳税义务发生； (2)免租期免收的租金无须视同销售
房产税	(1)从租计征； (2)按年计算，分期缴纳； (3)免租期从价计征房产税
印花税	按照租赁合同记载金额计税
企业所得税	按照租赁合同约定的承租人应付租金的日期确认收入的实现；如果交易合同或协议中规定租赁期限跨年度，且租金提前一次性支付的，根据《企业所得税法实施条例》第九条规定的收入与费用配比原则，出租人可对上述已确认的收入，在租赁期内，分期均匀计入相关年度收入
会计	分期确认收入

真题精练（主观题）

（2016年简答题，改）某市房地产开发企业为增值税一般纳税人，向香港某公司租用其在该市购入的办公用房，用于现行开发的三个项目进行经营管理。合同约定租期三年，年租金 114.45 万元，三年租金合计 343.35 万元。于 2021 年 3 月 18 日一次付清，已知该房地产开发企业 2021 年正在开发的项目有三个，其中有一个建筑总面积 8 万平方米的老项目选择简易计税办法缴纳增值税，另两个项目合计建筑总面积 22 万平方米选择一般计税方法缴纳增值税，香港某公司出租的该办公房于 2013 年 7 月购进。

问题：

(1)香港某公司出租办公房增值税的纳税义务发生时间？理由？

(2)房地产开发企业在支付办公用房租金时，履行哪些税费的扣缴义务，金额分别是多少？

(3)房地产开发企业支付该办公用房租金，按税法规定允许抵扣的进项税额是多少？申报抵扣的扣税凭证是什么？

真题精练（主观题）答案

【答案】

(1)纳税义务发生时间：2021 年 3 月 18 日。

理由：租赁服务采取预收款方式的，其纳税义务发生时间为收到预收款的当天。

(2)扣缴增值税、城建税、教育费附加、地方教育附加、房产税和企业所得税。

【思路点拨1】境外单位或者个人在境内发生应税行为，在境内未设有经营机构的，扣缴义务人按照下列公式计算应扣缴税额：应扣缴税额=购买方支付的价款÷(1+税率)×税率

①增值税 = 343.35÷1.09×9% = 28.35（万元）

②城建税 = 28.35×7% = 1.98（万元）

③教育费附加 = 28.35×3% = 0.85（万元）

④地方教育附加 = 28.35×2% = 0.57（万元）

⑤房产税 = 114.45÷1.09×12% = 12.6（万元）（按年计算）

产权所有人不在房屋所在地的，由房产代管人或者使用人纳税。

⑥企业所得税 = 343.35÷1.09×10% = 31.5（万元）

【思路点拨2】按不含增值税租金收入全额计算预提所得税；在支付时扣缴预提所得税。

(3)允许抵扣的进项税额 = 343.35÷(1+9%)×9% = 28.35（万元）

申报抵扣的扣税凭证：代扣代缴增值税后税务机关出具的解缴税款的完税凭证、书面合同、付款凭证和境外单位的对账单或者发票。

【思路点拨】自 2018 年 1 月 1 日起，纳税

人租入固定资产、不动产,既用于一般计税方法计税项目,又用于简易计税方法计税项目、免征增值税项目、集体福利或者个人消费的,其进项税额准予从销项税额中全额抵扣。

五、经营租赁 VS 融资租赁 VS 融资性售后回租的税务处理(见表6-5)

扫我解疑难

表6-5 经营租赁、融资租赁、融资性售后回租的税务处理

类型		流转税	印花税	企业所得税
经营租赁		(1)不动产经营租赁9%;有形动产经营租赁13%; (2)营改增之前取得的资产出租,可选简易计税,不动产租赁5%,有形动产租赁3%; (3)收到预收款时增值税纳税义务发生	按照"财产租赁合同"缴纳印花税,税率1‰,计税依据为租金收入	出租方:一次收取多年租金,可分期确认收入,分期计提折旧; 承租方:跨年的可以分期扣除租赁费
融资租赁		(1)不动产融资租赁9%;有形动产融资租赁13%; (2)差额计税:可扣除借款利息、发行债券利息、车辆购置税; (3)符合条件的有形动产融资租赁税负超过3%的部分即征即退; (4)收到预收款时纳税义务发生	按照"借款合同"缴纳印花税,税率0.05‰,计税依据为租金总额	承租方:由承租方计提折旧;不得扣除租赁费; 出租方:不得计提折旧
融资性售后回租	承租方	(1)承租方出售资产的行为,不征收增值税; (2)承租方支付的租金,不得抵扣进项税额——因为贷款服务不得抵扣进项税额	按照"借款合同"缴纳印花税,税率0.05‰,计税依据为租金总额	(1)承租人出售资产的行为,不确认为销售收入; (2)承租方计提折旧:仍按出售前原账面价值作为计税基础计提折旧; (3)承租人支付的属于融资利息的部分,作为财务费用在税前扣除
	融资租赁企业	(1)按"贷款服务"征收增值税,税率6%; (2)差额计税:以取得的全部价款和价外费用(不含本金),扣除两息(对外支付的借款利息、发行债券利息)后的余额作为销售额; (3)符合条件的有形动产融资性售后回租服务,实际税负超过3%的部分即征即退		

【知识点拨1】只有符合条件的有形动产融资租赁和有形动产融资性售后回租服务,对其增值税实际税负超过3%的部分实行增值税即征即退政策。对于不动产租赁、有形动产经营租赁,均不实行即征即退政策。

【知识点拨2】增值税纳税义务发生时间不同:经营租赁和融资租赁在收到预收款时,增值税纳税义务发生;融资性售后回租服务则是在纳税人发生应税行为并收讫销售款项或者取得索取销售款项凭据的当天发生纳税义务;先开具发票的,在开具发票的当天发生纳税义务。

【知识点拨3】印花税适用税目不同:一般的财产租赁,按照"财产租赁合同"缴纳印花税,税率1‰;而对银行及其他金融组织的融资租赁业务签订的融资租赁合同,按照"借款合同"缴纳印花税,税率0.05‰。

精选例题

【例题2·简答题】甲公司(制造企业增值税一般纳税人)2020年10月1日将一台设备租给乙公司(增值税一般纳税人,租入设备用于管理部门),租期一年,全年租金于

2020年10月1日一次性支付12万元(含税)。甲公司收到款项，乙公司取得增值税专用发票并通过认证。

问题：

(1)作出甲、乙公司2020年10月1日该项业务的会计分录。

(2)分别说明这笔设备租金在甲、乙公司的企业所得税处理。

答案

(1)甲公司会计分录：

借：银行存款　　　　　　　120 000

　　贷：预收账款　　　　　106 194.69

　　　　应交税费——应交增值税(销项税额)　　　　　　　　 13 805.31

乙公司会计分录：

借：预付账款　　　　　　 106 194.69

　　应交税费——应交增值税(进项税额)　　　　　　　　　　13 805.31

　　贷：银行存款　　　　　　120 000

(2)甲公司的企业所得税处理：

租金收入，按照合同约定的承租人应付租金的日期确认收入的实现。但如果租赁期限跨年度，且租金提前一次性支付的，根据收入与费用配比原则，出租人可对上述已确认的收入，在租赁期内，分期均匀确认收入。即甲公司2020年确认3个月(10~12月)的租赁收入，剩余的租金确认为2021年企业所得税的收入。

乙公司的企业所得税处理：

以经营租赁方式租入固定资产发生的租赁费支出，按照租赁期限均匀扣除。所以乙公司2020年10月1日一次性支付的全年租金不得一次性扣除，可以扣除的租赁费支出为3个月(10~12月)的租赁费支出，剩余部分作为2021年租赁费支出扣除。

六、财政补贴的财税处理(见表6-6)

扫我解疑难

表6-6　财政补贴的财税处理

项目	财税处理
账务处理	(1)核算方法有总额法和净额法两种方法； (2)与企业**日常活动相关**的政府补助：应当按照经济业务实质，计入**其他收益**或**冲减**相关成本费用 与企业**日常活动无关**的政府补助：应当计入**营业外收入**。 【知识点拨】企业从政府取得的经济资源，如果**与企业销售商品或提供服务等活动密切相关**，且是**企业商品或服务的对价或者是对价的组成部分**，适用《企业会计准则第14号——收入》等相关会计准则
增值税	(1)与其**销售**货物、劳务、服务、无形资产、不动产的收入或者数量**直接**挂钩的：**应按规定计算缴纳**增值税。取得该项补贴时，应该按照适用税率开具相应发票； (2)纳税人取得的其他情形的财政补贴收入：不属于增值税应税收入，**不征收**增值税。取得该项补贴时，应该开具"与销售收入不挂钩的财政补贴"发票
企业所得税	(1)专项用途财政性资金属于不征税收入。 从**县级以上各级人民政府财政部门及其他部门取得**的应计入收入总额的财政性资金，凡符合以下条件的，可以作为不征税收入，在计算应纳税所得额时从收入总额中减除。其条件为： a. 企业能够提供资金拨付文件，且文件中规定该资金的专项用途； b. 财政部门或其他拨付资金的政府部门对该资金有专门的资金管理办法或具体管理要求； c. 企业对该资金以及以该资金发生的支出单独进行核算。 (2)不征税收入形成的成本费用税前不得扣除，也不允许加计扣除

七、资产损失的增值税 VS 企业所得税

扫我解疑难

对于资产损失,增值税与企业所得税的税务处理有所不同。两者的区别主要在于:

(1)增值税无论是正常损失还是非正常损失,均自行计算确定即可;企业所得税的资产损失管理分为清单申报与专项申报;从2017年开始,企业向税务机关申报扣除资产损失,仅需填报企业所得税年度纳税申报表《资产损失税前扣除及纳税调整明细表》,不再报送资产损失相关资料。相关资料由企业留存备查。

(2)增值税的非正常损失的界定:因管理不善造成货物被盗、丢失、霉烂变质,以及因违反法律法规造成货物或者不动产被依法没收、销毁、拆除的情形。在界定增值税的非正常损失时需要注意以管理不善和违反法律法规作为界定的基本前提。

(3)一旦发生非正常损失,增值税需要做进项税额转出,转出的进项税额会影响企业所得税前可以扣除的损失数额。

真题精练(主观题)

(2017年简答题,改)某零售商业企业是增值税一般纳税人,零售的各种商品增值税税率按照2019年4月1日之后的13%确定,各种商品在购进时均取得增值税专用发票,进项税额均按规定抵扣,2020年发生存货损失及处理情况汇总如下:

损失存货种类	损失原因	购进成本	回收或处置
日用品	雷电火灾	80万元	保险公司理赔20万元
服装	顾客退货	10万元	降价出售收款8.12万元
小家电	零星失窃	6万元	

(1)上述损失中哪些应作进项税额转出处理?金额分别为多少?
(2)上述存货损失在企业所得税税前申报扣除的金额分别是多少?
(3)2020年4月该企业进行企业所得税汇算清缴时,需要提供哪些证据资料?

真题精练(主观题)答案

【答案】
(1)①雷电火灾导致的日用品损失属于自然灾害造成的损失,进项税额允许抵扣,不需要做进项税额转出处理,进项税额转出金额为0。
②顾客退货,不需要做进项税额转出,进项税额转出金额为0。
顾客退货,企业可以开具红字增值税专用发票,冲减当期销售收入和销项税额。
③小家电零星失窃损失属于管理不善的损失,增值税中不允许抵扣,需要做进项税额转出处理,需要转出的进项税额:$6×13\%=0.78$(万元)。

(2)①雷电火灾导致的日用品损失,在企业所得税税前申报扣除金额为$80-20=60$(万元)。
②顾客退货,降价处理,在企业所得税税前申报扣除金额为$10-8.12÷1.13=2.81$(万元)。
③小家电零星失窃损失,在企业所得税税前申报扣除金额为$6×(1+13\%)=6.78$(万元)。

(3)2020年4月该企业进行企业所得税汇算清缴时,不再报送资产损失相关资料。

【思路点拨】2017年度及以后年度企业所得税汇算清缴,企业向税务机关申报扣除资产损失,仅需填报企业所得税年度纳税申报表《资产损失税前扣除及纳税调整明细表》,不再报送资产损失相关资料。相关资料由企业留存备查。

八、个人从企业取得劳务报酬所得的税务处理(见表6-7)

表6-7 个人从企业取得劳务报酬所得的税务处理

项目	税务处理
增值税	应纳增值税＝含税收入/(1+征收率)×征收率
城建及附加	按照缴纳的增值税计算缴纳城建及附加
个人所得税	支付方预扣预缴个税； 属于综合所得，取得所得的个人年度终了汇算清缴
代开发票	应该由经营地税务机关代开发票

九、个人销售房屋的税务处理(见表6-8)

表6-8 个人销售房屋的税务处理

项目	住宅	商铺
增值税	(1)不满2年，全额缴纳增值税； (2)满2年： a. 一般地区，免增值税； b. 北上广深：普通住宅，免；非普通住宅，差额缴纳增值税	销售购置的商铺：差额缴纳增值税； 销售自建商铺：全额缴纳增值税
城建及附加	按照缴纳的增值税计算缴纳城建及附加	
土地增值税	暂免征收土地增值税	征收土地增值税
印花税	对个人销售或购买住房暂免征收印花税	按"产权转移书据"缴纳印花税
个人所得税	对个人转让自用5年以上、并且是家庭唯一生活用房取得的所得，免征个人所得税	照章征收个税
代开发票	应该由不动产所在地税务机关代开发票	

十、个人出租房产的税务处理(见表6-9)

表6-9 个人出租房产的税务处理

税种	住房	商铺
增值税	减按1.5%征收	5%征收率
房产税	4%	12%
城镇土地使用税	免	征
印花税	免	按"财产租赁合同"1‰缴纳印花税
个税	减按10%征收	20%税率

十一、房屋、建筑物后续支出的税务处理（见表 6-10）

扫我解疑难

表 6-10　房屋、建筑物后续支出的税务处理

税种	税务处理
增值税	一次性抵扣进项税额
企业所得税	(1) 日常维修支出：期间费用； (2) 改建支出： ①租入固定资产的改建支出、已提足折旧的固定资产的改建支出：计入长期待摊费用； ②产权属于企业所有、且未提足折旧的：增加固定资产原值，视情况调整折旧年限，相应调整折旧
房产税	(1) 因房屋大修导致连续停用在半年以上的，在大修期间免征房产税； (2) 纳税人对原有房屋进行改建、扩建的，要相应增加房屋的原值

十二、小微企业、小型微利企业税收优惠

扫我解疑难

由于近年来我国针对中小企业出台了一系列税收优惠措施，而各个税种的税收优惠条件有所不同，需要大家有针对性地加以总结，见表 6-11。

表 6-11　小微企业、小型微利企业税收优惠

税种	优惠条件	税收优惠
增值税	小规模纳税人；月度销售额不超过 15 万元（季度 45 万元）	免征增值税
企业所得税	无论一般纳税人还是小规模纳税人，只要符合"335"的条件，均可享受小型微利企业优惠	(1) 年应纳税所得额不超过 100 万元：应纳税额=应纳税所得额×2.5%； (2) 年应纳税所得额 100~300 万元：应纳税额=应纳税所得额×10%-7.5
6 税 2 费	只要是小规模纳税人，无论销售额是多少	均可享受减征 50% 优惠

【知识点拨】"6 税 2 费"中的"6 税"：资源税、城市维护建设税、房产税、城镇土地使用税、印花税（不含证券交易印花税）、耕地占用税；"2 费"：教育费附加、地方教育附加。

真题精练（主观题）

(2019 年简答题)《国家税务总局关于小规模纳税人免征增值税政策有关征管问题的公告》《国家税务总局公告 2019 年第 4 号》规定"转登记日前连续 12 个月（以 1 个月为 1 个纳税期）或者连续 4 个季度（以 1 个季度为 1 个纳税期）累计销售额未超过 500 万元的一般纳税人，在 2019 年 12 月 31 日前，可选择转登记为小规模纳税人"。某企业符合转登记条件，咨询小规模纳税人和一般纳税人在增值税政策方面的差异。

问题：请分别从增值税的计税方法、含税收入换算销售额、适用税率或征收率、进项税额抵扣、税收优惠享受及纳税期限等方面，对两类纳税人作出简要的比较说明。

真题精练（主观题）答案

【答案】

(1) 计税方法：一般纳税人采用一般计税方法，应纳税额=销项税额-进项税额；小规模纳税人采用简易计税方法，应纳税额=销售额×征收率。

(2) 含税收入换算销售额适用税率或征收率：一般纳税人适用 13%、9% 或 6% 的税率，小规模纳税人适用 3% 或 5% 的征收率。

(3)进项税额抵扣:一般纳税人符合规定可以抵扣进项税额;小规模纳税人不得抵扣进项税额。

(4)税收优惠享受:符合条件的一般纳税人可以享受进项税额加计抵减等税收优惠;月销售额未超过10万元的一般纳税人可以免征2费1基金;

小规模纳税人发生增值税应税销售行为,合计月销售额未超过15万元(以1个季度为1个纳税期的,季度销售额未超过45万元)的,免征增值税;小规模纳税人可以享受6税2费的减征50%优惠;月销售额未超过10万元(季度30万元),免2费1基金。

(5)纳税期限:除另有规定外,一般纳税人通常按月纳税,不可选择;小规模纳税人可以选择按季纳税。

十三、政策性搬迁的增值税、土地增值税和企业所得税(见表6-12)

表6-12 政策性搬迁的增值税、土地增值税和企业所得税

税种	税务处理
增值税	(1)政府采取土地收回方式,即土地所有者依法征收土地,并向土地使用者支付土地及其相关有形动产、不动产补偿费的行为,属于土地使用者将土地使用权归还给土地所有者的情形,可以按规定免征增值税; (2)政府未采取土地收回方式,相应的补偿费不属于免征增值税范围,应按规定计算缴纳增值税。如果是营改增前取得的土地、房屋,或者是未抵扣过进项税额的固定资产,涉及到可以选择简易计税问题
土地增值税	若能符合因城市实施规划、国家建设的需要而被政府批准征用的房产或收回的土地使用权,以及由企业自行转让的房地产,免征土地增值税;否则,应按规定缴纳土地增值税
企业所得税	(1)企业政策性搬迁被征用的资产,采取资产置换的,其换入资产的计税成本按被征用资产的净值,加上换入资产所支付的税费(涉及补价的还应加上补价款)计算确定; (2)企业政策性搬迁被征用的资产,采取货币补偿的,企业在搬迁期间发生的搬迁收入和搬迁支出,可以暂不计入当期应纳税所得额,而在完成搬迁的年度,对搬迁收入和支出进行汇总清算,计入当年度企业应纳税所得额计算纳税,其中完成搬迁的年度,是指从搬迁开始5年内(包括搬迁当年度)的任何1年完成搬迁的或者从搬迁开始,搬迁时间满5年(包括搬迁当年度)的年度; (3)企业的搬迁补偿属于企业自行搬迁或商业性搬迁等非政策性搬迁的,应在搬迁当年将搬迁收入和支出计入当年度企业应纳税所得额计算纳税; (4)企业以前年度未税前弥补的亏损,无论是政策性搬迁还是非政策性搬迁,均在其后不超过5个纳税年度的企业所得税税前弥补

十四、新型冠状病毒感染的肺炎疫情期间相关政策(见表6-13)

表6-13 新型冠状病毒感染的肺炎疫情期间相关政策

政策类别	具体政策	注意事项
支持防护救治的税收政策	工作补助和奖金免征个税	2020.1.1~2021.12.31,对参加疫情防治工作的**医务人员和防疫工作者**按照政府规定标准取得的临时性工作补助和奖金,**免征个税**。政府规定标准包括**各级政府**规定的**补助和奖金标准;** 对**省级及省级以上人民政府**规定的对参与疫情防控人员的**临时性**工作补助和奖金,比照执行
	医药防护用品等免征个税	2020.1.1~2021.12.31,单位发给个人用于**预防新型冠状病毒感染的肺炎的药品**、医疗用品和防护用品等实物(不包括现金),**不计入工资、薪金收入**,免征个税

续表

政策类别	具体政策	注意事项
支持物资供应的税收政策	增量留抵税额	2020.1.1~2021.3.31，对疫情防控重点保障物资生产企业全额退还增值税增量留抵税额： (1)疫情防控重点保障物资生产企业名单：由省级及省级以上发展改革部门、工业和信息化部门确定； (2)增量留抵税额：与2019年12月底相比新增加的期末留抵税额； (3)疫情防控重点保障物资生产企业可以按月向主管税务机关申请全额退还增值税增量留抵税额
	资产一次性计入当期成本费用	2020.1.1~2021.3.31，对疫情防控重点保障物资生产企业为扩大产能新购置的相关设备，允许一次性计入当期成本费用在企业所得税税前扣除
	疫情防控重点保障物资运输收入免征增值税	2020.1.1~2021.3.31，纳税人提供疫情防控重点保障物资运输收入免征增值税： (1)疫情防控重点保障物资的具体范围：由国家发展改革委、工业和信息化部确定； (2)纳税人按规定适用免征增值税政策的，不得开具增值税专用发票； (3)免征增值税的规定，相应的进项税额不允许抵扣，要考虑进项税额转出的问题； (4)免征增值税的，免征城市维护建设税、教育费附加、地方教育附加
	受疫情影响严重行业免增值税	2020.1.1~2021.3.31，纳税人提供公共交通运输服务、生活服务及居民必需生活物资快递收派服务收入免征增值税。公共交通运输服务、生活服务、快递收派服务：按照财税【2016】36确定
	防控疫情物资免征关税	对卫生健康主管部门组织进口的直接用于防控疫情物资免征关税
鼓励公益捐赠的税收政策	无偿捐赠免征流转税及附加	2020.1.1~2021.3.31，单位和个体户将自产、委托加工或购买的货物，通过公益性社会组织和县级以上人民政府及其部门等国家机关，或者直接向承担疫情防治任务的医院，无偿捐赠用于应对新型冠状病毒感染的肺炎疫情的，免征增值税、消费税、城市维护建设税、教育费附加、地方教育附加；不能开专票，只能开普票
	捐赠所得税前全额扣除	2020.1.1~2021.3.31，(1)通过公益性社会组织或县级以上人民政府及其部门等国家机关捐赠应对疫情的现金和物品允许企业所得税或个税前全额扣除。 【知识点拨】全额扣除的范围不仅包括物品，还包括现金。 (2)自2020年1月1日起，企业和个人直接向承担疫情防治任务的医院捐赠用于应对新型冠状病毒感染的肺炎疫情的物品，允许在计算企业所得税或个税应纳税所得额时全额扣除。 【知识点拨1】仅限于物品，不包括现金。 【知识点拨2】捐赠人凭承担疫情防治任务的医院开具的捐赠接收函办理税前扣除事宜，并留存备查
	扩大捐赠免税进口范围	2020.1.1~2020.3.31，对捐赠用于疫情防控的进口物资，免征进口关税和进口环节增值税、消费税。 (1)进口物资增加试剂，消毒物品，防护用品，救护车、防疫车、消毒用车、应急指挥车。 (2)免税范围增加国内有关政府部门、企事业单位、社会团体、个人以及来华或在华的外国公民从境外或海关特殊监管区域进口并直接捐赠；境内加工贸易企业捐赠。 (3)受赠人增加省级民政部门或其指定的单位。省级民政部门将指定的单位名单函告所在地直属海关及省级税务部门

续表

政策类别	具体政策	注意事项
支持复工复产的税收政策与社保政策	支持电影行业发展的政策	(1)2020.1.1~2021.12.31，对纳税人提供电影放映服务取得的收入免征增值税。 电影放映服务：持有《电影放映经营许可证》的单位利用专业的电影院放映设备，为观众提供的电影视听服务。 (2)对电影行业企业2020、2021年度发生的亏损，最长结转年限由5年延长至8年。 电影行业企业限于电影制作、发行和放映等企业，不包括通过互联网、电信网、广播电视网等信息网络传播电影的企业。 (3)2020.1.1~2021.12.31，免征文化事业建设费
	延长亏损结转年限	受疫情影响较大的困难行业企业2020年度发生的亏损最长结转年限延长至8年。 (1)困难行业企业：交通运输、餐饮、住宿、旅游（指旅行社及相关服务、游览景区管理两类）四大类，具体判断标准按照现行《国民经济行业分类》执行。困难行业企业2020年度主营业务收入须占收入总额（剔除不征税收入和投资收益）的50%以上。 (2)应当在2020年度企业所得税汇算清缴（2021.5.31之前）时，通过电子税务局提交《适用延长亏损结转年限政策声明》
	调整征收率	(1)对湖北省增值税小规模纳税人，适用3%征收率的应税销售收入： 自2020年3月1日至2021年3月31日，免征增值税；适用3%预征率的预缴增值税项目，暂停预缴增值税； 自2021年4月1日至2021年12月31日，减按1%征收率征收增值税。 (2)除湖北省外，其他省、自治区、直辖市的增值税小规模纳税人，适用3%征收率的应税销售收入，自2020年3月1日至2021年12月31日，减按1%征收率征收增值税；适用3%预征率的预缴增值税项目，减按1%预征率预缴增值税。 应纳税额=含税销售额/(1+1%)×1% 【知识点拨】降低征收率的政策仅适用于3%征收率的应税销售收入，对于适用5%征收率的应税销售收入，不减免
	社保政策	三项社会保险（基本养老保险、失业保险、工伤保险） / 湖北省：2020年6月底之前，可免征各类参保单位（不含机关事业单位）三项社会保险单位缴费部分 受疫情影响生产经营出现严重困难的企业，可申请缓缴社会保险费，缓缴社保费至2020年12月底，缓缴期间免收滞纳金 其他地区：2020年12月底之前，可免征中小微企业三项社会保险单位缴费部分。中小微的划分标准按照《关于印发中小企业划型标准规定的通知》（工信部联企业〔2011〕300号）执行 2020年6月底之前，对大型企业等其他参保单位（不含机关事业单位）三项社会保险单位缴费部分可减半征收 缴费基数：各省2020年社会保险个人缴费基数下限可继续执行2019年个人缴费基数下限标准，个人缴费基数上限按规定正常调整 个人缴费人：以个人身份参加企业职工基本养老保险的个体户和各类灵活就业人员，2020年缴纳基本养老保险费确有困难的，可自愿暂缓缴费。2021年可继续缴费，缴费年限累计计算；对2020年未缴费月度，可于2021年底前进行补缴，缴费基数在2021年当地个人缴费基数上下限范围内自主选择 职工医保：对职工医保单位缴费部分实行减半征收，减征期限不超过5个月 统筹基金累计结存可支付月数大于6个月的统筹地区，可实施减征 可支付月数小于6个月但确有必要减征的统筹地区，由各省指导统筹考虑安排 缓缴政策可继续执行，缓缴期限原则上不超过6个月，缓缴期间免收滞纳金

跨章节知识点训练

限时60分钟

扫我做试题

简答题

1. 2021年3月万保房地产开发公司、海奥装饰公司和达明塑钢厂分别以自行开发的房产、货币资金和外购的钢材投资成立万海达建材经营公司，并约定按投资比例进行利润分配、共同承担投资风险。

投资主体投资情况汇总表

单位：万元

投资主体	投资方式	原账面价值	投资确认的公允价值	股权比例
万保房地产开发公司	房产	400	600	60%
海奥装饰公司	货币资金	200	200	20%
达明塑钢厂	钢材	150	200	20%

假定所有投资主体均为内资企业。

根据上述资料，请回答下列问题：

(1)各投资主体投资设立万海达建材经营公司的行为，所涉及的流转税、企业所得税和土地增值税应如何处理？

(2)应如何确定各投资主体投资业务涉及的流转税和企业所得税的计税依据？（不要求计算具体数额）

2. 2020年7月18日，某市咨询公司程先生前往诚信税务师事务所咨询，现就下列问题分别予以解答：

(1)甲企业对关联企业进行非货币性资产投资的行为，何时确认收入？甲企业该投资行为确认的非货币性资产转让所得，在缴纳企业所得税时有怎样的优惠？

(2)乙企业法人代表王先生将自己持有的A公司20%股权全转给王先生本人控股的B公司，价格偏低，应如何缴纳个人所得税，简述理由。

(3)丙企业将对外投资的部分股权转让给个人并签订企业股权转让合同，是否需要缴纳印花税？简述理由。

3. A公司股东为B公司（持股比例60%）、C个人（持股比例40%），A公司的所有者权益为9 000万元，其中实收资本4 000万元，资本溢价形成的资本公积2 000万元，盈余公积1 500万元，未分配利润1 500万元。2020年3月A公司的股东会做出决定，以2 000万元的资本公积、500万元的盈余公积和1 500万元的未分配利润转增资本。请问其股东B公司和C个人应如何进行税务处理？

4. 位于市区的A公司（一般纳税人）出租房产，合同约定自2020年7月1日起租赁期五年，每年不含增值税租金12万元，并约定第一年7月1日一次性向承租方收取两年租金，共计25.2万元，第三、四、五年的租金每年支付。由于A公司于2013年取得房产，因此对于该项出租业务，A公司选择了简易计税方法计算缴纳增值税。

问题：

(1)上述房产出租业务2020年的增值税、房产税、企业所得税应如何处理？如何计算缴纳印花税？

(2)就第一年收取租金、计提房产税和印花税、结转收入的业务作出账务处理。

5. 河北省A融资租赁公司为经商务部批准从事融资租赁业务的公司，系增值税一般纳税人。2020年7月份发生如下业务：

(1) 与B公司签订了经营租赁合同，约定租赁期限2年，设备租赁费为每年30万元，每年1月5日、7月5日分2次均匀支付当年的租赁费用，该租赁设备系2014年购入；

(2) 与C公司签订的融资租赁合同约定：将其电信设备融资租赁给C公司，租赁期限10年，设备租赁费为每年120万元，每年7月5日支付相应的租赁费用，租赁期结束后该设备归C公司所有；

(3) 与D公司签订融资性售后回租合同，以3 000万元购入D公司的设备，之后D公司以每年900万元的租金、租赁期5年的方式将该设备回租，租赁期结束后设备归D公司所有。该设备原值5 000万元，已经计提折旧500万元，账面净值4 500万元。

请根据上述资料，回答下列问题，无需计算具体数字。

(1) A公司应该如何纳税？

(2) B公司、C公司、D公司是否允许扣除相应的进项税额？

(3) B公司、C公司、D公司支付的租赁费在计算应纳税所得额时是否可以扣除？

6. 某公交公司2021年5月收到政府的稳岗补贴15万元；收到政府给予该公司的刷卡补贴3 800万元——市民乘坐公交时刷公交卡8折优惠，差额部分由政府补贴；收到政府给予的里程补贴28 000万元——政府根据企业的总亏损额/总运营里程计算出每里程的补贴数额，之后根据公交公司的运营里程给予补贴。

假设该企业对政府补贴采用总额法核算，在不考虑公共交通运输服务免征增值税的情况下，作出上述补贴的账务处理，并简要说明其增值税、企业所得税的税务处理及理由。

参考答案及解析

简答题

1. 【答案】

(1) 所涉及的税收。

①万保房产开发公司：

a. 增值税。营改增后，以房地产投资入股，按照销售不动产征收增值税。

b. 土地增值税。房地产公司以开发产品（房产）对外投资，发生所有权转移，应视同销售房地产，按规定征收土地增值税。

c. 企业所得税。开发产品（房产）因投资引起资产的所有权属发生改变，应视同销售确定收入征收企业所得税，其所得可以分5年均匀计入应纳税所得额。

②海奥装饰公司用货币资金投资，不涉及税款缴纳。

③达明塑钢厂以外购的钢材对外投资，应视同销售征收增值税；

外购货物因投资引起资产的所有权属发生改变，应视同销售确定收入征收企业所得税，其所得可以分5年均匀计入应纳税所得额。

(2) 计税依据。

①万保房产开发公司的计税依据。

增值税确定计税依据的顺序：

a. 按照纳税人最近时期销售同类不动产的平均价格；

b. 按照其他纳税人最近时期销售同类不动产的平均价格；

c. 按组成计税价格：组成计税价格 = 成本×(1+成本利润率)。

房地产开发企业企业所得税收入的确认按照下列方法和顺序确认：

a. 按本企业近期或本年度最近月份同类开发产品市场销售价格确定；

b. 由主管税务机关参照当地同类开发产品市场公允价值确定；

c. 按开发产品的成本利润率确定。开发产品的成本利润率不得低于15%，具体比例由主管税务机关确定。

【思路点拨】 土地增值税的收入按下列方法和顺序确认：

a. 按本企业在同一地区、同一年度销售的同类房地产的平均价格确定；

b. 由主管税务机关参照当地当年、同类房地产的市场价格或评估价值确定。

②达明塑钢厂的计税依据。

增值税确定计税依据的顺序：

a. 按纳税人最近时期同类货物平均售价；

b. 按其他纳税人最近时期同类货物平均售价；

c. 按组成计税价格。

企业所得税收入确认依据：按照纳税人同类产品的平均售价确认确定。

2.【答案】

(1)企业以非货币性资产对外投资，应于投资协议生效并办理股权登记手续时，确认非货币性资产转让收入。

居民企业以非货币性资产对外投资确认的非货币性资产转让所得，可在不超过5年的期限内，分期均匀计入相应年度的应纳税所得额，按规定计算缴纳企业所得税。

(2)对于转让股价偏低的，税务机关可以核定股权转让收入。

理由：申报的股权转让收入明显偏低且无正当理由的，主管税务机关可以核定股权转让收入，转让给本人持股的公司，不属于法定的正当理由。

(3)需要缴纳印花税。

理由：《印花税暂行条例》中的印花税税目表中规定，产权转移书据包括财产所有权和版权、商标专用、专利权、专有技术使用权等转移书据，按所载金额万分之五来贴花。其中"财产所有权"转移书据的征税范围是：经政府管理机关登记注册的动产、不动产的所有权转移所立的书据，以及企业股权转让所立的书据。所以股权转让应按"产权转移书据"征收印花税，税率为万分之五。

3.【答案】

B公司税务处理：对于以资本溢价形成的2 000万资本公积转增资本，既不征收企业所得税，也不增加B公司对A公司投资的计税基础；对于以500万元的盈余公积和1 500万元的未分配利润转增资本，视同B公司取得1 200万元[(500+1 500)×60%]的股息红利收入，免征企业所得税，同时B公司对A公司投资的计税基础增加1 200万元。

C个人税务处理：对于以资本溢价形成的2 000万资本公积转增资本，既不征收个人所得税，也不增加C个人对A公司投资的计税基础；对于以500万元的盈余公积和1 500万元的未分配利润转增资本，视同C个人取得800万元[(500+1 500)×40%]的股息红利收入，由A公司在转增资本时扣缴20%的个人所得税，即160万元，同时C个人对A公司投资的计税基础增加800万元。

4.【答案】

(1)增值税、房产税、企业所得税、印花税如何处理。

①增值税：纳税人提供租赁服务，采取预收款方式的，增值税纳税义务发生时间为收到预收款的当天。所以出租房产业务第一年应纳增值税＝24×5%＝1.2(万元)；

②房产税：2020年7-12月份的房产税从租计征，以不含增值税的租金作为计税依据，2020年7-12月份的房产税＝6×12%＝0.72(万元)；

③企业所得税：根据企业所得税法规定，租金收入按照合同约定的承租人应付租金的日期确认收入的实现。其中，如果交易合同或协议中规定租赁期限跨年度，且租金提前一次性支付的，出租人在租赁期内，可以分期均匀计入相关年度收入。出租房产业务计算第一年的企业所得税时应

将6万元收入计入应纳税所得额中；

④印花税：应该按照合同记载的金额60万作为印花税的计税依据，缴纳1‰的印花税600元。

(2)账务处理。

①收取租金：

借：银行存款　　　　　　　　252 000
　　贷：预收账款　　　　　　240 000
　　　　应交税费——简易计税　 12 000

②计提房产税及印花税：

借：税金及附加　　　　　　　　7 800
　　贷：应交税费——应交房产税 7 200
　　　　应交税费——应交印花税(或银行存款)　　　　　　　　　　 600

③结转2020年收入：

借：预收账款　　　　　　　　 60 000
　　贷：其他业务收入　　　　 60 000

5.【答案】

(1)①与B公司签订的经营租赁合同。

该项合同属于有形动产经营租赁，由于有形动产的购入时间在有形动产营改增(注：有形动产租赁服务营改增的时间为2013年8月1日)之后，因此只能按照一般计税方法计算缴纳增值税，税率13%，每年1月5日、7月5日，合同约定的收款日期增值税纳税义务发生，并缴纳相应的城建税和教育费附加；

以租金总额按照"财产租赁合同"缴纳1‰的印花税；

该项经营租赁合同由出租方A公司计提折旧，在企业所得税前扣除。

②与C公司签订的融资租赁合同。

该公司为经批准经营融资租赁业务的试点纳税人中的一般纳税人，提供融资租赁服务，应该按照13%的税率计算缴纳增值税，以取得的全部价款和价外费用，扣除支付的借款利息、发行债券利息和车辆购置税后的余额为销售额计算缴纳增值税，对其增值税实际税负超过3%的部分实行增值税即征即退政策；缴纳相应的城建税和教育费附加；

以租金总额按"借款合同"缴纳0.05‰的印花税；

该设备应该由承租方C公司计提折旧。

③与D公司签订的融资性售后回租合同。

融资性售后回租应该按照"贷款服务"缴纳增值税，税率6%。经人民银行、银保监会或者商务部批准从事融资租赁业务的试点纳税人，提供融资性售后回租服务，以取得的全部价款和价外费用(不含本金)，扣除对外支付的借款利息、发行债券利息后的余额作为销售额。对其增值税实际税负超过3%的部分实行增值税即征即退政策；缴纳相应的城建和教育费附加；

以租金总额按照"借款合同"缴纳0.05‰的印花税；

该设备应该由承租方D公司计提折旧。

(2)B公司、C公司相应业务的进项税额允许抵扣；

D公司相应业务的进项税额不得抵扣，因为纳税人购进的贷款服务的进项税额不得抵扣。

(3)B公司租赁期间每年支付的30万元租赁费用作为企业相关费用在计算应纳税所得额时扣除；

C公司支付的租赁费不得在计算应纳税所得额时扣除，C公司按规定计提的折旧可以在税前扣除；

D公司不得直接扣除支付的租金，而应该仍按出售前原账面价值5 000万元作为计税基础计提折旧；支付的属于融资利息的部分，作为财务费用在税前扣除。

6.【答案】

(1)账务处理。

①稳岗补贴：

借：银行存款　　　　　　　　　15万
　　贷：其他收益　　　　　　　15万

②刷卡补贴：

借：银行存款　　　　　　　3 800万
　　贷：主营业务收入　　 3 486.24万

应交税费——应交增值税(销项
　　　　税额)　　　　　　313.76万元
③里程补贴:
借:银行存款　　　　　28 000万
　　贷:其他收益　　　　28 000万
(2)增值税。
稳岗补贴无需缴纳增值税,因为该项补贴与销售收入或数量无关;刷卡补贴需要按照交通运输服务缴纳增值税,因为该项补贴属于政府给予企业的价格补贴,与销售收入或数量直接挂钩;里程补贴无需缴纳增值税,因为该项补贴与销售收入或数量未直接挂钩。
(3)企业所得税。
上述三项补贴均属于企业所得税的应税收入,因为不符合专项用途财政性资金条件。

2021
YINGSHI ZHINAN

第四部分

思维导图全解

梦想成真辅导丛书

本书各章思维导图全解

第1章 导 论

第二部分 第1章 导论（1）

- 涉税专业服务的特点：公正性、自愿性、有偿性、独立性、专业性
- 涉税专业服务机构：税所和从事涉税专业服务的会所、律所、代理记账机构、税代公司、财税类咨询公司等
- 涉税专业服务的范围
  - 专业税务顾问、税收策划、涉税鉴证、纳税情况审查业务 —— 只能由具有税务师、会计师、律师事务所资质的涉税专业服务机构从事
  - 纳税申报代理、一般税务咨询、其他税务事项代理、其他涉税服务业务
- 涉税专业服务行政监管
  - 实名制管理
    - 区分纳税人自有办税人员和涉税专业服务机构代理办税人员
    - 涉税专业服务机构信息：未及时报送法律责任
    - 首次提供服务前，向主管税务机关报送《涉税专业服务机构（人员）基本信息采集表》
    - 首次提供服务前，报送《涉税专业服务协议要素信息采集表》
  - 业务信息采集
    - 专业税务顾问、税收策划、涉税鉴证、纳税情况审查业务 —— 完成业务的次年3月31日前，报送《专项业务报告要素信息采集表》
    - 纳税申报代理、一般税务咨询、其他税务事项代理、其他涉税服务业务 —— 完成服务后，报送
    - 年度报告 3月31日之前，报送《年度涉税专业服务总体情况表》
  - 信用评价
    - 涉税服务机构信用评价
      - 信用积分和信用等级相结合
      - 注意评价周期、范围、信用等级标准、失信名录期限2年
    - 涉税服务人员信用记录
      - 信用积分和执业负面记录
      - 积分指标体系及信用积分方式：直接得分、累加计分、累计扣分
    - 信用复核机制时间规定
  - 公告渠道和推送渠道
  - 注意违法违规责任的规定

— 545 —

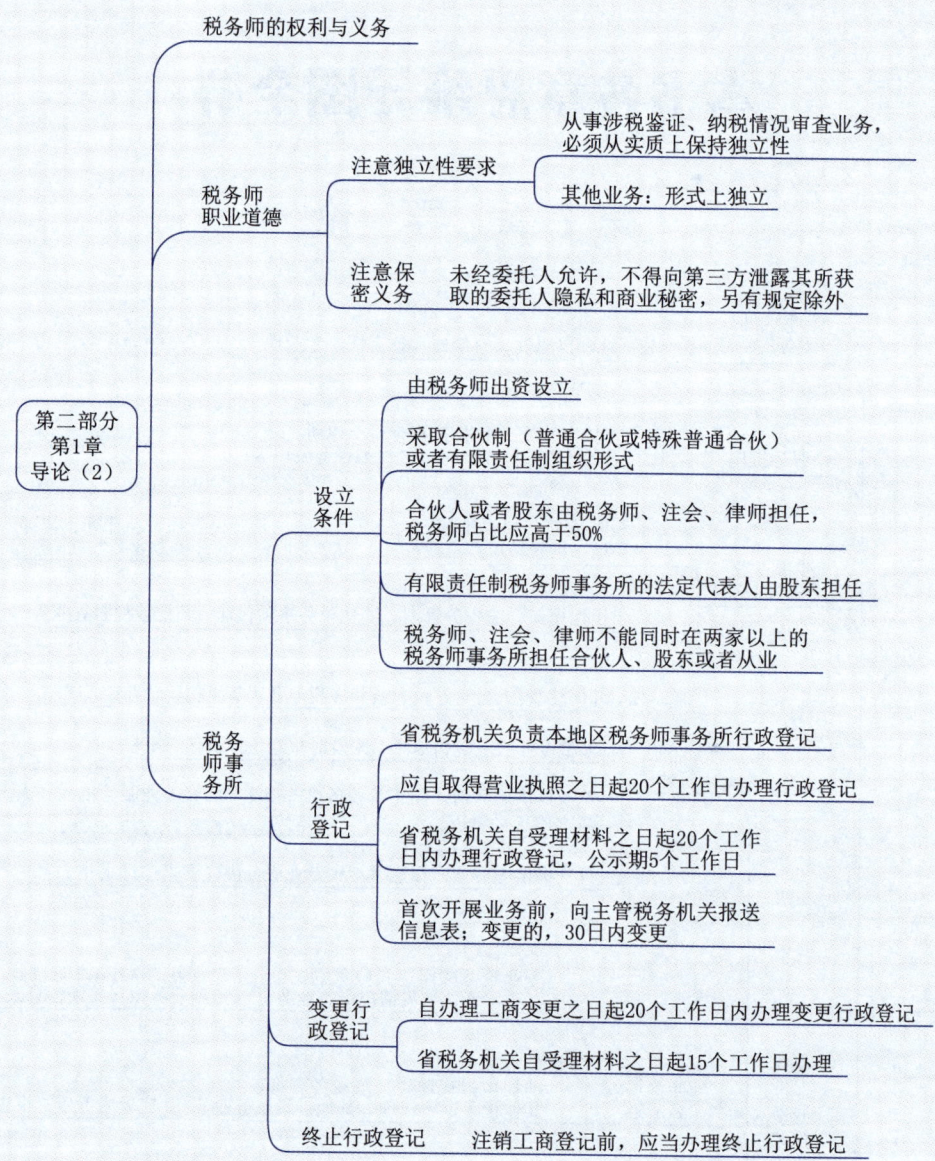

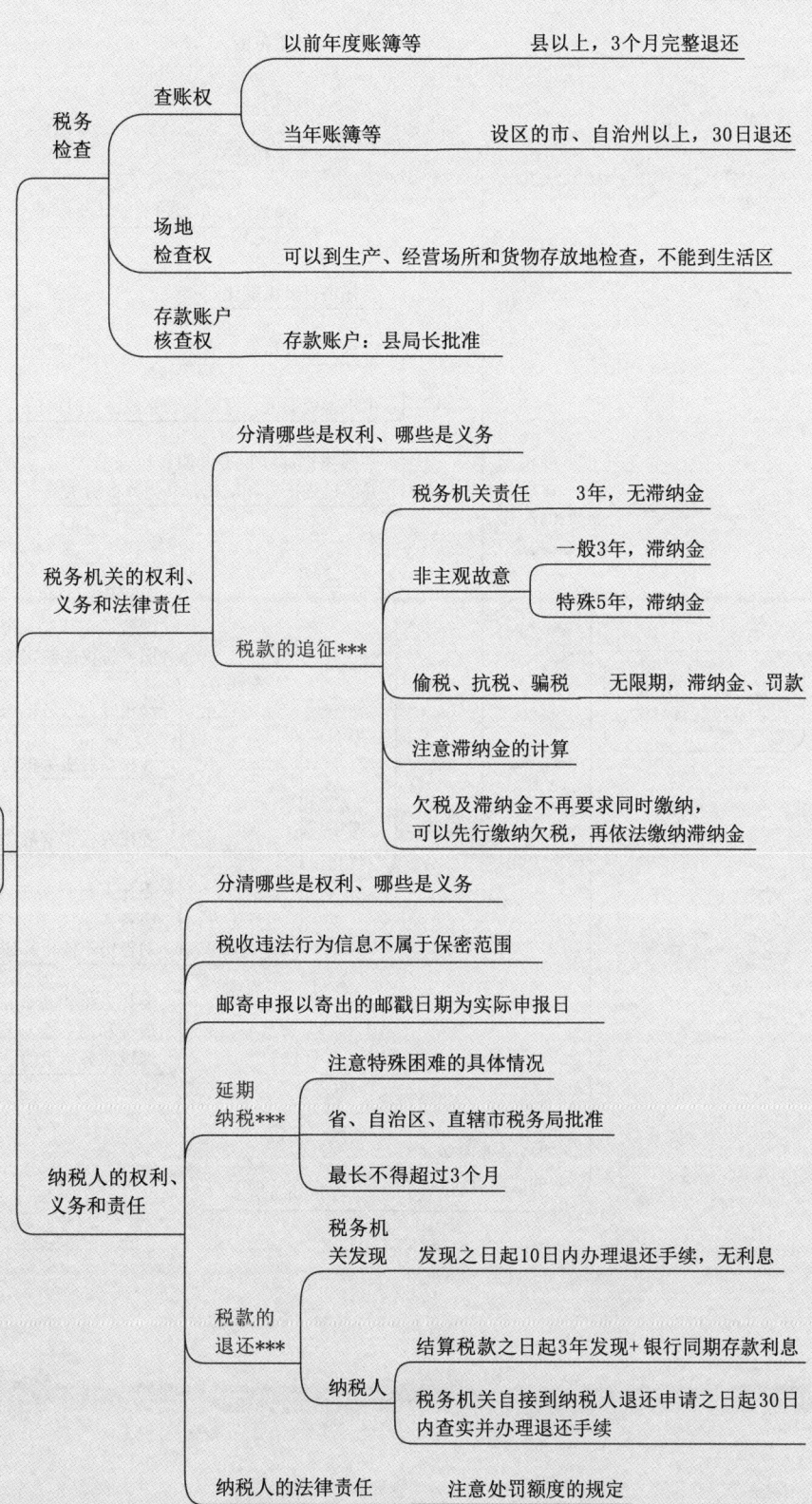

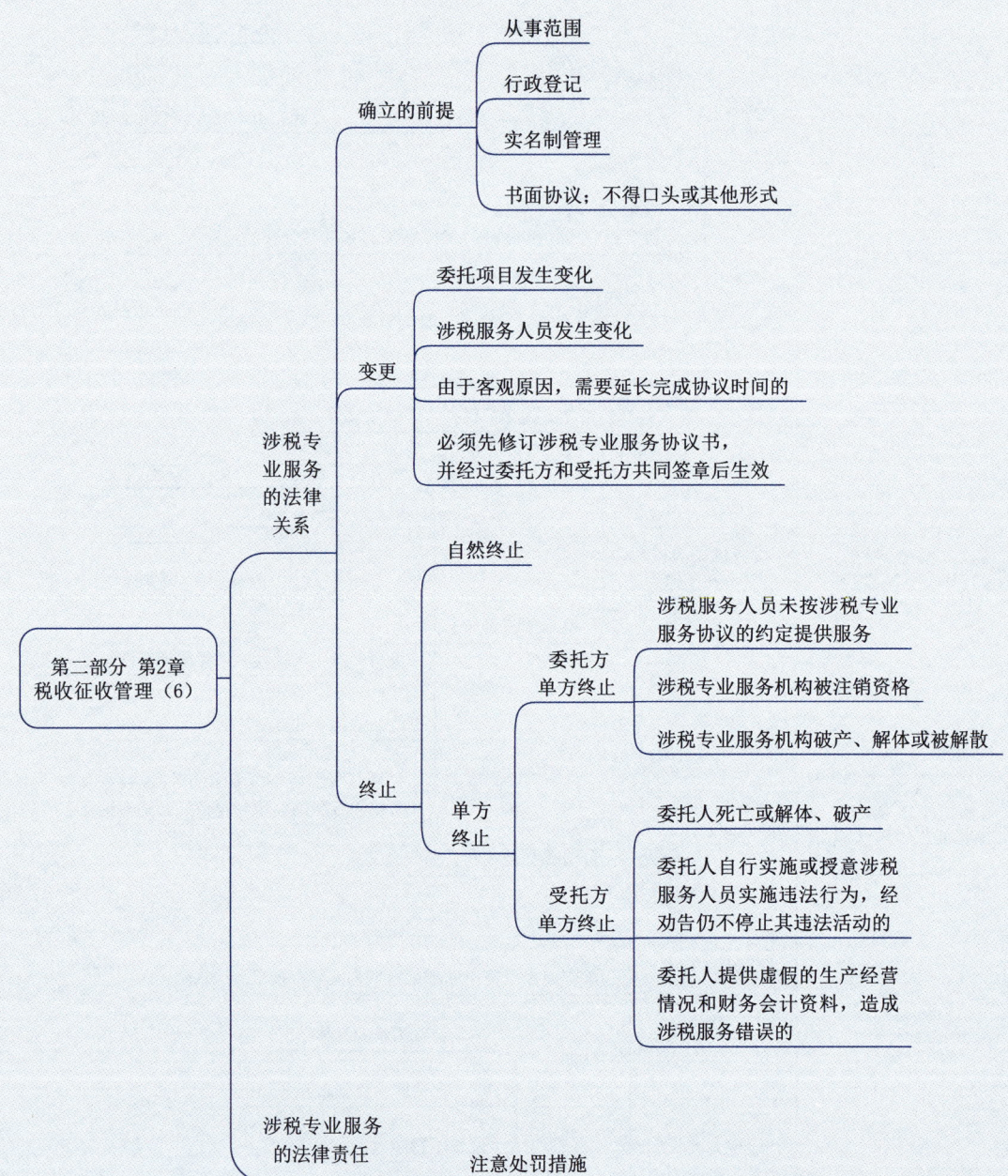

第3章 涉税专业服务程序与方法

- 第二部分 第3章 涉税专业服务程序与方法
  - 涉税专业服务基本程序：业务承接、业务委派、业务计划、业务实施、业务记录、业务成果、业务档案
  - 信任保护原则
    - 税务师事务所及其涉税服务人员有权终止业务的情形
    - 如已完成部分约定业务，按约定收费+免责性声明
  - 涉税专业服务具体程序
    - 业务承接
      - 任何一方迟延履行后发生不可抗力的，违约责任不能免除
      - 项目负责人应当对专家的工作成果负责
    - 业务计划
    - 业务实施
      - 资料收集、事项判断、实施办理、风险控制、后续管理
      - 关注事实、会计、税收方面
      - 产生意见分歧，得到解决以后，项目负责人方可提交业务成果
    - 业务记录
      - 工作底稿：管理类、业务类，注意划分
      - 业务完成后90日内，将工作底稿与业务成果等一并存档
      - 业务成果具体形式
    - 业务成果报送
      - 专业税务顾问、税收策划、涉税鉴证、纳税情况审查业务的次年3月31日之前，向税务机关报送《专项业务报告要素信息采集表》
      - 每年3月31日前，向税务机关报送《年度涉税专业服务总体情况表》
  - 了解纳税审查的基本方法：注意比较分析法和控制计算法的区别

第4章 涉税会计核算

- 了解会计与税法一般性差异和主要业务差异
- 了解涉税会计核算对象和任务
- 应交税费
  - 核算的非税款或非本企业缴纳税款：扣缴个税、教育费附加、矿产资源补偿费
  - 不在本科目核算的税款：不需要预计缴纳的税金，如耕地占用税、车辆购置税、契税
  - 印花税
    - 需要预计，通过"应交税费"
    - 否则，不通过
- 税金及附加
  - 企业经营活动发生的相关税费
  - 房地产企业销售开发产品应纳的土增在该科目核算
  - 收到返还的消费税等原记入本科目的税金，贷"税金及附加"
  - 核算的税种不包括增值税，收到返还的增值税，贷"其他收益"或"营业外收入"

第二部分 第4章 涉税会计核算（1）

- 所得税费用
  - 按会计准则确认的应从当期利润中扣除的所得税费用
  - 借：所得税费用（按会计准则确认的应从当期利润中扣除的）
    贷：应交税费——应交企业所得税（按税法确定）
  - 差额通过 递延所得税资产、递延所得税负债 核算
  - 可抵扣暂时性差异形成递延所得税资产
  - 应纳税暂时性差异形成递延所得税负债
- 以前年度损益调整
  - 只有以前年度损益类科目发生错账时，才通过该科目调整
  - 调账时注意对所得税的影响
  - 余额转入"利润分配——未分配利润"
- 营业外收入、其他收益
  - 核算实际收到即征即退、先征后退、先征后返的增值税和直接减免的增值税
- 计入资产成本：耕地占用税、车辆购置税、契税

第二部分 第4章 涉税会计核算（2）

增值税的会计核算

应交税费——应交增值税
- 借方：进项税额
- 销项税额抵减
- 已交税金　　当月缴纳当月税款
- 减免税款
- 出口抵减内销产品应纳税额　　按"免抵税额"记账
- 转出未交增值税
- 贷方：销项税额
- 出口退税　　退税最高限额——即按"免抵退税额"记账
- 进项税额转出
- 转出多交增值税　　只有真金白银多预缴形成的才转出

应交税费——未交增值税
- 月度终了从"应交增值税"或"预交增值税"明细科目转入
- 当月缴纳以前期间未缴的增值税，借记"应交税费——未交增值税"
- 用进项留抵抵减欠税　　按欠税与留抵较小数字红字记账

应交税费——预交增值税
- 一般纳税人一般计税时使用
- 四种情形：转让不动产、不动产经营租赁服务、建筑服务、采用预收款方式销售自行开发的房地产项目
- 预交转未交时间
  - 一般情况，月末
  - 房地产开发企业：纳税义务发生时才转

应交税费——待抵扣进项税额（了解）

应交税费——待认证进项税额　　取得扣税凭证，但未认证

应交税费——待转销项税额
- 一般纳税人使用
- 会计上收入确认时间早于增值税纳税义务发生时间

应交税费——增值税期末留抵税额（了解）

应交税费——简易计税
- 一般纳税人+简易计税方法
- 增值税计提、扣减、预缴、缴纳均通过该科目
- 无需转入"未交增值税"

应交税费——转让金融商品应交增值税
- 金融商品转让按规定以盈亏相抵后的余额为销售额
- 无需转入"未交增值税"

应交税费——代扣代交增值税　　按适用税率、而非征收率扣缴

应交税费——增值税检查调整
- 税务机关对一般纳税人检查发现问题
- 需转入"未交增值税"

```
                                                          应交税费——应交增值税：无专栏
                                  小规模增值税核算
                                                          应交税费——转让金融商品应交增值税
                       增值税的
                       会计核算                             应交税费——代扣代交增值税
                                  税控系统专用设
                                  备和技术维护费      一般，借：应交税费——应交增值税（减免税款）
                                  用抵减税额
                                                  小规模，借：应交税费——应交增值税

                                  熟悉商业零售企业增值税的核算，注意"商品进销差价"科目


                                  出口免税       无应交税费——应交增值税（销项税额）

    第二部分 第4章
    涉税会计核算（3）                抵税体现在
                                  应纳税额的    免抵退税不得免征和抵扣税额        借：主营业务成本
                       出口                     =净出口额×征退税率之差            贷：进项转出
                       免抵         计算中
                       退税
                       核算
                                  期末有留抵，要退税，否则不退

                                  免抵退税额=净出口额×退税率

                                         借：应收出口退税款——增值税（期末留底VS免抵退税额较小）
                                             应交税费——应交增值税（出口抵减内销产品应纳税额）
                                  账务        （金额等于免抵税额）
                                  处理     贷：应交税费——应交增值税（出口退税）
                                             （金额免抵退税额）
```

第二部分 第4章 涉税会计核算（4）

- 消费税
  - 借：税金及附加
  - 贷：应交税费——应交消费税

- 土地增值税
  - 房地产开发企业销售开发产品
    - 借：税金及附加
    - 贷：应交税费——应交土地增值税
  - 转让在"固定资产""在建工程"核算的
    - 借：固定资产清理
    - 贷：应交税费——应交土地增值税

- 四小税（房土车印）
  - 借：税金及附加
  - 贷：应交税费——相应税种名称

- 个税
  - 借：应付职工薪酬
  - 贷：应交税费——应交个税

- 账务调整的基本方法
  - 做错账时调账，判断账务处理是否正确的标准是会计准则等，而非税法
  - 当期错账
    - 一般情况，正常调整
    - 按月结转利润
      - 月内发现：调整错账本身即可
      - 月后发现：最终结到本年利润科目
  - 上年错账对上年度税收发生影响的
    - 报表编制前发现：损益类科目需调至"本年利润"
    - 报表编制后发现
      - 不影响上年利润，直接调整
      - 影响上年利润：通过"以前年度损益调整"调整；注意对所得税的影响
  - 上年错账不影响上年税收，但影响本年度核算和税收
    - 相应调整本年度有关账项
  - 不能直接按审查出的错误数额调整利润
    - 表现为实现的利润：直接调整利润账户
    - 需经过计算分摊
      - 计算分摊率，不涉及项目部参与分摊
      - 计算各环节的分摊数额
      - 调整相关账户
  - 调账方法：红字冲销法、补充登记法、综合账务调整法

第5章 纳税申报代理服务

```
                            ┌── 增值税一般纳税人
                            │   纳税申报          1张主表，5张附表的整体架构
                            │
                            │   企业所得税
                            │   纳税申报          月度或季度预缴申报、年度汇算清缴申报
   第二部分 第5章 ────────┤
   纳税申报代理服务           │   个人所得税
                            │   纳税申报          分清预扣预缴、汇算清缴、代扣代缴的不同
                            │
                            │   土地增值税        房地产开发企业销售开发产品的预缴与清算、
                            └── 纳税申报          销售旧房与建筑物的土地增值税纳税申报
```

第6章 涉税鉴证与纳税情况审查服务

第二部分 第6章 涉税鉴证与纳税情况审查服务（1）
└─ 涉税鉴证业务
   ├─ 业务内容与基本要求
   │ ├─ 只有税务师事务所、会计师事务所、律师事务所能够承接
   │ ├─ 鉴定和证明作用，需要出具书面专业意见
   │ ├─ 报送《涉税专业服务机构（人员）基本信息采集表》和其他相关信息
   │ ├─ 信任保护原则
   │ ├─ 涉税鉴证业务与代理服务不相容原则
   │ └─ 业务术语：当事人、鉴证事项、鉴证材料、鉴证结果
   └─ 鉴证准备
      ├─ 项目负责人应当对专家工作成果负责
      ├─ 证据种类，熟悉哪些证据材料不得作为鉴证依据
      ├─ 鉴证人对鉴证事项合法性的证明责任，不能替代或减轻委托人或被鉴证人应当承担的会计责任、纳税申报责任以及其他法律责任
      ├─ 业务记录：注意涉税鉴证业务工作底稿包括的要素
      ├─ 业务成果：项目负责人负责编制涉税鉴证业务报告
      │ ├─ 注意涉税鉴证业务报告包括的内容，报告出具日期为完成业务成果外勤工作的日期
      │ └─ 涉税鉴证业务报告应由两个以上具有涉税鉴证业务资质的涉税服务人员签字
      └─ 未经委托人同意，不得向第三方泄露相关信息。掌握除外的情形
         ├─ 税务机关因行政执法需要进行查阅的
         └─ 涉税专业服务监管部门和行业自律部门因检查执业质量需要进行查阅的

第二部分 第6章 涉税鉴证与纳税情况审查服务（2）

税务司法鉴定

- 实行鉴定人负责制度
- 鉴定人不得违反规定会见诉讼当事人及其委托的人
- **刑事诉讼活动**
  - 接受办案机关的税务司法鉴定委托：公安机关；人民检察院或者公安机关；人民法院
  - 不得违规接受犯罪嫌疑人、被告人及其代理人的委托
- **民事及行政诉讼活动**
  - 可以接受人民法院的委托，也可以接受原告、被告、第三人、上诉人、被上诉人等诉讼参与主体的委托
- **仲裁、调解等非诉讼争议解决程序**
  - 可以接受争议解决机关、争议各方、其他程序参与方的委托
- 委托人对鉴定材料的真实性、合法性、相关性负责
- 自收到委托之日起7个工作日作出是否承接的决定
- 注意鉴定人及助理人员应当回避的情形
- 现场提取鉴定材料应由不少于2名涉税专业服务人员进行，其中至少1名应为该鉴定事项的鉴定人
- 自委托书生效之日起 30个工作日内 完成委托事项的鉴定，延长一般不超过30日
- 终止鉴定、补充鉴定、重新鉴定的情形
- 税务司法鉴定意见书不应包含的内容
- 除另有规定外，业务档案应 至少保存10年
- 什么情况下鉴定人可通过书面证言、视听传输技术、视听资料和庭外调查等方式作证

纳税情况审查服务

- 只有税务师事务所、会计师事务所、律师事务所能够承接
- 接受行政机关、司法机关委托
- 指派本所税务师、注册会计师、律师完成
- 应根据委托协议的约定确定是否出具书面业务报告

第7章 税务咨询服务

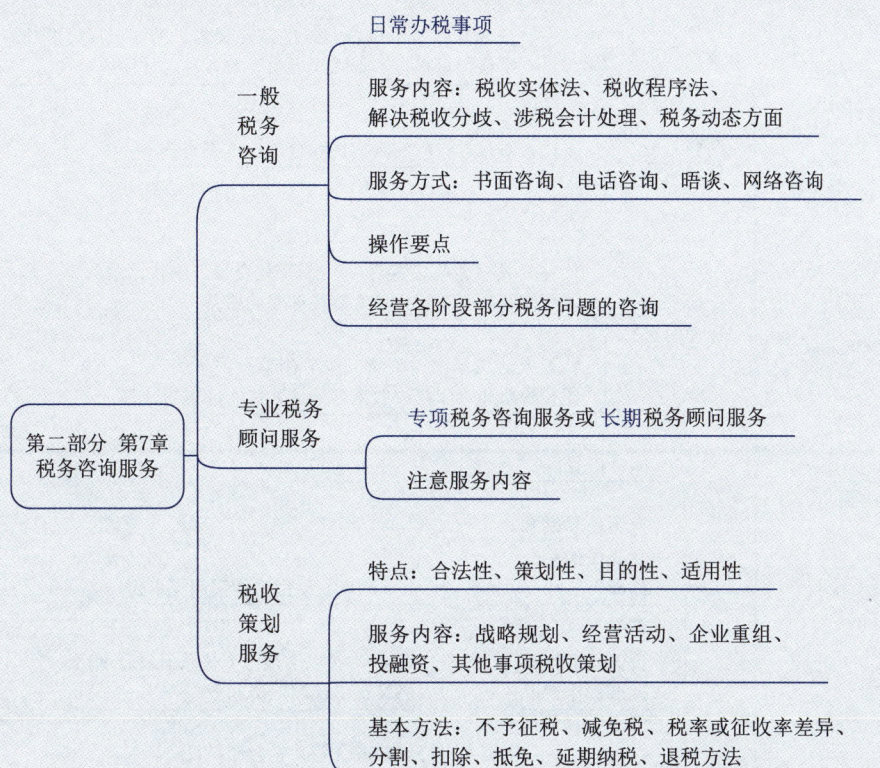

第8章 其他税务事项代理服务

- 涉税信息报告事项代理服务
  - 分为基础信息报告、制度信息报告、跨区域涉税事项、资格信息报告、特殊事项报告等，注意具体内容

- 税收优惠代理服务
  - 委托人对报送材料的真实性和合法性承担责任
  - 实施程序

- 证明办理代理服务
  - 代办开具《税收完税证明》、开具个税《纳税记录》、转开印花税票销售凭证等涉税证明的服务
  - 纳税人遗失《出口货物完税分割单》、印花税票和《印花税票销售凭证》，不能重新开具

- 代理记账服务
  - 服务内容
  - 熟悉简易账和复式账的划分标准
    - 注意简易账簿均采用订本式
  - 税务师事务所代理记账，应经县级以上地方人民政府财政部门批准，不得以税务师个人名义提供代理记账服务
  - 代理建账建制的基本内容
    - 可据实自行增减或合并某些会计科目
    - 复式账3张表：资产负债表、应税所得表和留存收益表
    - 简易账1张表：应税所得表
    - 注意税前不允许扣除的各项支出
  - 各种账簿、凭证、表格须保存10年以上
  - 代理记账操作规范
    - 代制会计凭证
      - 审核原始凭证的基础上 代制记账凭证
      - 税务师代理记账但不代客户制作原始凭证
    - 代为编制会计账簿
      - 现金日记账和银行存款日记账应由纳税单位的出纳人员登记
      - 将账簿登记编制完毕，还要进行对账工作
      - 注意"留存收益"和"税后列支费用"
    - 代为编制会计报表
    - 代理纳税申报　个体户的所得税，年度终了后三个月内汇算清缴
    - 代理纳税审查

第四部分　第二部分 第8章 其他税务事项代理服务（1）

国际税收代理服务

- 涉税情况报告、享受税收协定待遇、国际税收证明开具、相宜协商程序、预约定价安排
- 境内机构和个人发包工程作业或劳务项目备案
  - 对外支付时是否需要扣缴增值税和企业所得税
  - 扣缴增值税时按照税率、而非征收率扣缴
- 服务贸易等项目对外支付税务备案
  - 向境外单笔支付等值>5万美元
  - 外国投资者以境内直接投资取得的合法所得在境内再投资（单笔5万美元以上）：注意递延纳税政策
- 同期资料报告
  - 主体文档
    - 准备主体文档的情形
    - 应披露的信息
  - 本地文档
    - 需准备本地文档的情形
  - 特殊事项文档
    - 成本分摊协议特殊事项文档
    - 资本弱化特殊事项文档
  - 时限及其他要求　同期资料应当使用中文
- 非居民企业间接转让财产事项报告
- 非居民企业股权转让适用特殊性税务处理备案
- 境外注册中资控股企业居民身份认定申请
- 非居民纳税人享受税收协定待遇办理
- 中国税收居民身份证明的开具
  - 个税："住所""居住时间"
  - 企业所得税："登记注册地""实际管理机构所在地"
- 预约定价安排谈签与执行
  - 适用范围：未来3~5年+符合条件情况下以前年度（追溯最长10年）
  - 6阶段：预备会谈、谈签意向、分析评估、正式申请、协商签署和监控执行
- 中国居民（国民）申请启动税务相互协商程序
- 特别纳税调整相互协商程序　磋商的内容和时间规定

第二部分　第8章　其他税务事项代理服务（2）

第9章 其他涉税专业服务

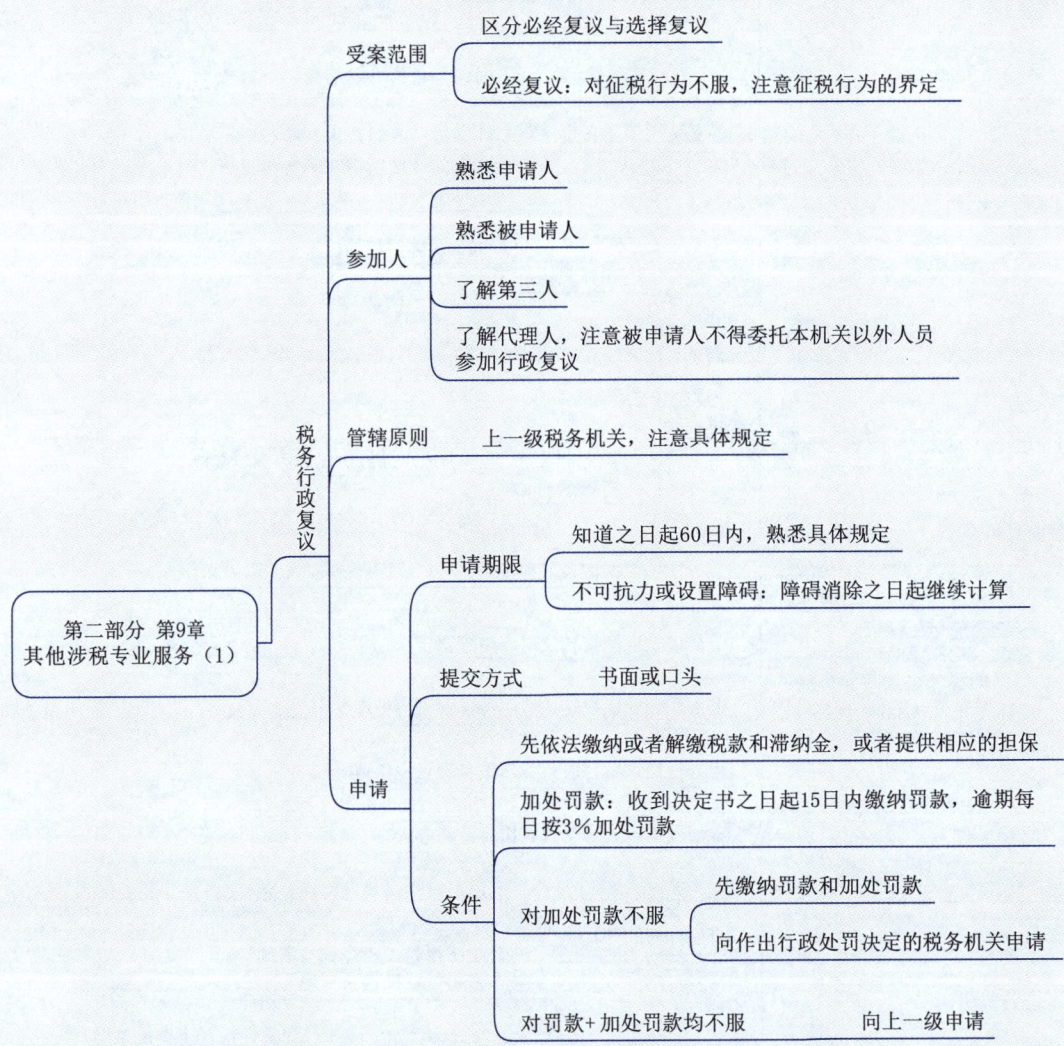

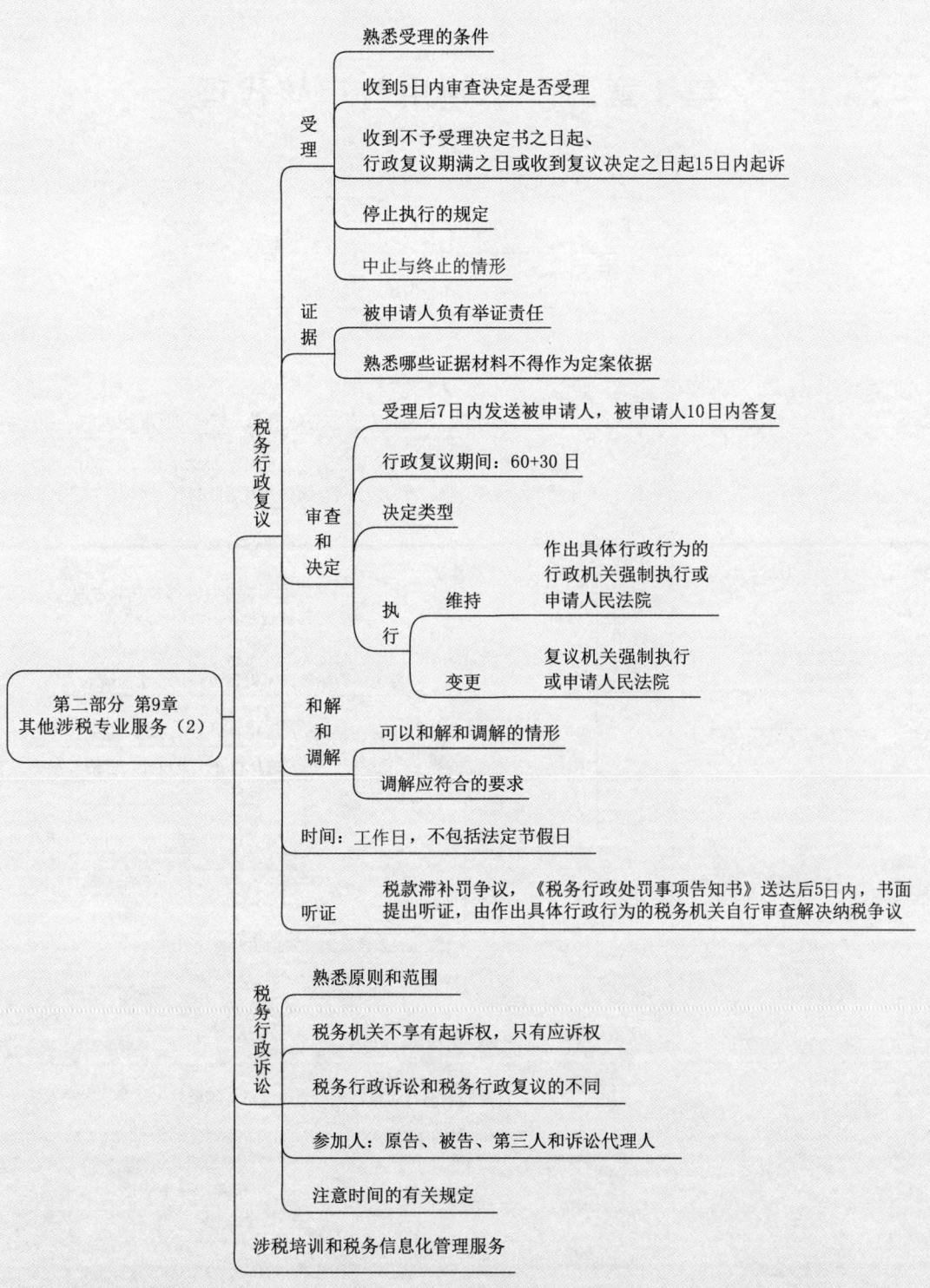

第1章 发票领用与审核代理

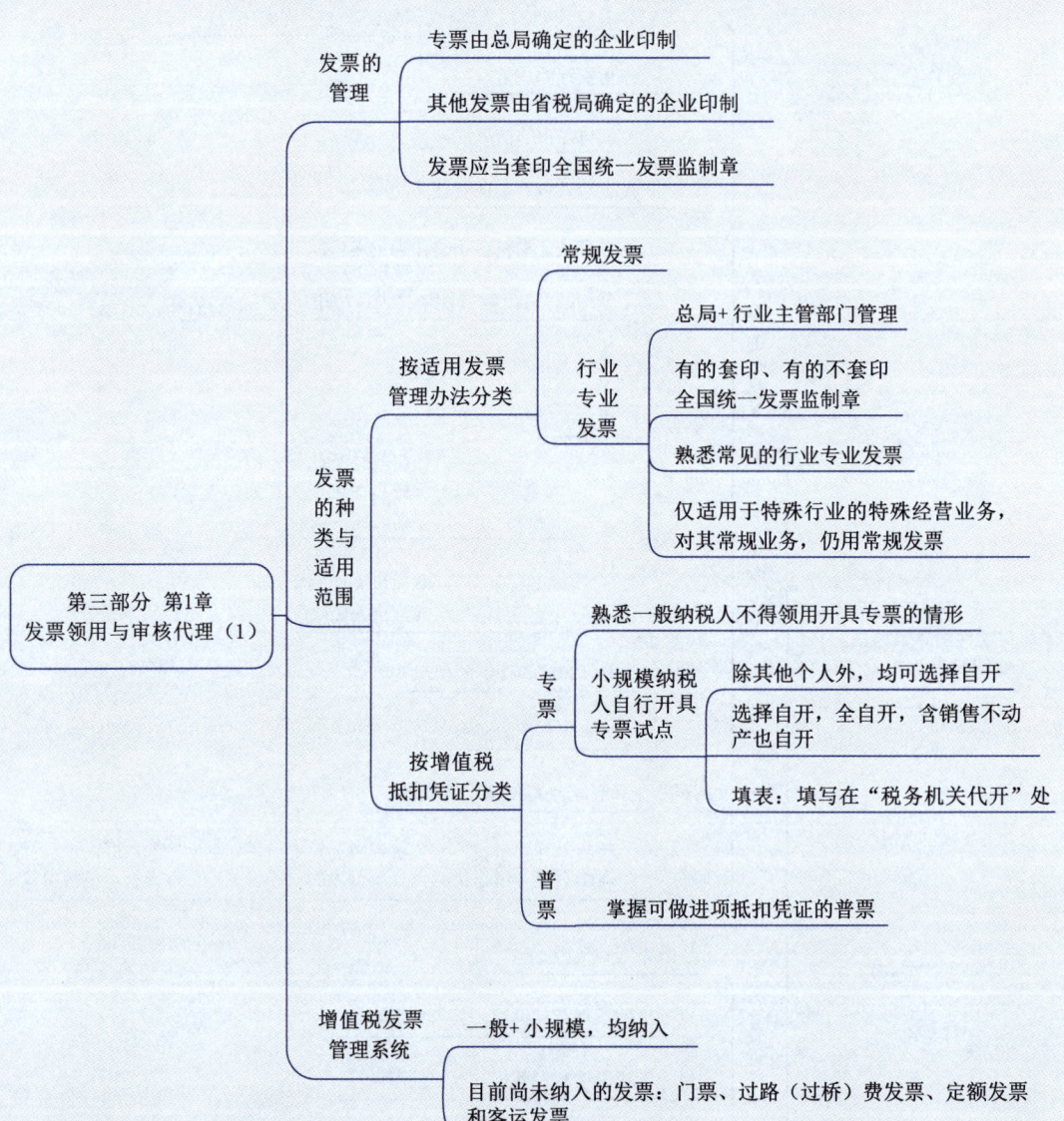

第三部分 第1章 发票领用与审核代理（2）

发票领用

领用的纳税人范围
- 代开：经营活动书面证明、经办人身份证明，经营地
- 外出经营：《跨地区涉税事项报告表》，领经营地发票的，提供保证人或交纳保证金

首次申领发票
- 领用专票资格：从一般纳税人生效之日（当月1日或次月1日）
- 专票最高开票限额审批
  - 区县税局
  - 不超10万元的，不需事前进行实地查验
- 发票领用数量审批即时办结

增值税税控系统专用设备的领购初始发行

压缩新办纳税人首次申领增值税发票时间
- 注意需符合的条件
- 首次申领：2个工作日内办结，有条件的当日办结
- 首次申领的规定
  - 专票：限额10万元；每月数量不超25份
  - 普票：限额10万元；每月不超50份

后续申领
- A级：一次领取不超过3个月
- B级：一次领取不超过2个月
- 辅导期：最多25份

专用设备的变更发行和注销发行
- 变更发行：纳税人名称、开票限额、购票限量、开票机数量等事项发生变更
- 注销发行：纳税人识别号发生变化

发票领用手续
- 注意领用时需持的资料

电子普票
- 用票量大可选用服务器版税控开票系统
- 用票量小可使用单机版税控开票系统

印有本单位名称的发票印制
- 书面申请
- 仅限普票
- 直接结算印制费用

第三部分 第1章 发票领用与审核代理（3）

- **开具发票的范围**
  - **发票的保管、保存和缴销**
    - 丢失当日书面报告税务局，无需登报
    - 已经开具的发票存根联和发票登记簿应保存5年
  - 付款方向收款方开具的发票：收购单位和扣缴义务人支付个人款项时
  - 注意"未发生销售行为的不征税项目"的范围；发票税率栏应填写"不征税"
  - **专票的开具范围**
    - **不得开专票**
      - 下游不得抵扣进项税额
      - 与差额纳税有关的情形，但差额纳税≠差额开专票
      - 与简易计税有关的情形，但简易计税≠不得开具专票
      - 收取款项未发生销售行为的

- **发票开具**
  - 注意基本要求；尤其：应使用中文。民族自治地方可以同时使用当地通用的一种民族文字
  - 注意开具专票和运用增值税发票管理新系统开具发票的有关规定
  - 注意开具普票也需要填写购买方的纳税人识别号或统一社会信用代码
  - 掌握专票作废的条件
  - 掌握开具红字发票流程
  - 掌握差额征税情况下发票的开具 —— 差额征税差额开票"税率"显示" *** "
  - **电子普票**
    - 不支持作废操作，有误红冲
    - 自行打印电子普票版式文件效力、用途、使用规定同纸质普票
  - **通行费电子普票**
    - 征税发票
    - 不征税发票
  - **机动车销售统一发票**：如购买方抵扣进项，"纳税人识别号"栏内打印购买方纳税人识别号
  - **稀土企业发票开具**：不得使用清单功能
  - **成品油发票开具**：预售时普票，加油后可专票
  - 备注栏要求（必须掌握）

- **税务机关代开**
  - **临时代开**
    - 经营活动书面证明、经办人身份证明
    - 经营地
    - 先纳税，再代开
  - **其他情况代开地点**
    - 一般情况下，纳税人机构所在地
    - 不动产销售或出租需要代开发票：不动产所在地
  - **代开货物运输业小规模纳税人专票**：可在税务登记地、起运地、到达地或运输业务承揽地（含互联网物流平台所在地）中任何一地申请代开
  - 向主管税务机关申报缴纳增值税，代开专票已纳增值税允许抵减

第三部分 第1章 发票领用与审核代理(4)

- 发票使用的审核
  - 增值税电子专票
    - 新办纳税人中试行电子专票
    - 各省税务局监制，采用电子签名代替发票专用章
    - 法律效力、基本用途、基本使用规定等与增值税纸质专票相同
    - 红字专票的开具程序
    - 电子发票报销入账规定的规定
    - 注意查验真伪的方法
  - 熟悉基本要求
  - 注意认证有效期限：2017.1.1后开具的取消期限规定
  - 掌握专票丢失的处理
    - 全丢：取得加盖销售方发票专用章的相应发票记账联复印件
    - 丢一联：以剩的一联复印件代替丢失联使用
  - 非法代开、虚开专票：注意界定及处罚措施
  - 取得虚开专票
    - 善意：进项转出，无需滞纳金；业务真实，所得税前可扣；重新取得可扣
    - 非善意：进项转出，滞纳金，罚款；企业所得税前不可扣
  - 企业所得税税前扣除凭证管理办法
    - 注意内部凭证与外部凭证的划分
    - 何种情况下无需取得发票
    - 未取得合格税前扣除凭证的处理
    - 补救措施
    - 分割单作为税前扣除凭证的规定
  - 异常增值税扣税凭证
    - 注意范围、处理措施
    - 纳税信用A级可自接到通知之日起10个工作日内提出核实申请
- 违章处理中注意罚款额度要求
- 发票相关代理服务：发票领用类、发票开具类、发票验旧类、发票缴销类及其他发票相关服务类

第2章　货物与劳务税纳税审核与纳税申报代理

- 第三部分　第2章 货物与劳务税纳税审核与纳税申报代理（1）
  - 增值税
    - 一般 VS 小规模纳税人
      - 一般纳税人和小规模纳税人的划分标准
        - 年应征增值税销售额500万元
        - 除个体户以外的其他个人，不登记为一般纳税人
        - 注意可以选择登记的情形
        - 年销售额未超过小规模纳税人标准以及新开业的纳税人，可申请登记为一般纳税人
      - 年应税销售额的确定 ***
        - 包括纳税申报销售额、稽查查补销售额、纳税评估调整销售额、税务机关代开发票销售额和免税销售额
        - 以差额前的销售额为准
        - 不包括偶然发生的销售无形资产、转让不动产的销售额
      - 注意时间的规定　15、5、5日
      - 未及时认定的责任　按增值税税率计算税额，不得抵扣进项，不得使用专票
      - 转登记为小规模纳税人的规定
    - 征税范围
      - 基本规定　销售或进口货物、销售劳务、服务、无形资产、不动产
      - 确定征税范围的基本条件
        - 发生在境内（注意境内外的划分）、经营活动、为他人提供、有偿
        - 购买方扣缴境外单位、个人增值税时按照适用税率、而非征收率扣缴
      - 特殊行为
        - 8+3项视同销售***；注意购进的货物与自产、委托加工的货物视同销售的不同
        - 捐赠给目标脱贫地区、疫情期间捐赠免增值税的规定
        - 企业集团内单位（含企业集团）之间的资金无偿借贷行为免增值税
        - 增值税的视同销售≠企业所得税的视同销售
        - 混合销售VS兼营，特别注意销售货物并提供安装服务的税务处理

第三部分 第2章 货物与劳务税纳税审核与纳税申报代理（2）

增值税

计税方法

- **一般计税方法**：当期销项税额－当期进项税额
- **简易计税方法**：小规模纳税人、一般纳税人特定：当期销售额（不含增值税）×征收率
- **扣缴计税方法**：境外单位或个人在境内发生应税行为，在境内未设有经营机构的：购买方支付的价款÷（1+税率）×税率

特别注意：一般纳税人可以选择简易计税的情形

选择计税方法的标准：利润最大化，而非纳税最小

税率与征收率***

税率

- **13%税率**：大部分货物、加工修理修配劳务、有形动产租赁服务
- **9%税率货物**：生活必需品类、文化用品类、农业生产资料类、（初级）农产品、其他
- **9%税率**：交通运输、邮政、基础电信、建筑、不动产租赁服务（含土地出租），销售不动产，转让土地使用权
- **6%税率**：增值电信、金融服务、现代服务（租赁服务除外）、生活服务、转让土地使用权以外的其他无形资产

特别注意：与运输有关的服务、与财产租赁有关的服务、建筑服务、金融服务、与软件有关的税率、邮政服务、电信服务、代理服务、现代服务、生活服务、与无形资产有关的业务、废弃物处置业务等的具体规定

零税率：除另有规定外，纳税人出口货物、服务、无形资产，税率为零

征收率

- 一般情况3%
- 营改增后新增5%——主要与不动产租售、差额计税的劳务派遣、人力资源外包服务有关
- 减按2%、1.5%、0.5%等计税
- 注意自然人销售住房和商铺的税务处理

具体规定

- **销售使用过的固定资产**：
  - 一般纳税人：抵扣过进项税，按适用税率
  - 一般纳税人未抵扣过进项，按3%减按2%，不得开专票，放弃减税，可开专票
  - 小规模，按3%减按2%，不得开专票，放弃减税，可开专票
- **销售旧货**：按3%减按2%，不得开专票
- 从事二手车经销业务的纳税人销售其收购的二手车：含税销售额/（1+0.5%）×0.5%
- 个人销售自己使用过的物品：免

第三部分 第2章 货物与劳务税纳税审核与纳税申报代理（3）

增值税 — 一般纳税人纳税申报代理和纳税审核

增值税税收优惠的审核与筹划
- 注意重要的免税项目，尤其是小规模纳税人月销售额不超15万、扶贫捐赠、疫情捐赠免税优惠
- 放弃免税权的规定
  - 放弃免税后，36个月内不得再申请免税
  - 提交书面声明，备案
  - 全部放弃，不得部分放弃

销项税额 = 销售额 × 税率
- 销售额：全部价款和价外费用，不含增值税
- 含税销售额换算：含税销售额/（1+6%、9%或13%）；注意含税的判断
- 结算方式对纳税义务发生时间的影响
  - 租赁服务、超12月的大型机械设备、船舶、飞机：收到预收款——租赁服务
  - 先开发票：开发票当天
  - 发生应税行为+收款或取得收款凭据
  - 注意不同结算方式
  - 会计收入确认时间早于增值税纳税义务发生时间，通过"应交税费——待转销项税额"核算
- 注意价外费用不包括内容
- 特殊销售方式
  - 价格折扣：同一张发票+金额栏分别注明，折扣后
  - 实物折扣：视同销售
  - 销售折扣（现金折扣）：不得减除
  - 以旧换新：金银首饰例外
  - 还本销售：不得扣除还本支出
  - 以物易物：销项+进项（符合条件）
  - 带包装销售：计算缴纳增值税
  - 押金：除啤酒、黄酒外的其他酒类产品特殊
  - 包装物租金：计算缴纳增值税
- 注意视同销售下的账务处理，尤其是代销业务
- 价格明显偏低或偏高时销售额
  - 顺序：先售价（先自身，后其他纳税人），后组价
  - 组价中成本利润率的规定
    - 不征或从量定额征消费税：按10%
    - 既征增值税，又从价定率征消费税：按消费税中成本利润率

第三部分 第2章 货物与劳务税纳税审核与纳税申报代理（4）

增值税

一般纳税人纳税申报代理和纳税审核

销项税额=销售额×税率

差额计税

- 金融商品转让：买卖价差；个人免；不得开专票
- 经纪代理：扣除政府性基金或者行政事业性收费，差额部分不得开专票
- 融资租赁：扣除两息一税，全额开专票
- 融资性售后回租：扣除两息，无需开专票
- 客运场站：扣除支付给承运方运费，无不得开专票规定
- 旅游服务：扣除向旅游服务购买方收取并支付的住宿费等，差额部分不得开专票
- 建筑服务：简易计税，扣除分包款，全额开专票
- 房地产：一般计税；支付给政府的土地价款，全额开专票
- 转让不动产：简易+非自建；扣除不动产购置原价或者取得不动产时的作价
- 劳务派遣：扣除代用工单位支付给劳务派遣员工的工资等，差额开专票
- 提供物业管理服务的纳税人收取的自来水水费：扣除对外支付的自来水水费；全额开专票
- 注意账务处理；一般计税的差额涉及的税款，通过"应交税费——应交增值税（销项税额抵减）"核算

进项税额

准予抵扣

- 从销售方取得的专票上注明的增值税额
- 海关进口增值税专用缴款书上注明的增值税额
- 从境外购进，代扣代缴税款的完税凭证上注明的增值税额
- 凭票扣除（9%、10%——先9%，后1%）
- 计算扣除（9%、10%——先9%，后1%）
- 核定扣除（投入产出法、成本法、参照法），扣除率为销售货物适用税率
- 核定扣除时购进时全额计采购成本，销售时核定抵扣的进项税额，减少相应的成本

购进农产品 申报表填写

- 从一般纳税人采购取得专票：填写认证相符的专票 + 加计扣除农产品进项税额
- 从国外进口，取得完税凭证：填写海关进口增值税专用缴款书 + 加计扣除农产品进项税额
- 从农业生产者处采购：填写农产品收购发票或者销售发票 + 加计扣除农产品进项税额
- 从小规模处采购取得专票：填写农产品收购发票或者销售发票 + 加计扣除农产品进项税额

第三部分 第2章 货物与劳务税纳税审核与纳税申报代理（5）

增值税 — 一般纳税人纳税申报代理和纳税审核 — 进项税额

准予抵扣

道路通行费
- 通行费电票（征税发票）的税额可抵
- 财政票据、通行费不征税发票不得抵扣
- 桥、闸通行费发票按5%抵扣

国内旅客运输费用
- 国际不得抵
- 除专票和电票外，需注明身份
- 电票、专票：税额；铁路、机票：9%；其他3%
- 机场建设费不得抵扣
- 限于劳动合同和接受的劳务派遣人员
- 申报表的填写：同时填写附列资料（二）的"8b""其他"和"第10栏"

保险服务　实物赔付：可抵；现金赔付：不可抵

不动产　按照净值率转入、转出

注意进项税额的核算
- 未取得扣税凭证：暂估，增值税不暂估
- 取得扣税凭证，未查询：应交税费——待认证进项税额
- 辅导期，取得凭证，已查询、未交叉稽核：应交税费——待抵扣进项税额
- 一次性抵扣：应交税费——应交增值税（进项税额）

不得抵扣

- 凭证不合格
- 用于免、简、福利和个人消费（注意不动产、无形资产、固定资产的不同）
- 非正常损失（管理不善、违法）
- 贷款、餐饮、居民日常、娱乐服务
- 不能分清，一般企业，按销售额比例；房地产，面积比例

- 按价税合计记账
- 扣税凭证取消查询期的规定
- 进项税额转出：以抵扣进项的税率或扣除率为准计算，而非以发生非正常损失时的税率或扣除率为准
- 进项税额扣减：红字冲进项，注意平销返利处理

第三部分 第2章 货物与劳务税纳税审核与纳税申报代理（6）

增值税

一般纳税人纳税申报代理和纳税审核

加计抵减
- 邮政、电信、现代服务：10%；生活服务：15%
- 手续：年度首次确认适用时，通过电子税务局（或前往办税服务厅）提交《适用加计抵减政策的声明》
- 抵减前应纳税额VS当期可抵减加计抵减额，较小一方
- 申报表填写：先填附列资料（四）的"二、加计抵减情况"，再填主表19行
- 账务处理：实际纳税时，按应纳借"应交税费——未交增值税"等，按实际纳税额贷"银行存款"，按加计抵减额贷"其他收益"

预缴税款的审核
- 预缴的4种情形
- 《增值税预缴税款表》的填写："销售额"和"扣除金额"按含税金额填写
- 账务处理
  - 一般纳税人+一般计税：预交增值税
  - 一般纳税人+简易计税：简易计税
  - 小规模+简易计税：应交税费——应交增值税

应纳税额的审核
- 抵减
  - 一般企业：月末转入"未交增值税"
  - 房地产开发企业：直至纳税义务发生
  - 填表：附列资料（四）税额抵减情况表
- 月末未交转入"应交税费——未交增值税"
- 税控系统专用设备和技术维护费用抵减税额
  - 一般，借：应交税费——应交增值税（减免税款）
  - 填表：主表23行"应纳税额减征额"
- 增量留抵退税
  - 条件、退税金额：部分先进制造业VS一般企业不同
  - 借：银行存款 贷：应交税费—应交增值税（进项税额转出）
  - 允许从城建及附加的依据中扣除退还的增值税税额

申报表的填写
- 销售额按照抵减前销售额
- 销项税额按照抵减后销项税额
- 23栏应纳税额减征额：专用设备及技术服务费全额抵减；销售使用过固定资产减征部分

第三部分 第2章 货物与劳务税纳税审核与纳税申报代理（7）

增值税 — 特殊行业 — 建筑服务

简易计税与一般计税
- 可选简易计税：老项目、甲供、清包
- 房屋建筑服务适用简易计税的规定
- 出租建筑施工设备
  - 设备+人：建筑服务9%
  - 设备不配人：有形动产租赁13%
- 一般纳税人选择简易计税不再实行备案制

计税方法
- 简易：预缴、应纳=总分包差额/1.03×3%
- 一般：预缴=总分包差额/1.09×2%；应纳=总包/1.09×9%-进项

预缴增值税
- 预收款：预缴增值税，纳税义务未发生
- 跨地级市：建筑服务发生地预缴；本地级市：机构所在地预缴
- 账务处理
  - 一般+一般：预交增值税
  - 一般+简易：简易计税
  - 小规模：应交增值税
- 预缴申报表："销售额"和"扣除金额"按含税填写

不同阶段账务处理
- 收到预收款
  - 会计、企业所得税：不确认收入
  - 增值税：纳税义务未发生，但预缴
  - 开票：612编码，建筑服务预收款
- 施工过程
- 完工
  - 会计、企业所得税：确认收入
  - 增值税：质保金等未开票、未收款，纳税义务未发生
  - 收入确认时间早于增值税纳税义务发生时间：待转销项税额

发票开具
- 总分各自申报，经批可汇总，项目部只预缴，不申报纳税
- 第三方直接开票的条件

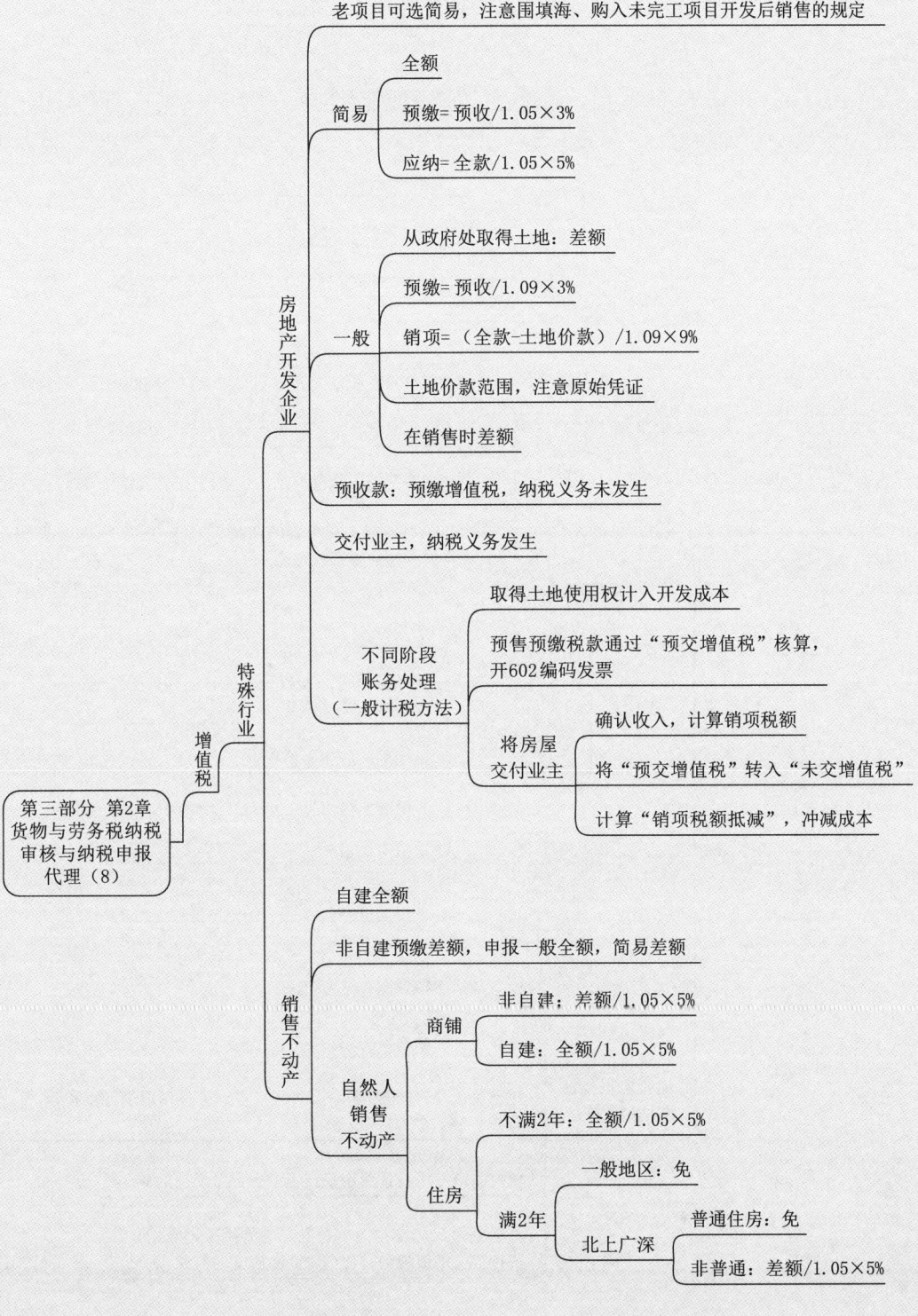

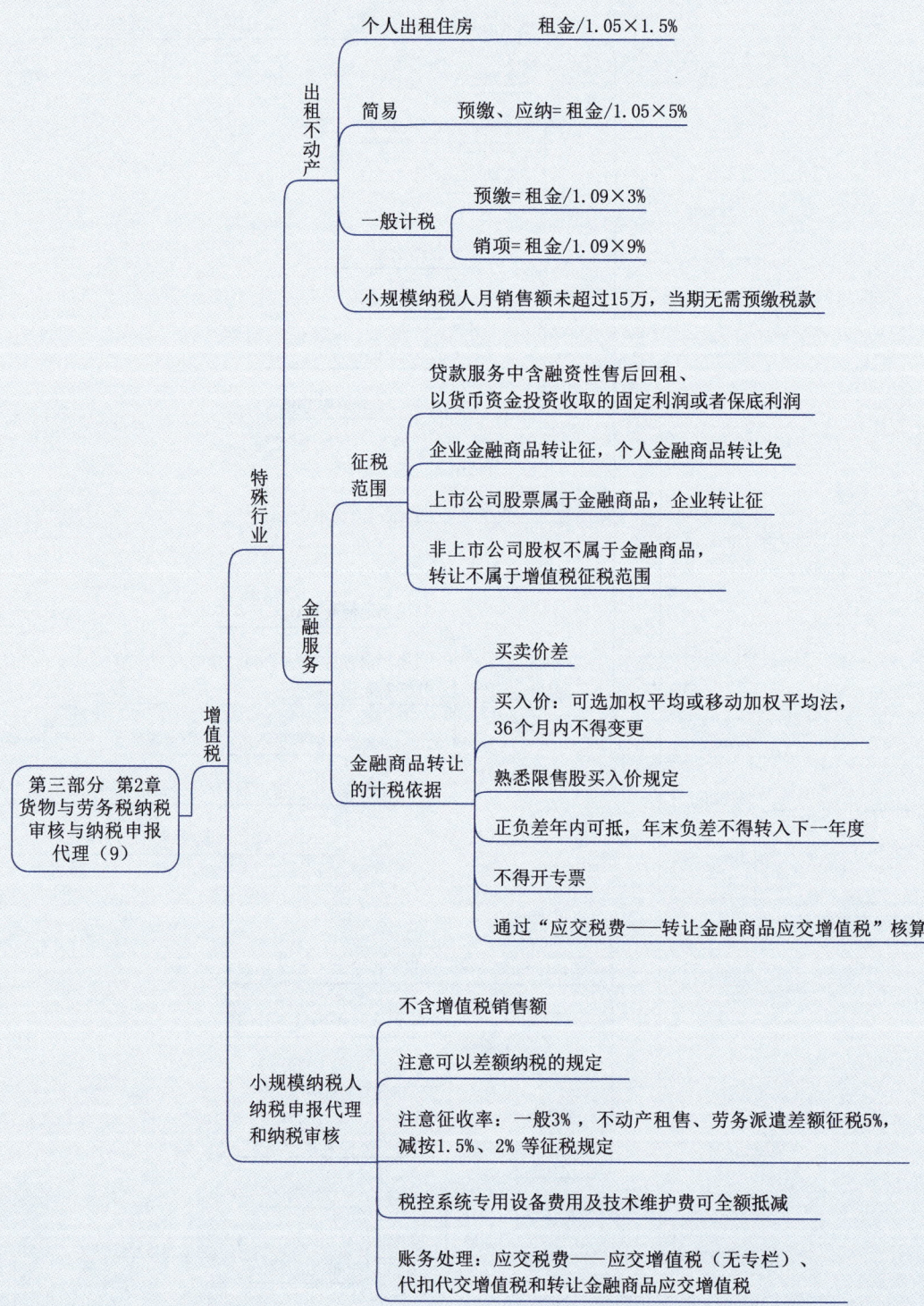

第三部分 第2章 货物与劳务税纳税审核与纳税申报代理（10）

消费税

征税范围与征税环节
- 注意15个税目的范围，尤其注意高档化妆品的界定
- 金银首饰、铂金首饰、钻石及钻石饰品：零售环节
- 卷烟：双环节；生产、委托加工、进口＋批发环节
- 超豪华小汽车：双环节；生产、委托加工、进口＋零售环节（含进口自用）
- 其他：生产、委托加工、进口

税率
- 卷烟：复合
  - 烟丝、雪茄烟比例税率
  - 甲类、乙类：70元/标准条
  - 卷烟批发：复合；批发企业之间销售免
- 白酒：复合
- 啤酒、黄酒、成品油：定额
- 其他：比例
- 成套销售：从高

应纳税额的计算及账务处理

- 从量定额：销售数量 —— 销售、移送使用、纳税人收回、海关核定进口
- 自设非独立核算门市部 —— 门市部对外销售数量或销售额

- 销售自产应税消费品
  - 销售额：全部价款和价外费用，不含增，含消
  - 熟悉视为应税消费品的生产行为
  - 销售额不含符合条件的代垫运费、代收的政府性基金、行政事业性收费
  - 通过"税金及附加"核算
  - 包装物押金
    - 一般货物：收取时不纳，逾期时纳
    - 啤酒、黄酒、成品油：从量定额，不纳
    - 其他酒类：收取时纳税
    - 注意账务处理

- 四项用途（投抵换）　消费税最高、增值税平均
- 白酒消费税最低计税价格

- 第三部分 第2章 货物与劳务税纳税审核与纳税申报代理（11）
  - 消费税
    - 应纳税额的计算及账务处理
      - 自产自用
        - 连续生产应税消费品，不纳；其他纳
        - 用于必要生产经营过程，不纳
        - 顺序：售价、组价
        - 组价
          - 比例：（成本＋利润）÷（1－消费税比例税率）
          - 复合：（成本＋利润＋定额税）÷（1－消费税比例税率）
        - 账务处理
          - 会计上做销售的，消费税通过"税金及附加"核算
          - 否则由有关科目来负担
      - 委托加工
        - 界定：委托方提供原料和主要材料，受托方只收取加工费和代垫部分辅助材料
        - 委托方纳消费税；受托方纳增值税
        - 除个人外，受托方代收代缴
        - 顺序：受托方同类售价、组价
        - 组价
          - 比例：（材料成本＋加工费）÷（1－消费税比例税率）
          - 复合：（材料成本＋加工费＋定额税）÷（1－消费税比例税率）
        - 材料成本不含增，酒类：不扣除农产品核定进项
        - 加工费含辅料
        - 收回后销售
          - 直接出售，不纳
          - 非直接出售，纳，允许抵受托方代收
        - 账务处理
          - 上个环节已纳消费税可抵，通过"应交税费——应交消费税"核算
          - 不可抵，计入"委托加工物资"
          - 注意"委托加工物资"成本的组成

第三部分 第2章 货物与劳务税纳税审核与纳税申报代理（12）

消费税

应纳税额的计算及账务处理

已纳消费税扣除
- 酒（除外购、进口葡萄酒可抵外）、小汽车、高档手表、游艇、电池、涂料、摩托车，不抵税
- 同类消费品才能抵税
- 按生产领用数量抵扣已纳消费税VS增值税的购进扣税法
- 继续生产扣税，零售、委托加工不扣税

卷烟批发环节
- 双环节
- 复合计税
- 批发企业之间销售的卷烟不缴纳消费税
- 总分支机构不在同一地区的，由总机构申报纳税
- 不得扣除已含的生产环节的消费税税款

零售应税消费品
- 金银首饰等
  - 带料加工的金银首饰：受托方同类售价、组价
  - 以旧换新（含翻新改制）：实际收取的不含增值税的全部价款
- 超豪华小汽车
  - 界定：每辆不含增值税零售价格≥130万元的乘用车和中轻型商用客车

进口
- 从价定率：（关完＋关税）÷（1－消费税比例税率）
- 复合计税：（关完＋关税＋定额税）÷（1－消费税比例税率）
- 既是消也是增的组价
- 啤酒、黄酒、成品油：消费税进口数量，增值税组价：关完＋关税＋消费税

第3章 所得税纳税审核、涉税鉴证与纳税申报代理

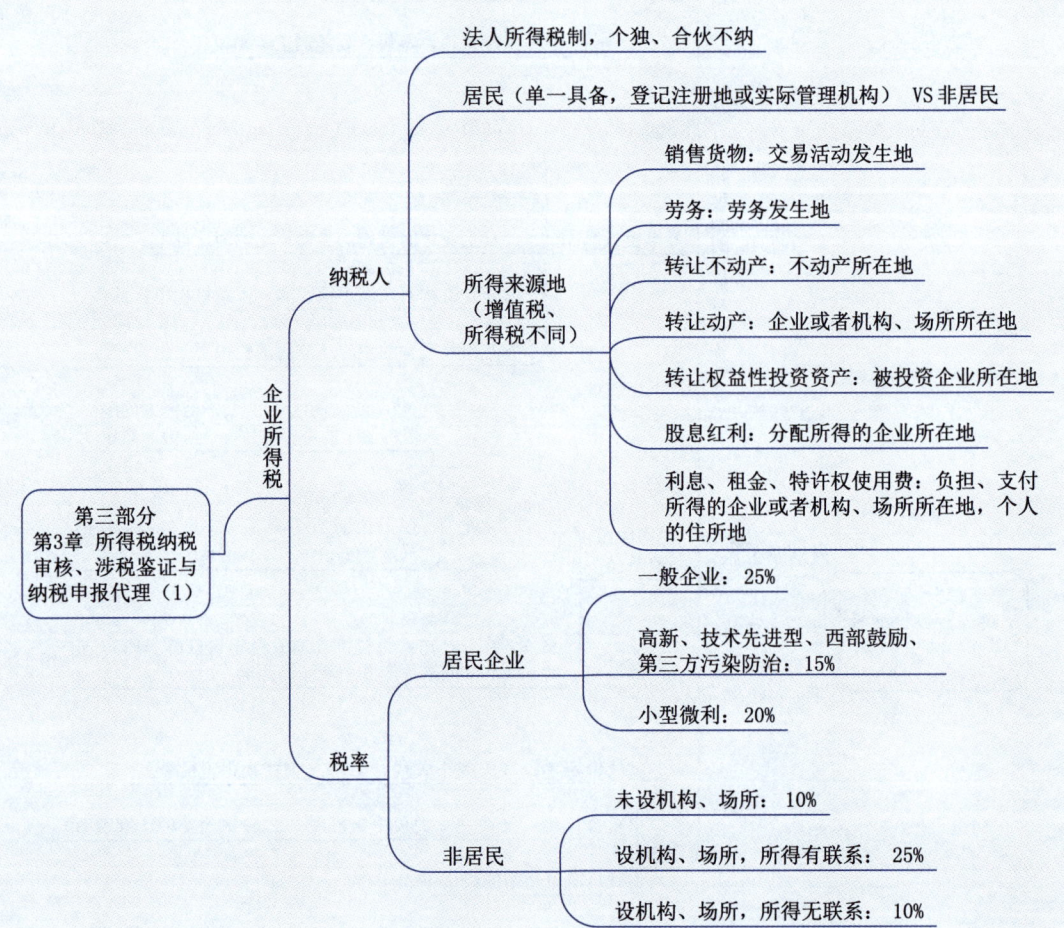

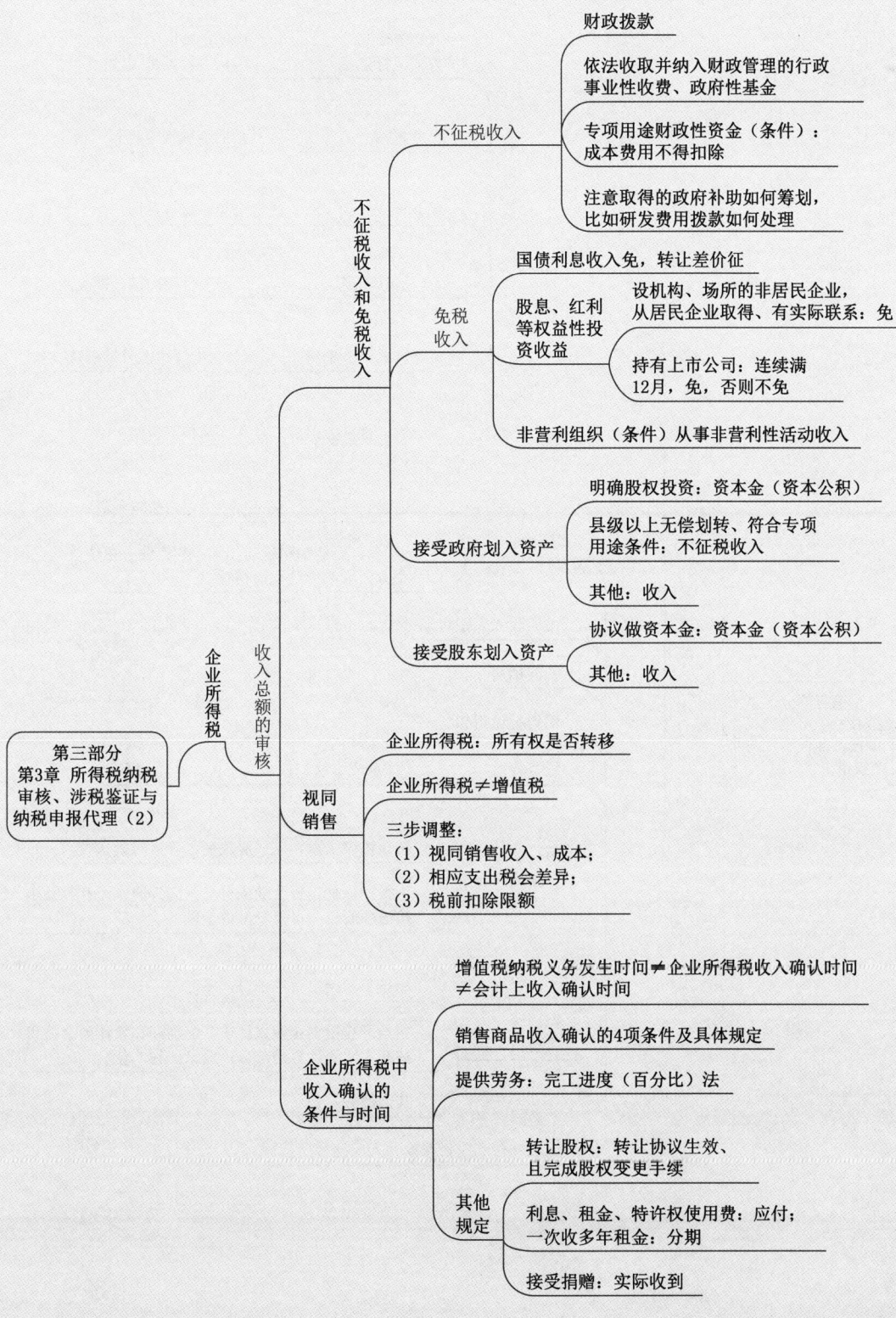

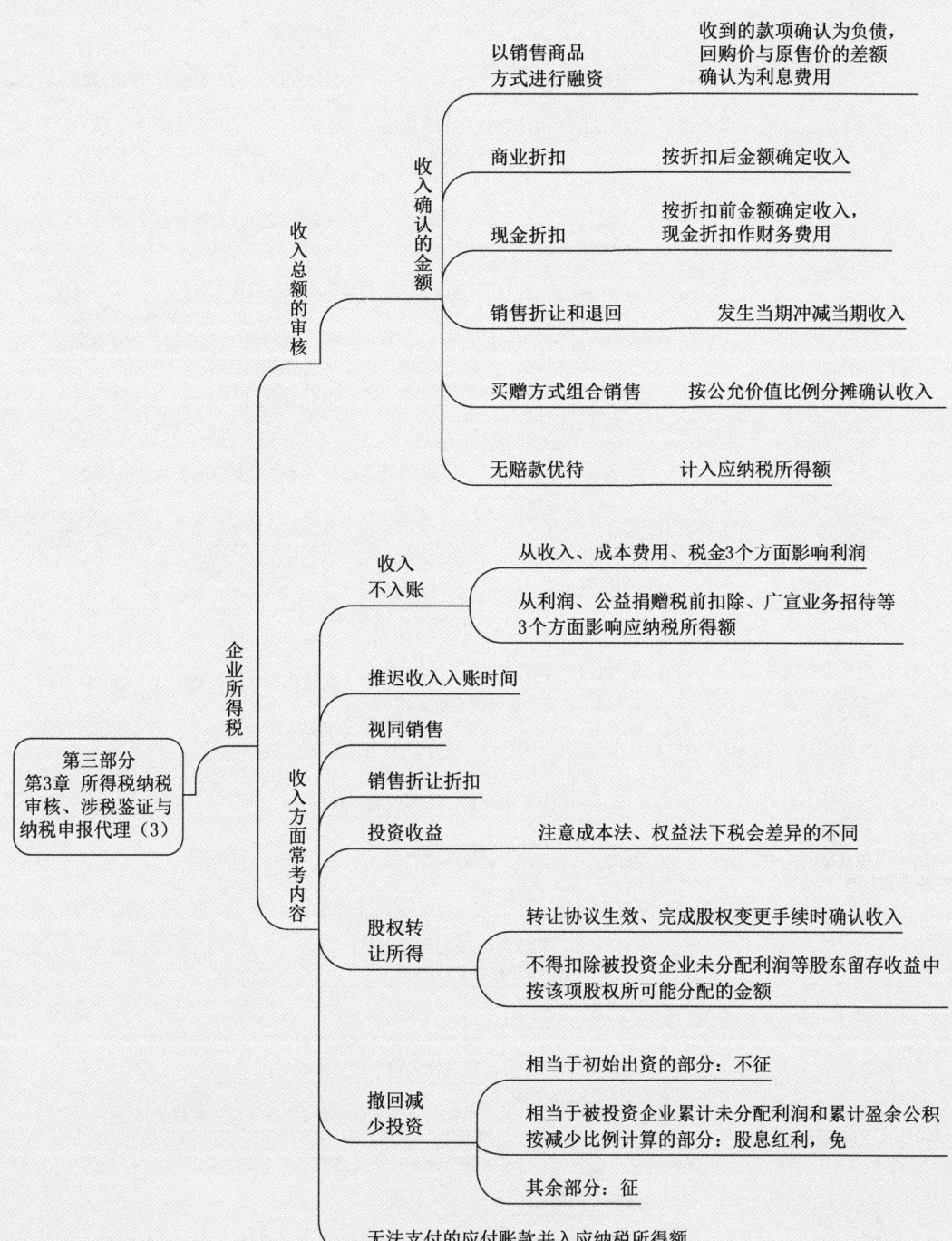

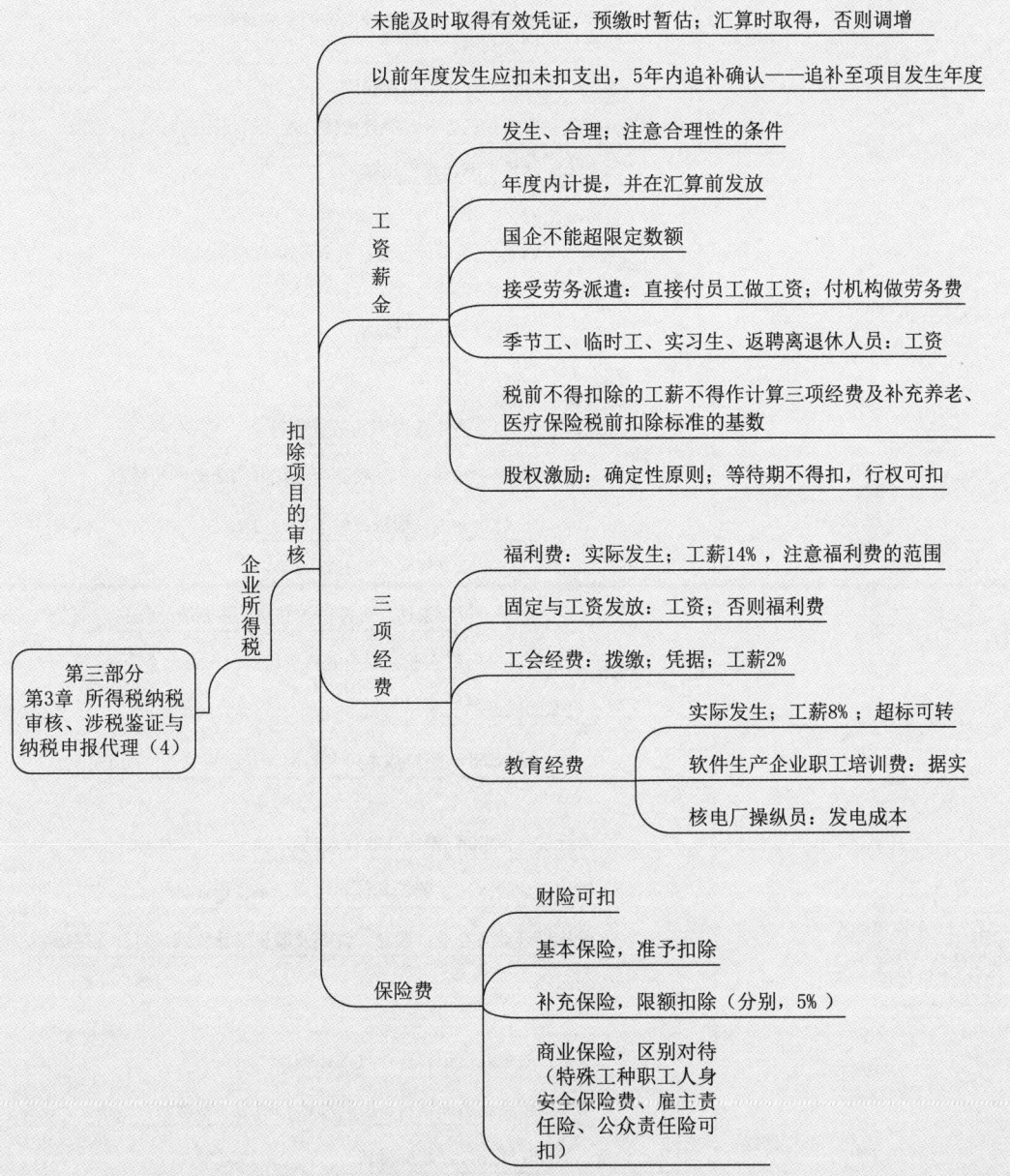

第四部分 第三部分 第3章 所得税纳税审核、涉税鉴证与纳税申报代理（5）

企业所得税 — 扣除项目的审核

借款费用

- **向非金融机构借款**：金融企业同期同类贷款利率以内，注意如何确定利率
- 加息、罚息允许在所得税前扣除
- 资本化和费用化的划分，一旦出错，注意对折旧的影响
- 资本化的利息不能在税前扣除
- **将资金无偿让渡他人使用**
  - 集团内，免增值税
  - 企业所得税：独立交易原则；总体税收不变，原则不调
- **向个人借款利息支出**
  - 借贷真实、合法、有效
  - 签订借款合同
  - 不超金融企业同期同类贷款利率
  - 取得合法凭证，注意到税局代开需要缴纳的税费
  - 一般企业关联债资比例不超2∶1
- **永续债**
  - 双方相同处理方式
  - 符合条件，可按债券利息；否则股息红利
- **关联企业借款**：一般企业关联企业债资比2∶1；金融企业5∶1
- 注意对原始凭证的要求

汇兑损失
除已计入资产成本以及与利润分配相关外，准予扣除

业务招待费
- 实际发生额60%VS销售营业收入5‰，孰小
- 销售营业收入：主营、其他和视同，不含营业外
- 股权投资业务企业：股息、红利及股权转让收入，可计算限额
- 筹办期：60%

广告费和业务宣传费
- 一般企业：销售营业收入15%
- 化妆品制造或销售、医药和饮料制造（不含酒类制造）：30%
- 暂时性差异，超标可转
- 烟草企业的烟草广宣：不扣
- 广告性质的赞助支出：广告费；其他不扣

手续费及佣金
- 保险企业：净额18%，超标可转
- 一般企业：5%
- **支付方式**
  - 支付给机构：必须转账
  - 支付给中介个人：转账或现金均可，但有凭据
- 为发行权益性证券支付的手续费及佣金不得扣除
- 不得直接冲减服务协议或合同金额

第三部分 第3章 所得税纳税审核、涉税鉴证与纳税申报代理（6）

企业所得税

扣除项目的审核

公益性捐赠支出
- 通过公益性社团或县级以上机构
- 会计利润12%，超标3年可转；先扣以前，后扣当年
- 目标扶贫+疫情捐赠：全额
- 直接向承担疫情防治任务的医院捐赠物品，全额
- 其他直捐，不得扣除
- 以自产货物捐赠：三步调整法

租赁
- 经营租赁：承租方扣除租赁费
- 融资租赁：承租方扣除折旧

资产损失
- 净损失
- 增值税非正常损失的进转增加损失金额
- 资料留存备查，无需报送税务机关

劳动保护费：可扣

统一制作、统一着装的员工服饰费用：可扣

环保专项资金：提取可扣

总机构分摊费用 —— 合理分摊+证明文件，可扣

罚息、违约金、赔偿金等允许扣除

不得扣除项目
- 向投资者支付的股息、红利
- 企业所得税税款
- 税收滞纳金
- 罚金、罚款和被没收财物的损失
- 与生产经营活动无关的各种非广告赞助支出
- 未经核定的准备金支出
- 企业之间支付的管理费、企业内营业机构之间支付的租金和特许权使用费，以及非银行企业内营业机构之间支付的利息，不得扣除
- 与取得收入无关的其他支出

第三部分 第3章 所得税纳税审核、涉税鉴证与纳税申报代理（7）

企业所得税

与所得税审核有关的其他税费
- 注意增值税、企业所得税、为职工负担的个税，不得扣除

亏损弥补
- 税法上亏损
- 一般5年
- 高新技术企业、科技型中小企业、国家鼓励的线宽≤130纳米的集成电路生产企业：10年
- 交通运输、餐饮、住宿、旅游、电影行业企业2020年亏损：8年
- 调增的应纳税所得额可以弥补亏损
- 应扣未扣支出：5年补扣

资产税务处理

固定资产

计税基础：历史成本、公允价值＋相关税费

不得折旧范围
- 房屋、建筑物以外未投入使用的固定资产
- 以经营租赁方式租入的固定资产——出租方提折旧
- 以融资租赁方式租出的固定资产——承租方提折旧
- 已足额提取折旧仍继续使用的固定资产
- 与经营活动无关的固定资产
- 单独估价作为固定资产入账的土地

折旧计提方法：次月、直线法、合理预计净残值

折旧计提年限
- 房屋、建筑物　20年
- 飞机、火车、轮船、机器、机械和其他生产设备　10年
- 与生产经营活动有关的器具、工具、家具等　5年
- 飞机、火车、轮船以外的运输工具　4年
- 电子设备　3年

加速折旧、摊销

一般规定
- 技术进步，产品更新换代较快
- 常年处于强震动、高腐蚀状态
- 方法：缩短折旧年限加速折旧方法

六大行业、四大领域、全部制造业新购进

研发活动方面
- 单位价值≤100万元的：一次性扣除
- 单位价值＞100万元的：缩短年限或加速折旧方法

固定资产、无形资产一次性扣除、摊销
- 固定资产：设备、仪器　单价≤500万元，一次性
- 所有行业企业持有单价≤5 000元　一次性扣除

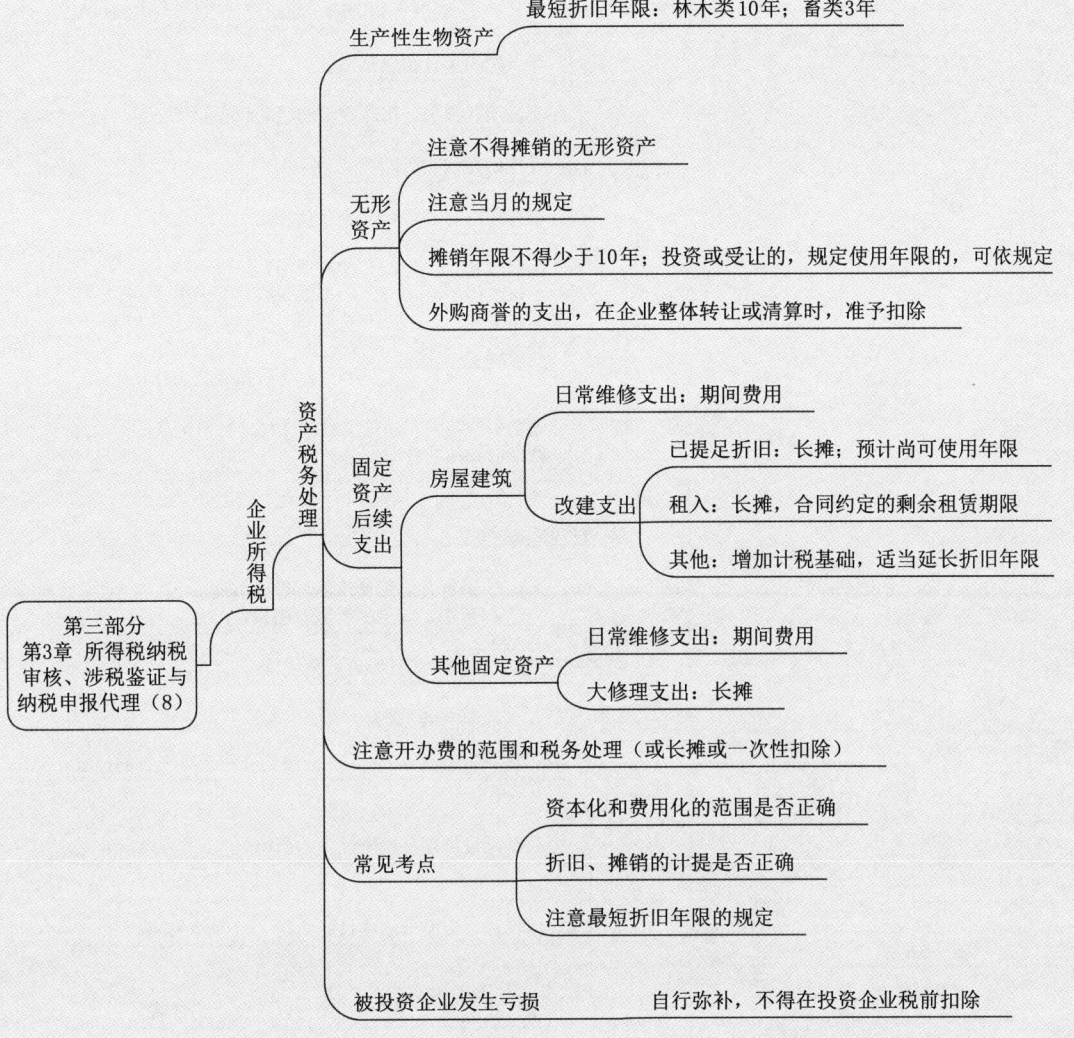

第三部分 第3章 所得税纳税审核、涉税鉴证与纳税申报代理（9）

企业所得税 — 税收优惠

加计扣除——税基式优惠

- **研究开发费**
  - 加计75%；2021开始制造企业研发费用加计扣除100%
  - 研发费用加计扣除范围
  - 不适用税前加计扣除政策的活动和行业
  - 委托研发，80%计入
  - 委托境外，80%计入，不超境内2/3，加计扣除75%
  - 由财政和上级部门拨付的研发费用
    - 冲减费用，作不征税收入处理 → 不得扣除也不得加计扣除
    - 否则：可以扣除和加计扣除
  - 固定资产符合税法规定且选择加速折旧优惠，就税前扣除的折旧部分计算加计扣除
- 残疾职工工资 100%加计

税额抵免——税额式优惠

- 购置并实际使用的环保、节能节水、安全生产等专用设备的
- 投资额的10%可抵免税额
- 5年结转抵免

免征与减征优惠——税基式优惠

- 农、林、牧、渔业 分清免征和减半征收的范围
- 公共基础设施项目投资经营的所得 3免3减半
- 环境保护、节能节水项目的所得 3免3减半
- 技术转让所得 500万以下免，超过减半

高新技术企业 15%税率，注意条件

技术先进型服务企业 15%税率，注意条件

小型微利企业
- 335条件
- 100万以下，5%；100~300万，10%

海南自贸港优惠

创投企业优惠
- 股权+直接投资+初创科技型企业+满2年
- 投资额的70%抵扣应纳税所得额
- 当年不足抵扣的，可结转

加速折旧

综合利用资源 收入打9折

非居民企业优惠
- 预提所得税实际税率10%
- 注意免税

特殊行业
集成电路、证券投资基金、节能服务公司、电网新建项目、污染防治的第三方企业

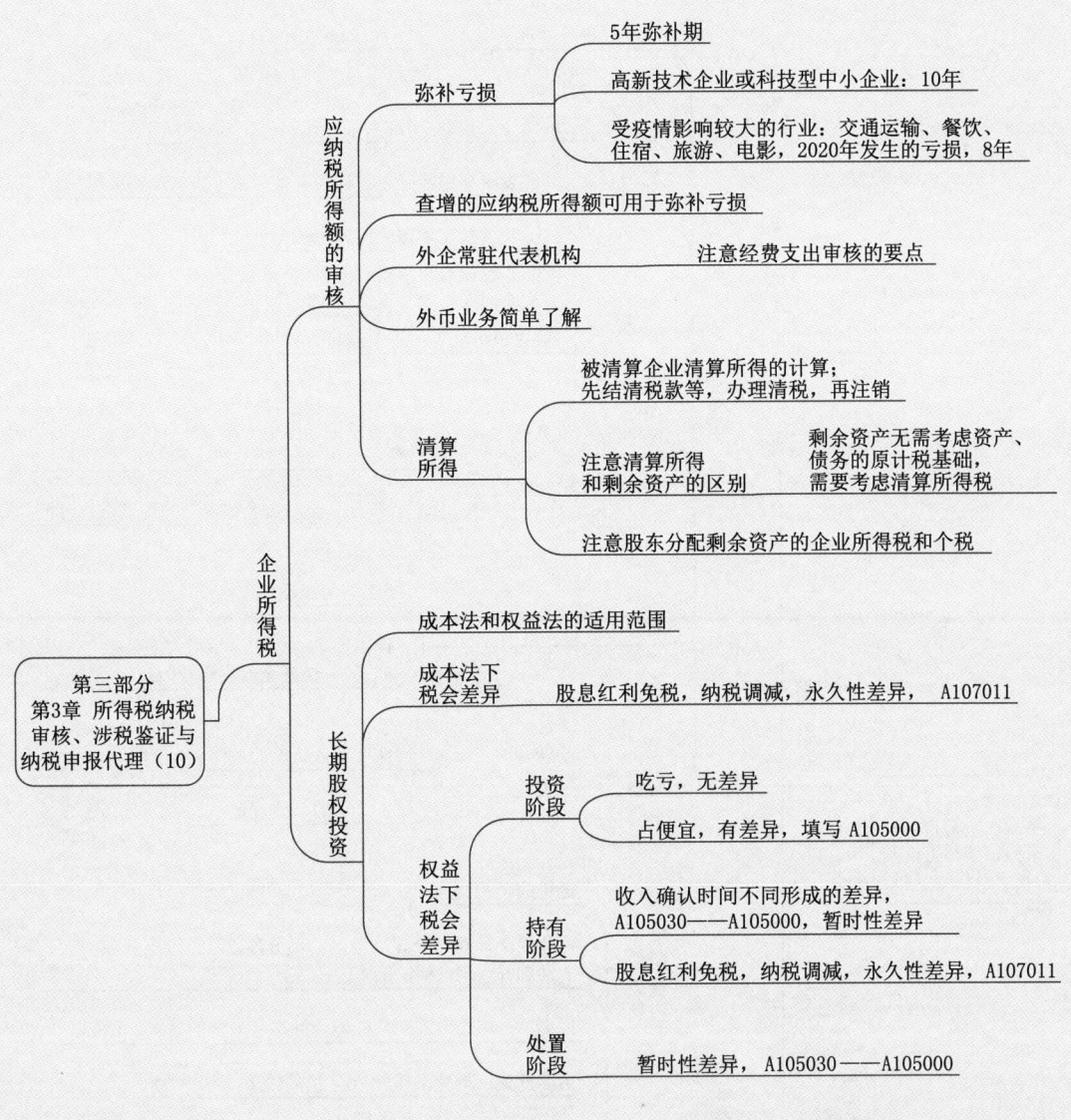

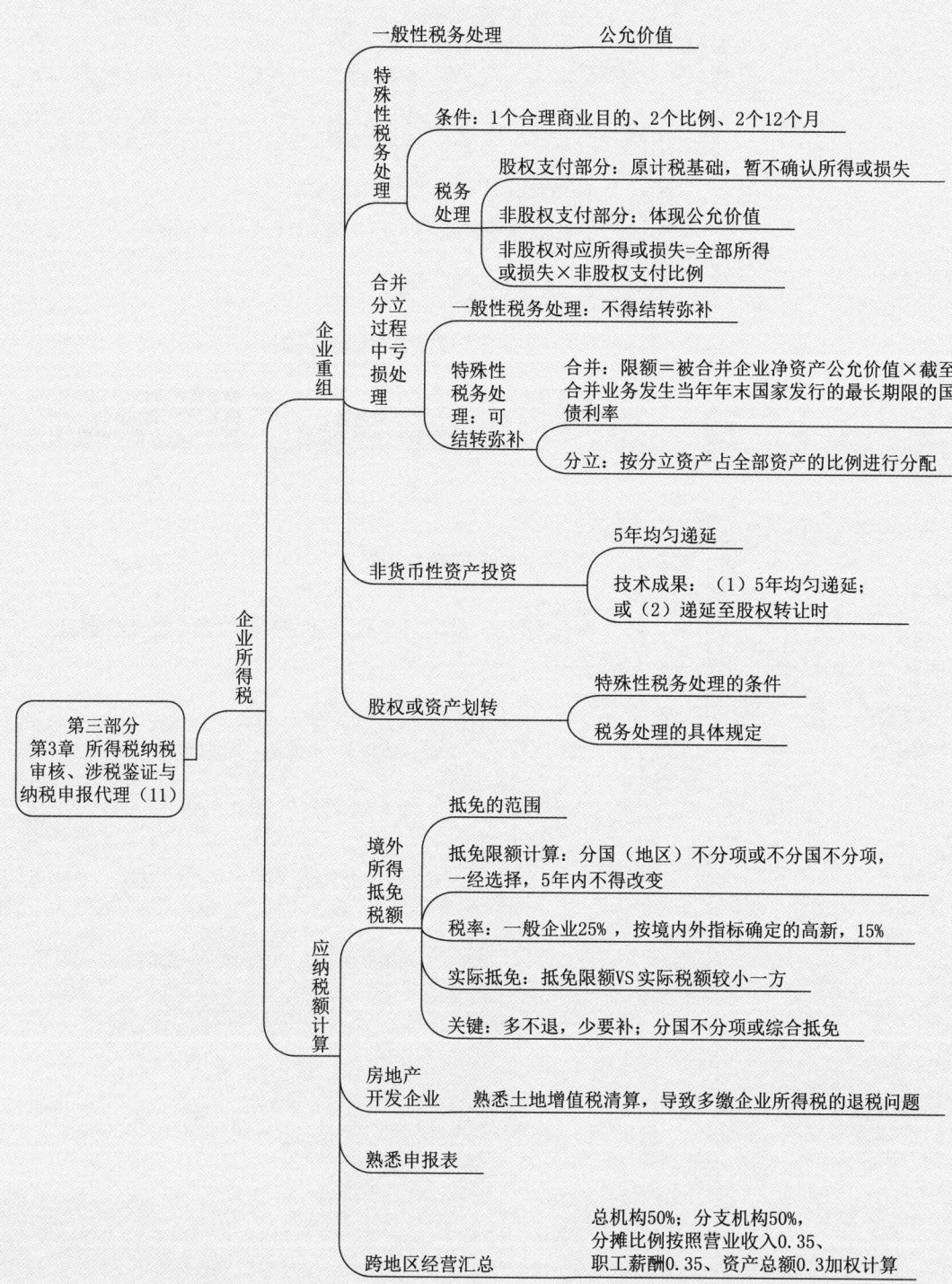

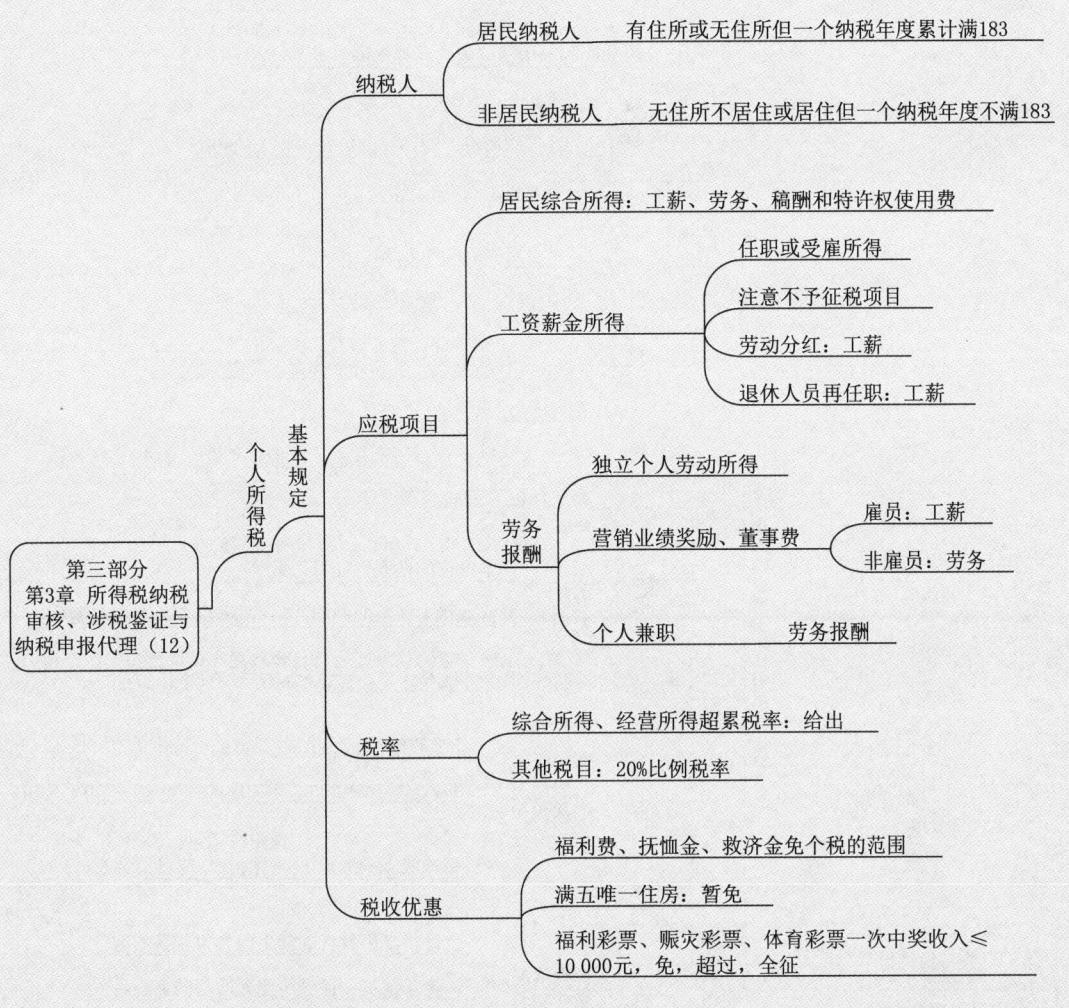

第三部分 第3章 所得税纳税审核、涉税鉴证与纳税申报代理（13）

个人所得税

居民个人综合所得应纳税额的计算※※※

综合所得应纳税所得额

收入额：收入额－基本费用60 000元－专项扣除－专项附加扣除－依法确定的其他扣除
- 工资薪金：100%
- 劳务报酬所得、特许权使用费：收入的80%
- 稿酬所得：收入的56%

扣除：
- 基本费用扣除60 000/年
- 专项扣除：个人缴纳的三险一金
- 专项附加：
  - 子女教育、继续教育、大病医疗、住房贷款利息和住房租金、赡养老人支出
  - 注意标准
  - 大病医疗：限额扣除、只能在年度汇算时扣除

预扣预缴

工资薪金：累计预扣法
- 累计减除费用：
  - 一般情况：5 000元/月×当年截至本月在本单位的任职受雇月份数
  - 首次取得工薪：5 000元/月×当年截至本月月份数
  - 上一完整纳税年度内每月均在同一单位预扣工薪个税且全年工资、薪金收入≤6万元：直接按6万扣

劳务报酬：
- 一般情况，按次预扣：3级超额累进预扣率
  - 每次收入≤4 000　预扣税额=（收入-800）×20%
  - 每次收入>4 000　预扣税额=收入×（1－20%）×预扣率-速算扣除数
- 特殊情况，累计预扣：
  - 全日制学历教育的学生因实习获得的劳务
  - 保险营销员、证券经纪人取得的佣金收入
  - 上一完整纳税年度内每月均在同一单位预扣劳务个税且全年累计劳务报酬收入≤6万元：直接按6万扣

特许权使用费：20%比例预扣率
- 每次收入≤4 000　预扣税额=（收入-800）×20%
- 每次收入>4 000　预扣税额=收入×（1－20%）×20%

稿酬所得：20%比例预扣率
- 每次收入≤4 000　预扣税额=（收入-800）×70%×20%
- 每次收入>4 000　预扣税额=收入×（1－20%）×70%×20%

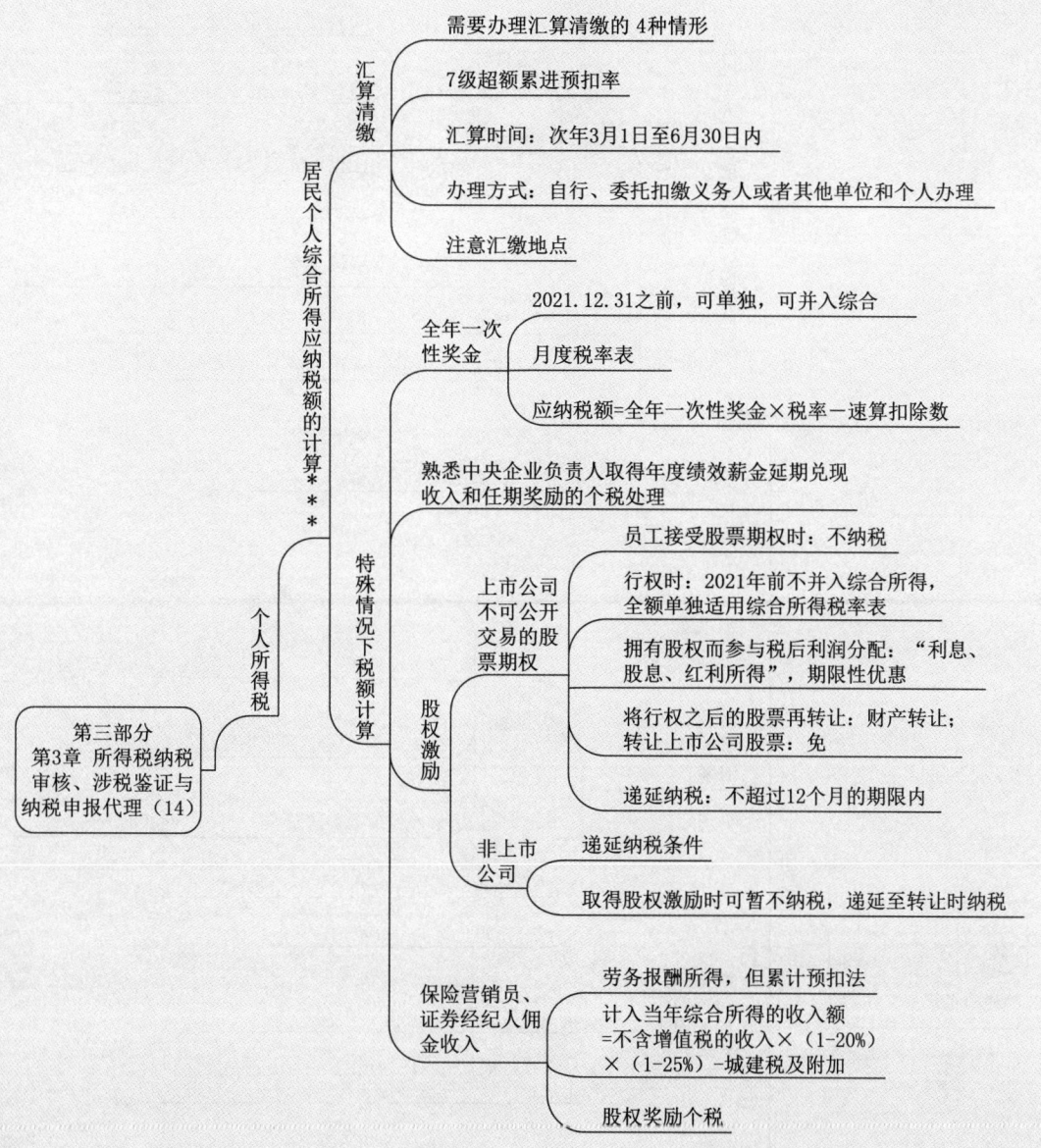

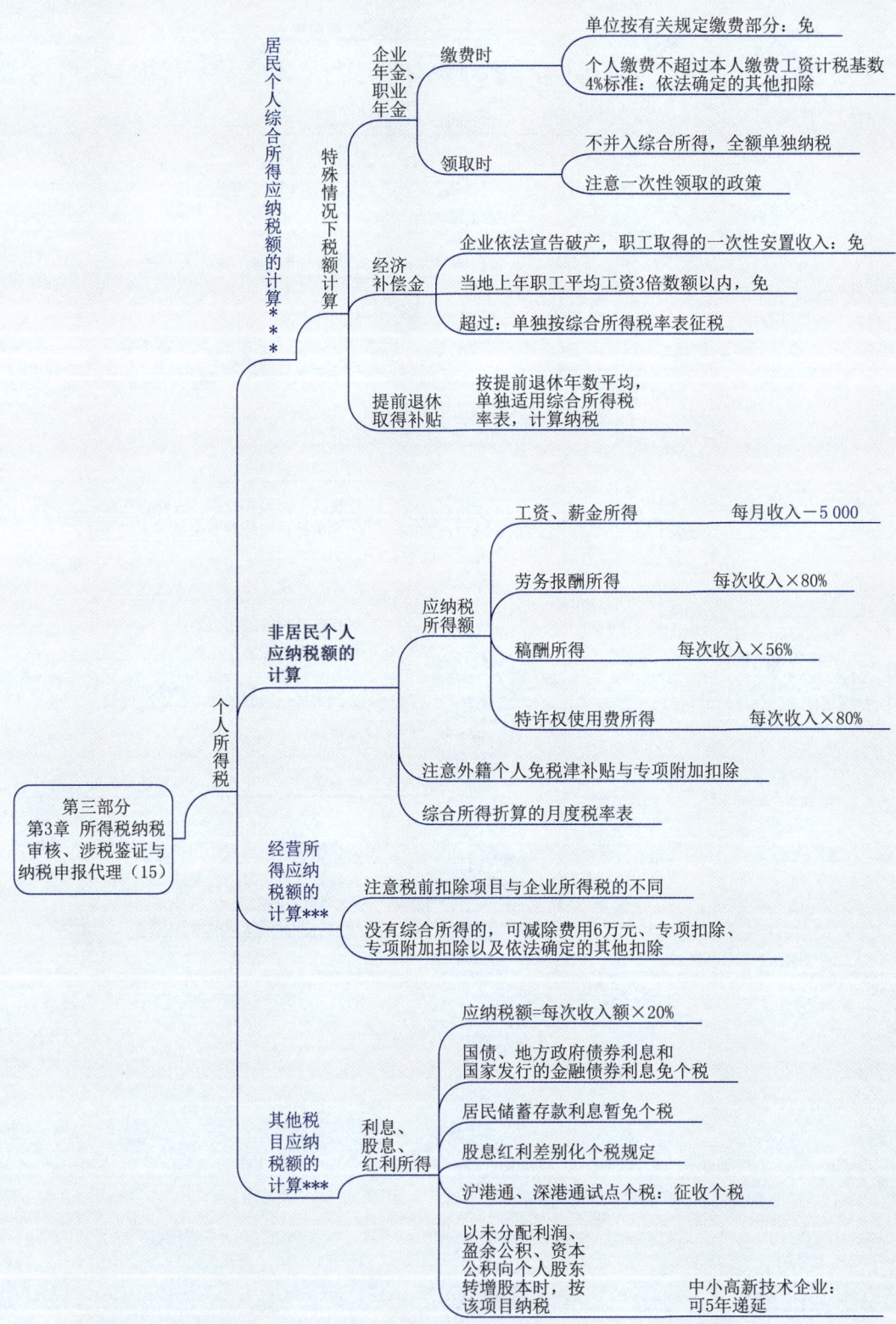

第三部分 第3章 所得税纳税审核、涉税鉴证与纳税申报代理（16）

个人所得税 — 其他税目应纳税额的计算***

财产转让所得

- 应纳税额＝（收入总额－财产原值－合理税费）×20%
- 注意转让不动产的增值税、城建及附加、印花税、土增、个税
- 个人转让股票
  - 转让限售股、新三板原始股，纳20%个税
  - 转让流通股、新三板非原始股：免
- 沪港通、深港通试点个税　　转让差价：暂免
- 转让股权
  - 可以核定股权转让收入的情形
  - 股权转让收入明显偏低的情形
  - 股权转让收入虽明显偏低，但视为有正当理由的情形
  - 核定股权转让收入的方法：净资产核定法、类比法、其他合理的方法
- 以非货币性资产投资　5年递延；技术成果：5年递延或递延至股权转让时

财产租赁所得

- 以1个月内取得的收入为一次
- 每次收入≤4 000元　[每次收入额－准予扣除项目－修缮费用（800元为限）－800元]×20%
- 每次收入>4 000元：定率减除20%的费用　[每次（月）收入额－准予扣除项目－修缮费用（800元为限）]×（1－20%）×20%
- 个人按市价出租住房，减按10%的税率
- 注意个人出租住房增值税、房产税、土地使用税、个税、印花税政策

偶然所得　每次收入额×20%

公益捐赠税前扣除

- 一般情况：应纳税所得额30%为限额；疫情捐赠、目标扶贫：全额扣除
- 自行决定在综合所得、分类所得、经营所得中扣除的公益捐赠支出的顺序

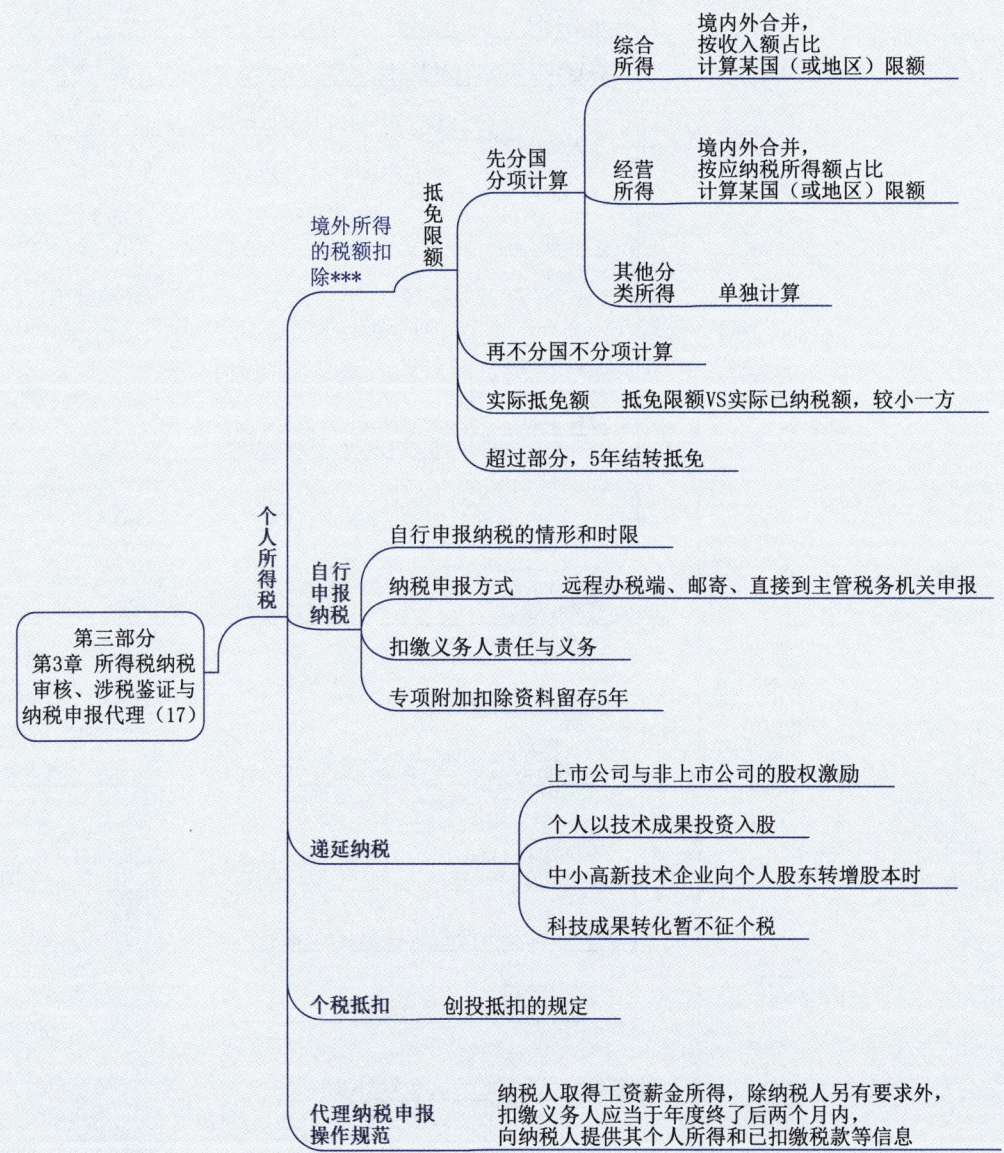

第4章 其他税种纳税审核、涉税鉴证与纳税申报代理

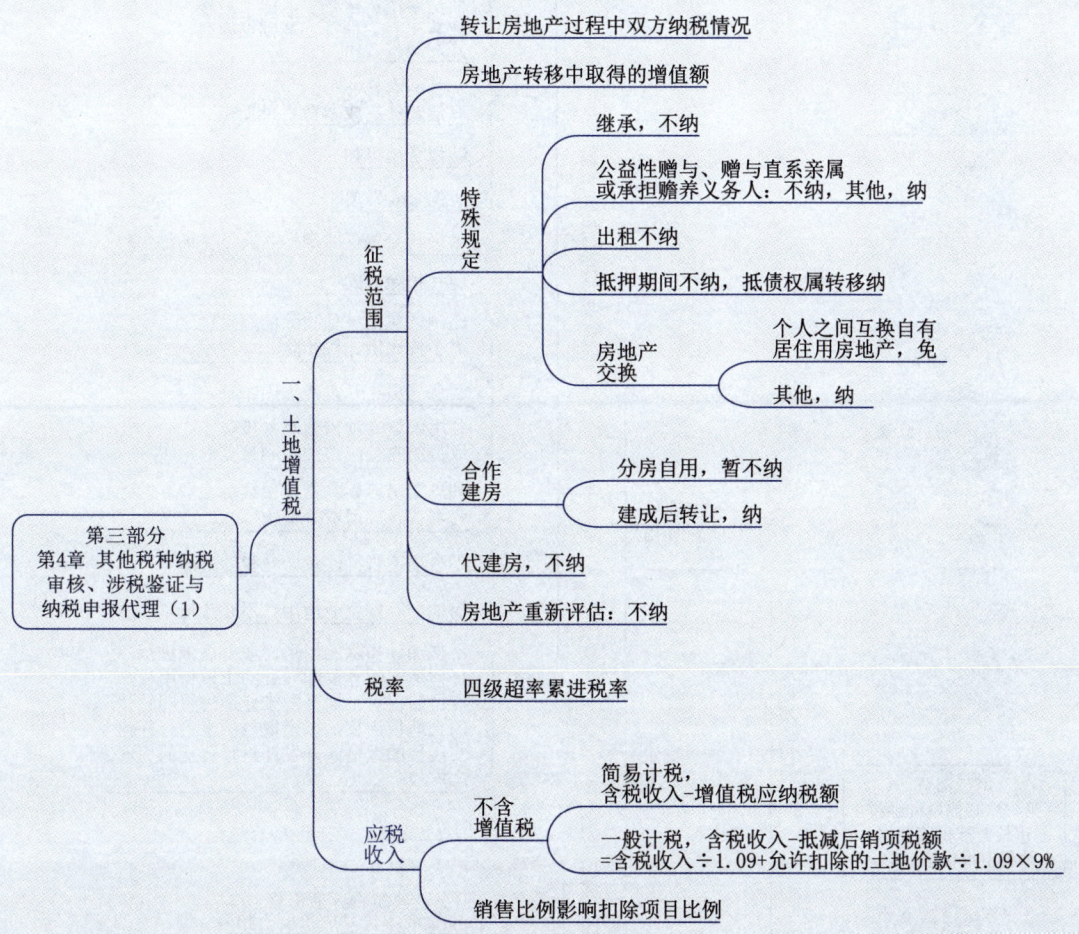

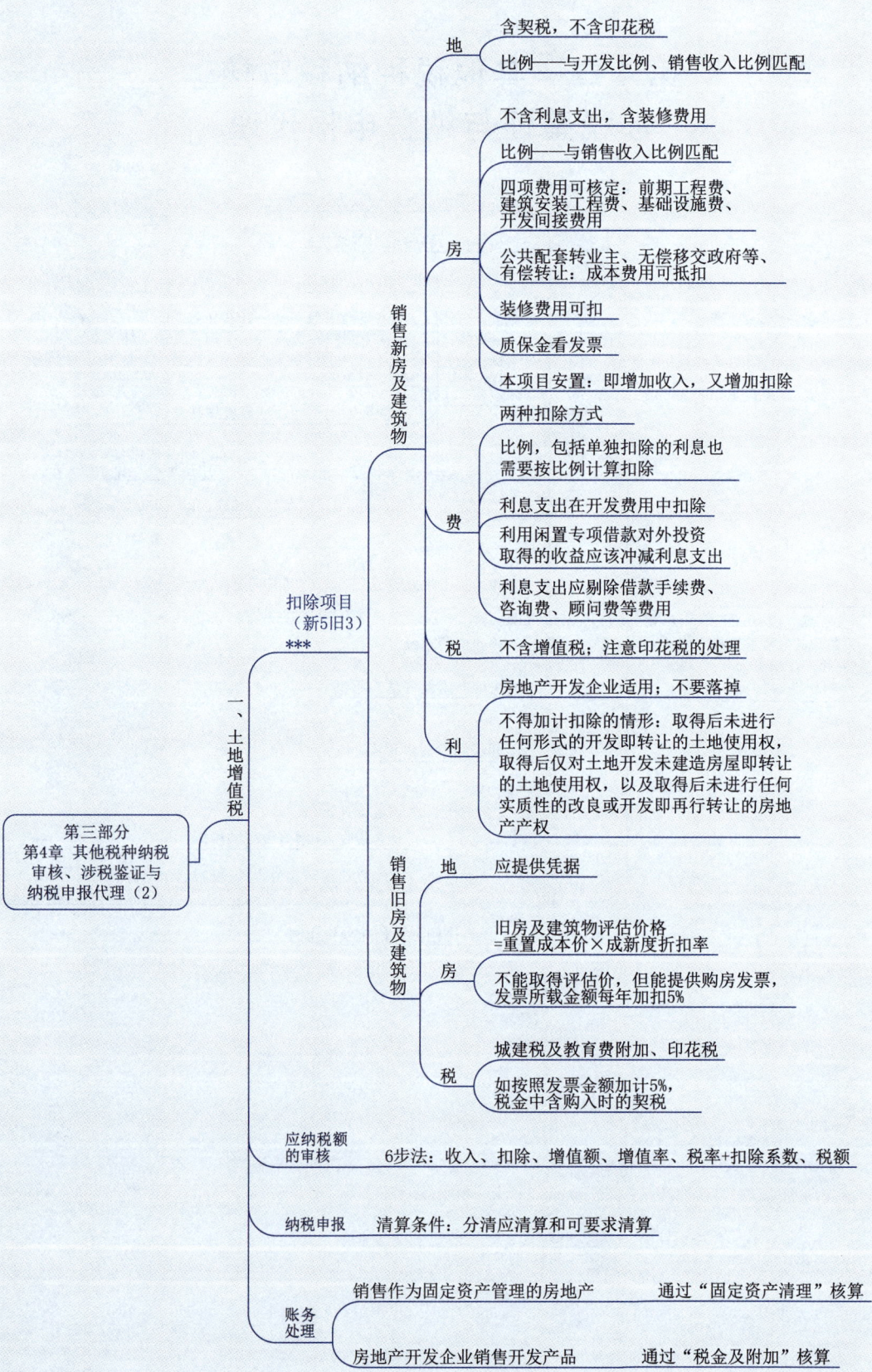

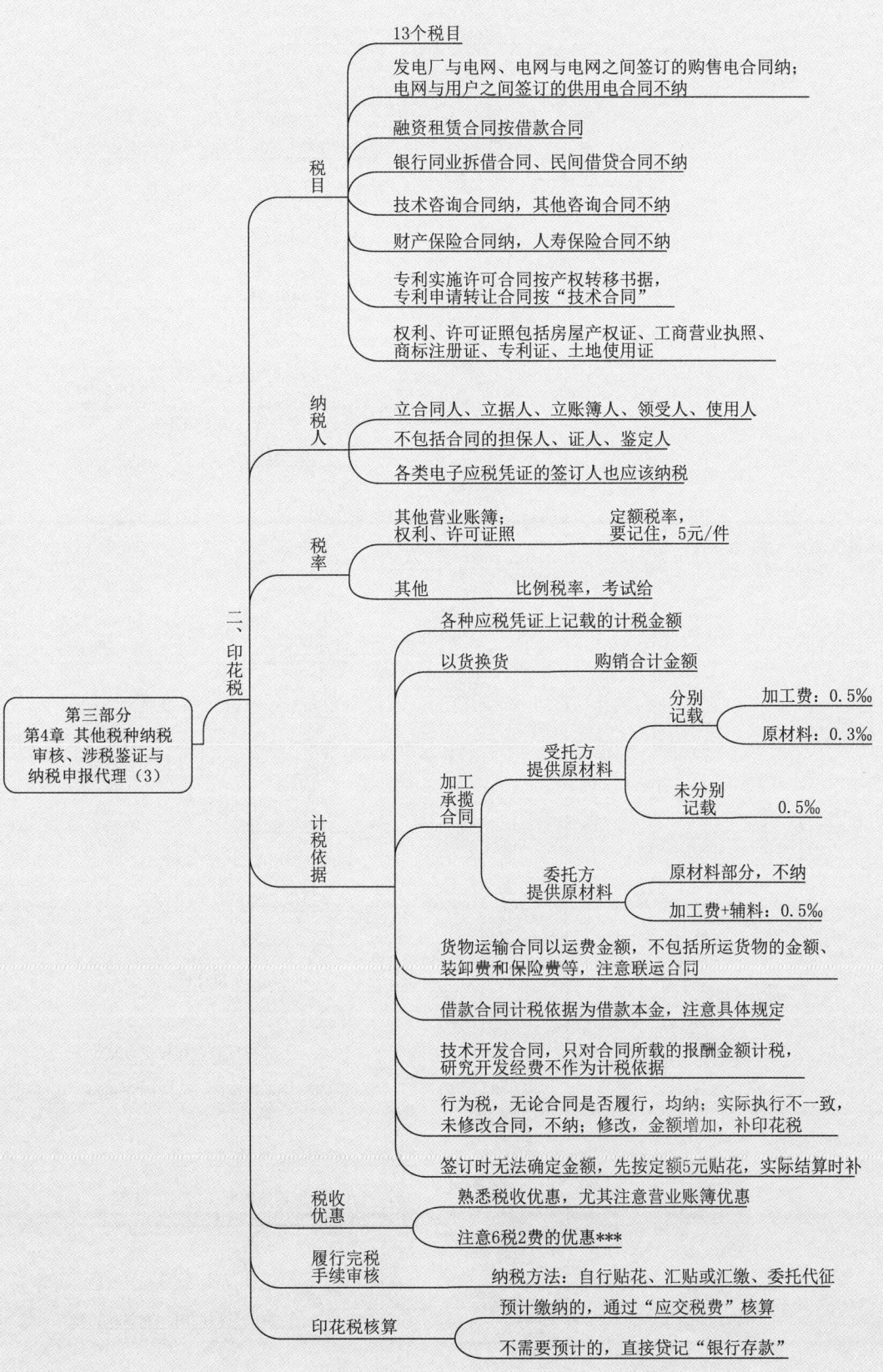

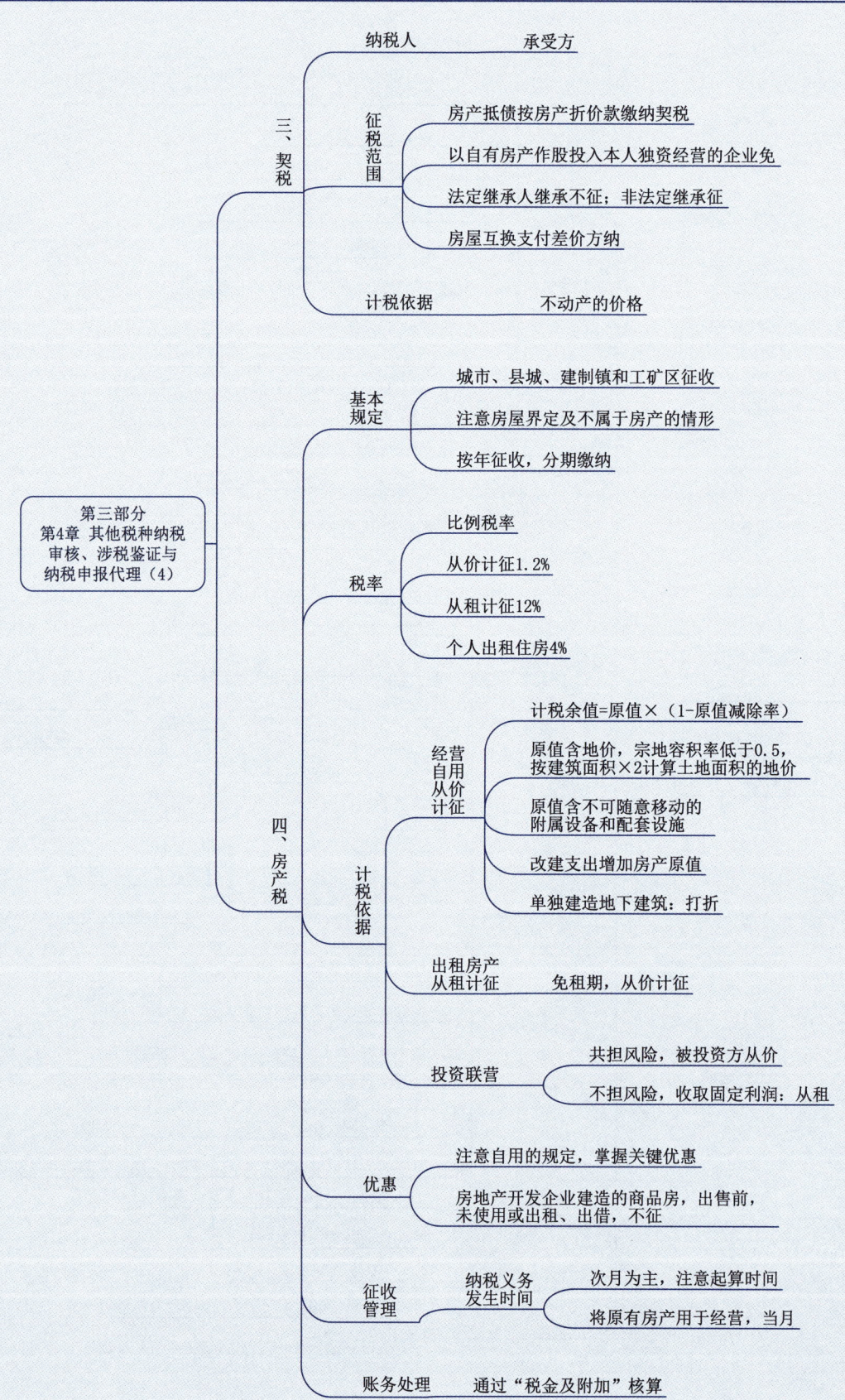

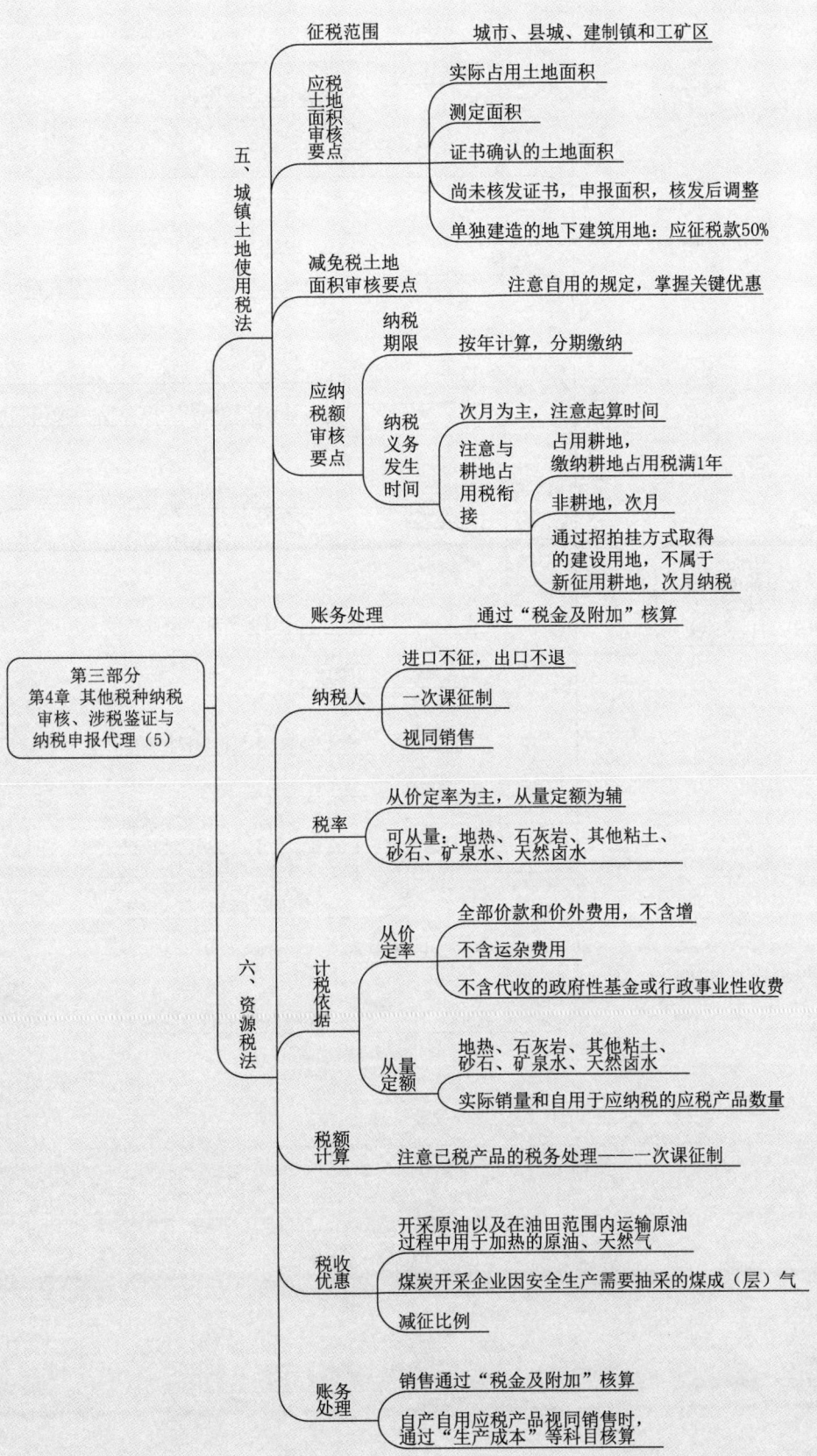

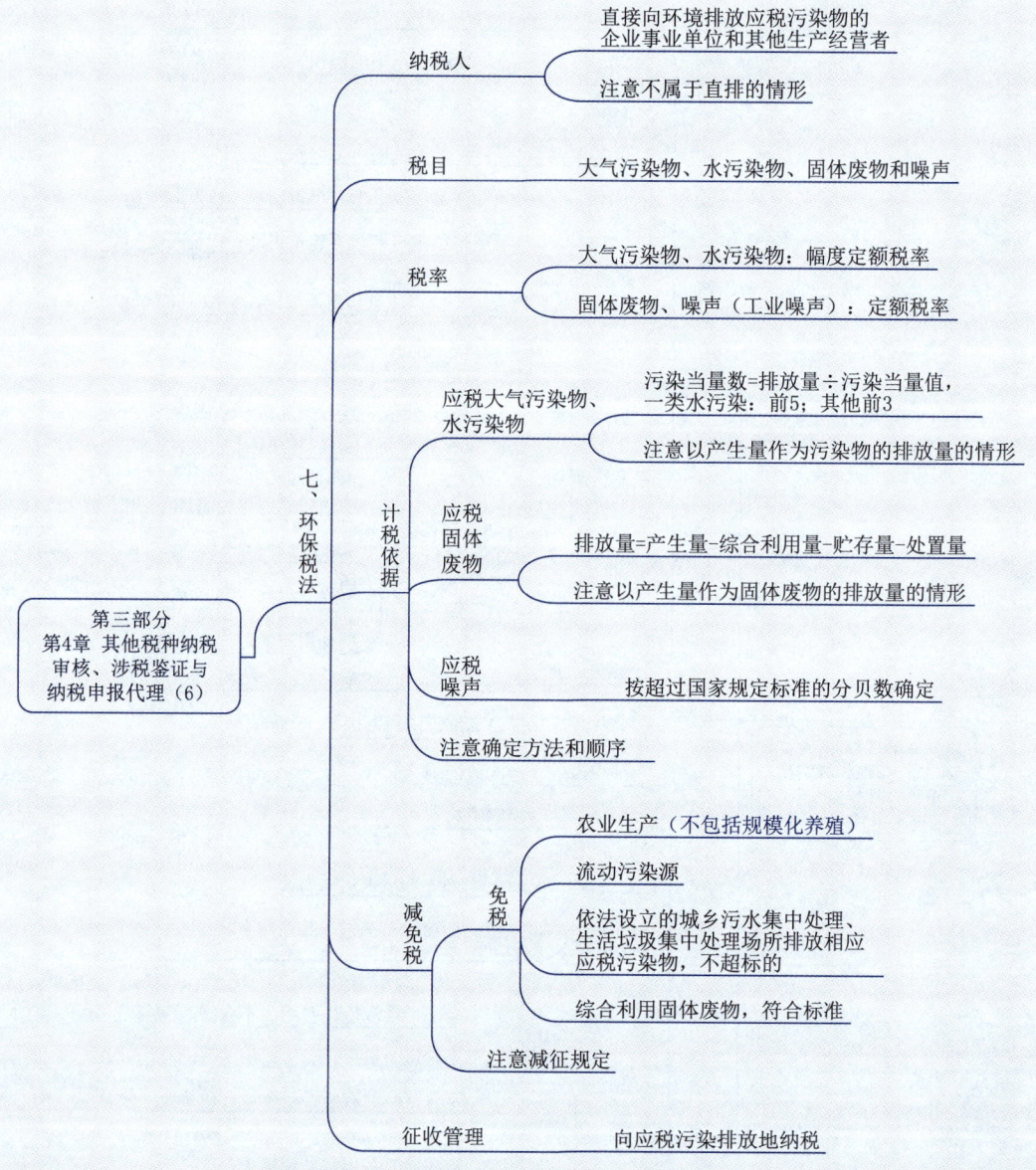

第5章 社会保险费申报代理与审核

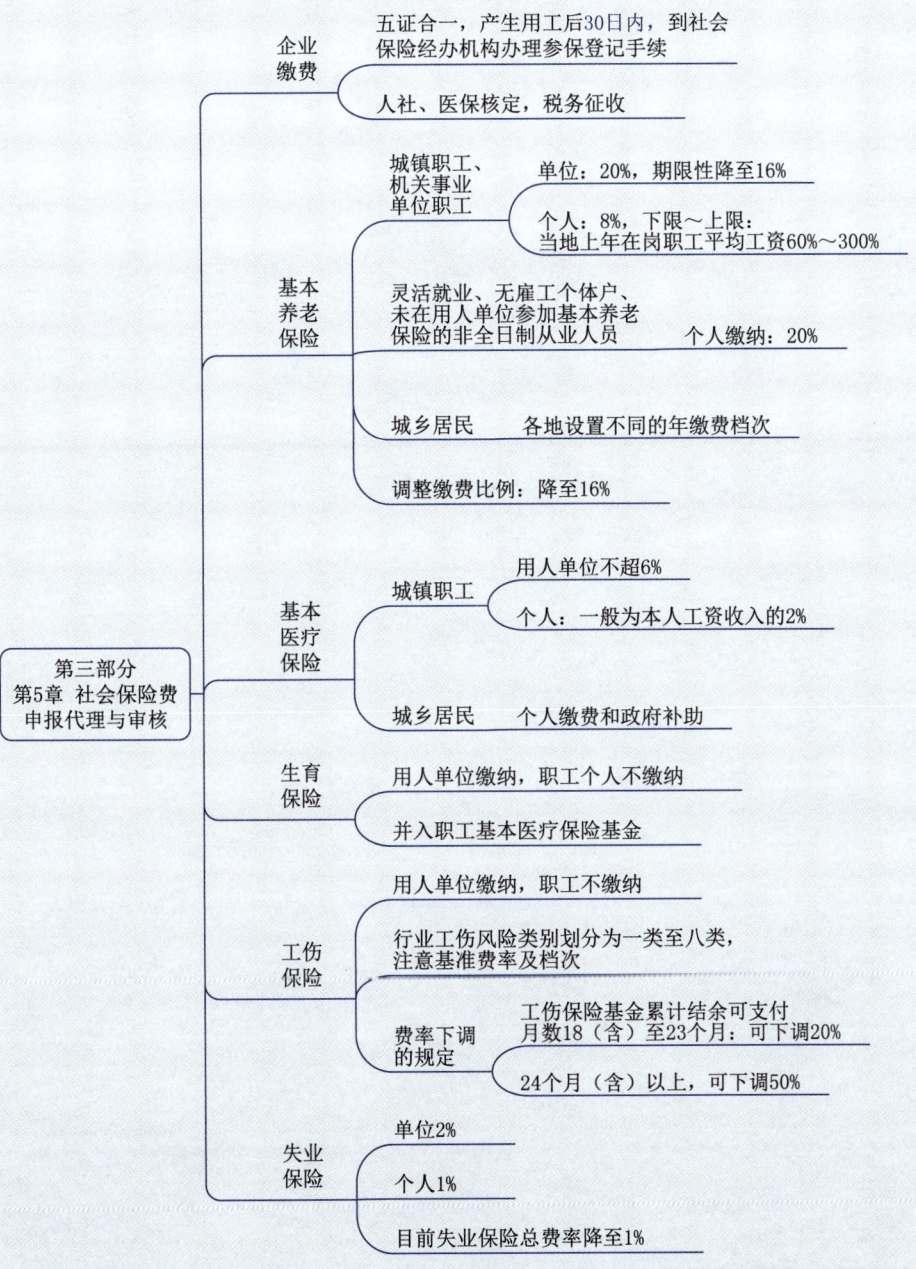

第五部分

考前模拟试卷

梦想成真辅导丛书

2021年考前模拟试卷

模拟试卷（一）

扫我做试题

一、单项选择题（共20题，每题1.5分。每题的备选项中，只有1个最符合题意）

1. 下列有关税务师涉税专业服务范围和税务师权利和义务的表述，正确的是（　　）。
   A. 委托人与税务机关发生涉税争议时，税务师无权代表委托人与税务机关协商
   B. 税务师可以代理办理开业税务登记、变更税务登记，但不能代理办理注销税务登记
   C. 税务师依法独立、客观、公正执业受法律保护的同时也受区域限制
   D. 税务师可以对税收政策存在的问题向税务机关提出意见和修改建议

2. 下列关于道路通行费进项税额抵扣的说法中，错误的是（　　）。
   A. 通行费电子发票分为征税发票和不征税发票两类
   B. 经营性收费公路开具的是征税发票
   C. ETC预付费客户可以自行选择在充值后索取发票或者实际发生通行费用后索取发票
   D. 增值税一般纳税人申报抵扣的通行费电子发票进项税额，在纳税申报时应当填写在《增值税纳税申报表附列资料（二）》（本期进项税额明细）中"其他"相关栏次中

3. 某人2020年采用假报出口的手段，骗取国家出口退税款，数额巨大，其将面临（　　）处罚。
   A. 处5年以上10年以下有期徒刑
   B. 处5年以下有期徒刑或拘役，并处骗取税款1倍以上5倍以下罚金
   C. 处5年以上10年以下有期徒刑，并处骗取税款1倍以上5倍以下罚金
   D. 处5年以下有期徒刑或拘役，或处骗取税款1倍以上5倍以下罚金

4. 以下个体户，应当设置简易账的是（　　）。
   A. A个体户注册资金为5万元
   B. B个体户生产藤编工艺品，每月的销售收入是35 000元
   C. C个体户零售电气产品，每月的销售收入是90 000元
   D. D个体户从事运输业务，每月销售收入50 000元

5. 某建筑公司发生的旅客运费支出，在抵扣进项税额时，说法错误的是（　　）。
   A. 国际旅客运费不得抵扣进项税额
   B. 定额发票不得抵扣进项税额
   C. 该单位为接受的劳务派遣员工发生的国内旅客运输服务不得抵扣进项税额
   D. 除专票、增值税电子普通发票外，其他旅客运费要想抵扣进项税额，必须在票面注明旅客身份信息

6. 下列（　　）属于增值税视同销售行为，应计算缴纳增值税。
   A. 某生产企业将外购钢材用于生产免税产品

B. 某电器厂委托商店代销小电器
C. 某商业企业购进一批饮料用于交际应酬
D. 某餐饮企业购进服装用于集体福利

7. 下列有关增值税的表述错误的是( )。
   A. 纳税人已售票但客户逾期未消费取得的运输逾期票证收入,按照"交通运输服务"缴纳增值税
   B. 纳税人为客户办理退票而向客户收取的退票费、手续费等收入,按照"其他现代服务"缴纳增值税
   C. 纳税人租入固定资产、不动产,既用于一般计税方法计税项目,又用于简易计税方法计税项目的,其进项税额按照两者的销售额比例,用于一般计税方法的部分进项税额可以抵扣
   D. 资管产品管理人运营资管产品过程中发生的增值税应税行为,暂适用简易计税方法,按照3%的征收率缴纳增值税

8. 下列各项中,应按当期生产领用数量计算准予扣除已纳消费税税款的是( )。
   A. 委托加工已税高档手表生产的高档手表
   B. 委托加工收回的汽油用于连续生产的应税成品油
   C. 委托加工已税涂料生产的涂料
   D. 委托加工已税珠宝玉石生产的金银镶嵌首饰

9. 在境内销售服务、无形资产或者不动产需要依法缴纳增值税,下列情形中属于在"境内"销售服务、无形资产或者不动产的是( )。
   A. 境外单位或者个人向境内单位或者个人销售完全在境外发生的服务
   B. 向境内单位或者个人提供的会议展览地点在境外的会议展览服务
   C. 境外单位或者个人向境内单位或者个人出租完全在境外使用的有形动产
   D. 境外单位或者个人向境内单位或者个人销售的未完全在境外发生的服务

10. 根据企业所得税法的规定,下列收入中属于免税收入的是( )。
    A. 企业依法收取并纳入财政管理的行政事业性收费
    B. 企业从事海水养殖、内陆养殖收入
    C. 企业购买国债取得的利息收入
    D. 企业提供非专利技术收入

11. 某房地产开发企业项目采用一般计税方式缴纳增值税,销售所开发的产品取得含增值税销售收入 38 900 万元,对应的向政府部门支付的土地价款为 10 200 万元,计算土地增值税时应税收入是( )万元。
    A. 35 688.07   B. 36 530.28
    C. 37 047.62   D. 37 766.99

12. 某汽车制造企业(增值税一般纳税人)2020 年的会计利润为 2 000 万元,通过公益性社会团体向非目标脱贫地区捐款 500 万元,直接向希望小学捐款 200 万元,在企业所得税申报时,A105070 表第 7 列"可结转以后年度扣除的捐赠额"合计金额为( )。
    A. 0   B. 240
    C. 260   D. 460

13. 税务师范某在接受甲企业咨询时,认为下列仅有( )属于职工福利费的范围。
    A. 企业发给员工的过节费和节假日物资
    B. 职工的防暑降温费
    C. 职工的伙食补助费
    D. 企业组织员工旅游的支出

14. 张某 2020 年 1 月起承包某服装厂,依据承包协议,服装厂工商登记更改为个体户。2020 年张某经营的服装厂共取得收入 80 万元,发生成本、费用、税金等相关支出 43 万元(其中包括张某工资每月 3 200 元),张某无综合所得,基本费用扣除、专项扣除、专项附加扣除以及依法确定的其他扣除共计 90 000 元。2020 年张某应缴纳个人所得税( )元。
    A. 9 550   B. 45 500
    C. 55 020   D. 70 500

15. 下列关于房地产企业土地增值税清算中拆迁安置费的说法错误的是( )。

    A. 房地产企业用建造的该项目房地产安置回迁户的，安置用房视同销售处理

    B. 异地安置的房屋属于购入的，以实际支付的购房支出计入拆迁补偿费

    C. 回迁户支付给房地产开发企业的补差价款，计入本项目拆迁补偿费

    D. 货币安置拆迁的，凭合法有效凭证计入拆迁补偿费

16. 关于印花税的说法，下列表述正确的是( )。

    A. 某汽车租赁公司与客户签订一份汽车租赁合同，商定每月租金20 000元，租赁期3年，则该公司在合同签订当日应缴纳的印花税为20 000×1‰=20(元)

    B. 房地产企业签订的土地出让合同，不属于印花税列举征税的凭证，不缴纳印花税

    C. 某公司在互联网上进行网络销售时，多数情况下是通过电子邮件与客商签订销售合同，由于未打印成纸质合同，故无须缴纳印花税

    D. 某运输企业签订的货物运输合同，在计算应缴纳的印花税时，应以不含装卸费和保险费的运输费金额作为计税依据

17. 下列对房产税代理申报的表述，正确的是( )。

    A. 房屋的各种附属设施不应计入房屋价值缴纳房产税，如中央空调

    B. 已交付使用但未办理竣工决算的房屋暂不申报纳税

    C. 房地产企业将自建的房产投入生产经营中使用后，从生产经营之月起，开始计算缴纳房产税

    D. 对出售前房地产开发企业已使用或出租、出借的商品房应按规定征收房产税

18. 下列有关城镇土地使用税的表述中，正确的是( )。

    A. 土地使用权未确定或权属纠纷未解决的，由争议方分别纳税

    B. 纳税人购置新建商品房，自房屋交付使用当月起，缴纳城镇土地使用税

    C. 凡是缴纳了耕地占用税的，自批准征收之日起满1年时缴纳城镇土地使用税

    D. 出租、出借房产，自交付出租、出借房产之月起计征城镇土地使用税

19. 行政复议期间，下列情形中，属于行政复议终止的是( )。

    A. 申请人因不可抗力不能参加行政复议

    B. 作为申请人的公民被宣告失踪

    C. 申请人的法人资格终止

    D. 申请人按规定与被申请人达成和解

20. 下列关于税务师事务所质量控制的一般要求，说法错误的是( )。

    A. 税务师事务所的法定代表人或执行合伙人对质量控制制度的建立与组织机构设置以及提高本机构信用管理承担责任

    B. 税务师事务所的法定代表人或执行合伙人、项目负责人对业务结果的质量承担最终责任

    C. 税务师事务所制定有关独立性制度时，要覆盖所有的业务人员和业务流程

    D. 项目其他成员不需要对任何工作质量承担责任

二、多项选择题(共10题，每题2分。每题的备选项中，有2个或2个以上符合题意，至少有1个错项。错选，本题不得分；少选，所选的每个选项得0.5分)

21. 下列情形中，属于委托方在代理期限内可以单方终止代理行为的有( )。

    A. 涉税专业服务人员发生变化

    B. 涉税服务人员未按涉税专业服务协议的约定提供服务

    C. 涉税专业服务机构被注销资格

    D. 委托项目发生变化

    E. 涉税专业服务机构破产、解体或被解散

22. 下列关于税务机关实施税收保全措施的表述中，正确的有( )。

A. 税收保全措施仅限于从事生产、经营的纳税人及扣缴义务人

B. 只有在事实全部查清，取得充分证据的前提下才能进行

C. 冻结纳税人的存款时，其数额要以相当于纳税人应纳税款的数额为限

D. 个人及其扶养家属维持生活必需的住房和用品，不在税收保全措施的范围之内

E. 拍卖所扣押的纳税人价值相当于应纳税款的财产，以拍卖所得抵缴税款

23. 以下涉及发票的事项，纳税人处理正确的有( )。

A. 甲企业向 A 商贸公司购进货物一批，因采购员无法确定其单位全称，要求 A 商贸公司在发票上暂不填写发票抬头

B. 甲企业向 B 商贸公司购进货物一批，由于货物涉及品种较多，发票填列产品品种行次不够，所以在发票中填写为"货物一批"，后附货物清单列明货物明细

C. 甲企业向 C 公司销售货物一批，开具发票后未加盖发票专用章，只加盖了企业公章

D. 甲商店向 D 企业赊销货物，协议约定 3 个月之后付清全款，甲商店按协议约定在收款当天开具了专票

E. 甲商店向 E 个体户销售一批商品，开具增值税普通发票时，在"购买方纳税人识别号"栏未填写购买方的纳税人识别号或统一社会信用代码

24. 税务师对企业的增值税销售额审核时，下列说法正确的有( )。

A. 纳税人用以物易物方式销售货物，双方均做购销处理

B. 纳税人用以旧换新方式销售金银首饰，按实际收取的不含税价款确定销售额

C. 销售啤酒收取的包装物押金，逾期时并入销售额计征增值税

D. 纳税人以还本方式销售货物，不得从销售额中减除还本支出

E. 纳税人以自产货物用于投资，按同类产品的最高售价计算增值税销项税额

25. 下列关于财政补贴税务处理的说法，正确的有( )。

A. 与销售收入直接挂钩的财政补贴应该征收增值税

B. 企业收到与销售收入不直接挂钩的财政补贴时，不能开具发票

C. 如果符合专项用途财政性资金的条件，在企业所得税上做不征税收入处理

D. 如果符合专项用途财政性资金的条件，所形成的支出在企业所得税前不得扣除

E. 如果不符合专项用途财政性资金的条件，应计入收入总额计征企业所得税

26. 根据企业所得税的有关规定，企业发生的下列支出中，应作为长期待摊费用的有( )。

A. 租入固定资产的改建支出

B. 长期借款的利息支出

C. 固定资产的大修理支出

D. 已提足折旧的固定资产的改建支出

E. 固定资产的日常修理支出

27. 下列非货币性资产投资，所得税处理方法正确的有( )。

A. 居民企业以非货币性资产对外投资确认的非货币性资产转让所得，可在不超过 5 年期限内，分期均匀计入相应年度的应纳税所得额

B. 个人以非货币性资产投资，纳税人一次性缴税有困难的，可在报主管税务机关备案后，自发生应税行为之日起不超过 5 个公历年度内(含)分期均匀缴纳个人所得税

C. 个人以非货币性资产投资交易过程中取得现金补价的，现金部分应优先用于缴税；现金不足以缴纳的部分，可分期缴纳

D. 企业发生非货币性资产投资，符合企业重组特殊性税务处理条件的，可选择

按特殊性税务处理规定制定

E. 被投资企业取得非货币性资产的计税基础，应按非货币性资产的公允价值确定

28. 中国公民李先生为某上市公司技术人员，每月工资7 000元。2019年该公司开始实行股票期权计划。2019年1月28日，该公司授予李先生股票期权20 000股，授予价3.5元/股；该期权无公开市场价格，并约定2020年1月28日起李先生可以行权，行权前不得转让。2020年1月28日李先生以授予价购买股票20 000股，当日股票在上交所的公平价格8元/股，下列说法正确的有（　　）。

A. 李先生取得股票期权时，无需缴纳个人所得税

B. 李先生股票期权行权所得应缴纳个人所得税11 340元

C. 李先生股票期权收入不并入综合所得计算纳税

D. 李先生股票期权行权所得应缴纳个人所得税6 480元

E. 李先生将行权之后的股票再转让时，获得的高于授予价的差额，应按照"财产转让所得"征免个人所得税

29. 下列关于资源税税收优惠的说法，正确的有（　　）。

A. 高含硫天然气资源税减征30%

B. 高凝油减征20%资源税

C. 三次采油资源税减征30%

D. 从低丰度油气田开采的原油减征20%资源税

E. 稠油减征30%资源税

30. 下列关于税务行政复议管辖原则的表述中，正确的有（　　）。

A. 对税务机关作出逾期不缴纳罚款加处罚款的决定不服的，向做出行政处罚决定的税务机关申请行政复议

B. 对计划单列市税务局的具体行政行为不服的，向省级税务局申请行政复议

C. 对计划单列市税务局的具体行政行为不服的，可以选择向省税务局或者本级人民政府申请行政复议

D. 对被撤销的税务机关，对在其被撤销前作出的具体行政行为不服申请的复议，由继续行使其职权的税务机关管辖

E. 对国家税务总局的具体行政行为不服的，向国家税务总局申请行政复议

三、简答题（共5题，每题8分，共40分）

1. 宏帆商贸公司为小规模纳税人，2019年10月1日至2020年9月30日自行申报的增值税应税销售额为498万元，其中包括转让商标权获得的15万元销售额；此外2019年11月被税务机关稽查，发现2018年少申报销售额20万元，该项销售额已经在2019年12月申报纳税。针对上述情况，请回答下列问题：

(1)一般纳税人和小规模纳税人划分标准的年应税销售额的范围如何确定？

(2)宏帆商贸公司是否达到了一般纳税人的登记标准？为什么？

(3)宏帆商贸公司应该在什么时候办理一般纳税人资格登记？

(4)假设宏帆商贸公司在2020年10月23日办理了一般纳税人资格登记手续，那么一般纳税人的生效之日是什么时间？从什么时间可以领用专票？

(5)如果宏帆商贸公司未及时办理一般纳税人资格登记，2020年11月份经税务机关通知也未办理税务登记，则宏帆商贸公司应如何申报缴纳增值税？

2. 甲公司为服装生产企业，系增值税一般纳税人，近年由于生产经营状况不佳，厂房、机器设备闲置，设备系2007年购入，厂房系2012年自建。2020年8月准备将部分自建的厂房及设备一并出售，目前有两种方案：

方案一：将自建厂房及设备分别作价出售；

方案二：将自建厂房及设备、相应的工

人、与该厂房设备有关的债权债务打包转让给乙公司。

针对上述情况，请回答下列问题。

(1)上述两个方案应如何进行增值税的处理？

(2)上述两个方案应如何开具发票？

(3)对于该项资产处置，如何操作，能够享受递延缴纳企业所得税的优惠政策？

(4)在方案二中，符合什么条件，可以享受暂不缴纳企业所得税的税收优惠？

3. 甲上市公司2018年1月开始实行股票期权计划，按照期权计划，在企业工作满2年、且达到相应业绩条件的高级管理人员可以行权。2020年甲公司的工资薪金总额8 000万元，同时该公司副总李某以施权价3元/股的价格购入5万股票，行权日股票的市场价格为10元/股。此外公司裁减了1名高管张某，张某已经在企业工作5年，支付了80万的离职补偿（未计入工资总额），当地上年人均年工资收入为6万元。2020年公司企业职工福利费为1 220万元，职工教育经费300万元，职工工会经费170万元。

请回答下列问题：

(1)在计算缴纳企业所得税时工资薪金及三项经费应纳税调整多少？

(2)李某股票期权行权所得应该缴纳多少个人所得税？

(3)张某获得的离职补偿应该缴纳多少个人所得税？

4. A科技型中小企业于2020年1月至2020年10月自行开发某项新技术，企业自行核算所发生的研究开发支出共计2 000万元。现就研发费用的所得税问题向税务师事务所咨询，作为涉税服务人员，请代为回答企业提出的下列问题：

(1)研发费用在企业所得税前如何扣除？

(2)可以加计扣除的研发费用具体范围包括哪些？

(3)企业外聘研发人员的劳务费用是否允许加计扣除？

(4)假设该科技型中小企业当年购进的研发设备单价为90万元，会计上计提的折旧额为10万元，税收上选择加速折旧优惠，请问针对该研发设备折旧，税前允许加计扣除多少？

5. A污水处理厂为扩大规模，吸收合并了B污水处理厂，合并完成后，B公司的房产、土地、机器设备等各项资产、债权和债务、人员均并入A公司，实施统筹发展和规划，B公司原有股东成为合并后A公司的股东。

对于该项业务，请回答以下问题：

(1)增值税应如何进行税务处理？

(2)B公司的房产、土地、机器设备等并入A公司时，是否可以开具发票？应开具何种类型的发票？

(3)B公司的房产、土地并入A公司时是否需要缴纳土地增值税？为什么？

(4)B公司的房产、土地并入A公司时是否需要缴纳契税？为什么？

(5)此项业务在满足什么条件时可以采用特殊性税务处理方式？

四、综合分析题（共2题，第1题20分，第2题30分，共50分）

1. A房地产开发公司在北京市开发商业楼盘，该项目土地出让金为24 000万元，缴纳了720万元契税，2016年10月开工建设商业楼盘，营改增后A公司对该项目采用一般计税方法。2020年3月开始收取客户的诚意金，收到诚意金1 000万元；2020年5月取得房屋预售许可证，预售房屋，当月原有的诚意金1 000万元转作业主购房的首付款，另外又收取了15 000万元的首付款。2020年5月至2020年9月共计收取预收款80 000万元，已经预缴了土地增值税1 467.89万元。

2020年10月份房屋完工，将已售房屋交付业主，除取得土地使用权的金额外，房地产开发成本共计21 000万元，其中包括

1 000 万元的银行借款利息，可以按照房地产开发项目分摊。截至 2020 年 10 月共计销售 90%的房屋，80 000 万元的预收款转为销售收入。该项目无法准确与其他项目划分进项税额。

其他相关资料：其他房地产开发费用的扣除比例为 5%。

请回答下列问题：

（1）A 公司收到诚意金时是否发生了增值税纳税义务？是否需要预缴增值税？

（2）A 公司收到业主的首付款时是否发生纳税义务？是否需要预缴增值税？

（3）2020 年 5 月至 2020 年 9 月共计收取预收款 80 000 万元。请问应该预缴多少增值税？请做出预缴增值税的账务处理？

（4）请作出 2020 年 10 月份将房屋交付业主的账务处理。

（5）假设主管税务机关要求 A 房地产开发公司对该项目进行土增清算，请问税务机关的要求是否合理？理由？

（6）请计算土增清算时需要补交的土地增值税。

2. 天津市 A 企业为中国境内居民企业，主要经营业务为自己种植亚麻，并以亚麻为原料生产纺织制品，为了扩展国际业务，在境外设立了一家子公司负责该国的纺织品销售业务。2019 年 A 公司营业收入 8 800 000 元，营业成本 5 000 000 元，税金及附加 56 000，企业已经预缴了 41 250 元的企业所得税。A 公司与企业所得税相关的会计资料如下：

（1）管理费用 1 695 000 元，其中包括业务招待费支出 140 000 元、新产品的研究开发费用 280 000 元，其中包括支付给境外研发机构的研发费用 190 000 元。

（2）财务费用 900 000 元，全部属于支付给非金融企业的借款利息。（支付给非金融企业的年利率为 4%，金融机构同期同类贷款利率为 5%）。

（3）销售费用 1 040 000 元，包括广告费和业务宣传费支出 540 000 元、非广告性赞助支出 50 000 元，其余为销售人员的工资及房租。业务宣传费支出中包括 2019 年 9 月将生产成本 150 000 元、不含增值税市场售价 180 000 元的产品作为样品赠送客户的业务，企业账务处理为：

借：销售费用——业务宣传费 150 000
　　贷：库存商品　　　　　　　　150 000

（4）投资收益 740 000 元，包括国债持有期间的利息收入 100 000 元、境外 B 国子公司分配的税后利润 640 000 元（境外子公司缴纳并由 A 企业间接负担的税款为 160 000 元，不考虑 A 企业针对该项投资收益直接缴纳的境外所得税，不存在以前年度未抵免境外所得税额）。

（5）营业外支出为 60 000 元，包括通过减灾委员会向遭受自然灾害的地区的捐款 50 000 元、因迟延交货按购销合同约定支付的违约金 10 000 元。

（6）已经计入成本、费用的实发工资薪金 500 000 元、职工福利费支出 105 000 元、上缴工会经费 10 000 元（并取得《工会经费专用拨缴款收据》）、职工教育经费支出 20 000 元。

要求：根据上述资料，按顺序回答下列问题。

（1）分别指出每项业务对企业所得税应纳税所得额的影响。

（2）填列企业所得税纳税申报表 A100000。（单位：元）

A100000 中华人民共和国企业所得税年度纳税申报表（A 类）

行次	类别	项目	金额
1	利润总额计算	一、营业收入（填写 A101010\101020\103000）	
2		减：营业成本（填写 A102010\102020\103000）	
3		税金及附加	
4		销售费用（填写 A104000）	
5		管理费用（填写 A104000）	
6		财务费用（填写 A104000）	
7		资产减值损失	
8		加：公允价值变动收益	
9		投资收益	
10		二、营业利润（1-2-3-4-5-6-7+8+9）	
11		加：营业外收入（填写 A101010\101020\103000）	
12		减：营业外支出（填写 A102010\102020\103000）	
13		三、利润总额（10+11-12）	
14	应纳税所得额计算	减：境外所得（填写 A108010）	
15		加：纳税调整增加额（填写 A105000）	
16		减：纳税调整减少额（填写 A105000）	
17		减：免税、减计收入及加计扣除（填写 A107010）	
18		加：境外应税所得抵减境内亏损（填写 A108000）	
19		四、纳税调整后所得（13-14+15-16-17+18）	
20		减：所得减免（填写 A107020）	
21		减：弥补以前年度亏损（填写 A106000）	
22		减：抵扣应纳税所得额（填写 A107030）	
23		五、应纳税所得额（19-20-21-22）	
24	应纳税额计算	税率（25%）	
25		六、应纳所得税额（23×24）	
26		减：减免所得税额（填写 A107040）	
27		减：抵免所得税额（填写 A107050）	
28		七、应纳税额（25-26-27）	
29		加：境外所得应纳所得税额（填写 A108000）	
30		减：境外所得抵免所得税额（填写 A108000）	
31		八、实际应纳所得税额（28+29-30）	
32		减：本年累计实际已缴纳的所得税额	
33		九、本年应补（退）所得税额（31-32）	
……		……	

模拟试卷(一)
参考答案及详细解析

一、单项选择题

1. D 【解析】选项 A，委托人与税务机关发生涉税争议时，税务师代表委托人与税务机关协商；选项 B，税务师可以代理办理开业税务登记、变更税务登记，也可以代理办理注销税务登记；选项 C，税务师依法独立、客观、公正执业受法律保护，不受区域限制，任何单位和个人不得违规干预。

2. D 【解析】增值税一般纳税人申报抵扣的通行费电子发票进项税额，在纳税申报时应当填写在《增值税纳税申报表附列资料(二)》(本期进项税额明细)中"认证相符的专票"相关栏次中。

3. C 【解析】以假报出口或者其他欺骗手段，骗取国家出口退税款，数额巨大的，处 5 年以上 10 年以下有期徒刑，并处骗取税款 1 倍以上 5 倍以下罚金。

4. B 【解析】具备下列条件之一的个体户，应设置简易账：
(1)注册资金在 10 万元以上 20 万元以下的。
(2)销售增值税应税劳务或服务的纳税人月销售额在 15 000 元至 40 000 元；从事货物生产的增值税纳税人月销售额在 30 000 元至 60 000 元；从事货物批发或零售的增值税纳税人月销售额在 40 000 至 80 000 元的。
(3)省级税务机关确定应当设置简易账的其他情形。
选项 A，达不到上述建账标准的个体户，经县以上税务机关批准，可按照税收征收管理法的规定，建立收支凭证粘贴簿、进货销货登记簿或者使用税控装置。选项 CD 应当设置复式账。

5. C 【解析】用工单位接受的劳务派遣员工发生的国内旅客运输服务，可以抵扣进项税额。

6. B 【解析】选项 A，属于将外购的货物用于免税项目，不得抵扣进项税；选项 C，外购的货物用于交际应酬，不得抵扣进项税；选项 D，属于外购的货物用于集体福利，不得抵扣进项税。

7. C 【解析】自 2018 年 1 月 1 日起，纳税人租入固定资产、不动产，既用于一般计税方法计税项目，又用于简易计税方法计税项目、免征增值税项目、集体福利或者个人消费的，其进项税额准予从销项税额中全额抵扣。

8. B 【解析】高档手表、涂料不得扣除已纳消费税；金银镶嵌首饰在零售环节缴纳消费税，不得扣除珠宝玉石在生产环节缴纳的消费税。

9. D 【解析】下列情形不属于在境内销售服务或者无形资产：
(1)境外单位或者个人向境内单位或者个人销售完全在境外发生的服务。
(2)境外单位或者个人向境内单位或者个人销售完全在境外使用的无形资产。
(3)境外单位或者个人向境内单位或者个人出租完全在境外使用的有形动产。
(4)财政部和国家税务总局规定的其他情形：
①为出境的函件、包裹在境外提供的邮政服务、收派服务；
②向境内单位或者个人提供的工程施工地点在境外的建筑服务、工程监理服务；
③向境内单位或者个人提供的工程、矿产资源在境外的工程勘察勘探服务；
④向境内单位或者个人提供的会议展览地点在境外的会议展览服务。
选项 ABC 都不属于在境内销售服务、无形资产或者不动产。

10. C 【解析】选项 A，属于不征税收入；选项 B，减半征收企业所得税；选项 C，国债利息收入属于免税收入；选项D，在一个纳税年度内，居民企业技术转让所得不超过500万元的部分，免征企业所得税；超过500万元的部分，减半征收企业所得税。

11. B 【解析】土地增值税应税收入 = 含增值税收入÷1.09＋对应的土地价款÷1.09×9% = 38 900÷1.09 + 10 200÷1.09×9% = 36 530.28(万元)

12. C 【解析】2017年修订的企业所得税法规定，企业发生的公益性捐赠支出，在年度利润总额12%以内的部分，准予在计算应纳税所得额时扣除；超过年度利润总额12%的部分，准予结转以后三年内在计算应纳税所得额时扣除。直接捐款不属于公益性捐款，不能在税前扣除。可以结转扣除的捐赠金额 = 500 - 2 000×12% = 260(万元)

13. B 【解析】下列费用不属于职工福利费的开支范围：退休职工的费用；被辞退职工的补偿金；职工劳动保护费；职工在病假、生育假、探亲假期间领取到的补助；职工的学习费；职工的伙食补助费(包括职工在企业的午餐补助和出差期间的伙食补助)；企业发给员工的"年货""过节费"、节假日物资及组织员工旅游支出等。

14. C 【解析】应纳税所得额 = 800 000 - 430 000 + 3 200×12 - 90 000 = 318 400(元)；应纳个人所得税 = 318 400×30% - 40 500 = 55 020(元)。

15. C 【解析】回迁户支付给房地产开发企业的补差价款，应抵减本项目拆迁补偿费。

16. D 【解析】选项A，汽车租赁公司应就合同的全部金额缴纳印花税，应纳印花税 = 20 000×12×3×1‰ = 720(元)；选项B，土地出让合同属于印花税的应税合同，应按"产权转移书据"缴纳印花税；选项C，以电子形式签订的各类应税凭证也应该缴纳印花税。

17. D 【解析】选项A，房屋的各种附属设施应计入房屋价值缴纳房产税；选项B，已交付使用但未办理竣工决算的房屋应该申报纳税；选项C，房地产企业将自建的房产投入生产经营中使用后，从建成之日的次月起，开始计算缴纳房产税。

18. C 【解析】选项A，土地使用权未确定或权属纠纷未解决的，由实际使用人为纳税人；选项B，纳税人购置新建商品房，自房屋交付使用之次月起，缴纳城镇土地使用税；选项D，出租、出借房产，自交付出租、出借房产之次月起计征城镇土地使用税。

19. D 【解析】选项AB，行政复议中止；选项C如果申请人的法人资格终止，尚未确定其权利义务承受人的，行政复议中止；如果确定了其权利义务承受人，其权利义务的承受人放弃行政复议权利的，行政复议终止。

20. D 【解析】项目其他成员为所承担的工作质量承担责任。

二、多项选择题

21. BCE 【解析】选项AD，属于涉税专业服务法律关系的变更；选项BCE，属于委托方在代理期限内可以单方终止代理行为的情形。

22. CD 【解析】选项A，税收保全措施仅限于从事生产、经营的纳税人，并不针对扣缴义务人；选项B，税收保全措施是针对纳税人即将转移、隐匿应税的商品、货物或其他财产的紧急情况下采取的一种紧急处理措施，不可能等到事实全部查清，取得充分的证据以后再采取行动；选项E属于税收强制执行措施。

23. BDE 【解析】选项A，在开具发票时，应当按照规定的时限，做到按照号码顺序填开，填写项目齐全，内容真实，字迹清楚，全部联次一次打印，内容完全一致；选项C，发票上应加盖发票专用章，不应盖企业公章；选项 E，自 2017 年 7 月 1 日起，购买方为企业的，销售方为其开具增值税普通发票时，应在"购买方纳税人识别号"栏填写购买方的纳税人识别号或统一社会信用代码。其中企业，包括公司、非公司制企业法人、企业分支机构、个人独资企业、合伙企业和其他企业，不包括自然人、个体户等。

24. ABCD 【解析】增值税的计征只是按同类售价计算，如果是应税消费品用于交换、抵债、投资才按最高售价计征消费税。

25. ACDE 【解析】选项 B，企业收到与销售收入不直接挂钩的财政补贴时，可以开具"与销售收入不挂钩的财政补贴"的发票。

26. ACD 【解析】企业发生的下列支出作为长期待摊费用，按照规定摊销的，准予扣除：①已足额提取折旧的固定资产的改建支出；②租入固定资产的改建支出；③固定资产的大修理支出；④其他应当作为长期待摊费用的支出。

27. ACDE 【解析】选项 B，个人以非货币性资产投资，纳税人一次性缴税有困难的，可合理确定分期缴纳计划并报主管税务机关备案后，自发生应税行为之日起不超过 5 个公历年度内（含）分期缴纳个人所得税，无需均匀缴纳。

28. ACD 【解析】不可公开交易的股票期权，员工接受股票期权时，除另有规定外，一般不作为应税所得征税，选项 A 正确。

股票期权收入 = 20 000 × (8 - 3.5) = 90 000(元)

适用税率 10%，速算扣除数 2 520 元。

应纳税额 = 90 000 × 10% - 2 520 = 6 480 (元)

选项 D 正确，选项 B 错误。

在 2021 年 12 月 31 日之前，股权激励收入不并入综合所得计算纳税。选项 C 正确。

李先生将行权之后的股票再转让时，获得的高于购买日公平市场价的差额，而非高于授予价的差额，应按照"财产转让所得"征免个人所得税，选项 E 错误。

29. ACD 【解析】选项 B，高凝油减征 40% 资源税；选项 E，稠油减征 40% 资源税。

30. AE 【解析】选项 BC，对计划单列市税务局的具体行政行为不服的，向国家税务总局申请行政复议；选项 D，对被撤销的税务机关，对在其被撤销前作出的具体行政行为不服申请的复议，由继续行使其职权的税务机关的上一级税务机关管辖。

三、简答题

1.【答案】

(1)年应税销售额指的是在连续不超过 12 个月或 4 个季度的经营期内累计应征增值税销售额，包括纳税申报销售额、稽查查补销售额、纳税评估调整销售额、税务机关代开发票销售额和免税销售额；稽查查补销售额和纳税评估调整销售额计入查补税款申报当月的销售额，不计入税款所属期销售额；纳税人偶然发生的销售无形资产、转让不动产的销售额，不记入应税行为年应税销售额。

(2)宏帆商贸公司已经达到一般纳税人的登记标准，因为宏帆商贸公司在 2019 年 10 月至 2020 年 9 月的应税销售额为 503 万元（即 498+20-15 = 503 万元）。

(3)宏帆商贸公司申请一般纳税人资格登记应当在 2020 年 9 月份申报期结束后 15 日内办理相关手续。

(4)宏帆商贸公司在办理一般纳税人登记手续时，可自行选择登记的当月 1 日（即 10 月 1 日）或者次月 1 日（11 月 1 日）为一般纳税人生效之日；除另有规定外，一般纳税人自生效之日起可以按照规定领用专票。

(5)宏帆商贸公司应按销售额依照增值税税率计算应纳税额,不得抵扣进项税额。

2.【答案】

(1)方案一:

由于设备在2008年12月31日之前购入,未抵扣过进项税额,按3%减按2%缴纳增值税;由于厂房是在2016年4月30日营改增之前自建,因此销售时可以选择简易计税,按照5%全额缴纳增值税。

方案二:属于资产重组,不征收增值税。

(2)方案一:

销售设备如果按3%减按2%缴纳增值税,则只能开具普通发票;也可以放弃减税,按3%计算缴纳增值税,开具专票;销售厂房可以开具专票,也可以开具普通发票。

方案二:属于资产重组,不征收增值税,但资产重组中涉及到的货物、不动产(厂房)、土地使用权可以开具"未发生销售行为的不征税项目"编码的不征税增值税发票。

(3)如果甲公司以厂房、设备等非货币性资产投资入股,可以在5年内均匀递延纳税。

(4)如果在该项重组业务中,符合特殊性税务处理的条件,股权支付对应部分可以享受暂不缴纳企业所得税的税收优惠。条件为:①具有合理的商业目的,且不以减少、免除或者推迟缴纳税款为主要目的;②被收购资产占甲公司资产的50%以上;③乙公司支付给甲的对价中涉及股权支付金额达到85%以上;④企业重组后的连续12个月内不改变重组资产原来的实质性经营活动;⑤甲公司取得股权支付后,在重组后连续12个月内,不得转让所取得的股权。

3.【答案】

(1)离职补偿所得税前允许扣除,但不作为工资薪金在税前扣除,离职补偿部分无需纳税调整,但不作为计算三项经费的基数;

公司副总李某行权时的35万元【即(10-3)×5】允许扣除,因此纳税调减35万元,同时允许作为计算三项经费的基数。

税前允许扣除的工资薪金=8 000+(10-3)×5=8 035(万元)。

职工福利费税前扣除限额=8 035×14%=1 124.9(万元),纳税调增=1 220-1 124.9=95.1(万元)。

职工教育经费税前扣除限额=8 035×8%=642.8(万元),未超过扣除限额,无需纳税调整。

职工工会经费税前扣除限额=8 035×2%=160.7(万元),纳税调增=170-160.7=9.3(万元)。

工资及三项经费合计纳税调整=-35+95.1+9.3=69.4(万元)。

(2)股权激励收入=(10-3)×50 000=350 000(元)。

找到适用税率25%,速算扣除数31 920

应纳个税=350 000×25%-31 920=55 580(元)=5.558(万元)。

(3)免税部分=60 000×3=180 000(元)。

剩余部分=800 000-180 000=620 000,找到适用税率30%,速算扣除数52 920元。

应纳个税=620 000×30%-52 920=133 080(元)=13.308(万元)。

4.【答案】

(1)研发费用,应区分为收益化(费用化)和资本化两个部分,对企业开展研发活动中实际发生的研发费用,未形成无形资产计入当期损益的,在按规定据实扣除的基础上,按照本年度实际发生额的75%,在税前加计扣除;形成无形资产的,按照无形资产成本的175%在税前摊销。如果是符合条件的制造业企业,研发费用从2021年开始加计扣除100%。

(2)可以加计扣除的研发费用具体范围包括:①人员人工费用。②直接投入费用。③折旧费用。④无形资产摊销。⑤新产品设计费、新工艺规程制定费、新药研制的临床试验费、勘探开发技术的现场试验费。⑥其他相关费用。⑦财政部和国家税务总局规定的其他费用。

(3)企业外聘研发人员的劳务费用允许作为人员人工费用加计扣除。

(4)当年税前可以扣除的研发设备折旧为90万元,企业可以加计扣除67.50万元。

【思路点拨】2018年1月1日至2023年12月31日之间,企业购进的单价不超过500万元的仪器、设备可以在税前一次性扣除。

5.【答案】

(1)该项业务是通过合并方式将B公司的全部资产以及与之相关的债权、债务和劳动力一并转让给A公司的行为,属于资产重组,涉及到的有形动产(比如机器设备)、不动产(比如房产)、土地使用权,不征收增值税。

(2)B公司的房产、土地、机器设备等并入A公司时,可以开具发票,应开具"未发生销售行为的不征税项目"的发票,具体发票编码为607、608和616。

(3)不缴纳土地增值税,因为企业合并,原企业投资主体存续的,对原企业将房地产转移、变更到合并后的企业,暂不征土地增值税。

(4)无需缴纳契税,因为企业合并,且原投资主体存续的,对合并后公司承受原合并各方土地、房屋权属,免征契税。

(5)采用特殊性税务处理的条件:①具有合理的商业目的,且不以减少、免除或者推迟缴纳税款为主要目的;②企业重组后的连续12个月内不改变重组资产原来的实质性经营活动;③企业合并,企业股东在该企业合并发生时取得的股权支付金额不低于其交易支付总额的85%,以及同一控制下且不需要支付对价的企业合并;④企业重组中取得股权支付的原主要股东,在重组后连续12个月内,不得转让所取得的股权。

四、综合分析题

1.【答案】

(1)A公司收到诚意金时增值税纳税义务尚未发生,而且也不需要预缴增值税,因为诚意金不属于预收款。

(2)A公司收到首付款时增值税纳税义务尚未发生,但需要预缴增值税,因为首付款属于预收款。

(3)预缴增值税 = 80 000/1.09 × 3% = 2 201.83(万元)。

账务处理:

借:应交税费——预交增值税
　　　　　　　　　　　　2 201.83
　　贷:银行存款　　　 2 201.83

(4)

①确认收入

借:预收账款　　　　　　　80 000
　　贷:主营业务收入　　 73 394.50
　　　　应交税费——应交增值税(销项税额)　　　　　　　 6 605.50

②结转成本

借:主营业务成本　　　　　41 148
　　[(24 000+21 000+720)×90%]
　　贷:开发产品　　　　　41 148

③销项税额抵减

借:应交税费——应交增值税(销项税额抵减)
　　1 783.49(24 000×90%/1.09×9%)
　　贷:主营业务成本　　　1 783.49

④结转预交增值税

借:应交税费——未交增值税
　　　　　　　　　　　　2 201.83
　　贷:应交税费——预交增值税
　　　　　　　　　　　　2 201.83

(5)合理。因为已售面积已经达到整个项目可售建筑面积的85%以上,税务机关可以要求企业进行土增清算。

(6)

①销项税额 = 6 605.50 − 1 783.49 =

4 822.01(万元)。

②应税收入=80 000-4 822.01=75 177.99(万元)。

【思路点拨】由于房地产开发企业销售开发产品有差额计税的规定,所以在计算土地增值税应税收入时不能以"含税收入/(1+税率)"计算,而是以"含税收入-抵减后的销项税额"计算。

③扣除项目金额:

a. 取得土地使用权的金额=(24 000+720)×90%=22 248(万元)。

b. 房地产开发成本=(21 000-1 000)×90%=18 000(万元)。

c. 房地产开发费用=1 000×90%+(22 248+18 000)×5%=2 912.4(万元)。

d. 与转让房地产有关的税金=2 201.83×(7%+3%+2%)=264.22(万元)。

【思路点拨】由于该项目无法准确与其他项目划分进项税额,无需准确计算该项目应纳增值税,因此按照预缴的增值税计算的城建及附加作为该项目与转让房地产有关的税金,在计算增值额时扣除。

e. 加计扣除=(22 248+18 000)×20%=8 049.6(万元)。

扣除项目合计=22 248+18 000+2 912.4+264.22+8 049.6=51 474.22(万元)。

④增值额=75 177.99-51 474.22=23 703.77(万元)。

⑤增值率=23 703.77/51 474.22=46.05%,适用税率为30%。

⑥应纳税额=23 703.77×30%=7 111.13(万元)。

⑦应补税额=7 111.13-1 467.89=5 643.24(万元)。

2. 【答案】(1)

①业务招待费的60%为:140 000×60%=84 000(元),业务招待费按照企业所得税法规定计算的扣除限额=(8 800 000+180 000)×0.5%=44 900(元),税前可以扣除两者之间的较小者44 900元,应调增应纳税所得额=140 000-44 900=95 100(元)。

企业为开发新技术、新产品、新工艺发生的研究开发费用,未形成无形资产计入当期损益的,在按照规定据实扣除的基础上,再按照研究开发费用的75%加计扣除。企业委托境外进行研发活动所发生的费用,按照费用实际发生额的80%计入委托方的委托境外研发费用。委托境外研发费用不超过境内符合条件的研发费用三分之二的部分,可以按规定在企业所得税前加计扣除。加计扣除=(280 000-190 000)×75%+90 000×2/3×75%=112 500(元)。

②非金融企业向非金融企业借款的利息支出,不超过按照金融企业同期同类贷款利率计算的数额部分可以税前扣除,无需纳税调整。

③广告费和业务宣传费的扣除限额=(8 800 000+180 000)×15%=1 347 000(元)。

企业实际发生广告费和业务宣传费为593 400元(540 000+30 000*+180 000×13%),未超过限额,但将产品赠送客户,增值税和所得税都要视同销售,计算缴纳增值税和所得税。确认的增值税和相应的附加税需要分别计入销售费用和税金及附加,影响会计利润,进而影响应纳税所得额。补缴的增值税金额=180 000×13%=23 400(元),补缴的城建税、教育费附加和地方教育附加=23 400×(7%+3%+2%)=2 808(元),对会计利润和应纳税所得额的影响为26 208元(23 400+2 808)。所得税视同销售,确认收入纳税调增180 000元,确认成本纳税调减150 000元,合计调增30 000元。

---

* 根据国家税务总局2019年41号公告的规定,由于视同销售的纳税调整将导致税前可以扣除的相应成本费用增加。

同时在"扣除类"调整项目的其他中调减 30 000 元。

非广告性的赞助支出不能在税前扣除,应调增应纳税所得额 50 000 元。

④国债利息收入免税,作为免税收入调减应纳税所得额 100 000 元。

境外投资收益作为境外所得,需要单独计算税款,先调减应纳税所得额 640 000 元。

⑤会计利润 = 8 800 000 - 5 000 000 - (1 040 000 + 23 400) - 1 695 000 - 900 000 - (56 000 + 2 808) + 740 000 - 60 000 = 762 792(元)

对外捐赠的限额 = 762 792 × 12% = 91 535.04(元),因此实际捐赠的 50 000 元准予全部扣除,无需纳税调整。

给客户的违约金 10 000 元可以在税前扣除,无需纳税调整。

⑥实际发生的工资薪金支出 500 000 元可以在所得税前扣除,无需纳税调整。

职工福利费扣除限额 = 500 000 × 14% = 70 000(元),实际支出额为 105 000 元,税前可以扣除金额为 70 000 元,应调增应纳税所得额 = 105 000 - 70 000 = 35 000(元)。

工会经费扣除限额 = 500 000 × 2% = 10 000(元),实际上缴 10 000 元,可以全部扣除,无需纳税调整。

职工教育经费扣除限额 = 500 000 × 8% = 40 000(元),实际支出额为 20 000 元,未超过扣除限额,无需纳税调整。

(2)

A100000 中华人民共和国企业所得税年度纳税申报表(A 类)

行次	类别	项目	金额
1	利润总额计算	一、营业收入(填写 A101010\ 101020\ 103000)	8 800 000
2		减:营业成本(填写 A102010\ 102020\ 103000)	5 000 000
3		税金及附加	58 808
4		销售费用(填写 A104000)	1 063 400
5		管理费用(填写 A104000)	1 695 000
6		财务费用(填写 A104000)	900 000
7		资产减值损失	0
8		加:公允价值变动收益	0
9		投资收益	740 000
10		二、营业利润(1-2-3-4-5-6-7+8+9)	822 792
11		加:营业外收入(填写 A101010\ 101020\ 103000)	0
12		减:营业外支出(填写 A102010\ 102020\ 103000)	60 000
13		三、利润总额(10+11-12)	762 792

续表

行次	类别	项目	金额
14	应纳税所得额计算	减：境外所得(填写 A108010)	640 000
15		加：纳税调整增加额(填写 A105000)	360 100
16		减：纳税调整减少额(填写 A105000)	180 000
17		减：免税、减计收入及加计扣除(填写 A107010)	212 500
18		加：境外应税所得抵减境内亏损(填写 A108000)	
19		四、纳税调整后所得(13-14+15-16-17+18)	90 392
20		减：所得减免(填写 A107020)	
21		减：弥补以前年度亏损(填写 A106000)	
22		减：抵扣应纳税所得额(填写 A107030)	
23		五、应纳税所得额(19-20-21-22)	90 392
24	应纳税额计算	税率(25%)	
25		六、应纳所得税额(23×24)	22 598
26		减：减免所得税额(填写 A107040)	
27		减：抵免所得税额(填写 A107050)	
28		七、应纳税额(25-26-27)	22 598
29		加：境外所得应纳所得税额(填写 A108000)	200 000
30		减：境外所得抵免所得税额(填写 A108000)	160 000
31		八、实际应纳所得税额(28+29-30)	62 598
32		减：本年累计实际已缴纳的所得税额	41 250
33		九、本年应补(退)所得税额(31-32)	21 348
……		……	……

【解析】

第 15 行纳税调整增加额 = 180 000 + 95 100 + 50 000 + 35 000 = 360 100(元)

第 16 行纳税调整减少额 = 150 000 + 30 000 = 180 000(元)

第 17 行免税、减计收入及加计扣除 = 112 500 + 100 000 = 212 500(元)

第 29 行境外所得应纳所得税额 = (640 000 + 160 000) × 25% = 200 000(元)

第 30 行境外所得抵免所得税额：抵免限额和可抵免境外所得税额孰低。

抵免限额 = (640 000 + 160 000) × 25% = 200 000(元)

可抵免境外所得税额 = 160 000(元)

【思路点拨】一些不涉及的项目，报表可以填零，也可以不填，不影响最终的做题结果。

模拟试卷（二）

一、单项选择题（共20题，每题1.5分。每题的备选项中，只有1个最符合题意）

1. 下列关于房地产开发企业销售开发产品增值税征收管理的说法，错误的是（　　）。
   A. 房地产开发企业预售开发产品收到预收款时，增值税的纳税义务并未发生
   B. 房地产开发企业预售开发产品收到预收款时，需要预缴增值税
   C. 房地产开发企业销售开发产品差额计算缴纳增值税时，在取得土地时向其他单位或个人支付的拆迁补偿费用允许在计算销售额时扣除
   D. 房地产开发企业销售开发产品差额计算缴纳增值税时，在取得土地时支付的契税允许在计算销售额时扣除

2. 下列关于税务机关实施税收保全措施的表述中，错误的是（　　）。
   A. 税收保全措施仅限于从事生产、经营的纳税人
   B. 用人单位未足额缴纳社会保险费且未提供担保的，社会保险费征收机构可以申请人民法院扣押、查封其价值高于应纳税款的货物
   C. 冻结纳税人的存款时，其数额要以相当于纳税人应纳税款的数额为限
   D. 纳税人在规定的期限内缴纳税款的，税务机关必须立即解除税收保全措施

3. 未经委托人同意，税务师事务所可以向第三方提供工作底稿的情况是（　　）。
   A. 税务机关因行政执法需要进行查阅的
   B. 为了和合作方洽谈业务，合作方需要查阅相关资料的
   C. 统计局需要统计企业的各项经济指标的
   D. 金融机构需要审查相关单位的经济往来事项的

4. 下列涉税会计分录处理错误的是（　　）。
   A. 企业按规定计算的应代扣代缴的职工个人所得税，应借记"应付职工薪酬"，贷记"应交税费——应交个人所得税"
   B. 纳税人当月多缴的增值税大于当月应纳增值税，应当根据多缴税额借记"应交税费——未交增值税"，贷记"应交税费——应交增值税（转出多交增值税）"
   C. 旅游企业采用差额计税方式时，支付给其他单位或者个人的门票费和其他接团企业旅游费，应借记"应交税费——应交增值税（销项税额抵减）"，贷记"主营业务成本"
   D. 增值税欠税税额大于期末留抵税额，按增值税欠税税额红字借记"应交税费——应交增值税（进项税额）"科目，红字贷记"应交税费——未交增值税"科目

5. 2021年3月发生的下列行为，无需缴纳增值税的是（　　）。
   A. A企业集团下属B公司将资金无偿借贷给同一企业集团的下属C公司
   B. 王丽将房产无偿赠送给其朋友李萌
   C. 将购进的货物分配股东
   D. 将购进的货物用于投资

6. 2021年2月，某以初级农产品为原料的饼干生产企业，在采购农产品并进行进项税额抵扣的处理正确的是（　　）。
   A. 从小规模纳税人处购进初级农产品取得普通发票，允许按照发票上注明的金额和3%的扣除率抵扣进项税额
   B. 从小规模纳税人处购进初级农产品取得

专票，按照发票上注明的金额和9%的扣除率抵扣进项税额

C. 从农业生产者处购进初级农产品取得农产品收购发票，按照收购发票上注明的买价和9%的扣除率抵扣进项税额

D. 从一般纳税人处购进初级农产品取得农产品专票，不仅允许扣除发票上注明的增值税额，领用生产饼干时，还允许加计扣除1%的进项税额

7. 下列关于"营改增"零税率的说法错误的是（　　）。

A. 取得相关资质的境内单位和个人提供国际运输服务，适用增值税零税率

B. 境内单位和个人向境外单位提供完全在境外消费的研发服务，适用增值税零税率

C. 境内单位和个人以无运输工具承运方式提供的国际运输服务，无运输工具承运业务的经营者适用增值税零税率

D. 境内的单位和个人提供适用增值税零税率的服务或无形资产，如果属于适用简易计税方法的，实行免征增值税办法

8. 下列有关消费税征税规定的表述，正确的是（　　）。

A. 卷烟批发环节，按销售金额的5%征消费税从价税，同时，按每箱150元征收从量税

B. 收取白酒包装物押金时间超过12个月不再退还的，该押金应按含税价计征消费税

C. 对既作价随同从价计征消费税的应税消费品销售，又另外收取的包装物押金，凡纳税人在规定的期限内不予退还的，均应并入应税消费品的销售额征收消费税

D. 收取的应税消费品包装物押金具有保证金性质，所以不征收消费税

9. 某商贸公司为增值税小规模纳税人，按月申报交纳增值税。每月销售额为18万元，从业人数85人，资产总额2 600万元，2021年度应纳税所得额为120万元。不考虑疫情期间政策，对于该公司2021年的税务处理，正确的是（　　）。

A. 该公司免征增值税

B. 2021年该公司应该缴纳7万元的企业所得税

C. 该公司可以享受其所在省级政府规定的在50%的税额幅度内减征房产税、城镇土地使用税的规定

D. 该公司已依法享受房产税、城镇土地使用税其他优惠政策的，不得叠加其所在省级政府规定的在50%的税额幅度内减征房产税、城镇土地使用税的优惠政策

10. 依据企业所得税法规定，下列关于收入实现确认的说法中，错误的是（　　）。

A. 股息、红利等权益性投资收益，除另有规定外，按照被投资方作出利润分配决定的日期确认收入的实现

B. 利息收入，按照合同约定的债务人应付利息的日期确认收入的实现

C. 特许权使用费收入，按照收到特许权使用费的日期确认收入的实现

D. 接受捐赠收入，按照实际收到捐赠资产的日期确认收入的实现

11. 某有出口经营权的生产企业（一般纳税人），2021年3月从国内购进生产用的材料，取得专票上注明的价款为500 000元、税款65 000元，无上期留抵进项税。当期进料加工贸易进口免税料件的到岸价格200 000元，材料均已验收入库；本月内销货物的销售额为350 000元，进料加工出口货物的离岸价格为420 000元，企业采用实耗法计算当期不得免征和抵扣税额抵减额，计划分配率为60%，当期计算应退增值税额为（　　）元。（增值税征税率13%，出口退税率11%）

A. 3 360　　　　B. 5 040
C. 16 140　　　D. 18 480

12. 张鑫2021年4月10日将自己持有5年的、位于北京朝阳区的一幢别墅转让，含税转让价为3 890万元，该别墅购入价格为1 230万元，则张鑫应该缴纳的增值

税为( )万元。

A. 0　　　　　　B. 77.48
C. 126.67　　　　D. 185.28

13. 2015年4月，个人张某接受其父亲无偿赠送的一处房产，原房屋的取得成本为100万元，赠与合同中标明房屋市值300万元，张某办理相关过户手续，自行支付相关费用12万元。2020年8月，张某将此处房产转让，转让价格400万元，转让过程中支付相关税费50万元。下列关于上述业务个人所得税的表述，正确的是( )。

A. 张某接受无偿受赠的房产免纳个税
B. 张某取得受赠房产时，应按"偶然所得"项目缴纳个税
C. 张某受赠房产的应纳税所得额为300万元
D. 张某将受赠房产转让时，应纳税所得额为338万元

14. 某中学委托一服装厂加工校服，合同约定布料由学校提供，价值50万元，学校另支付加工费10万元，下列各项关于计算印花税的表述中，正确的是( )。

A. 学校应以50万元的计税依据，按销售合同的税率计算印花税
B. 服装厂应以50万元的计税依据，按销售合同的税率计算印花税
C. 服装厂应以10万元加工费为计税依据，按加工承揽合同的税率计算印花税
D. 服装厂和学校均以60万元为计税依据，按照加工承揽合同的税率计算印花税

15. 税务师李平在代理某房地产企业的土地增值税纳税申报业务中，遇到以下问题，其中企业的下列处理中正确的是( )。

A. 将超过贷款期限加收的罚息作为利息支出在房地产开发费用中扣除
B. 企业开发项目若干，贷款分别向建设银行和工商银行借入，财务上为简便核算，将利息按借款单位核算，在计算房地产开发费用时，采用了"房地产开发费用=(地价款+房地产开发成本)×5%以内+全部借款利息支出"的公式计算
C. 企业在计算开发成本时，将拆迁补偿费、建筑安装工程费计入其中
D. 将未计入房价的代收费用作为扣除项目，但未作为收入计税

16. 按照城镇土地使用税的有关规定，下列表述正确的是( )。

A. 城镇土地使用税以纳税人实际占用的土地面积为计税依据
B. 土地使用权未确定或权属纠纷未解决的，暂不缴纳土地使用税
C. 城镇土地使用税中所称的"工矿区"，是指坐落在城市之外的任何工矿企业所在地
D. 在我国境内拥有土地使用权的单位，应缴纳土地使用税，个人不征收土地使用税

17. 下列关于房产税的说法正确的是( )。

A. 产权出典的，由出典人纳税
B. 房产原值应包括与房屋不可分割的各种附属设备或一般不单独计算价值的配套设施
C. 农村地区的房产用于居住的，不征收房产税，用于经营的，从价计征房产税
D. 房地产开发企业建造的商品房，自办理验收手续之次月起缴纳房产税

18. 下列关于纳税申报的表述，错误的是( )。

A. 纳税申报的对象为纳税人和扣缴义务人
B. 纳税人在纳税期内没有应纳税款的，可以不办理纳税申报
C. 纳税人享受减税、免税待遇的，在减税、免税期间应当按照规定办理纳税申报
D. 纳税人和扣缴义务人应按照法定的期限办理纳税申报

19. 税收策划有多种方法，以下关于税收策

划基本方法理解错误的是( )。

A. 某医药公司每年向外国研发机构支付大额委托开发费用，税务师建议改为寻找国内的研发机构进行合作或自行研发的方式，税务师采用的是扣除方法，通过该种方式可以增加研发费用的加计扣除

B. 某企业产品价值较大，销售回款周期较长，一般情况下都要在六个月以内分三次收取，税务师建议企业与客户签订分期收款合同，在合同中约定具体的收款时间和收款金额，税务师采用的是延期纳税的方法

C. A公司将销售货物的方式详细划分为赊销业务、分期收款销售业务、直接收款业务等方式，这属于利用分割的策划方法

D. 张某因工作需要在上海购置房产，拟在三年后调回北京时将此房产转让给刘某，税务师提醒张某妥善保存原购房合同及购房发票。税务师提出的是税收扣除的策划方法

20. 下列各项中，不能直接提起行政复议的是( )。

A. 不予审批减免税或者出口退税
B. 国家税务总局和国务院其他部门的规定
C. 税务机关作出的行政处罚行为
D. 税务机关作出的征税行为

二、多项选择题（共10题，每题2分。每题的备选项中，有2个或2个以上符合题意，至少有1个错项。错选，本题不得分；少选，所选的每个选项得0.5分）

21. 下列涉税专业服务情形中，税务师事务所在服务期限内可以单方终止代理行为的有( )。

A. 委托人死亡或者破产
B. 委托人自行实施或授意涉税服务人员实施违反国家法律、法规行为
C. 委托人提供虚假的生产经营情况和财务会计资料，造成涉税服务错误的
D. 涉税服务人员未按涉税专业服务协议的约定提供服务
E. 由于代理项目有了新的发展，代理内容超越了原代理约定的范围

22. 符合下列情形之一的专票，列入异常凭证范围的有( )。

A. 非正常户纳税人未向税务机关申报或未按规定缴纳税款的专票
B. 纳税人丢失、被盗税控专用设备中未开具或已开具已上传的专票
C. 经国家税务总局、省税务局大数据分析发现，纳税人开具的专票存在涉嫌虚开、未按规定缴纳消费税等情形
D. 增值税发票管理系统稽核比对发现"比对不符""缺联""作废"的专票
E. 走逃(失联)企业存续经营期间发生销售货物名称严重背离的，所对应属期开具的专票

23. 根据《税收征收管理法》的规定，下列关于税收强制执行措施的表述，正确的有( )。

A. 书面通知纳税人开户银行或者其他金融机构冻结纳税人的金额相当于应纳税款的存款
B. 扣押、查封、拍卖纳税人价值相当于应纳税款的商品、货物或者其他财产，以拍卖所得抵缴税款
C. 书面通知纳税人开户银行或者其他金融机构从其存款中扣缴税款
D. 扣押、查封纳税人的价值相当于应纳税款的商品、货物或其他财产
E. 欠缴税款的纳税人在出境前未按照规定提供纳税担保的，税务机关可以通知出入境管理机关阻止其出境

24. 下列关于小规模纳税人自行开具专票的说法正确的有( )。

A. 只有月销售额超过了起征点的小规模纳税人才可以自行开具专票
B. 提供居民服务的小规模纳税人可以自

行开具专票

C. 自愿选择自行开具专票的小规模纳税人销售其取得的不动产，需要开具专票的，应该由税务机关为其代开

D. 小规模纳税人自行开具专票的销售额应填列增值税纳税申报表(小规模纳税人适用)第3栏"税控器具开具的普通发票不含税销售额"

E. 小规模纳税人自行开具专票的销售额应填列增值税纳税申报表(小规模纳税人适用)第2栏"税务机关代开的专票不含税销售额"

25. 下列属于制定质量控制制度遵循原则的有（ ）。

A. 全面性原则　　B. 责任清晰原则
C. 重要性原则　　D. 制衡性原则
E. 成本效益原则

26. 某工业企业生产的是单一的机械产品，各期生产销售均衡，各期原材料、在产品和产成品都有一定数量的余额。税务师在该企业2020年决算报表编制后的汇算清缴时发现，该企业2020年8月有一笔在建工程领用材料20 000元的账务处理为：

借：生产成本　　　　　　　　22 600
　　贷：原材料　　　　　　　　20 000
　　　　应交税费——应交增值税（进项税额转出）　　　　　　　　2 600

税务师按照"比例分摊法"计算调整额。在调整2020年错账时，计入贷方调整的科目有（ ）。

A. 原材料　　B. 生产成本
C. 库存商品　　D. 本年利润
E. 以前年度损益调整

27. 《增值税纳税申报表附列资料（二）》中"二、进项税额转出额"中填写的项目有（ ）。

A. 红字专用发票通知单注明的进项税额
B. 运输费用结算单据
C. 用于免税项目的进项税额

D. 上期留抵税额抵减欠税
E. 免抵退税办法出口货物不得抵扣进项税额抵减额

28. 下列各项中，不符合消费税纳税义务发生时间规定的有（ ）。

A. 进口的应税消费品，为取得进口货物的当天

B. 纳税人采取赊销和分期收款结算方式的，为销售合同规定的收款日期的当天

C. 委托加工的应税消费品，为支付加工费的当天

D. 采取预收货款结算方式的，为收到预收款的当天

E. 纳税人自产自用的应税消费品，其纳税义务的发生时间，为移送使用的当天

29. 关于企业重组的所得税处理，下列表述正确的有（ ）。

A. 在特殊性税务处理下，收购企业取得被收购企业股权的计税基础，以收购企业支付的股权部分原有计税基础确定

B. 企业发生债权转股权的，应当分解为债务清偿和股权投资两项业务，确认有关债务清偿所得或损失

C. 适用一般性税务处理时，企业分立相关企业的亏损可以相互结转弥补

D. 资产收购，所得税要适用特殊性处理规定，条件之一是受让企业收购的资产必须不低于转让企业全部资产的50%

E. 重组交易中，适用特殊性税务处理时，双方均不计算所得或损失

30. 下列关于个人所得税的说法，正确的有（ ）。

A. 无论是居民个人还是非居民个人，均需要对工资薪金所得、劳务报酬所得、稿酬所得、特许权使用费所得按年综合征收个人所得税

B. 单位每月向员工支付工资薪金所得时，需要按照累计预扣法和7级超额预扣率预扣预缴个人所得税

C. 单位向劳务人员支付劳务报酬时，需

要按照累计预扣法和7级超额预扣率预扣预缴个人所得税

D. 所有取得综合所得的纳税人在年度终了后都需要汇算清缴

E. 供货方给予购货方业务员钱某以免收旅游费用方式奖励其境外旅游所发生的费用,按照"劳务报酬"所得缴纳个人所得税

三、简答题(共5题,每题8分,共40分)

1. 某企业为增值税一般纳税人,2020年10月开始买卖金融商品,其转让损益通过"投资收益"核算。2020年10月金融商品卖出价105万元,相应的买入价120万元,负差15万元;2020年11月金融商品卖出价110万元,相应的买入价102万元,正差8万元;2020年12月金融商品卖出价150万元,相应的买入价148万元,正差2万元。2021年1月金融商品卖出价140万元,相应的买入价134万元,正差6万元。

问题:

(1)请作出该企业与转让金融商品有关的增值税的账务处理。

(2)并填列2020年12月份、2021年1月份的附列资料(三)(服务、不动产和无形资产扣除项目明细)。

增值税纳税申报表附列资料(三)

(服务、不动产和无形资产扣除项目明细)

税款所属时间: 年 月 日至 年 月 日

纳税人名称:(公章)   金额单位:元至角分

项目及栏次		本期服务、不动产和无形资产价税合计额(免税销售额)	服务、不动产和无形资产扣除项目				
			期初余额	本期发生额	本期应扣除金额	本期实际扣除金额	期末余额
		1	2	3	4=2+3	5(5≤1且5≤4)	6=4-5
13%税率的项目	1						
9%税率的项目	2						
6%税率的项目(不含金融商品转让)	3						
6%税率的金融商品转让项目	4						
5%征收率的项目	5						
3%征收率的项目	6						
免抵退税的项目	7						
免税的项目	8						

2. 某汽车制造企业为增值税一般纳税人,2020年12月有关生产经营业务如下:

(1)以交款提货方式销售A型小汽车30辆给汽车销售公司,每辆不含税售价15万元,开具专票注明价款450万元,当月实际收回货款430万元,余款下月才能收回。

(2)销售B型小汽车50辆给特约经销商,每辆不含税单价12万元,向特约经销商开具了专票,注明价款600万元、增值税78万元,另给予特约经销商2%的折扣,在发票"备注"栏注明折扣额。

(3)将新研制生产的C型小汽车5辆销售给本企业的中层干部,每辆按成本价10万元出售,共计取得收入50万元,C型小汽

车尚无市场销售价格。

(4)购进机械设备取得专票注明价款20万元、进项税额2.6万元,该设备当月投入使用。

(5)当月购进原材料取得专票注明金额600万元、进项税额78万元,购进原材料发生运输费用,取得一般纳税人开具的专票上注明运费20万元。

(6)从小规模纳税人处购进汽车零部件,取得由当地税务机关代开的专票注明价款20万元、进项税额0.6万元,取得运费的专票上注明税额0.14万元。

2020年12月该企业自行计算、申报缴纳的增值税和消费税如下:

①申报缴纳的增值税 = [430+600×(1-2%)+50]×13%-[2.6+78+20×9%+0.6] = 138.84-83 = 55.84(万元)

②申报缴纳的消费税 = [430+600×(1-2%)+50]×9% = 96.12(万元)

(说明:该企业生产的小汽车均适用9%的消费税税率,取得专票当月认证)

要求:根据企业自行计算、申报缴纳增值税和消费税的处理情况,按资料顺序逐项指出企业的做法是否正确?简要说明理由(无需计算具体结果)。

3. A房地产开发公司位于天津,于2019年6月开发建设A楼盘。为开发建设该楼盘,A公司支付给政府部门的土地价款3亿元,按政府规定的赔偿标准,支付给被拆迁户(自然人)的拆迁补偿款5 000万元。2020年5月开始进行宣传,并收取了1 000万元诚意金。2020年6月A楼盘取得预售许可证,预售房屋,收取了1.1亿元的预收款,原有的1 000万元诚意金也转做预收款。2021年1月份将房屋交付业主,交付业主时房屋销售了65%,已经收到8.5亿元的售房款,其中6亿元为预收款。65%房屋的开发成本为6.2亿元。

其他相关资料:销售款项均含增值税。

请根据上述资料,回答下列问题:

(1)做出上述业务的账务处理。

(2)填写2020年6月份的《增值税预缴税款表》。

增值税预缴税款表

税款所属时间:　　年　月　日至　　年　月　日

纳税人识别号:　　　　　是否适用一般计税方法　　　　是□ 否□

纳税人名称:(公章)		金额单位:元(列至角分)			
项目编号		项目名称			
项目地址					
预征项目和栏次	销售额	扣除金额		预征率	预征税额
	1	2		3	4
	1				
	2				
	3				
	4				
	5				
合计	6				

(3)被拆迁户收到拆迁补偿款如何进行税务处理?

4. 张岚准备在2021年3月投资设立一家小型咨询公司(小规模纳税人),听说国家对于小型微利企业有各种税收优惠（不考虑疫情期间政策），于是前往鑫达税务师事务所咨询，咨询问题如下：

(1)如果公司月销售额8万左右，是否可以享受免征增值税的优惠？

(2)公司是否可以自行开具专票？

(3)如果公司2021年的应纳税所得额可以达到40万元，如何计算缴纳企业所得税？

(4)假设当地省级政府规定，对于小规模纳税人的印花税可以减征50%，如果张岚准备投资50万，企业需要缴纳多少印花税？

(5)公司成立后，为了拓展业务需要，购入一辆30万元的小汽车，是否可以在所得税前一次性扣除其成本费用？

请您作为税务师回答张岚的问题，并说明理由。

5. 甲股份有限公司是一家上市公司，公司一贯重视并不断完善研发人员的激励机制，2020年相关业务如下：

(1)2020年3月，研发人员王某行使公司股票期权计划，假设行权时股票的公允价值35元，行权数量10万股。已知，该股票期权设立于2017年初，股权激励协议规定：甲公司向100名高级研发人员每人授予10万股股票期权，行权条件为这些高级研发人员从授予股票期权之日起连续服务满3年；符合行权条件后，每持有1股股票期权可以自2020年1月1日起1年内，以每股4元的价格购买甲公司1股普通股票，在行权期间内未行权的股票期权将失效。在2017年初至2019年末的等待期间，甲股份按会计的规定确认了相关的成本费用。

(2)甲公司为全体员工缴纳补充养老保险和补充医疗保险，金额分别占职工工资总额的6.5%。

(3)企业为全体员工购买符合规定的商业健康保险，每人每月300元，企业直接在企业所得税前扣除，未将其并入职工工资

计算个税。

就此事项，企业财务经理咨询税务师，请回答下列问题：

(1)该股权激励在授予、等待期和行权时的企业所得税扣除有何规定。

(2)王某在接受该股票期权和2020年3月行权时个人所得税政策，无需计算具体金额。

(3)该股权激励实际行权是否可以作为研究开发费享受企业所得税前加计扣除的政策。

(4)公司设立的补充养老保险和补充医疗保险，企业所得税扣除有何规定。

(5)公司为员工缴纳的补充养老保险和补充医疗保险，应如何征收个人所得税。

(6)企业为员工购买的商业健康保险的税务处理，是否正确并说明理由。

四、综合分析题（共2题，第1题20分，第2题30分，共50分）

1. 府城房地产开发公司为内资企业，公司于2017年1月～2021年2月在市区开发"东丽家园"住宅项目，发生相关业务如下：

(1)2017年1月通过竞拍获得一宗国有土地使用权，合同记载总价款17 000万元，并规定2017年3月1日动工开发。由于公司资金短缺，于2018年5月才开始动工。因超过期限1年未进行开发建设，被政府相关部门按照规定征收土地受让总价款20%的土地闲置费。

(2)支付拆迁补偿费、前期工程费、基础设施费、公共配套设施费和间接开发费用合计2 450万元。

(3)2020年6月该项目竣工验收，应支付建筑企业工程总价款3 150万元，根据合同约定当期实际支付价款为总价的95%，剩余5%作为质量保证金留存两年，建筑企业按照工程总价款开具了发票。

(4)发生销售费用、管理费用1 200万元。向商业银行借款的利息支出600万元，其中含超过贷款期限的利息和罚息150万元，

已取得相关凭证。

(5)2020年5月开始销售,可售总面积为45 000m²,截至2020年8月底销售面积为40 500m²,取得含税收入40 500万元;尚余4 500m²房屋未销售。

(6)2020年9月主管税务机关要求房地产开发公司就"东丽家园"项目进行土地增值税清算,公司以该项目尚未销售完毕为由对此提出异议。

(7)2021年2月底,公司将剩余4 500m²房屋打包销售,收取含税价款4 320万元。(其他相关资料:①当地适用的契税税率为5%;②按照一般计税方法计算增值税,无法准确计算该项目应该缴纳的城市维护建设税和教育费附加;③其他开发费用扣除比例为5%)

要求:根据上述资料,按序号回答下列问题,如有计算,每问需计算出合计数(不考虑印花税的影响)。

(1)简要说明主管税务机关于2020年9月要求府城房地产开发公司对该项目进行土地增值税清算的理由。

(2)在计算土地增值税和企业所得税时,对缴纳的土地闲置费是否可以扣除?

(3)计算2020年9月进行土地增值税清算时可扣除的土地成本金额。

(4)计算2020年9月进行土地增值税清算时可扣除的开发成本金额。

(5)在计算土地增值税和企业所得税时,对公司发生的借款利息支出如何进行税务处理?

(6)计算2020年9月进行土地增值税清算时可扣除的开发费用。

(7)计算2020年9月进行土地增值税清算时的增值额。

(8)计算2020年9月进行土地增值税清算时应缴纳的土地增值税。

(9)计算2021年2月公司打包销售的4 500m²房屋的单位建筑面积成本费用。

(10)计算2021年2月公司打包销售的4 500m²房屋的土地增值税。

2. 税务师受理某建筑安装企业2021年3月增值税应纳税额计算、会计核算和编制纳税申报表及其附列资料。

税务师根据企业提供资料核实,该企业系增值税一般纳税人,从事建筑安装业务和不动产经营租赁业务,所有建筑服务业务均由直接管理的项目部施工或分包,建筑工程材料按项目发生地分别就近统一采购。结合企业的财务核算、增值税开票系统和其他相关资料,经税务师收集整理,当期发生与增值税相关的业务如下:

(一)收入方面

(1)与本地某房地产公司签订合同,承接其房地产项目的工程作业。该房产项目分两期开发,第一期项目《建筑工程施工许可证》上注明的开工日期是2016年4月1日,第二期项目《建筑工程施工许可证》上注明的开工日期是2018年5月1日。两个项目合同约定都是在完工时一次办理竣工结算。建安企业就上述两个项目的处理如下:

①第一期项目选择采用简易计税办法,本月竣工结算。收取工程款3 090万元,开具专票,款已收到,发生分包支出412万元。

②第二期项目采取一般计税办法,本月竣工结算。收取工程款1 635万元,开具专票;另收取抢工费109万元,开具企业自制的收款收据,款项均已收到。

(2)承接外省营改增后的建筑项目,采取一般计税办法,合同约定,完工后,一次办理竣工结算。本月竣工结算,收取工程款2 180万元,开具专票,款已收到,发生分包支出872万元。

(3)本月将外市的一间商铺出租,合同约定租金按月收取,每月收取租金5.25万元,开具增值税普通发票。该商铺是企业2008年购入,企业选择按简易办法计税。

(4)将本月在当地购置办公楼出租,合同

约定每年租金381.5万元,当月一次性收取十年的租金,开具专票,注明租金3 500万元,税额315万元。

(5)将外省建筑项目竣工后剩余的板材出售,取得含税销售收入22.6万元,开具专票,款项已收到。

(6)2020年8月完工已开具专票的当地某项目(采取一般计税办法),因存在质量问题,经协商退还工程款43.6万元,凭税务机关系统校验通过的《开具红字专票信息表》开具红字专用发票,款项已退还。

(7)将营改增前以300万元购置的外省一间商铺出售,取得收入825万元。企业选择简易计税办法,开具专票。

(8)将营改增前购置的一批旧的建筑设备出售,取得收入10.3万元,享受减税优惠,开具增值税普通发票。

(二)进项税额方面

(1)本月采购建筑工程材料均取得专票,相关情况如下表所示:

建筑工程材料相关情况

工程项目发生地	材料种类	发票份数	发票不含税金额(万元)	发票注明税额(万元)
本地工程	钢材、板材等	1	1 000	130
本地工程	砂石、混凝土等	1	300	9
外省工程	钢材、板材等	1	500	65
外省工程	砂石、混凝土等	2	200	6

(2)本月公司在当地购置办公楼一座,取得专票一张,专用发票注明销售额8 000万元,增值税税额为720万元,当月认证相符。

(3)本月支付房地产工程作业第一期项目发生的分包支出,分别取得专票和增值税普通发票各一张。专票记载金额和税额为:金额120万元,税额3.6万元;增值税普通发票记载金额288.4万元。

(4)本月支付本地房地产工程作业第二期项目与劳务派遣公司结算的劳务派遣服务费180万元,其中包括支付给劳务派遣员工的工资、福利和为其办理社会保险及住房公积金的费用148.5万元。劳务派遣公司选择适用差额纳税,分别开具了专票和普通发票各一份,其中专票载明:金额30万元,税额1.5万元。

(5)支付外省建筑项目的分包支出,取得专票一张,记载金额和税额为:金额800万元,税额72万元。

(6)进口建筑专用设备,进口价100万元,报关进口时海关征收关税20万元,增值税15.6万元,分别取得海关完税凭证和海关进口增值税专用缴款书(本月报送电子数据,申请稽核比对)。

(7)本月向主管税务机关查询海关进口增值税专用缴款书稽核比对结果信息,上月申请比对的一份海关进口增值税专用缴款书已比对相符,为进口建筑设备,金额60万元,税额7.8万元。

(三)进项税额转出方面

(1)外省工程项目工地一批板材被盗,经盘点确认被盗板材的实际成本为20万元。

(2)本地房产项目工程作业第一期项目领用上月购进已经抵扣过进项税的钢材、板材一批,该批建筑成本100万元。

(四)其他情况

经核实企业上期期末留抵税额20万元,无待抵扣不动产进项税额,无服务、不动产和无形资产扣除项目期末余额及无税额抵减的期末余额。

当期开具的增值税发票都已按规定进行报税;取得的专票都已通过增值税发票查询平台选择用于申报抵扣或通过扫描认证;企业选择简易计税办法和享受税收优惠都向主管税务机关办理备案手续。预缴税款已经取得相应税务机关出具的完税凭证。
要求：
(1)根据上述资料，做出公司购置办公楼和出售商铺的涉税会计处理。
(2)根据上述资料，计算当期应纳的增值税。(单位：万元)
(3)根据上述资料，填写下列增值税纳税申报表的相应栏次，计算结果以元为单位。

增值税纳税申报表
（一般纳税人适用）

	项目	栏次	一般项目	
			本月数	本年累计
销售额	（一）按适用税率计税销售额	1		
	其中：应税货物销售额	2		
	应税劳务销售额	3		
	纳税检查调整的销售额	4		
	（二）按简易办法计税销售额	5		
	其中：纳税检查调整的销售额	6		
	（三）免、抵、退办法出口销售额	7		
	（四）免税销售额	8		
	其中：免税货物销售额	9		
	免税劳务销售额	10		
税款计算	销项税额	11		
	进项税额	12		
	上期留抵税额	13		
	进项税额转出	14		
	免、抵、退应退税额	15		
	按适用税率计算的纳税检查应补缴税额	16		
	应抵扣税额合计	17＝12+13－14－15+16		——
	实际抵扣税额	18（如 17<11，则为 17，否则为 11）		
	应纳税额	19＝11－18		
	期末留抵税额	20＝17－18		
	简易计税办法计算的应纳税额	21		
	按简易计税办法计算的纳税检查应补缴税额	22		
	应纳税额减征额	23		
	应纳税额合计	24＝19+21－23		

续表

项目		栏次	一般项目	
			本月数	本年累计
税款缴纳	期初未缴税额(多缴为负数)	25		
	实收出口开具专用缴款书退税额	26		
	本期已缴税额	27=28+29+30+31		
	①分次预缴税额	28		—
	②出口开具专用缴款书预缴税额	29		—
	③本期缴纳上期应纳税额	30		—
	④本期缴纳欠缴税额	31		—
	期末未缴税额(多缴为负数)	32=24+25+26-27		
	其中：欠缴税额(≥0)	33=25+26-27		—
	本期应补(退)税额	34=24-28-29		—
	即征即退实际退税额	35		—
	期初未缴查补税额	36		
	本期入库查补税额	37		
	期末未缴查补税额	38=16+22+36-37		

模拟试卷(二)
参考答案及详细解析

一、单项选择题

1. D 【解析】房地产开发企业预售开发产品收到预收款时增值税纳税义务尚未发生，但需要预缴3%的增值税。房地产开发企业销售开发产品采用一般计税方法时，差额计算缴纳增值税，在取得土地时向其他单位或个人支付的拆迁补偿费用允许在计算销售额时扣除，但是支付的契税不得扣除。

2. B 【解析】用人单位未足额缴纳社会保险费且未提供担保的，社会保险费征收机构可以申请人民法院扣押、查封其价值相当于应当缴纳社会保险费的财产，以拍卖所得抵缴社会保险费，如果提供了担保，则不能采取上述措施。

3. A 【解析】未经委托人同意，鉴证人不得向任何第三方提供工作底稿，但下列情况除外：
(1)税务机关因行政执法需要进行查阅的；
(2)涉税专业服务监管部门和行业自律部门因检查执业质量需要进行查阅的；
(3)法律、法规规定可以查阅的其他情形。

4. D 【解析】增值税欠税税额大于期末留抵税额，按期末留抵税额红字借记"应交税费——应交增值税(进项税额)"科目，红字贷记"应交税费——未交增值税"科目。

5. A 【解析】自2019年2月1日至2023年12月31日，对企业集团内单位(含企业集团)之间的资金无偿借贷行为，免征增值税。

6. D 【解析】对于生产、销售13%税率货物的纳税人而言，农产品适用10%的扣除率。由于饼干增值税税率为13%，因此按照10%的税率计算扣除农产品进项税额。从小规模纳税人手中购进农产品，只有在取得3%的专票时才允许扣除9%或10%的进项税额,取得普通发票,不得抵扣进项税额。

7. C 【解析】境内单位和个人以无运输工具承运方式提供的国际运输服务,由境内实际承运人适用增值税零税率;无运输工具承运业务的经营者适用增值税免税政策。

8. C 【解析】选项A,卷烟在批发环节征收11%的从价税,并按0.005元/支征收从量税;选项BD,对于包装物押金,除啤酒、黄酒以外的酒类产品的包装物押金,在收取时就需要计入销售额中,计算增值税和消费税;普通包装物押金在逾期时或者超过12个月时应当并入销售额征税。

9. C 【解析】选项A,自2021年4月1日至2022年12月31日,对月销售额15万元(季度销售额45万元)以下的增值税小规模纳税人,免征增值税,由于该纳税人的月销售额超过起征点,因此应该缴纳增值税;选项B,该公司2021年度应该缴纳企业所得税 = 100×25%×20%×50% + 20×50%×20% = 4.5(万元);选项D,增值税小规模纳税人已依法享受资源税、城市维护建设税、房产税、城镇土地使用税、印花税、耕地占用税、教育费附加、地方教育附加其他优惠政策的,可叠加享受省级政府规定50%税额幅度内的减征优惠政策。

10. C 【解析】特许权使用费收入,按照合同约定的特许权使用人应付特许权使用费的日期确认收入的实现。

11. C 【解析】免税购进原材料金额 = 420 000×60% = 252 000(元);免抵退税不得免征和抵扣税额 = 420 000×(13% - 11%) - 252 000×(13% - 11%) = 3 360(元);应纳税额 = 350 000×13% - (65 000 - 3 360) = -16 140(元);当期免抵退税额 = 420 000×11% - 252 000×11% = 18 480(元);当期应退税额 = 16 140(元)。

12. C 【解析】个人转让位于北京、上海、广州、深圳的非普通住房,持有2年以上的,应该差额计算缴纳增值税。张鑫应纳增值税 = (3 890 - 1 230)÷1.05×5% = 126.67(万元)。

13. A 【解析】无偿赠送的房产属于其配偶、父母、子女、祖父母、外祖父母、孙子女、外孙子女、兄弟姐妹,双方均免个人所得税,所以选项A正确,选项BC错误;选项D,受赠人转让受赠房屋的,以其转让受赠房屋的收入减除原捐赠人取得该房屋的实际购置成本以及赠与和转让过程中受赠人支付的相关税费后的余额,为受赠人的应纳税所得额,依法计征个人所得税,所以应纳税所得额 = 400 - 100 - 12 - 50 = 238(万元)。

14. C 【解析】对于由委托方提供主要材料或原料,受托方只提供辅助材料的加工合同,无论加工费和辅助金额是否分别记载,均以辅助材料与加工费的合计数,依照加工承揽合同计税贴花,对于委托方提供的主要材料或原料金额不计税贴花。所以原材料由学校提供,服装厂收取加工费,就是按加工费10万元按照加工承揽合同计算印花税。

15. C 【解析】选项A,超过贷款期限的利息部分和加收的罚息不允许作为利息支出在房地产开发费用中扣除。选项B,借款利息不能按项目分摊的,开发费用按(地价款+开发成本)×10%以内计算扣除。选项D,按规定代收的各项费用,如果代收费用是计入房价中向购买方一并收取的,可作为转让房地产所取得的收入计税;如果代收费用未计入房价中,而是在房价之外单独收取的,可以不作为转让房地产的收入。对于代收费用作为转让收入计税的,在计算扣除项目金额时,可予以扣除,但不允许作为加计20%扣除的基数;对于代收费用未作为转让房地产的收入计税的,在计算增值额时不允许扣除代收费用。

16. A 【解析】选项 B，土地使用权未确定或权属纠纷未解决的，由实际使用人纳税；选项 C，城镇土地使用税中所称的"工矿区"，是指工商业比较发达，人口比较集中的大中型工矿企业所在地，工矿区的设立必须经过省级人民政府的批准；选项 D，城镇土地使用税是对拥有土地使用权的单位和个人征收的。

17. B 【解析】选项 A，产权出典的，由承典人纳税；选项 C，房产税的征税范围不包括农村，农村地区的房产用于经营的，也不计征房产税；选项 D，房地产开发企业建造的商品房，不征收房产税。房地产开发企业将开发的商品房自用、出租、出借的，自房屋使用或交付之次月起缴纳房产税。

18. B 【解析】纳税人在纳税期内没有应纳税款的，也应当按照规定办理纳税申报。

19. C 【解析】选项 C，A 公司将销售货物的方式详细划分为赊销业务、分期收款销售业务、直接收款业务等方式，这属于延期纳税的策划方法。

20. B 【解析】选项 B，在对具体行政行为申请行政复议时，可一并向复议机关对有关规定提出审查申请，不能直接以抽象行政行为作为复议的对象。

二、多项选择题

21. AC 【解析】选项 B，委托人自行实施或授意涉税服务人员实施违反国家法律、法规行为，经劝告仍不停止其违法活动，涉税专业服务机构才可以单方终止代理行为；选项 D，涉税服务执业人员未按涉税专业服务协议的约定提供服务，是委托方可单方终止代理行为，而非涉税专业服务机构单方终止代理行为；选项 E，如果双方同意增加或减少代理内容的，可以变更涉税服务关系。

22. ACDE 【解析】符合下列情形之一的专票，列入异常凭证范围：
（1）纳税人丢失、被盗税控专用设备中未开具或已开具未上传的专票；
（2）非正常户纳税人未向税务机关申报或未按规定缴纳税款的专票；
（3）增值税发票管理系统稽核比对发现"比对不符""缺联""作废"的专票；
（4）经国家税务总局、省税务局大数据分析发现，纳税人开具的专票存在涉嫌虚开、未按规定缴纳消费税等情形的；
（5）走逃（失联）企业存续经营期间发生下列情形之一的，所对应属期开具的专票列入：
①商贸企业购进、销售货物名称严重背离的；生产企业无实际生产加工能力且无委托加工，或生产能耗与销售情况严重不符，或购进货物并不能直接生产其销售的货物且无委托加工的。
②直接走逃失踪不纳税申报，或虽然申报但通过填列增值税纳税申报表相关栏次，规避税务机关审核比对，进行虚假申报的。

23. BCE 【解析】选项 AD 属于税收保全措施。

24. BE 【解析】自 2020 年 2 月 1 日起，除其他个人外，所有小规模纳税人均可以自行开具专票。无论月销售额是否达到起征点，均可以自愿使用增值税发票管理系统自行开具专票。自愿选择自行开具专票的小规模纳税人销售其取得的不动产，需要开具专票的，税务机关不再为其代开。试点纳税人在填写增值税纳税申报表时，应当将当期开具专票的销售额，填写在"税务机关代开的专票不含税销售额"的"本期数"相应栏次中。

25. ACDE 【解析】税务师事务所建立质量控制制度，应遵循以下原则：
（1）全面性原则；
（2）重要性原则；
（3）制衡性原则；
（4）适应性原则；
（5）成本效益原则。

26. BCE 【解析】错误的计入了"生产成本"科目，各期生产销售均衡，各期原材料、在产品和产成品都有一定数量的余额，所以应该调整"生产成本"及后续的"库存商品"和"主营业务成本"科目；由于是在次年决算报表编制后发现的差错，所以涉及损益的调整通过"以前年度损益调整"科目进行处理，而非通过"本年利润"科目。

27. ACDE 【解析】《增值税纳税申报表附列资料(二)》中"二、进项税额转出额"中反映的本期进项税额转出额中包括：免税货物用于集体福利、个人消费；非正常损失；按简易办法征税项目；免抵退税办法出口货物不得抵扣进项税额；纳税检查调减进项税额；红字专用发票通知单注明的进项税额；上期留抵税额抵减欠税；上期留抵税额退税；其他应作进项税额转出的情形。其中，免抵退税办法出口货物不得抵扣进项税额抵减额在表二第18行中用负数表示。

28. ACD 【解析】选项 A，进口的应税消费品，纳税义务发生时间为报关进口的当天；选项 C，委托加工的应税消费品，纳税义务发生时间是纳税人提货的当天；选项 D，纳税人采取预收货款结算方式的，其纳税义务的发生时间，为发出应税消费品的当天。

29. BD 【解析】选项 A，在特殊性税务处理下，收购企业取得被收购企业股权的计税基础，以被收购股权的原有计税基础确定；选项 C，适用一般性税务处理时，企业分立相关企业的亏损不得相互结转弥补；选项 E，重组交易中，适用特殊性规定时，对交易中股权支付部分暂不确认有关资产的转让所得或损失，其非股权支付部分仍应该在交易当期确认相应的资产转让所得或损失，并调整相应资产的计税基础。非股权支付对应的资产转让所得或损失＝(被转让资产的公允价值－被转让资产的计税基础)×(非股权支付金额÷被转让资产的公允价值)。

30. BE 【解析】选项 A，只有对居民个人才有综合征收的概念，对于非居民个人的各项所得，均需要分类征收；选项 C，单位向劳务人员支付劳务报酬时，需要根据3级超额预扣率按次预扣个人所得税；选项 D，纳税人取得综合所得，下列四种情况需要汇算清缴个人所得税：①从两处以上取得综合所得，且综合所得年收入额减除专项扣除的余额超过6万元；②取得劳务报酬所得、稿酬所得、特许权使用费所得中一项或者多项所得，且综合所得年收入额减除专项扣除的余额超过6万元；③纳税年度内预缴税额低于应纳税额；④纳税人申请退税。

三、简答题

1.【答案】
(1)①2020 年 10 月账务处理：
借：应交税费——转让金融商品应交增值税
　　　　　　　　　　　　8 490.57
　　贷：投资收益　　　　8 490.57
②2020 年 11 月账务处理：
借：投资收益　　　　　　4 528.30
　　贷：应交税费——转让金融商品应交
　　　　增值税　　　　　4 528.30
由于 10 月份尚有负差未抵扣完毕，因此 11 月份无需缴纳增值税。
③2020 年 12 月份与 20 000 元转让收益相关的增值税的账务处理：
借：投资收益　　　　　　1 132.08
　　贷：应交税费——转让金融商品应交
　　　　增值税　　　　　1 132.08
由于 10 月份的负差未抵扣完毕，因此 12 月份无需缴纳增值税。
年末，由于 2020 年的负差不得结转到 2021 年扣除，因此将"转让金融商品应交增值税"的借方进行结转。
借：投资收益　　　　　　2 830.19
　　贷：应交税费——转让金融商品应交

增值税　　　　　　　　　2 830.19　　　　　　增值税　　　　　　　　　3 396.23

④2021年1月份与60 000元转让收益相关的增值税的账务处理：

缴纳增值税的账务处理：

借：投资收益　　　　　　3 396.23

借：应交税费——转让金融商品应交增值税　　　　　　　　　3 396.23

贷：应交税费——转让金融商品应交

贷：银行存款　　　　　　3 396.23

增值税纳税申报表附列资料（三）
（服务、不动产和无形资产扣除项目明细）

税款所属时间：2020年12月1日至2020年12月31日

纳税人名称：（公章）　　　　　　　　　　　　　　　　　　　　　　　　金额单位：元至角分

项目及栏次		本期服务、不动产和无形资产价税合计额（免税销售额）	服务、不动产和无形资产扣除项目				
			期初余额	本期发生额	本期应扣除金额	本期实际扣除金额	期末余额
		1	2	3	4=2+3	5(5≤1且5≤4)	6=4-5
13%税率的项目	1						
9%税率的项目	2						
6%税率的项目（不含金融商品转让）	3						
6%税率的金融商品转让项目	4	1 500 000	70 000	1 480 000	1 550 000	1 500 000	50 000
5%征收率的项目	5						
3%征收率的项目	6						
免抵退税的项目	7						
免税的项目	8						

『提示』本表中"期初余额""70 000"的来历为：10月份有15万元的负差，用11月份8万元正差弥补后面还有7万元负差，可以在12月份结转，因此12月份期初余额为7万元。

增值税纳税申报表附列资料（三）
（服务、不动产和无形资产扣除项目明细）

税款所属时间：2021年1月1日至2021年1月31日

纳税人名称：（公章）　　　　　　　　　　　　　　　　　　　　　　　　金额单位：元至角分

项目及栏次		本期服务、不动产和无形资产价税合计额（免税销售额）	服务、不动产和无形资产扣除项目				
			期初余额	本期发生额	本期应扣除金额	本期实际扣除金额	期末余额
		1	2	3	4=2+3	5(5≤1且5≤4)	6=4-5
13%税率的项目	1						
9%税率的项目	2						

续表

项目及栏次		本期服务、不动产和无形资产价税合计额（免税销售额）	服务、不动产和无形资产扣除项目				期末余额
			期初余额	本期发生额	本期应扣除金额	本期实际扣除金额	
		1	2	3	4=2+3	5(5≤1且5≤4)	6=4-5
6%税率的项目(不含金融商品转让)	3						
6%税率的金融商品转让项目	4	1 400 000	0	1 340 000	1 340 000	1 340 000	0
5%征收率的项目	5						
3%征收率的项目	6						
免抵退税的项目	7						
免税的项目	8						

『提示』由于金融商品转让正负差只能在年度内结转，不能结转下一纳税年度，因此2021年的期初余额填写0。

2.【答案】
(1)交款提货方式销售的汽车30辆，由于已经全额开具了专票，应该按照450万元确认为销售收入，企业按照430万元为销售收入计算有误，因此计算的增值税、消费税有误。
(2)销售给特约经销商的汽车50辆，折扣额未在同一张发票"金额"栏注明折扣额，而仅在发票的"备注"栏注明折扣额的，折扣额不得从销售额中减除。
(3)销售给本企业职工的汽车，按照成本价格计算税金，价格明显偏低，应该核定计税依据，由于没有同类销售价格，应该采用组成计税价格计算，企业按照成本价格50万元确认收入有误，所以计算出的增值税、消费税有误。
(4)企业购进机器设备，处理正确。
(5)当月购进原材料，处理正确。
(6)从小规模纳税人购进货物支付的运费取得专票可以抵扣进项税额，企业没有计算，进项税额的计算有误。

3.【答案】
(1)账务处理：
①支付土地出让金和拆迁补偿款
借：开发成本　　　　　　350 000 000
　　贷：银行存款　　　　　　350 000 000
②2020年5月收到诚意金
借：银行存款　　　　　　10 000 000
　　贷：其他应付款　　　　　10 000 000
③2020年6月收到首付款
需要预缴增值税，预缴税款=120 000 000/1.09×3%=3 302 752.29(元)
借：银行存款　　　　　　110 000 000
　　其他应付款　　　　　　10 000 000
　　贷：预收账款　　　　　　120 000 000
借：应交税费——预交增值税
　　　　　　　　　　　　3 302 752.29
　　贷：银行存款　　　　　　3 302 752.29
④2021年1月将房屋交付业主
借：预收账款　　　　　　600 000 000
　　银行存款　　　　　　250 000 000
　　贷：主营业务收入　　　779 816 513.76
　　　　应交税费——应交增值税(销项税额)
　　　　　　　　　　　　70 183 486.24

结转成本
借：主营业务成本　　　620 000 000
　　贷：开发产品　　　　620 000 000
销项税额抵减 = 350 000 000×65%÷1.09×9% = 18 784 403.67(元)

借：应交税费——应交增值税(销项税额抵减)　　18 784 403.67
　　贷：主营业务成本　　18 784 403.67

(2)填写预缴税款表。

增值税预缴税款表

税款所属时间：2020年6月1日至2020年6月30日

纳税人识别号：　　　　　　是否适用一般计税方法　　　　　　是√　否□

纳税人名称：(公章)　　　　　金额单位：元(列至角分)

项目编号　　　　项目名称

项目地址

预征项目和栏次		销售额	扣除金额	预征率	预征税额
		1	2	3	4
销售不动产	1	120 000 000		3%	3 302 752.29
	2				
	3				
	4				
	5				
合计	6				

(3)被拆迁户的税务处理。
被拆迁户无需缴纳增值税，无需缴纳土地增值税，无需缴纳个人所得税。
【思路点拨】(1)土地使用者将土地使用权归还给土地所有者，免增值税。
(2)因国家建设需要依法征用、收回的房地产或因城市实施规划、国家建设的需要而搬迁，由纳税人自行转让原房地产的，免征土地增值税。
(3)个人取得拆迁补偿款，免征个人所得税。

4.**【答案】**
(1)可以享受免增值税的优惠。对月销售额15万元(季度销售额45万元)以下的增值税小规模纳税人，免征增值税。

(2)可以自行开具专票，截止到目前，除其他个人外，所有小规模纳税人均可以自开专票。无论小规模纳税人月销售额是否达到15万元(季度销售额45万元)，需要开具专票的，均可以自愿使用增值税发票管理系统自行开具。

(3)该公司2021年的应纳税所得额为40万，未超过300万，如果从业人数未超过300人，资产总额未超过5 000万元，可以享受小型微利企业的税收优惠，应纳企业所得税 = 40×12.5%×20% = 1(万元)*。如果不符合小型微利企业的从业人数、资产总额条件，应纳企业所得税 = 40×25% = 10(万元)。

---

* 2021.1.1~2022.12.31，对小型微利企业年应纳税所得额不超过100万元的部分，减按12.5%计入应纳税所得额，按20%的税率缴纳企业所得税。

(4)应纳印花税 = 500 000×50%×0.05%×50% = 62.5(元)。

【思路点拨】增值税小规模纳税人已依法享受资源税、城市维护建设税、房产税、城镇土地使用税、印花税、耕地占用税、教育费附加、地方教育附加其他优惠政策的,可叠加享受省级政府规定的减征50%优惠政策。

(5)可以。企业在 2018 年 1 月 1 日至 2023 年 12 月 31 日期间新购进的设备、器具,单位价值不超过 500 万元的,允许一次性计入当期成本费用在计算应纳税所得额时扣除,不再分年度计算折旧。其中设备、器具指的是除房屋、建筑物以外的固定资产。单价不超过 500 万元的小汽车可以一次性计入当期成本费用在计算应纳税所得额时扣除。

5.【答案】
(1)股权激励计划实行后,需要等待一定服务年限方可行权的,授予时企业不做处理,企业所得税也不涉及调整;等待期企业会计上计入相关成本费用,但是不得在对应年度计算企业所得税时扣除,应做纳税调整;行权后,上市公司可以根据实际行权时该股票的公允价格与激励对象实际行权支付价格的差额和数量,计算确定作为当年上市公司工资薪金支出予以扣除。
(2)员工接受实施股票期权计划企业授予的股票期权时,除另有规定外,一般不作为应税所得征税。此时,王某不用缴纳个人所得税。
2019 年 1 月 1 日至 2021 年 12 月 31 日之间,股权激励收入不并入当年综合所得,全额单独适用综合所得税率表,计算纳税。计算公式为:
应纳税额=股权激励收入×适用税率−速算扣除数
(3)在职直接从事研发活动人员的工资、薪金、奖金等可以作为企业的研究开发费,享受加计扣除的优惠。

(4)甲公司为全体员工缴纳的补充养老保险费、补充医疗保险费,分别在不超过职工工资总额 5%标准内的部分,在计算应纳税所得额时准予扣除;超过的部分,不予扣除。甲公司所支付的超过扣除标准的 1.5%的部分不能在企业所得税前扣除,在计算缴纳企业所得税时需要纳税调增。
(5)甲公司根据国家有关政策规定的办法和标准为全体员工缴纳的补充养老保险,在计入个人账户时,个人暂不缴纳个人所得税。甲公司为全体员工缴纳的补充医疗保险费,应并入职工的当月工资一并缴纳个人所得税。
(6)企业为员工购买的商业健康保险的税务处理,不正确。单位统一为员工购买符合规定的商业健康保险产品的支出,应分别计入员工个人工资薪金,视同个人购买。对个人购买符合规定的商业健康保险产品的支出,允许在当年(月)计算应纳税所得额时予以税前扣除,扣除限额为 2 400 元/年(200 元/月)。

四、综合分析题
1.【答案】
(1)已竣工验收的房地产开发项目,已转让的房地产建筑面积占整个项目可售建筑面积的比例在 85%以上的,主管税务机关可要求纳税人进行土地增值税清算。府城房地产开发公司截至 2020 年 8 月底已经销售了 40 500m² 的建筑面积,占全部可销售面积 45 000m² 的 90%,已经达到了主管税务机关可要求纳税人进行土地增值税清算的条件。
(2)房地产开发企业逾期开发缴纳的土地闲置费在土地增值税税前不得扣除,但在企业所得税前可以扣除。
(3)可以扣除的土地成本金额 = (17 000 + 17 000×5%)×90% = 16 065(万元)。
(4)可以扣除的开发成本金额 = (2 450 + 3 150)×90% = 5 040(万元)。
(5)超过贷款期限 150 万元的利息和罚息

在土地增值税税前不能扣除，在企业所得税税前可以扣除。在土地增值税税前可以扣除的利息支出为450万元，在企业所得税税前可以扣除的利息支出是600万元。

（6）可以扣除的开发费用=（600－150）×90%+（16 065＋5 040）×5%＝1 460.25（万元）。

（7）预缴增值税＝40 500/1.09×3%＝1 114.68（万元）。

可以扣除的转让环节税金＝1 114.68×（7%＋3%＋2%）＝133.76（万元）。

扣除项目金额＝16 065＋5 040＋1 460.25＋133.76＋（16 065＋5 040）×20%＝26 920.01（万元）。

抵减后的销项税额＝40 500÷1.09×9%－17 000×90%÷1.09×9%＝2 080.73（万元）。

应税收入＝40 500－2 080.73＝38 419.27（万元）。

增值额＝38 419.27－26 920.01＝11 499.26（万元）。

（8）增值率＝11 499.26÷26 920.01×100%＝42.72%。

应纳土地增值税＝11 499.26×30%＝3 449.78（万元）。

（9）单位建筑面积成本费用＝26 920.01÷40 500＝0.66（万元）。

（10）扣除项目＝0.66×4 500＝2 970（万元）。

抵减后的销项税额＝4 320÷1.09×9%－17 000×10%÷1.09×9%＝216.33（万元）。

应税收入＝4 320－216.33＝4 103.67（万元）。

增值额＝4 103.67－2 970＝1 133.67（万元）。

增值率＝1 133.67÷2 970×100%＝38.17%。

应纳土地增值税＝1 133.67×30%＝340.10（万元）。

【思路点拨】国税发〔2006〕187号规定：在土地增值税清算时未转让的房地产，清算后销售或有偿转让的，纳税人应按规定进行土地增值税的纳税申报，扣除项目金额按清算时的单位建筑面积成本费用乘以销售或转让面积计算。

单位建筑面积成本费用＝清算时的扣除项目总金额÷清算的总建筑面积

2.【答案】
（1）购入办公楼：
借：固定资产　　　　　　　　80 000 000
　　应交税费——应交增值税（进项税额）
　　　　　　　　　　　　　　 7 200 000
　　贷：银行存款　　　　　　87 200 000
出售商铺：
向不动产所在地税务机关预缴税款：
借：应交税费——简易计税　　　250 000
　　贷：银行存款　　　　　　　　250 000
当期，企业向机构所在地主管税务机关纳税申报。
借：银行存款　　　　　　　　 8 250 000
　　贷：固定资产清理　　　　 8 000 000
　　　　应交税费——简易计税　 250 000

（2）计算当期应纳增值税：
①销项税额：
房产项目工程作业第二期项目＝（1 635＋109）÷（1+9%）×9%＝144（万元）。

外省营改增后的建筑项目＝2 180÷（1+9%）×9%＝180（万元）。

当地购置办公楼出租＝315（万元）。

外省建筑项目竣工后剩余的板材出售＝22.6÷（1+13%）×13%＝2.6（万元）。

退还工程款抵减本期销项税＝43.6÷（1+9%）×9%＝3.6（万元）。

销项税额合计＝144＋180＋315＋2.6－3.6＝638（万元）。

②进项税额：
本地工程进项税额＝130＋9＝139（万元）

【思路点拨】本地工程同时包括一般计税项目和简易计税项目，购入钢材、板材无法区分用于那个项目，先全部计入进项税额，再做进项税额转出。

外省工程进项税额＝65＋6＝71（万元）

购置办公楼进项税额：720(万元)

房地产工程作业第一期项目适用简易计税办法，分包支出已经差额纳税，进项税额不能重复抵扣。

房地产工程作业第二期项目劳务派遣支出进项税额=1.5(万元)。

外省营改增后的建筑项目分包支出进项税额=72(万元)。

进口设备进项税额=7.8(万元)。

【思路点拨】本月进口设备进项税15.6万元因未取得稽核比对相符信息，进项税额先计入待认证进项税额，待比对相符后，再转入进项税额抵扣。

进项税额合计=139+71+720+1.5+72+7.8=1 011.3(万元)。

③进项税额转出：

本地工程钢材、板材不得抵扣的进项税额=139×3 000÷(3 000+1 600)=90.65(万元)(注：对于不得抵扣的进项税额如何计算有各种各样的争议，比如在计算比例时是否应该将非相关项目的销售额纳入计算公式等。由于本题中给出的无法准确划分的材料款是用于建筑工程的，因此在本题中我们按照工程中的一般计税和简易计税的销售额比例计算不得抵扣的进项税额，特此说明。)

【思路点拨】将进项税额按照简易计税项目和一般计税项目的销售额比例分摊，其中按照简易计税项目的进项税额不能抵扣，作进项税额转出。

板材被盗进项税额转出=20×13%=2.6(万元)

房产项目工程作业第一期项目(简易计税项目)领用已经抵扣过的钢材、板材进项税转出=100×13%=13(万元)。

进项税额转出合计=90.65+2.6+13=106.25(万元)。

④简易计税办法应纳增值税：

房产项目工程作业第一期项目=(3 090-412)÷(1+3%)×3%=78(万元)。

外市商铺出租=5.25÷(1+5%)×5%=0.25(万元)。

出售外省商铺=(825-300)÷(1+5%)×5%=25(万元)。

旧设备出售=10.3÷(1+3%)×2%=0.2(万元)。

简易计税办法应纳税额合计=78+0.25+25+0.2=103.45(万元)。

⑤预缴增值税：

承接外省营改增后的建筑项目=(2 180-872)÷(1+9%)×2%=24(万元)。

出租外市商铺=5.25÷(1+5%)×5%=0.25(万元)。

出售外省商铺=(825-300)÷(1+5%)×5%=25(万元)。

合计预缴增值税=24+0.25+25=49.25(万元)。

当期应纳税额：

一般计税方法应纳税额=638-(1 011.3-106.25)-20=-287.05(万元)。

当期应纳税额=0+103.45-49.25=54.2(万元)。

(3)

增值税纳税申报表
（一般纳税人适用）

	项目	栏次	一般项目		即征即退项目	
			本月数	本年累计	本月数	本年累计
销售额	（一）按适用税率计税销售额	1	70 800 000			
	其中：应税货物销售额	2	200 000			
	应税劳务销售额	3				

续表

项目		栏次	一般项目		即征即退项目	
			本月数	本年累计	本月数	本年累计
销售额	纳税检查调整的销售额	4				
	（二）按简易办法计税销售额	5	38 007 142.86			
	其中：纳税检查调整的销售额	6				
	（三）免、抵、退办法出口销售额	7			——	——
	（四）免税销售额	8			——	——
	其中：免税货物销售额	9				
	免税劳务销售额	10				
税款计算	销项税额	11	6 380 000			
	进项税额	12	10 113 000			
	上期留抵税额	13	200 000			
	进项税额转出	14	1 062 500			
	免、抵、退应退税额	15			——	——
	按适用税率计算的纳税检查应补缴税额	16				
	应抵扣税额合计	17 = 12+13-14-15+16	9 250 500		——	——
	实际抵扣税额	18（如17<11，则为17，否则为11）	6 380 000			
	应纳税额	19 = 11-18	——			
	期末留抵税额	20 = 17-18	2 870 500			
	简易计税办法计算的应纳税额	21	1 035 500			
	按简易计税办法计算的纳税检查应补缴税额	22				
	应纳税额减征额	23	1 000			
	应纳税额合计	24 = 19+21-23	1 034 500			
税款缴纳	期初未缴税额(多缴为负数)	25				
	实收出口开具专用缴款书退税额	26				
	本期已缴税额	27 = 28+29+30+31	492 500			
	①分次预缴税额	28	492 500		——	——
	②出口开具专用缴款书预缴税额	29				
	③本期缴纳上期应纳税额	30				
	④本期缴纳欠缴税额	31				
	期末未缴税额(多缴为负数)	32 = 24+25+26-27	542 000			
	其中：欠缴税额(≥0)	33 = 25+26-27	——		——	——

续表

项目		栏次	一般项目		即征即退项目	
			本月数	本年累计	本月数	本年累计
税款缴纳	本期应补(退)税额	34=24-28-29	542 000	——	——	——
	即征即退实际退税额	35	——	——		
	期初未缴查补税额	36			——	——
	本期入库查补税额	37			——	——
	期末未缴查补税额	38=16+22+36-37			——	——

【思路点拨】第 5 栏数字 = 30 900 000/1.03 + 50 000 + 8 250 000/1.05 + 103 000/1.03 = 38 007 142.86

你来找茬，给你奖励

"梦想成真"辅导丛书自出版以来，以严谨细致的专业内容和清晰简洁的编撰风格受到了广大读者的一致好评，但因水平和时间有限，书中难免会存在一些疏漏和错误。读者如有发现本书不足，可扫描"欢迎来找茬"二维码上传纠错信息，审核后每处错误奖励10元购课代金券。（多人反馈同一错误，只奖励首位反馈者。请关注"中华会计网校"微信公众号接收奖励通知。）

在此，诚恳地希望各位学员不吝批评指正，帮助我们不断提高完善。

邮箱：mxcc@cdeledu.com

微博：@正保文化

欢迎来找茬

中华会计网校
微信公众号

税法虽纷繁复杂，但有规律可循，找准规律，把握变化，通过考试。

吴卫华

2021年度 全国税务师职业资格考试

涉税服务实务

应试指南 上册

■ 奚卫华　中华会计网校 编

感恩21年相伴　助你梦想成真

中国商业出版社

图书在版编目（CIP）数据

涉税服务实务应试指南：上下册／奚卫华，中华会计网校编．—北京：中国商业出版社，2021.4
2021年度全国税务师职业资格考试
ISBN 978-7-5208-1582-6

Ⅰ．①涉…　Ⅱ．①奚…　②中…　Ⅲ．①税收管理-中国-资格考试-自学参考资料　Ⅳ．①F812.423

中国版本图书馆 CIP 数据核字（2021）第 055769 号

责任编辑：朱文昊　黄世嘉

中国商业出版社出版发行
010-63180647　www.c-cbook.com
（100053　北京广安门内报国寺 1 号）
新华书店经销
三河市荣展印务有限公司印刷

*

787 毫米×1092 毫米　16 开　41.5 印张　1092 千字
2021 年 4 月第 1 版　2021 年 4 月第 1 次印刷
定价：98.00 元

* * * *

（如有印装质量问题可更换）

前　言

正保远程教育

- **发展**：2000—2021年：感恩21年相伴，助你梦想成真
- **理念**：学员利益至上，一切为学员服务
- **成果**：18个不同类型的品牌网站，涵盖13个行业
- **奋斗目标**：构建完善的"终身教育体系"和"完全教育体系"

中华会计网校

- **发展**：正保远程教育旗下的第一品牌网站
- **理念**：精耕细作，锲而不舍
- **成果**：每年为我国财经领域培养数百万名专业人才
- **奋斗目标**：成为所有会计人的"网上家园"

"梦想成真"书系

- **发展**：正保远程教育主打的品牌系列辅导丛书
- **理念**：你的梦想由我们来保驾护航
- **成果**：图书品类涵盖会计职称、注册会计师、税务师、经济师、资产评估师、审计师、财税、实务等多个专业领域
- **奋斗目标**：成为所有会计人实现梦想路上的启明灯

图书特色

① 高分战术
解读考试**整体**情况，
了解大纲**总体**框架

一、考试总体情况
《涉税服务实务》这门课程最主要的特点是综合性强、实务性强。可以说，《涉税服务实务》是《税法（Ⅰ）》《税法（Ⅱ）》《财务与会计》《涉税服务相关法律》的综合体。该科目考试的难
二、大纲内容体系
2021年《涉税服务实务》大纲发生了很大的变化，由原来的15章内容调整为9章内容，主要变化是按照涉税会计核算、纳税审核、纳税申报、涉税鉴证与纳税情况审查服务、税务咨
三、命题规律及应试方法
（一）命题规律
近年来，《涉税服务实务》由于考试形式以及考试时间的变动，题型题量均有所调整。但
四、本书整体安排及学习建议
本书分为五部分：第一部分高分战术，第二部分应试指导与同步训练，第三部分重要知识点精讲，第四部分思维导图全解，第五部分考前模拟试卷。需要说明的是：

考情解密
历年考情概况
本章是涉税服务实务的基础性内容，但并不是考试的重点章节。历年考题多以单选题、多选题的形式出现，预计考试分值在3分左右。

考点详解及精选例题
一、涉税专业服务概念及特点

（一）概念及特点★★*
涉税专业服务是指涉税专业服务机构接受委托，利用专业知识和技能，就涉税事项向委托人提供的税务代理等服务。
涉税专业服务的业务范围主要**包括但不限于**纳税申报代理业务、一般税务咨询业务、

（1）2015年注册税务师职业资格由准入类调整为水平评价类，并更名为"税务师"，纳入全国专业技术人员职业资格证书制度统一规划。
（2）2016年5月，中国注册税务师协会先后发布了《税务师职业资格证书登记服务办法（试行）》《中国注册税务师协会行业诚信记录管理办法（试行）》，为税务师行业自律管理、规范服务和转型升级创造了较为完善的制度保证。

② 应试指导及同步训练

③ 重要知识点精讲

- 深入**解读**本章考点及考试变化内容
- 全方位**透析**考试，**钻研**考点
- **夯实**基础，快速**掌握**答题技巧

同步训练 限时7分钟

一、单项选择题
1. 税务机关对涉税专业服务机构和从事涉税服务人员违反《涉税专业服务监管办法（试行）》规定的情形进行分类处理。属于严重违法违规情形的，纳入涉税服务失信名录，期限为（ ），到期自动解除。

二、多项选择题
1. 涉税专业服务具有（ ）特点。
   A. 公正性
   B. 自愿性
   C. 有偿性
   D. 维护国家税收利益

④ 思维导图全解

本章知识体系**全呈现**

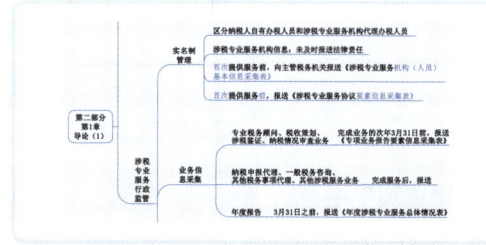

⑤ 考前模拟试卷

模拟演练，助力冲关

模拟试卷（一）

一、单项选择题（共20题，每题1.5分，每题的备选项中，只有1个最符合题意）
1. 下列有关税务师涉税专业服务范围和税务师权利和义务的表述，正确的是（ ）。
   A. 委托人与税务机关发生涉税争议时，税务师无权代表委托人与税务机关协商
   B. 税务师可以代理办理开业税务登记、变更税务登记，但不能代理办理注销税务登记

模拟试卷（一） 参考答案及详细解析

一、单项选择题
1. D 【解析】选项A，委托人与税务机关发生涉税争议时，税务师代表委托人与税务机关协商；选项B，税务师可以代理办理开业税务登记、变更税务登记，也可以代理办理注销税务登记；选项C，税务师依法独立、客观、公正执业受法律保护，不受区域限制，任何单位和个人不得违规干预。

模拟试卷（二）

一、单项选择题（共20题，每题1.5分，每题的备选项中，只有1个最符合题意）
1. 下列关于房地产开发企业销售开发产品增值税征收管理的说法，错误的是（ ）。
   A. 房地产开发企业预售开发产品收到预收款时，增值税纳税义务并未发生
   B. 房地产开发企业预售开发产品收到预收款时，需要预缴增值税
   C. 房地产开发企业销售开发产品差额计算

模拟试卷（二） 参考答案及详细解析

一、单项选择题
1. D 【解析】房地产开发企业预售开发产品收到预收款时增值税纳税义务尚未发生，但需要预缴3%的增值税。房地产开发企业销售开发产品采用一般计税方法时，差额计算缴纳增值税，在取得土地时向其他单位或个人支付的拆迁补偿费用允许在计算销售额时扣除，但是支付的契税不得扣除。

目 录
CONTENTS

上 册

第一部分 高分战术

2021年高分战术 ········· 3
- 一、考试总体情况 ········· 3
- 二、大纲内容体系 ········· 3
- 三、命题规律及应试方法 ········· 5
- 四、本书整体安排及学习建议 ········· 7
- 五、2021年备考特别提示 ········· 8

第二部分 应试指导及同步训练

第1章 导 论 ········· 11
- 考情解密 ········· 11
- 考点详解及精选例题 ········· 12
- 同步训练 ········· 24
- 同步训练答案及解析 ········· 25

第2章 税收征收管理 ········· 26
- 考情解密 ········· 26
- 考点详解及精选例题 ········· 27
- 同步训练 ········· 56
- 同步训练答案及解析 ········· 62

I

第 3 章　涉税专业服务程序与方法 …………………………………… 66
考情解密 ………………………………………………………… 66
考点详解及精选例题 …………………………………………… 66
同步训练 ………………………………………………………… 70
同步训练答案及解析 …………………………………………… 71

第 4 章　涉税会计核算 ……………………………………………… 72
考情解密 ………………………………………………………… 72
考点详解及精选例题 …………………………………………… 73
同步训练 ………………………………………………………… 102
同步训练答案及解析 …………………………………………… 117

第 5 章　纳税申报代理服务 ………………………………………… 128
考情解密 ………………………………………………………… 128
考点详解及精选例题 …………………………………………… 128
同步训练 ………………………………………………………… 129
同步训练答案及解析 …………………………………………… 130

第 6 章　涉税鉴证与纳税情况审查服务 …………………………… 131
考情解密 ………………………………………………………… 131
考点详解及精选例题 …………………………………………… 132
同步训练 ………………………………………………………… 140
同步训练答案及解析 …………………………………………… 141

第 7 章　税务咨询服务 ……………………………………………… 143
考情解密 ………………………………………………………… 143
考点详解及精选例题 …………………………………………… 143
同步训练 ………………………………………………………… 146
同步训练答案及解析 …………………………………………… 147

第 8 章	其他税务事项代理服务	149
	考情解密	149
	考点详解及精选例题	150
	同步训练	161
	同步训练答案及解析	163

第 9 章	其他涉税专业服务	165
	考情解密	165
	考点详解及精选例题	166
	同步训练	183
	同步训练答案及解析	189

第三部分　重要知识点精讲

第 1 章	发票领用与审核代理	197
	考情解密	197
	考点详解及精选例题	198
	同步训练	224
	同步训练答案及解析	228

第 2 章	货物与劳务税纳税审核与纳税申报代理	231
	考情解密	231
	考点详解及精选例题	233
	同步训练	312
	同步训练答案及解析	329

下 册

第 3 章 所得税纳税审核、涉税鉴证与纳税申报代理 ········ 343
- 考情解密 ········ 343
- 考点详解及精选例题 ········ 345
- 同步训练 ········ 436
- 同步训练答案及解析 ········ 453

第 4 章 其他税种纳税审核、涉税鉴证与纳税申报代理 ········ 468
- 考情解密 ········ 468
- 考点详解及精选例题 ········ 469
- 同步训练 ········ 501
- 同步训练答案及解析 ········ 512

第 5 章 社会保险费申报代理与审核 ········ 520
- 考情解密 ········ 520
- 考点详解及精选例题 ········ 520
- 同步训练 ········ 524
- 同步训练答案及解析 ········ 524

第 6 章 跨章节 ········ 525
- 跨章节知识点总结 ········ 525
- 跨章节知识点训练 ········ 537

第四部分 思维导图全解

- 本书各章思维导图全解 ········ 545

第五部分　考前模拟试卷

2021 年考前模拟试卷 ………………………………………… 609

模拟试卷（一） ……………………………………………… 609
模拟试卷（一）参考答案及详细解析 ……………………… 617
模拟试卷（二） ……………………………………………… 625
模拟试卷（二）参考答案及详细解析 ……………………… 636

正保文化官微

关注正保文化官方微信公众号，回复"勘误表"，获取本书勘误内容。

2021

YINGSHI ZHINAN

第一部分
高 分 战 术

梦想成真辅导丛书

2021 年高分战术

税务师职业资格考试的五门科目中，难度最大、综合性最强的科目就是《涉税服务实务》，因此提请大家高度重视，避免形成错误的看法——认为通过《税法（Ⅰ）》《税法（Ⅱ）》《财务与会计》的考试，就自然而然能够通过《涉税服务实务》的考试，这是历年阻碍大家通过该科目考试的一个非常重要的原因。

一、考试总体情况

《涉税服务实务》这门课程最主要的特点是综合性强、实务性强。可以说，《涉税服务实务》是《税法（Ⅰ）》《税法（Ⅱ）》《财务与会计》《涉税服务相关法律》的综合体。该科目考试的难度主要体现在以下方面：(1)综合性强。本科目的考核中，很多题目，尤其是简答题和综合分析题不仅涉及多税种，而且往往是将税务处理和账务处理、税收实体法和税收程序法结合起来进行考核，增加考试难度。(2)题型多，不仅有客观题（单选题和多选题），而且有主观题（简答题和综合分析题）。对于很多考生而言，在回答简答题组织语言的过程中会遇到一定的困难，综合分析题往往将财税知识结合起来考核，增加题目难度。(3)一些题目存在争议。可以这样说，越是实务性强的考试，争议就越大。因为税收征管实践中，税企之间的争议也很多，比如增值税中界定"非正常损失"时如何理解"管理不善"、如何理解企业所得税税前扣除的相关性原则等。如何解决这一问题呢？我们将在"学习方法"中给出相应的建议。

二、大纲内容体系

2021年《涉税服务实务》大纲发生了很大的变化，由原来的15章内容调整为9章内容，主要变化是按照涉税会计核算、纳税审核、纳税申报、涉税鉴证与纳税情况审查服务、税务咨询、其他税务事项代理服务、其他涉税专业服务等业务类型设计章节内容。按照业务模块划分章节内容，有利于从业者更加清晰地掌握税务师的主要执业内容，但从学习和考试角度看，这种划分方式容易出现学习内容的交叉重叠，比如，企业所得税的内容分散在第3章第4节所得税纳税审核方法、第4章第3节所得税会计核算、第5章第2节所得税纳税申报代理、第6章第2节企业所得税汇算清缴鉴证服务、第3节研发费用加计扣除鉴证服务、第4节资产损失税前扣除鉴证服务、第5节高新技术企业认定专项鉴证服务中。为此我们在编写2021年应试指南及进行课程内容讲解的过程中，将采用"双支柱"的方式——在按部就班按照业务模块讲授、编写应试指南内容的基础上，将教材9章内容中的核心内容、关键内容抽取出来，形成"第三部分重要知识点精讲"，也就是形成了业务模块和税种（包括发票、社保）模块两大支柱，体现既尊重教材，又将重要知识点进行整合重组的思路进行编写和讲授。具体内容如下：

第二部分　应试指导及同步训练		
2021年新大纲章节名称	2021年应试指南章节名称	主要调整
第1章　导论	第1章　导论	
第2章　税收征收管理	第2章　税收征收管理	将第2节税务管理中的"发票管理"整合到"第三部分重要知识点精讲"中的第1章"发票领用与审核代理"中
第3章　涉税专业服务程序与方法	第3章　涉税专业服务程序与方法	第3至6节具体税种和社会保险费的审核方法分别整合到"第三部分重要知识点精讲"中的第2至5章
第4章　涉税会计核算	第4章　涉税会计核算	将第2至4节具体税种的会计核算的内容分别整合到"第三部分重要知识点精讲"中的第2至4章
第5章　纳税申报代理服务	第5章　纳税申报代理服务	本章介绍纳税申报服务的基本规定,具体内容整合到"第三部分重要知识点精讲"中的第2至4章
第6章　涉税鉴证与纳税情况审查服务	第6章　涉税鉴证与纳税情况审查服务	将本章的第2至5节与企业所得税涉税鉴证有关的内容整合到"第三部分重要知识点精讲"中的第3章,将第6节土地增值税清算鉴证服务整合到"第三部分重要知识点精讲"中的第4章
第7章　税务咨询服务	第7章　税务咨询服务	
第8章　其他税务事项代理服务的规定	第8章　其他税务事项代理服务	将本章第1节发票相关代理服务的内容拆解到"第三部分重要知识点精讲"中的第1章;将本章第2节涉税信息报告事项代理服务的规定拆解到第2章中;将本章第6节社会保险费申报代理拆解到"第三部分重要知识点精讲"中的第5章
第9章　其他涉税专业服务	第9章　其他涉税专业服务	

第三部分　重要知识点精讲	
2021年应试指南章节名称	主要调整
第1章　发票领用与审核代理	将第2章第2节税务管理中的"发票管理"、第8章第1节发票相关代理服务的内容整合到本章
第2章　货物与劳务税纳税审核与纳税申报代理	将教材中的第3章的第3节货物劳务税纳税审核方法、第4章第2节货物与劳务税会计核算、第5章第1节货物与劳务税纳税申报代理整合到本章
第3章　所得税纳税审核、涉税鉴证与纳税申报代理	将教材中第3章第4节所得税纳税审核方法、第4章第3节所得税会计核算、第5章第2节所得税纳税申报代理、第6章第2至5节与企业所得税涉税鉴证有关的内容整合到本章
第4章　其他税种纳税审核、涉税鉴证与纳税申报代理	将教材中第3章的第5节其他税种纳税审核方法、第4章第4节其他税种会计核算、第5章第3节其他税种纳税申报代理、第6章第6节土地增值税清算鉴证服务整合到本章
第5章　社会保险费申报代理与审核	第3章第6节社会保险费审核方法、第8章第6节社会保险费申报代理整合到本章
第6章　跨章节	由于涉税服务实务经常跨章节出题,因此增加本章内容

三、命题规律及应试方法

(一)命题规律

近年来,《涉税服务实务》由于考试形式以及考试时间的变动,题型题量均有所调整。但从2016年之后相对比较稳定。从近几年的考试情况来看,考试时间为150分钟,题型包括单项选择题(20道题)、多项选择题(10道题)、简答题(5道题)以及综合分析题(2道题),所占分值分别为30分、20分、40分和50分,总分合计140分。

(二)应试方法

在税务师5门科目的考试中,《涉税服务实务》是唯一一门不仅有单项选择题、多项选择题等客观题,而且还有简答题和综合分析题等主观题的科目。由于主观题的存在,在很大程度上增加了考试的难度。

1. 单项选择题

本题型以教材基础内容为主,主要考核基本规定;与《税法(Ⅰ)》和《税法(Ⅱ)》相比,本科目的单项选择题难度低,容易得分,为确保通过考试,本题型的得分率最低应该达到80%以上;同时在考试过程中,本题型不应该占用过多时间,用时应该控制在20分钟左右。

2. 多项选择题

与单项选择题相比,多项选择题综合性强,可能在一个题目中考核一项行为的不同税种的处理;难度增强,因为多选、错选都是不得分的;少选,所选的每个正确选项得0.5分。因此对于多项选择题应该采用谨慎性原则——对于不确定的选项,可以不选,保证所选的正确选项能够得分。与《税法(Ⅰ)》和《税法(Ⅱ)》相比,《涉税服务实务》多项选择题的考核内容相对综合,但详细程度、深入程度低于《税法(Ⅰ)》和《税法(Ⅱ)》。整体而言,本题型得分难度居中,为通过考试,建议本题型的得分率达到70%及以上,用时控制在30分钟左右。

3. 简答题

一般而言,简答题的数量为5道题,分值为40分。简答题涉及的主要内容是:(1)具体税种的财税处理,包括增值税、消费税、个人所得税、企业所得税、土地增值税、房产税、印花税等税种的税务处理及账务处理;(2)发票管理类题目,包括发票开具(包括发票备注栏的要求)、代开(包括代开时税款的计算)、取得、保管、丢失、作废、开具红字发票、异常增值税扣税凭证(包括处理程序、增值税和企业所得税的相应规定)等问题,近几年国家出台了大量加强发票管理的文件,而且在税收征管中发票日益重要,建议大家重视发票管理类题目;(3)税收征管及税务行政复议、税务代理类题目,主要是给出企业的具体情况以及税务机关的处理决定之后,判断税务机关的处理决定是否正确?是否可以申请复议?税务师事务所是否可以代理税务行政复议等;(4)错账的甄别与调整。这类题目具有一定的综合性,而且可能涉及容易混淆的内容,比如收取租金时,如何进行账务处理,增值税、企业所得税、房产税、印花税等税种应纳税额的计算等,这就涉及会计上收入确认、企业所得税收入确认、增值税纳税义务发生等内容。对于这类题目,建议大家在平常复习时,多注意总结:总结一项行为涉及多税种的处理;总结财税处理的不同;总结各个税种规定的不同;总结特殊行业(比如房地产业、建筑安装服务业等)的特殊规定。为通过考试,建议本题型的得分率达到70%及以上,用时控制在40分钟左右。

4. 综合分析题

近3年，综合分析题的数量均为2道题，但与前几年相比每道题的业务量有所下降，每道题的业务量基本上是5~8项业务；2道综合分析题基本上1道是以增值税为主的综合分析题，1道是以企业所得税为主的综合分析题。2018年、2019年的考试画风有所变化，2018年2道综合分析题均是以企业所得税为主的综合分析题，2019年2道综合分析题均是增值税的综合分析题。此时学员就会疑惑，是不是2018年综合分析题中没有考增值税的问题？2019年综合分析题中没有考企业所得税的问题？当然不是，两年的题目都有一个共同特点组合出题，或者将增值税和企业所得税组合出题，或者将企业所得税和个人所得税组合出题，增强题目的综合性。在增值税的综合分析题中，需要注意：营改增的最新规定、账务处理的最新变化以及纳税申报表的填写，同时要注意有可能以特殊行业（比如建筑业、房地产业等）为背景信息进行考核；在企业所得税的综合分析题中，需要注意收入类、扣除类、税收优惠类项目的纳税调整问题，错账的甄别与调整，纳税申报表的填写。虽然近几年这类题目的难度有所降低，但对大部分考生而言难度仍较高，建议大家在复习过程中，通过分析近几年的题目总结考试的重点难点，并确定不同业务得分的难易程度，在考试前对于哪些业务要确保得分、哪些业务需要放弃做到心中有数，避免到考场临时决策占用宝贵时间。比如在企业所得税的综合分析题中，一定会考到业务招待费的纳税调整问题，如果题目中涉及的收入类错账较多、视同销售的业务较多，考试时间又比较紧张的情况下，就需要考虑放弃业务招待费的纳税调整，而将有限的时间留给诸如工资及三项经费、研发费用加计扣除等业务，因为这类业务与其他业务的关联性不强，相对容易得分。也就是说在复习过程中，要总结考试的概率、得分的难易程度，并确定应考策略。如果在综合分析题中，前面有业务拿不准，则计算应补应退企业所得税或计算本月应纳增值税的问题就需要放弃，留下时间回答其他问题。为通过考试，建议本题型的得分率达到60%及以上，用时控制在60分钟左右。

具体学习方法如下：

1. 培养学习兴趣，带着问题去学习

俗话说，兴趣是最好的老师。如果我们在学习《涉税服务实务》时仅仅以考试作为唯一目的，那么您就会感觉税法规定纷繁复杂，学习起来枯燥无趣，甚至"蓝瘦、香菇"；但如果您明晰税法在实践工作中的用处，用税法分析、解决实际问题，带着兴趣、带着问题去学习，则是另一番滋味——您会体会到满足和收获。因此在学习这门课程时，请您牢记"税海无边，兴趣为帆，共同努力，扬帆远航"。

2. 持之以恒，循序渐进

在日常生活中，我们经常以"死记硬背"来说某人学习方法不对头。但我认为这是一种误解，对税法的学习、对涉税服务实务的学习需要经历三个阶段：死记硬背、死去活来、活学活用三个阶段。没有对税法基本规定的学习与掌握，就谈不上未来考试和工作中的活学活用。因此要想通过考试，无论哪种学习方法，都必须要经历一个踏踏实实、持之以恒、循序渐进学习税法基本知识的过程。只有经过这个阶段，我们才能体会化蛹成蝶的成就和快乐。

3. 把握命题规律，制订学习计划，并付诸实施

"凡事预则立，不预则废"，知道了考试范围、了解了命题规律，接下来就应该根据自身的情况，量身定制一份专属学习计划。也许有些考生认为，制订计划没有什么用处；还有些考生认为即使制订了计划，也可能因为各种各样的原因导致计划无法完成。的确，计划虽然重要，但更为重要的是执行。因此建议大家在制订计划时给自己留有一定余地，按照每周6天的

时间安排学习计划，留出1天时间作为机动，同时体会能够提前完成计划的快乐和满足。

4. 熟悉历年考题，充分利用各种学习资源

历年考题是最好的复习资料，没有任何题目比考题更有代表性。《应试指南》专门设置了"真题精练"栏目，让大家在学习基础知识之后，可以直接看到相关的考试真题，将"学习"和"考试"直接连接起来，带着在真题中发现的命题规律去做练习，"举一反三"，最大限度地节约大家的学习时间。

5. 注意总结整理

由于《涉税服务实务》的考试综合性强，经常考核一项行为涉及多税种的情况，而且往往将财税处理、实体法与征管法结合起来考核，因此需要各位考生在平时复习时注意整理一项行为涉及多税种时的财税处理。

6. 听与练结合

在面授的过程中，经常有考生说，在平常学习时遇到的问题是"一听就会，一做就蒙"。为什么会出现这种情况？两个字"欠练"——也就是听得多，但做得少。因此建议大家多做练习，无论是《应试指南》《经典题解》的题目，还是网校基础班、习题班、模拟试题的题目，一定要做到先自己练习，再看答案，对照答案找问题所在，并进行总结。

四、本书整体安排及学习建议

本书分为五部分：第一部分高分战术，第二部分应试指导及同步训练，第三部分重要知识点精讲，第四部分思维导图全解，第五部分考前模拟试卷。需要说明的是：

1. 我们在按照教材的内容编写应试指南的基础上，将教材的重要内容按照发票、税种、社保费的思路进行整理和总结，并将账务处理与税务处理；实体法与程序法；税种与税种之间跨章节出题的内容进行整理和总结，单独作为"第三部分重要知识点精讲"，以此提高大家对该项内容的重视。

2. 应试指南第三部分重要知识点精讲系我们结合《税法（Ⅰ）》《税法（Ⅱ）》的内容进行编写，扩充、修改了相应内容。

3. 由于涉税服务实务考核中经常跨章节出题，因此我们增加第三部分重要知识点精讲的第6章"跨章节"；同时在本章中我们专门整理了"新型冠状病毒感染的肺炎疫情期间相关政策"。

4. 对于出现频率较高的一些用词，比如增值税专用发票、增值税普通发票、个人所得税等，我们用专票、普票、个税等替代。

5. 将每章的思维导图我们统一整理为第四部分思维导图全解，供大家做复习之用。

建议大家在学习过程中，将基础班的内容与第二部分应试指导、第三部分重要知识点精讲的内容结合起来；将习题班的内容与每章的同步训练结合起来——同步训练的题目与习题班的题目不同，目的很简单，希望增加大家的练习量；将冲刺串讲班的学习与第四部分思维导图全解的学习结合起来。

五、2021年备考特别提示

2019年考试题目相对简单，2020年由于受疫情影响，考试题目难度相对较低，因此2021年的考试题目可能会相对较难，大家要做好打硬仗的思想准备。

总之，税务师考试作为税务专业的最权威考试之一，有一定的考试难度，是很正常的事情。但只要我们认真学习、练习、备考，功到自然成。预祝各位考生在2021年*梦想成真*！

2021年考试变化讲解

关于左侧小程序码，你需要知道——

亲爱的读者，无论你是新学员还是老考生，本着"逢变必考"的原则，今年考试的变动内容你都需要重点掌握。微信扫描左侧小程序码，网校老师为你带来2021年本科目考试变动解读，助你第一时间掌握重要考点。

第二部分
应试指导及同步训练

梦想成真辅导丛书

第1章 导 论

考情解密

历年考情概况

本章是涉税服务实务的基础性内容,但并不是考试的重点章节。历年考题多以单选题、多选题的形式出现,预计考试分值在3分左右。

近年考点直击

考点	主要考查题型	考频指数	考查角度
涉税专业服务的特点	单选题、多选题	★	涉税专业服务的五个特点:公正性、自愿性、有偿性、独立性、专业性
涉税专业服务的范围	单选题、多选题,可以作为简答题考点	★★★	专业税务顾问、税收策划、涉税鉴证、纳税情况审查四大类业务,必须由具有税务师事务所、会计师事务所、律师事务所资质的涉税专业服务机构从事,相关文书应由税务师、注册会计师、律师签字,并承担相应的责任
涉税专业服务行政监管	单选题、多选题	★★	(1)实名制管理和业务信息采集; (2)涉税服务机构信用评价和涉税服务人员的信用记录的有关规定; (3)注意违法违规责任的规定
税务师	单选题、多选题	★	(1)注意税务师的权利与义务; (2)了解职业道德的有关规定
税务师事务所	单选题、多选题	★★	(1)组织形式; (2)具备的条件; (3)行政登记,注意时间的规定; (4)税务师事务所质量控制的有关规定

本章2021年考试主要变化

(1)调整了涉税专业服务特点的表述;
(2)涉税服务行业监管的内容增加较多;
(3)调整了税务师权利与义务的表述。

考点详解及精选例题

一、涉税专业服务概念及特点

扫我解疑难

（一）概念及特点★★*

涉税专业服务是指涉税专业服务机构接受委托，利用专业知识和技能，就涉税事项向委托人提供的税务代理等服务。

涉税专业服务的业务范围主要<u>包括但不限于</u>纳税申报代理业务、一般税务咨询业务、专业税务顾问业务、税收策划业务、涉税鉴证业务、纳税情况审查业务、其他税务事项代理业务和其他涉税服务业务。

涉税专业服务具有以下特点：

1. 公正性

2. 自愿性

涉税服务关系的建立要符合服务双方的共同意愿。

3. 有偿性

4. 独立性

税务师在其接受涉税专业服务委托的权限内，独立行使涉税专业服务权，不受其他机关、社会团体和个人的干预。

5. 专业性

（二）涉税专业服务的产生与发展★

1. 我国涉税专业服务的发展状况（简单了解即可）

（1）2015年注册税务师职业资格由准入类调整为水平评价类，并更名为"税务师"，纳入全国专业技术人员职业资格证书制度统一规划。

（2）2016年5月，中国注册税务师协会先后发布了《税务师职业资格证书登记服务办法（试行）》《中国注册税务师协会行业诚信记录管理办法（试行）》，为税务师行业自律管理、规范服务和转型升级创造了较为完善的制度保证。

（3）2016年6月，国家税务总局发布关于《建立税务机关涉税专业服务社会组织及其行业协会和纳税人三方沟通机制的通知》，是新时期指导涉税专业服务社会组织发展、构建税收共治格局的重要指导文件。

（4）2017年5月，国家税务总局发布了《涉税专业服务监管办法（试行）》，主要内容：

①全面开放涉税专业服务市场，建立健全监管制度，优化服务措施，不断提高监管水平；

②<u>取消</u>税务师事务所<u>设立审批后</u>，《办法》出台在制度上明确税务师事务所<u>行政登记制度</u>，有利于促进税务师行业转型升级健康发展。

（5）2017年8月，国家税务总局发布《税务师事务所行政登记规程（试行）》，意义

关于"扫我解疑难"，你需要知道——

亲爱的读者，下载并安装"中华会计网校"App，扫描对应二维码，即可获赠知识点概述分析及知识点讲解视频（前10次试听免费），帮助您夯实相关考点内容。若想获取更多的视频课程，建议选购中华会计网校辅导课程。

---

* 本书采用★级进行标注，★表示了解，★★表示熟悉，★★★表示掌握。

在于：

①**解决税务师事务所主体问题**，《规程》出台后，税务机关依据《规程》启动税务师事务所行政登记工作；

②简化了税务师事务所行政登记报送资料，极大地便利了行政相对人。

（6）2017年11月，国家税务总局发布《涉税专业服务信息公告与推送办法（试行）》。

①使纳税人和社会公众了解涉税专业服务机构和从事涉税服务人员的相关信息，扩大纳税人选择范围，减少信息不对称，间接督促涉税专业服务机构和从事涉税服务人员提高执业质量；

②实现涉税专业服务机构和从事涉税服务人员与纳税人信息的联动管理，有利于进一步加强风险防控，实施分级分类管理，打造数据管税格局；

③实现税务机关与外部其他部门和行业协会的信息共享，推进联合激励和联合惩戒，促进社会共治。

（7）2017年12月，国家税务总局发布《涉税专业服务信用评价管理办法（试行）》，对于加强涉税专业服务信用管理，促进涉税专业服务机构及其从事涉税服务人员依法诚信执业具有重要意义。

（8）2017年12月，国家税务总局发布《关于采集涉税专业服务基本信息和业务信息有关事项的公告》。

（9）2018年10月，国家税务总局发布《从事涉税服务人员个人信用积分指标体系及积分记录规则》。

（10）2019年12月，国家税务总局发布《关于进一步完善涉税专业服务监管制度有关事项的公告》，从简化涉税专业服务信息采集、完善涉税专业服务信用复核机制、规范涉税专业服务约谈等方面，对2017年发布的《关于采集涉税专业服务基本信息和业务信息有关事项的公告》做了修订和完善。

（11）2020年10月，国家税务总局发布《关于修订<涉税专业服务机构信用积分指标体系及积分规则>的公告》，自2021年1月1日起施行。原有的相关文件停止执行。

2. 税务师行业发展现状（简单了解）

3. 我国税务师行业的发展方向

（1）了解工作原则。

a. 坚持党的领导；

b. 坚持依法执业；

c. 坚持市场主导；

d. 坚持创新驱动；

e. 坚持人才为基；

f. 坚持科学治理。

（2）了解税务师行业发展的重点任务、国外涉税专业服务的发展状况借鉴、涉税专业服务的地位与作用。

二、涉税专业服务机构及业务范围

扫我解疑难

（一）涉税专业服务机构★

涉税专业服务机构是指税务师事务所和从事涉税专业服务的会计师事务所、律师事务所、代理记账机构、税务代理公司、财税类咨询公司等机构。

（二）涉税专业服务的业务范围★★★

将涉税专业服务机构可以从事的涉税业务分为八类，重点介绍以下几类：

1. 专业税务顾问业务

包括：专项税务咨询服务和长期税务顾问服务。专项税务咨询服务包括涉税尽职审慎性调查、纳税风险评估、资本市场特殊税务处理合规性审核以及与特别纳税调整事项有关的服务等。

2. 涉税鉴证业务

包括：企业注销登记鉴证、土地增值税清算鉴证、企业资产损失税前扣除鉴证、研发费用税前加计扣除鉴证、高新技术企业专项认定鉴证、企业所得税汇算清缴鉴证、涉税交易事项鉴证、涉税会计事项鉴证、税收权利义务事项鉴证和其他涉税事项鉴证。

3. 纳税情况审查业务

纳税情况审查业务是指接受<u>行政机关、司法机关</u>委托,指派有资质的涉税服务人员,依法对纳税人、扣缴义务人等纳税情况进行审查并作出专业结论。

上述业务的分类及可以实施该业务的机构,见表1-1。

表1-1 涉税业务分类

涉税业务类型	可以实施该业务的机构
专业税务顾问业务、税收策划业务、涉税鉴证业务、纳税情况审查业务	应当由具有税务师事务所、会计师事务所、律师事务所资质的涉税专业服务机构从事,相关文书应由税务师、注册会计师、律师签字,并承担相应的责任
纳税申报代理业务、一般税务咨询业务、其他税务事项代理业务和其他涉税服务业务	可以由税务师事务所和从事涉税专业服务的会计师事务所、律师事务所、代理记账机构、税务代理公司、财税类咨询公司等机构承接

真题精练(客观题)

(2020年单选题)下列各项中,不能从事涉税鉴证业务的是( )。

A. 律师事务所
B. 会计师事务所
C. 税务师事务所
D. 咨询公司

解析 涉税鉴证业务应当由税务师事务所、会计师事务所、律师事务所从事,咨询公司不能从事涉税鉴证业务。**答案** D

精选例题

【例题1·多选题】( )只能由具有税务师事务所、会计师事务所、律师事务所资质的涉税专业服务机构从事,税务代理公司等其他涉税专业服务机构不能从事。

A. 专业税务顾问
B. 涉税鉴证
C. 纳税申报代理
D. 税收策划
E. 纳税情况审查业务

解析 专业税务顾问、税收策划、涉税鉴证、纳税情况审查业务,只能由具有税务师事务所、会计师事务所、律师事务所资质的涉税专业服务机构从事,税务代理公司等其他涉税专业服务机构不能从事。

答案 ABDE

【例题2·多选题】税务师事务所及税务师可以从事的涉税专业服务业务包括( )。

A. 纳税申报代理
B. 税收策划
C. 涉税鉴证
D. 税款征收
E. 纳税情况审查

解析 选项D,税款征收是税务机关的行政职能范畴,税务师不能违反法律、行政法规的规定行使税务机关的行政职能。

答案 ABCE

三、涉税专业服务行政监管

扫我解疑难

(一)实名制管理和业务信息采集(机构+人员+业务)★★

1. 实名制管理

税务机关对涉税专业服务机构及其从事涉税服务人员进行实名制管理。

税务机关依托金税三期应用系统,建立涉税专业服务管理信息库。综合运用从金税三期应用系统采集的涉税专业服务机构的基本信息、涉税专业服务机构报送的人员信息和经纳税人(扣缴义务人)确认的实名办税(自有办税人员和涉税专业服务机构代理办税人员)信息,建立对涉税专业服务机构及其从事涉税服务人员的分类管理,确立涉税专业服务机构及其从事涉税服务人员与纳税人(扣缴义务人)的代理关系,区分纳税人<u>自有办税人员和涉税专业服务机构代理办税人员</u>,实现对涉税专业服务机构及其从事涉税服务人员和纳税人(扣缴义务人)的全面动态实名信息管理。

(1)涉税专业服务机构信息(见表1-2)。

表1-2 涉税专业服务机构信息管理的要求

要求	具体内容
报送内容	应向税务机关提供机构实名信息。包括但不限于：服务状态、统一社会信用代码、机构名称、法定代表人(执行事务合伙人)、机构类别、证书名称及编号、加入行业协会及行业协会会员编号等
报送路径	原则上应当通过网上办税系统报送**涉税专业服务基本信息**，因客观原因无法通过网上办税系统报送的，可在**非征期内**通过实体办税服务厅办理。涉税专业服务机构应通过网上办税系统报送**涉税专业服务业务信息**
未按要求报送的处罚	专业服务机构及其涉税服务人员有下列情形之一的，由税务机关责令限期改正或予以约谈；逾期不改正的，由税务机关降低信用等级或纳入信用记录，暂停受理所代理的涉税业务(暂停时间不超过6个月)；情节严重的，由税务机关纳入涉税服务失信名录，予以公告并向社会信用平台推送，其所代理的涉税业务，税务机关不予受理：a. 涉税专业服务机构未按照办税实名制要求提供涉税专业服务机构和从事涉税服务人员实名信息的；b. 未按照业务信息采集要求报送从事涉税专业服务有关情况的；c. 报送信息与实际不符的。涉税专业服务机构及其从事涉税服务人员受到税务机关处理，被暂停受理其所代理的涉税业务时，涉税专业服务机构应当及时告知其委托人

(2)涉税专业服务人员信息。

涉税专业服务机构应当向税务机关提供机构和从事涉税服务人员的姓名、身份证号、专业资格证书编号等实名信息。

涉税专业服务机构应当于**首次**提供涉税专业服务前，向主管税务机关报送《涉税专业服务机构(人员)基本信息采集表》。基本信息发生变更的，应当自**变更之日起30日内**向主管税务机关报送该表。涉税专业服务机构暂时停止提供涉税专业服务的，应当于完成或终止全部涉税专业服务协议后向主管税务机关报送该表；恢复提供涉税专业服务的，应当于恢复后首次提供涉税专业服务前向主管税务机关报送该表。

(3)涉税专业服务协议要素信息。

涉税专业服务机构应当向税务机关提供业务委托协议等实名信息。涉税专业服务机构应当于**首次**为委托人提供业务委托协议约定的涉税服务**前，**向主管税务机关报送《涉税专业服务协议要素信息采集表》。业务委托协议发生变更或者终止的，应当自变更或者终止之日起**30日内**向主管税务机关报送该表。

对于涉税专业服务机构难以区分"一般税务咨询""专业税务顾问""税收策划"三类涉税业务的，可按"一般税务咨询"填报；对于实际提供纳税申报服务而不签署纳税申报表的，可按"一般税务咨询"填报。

涉税专业服务机构跨地区设立不具有法人资格分支机构的，可选择由总机构向所在地主管税务机关汇总报送分支机构涉税专业服务信息，也可选择由分支机构自行向所在地主管税务机关报送涉税专业服务信息。

《涉税专业服务协议要素信息采集表》仅采集要素信息，业务委托协议的原件由涉税专业服务机构和委托人双方留存备查。

2. 业务信息的采集(见表1-3)

表1-3 业务信息的采集要求

业务信息及其报送	具体要求
四项业务报告：专业税务顾问、税收策划、涉税鉴证、纳税情况审查业务报告	税务师事务所、会计师事务所、律师事务所应当于完成该四项业务的**次年3月31日前，**向主管税务机关报送《专项业务报告要素信息采集表》

续表

业务信息及其报送	具体要求
其他业务的报送	涉税专业服务机构可以于完成涉税服务业务之后，向主管税务机关报送服务信息
年度报告的报送	应于每年3月31日前，以年度报告形式，向税务机关报送《年度涉税专业服务总体情况表》，报送从事涉税专业服务的总体情况

【知识点拨】从上述规定可以看到，涉税专业服务机构不仅需要向税务机关报送涉税专业服务机构及其从事涉税专业服务人员信息，而且还要报送业务信息。

(二)信用评价★★★

税务机关应当建立信用评价管理制度，对涉税专业服务机构从事涉税专业服务情况进行信用评价，对其从事涉税服务人员进行信用记录。国家税务总局主管全国涉税专业服务信用管理工作。省以下税务机关负责所管辖地区涉税专业服务信用管理工作的组织和实施。

1. 涉税专业服务机构的信用评价

(1)涉税专业服务机构信用评价，实行信用积分和信用等级相结合方式。

(2)涉税专业服务机构信用信息包括：纳税信用、委托人纳税信用、纳税人评价、税务机关评价、实名办税、业务规模、服务质量、业务信息质量、行业自律、人员信用等。

(3)省税务机关根据信用积分和信用等级标准对管辖的涉税专业服务机构进行信用等级评价。在一个评价周期内新设立的涉税专业服务机构，不纳入信用等级评价范围。每年4月30日前完成上一个评价周期信用等级评价工作。信用等级评价结果自产生之日起，有效期为一年。评价周期为每年1月1日至12月31日。

第一个评价周期信用积分的基础分为涉税专业服务机构当前纳税信用得分，以后每个评价周期的基础分为该机构上一评价周期信用积分的百分制得分。涉税专业服务机构未参加纳税信用级别评价的，第一个评价周期信用积分的基础分按照70分计算。

(4)信用等级标准。涉税专业服务机构信用(Tax Service Credit，TSC)按照从高到低顺序分为五级，涉税专业服务机构信用积分满分为500分。具体见表1-4。

表1-4 涉税专业服务机构信用(Tax Service Credit，TSC)等级标准

信用等级标准	分数
TSC5级	信用积分400分以上的
TSC4级	信用积分300分以上不满400分的
TSC3级	信用积分200分以上不满300分的
TSC2级	信用积分100分以上不满200分的
TSC1级	信用积分不满100分的

(5)了解信用积分扣减。

(6)信用失信名录。税务机关对涉税专业服务机构和从事涉税服务人员违反《涉税专业服务监管办法(试行)》规定的情形进行分类处理。属于严重违法违规情形的，纳入涉税服务失信名录，期限为2年，到期自动解除。

(7)信用评价的应用。涉税专业服务机构的涉税专业服务信用影响其自身的纳税信用。具体措施见表1-5。

表 1-5　涉税专业服务机构信用评价的应用

信用等级	措施
达到 TSC5 级的涉税专业服务机构	a. 开通纳税服务绿色通道，对其所代理的纳税人发票可以按照更高的纳税信用级别管理； b. 依托信息化平台为涉税专业服务机构开展批量纳税申报、信息报送等业务提供便利化服务； c. 在税务机关购买涉税专业服务时，同等条件下优先考虑
对达到 TSC4 级、TSC3 级的涉税专业服务机构	税务机关实施正常管理，适时进行税收政策辅导，并视信用积分变化，选择性地提供激励措施
对达到 TSC2 级、TSC1 级的涉税专业服务机构	a. 实行分类管理，对其代理的纳税人税务事项予以重点关注； b. 列为重点监管对象； c. 向其委托方纳税人主管税务机关推送风险提示； d. 涉税专业服务协议信息采集，必须由委托人、受托人双方到税务机关现场办理
对纳入涉税服务失信名录的涉税专业服务机构	a. 予以公告并向社会信用平台推送； b. 向其委托方纳税人、委托方纳税人主管税务机关进行风险提示； c. 不予受理其所代理的涉税业务

2. 涉税专业服务人员的信用记录

从事涉税专业服务人员信用记录，实行信用积分和执业负面记录相结合方式。个人信用积分指标体系及信用积分方式见表 1-6。

表 1-6　涉税专业服务人员个人信用积分指标体系及信用积分方式

一级指标	所含二级指标	信用积分方式
基本信息	4 项二级指标：实名信息报送情况、涉税专业资格、接受行业自律管理和所属涉税专业服务机构信用	直接得分方式
执业记录	8 项二级指标，分别对应纳税申报代理、一般税务咨询、专业税务顾问、税收策划、涉税鉴证、纳税情况审查、其他税务事项代理、其他涉税服务 8 类涉税业务	累加计分方式
不良记录	14 项二级指标，分别对应《涉税专业服务监管办法（试行）》规定的违法违规行为，以及故意扰乱税务机关正常办税秩序的违法违规行为	累计扣分方式
纳税记录	1 项二级指标，即个人依法纳税情况	累计扣分方式

【知识点拨】从事涉税服务人员被纳入涉税服务失信名录的，其个人信用积分中止计算。从事涉税服务人员从涉税服务失信名录中撤出、重新进入正常名录的，其个人信用积分恢复计算。

3. 涉税专业服务信用复核机制

涉税专业服务机构和从事涉税服务人员，对信用积分、信用等级和执业负面记录有异议的，可在信用记录产生或结果确定后 12 个月内，向税务机关申请复核。税务机关应当按照包容审慎原则，于 30 个工作日内完成复核工作，作出复核结论，并提供查询服务。

涉税专业服务机构和从事涉税服务人员对税务机关拟将其列入涉税服务失信名录有异议的，应当自收到《税务事项通知书》之日起 10 个工作日内提出申辩理由，向税务机关申请复核。税务机关应当按照包容审慎原则，于 10 个工作日内完成复核工作，作出复核结论，并提供查询服务。

精选例题

【例题3·多选题】 关于涉税专业服务机构信用评价的说法正确的有(   )。

A. 涉税专业服务机构信用评价实行信用积分和信用等级相结合方式

B. 涉税专业服务机构被纳入涉税服务失信名录，期限为2年，到期自动解除

C. 信用评价周期为每年1月1日至12月31日

D. 涉税专业服务机构信用按照从高到低顺序分为四级

E. 达到TSC5级的涉税专业服务机构，开通纳税服务绿色通道，对其所代理的纳税人发票可以按照更高的纳税信用级别管理

解析 选项D，涉税专业服务机构信用按照从高到低顺序分为五级，而非四级。

答案 ABCE

【例题4·单选题】 涉税专业服务机构和从事涉税服务人员，对信用积分、信用等级和执业负面记录有异议的，可在信用记录产生或结果确定后(   )内，向税务机关申请复核。税务机关应当按照包容审慎原则，于(   )内完成复核工作，作出复核结论，并提供查询服务。

A. 3个月，10日
B. 6个月，10个工作日
C. 6个月，30日
D. 12个月，30个工作日

解析 涉税专业服务机构和从事涉税服务人员，对信用积分、信用等级和执业负面记录有异议的，可在信用记录产生或结果确定后12个月内，向税务机关申请复核。税务机关应当按照包容审慎原则，于30个工作日内完成复核工作。

答案 D

（三）公告和推送 ★★

1. 公告和推送的主体

公告和推送主体的规定见表1-7。

表1-7 公告和推送的主体

公告和推送主体	推送的对象
省税务机关	通过门户网站、电子税务局和办税服务场所公告涉税专业服务信息，负责向社会信用平台和行业主管部门、行业协会、工商、海关等其他部门推送涉税专业服务信息
税务机关纳税服务部门	负责向税务机关内部部门，及涉税专业服务机构及其委托人推送涉税专业服务信息

2. 公告的渠道和内容

（1）了解公告的内容。

（2）公告的渠道。省税务机关通过门户网站、电子税务局和办税服务场所发布公告，于每月10日前对公告内容进行动态调整。

3. 推送的内容和渠道

（1）了解推送的内容。

（2）推送的渠道。税务机关运用以金税三期核心征管系统为基础、以网上办税服务系统为支撑的信息化平台，进行信息推送。

（四）违法违规责任 ★★

1. 违反涉税专业服务管理制度的惩罚

涉税专业服务机构和从事涉税服务人员违反《涉税专业服务监管办法（试行）》规定的，税务机关进行分类处理。

（1）需要采取约谈方式的。

税务机关应当事先向当事人送达《税务事项通知书》，通知当事人约谈的时间、地点和事由。当事人到达约谈场所后，应当由两名以上税务人员同时在场进行约谈。约谈人员应当对约谈过程做好记录，可视情况进行音像记录。

（2）属于严重违法违规情形的。

属于严重违法违规情形的，纳入涉税服务失信名录。同时省税务机关应该将涉税服务失信名录、信用等级高的涉税专业服务机构和信用记录好的从事涉税服务人员等信息进行推送，以实行联合惩戒和联合激励。

2. 违反税收法律法规的惩罚

税务机关纳税服务部门将涉税专业服务机构及委托方纳税人涉嫌偷税（逃避缴纳税款）、逃避追缴欠税、骗取国家退税款、虚开发票等违法信息向税务稽查部门推送。

其他内容了解即可。

（五）优化服务措施（了解）

注意税务机关不得参与和违规干预涉税专业服务机构经营活动。

四、税务师

税务师是在我国境内取得税务师职业资格证书，提供涉税专业服务的专业人员。

（一）税务师职业资格考试制度（了解）

（二）税务师权利与义务

（1）税务师依法独立、客观、公正执业受法律保护，不受区域限制，任何单位和个人不得违法干预。

（2）依照税收法律法规和相关执业规范、标准，通过执行规定的审核鉴别程序，对委托方涉税事项真实性或者合法性进行职业判断，提供具有公信力的专业结论。

（3）在法律法规及相关规定许可的范围内，对委托方的经营、投资和理财活动做出事先筹划和安排，为委托方取得合法的税收经济利益。

（4）向税务机关查询税收法律、法规、规章和其他规范性文件。

（5）参加税务机关组织的培训和税收政策研讨，对税收政策存在的问题向税务机关提出意见和修改建议；对税务机关和税务人员的违法、违纪行为提出批评或者向上级主管部门反映。

（6）要求委托人提供相关会计、经营等涉税资料（包括电子数据），以及其他必要的协助。

（7）委托人与税务机关发生涉税争议时，代表委托人与税务机关协商。

（8）法律法规及相关规定确定的其他权利和义务。

（三）税务师职业道德

1. 职业道德的基本要求

税务师事务所及其涉税服务人员应当恪守独立、客观、公正、诚信的原则；应当具备和保持应有的专业胜任能力和职业判断能力，并履行保密义务。

2. 职业道德的具体要求

（1）诚信。

未经委托人同意，税务师事务所涉税服务人员不得将委托人所托事务转托他人办理。

（2）独立性。

税务师事务所涉税服务人员从事涉税鉴证、纳税情况审查业务，必须从实质上保持独立性。

税务师事务所涉税服务人员从事纳税申报代理、一般税务咨询、专业税务顾问、税收策划、其他税务事项代理、其他涉税专业服务业务，应当从形式上保持独立性。

税务师事务所涉税服务人员承办业务，如与委托人存在以下利害关系之一，可能影响业务公正执行的，应当主动向所在的税务师事务所说明情况并请求回避。

所称利害关系主要包括：

a. 与委托人存在密切的商业关系或者涉及直接的经济利益；

b. 税务师事务所的收入过度依赖于委托人；

c. 承办业务的涉税服务人员受雇于该委托人；

d. 税务师事务所受到解除业务关系的威胁；

e. 与委托人有夫妻关系、直系血亲关系、三代以内旁系血亲关系以及近姻亲关系；

f. 执业相关法律法规规定的利益冲突关系；

g. 其他可能影响业务公正执行的情况。

（3）客观公正。

（4）专业胜任能力。

(5) 保密义务。

a. 税务师事务所涉税服务人员未经委托人允许，不得向税务师事务所以外的第三方泄露其所获取的委托人隐私和商业秘密。国家法律法规另有规定的除外。

b. 税务师事务所涉税服务人员不得利用所获取的涉密信息为自己或任何形式的第三方牟取利益。

3. 违反职业道德的惩戒（简单了解）

五、税务师事务所

税务师事务所是由税务师在我国境内依法设立并从事涉税专业服务的涉税服务机构。

（一）税务师事务所地位

1. 从主体管理分析

税务师事务所属于涉税专业服务机构；但与其他涉税专业服务机构不同的是，税务机关应当对税务师事务所实施行政登记管理。税务师事务所办理商事登记后，应当向省级税务机关办理行政登记。

2. 从市场需求分析

有能力从事和完成专业税务顾问、税收策划、涉税鉴证和纳税情况审查等资质要求较高的专项涉税业务。税务师事务所是涉税专业服务的排头兵和主力军。

（二）税务师事务所行政登记★★

1. 行政登记的主体

税务师事务所办理商事登记后，应当向省税务机关办理行政登记。对符合条件的行政相对人予以行政登记，颁发《税务师事务所行政登记证书》，并将相关资料报送国家税务总局，抄送省税务师行业协会。

从事涉税专业服务的会计师事务所和律师事务所，依法取得会计师事务所执业证书或律师事务所执业许可证，视同行政登记。

国家税务总局负责制定税务师事务所行政登记管理制度并监督实施。省税务机关负责本地区税务师事务所行政登记。

2. 行政登记的条件

税务师事务所行政登记条件的有关规定见表1-8。

表1-8 税务师事务所行政登记条件的有关规定

项目	具体内容
组织形式	税务师事务所采取合伙制或者有限责任制组织形式的，合伙制税务师事务所分为普通合伙税务师事务所和特殊普通合伙税务师事务所
税务师事务所行政登记条件的条件	①合伙人或者股东由税务师、注册会计师、律师担任，其中税务师占比应高于50%； ②有限责任制税务师事务所的法定代表人由股东担任； ③税务师、注册会计师、律师不能同时在两家以上的税务师事务所担任合伙人、股东或者从业； ④税务师事务所字号不得与已经行政登记的税务师事务所字号重复
可以担任合伙人或者股东的规定	符合以下条件的税务师事务所，可以担任税务师事务所的合伙人或者股东： ①执行事务合伙人或者法定代表人由税务师担任； ②前3年内未因涉税专业服务行为受到税务行政处罚； ③法律行政法规和国家税务总局规定的其他条件。 符合以下条件的从事涉税专业服务的科技、咨询公司，可以担任税务师事务所的合伙人或者股东： ①由税务师或者税务师事务所的合伙人（股东）发起设立，法定代表人由税务师担任； ②前3年内未因涉税专业服务行为受到税务行政处罚； ③法律行政法规和国家税务总局规定的其他条件

3. 行政登记的程序

（1）办理行政登记的程序。

行政相对人办理税务师事务所行政登记，应当自取得营业执照之日起20个工作日内向所在地省税务机关提交相应材料。

省税务机关自受理材料之日起20个工作日内办理税务师事务所行政登记。符合行政登记条件的，将税务师事务所名称、合伙人或者股东、执行事务合伙人或者法定代表人、职业资格人员等有关信息在门户网站公示，公示期不得少于5个工作日。

【知识点拨】前面我们介绍过，税务师事务所成立后，还需在首次开展业务前，向主管税务机关报送《涉税专业服务机构（人员）基本信息采集表》；对于机构和人员情况发生变化的，也需在变更之日起30日内向主管税务机关报送该表。

【特别注意】信息采集行为与行政登记不是同一事项，报送机关也不相同。

（2）变更行政登记的资料。

税务师事务所的名称、组织形式、经营场所、合伙人或者股东、执行事务合伙人或者法定代表人等事项发生变更的，应当自办理工商变更之日起20个工作日内办理变更行政登记，向所在地省税务机关提交相应材料；省税务机关自受理材料之日起15个工作日内办理税务师事务所变更行政登记。符合行政登记条件的，换发《登记证书》；不符合变更行政登记条件的，出具《不予登记通知书》并公告，同时将有关材料抄送工商行政管理部门。

（3）注销行政登记的资料。

税务师事务所注销工商登记前，应当办理终止行政登记，向所在地省税务机关提交相应材料；税务师事务所注销工商登记前未办理终止行政登记的，省税务机关公告宣布行政登记失效。

税务师事务所行政登记的有关规定如图1-1所示。

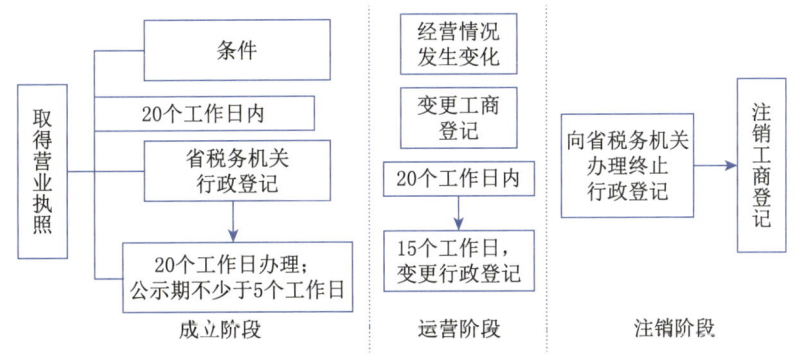

图1-1 税务师事务所行政登记的有关规定

真题精练（客观题）

1. （2018年单选题）税务师事务所合伙人或者股东中，税务师占比应高于( )。
   A. 30%　　　　B. 40%
   C. 60%　　　　D. 50%

   解析▶ 税务师事务所的合伙人或者股东由税务师、注册会计师、律师担任，其中税务师占比应高于50%。　　答案▶ D

2. （2018年多选题）除国家税务总局另有规定外，税务师事务所可采取的组织形式有( )。
   A. 普通合伙税务师事务所
   B. 有限责任制税务师事务所
   C. 个体户税务师事务所
   D. 特殊普通合伙税务师事务所
   E. 股份公司制税务师事务所

   解析▶ 税务师事务所可以采取合伙制或者有限责任制组织形式。合伙制税务师事务所分为普通合伙税务师事务所和特殊普通合伙税务师事务所。　　答案▶ ABD

📝 **精选例题**

【例题 5·多选题】税务师事务所采取合伙制或者有限责任制组织形式的,除国家税务总局另有规定外,股东由( )担任。

A. 税务师

B. 注册会计师

C. 高级会计师

D. 律师

E. 资产评估师

解析 ▶ 税务师事务所的合伙人或者股东由税务师、注册会计师、律师担任,其中税务师占比应高于50%。 **答案** ▶ ABD

(三)税务师事务所质量控制★

1. 质量控制制度

(1)质量控制制度建立原则:

a. 全面性原则;

b. 重要性原则;

c. 制衡性原则;

d. 适应性原则;

e. 成本效益原则。

📝 **精选例题**

【例题 6·单选题】下列( )不属于质量控制制度建立应遵循原则。

A. 全面性原则

B. 成本效益原则

C. 适应性原则

D. 责任清晰原则

解析 ▶ 制定质量制度应遵循的原则包括:全面性原则;重要性原则;制衡性原则;适应性原则;成本效益原则。 **答案** ▶ D

(2)质量控制制度内容:

a. 质量控制组织机构;

b. 职业道德要求;

c. 与质量有关的人力资源政策;

d. 业务承接与业务保持环节的质量控制制度;

e. 业务委派环节的质量控制制度;

f. 业务计划、重大风险识别与处理、业务证据收集与处理、业务复核、业务分歧处理、业务监控等业务实施过程中的质量控制制度;

g. 业务工作底稿及档案管理制度。

2. 质量控制要求

质量控制要求见表1-9。

表 1-9 税务师事务所质量控制要求

类别	具体要求
(1)一般要求	①质量控制责任 a. 税务师事务所的**法定代表人或执行合伙人**对质量控制制度的建立与组织机构设置以及提高本机构信用管理承担责任。税务师事务所的管理层应当依规定制定本机构的涉税专业服务质量控制制度并组织实施。 b. 税务师事务所的**法定代表人或执行合伙人、项目负责人**对**业务结果的质量**承担**最终责任**。 c. 项目其他成员为所承担的工作质量承担责任。 ②独立性制度 税务师事务所制定有关独立性制度时应当: a. 覆盖所有的涉税服务人员和业务流程; b. 针对本机构内不同业务板块之间关系、同一客户提供不同业务类型服务等事项制定独立性政策; c. 根据本事务所的情况,列举威胁本事务所独立性的具体情形和应采取的对应措施; d. 要求需要保持独立性的人员,**每年至少一次**向本机构提供遵守独立性政策和程序的书面确认函。 ③人力资源管理制度 ④业务质量检查制度

续表

类别	具体要求
(2)业务承接和保持质量控制	税务师事务所在对业务承接进行管理时，重点关注： a. 委托人的委托目的和目标； b. 委托人的诚信评价及风险级别； c. 委托人的信誉、诚信可靠性及纳税遵从度； d. 专业胜任能力； e. 委托业务在独立性方面对本机构及涉税服务人员的要求； f. 判断收费是否合理
(3)业务委派质量控制	业务委派制度的内容包括：项目组织结构、项目负责人和其他重要人员的回避情形以及职责
(4)业务实施质量控制	①税务师事务所应当针对业务计划、证据收集与评价、业务成果、业务记录等业务实施的各个环节制定相应的质量控制制度。 ②税务师事务所应制定意见分歧解决制度，以解决项目组成员之间、项目组与业务质量监控人员之间产生的意见分歧，在按照意见分歧解决程序解决以后方可提交业务结果。 ③税务师事务所在业务成果提交进行管理时，应关注： a. 意见分歧解决程序是否实施； b. 分歧各方的意见是否充分考虑； c. 业务结果是否履行签字程序； d. 业务结果提交时间是否及时
(5)业务复核质量控制	业务复核是指税务师事务所为保证业务质量，在项目组内部成员之间进行的，复核人对他人所实施的程序、判断、形成的业务结果做出客观评价的活动
(6)业务监控质量控制	税务师事务所选派项目组以外人员（以下简称业务监控人），对项目组的工作做出客观评价的过程
(7)业务工作底稿质量控制	①项目组自提交业务结果之日起90日内将业务工作底稿归整为业务档案。 ②税务师事务所的业务档案，应当自提交结果之日起至少保存10年

精选例题

【例题7·单选题】税务师事务所的业务档案，应当自提交结果之日起至少保存（　）年。

A. 1
B. 5
C. 10
D. 20

解析 税务师事务所的业务档案，应当自提交业务结果之日起至少保存10年。

答案 C

六、税务师协会（了解）

中国注册税务师协会是全国税务师行业协会，是由中国税务师(注册税务师)和税务师事务所等从事涉税专业服务的机构及其从业人员自愿结成的全国性、行业性、非营利性社会组织，对全行业进行自律管理。

注意税务师行业自律管理中的内容包括：自律管理机构、会员管理、会员教育、行业监督、奖励与惩戒。

同步训练 限时7分钟

扫我做试题

一、单项选择题

1. 税务机关对涉税专业服务机构和从事涉税服务人员违反《涉税专业服务监管办法(试行)》规定的情形进行分类处理。属于严重违法违规情形的，纳入涉税服务失信名录，期限为( )，到期自动解除。
   A. 6个月 B. 1年
   C. 2年 D. 3年

2. 涉税专业服务机构和从事涉税服务人员对税务机关拟将其列入涉税服务失信名录有异议的，应当自收到《税务事项通知书》之日起( )内提出申辩理由，向税务机关申请复核。税务机关应当按照包容审慎原则，于( )内完成复核工作，作出复核结论，并提供查询服务。
   A. 5日，5日
   B. 10日，10日
   C. 5个工作日，5个工作日
   D. 10个工作日，10个工作日

3. 负责本地区税务师事务所行政登记的是( )。
   A. 县(市)税务机关
   B. 省税务机关
   C. 国家税务总局
   D. 省税务师行业协会

二、多项选择题

1. 涉税专业服务具有( )特点。
   A. 公正性
   B. 自愿性
   C. 有偿性
   D. 维护国家税收利益
   E. 专业性

2. 涉税专业服务的服务范围包括( )。
   A. 一般税务咨询
   B. 专业税务顾问
   C. 纳税情况审查
   D. 税收策划
   E. 代为填制原始凭证

3. 关于涉税专业服务机构信用评价的说法正确的有( )。
   A. 涉税专业服务机构信用评价实行信用积分和执业负面记录相结合方式
   B. 县税务机关根据信用积分和信用等级标准对管辖的涉税专业服务机构进行信用等级评价
   C. 在一个评价周期内新设立的涉税专业服务机构，不纳入信用等级评价范围
   D. 每年4月30日前完成上一个评价周期信用等级评价工作
   E. 涉税专业服务机构未参加纳税信用级别评价的，第一个评价周期信用积分的基础

关于"扫我做试题"，你需要知道——

亲爱的读者，微信扫描对应小程序码，并输入封面防伪贴激活码，即可同步在线做题，交卷后还可查看做题时间、正确率及答案解析。微信搜索小程序"会计网题库"，选择对应科目，点击图书拓展，即可练习本书全部"扫我做试题"。

分按照60分计算

4. 对于涉税专业服务人员个人信用积分指标体系及信用积分方式，下列说法正确的有( )。

A. 涉税专业服务人员个人信用积分指标体系分为四个一级指标，分别为基本信息、执业记录、不良记录和纳税记录
B. 对于基本信息，采用直接得分方式
C. 对于执业记录，采用直接得分方式
D. 对于不良记录，采用累计扣分方式
E. 对于纳税记录，采用累计扣分方式

同步训练答案及解析

一、单项选择题

1. C 【解析】涉税专业服务机构和从事涉税服务人员被纳入涉税服务失信名录，期限为2年，到期自动解除。

2. D 【解析】涉税专业服务机构和从事涉税服务人员对税务机关拟将其列入涉税服务失信名录有异议的，应当自收到《税务事项通知书》之日起10个工作日内提出申辩理由，向税务机关申请复核。税务机关应当按照包容审慎原则，于10个工作日内完成复核工作，作出复核结论，并提供查询服务。

3. B 【解析】省、自治区、直辖市和计划单列市税务机关(简称省税务机关)负责本地区税务师事务所行政登记。

二、多项选择题

1. ABCE 【解析】涉税专业服务具有公正性、自愿性、有偿性、独立性、专业性的特点。

2. ABCD 【解析】填制原始凭证必须由纳税人、扣缴义务人自行办理，不得由税务师代办，不属于涉税专业服务范围。

3. CD 【解析】选项A，涉税专业服务机构信用评价实行信用积分和信用等级相结合方式；涉税服务专业人员信用评价实行信用积分和执业负面记录相结合方式。选项B，省税务机关、而非县税务机关根据信用积分和信用等级标准对管辖的涉税专业服务机构进行信用等级评价。选项E，涉税专业服务机构未参加纳税信用级别评价的，第一个评价周期信用积分的基础分按照70分、而非60分计算。

4. ABDE 【解析】选项C，对于执业记录，采用累加计分方式、而非直接得分方式。

第 2 章　税收征收管理*

考情解密

历年考情概况

本章内容相对重要。历年考题多以单选题、多选题、简答题的形式出现，本章存在较大的出简答题的可能性——2010 年 2 道简答题，2013 年、2016 年各 1 道简答题涉及本章内容。预计本章分值 3~8 分。

近年考点直击

考点	主要考查题型	考频指数	考查角度
"五证合一、一照一码"登记制度的有关规定	单选题、多选题	★★★	(1) 五证的范围； (2) "五证合一"的作用和影响； (3) 变更税务登记中哪些在税务机关变更，哪些在市场监督部门变更
财务会计制度及核算软件备案报告	单选题、多选题	★	注意时间要求
跨区域经营信息报告	单选题、多选题	★★	时间规定
税务注销	单选题、多选题	★★★	(1) 办结时间； (2) 办理程序； (3) 承诺制容缺办理的情形
账簿、凭证管理	单选题、多选题	★★	设置账簿的范围、财会制度备案和账簿、凭证保存期限
纳税申报	单选题、多选题	★	纳税申报方式、纳税申报的具体要求、延期申报的有关规定
税收风险管理及纳税评估	单选题、多选题	★	(1) 税收风险管理的内容及应对措施； (2) 纳税评估的概念、工作内容、对象、方法以及有关结果的处理
税款征收	单选题、多选题、可以作为简答题的考点	★★★	税收征收方式与税收征收措施的区别，在税收征收措施中特别注意税收保全措施、强制执行措施和阻止出境的有关规定；税款优先的规定；纳税人有合并、分立情形的税收规定
税务检查	单选题、多选题	★★	注意税务检查的范围
征纳双方的权利、义务及法律责任	单选题、多选题、可以作为简答题的考点	★★★	区分税务机关与纳税人的权利、义务、责任；特别注意追征税款权、延期缴纳税款权、依法申请收回多缴的税款权；注意滞纳金的起止时点及计算

---

* 将本章第二节中的"发票管理"调整至"第三部分重要知识点精讲"中进行介绍；由于第 8 章中"基础信息报告代理业务""清税注销代理服务"与本章中的税务登记管理内容联系较为紧密，调整至本章进行介绍。

续表

考点	主要考查题型	考频指数	考查角度
涉税专业服务的法律关系	单选题、多选题	★★	(1)确立的条件； (2)变更的情形； (3)单方终止的规定
涉税专业服务的法律责任	单选题、多选题，可以作为简答题的考点	★★	(1)熟悉委托方的责任，掌握受托方、双方的法律责任； (2)注意征管法实施细则、《涉税专业服务监管办法（试行）》的有关规定

本章2021年考试主要变化

(1)新增新时代深化税收征管体制改革要求；
(2)新增"税务管理信息化"的内容；
(3)新增采取欺骗隐瞒手段进行虚假纳税申报等行为及其法律责任。

考点详解及精选例题

一、税收征收管理的概念

（一）税务机构职责

根据《税收征收管理法》及其实施细则的规定，税务机关有以下职权：税务管理权、税收征收权、税收检查权、税务违法处理权、税收行政立法权、代位权和撤销权。

（二）税务机构设置

1994年~2018年初，我国税务机构实行国税、地税机构分设。

2018年5月，《国税地税征管体制改革方案》，强调改革国税地税征管体制，合并省级和省级以下国税地税机构，划转社会保险费和非税收入征管职责。

2018年7月20日，全国省、市、县、乡四级新税务机构全部完成挂牌。在国税地税合并后，需要注意：新税务机构挂牌后，启用新的税收票证式样和发票监制章。挂牌前已由各省税务机关统一印制的税收票证和原各省国税机关已监制的发票在2018年12月31日前可以继续使用，由国家税务总局统一印制的税收票证在2018年12月31日后继续使用。纳税人在用税控设备可以延续使用。与机构改革前相比，除原有职责合并外，最大的变化就是将社会保险费、有关非税收入的征收管理责任划入税务系统。

（三）新时代深化税收征管体制改革要求（了解）

二、税务登记管理* 及相关事项代理服务**

税务登记是整个税收管理的首要环节，分为设立、变更、注销税务登记。

（一）设立税务登记★★

1. 税务登记的范围(见表2-1)

---

* 此部分内容将教材中多证合一和多证合一之外的其他组织的相关规定进行整合介绍；本书将"工商行政管理机关"统一修改为"市场监管部门"。

** 此部分内容按照企业从设立、变更、基础信息报告、注销的顺序，整理了第2章和第8章的相关内容。

表 2-1　税务登记的范围

组织	相关要求
按照"多证合一"等商事制度改革要求，领取加载统一社会信用代码证件的，企业、农民专业合作社、个体户及其他组织	无须单独到税务机关办理该事项，其领取的证件作为税务登记证件使用
"多证合一"改革之外的其他组织，如事业单位、社会组织、境外非政府组织等	应当依法向税务机关办理税务登记，领取税务登记证件

2."五证合一、一照一码"登记制度

（1）"五证合一"的基本规定。

自2015年10月1日起，"三证合一、一照一码"的登记制度改革在全国推行；2016年6月30日，国务院发布通知，在"三证合一"的基础上，整合社会保险登记证和统计登记证，推进"五证合一"。

【知识点拨1】五证：工商营业执照、组织机构代码证、税务登记证、社会保险登记证和统计登记证。

【知识点拨2】"五证合一"登记制度改革并非取消税务登记，税务登记的法律地位依然存在，只是政府简政放权：以加载统一社会信用代码的营业执照在税务机关完成信息补录后具备税务登记证的法律地位和作用。

【知识点拨3】过渡期已经结束，目前均已经实行"五证合一"。

（2）五证合一的具体规定，见表2-2。

表 2-2　五证合一的具体规定

情形	税务处理
新设立企业、农民专业合作社领取五证合一的营业执照后	无须再次进行税务登记，不再领取税务登记证。企业办理涉税事宜时，在完成补充信息采集后，凭加载统一代码的营业执照可以代替税务登记证使用 |// 续表

情形	税务处理
个体户	2016年12月1日起在全国范围内实施营业执照和税务登记证"两证整合"登记制度。对2016年12月1日前成立的个体户申请办理变更登记或换照的，换发加载统一社会信用代码的营业执照
暂未取得加载统一社会信用代码营业执照的个体户	其营业执照和税务登记证继续有效
除以上情形外	其他税务登记按照原有法律制度执行

（3）"五证合一"办证流程。

采取"一表申请、一窗受理、并联审批、一份证照"的流程（见图2-1）。

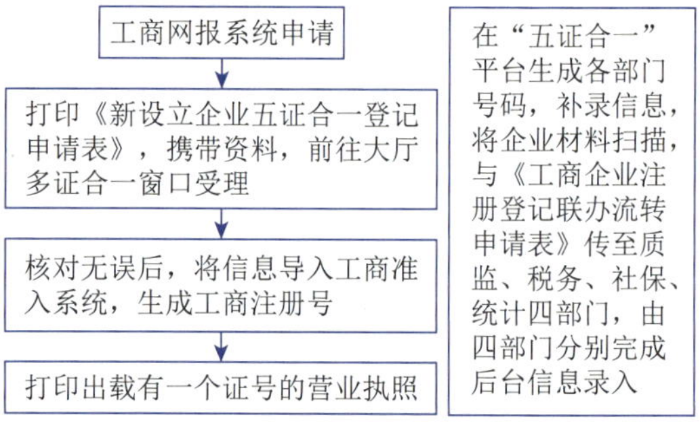

图 2-1　"五证合一"办证流程

（4）"五证合一"后设立登记流程。

"五证合一"后设立登记流程有所变化，各地略有差异——以北京为例加以说明。

"五证合一"后设立登记流程（以北京为例），表2-3。

表 2-3 "五证合一"后设立登记流程(以北京为例)

组织类型	具体流程
新设企业、农民专业合作社、外国企业常驻代表机构	(1)市场监督部门统一受理并核发载有18位"统一社会信用代码"的营业执照,企业无须再次进行设立登记; (2)新办企业采取全区通办模式; (3)当企业近期无应税行为发生,不用进行纳税申报或申领(代开)发票时,可暂不办理税务机关报到事宜
其他主体	其他机关(编办、民政、司法等)批准设立的主体暂不纳入"五证合一、一照一码"办理范围

(5)纳税人采用新办纳税人"套餐式"服务的,可一并办理以下涉税事项:电子税务局开户、登记信息确认、财务会计制度及核算软件备案、纳税人存款账户账号报告、增值税一般纳税人登记、发票票种核定、专票最高开票限额审批、实名办税、增值税税控系统专用设备初始发行、发票领用。具体事项范围由省税务机关确定。

(6)银税三方(委托)划缴协议业务。

银税三方(委托)划缴协议业务:纳税人需要使用电子缴税系统缴纳税费的,与税务机关、开户银行签署委托银行代缴税款三方协议或委托划转税款协议,实现使用电子缴税系统缴纳税费、滞纳金和罚款的业务。

(7)税务登记管理。

◇税务登记证使用范围:开立银行账户;申请减税、免税、退税;申请办理延期申报、延期缴纳税款;领购发票;填报《跨区域涉税事项报告表》;办理停业、歇业;其他有关税务事项。

【知识点拨】纳税人正常办理纳税申报和缴纳税款,无需持税务登记证,只有延期申报和延期缴纳税款时才需要持税务登记证。

◇税务登记的审验。

a. 税务机关对税务登记证件实行定期验证和换证制度;

b. 纳税人应当将税务登记证件正本在其生产、经营场所或者办公场所公开悬挂,接受税务机关检查;

c. 纳税人遗失税务登记证件的,应当在15日内书面报告主管税务机关,并登报声明

作废。

📝 **真题精练(客观题)**

(2018年单选题)"五证合一"登记制度改革后,下列关于新开设企业税务登记表述准确的是( )。

A. 取消税务登记,以营业执照替代税务登记证

B. 仍办理税务登记,并核发税务登记证件

C. 向税务机关完成信息补录,仍核发税务登记证件

D. 只向税务机关完成信息补录,不再核发税务登记证件

解析 ▶ 企业到税务机关办理涉税事宜时,在完成补充信息采集后,凭借加载统一社会信用代码的营业执照就可以替代税务登记证使用。 答案 ▶ D

📝 **精选例题**

【例题1,多选题】"五证合一、一照一码"登记制度改革中的"五证"是指( )。

A. 营业执照

B. 组织机构代码证

C. 税务登记证

D. 社会保险登记证

E. 投资许可证

解析 ▶ 五证是指"工商营业执照、组织机构代码证、税务登记证、社会保险登记证、统计登记证"。 答案 ▶ ABCD

(二)变更税务登记★★

1. 变更税务登记的适用范围

①改变纳税人名称、法定代表人的;

②改变住所、经营地点的(不含改变主管税务机关的);③改变经济性质或企业类型的;④改变经营范围、经营方式的;⑤改变产权关系的;⑥改变注册资金的。

2. 变更税务登记的办理程序

(1)未实行"多证合一"的纳税人。

领取《税务登记证》或《临时税务登记证》的纳税人,登记信息发生变化的,应向主管税务机关办理变更税务登记(见表2-4)——注意先市场监管部门、后税务,30日内的有关规定。未实行"多证合一"的纳税人的办理程序,见表2-4。

表2-4 未实行"多证合一"的纳税人的办理程序

情形	办理变更税务登记时限
税务登记内容发生变化,须在市场监管部门办理变更登记的	自市场监管部门办理变更登记之日起30日内
税务登记内容发生变化,不需在市场监管部门办理变更登记的,或者其变更登记的内容与市场监管部门登记内容无关的	自税务登记内容实际发生变化、有关机关批准或宣布变更之日起30日内

(2)实行"一照一码户"的纳税人*,见表2-5。

表2-5 "一照一码户"纳税人的办理程序

基本情况	处理方式
市场监管等部门登记信息发生变更的	向市场监管等部门申报办理变更登记。 『提示』税务机关接收市场监管等部门变更信息,经纳税人确认后更新系统内的对应信息
生产经营地、财务负责人等非市场监管等部门登记信息发生变化时	向主管税务机关申报办理变更

(三)跨区域经营涉税事项信息报告

1. 跨区域经营涉税事项报告

自2017年10月30日起,纳税人跨省(自治区、直辖市和计划单列市)临时从事生产经营活动的,应向**机构所在地**的税务机关填报《跨区域涉税事项报告表》。

纳税人在省内跨县(市)临时从事生产经营活动的,是否进行跨区域经营信息报告,由省税务机关确定。

合同延期的,纳税人可向经营地或机构所在地的税务机关办理报验管理有效期限延期手续。

2. 跨区域涉税事项报验业务

纳税人首次在经营地办理涉税事宜时,向经营地税务机关报验跨区域涉税事项。

3. 跨区域经营涉税事项反馈业务

纳税人跨区域经营活动结束后,结清经营地税务机关的应纳税款以及其他涉税事项,向经营地税务机关填报《经营地涉税事项反馈表》。

精选例题

【例题2·多选题】自2017年10月30日起,下列关于纳税人跨省(自治区、直辖市和计划单列市)临时从事生产经营活动的税收管理,说法正确的有( )。

A. 关于纳税人跨省临时从事生产经营活动前,需要向机构所在地的税务机关开具《外出经营活动税收管理证明》

B. 纳税人跨省临时从事生产经营活动前,应向机构所在地的税务机关填报《跨区域涉税事项报告表》

C.《外出经营活动税收管理证明》的有效

---

* 此部分内容在教材的P462。

期是 180 天

D. 按跨区域经营合同执行期限作为报验管理的有效期限

E. 合同延期的,纳税人必须向机构所在地的税务机关办理报验管理有效期限延期手续

解析 ▶ 自 2017 年 10 月 30 日起,纳税人跨省(自治区、直辖市和计划单列市)临时从事生产经营活动的,不再开具《外出经营活动税收管理证明》,改为向机构所在地的税务机关填报《跨区域涉税事项报告表》。税务机关不再按照 180 天设置报验管理的固定有效期,改按跨区域经营合同执行期限作为有效期限。合同延期的,纳税人可向经营地或机构所在地的税务机关办理报验管理有效期限延期手续。

答案 ▶ BD

(四)停业复业登记报告业务

(1)停业登记报告业务。

实行定期定额征收的个体户或比照定期定额户进行管理的个人独资企业发生停业的,在停业前向税务机关书面提出停业报告,以及停业期满不能及时恢复生产经营的,在停业期满前到主管税务机关办理延长停业报告。

(2)复业登记报告业务。

已办理停业登记的纳税人,在恢复生产经营之前向主管税务机关申报办理复业登记。

(五)基础信息报告代理业务*

对于纳税人、扣缴义务人(以下简称委托人)在设立、变更登记过程中的基础信息报告事项,税务师事务所可以提供下列基础信息报告代理服务。具体内容见表 2-6。

表 2-6　基础信息报告代理业务

业务类型	注意事项
代理一照一码户登记信息确认	税务师事务所无需从委托人处取得资料
代理两证整合个体户登记信息确认	税务师事务所无需从委托人处取得资料
代理一照一码户信息变更	(1)对委托人一照一码户**生产经营地**、**财务负责人**等非市场监督管理等部门登记信息发生变化时向**主管税务机关**申报办理变更的代理业务; (2)其他信息发生变化,向市场监督管理等部门申报办理变更登记; (3)税务师事务所需直接从委托人处取得相关的原始资料
代理两证整合个体户信息变更	(1)向市场监管部门申报信息变更,或经申请后向税务机关发起变更的代理业务; (2)税务师事务所无需从委托人处取得资料
代理纳税人(扣缴义务人)身份信息报告	(1)不适用"一照一码""两证整合"的纳税人,满足特定情形时应办理纳税人(扣缴义务人)身份信息报告; (2)税务师事务所需直接从委托人处取得相关的原始资料
代理自然人自主报告身份信息	(1)税务师事务所接受委托,对负有纳税义务的中国公民、外籍人员和港澳台地区人员的委托人向税务机关报告身份信息的代理业务; (2)税务师事务所需直接从委托人处取得相关的原始资料
代理扣缴义务人报告自然人身份信息	(1)税务师事务所接受委托,扣缴义务人(委托人)首次向自然人纳税人支付所得,于次月扣缴申报时向税务机关报告自然人纳税人提供的身份信息代理业务; (2)注意:被投资单位发生个人股东变动或者个人股东所持股权变动的委托人代理业务,需取得股东变更情况说明和股东及其股权变化情况、股权交易前原账面记载的盈余积累数额、转增股本数额及扣缴税款情况报告

---

* 此部分内容来自教材第 8 章第二节中的"基础信息报告代理业务"。

业务类型	注意事项
代理解除相关人员关联关系	税务师事务所接受委托,对主张身份证件被冒用于登记注册为法定代表人、财务负责人和其他办税人员的,向税务机关办理解除关联关系的业务
代理税务证件增补发业务	税务师事务所接受委托,对委托人发生遗失、损毁税务登记证件的情况,向税务机关申报办理税务证件增补发事项的业务

（六）存款账户账号报告业务

从事生产、经营的纳税人应当自开立基本存款账户或者其他存款账户之日起**15日**内,向主管税务机关报告其全部账户账号;账户账号发生变化的,应当自发生变化之日起**15日**内,向主管税务机关报告。

（七）税务注销★★

1. 注销税务登记的适用范围

（1）纳税人发生解散、破产、撤销的;

（2）纳税人被市场监管部门吊销营业执照的;

（3）纳税人因住所、经营地点或产权关系变更而涉及改变主管税务机关的;

（4）纳税人发生的其他应办理注销税务登记情况的。

【知识点拨】纳税人因住所、经营地点或产权关系变更而涉及改变主管税务机关的,需要办理注销税务登记;未改变主管税务机关的,办理变更登记。

2. 注销税务登记的时限要求

纳税人应在向市场监管部门办理注销登记**前**,向主管税务机关申报办理注销税务登记;

纳税人按规定不需要在市场监管部门办理注销登记的,应当自有关机关批准或者宣告终止之日起**15日内**,申报办理注销税务登记;

纳税人被市场监管部门吊销营业执照的,应自营业执照被吊销之日起**15日内**,申报办理注销税务登记。

纳税人在办理注销登记前,应先结清应纳税款、滞纳金、罚款、缴销发票、税务登记证件和其他税务证件。

3. 税务注销程序

包括:"一照一码"清税申报、"两证整合"个体户清税申报、注销税务登记（非"一照一码"和个体户）、税务注销即时办理、注销扣款登记。

（1）"一照一码"户清税注销,见表2-7。

表2-7 "一照一码"户清税注销

类别	具体内容
申请条件	向市场监督管理等部门申请办理注销登记前,须先向税务机关申报清税。清税完毕后,税务机关向纳税人出具《清税证明》,纳税人持《清税证明》到原登记机关办理注销。 程序: 清税[结清应纳税款、多退（免）税款、滞纳金和罚款,缴销发票和其他税务证件]——《清税证明》——向市场监督管理等部门申请办理注销登记
办理时限	**20个工作日内办结**。若在核查检查过程中发生以下情形的,办理时限中止,待相关事项办理完毕后方可继续办理注销事宜,办理时限继续计算: ①发生涉嫌偷、逃、骗、抗税或虚开发票的; ②需要进行纳税调整等情形的
免予到税务机关办理清税证明	向市场监管部门申请简易注销的纳税人,符合下列情形之一的,可免予到税务机关办理清税证明: ①未办理过涉税事宜的; ②办理过涉税事宜但未领用发票、无欠税（滞纳金）及罚款的

【知识点拨1】处于非正常状态纳税人在办理一照一码户清税申报前,需先解除非正常状态,补办申报纳税手续。被调查企业在税务机关实施特别纳税调查调整期间申请注销税务登记的,税务机关在调查结案前原则上不予办理注销手续。

【知识点拨2】纳税人办理一照一码户清税申报,无须向税务机关提出终止委托扣款协议书。税务机关办结一照一码户清税申报后,委托扣款协议自动终止。

(2)"两证整合"个体户清税申报。

a. 申请条件。

已实行"两证整合"登记模式的个体户向市场监管部门申请办理注销登记前,先向税务机关申报清税。清税完毕后,税务机关向纳税人出具《清税证明》,纳税人持《清税证明》到原登记机关办理注销。

b. 办理时间。

20个工作日内办结。定期定额个体户5个工作日内办结。税务机关在核查、检查过程中发现涉嫌偷、逃、骗、抗税或虚开发票的,或者需要进行纳税调整等情形的,办理时限中止。

(3)注销税务登记(适用于"一照一码""两证整合"以外的纳税人),见表2-8。

表2-8 注销税务登记(适用于"一照一码""两证整合"以外的纳税人)

类别	具体内容
申请条件	①因解散、破产、撤销等情形,依法终止纳税义务的; ②按规定不需要在市场监督管理机关或者其他机关办理注销登记的,但经有关机关批准或者宣告终止的; ③被市场监督管理机关吊销营业执照或者被其他机关予以撤销登记的; ④境外企业在中华人民共和国境内承包建筑、安装、装配、勘探工程和提供劳务,项目完工、离开中国的; ⑤外国企业常驻代表机构驻在期届满、提前终止业务活动的; ⑥非境内注册居民企业经国家税务总局确认终止居民身份的; ⑦纳税人改变经营住所和经营地点的:a.仍由同一主管税务机关管辖的:变更登记;b.涉及不同主管税务机关管辖的:注销登记,再到新址办理开业税务登记
办理时间	**20个工作日内办结。定期定额个体户5个工作日内办结。**税务机关在核查、检查过程中发现涉嫌偷、逃、骗、抗税或虚开发票的,或者需要进行纳税调整等情形的,办理时限中止
特殊情况	①按规定不需要在市场监管部门办理注销登记的,应当自有关机关批准或者宣告终止之日起15日内,办理注销税务登记; ②纳税人被市场监管部门吊销营业执照的,应自营业执照被吊销之日起15日内,申报办理注销税务登记
注意事项	纳税人在办理注销登记**前**,应当向税务机关结清应纳税款、滞纳金、罚款、缴销发票和其他税务证件

(4)税务注销即时办结服务。

符合下列条件的纳税人在办理税务注销时,税务机关提供即时办结服务,采取"承诺制"容缺办理,即时出具清税文书:

◇未办理过涉税事宜的纳税人,主动到税务机关办理清税的;

◇办理过涉税事宜但未领用发票、无欠税(滞纳金)及罚款的纳税人,主动到税务机关办理清税的;

◇未处于税务检查状态、无欠税(滞纳金)及罚款、已缴销发票及税控专用设备,且符合下列情形之一的:

a. 纳税信用级别为A级和B级的纳税人;

b. 控股母公司纳税信用级别为A级的M级纳税人;

c. 省级人民政府引进人才或经省级以上行业协会等机构认定的行业领军人才等创办的企业;

d. 未纳入纳税信用级别评价的定期定额

个体户；

e. 未达到增值税纳税起征点的纳税人。

◇经人民法院裁定宣告破产，持人民法院终结破产程序裁定书，向税务机关申请办理税务注销的纳税人。

纳税人应按承诺的时限补齐资料，并办结相关事项。若未履行承诺的，税务机关将对其法定代表人、财务负责人**纳入纳税信用 D 级管理**。

（5）注销扣缴税款登记。

下列两种情形下，应当持有关证件和资料向税务机关申报办理注销扣缴税款登记：

①未办理信息报告的扣缴义务人发生解散、破产、撤销以及其他情形，依法终止扣缴义务的；②已办理信息报告的扣缴义务人未发生解散、破产、撤销以及其他情形，未依法终止纳税义务，仅依法终止扣缴义务的。

4. 清税注销代理服务*

（1）服务内容。

清税注销代理业务：税务师事务所接受纳税人、扣缴义务人（以下简称委托人）委托，在其权限内，以委托人的名义代为办理清税注销登记、清税证明等涉税事项代理的服务活动。

（2）基本业务实施程序。

主要包括业务承接、业务委派、业务计划、归集资料、代理准备、实施办理、反馈结果、业务成果、业务记录等一般流程。对于简单的清税注销代理，可以适当简化流程。

（3）代理业务操作规范与重点关注事项。

从委托人处采集的资料包括：

①委托人未启用统一社会信用代码的，应取得税务登记证及其副本和其他税务证件；

②委托人结清应纳税款、多退（免）税款、滞纳金和罚款的相关财务、税务资料；

③委托人领用过发票的，应取得发票领用簿及未验旧、未使用的发票；

④委托人使用增值税防伪税控设备的，应取得其增值税防伪税控设备；

⑤清税注销登记代理授权书；

⑥其他按规定应缴回的设备；

⑦委托人被上级主管、董事会决议注销的，应取得上级主管部门批复文件或董事会决议复印件；委托人被市场监管部门吊销营业执照的，应取得市场监管部门发出的吊销工商营业执照决定复印件；其他相关部门决议注销文件；

⑧委托人主管税务机关要求提供的其他相关资料。

真题精练（客观题）

（2019年多选题）税务机关提供即时办结税务注销服务，采取"承诺制"容缺办理，纳税人必须符合的容缺条件包括（　）。

A. 已缴销发票及税控专用设备

B. 无欠税（滞纳金）及罚款

C. 经县以上税务局审核的

D. 销售收入在 500 万元以下的

E. 未处于税务检查状态

解析 ▶ 本题考核采取"承诺制"容缺办理的条件。对未处于税务检查状态、无欠税（滞纳金）及罚款、已缴销发票及税控专用设备，且符合规定情形的纳税人，税务机关提供即时办结服务，采取"承诺制"容缺办理。

答案 ▶ ABE

精选例题

【例题 3·多选题】在办理税务注销时，符合（　）情形之一的纳税人，税务机关提供即时办结服务，采取"承诺制"容缺办理。

A. 纳税信用级别为 A 级和 B 级的纳税人

B. 控股母公司纳税信用级别为 A 级或 B 级的 M 级纳税人

C. 省级人民政府引进人才或经省级以上行业协会等机构认定的行业领军人才等创办的企业

D. 未达到增值税纳税起征点的纳税人

E. 小型微利企业

---

* 本部分内容为教材第 7 章第 7 节中的"清税注销代理服务"。

解析 本题目考核容缺办理的条件。

答案 ACD

【例题4·单选题】甲厂系由乙公司和丙商场共同投资的食品生产企业。因经营情况变化，经投资双方协商，丙商场将其持有甲厂的全部股权转让给乙公司，并签订转让协议，于2020年2月18日向产权转移中心和市场监管部门办理了相关的登记手续。甲厂投资主体变化后，有关各方的税务登记，正确的做法是( )。

A．甲厂、乙公司和丙商场分别办理变更税务登记

B．甲厂应办理变更税务登记，乙公司和丙商场不需要办理任何税务登记手续

C．甲厂应先办注销税务登记，再办设立税务登记，乙公司和丙商场分别办理变更税务登记

D．甲厂应先办注销税务登记，再办设立税务登记，乙公司和丙商场不需要办理任何税务登记手续

解析 对于乙公司和丙商场而言，只是对外投资发生变化了，无须办理税务登记。对于甲厂而言，股东发生变化，需要办理变更登记。

答案 B

【例题5·单选题】下列( )情形下，企业应办理注销税务登记。

A．改变纳税人名称

B．改变法定代表人

C．改变注册资金的

D．因经营地点变更而涉及改变主管税务机关的

解析 纳税人改变经营住所和经营地点的，仍由同一主管税务机关管辖的，作变更登记；涉及不同主管税务机关管辖的，在原址做注销登记。

答案 D

三、账簿凭证管理

扫我解疑难

（一）设置账簿的范围（相对重要考点）★★

设置账簿的范围，见表2-9。

表2-9 设置账簿的范围

类型	要求
从事生产、经营的纳税人	应自其领取营业执照之日起**15日**内按规定设置账簿，所称账簿是指总账、明细账、日记账以及其他辅助性账簿（总账、日记账应当采用订本式）
扣缴义务人	应当自扣缴义务发生之日起**10日**内，按照所代扣、代收的税种，分别设置代扣代缴、代收代缴税款账簿
生产、经营规模小又确无建账能力的纳税人	可以聘请经批准从事会计代理记账业务的专业机构或者财会人员代为建账和办理账务

纳税人、扣缴义务人会计制度健全，能够通过计算机正确、完整计算其收入和所得或者代扣代缴、代收代缴税款情况的，其计算机输出的完整的书面会计记录，可视同会计账簿

（二）财务会计制度等备案管理★★

（1）从事生产、经营的纳税人应当自首次办理涉税事宜之日*起15日内，将其财务、会计制度或者财务、会计处理办法和会计核算软件报送税务机关备案。

（2）境外注册中资控股居民企业应当按照中国有关法律、法规和财税主管部门的规定，编制财务、会计报表并在首次办理涉税事宜之日**起15日内将企业的财务、会计制度或者财务、会计处理办法及有关资料报送主管

---

* 教材为"领取税务登记证件之日"，但该说法已经过时。

** 教材为"领取税务登记证件之日"，但该说法已经过时。

税务机关备案。

(3)纳税人使用计算机记账的,应当在使用前将会计电算化系统的会计核算软件、使用说明书及有关资料报送主管税务机关备案。

📝 **精选例题**

【例题6·单选题】下列关于账簿设置的表述,正确的是( )。

A. 扣缴义务人应当自扣缴义务发生之日起15日内,按照所代扣、代收的税种,分别设置代扣代缴、代收代缴税款账簿

B. 从事生产、经营的纳税人应自其首次办理涉税事宜之日起15日内按照国务院财政、税务部门的规定设置账簿

C. 纳税人、扣缴义务人会计制度健全,能够通过计算机正确、完整计算其收入和所得或者代扣代缴、代收代缴税款情况的,其计算机储存的会计记录可视同会计账簿,不必打印成书面资料

D. 从事生产经营的纳税人应当自领取税务登记证件之日起15日内,将其财务会计制度或者财务会计处理办法和会计核算软件报送税务机关备案

解析 ▶ 选项A,扣缴义务人应当自扣缴义务发生之日起10日内,按照所代扣、代收的税种,分别设置代扣代缴、代收代缴税款账簿;选项B,从事生产经营的纳税人应自其领取工商营业执照之日起15日内按规定设置账簿,而不是自首次办理涉税事宜之日起15日内设置账簿;选项C,纳税人、扣缴义务人会计制度健全,能够通过计算机正确、完整计算其收入和所得或者代扣代缴、代收代缴税款情况的,其计算机输出的完整的书面会计记录,可视同会计账簿,也就说需要打印成书面会计记录。 **答案** ▶ D

【例题7·单选题】从事生产、经营的纳税人应当自首次办理涉税事宜之日起( )日内将财务、会计制度和会计核算软件等有关资料报送税务机关备案。

A. 10 B. 15
C. 30 D. 45

解析 ▶ 财会制度备案时间为领取税务登记证件之日起15日内。 **答案** ▶ B

(三)账簿凭证的保存★★

除法律、行政法规另有规定外,账簿、会计凭证、报表、完税凭证及其他有关资料应当保存10年。

📝 **精选例题**

【例题8·单选题】从事生产、经营的纳税人应自领取工商营业执照之日起( )日内按照国务院财政、税务部门的规定设置账簿,扣缴义务人应当自税法规定的扣缴义务发生之日起( )日内,设置代扣代缴、代收代缴税款账簿。

A. 10,10 B. 10,15
C. 15,15 D. 15,10

解析 ▶ 从事生产、经营的纳税人应自领取工商营业执照之日起15日内按照国务院财政、税务部门的规定设置账簿,扣缴义务人应当自税法规定的扣缴义务发生之日起10日内,按照所代扣、代收的税种,分别设置代扣代缴、代收代缴税款账簿。 **答案** ▶ D

四、纳税申报★

扫我解疑难

1. 纳税申报的概念(了解)
2. 纳税申报的方式
(1)自行申报。
(2)邮寄申报(需要经过税务机关批准)。
(3)数据电文方式。
a. 税务机关确定的电话语音、电子数据交换和网络传输等电子方式;
b. 纳税人应按规定的期限和要求保存有关资料,并定期书面报送主管税务机关。
(4)代理申报(税务师事务所开展的非涉税鉴证业务)。

3. 纳税申报的具体要求(相对重要考点)
(1)纳税人、扣缴义务人,不论当期是否发生纳税义务,除经税务机关批准外,均应按规定办理纳税申报或者报送代扣代缴、代

收代缴税款报告表。

（2）实行定期定额方式缴纳税款的纳税人，可以实行简易申报、简并征期等申报纳税方式。

（3）纳税人享受减税、免税待遇的，在减税、免税期间应当按照规定办理纳税申报。

（4）延期申报。

纳税人、扣缴义务人按规定期限办理纳税申报或者报送代扣代缴、代收代缴税款报告表确有困难，需要延期的，应当在规定的期限内向税务机关提出书面延期申请，经税务机关核准，在核准的期限内办理。

纳税人、扣缴义务人因不可抗力办理延期申报的，应在不可抗力情形消除后立即向税务机关报告。

注意：延期申报≠延期纳税。

延期申报应在纳税期内按照上期实际缴纳的税额或者税务机关核定的税额预缴税款，并在核准的延期内办理税款结算。

精选例题

【例题9·多选题】纳税申报方式中，下列属于数据电文方式的有( )。

A. 邮寄 B. 网络传输
C. 电话语音 D. 电子数据交换
E. 代理申报

解析 数据电文申报方式包括税务机关确定的电话语音、电子数据交换和网络传输等方式。

答案 BCD

【例题10·多选题】下列关于纳税申报的陈述，正确的有( )。

A. 扣缴义务人只能直接到税务机关办理纳税申报，纳税人可以上门申报也可以按照规定采取邮寄、数据电文或者其他方式办理纳税申报

B. 纳税人不论当期是否发生纳税义务，除经税务机关批准外，均应按规定办理纳税申报

C. 实行定期定额方式缴纳税款的纳税人，可以实行简易申报、简并征期等申报纳税方式

D. 纳税人采取电子方式办理纳税申报的，不再需要书面报送主管税务机关

E. 纳税人享受减免税待遇的，在减免税期限应当按规定办理纳税申报

解析 选项A，纳税人、扣缴义务人可以直接到税务机关办理纳税申报或者报送代扣代缴、代收代缴税款报告表，也可以按照规定采取邮寄、数据电文或者其他方式办理纳税申报、报送事项；选项D，纳税人采取电子方式办理纳税申报的，应当按照税务机关规定的期限和要求保存有关资料，并定期书面报送主管税务机关。

答案 BCE

对于一般情况下的办税流程，见图2-2。

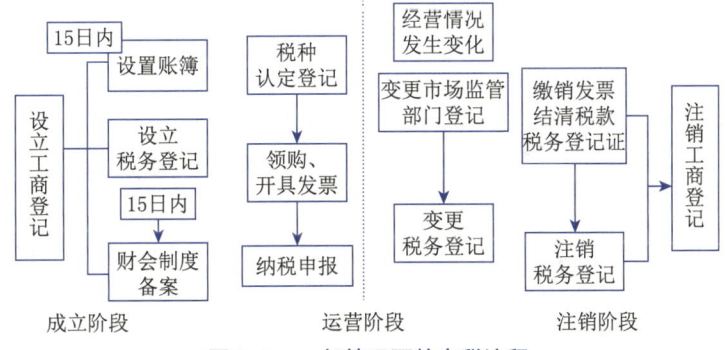

图2-2 一般情况下的办税流程

五、税收风险管理

扫我解疑难

(一)税收风险管理 ★

税收风险管理是事前预防与控制有可能发生的税收流失风险，纳税评估是指税务机关运用数据信息对比分析的方法，对纳税人和扣缴义务人纳税申报情况的真实性和准确性作出定性和定量的判断，并采取进一步征管措施的管理行为。因此，纳税评估是税收风险管理重要的组成部分和核心的手段。

1. 税收风险的分类

按照风险可测程度，可分为指标性税收风险和非指标性税收风险；

按照风险来源，可分为税务部门税收执法风险和企业税收管理风险；

按照风险等级评定，可分为一般税收风险和重大税收风险。

2. 税收风险管理的内容

税收风险管理的内容包括目标规划、风险分析、任务统筹、风险预防、风险控制、风险应对、监控及评价，以及通过评价成果应用于规划目标的修订校正等。其中重点为：风险识别、风险分析及排序、风险应对和风险监控四个部分。

风险应对是整个风险管理的核心，根据风险等级的高低采取的应对策略。风险应对策略，见表2-10。

表2-10 风险应对策略

纳税人类型	风险应对措施
无风险纳税人	避免不当打扰
低风险纳税人	进行风险提示提醒——采取纳税服务提醒函的形式向纳税人告知系统分析发现的风险疑点，由纳税人自我对照检查、自我纠错，纳税人无须向税务机关作出回复说明，税务机关也不另外采取其他干预措施
中风险纳税人	实施纳税评估（或税务审计、反避税调查）
高风险纳税人	对涉嫌偷税(逃避缴纳税款)、逃避追缴欠税、骗税、抗税、虚开发票等税收违法行为的高风险纳税人实施税务稽查

(二)纳税评估 ★

1. 纳税评估概述

纳税评估工作主要由基层税务机关负责，重点税源和重大事项的纳税评估也可由上级税务机关负责。对汇总合并缴纳企业所得税企业的纳税评估，一般由其总机构汇总合并纳税企业申报所在地税务机关实施，对分支机构汇总合并纳税成员企业的纳税评估，由对其监管的当地税务机关实施。开展纳税评估工作原则上在纳税申报到期之后进行，评估的期限以纳税申报的税款所属当期为主，特殊情况可以延伸到往期或以往年度。

2. 纳税评估的工作内容

(1)设立评估指标及其预警值；

(2)筛选评估对象；

(3)进行深入分析并作出定性和定量的判断；

(4)税务约谈、调查核实、处理处罚、提出管理建议、移交稽查部门查处；

(5)维护更新税源管理数据，为税收宏观分析和行业税负监控提供基础信息。

3. 纳税评估的指标

纳税评估指标分为通用分析指标和特定分析指标两大类。通用分析指标包括收入类、成本类、费用类、利润类和资产类评估分析指标等。

4. 纳税评估的对象

纳税评估的对象为税务机关负责管理的所有纳税人及其应纳所有税种。筛选纳税评估对象可采用计算机自动筛选、人工分析筛选和重点抽样筛选等方法。

重点分析对象：综合审核对比分析中发现有问题或疑点的纳税人要作为重点评估分析对象；重点税源户、特殊行业的重点企业、税负异常变化、长时间零税负和负税负申报、纳税信用等级低下、日常管理和税务检查中发现较多问题的纳税人要列为纳税评估的重点分析对象。

5. 纳税评估的方法

纳税评估工作按照属地管理原则和管户责任开展，对同一纳税人申报缴纳的各个税种的纳税评估要相互结合、统一进行，避免多头重复评估。

6. 纳税评估结果的处理

纳税评估结果的处理，见表2-11。

表2-11 纳税评估结果的处理

发现的问题	处理方法
计算和填写错误、政策和程序理解偏差等一般性问题，或存在疑点问题经约谈、举证、调查核实等程序认定事实清楚，不具有违法嫌疑，无须立案查处	提请纳税人自行改正
需要纳税人进行陈述说明、补充提供举证资料等问题	应由主管税务机关约谈纳税人（主要是企业财务会计人员）（纳税人可以**委托税务代理人**进行税务约谈）
必须到生产经营现场了解情况、审核账目凭证	应经税务机关批准后，进行实地调查核实
发现纳税人有偷税、逃避追缴欠税、骗取出口退税、抗税或其他需要立案查处的税收违法行为嫌疑	移交税务稽查部门处理
发现外商投资和外国企业与其关联企业之间的业务往来不按照独立企业业务往来收取或者支付价款、费用，需要调查、核实	移交上级税务机关

【知识点拨】对纳税评估工作中发现的问题要作出评估分析报告。

7. 纳税评估工作的管理

对重点税源户，要保证每年至少重点评估分析一次。

真题精练（客观题）

(2017年多选题)下列纳税人应作为纳税评估重点分析对象的有( )。

A. 办理延期纳税申报的纳税人
B. 税负异常变化的纳税人
C. 纳税信用等级低下的纳税人
D. 重点税源户
E. 税务稽查中未发现问题的纳税人

解析 综合审核对比分析中发现有问题或疑点的纳税人要作为重点评估分析对象；重点税源户、特殊行业的重点企业、税负异常变化、长时间零税负和负税负申报、纳税信用等级低下、日常管理和税务检查中发现较多问题的纳税人要列为纳税评估的重点分析对象。 答案 BCD

精选例题

【例题11·多选题】关于纳税评估结果的处理，下列说法正确的有( )。

A. 税务约谈的对象只限于企业财务会计人员，不得约谈企业其他相关人员
B. 对纳税评估中发现的计算和填写错误，可提请纳税人自行改正
C. 纳税评估中发现的需要提请纳税人进行陈述说明的问题，应由主管税务机关约谈纳税人
D. 对约谈中发现的必须到生产经营现场了解情况的应移交给税务稽查部门处理
E. 税务约谈必须由纳税人参加，不得委托代理人参加

解析 选项A，税务约谈的对象主要是企业财务会计人员，因评估工作需要，必须约谈企业其他相关人员的，应经批准后通过企业财务部门进行安排；选项D，对约谈中发现的必须到生产经营现场了解情况的，应经税务机关批准后，进行实地调查核实；选项E，纳税人可以委托税务代理人进行税务约谈。 答案 BC

六、纳税信用管理（相对重要）★★

扫我解疑难

(一)概念

1. 定义

纳税信用管理，是指税务机关对纳税人

的纳税信用信息开展的采集、评价、确定、发布和应用等活动。

纳税信用信息包括纳税人信用历史信息、税务内部信息、外部信息。

2. 纳税信用管理的原则

遵循客观公正、标准统一、分级分类、动态调整的原则。

3. 纳税信用管理的范围

现行的纳税信用管理办法对于纳税人纳税信用管理的范围确定为：已办理税务登记（含五证合一、一照一码、临时登记），从事生产经营的独立核算企业，以及适用查账征收个人所得税的个人独资企业和个人合伙企业。扣缴义务人、自然人纳税信用管理办法由国家税务总局另行规定。个体户和其他类型纳税人的纳税信用管理办法由省税务机关制定。

4. 纳税信用管理的职责

国家税务总局主管全国纳税信用管理工作。省以下税务机关负责所辖地区纳税信用管理工作的组织和实施。

(二)纳税信用评价

(1)纳税信用评价周期为一个纳税年度。即公历1月1日起至12月31日止。

(2)纳税信用评价采取年度评价指标得分和直接判级方式。

(3)纳税信用级别设A(90分以上)、B(70~90)、M、C(40~70)、D(40分以下及直接判定为D)五级。纳税人近三个评价年度内*经常性指标和非经常性指标信息齐全的，从100分起评；非经常性指标缺失的，从90分起评。

(4)纳税评估指标的设计包括：

a. 经常性指标，包括涉税申报信息、税(费)款缴纳信息、发票与税控器具信息、登记与账簿信息等。

b. 非经常性指标，包括纳税评估税务审计、反避税调查信息和税务稽查指标。

设计指标扣分分值时，主要考量纳税人主观态度、遵从能力、实际结果和失信程度四个方面：

a. 主观态度，包括按期申报、按期缴纳、银行账户设置数量大于向税务机关提供数量等指标。

b. 遵从能力，包括纳税人向税务机关办理纳税申报之后的存续时间、账簿与凭证的管理等指标。

c. 实际结果，主要体现在税务检查等非经常性指标中。

d. 影响程度，主要体现在非正常户的指标。

未发生《信用管理办法》第二十条所列失信行为的下列企业适用M级纳税信用：①新设立企业；②评价年度内无生产经营业务收入且年度评价指标得分70分以上的企业。

(5)纳税信用修复。

税务机关对企业进行纳税信用积分评定后，如纳税人符合下列条件之一的，可在规定期限内向主管税务机关申请纳税信用修复：

①纳税人发生未按法定期限办理纳税申报、税款缴纳、资料备案等事项已补办的。

②未按税务机关处理结论缴纳或者足额缴纳税款、滞纳金和罚款，未构成犯罪，纳税信用级别被直接判为D级的纳税人，在税务机关处理结论明确的期限期满后60日内足额缴纳、补缴的。

③纳税人履行相应法律义务并由税务机关依法解除非正常户状态的。

主管税务机关自受理纳税信用修复申请之日起**15个工作日内**完成审核，并向纳税人反馈信用修复结果。纳税信用修复完成后，纳税人按照修复后的纳税信用级别适用相应的税收政策和管理服务措施，之前已适用的税收政策和管理服务措施不作追溯调整。

📝 **真题精练（客观题）**

(2020年单选题)下列纳税信用等级适用M级的企业是(　　)。

---

* 最新政策是"近三个评价年度内"，教材无"近三个评价年度内"字样。

A. 新设立企业

B. 上一年度纳税信用评为 D 的企业

C. 实际生产经营期 1 年以上不满 3 年的企业

D. 评价年度内无生产经营且指标得分 60 分以下企业

解析 ▶ 本题考查纳税信用评价。

答案 ▶ A

七、税务管理信息化

扫我解疑难

1. 金税工程

该系统由一个网络(国家税务总局与省、地、县税务局四级计算机网络)和四个子系统(增值税防伪税控开票子系统、防伪税控认证子系统、增值税稽核子系统和发票协查子系统)构成,实现了利用覆盖全国税务机关的计算机网络对专票和企业增值税纳税状况进行严密监控。

2. 电子税务局

由税务机关提供的网上办税服务厅。功能主要包括:我的信息、我要办税、我要查询、互动中心、公众服务。

3. "非接触式"网上办税

税务机关在电子税务局开通后就开始采用"非接触式"网上办税形式。2020 年初,为积极应对新冠肺炎疫情,最大限度地降低疫情传播风险,税务部门积极拓展"非接触式"办税缴费事项。至 2021 年 2 月,国家税务总局共梳理了十个大类,214 个涉税缴费事项可在网上办理。

八、税款征收 ★★★

扫我解疑难

税款征收是税收征收管理工作的中心环节。

(一)税款征收方式

税款征收方式,见表 2-12。

表 2-12 税款征收方式

方式	适用范围
查账征收	账务健全的纳税人
核定征收	对账务不全,但能控制其材料、产量或进销货物的纳税单位或个人,由税务机关依据正常条件下的生产能力对其生产的应税产品查定产量、销售额并据以征收税款的征收方式
查验征收	税务机关对纳税人的应税商品、产品,通过查验数量,按市场一般销售单价计算其销售收入,并据以计算应纳税款的征收方式
定期定额征收	对小型个体户采取的 种征收方式
代扣代缴	在向纳税人支付款项时依法扣缴税款
代收代缴	在向纳税人收取款项时依法收取税款
委托代征	对零星、分散、异地缴纳的税收。注意:(1)对拒绝代征人依法代征税款的纳税人,自其拒绝之时起 24 小时内报告税务机关;(2)自 2013 年 2 月 1 日起,税务机关委托交通运输部门、海事管理机构代为征收船舶车船税税款

(二)税款征收措施

税款征收措施的主要内容包括:核定应纳税额、关联企业纳税调整、税收保全、强制执行、税款优先、信息报告、代位权和撤销权等。注意分清哪些属于税收征收方式,哪些属于税款征收措施。

1. 核定应纳税额

(1)纳税人有下列情形之一的,税务机关有权核定应纳税额,具体情形见表 2-13。

表 2-13 税务机关有权核定应纳税额的情形

分类	具体情形
无账可查	①依照法律、行政法规的规定可以不设置账簿的。 ②依照法律、行政法规的规定应当设置但未设置账簿的。 ③擅自销毁账簿或者拒不提供纳税资料的。 ④发生纳税义务，未按照规定的期限办理纳税申报，经税务机关责令限期申报，逾期仍不申报的
难以查账	⑤虽设置账簿，但账目混乱或者成本资料、收入凭证、费用凭证残缺不全，难以查账的
计税依据不可信	⑥纳税人申报的计税依据明显偏低，又无正当理由的

（2）对未按照规定办理税务登记的从事生产、经营的纳税人以及临时从事经营的纳税人，由税务机关核定其应纳税额，责令缴纳；不缴纳的，税务机关可以扣押其价值相当于应纳税款的商品、货物。扣押后缴纳应纳税款的，税务机关必须立即解除扣押，并归还所扣押的商品、货物；扣押后仍不缴纳应纳税款的，经县以上税务局（分局）局长批准，依法拍卖或者变卖所扣押的商品、货物，以拍卖或者变卖所得抵缴税款。

2. 关联企业纳税调整

应当按照独立企业之间的业务往来收取或支付价款、费用。

3. 税收保全（重要考点）

税务机关有根据认为从事生产、经营的纳税人有逃避纳税义务行为的，可以在规定的纳税期前责令纳税人限期缴纳应纳税额，在限期内发现纳税人有明显的转移、隐匿其应纳税的商品、货物以及其他财产或者应纳税的收入的迹象的，税务机关可责成纳税人提供纳税担保。税务机关责令纳税人提供纳税担保而纳税人拒绝提供纳税担保或无力提供纳税担保的，经县以上税务局（分局）局长批准，税务机关可以采取税收保全措施。

a. 适用对象：从事生产、经营的纳税人拒绝或无力提供纳税担保。

b. 审批权限：县以上税务局（分局）局长。

c. 具体措施：书面通知纳税人开户银行或者其他金融机构冻结纳税人的金额相当于应纳税款的存款；扣押、查封纳税人的价值相当于应纳税款的商品、货物或者其他财产。

【知识点拨】* 税务机关采取税收保全措施的期限一般不得超过 6 个月；重大案件需要延长的，应当报国家税务总局批准。

4. 强制执行（重要考点）

（1）阻止出境（重要考点）。

a. 适用对象：欠缴税款的纳税人或纳税人的法定代表人，出境前未按规定结清税款、滞纳金或提供纳税担保。

b. 执行机关：出入境管理机关。

c. 阻止出境包括：布控、撤控。

【知识点拨1】阻止出境的措施仅适用于欠缴税款的纳税人或纳税人的法定代表人，不适用于其财税人员。

【知识点拨2】阻止出境的执行机关是出入境管理机关，而非税务机关。

（2）强制执行。

a. 适用对象：从事生产经营的纳税人、扣缴义务人未按规定的期限缴纳税款或者解缴税款，纳税担保人未按照规定的期限缴纳所担保的税款，税务机关责令限期缴纳，逾期仍未缴纳的。

b. 审批权限：县以上税务局（分局）局长。

c. 具体措施：书面通知其开户银行或者

---

* 该项内容在教材的 P95。

其他金融机构从其存款中扣缴税款；扣押、查封、依法拍卖或者变卖其价值相当于应纳税款的商品、货物或者其他财产，以拍卖或者变卖所得抵缴税款。

【知识点拨1】税务机关采取强制执行措施时，对纳税人、扣缴义务人、纳税担保人未缴纳的滞纳金同时强制执行。

【知识点拨2】用人单位未足额缴纳社会保险费且未提供担保的，社会保险费征收机构可以申请人民法院扣押、查封、拍卖其价值相当于应当缴纳社会保险费的财产，以拍卖所得抵缴社会保险费。

税收保全措施和强制执行措施的区分，见表2-14。

表2-14 税收保全措施和强制执行措施的区分

项目	税收保全措施（预防措施）	强制执行措施（补救措施）
对象	从事生产经营的纳税人，**不包括扣缴义务人和纳税担保人**	从事生产经营的纳税人、扣缴义务人、纳税担保人
前提	未提供纳税担保	责令限期缴纳，逾期仍未缴纳（告诫在先原则）
审批	县以上税务局（分局）局长	
措施	冻结存款 扣押查封	从存款中扣缴税款 扣押、查封、依法拍卖或变卖
物品范围	不采取税收保全措施和强制执行措施的物品： （1）个人及其所扶养家属维持生活必需的住房和用品，不包括机动车辆、金银饰品、古玩字画、豪华住宅或者1处以外的住房； （2）**单价5 000元以下**的其他生活用品	

真题精练（客观题）

1. （2019年单选题）当需要采取税收保全措施时，下列被执行人的财产不能纳入税收保全措施范围的是（ ）。

   A. 唯一的一辆机动车
   B. 新购入的价值4 000元的家具
   C. 别墅
   D. 金银首饰

   解析▶税务机关对单价5 000元以下的其他生活用品，不采取税收保全和强制执行措施。 答案▶B

2. （2018年单选题）在规定纳税期前，税务机关有根据认为从事生产、经营的纳税人有逃避纳税义务行为的，首先应（ ）。

   A. 核定其应纳税额
   B. 责令限期缴纳应纳税额
   C. 税收强制执行措施
   D. 扣押其商品

   解析▶税务机关有根据认为从事生产、经营的纳税人有逃避纳税义务行为的，可以在规定的纳税期前责令纳税人限期缴纳应纳税额，在限期内发现纳税人有明显的转移、隐匿其应纳税的商品、货物以及其他财产或者应纳税的收入的迹象的，税务机关可责成纳税人提供纳税担保。 答案▶B

精选例题

【例题12·单选题】关于一般程序的税收保全措施的说法错误的是（ ）。

A. 税收保全措施必须经县以上税务局（分局）局长批准
B. 纳税人在规定期限内缴纳税款的，税务机关必须立即解除税收保全措施
C. 个人及其所扶养家属维持生活必需的住房和用品，不在税收保全措施范围之内
D. 有人居住的住房不适用税收保全措施

解析▶个人及其所扶养家属维持生活必需的住房和用品，不在税收保全措施范围之内。但是有人居住的住房不一定是维持生活必需的，因此选项D不正确。 答案▶D

【例题13·多选题】税务机关采取的下列措施中，属于强制执行措施的有（ ）。

A. 查封纳税人的价值相当于应纳税款的

商品或货物

B. 书面通知纳税人的开户银行从其银行存款中扣缴税款

C. 拍卖纳税人其价值相当于应纳税款的商品用以抵缴税款

D. 对纳税人逃避纳税义务的行为处以2 000元以上5 000元以下的罚款

E. 扣押纳税人的价值相当于应纳税款的货物或其他财产

解析 ▶ 选项AE属于税收保全措施；选项D属于税务行政处罚措施。　　**答案** ▶ BC

【例题14·单选题】 下列主管税务机关对欠税的纳税人作出的行为中，不符合《税收征收管理法》及有关政策规定的是（　　）。

A. 通知出入境管理机关阻止其办税人员出境

B. 欠缴税款的纳税人因怠于行使到期债权，给国家税收造成损害的，税务机关依法申请人民法院行使代位权

C. 应抵押贷款银行要求向银行提供其有关的欠税情况

D. 向人民法院申请以税务机关名义代其行使债权抵缴税款

解析 ▶ 税务机关可以通知出入境管理机关阻止欠缴税款的纳税人和纳税人的法定代表人出境，但不能阻止其办税人员出境。

答案 ▶ A

【例题15·多选题】 在整个税收征收管理工作中，税务机关必须依照法律、行政法规的规定将纳税人应纳的税款组织征收入库。下列属于税款征收措施的有（　　）。

A. 阻止出境

B. 关联企业纳税调整

C. 查验征收

D. 查账征收

E. 由主管税务机关核定应纳税额

解析 ▶ 选项CD属于税款征收方式。

答案 ▶ ABE

【知识点拨】 关于税款征收方式和税款征收措施的区分见表2-15。

5. 税款优先（重要考点）

（1）税收与无担保债权的关系：税收优先（破产法规定的破产企业所欠职工工资和医疗、伤残补助、抚恤费用，所欠的应当划入职工个人账户的基本养老保险、基本医疗保险费用，以及法律、行政法规规定应当支付给职工的补偿金除外）。

（2）税收与有担保债权的关系：是平等的，只看先后顺序，欠税在前，税款优先。

纳税人欠缴的税款发生在纳税人以其财产设定抵押、质押或者纳税人的财产被留置之前的，税收应当优先于抵押权、质权、留置权执行。

【知识点拨】 有担保债权的担保方式包括抵押、质押和留置。

（3）税收与其他行政处罚的关系：税收优先于罚款、没收违法所得。

（4）税务机关应当对纳税人欠缴税款的情况定期予以公告。

真题精练（客观题）

（2020年单选题）关于税收优先的说法，错误的是（　　）。

A. 税务机关征收税款，税收优先于无担保债权，法律另有规定的除外

B. 纳税人欠缴税款，同时又被行政机关决定处以罚款的，税收优先于罚款

C. 纳税人欠缴税款发生在纳税人以其财产设定抵押之前的，税收优先于抵押权执行

D. 纳税人欠缴税款，同时又被行政机关没收违法所得的，没收违法所得优先于税收

解析 ▶ 本题考核税款优先的规定。

答案 ▶ D

6. 信息报告（重要考点）

（1）税务机关扣押商品、货物或者其他财产时，必须开付收据；查封商品、货物或者其他财产时，必须开付清单。

（2）合并分立情况报告业务，纳税人合并时未缴清税款的，应当由合并后的纳税人继

续履行未履行的纳税义务;纳税人分立时未缴清税款的,分立后的纳税人对未履行的纳税义务应当承担连带责任。

(3)欠缴税款数额在5万元以上的纳税人在对其不动产或者大额资产进行转让、出租、出借、提供担保等处分之前,应当向税务机关报告。

7. 代位权和撤销权

欠缴税款的纳税人怠于行使到期债权,对国家税收造成损害的,税务机关依法申请人民法院行使代位权。

欠缴税款的纳税人放弃到期债权,无偿转让财产,或者以明显不合理的低价转让财产而受让人知道该情形,对国家税收造成损害的,税务机关依法申请人民法院行使撤销权。

税款征收方式 VS 税款征收措施,见表2-15。

表 2-15 税款征收方式 VS 税款征收措施

税款征收方式	税款征收措施
查账征收	核定应纳税额
核定征收	关联企业纳税调整
查验征收	税收保全
定期定额征收	强制执行
代扣代缴	税款优先
代收代缴	信息报告
委托代征	代位权和撤销权

真题精练(客观题)

1. (2017年单选题)某公司拖欠2016年度增值税42万元,催款无效,经县税务局局长批准2017年3月,税务机关书面通知开户银行扣缴所欠税款,这一行政行为属于( )。

A. 税收保全措施　B. 提供纳税担保
C. 强制执行措施　D. 税务行政协助

解析 书面通知纳税人开户银行或者其他金融机构从其存款中扣缴税款属于强制执行措施。　　　**答案** C

2. (2018年多选题,改)关于纳税人欠税的税务处理,下列说法正确的有( )。

A. 税务机关扣押商品、货物或者财产时,必须开付清单

B. 欠税5万元以上的纳税人在处分其不动产前,应当向税务机关报告

C. 抵押权人、质押人可以要求税务机关提供纳税人有关欠税的情况

D. 税务机关清收欠税时税收优先于所有抵押权、质权执行

E. 税务机关可按规定对欠税的纳税人采取强制执行措施

解析 选项A,税务机关扣押商品、货物或者其他财产时,必须开付收据;查封商品、货物或者其他财产时,必须开付清单;选项D,税务机关征收税款,税收优先于无担保债权。选项E是正确的,因为从事生产、经营的纳税人、扣缴义务人未按照规定的期限缴纳或者解缴税款,纳税担保人未按照规定的期限缴纳所担保的税款,由税务机关责令限期缴纳,逾期仍未缴纳的,经县以上税务局(分局)局长批准,税务机关可以采取强制执行措施。
答案 BCE

精选例题

【例题16·单选题】甲公司与乙商场采用新设丙公司的方式进行合并重组,符合企业所得税特殊性税务处理的条件。乙商场未缴清的税款,应( )。

A. 由丙公司继续履行,甲公司股东和乙商场股东不承担连带责任

B. 由乙商场股东继续履行,甲公司股东和丙公司股东承担连带责任

C. 由丙公司继续履行,乙商场股东承担连带责任

D. 由乙商场股东继续履行,丙公司承担连带责任

解析 纳税人合并时未缴清税款的,应当由合并后的纳税人继续履行未履行的纳税义务。　　　**答案** A

【例题17·多选题】欠缴税款的纳税人( )时,给国家税收造成损害的,税务机关

可以行使代位权、撤销权。

A. 以等价交换方式转让财产
B. 存在大量尚未到期的债权
C. 急于行使到期债权
D. 以明显不合理的低价转让财产而受让人知道该情形
E. 放弃到期债权

解析 欠缴税款的纳税人因急于行使到期债权，或者放弃到期债权，或者无偿转让财产，或者以明显不合理的低价转让财产而受让人知道该情形，给国家税收造成损害的，税务机关可以行使代位权、撤销权。

答案 CDE

九、税务检查 ★★

扫我解疑难

（1）查账权。

检查纳税人的账簿、记账凭证、报表和有关资料，检查扣缴义务人代扣代缴、代收代缴税款账簿、记账凭证和有关资料。

①可以在纳税人、扣缴义务人的业务场所进行；

②必要时，可将账簿等资料调回税务机关检查，查账权的具体要求，见表2-16。

表2-16 查账权的具体要求

账簿种类	审批	退还时间
以前会计年度的账簿、记账凭证、报表和其他有关资料	经县以上税务局（分局）局长批准	但是税务机关必须向纳税人、扣缴义务人开付清单，并在3个月内完整退还
当年的账簿、记账凭证、报表和其他有关资料	有特殊情况的，经设区的市、自治州以上税务局局长批准	税务机关必须在30日内退还

（2）场地检查权。

税务机关可以到纳税人的生产、经营场所和货物存放地检查，税务机关无权到纳税人的生活区检查纳税人应纳税的商品、货物或者其他财产，检查扣缴义务人与代扣代缴、代收代缴税款有关的经营情况。

（3）责成纳税人、扣缴义务人提供与纳税或者代扣代缴、代收代缴税款有关的文件、证明材料和有关资料。

（4）询问纳税人、扣缴义务人与纳税或者代扣代缴、代收代缴税款有关的问题和情况。

（5）到车站、码头、机场、邮政企业及其分支机构检查纳税人托运、邮寄应纳税商品、货物或者其他财产的有关单据、凭证和有关资料。

（6）存款账户检查权。

经县以上税务局（分局）局长批准，凭全国统一格式的检查存款账户许可证明，查询从事生产、经营的纳税人、扣缴义务人在银行或者其他金融机构的存款账户。

【知识点拨1】税务机关派出的人员进行税务检查时，应当出示税务检查证和税务检查通知书。

【知识点拨2】税务机关对集贸市场及集中经营业户进行检查时，可以使用统一的税务检查通知书。

精选例题

【例题18·多选题】下列关于税务机关行使税务检查权的表述中，符合税法规定的有（　）。

A. 到纳税人的住所检查应纳税的商品、货物和其他财产
B. 责成纳税人提供与纳税有关的文件、证明材料和有关资料
C. 到车站检查纳税人托运货物或者其他财产的有关单据、凭证和资料
D. 凭市以上税务局（分局）局长批准，凭全国统一格式的检查存款账户许可证明，可以查询从事生产、经营的纳税人、扣缴义务人在银行或者其他金融机构的存款账户
E. 税务机关派出的人员进行税务检查

时，应当出示税务检查证和税务检查通知书

解析 选项 A，税务机关可以到纳税人的生产、经营场所和货物存放地检查，税务机关无权到纳税人的生活区检查；选项 D，查询从事生产、经营的纳税人、扣缴义务人在银行或者其他金融机构的存款账户需要经县以上税务局（分局）局长批准。**答案** BCE

十、征纳双方的权利、义务及法律责任

扫我解疑难

在本部分内容中，首先要分清哪些是税务机关的权利、义务和责任，哪些是纳税人的权利、义务和法律责任。此外要特别注意追征税款权、延期缴纳税款权、依法申请收回多缴的税款权；注意法律责任中处罚的有关规定。

（一）税务机关的权利、义务及法律责任 ★★★

1. 税务机关的权利

（1）税收法律、行政法规的建议权，税收规章的制定权。

（2）税收管理权。

（3）税款征收权。包括：依法计征权；核定税款权；税收保全和强制执行权；追征税款权。追征税款权，见表 2-17。

表 2-17 追征税款权

情形		处理措施
税务机关的责任		税务机关在 3 年内可以要求纳税人、扣缴义务人补缴税款，但是不得加收滞纳金
纳税人、扣缴义务人	计算错误等失误	税务机关在 3 年内可以追征税款、滞纳金；有特殊情况的，追征期可以延长到 5 年
	对偷税、抗税、骗税的	税务机关追征其未缴或者少缴的税款、滞纳金或者所骗取的税款，税务机关可以无限期追征

【知识点拨】滞纳金的计算

①纳税人未按照规定期限缴纳税款的，扣缴义务人未按照规定期限解缴税款的，税务机关除责令限期缴纳外，从滞纳税款之日起，按日加收滞纳税款万分之五的滞纳金；

②加收滞纳金的起止时间为税款缴纳期限届满次日起至纳税人、扣缴义务人实际缴纳或者解缴税款之日止。

③自 2020 年 3 月 1 日起，对纳税人、扣缴义务人、纳税担保人应缴纳的欠税及滞纳金不再要求同时缴纳，可以先行缴纳欠税，再缴纳滞纳金。

真题精练（客观题）

（2017年单选题）关于追征纳税人未缴、少缴税款的说法，正确的是（ ）。

A. 因税务机关的责任，造成少缴税款，税务机关可以在 5 年内要求纳税人补缴税款

B. 对骗税行为，税务机关可以在 10 年内追征纳税人所骗取的税款

C. 因纳税人非主观故意造成少缴税款，一般情况下税务机关追征期限为 2 年

D. 纳税人因计算错误造成少缴税款，一般情况下税务机关追征期限为 3 年，同时加收滞纳金

解析 选项 B，对偷税、抗税、骗税的，税务机关追征其未缴或者少缴的税款、滞纳金或者所骗取的税款，税务机关可以无限期追征；选项 C，因纳税人、扣缴义务人计算错误等失误，未缴或者少缴税款的，税务机关在 3 年内可以追征税款、滞纳金；有特殊情况的，追征期可以延长到 5 年。**答案** D

（4）批准税收减、免、退、延期缴纳税款权。

为了照顾某些特殊困难的纳税人，经省、

自治区、直辖市税务局批准，可以延期缴纳税款，但是最长不得超过3个月。

(5)税务检查权。

(6)处罚权。

(7)国家赋予的其他权利。

2. 税务机关的义务

3. 税务机关的法律责任

真题精练（客观题）

（2018年多选题）税务机关在税收征收管理中可以行使的权利有（　）。

A. 税收保密权

B. 核定税款权

C. 税收强制执行权

D. 税收检查权

E. 处罚权

解析 税务机关的权利主要包含：(1)税收法律、行政法规的建议权，税收规章的制定权；(2)税收管理权；(3)税款征收权；(4)批准税收减、免、退、延期缴纳税款权；(5)税务检查权；(6)处罚权；(7)国家赋予的其他权利。　**答案** BCDE

(二)纳税人的权利、义务及法律责任★★★

1. 纳税人的权利

(1)知情权。纳税人有权向税务机关了解国家税收法律、行政法规的规定以及与纳税程序有关的情况。

(2)保密权。纳税人有权要求税务机关为纳税人的情况保密。税务机关将依法为纳税人的商业秘密和个人隐私保密。但根据法律规定，税收违法行为信息不属于保密范围。

(3)税收监督权。纳税人对税务机关违反税收法律、行政法规的行为，可以进行检举和控告。同时，纳税人对其他纳税人的税收违法行为也有权进行检举。

(4)纳税申报方式选择权。纳税人可以直接到办税服务厅办理纳税申报或者报送代扣代缴、代收代缴税款报告表，也可以按照规定采取邮寄、数据电文或者其他方式办理上述申报、报送事项。但采取邮寄或数据电文方式办理上述申报、报送事项的，需经纳税人的主管税务机关批准。纳税人如采取邮寄方式办理纳税申报，应当使用统一的纳税申报专用信封，并以邮政部门收据作为申报凭据。邮寄申报以寄出的邮戳日期为实际申报日期。

(5)申请延期申报权。纳税人如不能按期办理纳税申报或者报送代扣代缴、代收代缴税款报告表，应当在规定的期限内向税务机关提出书面延期申请，经核准，可在核准的期限内办理；

经核准延期办理申报、报送事项的，应当在税法规定的纳税期内按照上期实际缴纳的税额或者税务机关核定的税额预缴税款，并在核准的延期内办理税款结算。

(6)申请延期缴纳税款权。如纳税人因特殊困难，不能按期缴纳税款的，经省、自治区、直辖市税务局批准，可以延期缴纳税款，但是最长不得超过3个月。

特殊困难是指：①是因不可抗力，导致纳税人发生较大损失，正常生产经营活动受到较大影响的；②是当期货币资金在扣除应付职工工资、社会保险费后，不足以缴纳税款的。

(7)依法申请收回多缴税款权，见表2-18。

表2-18 依法申请收回多缴税款权

发现方	税务处理	差别
税务机关发现	税务机关发现后，将自发现之日起10日内办理退还手续	无时间限制，但不加算利息
纳税人发现	纳税人自结算税款之日起3年内发现的，可以向税务机关要求退还多缴的税款并加算银行同期存款利息，税务机关将自接到纳税人退还申请之日起30日内查实并办理退还手续	时间限制，加算利息

精选例题

【例题19·单选题】 下列关于退还纳税人多缴税款的表述中,正确的是( )。

A. 税务机关发现多缴税款但距缴款日期已超过3年的,税务机关应该退还多缴税款

B. 税务机关发现多缴税款的,在退还税款的同时,应一并计算银行同期存款利息

C. 税务机关发现多缴税款但距缴款日期已超过3年的,税务机关不再退还多缴税款

D. 纳税人发现当年预缴企业所得税款超过应缴税额的,可要求退款并加计银行同期存款利息

解析 在本题中需要分清税务机关发现和纳税人发现多缴税款在处理上的区别。选项D,需要注意多预缴税款应该在汇算清缴时多退少补即可。 **答案** A

(8)依法享受税收优惠权。

(9)委托税务代理权。

(10)陈述与申辩权。

(11)对未出示税务检查证和税务检查通知书的拒绝检查权。

(12)税收法律救济权。纳税人对税务机关作出的决定,依法享有申请行政复议、提起行政诉讼、请求国家赔偿等权利。

(13)依法要求听证的权利。

(14)索取有关税收凭证的权利。

2. 纳税人的义务

(1)依法进行税务登记的义务。

(2)依法设置账簿、保管账簿和有关资料以及依法开具、使用、取得和保管发票的义务。

(3)财务会计制度和会计核算软件备案的义务。

(4)按照规定安装、使用税控装置的义务。

(5)按时、如实申报的义务。

(6)按时缴纳税款的义务。

(7)代扣、代收税款的义务。

(8)接受依法检查的义务。

(9)及时提供信息的义务。

(10)报告其他涉税信息的义务。

真题精练(客观题)

(2018年单选题)纳税人因有些特殊困难,经省、自治区、直辖市税务局批准,可以延期纳税款,但是最长不得超过( )个月。

A. 1 B. 2
C. 4 D. 3

解析 税务机关有权在法律、行政法规规定的权限内,对纳税人的减免税申请予以审批,但不得违反法律、行政法规的规定,擅自作出减税免税的规定。为了照顾纳税人的某些特殊困难,经省、自治区、直辖市税务局批准,可以延期缴纳税款,但是最长不得超过3个月。 **答案** D

精选例题

【例题20·单选题】 纳税人不能按照税法规定的纳税期限缴纳税款,( ),不足以缴纳税款的,可申请延期纳税。

A. 当期银行存款在扣除应付职工工资、社会保险费后

B. 当期货币资金在扣除应付职工工资、社会保险费后

C. 当期货币资金在扣除银行存款及各项上交款项后

D. 当期货币资金在扣除应付职工工资和应计提的公益金、公积金以后

解析 纳税人当期货币资金在扣除应付职工工资、社会保险费后,不足以缴纳税款的,可申请延期纳税。 **答案** B

3. 纳税人、扣缴义务人的法律责任(重要考点)

(1)违反税务管理的行为及法律责任,见表2-19。

表 2-19　违反税务管理的行为及处罚

违反税务管理的行为	处罚
纳税人下列行为之一： ①未按照规定的期限申报办理税务登记、变更或注销登记的； ②未按照规定设置、保管账簿或者保管记账凭证和有关资料的； ③未按照规定将财务、会计制度或财务会计处理方法和会计核算软件报送税务机关备案的； ④未按照规定将其全部银行账号向税务机关报告的； ⑤未按照规定安装、使用税控装置，或者损毁、擅自改动税控装置的	由税务机关责令限期改正，可处以 2 000 元以下的罚款；情节严重的，处以 2 000 元以上 1 万元以下的罚款
纳税人不办理税务登记	税务机关责令限期改正，逾期不改正的，税务机关提请市场监管部门吊销其营业执照
纳税人未按照规定使用税务登记证件，或者转借、涂改、损毁、买卖、伪造税务登记证件	处 2 000 元以上 1 万元以下的罚款；情节严重的，处以 1 万元以上 5 万元以下的罚款
扣缴义务人未按规定设置、保管代扣代缴、代收代缴税款账簿或者记账凭证及有关资料	税务机关责令改正；可处以 2 000 元以下的罚款；情节严重的，处以 2 000 元以上 5 000 元以下的罚款
纳税人未按规定的期限办理纳税申报和报送纳税资料的，或者扣缴义务人未按规定的期限向税务机关报送代扣代缴、代收代缴税款报告表和有关资料	税务机关责令限期改正，可处以 2 000 元以下的罚款；情节严重的，可处以 2 000 元以上 1 万元以下的罚款

（2）采取欺骗隐瞒手段进行虚假纳税申报等行为及其法律责任。

虚假纳税申报等行为及其法律责任，见表 2-20。

表 2-20　虚假纳税申报等行为及其法律责任

行为	法律责任
偷税	手段：纳税人伪造、变造、隐匿、擅自销毁账簿、记账凭证或者在账簿上多列支出或者不列、少列收入，或者经税务机关通知申报而拒不申报或者进行虚假的纳税申报
	结果：不缴或者少缴应纳税款的
	处罚措施：**对纳税人和扣缴义务人的处罚相同**：由税务机关追缴其不缴或者少缴的税款、滞纳金，并处不缴或者少缴的税款50%以上 5 倍以下的罚款，构成犯罪的，依法追究刑事责任
编造虚假计税依据	纳税人、扣缴义务人编造虚假计税依据的，由税务机关责令限期改正，并处 5 万元以下的罚款
纳税人不进行纳税申报	不缴或者少缴应纳税款的，由税务机关追缴其不缴或者少缴的税款、滞纳金，并处不缴或者少缴的税款 50%以上 5 倍以下的罚款

（3）逃避追缴欠税及法律责任。

◇纳税人欠缴应纳税款，采取转移或隐匿财产的手段，妨碍税务机关追缴欠税的，税务机关可以对其进行处罚。逃避追缴欠税的处罚，见表 2-21。

表 2-21　逃避追缴欠税的处罚

对象	处罚行为
纳税人	由税务机关追缴欠缴的税款、滞纳金，并处以欠缴税款50%以上5倍以下的罚款。构成犯罪的，依法追究刑事责任
扣缴义务人	由税务机关向纳税人追缴税款，对扣缴义务人处应扣未扣、应收未收税款50%以上3倍以下罚款。对扣缴义务人的处罚轻一些

精选例题

【例题 21·单选题】 税务机关在对某实木地板加工企业进行税务稽查时，发现其受托加工的实木地板业务未按规定扣缴消费税，税务机关作出如下处理中正确的是(　　)。

A. 由该企业补缴未代扣代缴的消费税，按规定加收滞纳金，并处以未扣缴税款50%以上5倍以下罚款

B. 不向该企业补征未代扣的消费税，但按规定加收滞纳金，并处以未扣缴税款50%以上3倍以下罚款

C. 由该企业补缴未代扣的消费税，按规定加收滞纳金，但不处罚款

D. 不向该企业补征未代扣的消费税和加收滞纳金，但处以未扣缴款50%以上3倍以下罚款

解析 ▶ 扣缴义务人应扣未扣、应收而未收税款的，由税务机关向纳税人追缴税款，对扣缴义务人处应扣未扣、应收未收税款50%以上3倍以下罚款。　**答案** ▶ D

◇逃避缴纳税款行为及法律责任。

a. 纳税人采取欺骗、隐瞒手段进行虚假纳税申报或者不申报，逃避缴纳税款数额较大并且占应纳税额10%以上的，处3年以下有期徒刑或者拘役，并处罚金；数额巨大并且占应纳税额30%以上的，处3年以上7年以下有期徒刑，并处罚金。

b. 对扣缴义务人采取前款所列手段，不缴或者少缴已扣、已收税款，数额较大的，依照上述规定处罚。

c. 对多次实施前两款行为，未经处理的，按照累计数额计算。

d. 有上述行为，经税务机关依法下达追缴通知后，补缴应纳税款，缴纳滞纳金，已受行政处罚的，不予追究刑事责任；但是5年内因逃避缴纳税款受过刑事处罚或者被税务机关给予2次以上行政处罚的除外。

(4)骗取出口退税及法律责任。

骗税行为的处罚，见表2-22。

表 2-22　骗税行为的处罚

	类型	具体处罚
行政责任		由税务机关追缴其骗取的出口退税款，并处骗取税款1倍以上5倍以下的罚款。对骗取国家出口退税款的，税务机关可以在规定的期间内停止为其办理出口退税
刑事责任	构成犯罪的，数额较大的	处5年以下有期徒刑或者拘役，并处罚金
	数额巨大或者有其他严重情节的	处5年以上10年以下有期徒刑，并处罚金
	数额特别巨大或者有其他特别严重情节的	处10年以上有期徒刑或无期徒刑，并处罚金或者没收财产

(5)抗税行为及其法律责任。

a. 界定：纳税人、扣缴义务人以暴力威胁方法拒绝缴纳税款的行为。

b. 抗税行为的处罚，见表2-23。

表 2-23 抗税行为的处罚

类型		具体处罚
行政责任		情节轻微、未构成犯罪的，由税务机关追缴其拒缴的税款、滞纳金，并处以拒缴税款 1 倍以上 5 倍以下的罚款
刑事责任	构成犯罪的	处 3 年以下有期徒刑或者拘役，并处拒缴税款 1 倍以上 5 倍以下罚金
	情节严重的	处 3 年以上 7 年以下有期徒刑，并处拒缴税款 1 倍以上 5 倍以下罚金
	以暴力方法抗税，致人重伤或者死亡的	按伤害罪、杀人罪从重处罚，并处罚金

（6）其他违法行为及处罚，见表 2-24。

表 2-24 其他违法行为及处罚

违法行为	处罚
非法印制、转借、倒卖、变造或者伪造完税凭证的	由税务机关责令改正，处 2 000 元以上 1 万元以下的罚款；情节严重的，处 1 万元以上 5 万元以下的罚款；构成犯罪的，依法追究刑事责任
银行及其他金融机构未依照《税收征收管理法》的规定在从事生产、经营的纳税人的账户中登录税务登记证件号码，或者未按规定在税务登记证件中登录从事生产、经营的纳税人的账户账号的	由税务机关责令限期改正，处 2 000 元以上 2 万元以下的罚款；情节严重的，处 2 万元以上 5 万元以下的罚款
为纳税人、扣缴义务人非法提供银行账户、发票、证明或者其他方便，导致未缴、少缴税款或者骗取国家出口退税款的	税务机关除没收违法所得外，还可以处未缴、少缴或者骗取的税款 1 倍以下的罚款
纳税人拒绝代扣、代收税款的	扣缴义务人应当向税务机关报告，由税务机关直接向纳税人追缴税款、滞纳金；纳税人拒不缴纳的，除采取强制执行措施追缴其不缴或者少缴的税款外，可以处不缴或者少缴的税款 50% 以上 5 倍以下的罚款
税务机关依照《税收征收管理法》，到车站、码头、机场、邮政企业及其分支机构检查纳税人有关情况时，有关单位拒绝的	由税务机关责令改正，可以处 1 万元以下的罚款；情节严重的，处 1 万元以上 5 万元以下的罚款
纳税人、扣缴义务人有下列情形之一的：①提供虚假资料，不如实反映情况，或者拒绝提供有关资料的；②拒绝或者阻止税务机关记录、录音、录像、照相和复制与案件有关的情况和资料的；③在检查期间，纳税人、扣缴义务人转移、隐匿、销毁有关资料的；④有不依法接受税务检查的其他情形的	属于纳税人、扣缴义务人逃避、拒绝或者以其他方式阻挠税务机关检查，由税务机关责令改正，可以处 1 万元以下的罚款；情节严重的，处 1 万元以上 5 万元以下的罚款

违法行为	处罚
纳税人向税务人员行贿，不缴或者少缴应纳税款的	(1)依照行贿罪追究刑事责任，并处不缴或者少缴的税款5倍以下的罚金； (2)刑法的规定： a. 对犯行贿罪的，处5年以下有期徒刑或者拘役，并处罚金； b. 因行贿牟取不正当利益，情节严重的，或者使国家利益遭受重大损失的，处5年以上10年以下有期徒刑，并处罚金； c. 情节特别严重的，或者使国家利益遭受特别重大损失的，处10年以上有期徒刑或者无期徒刑，并处罚金或者没收财产

真题精练（客观题）

1. （2020年单选题）下列行为中，可能构成犯罪的是(　　)。
   A. 纳税人逃避纳税
   B. 纳税人未按规定安装税控装置
   C. 扣缴义务人应扣未扣税款
   D. 纳税人未按规定期限办理纳税申报

   解析 本题考查纳税人、扣缴义务人的法律责任。《刑法》第二百零一条规定："纳税人采取欺骗、隐瞒手段进行虚假纳税申报或者不申报，逃避缴纳税款数额较大并且占应纳税额百分之十以上的，处三年以下有期徒刑或者拘役，并处罚金；数额巨大并且占应纳税额百分之三十以上的，处三年以上七年以下有期徒刑，并处罚金。"

   答案 A

2. （2019年多选题，改）纳税人在税收征管中享有的权利有(　　)。
   A. 申请延期申报
   B. 按时、如实申报
   C. 财务会计制度备案
   D. 纳税申报方式选择
   E. 税收法律救济

   解析 选项BC，属于纳税人承担的义务。

   答案 ADE

3. （2016年多选题）纳税人、扣缴义务人下列行为中，应由税务机关责令限期改正，处2 000元以下罚款，情节严重的处2 000元以上1万元以下罚款的有(　　)。
   A. 纳税人未按规定期限办理纳税申报
   B. 扣缴义务人未按规定设置、保管代扣代缴账簿
   C. 纳税人未按规定安装使用税控装置
   D. 纳税人未按规定将全部银行账号上报
   E. 扣缴义务人应扣未扣，应收而不收税款的

   解析 本题考核纳税人的法律责任，需要注意罚款数额的规定。

   答案 ACD

精选例题

【例题22·多选题】下列违反税务管理的行为，可以由税务机关责令限期改正，处以2 000元以下的罚款；情节严重的，处以2 000元以上1万元以下的罚款的有(　　)。
   A. 未按规定将财务会计处理办法和会计核算软件报送税务机关备案的
   B. 未按规定保管记账凭证的
   C. 未按照规定安装、使用税控装置的
   D. 未按照规定将其全部银行账号向税务机关报告的
   E. 未按照规定使用税务登记证件的

   解析 未按照规定使用税务登记证件，或者转借、涂改、毁损、买卖、伪造税务登记证件的，处2 000元以上1万元以下的罚款；情节严重的，处1万元以上5万元以下的罚款。

   答案 ABCD

(三)涉税专业服务的法律关系与法律责任★★

(1)涉税专业服务的法律关系。

涉税专业服务的法律关系有确立、变更、终止三个阶段。涉税专业服务的法律关系，

见表 2-25。

表 2-25 涉税专业服务的法律关系

阶段	具体内容	提示
涉税专业服务的确立	(1)涉税专业服务机构的从事范围； (2)税务机关应当对税务师事务所实施行政登记管理； (3)受托涉税专业服务机构及其涉税服务人员必须接受税务机关实名制管理； (4)签订涉税专业服务协议书——必须采用书面协议形式(或其他法律认可的电子形式)；不得口头或其他形式	(1)专业税务顾问、税收策划、涉税鉴证、纳税情况审查四大类业务，必须由具有税务师事务所、会计师事务所、律师事务所资质的涉税专业服务机构从事，相关文书应由税务师、注册会计师、律师签字，并承担相应的责任； (2)涉税专业服务机构应当与首次提供涉税专业服务前，向主管税务机关报送《涉税专业服务机构(人员)基本信息采集表》。基本信息发生变更的，应当自变更之日起 30 日内向主管税务机关报送该表
涉税专业服务的变更	(1)委托项目发生变化； (2)涉税服务人员发生变化； (3)由于客观原因，需要延长完成协议时间的	必须先修订涉税专业服务协议书，并经过委托方和受托方共同签章后生效，修订后的协议书具有同等法律效力
涉税专业服务关系的终止	自然终止：业务委托协议约定的服务期限届满且服务事项完成	——
涉税专业服务关系的终止	单方终止 — 委托方单方终止：有下列情形之一的，委托方在代理期限内可单方终止代理行为： (1)涉税服务人员未按涉税专业服务协议的约定提供服务； (2)涉税专业服务机构被注销资格； (3)涉税专业服务机构破产、解体或被解散	必须在代理期限内提出，分清何种情况下委托方可以单方终止，何种情况下受托方可以单方终止
涉税专业服务关系的终止	单方终止 — 受托方单方终止：有下列情形之一的，涉税专业服务机构在代理期限内可单方终止代理行为： (1)委托人死亡或解体、破产； (2)委托人自行实施或授意涉税服务人员实施违反国家法律、法规行为，经劝告仍不停止其违法活动的； (3)委托人提供虚假的生产经营情况和财务会计资料，造成涉税服务错误的	
涉税专业服务关系的终止	协商终止：委托关系存续期间，一方如遇特殊情况需要终止代理行为的，提出终止的一方应及时通知另一方，终止的具体事项由双方协商解决	——

真题精练（客观题）

1. （2020年多选题）涉税专业服务协议约定的服务期限届满且服务事项完成，委托关系自然终止，但委托方在代理期限内可单方终止代理行为的情形有（　　）。

   A. 涉税服务机构被撤销
   B. 委托项目发生变化
   C. 涉税服务人员未按涉税专业服务协议的约定提供服务
   D. 涉税专业服务人员发生变化
   E. 涉税服务机构解体

   解析 有下列情形之一的，委托方在代理期限内可单方终止代理行为：
   （1）涉税服务人员未按涉税专业服务协议的约定提供服务。
   （2）涉税专业服务机构被注销资格。
   （3）涉税专业服务机构破产、解体或被解散。

   答案 ACE

2. （2019年多选题，改）税务师在税务师事务所执业时，不得有下列行为（　　）。

   A. 对于涉税鉴证服务，可以出具否定意见的鉴证业务报告
   B. 涉税专业服务的法律关系确立可以口头形式
   C. 分别在不同省份的两家以上税务师事务所从事执业活动
   D. 在执业中发现不能胜任，单方面终止协议
   E. 委托协议未约定出具书面业务报告的，应当采取口头或其他约定的形式交换意见，提供检查过程记录及证据，并做相应记录

   解析 选项B，涉税专业服务的法律关系确立必须书面（或其他法律认可的电子形式）协议，不得以口头或其他形式；选项C，税务师、注册会计师、律师不能同时在两家以上税务师事务所担任合伙

人、股东或者从业；选项D，不能单方面终止协议，但应提前通知对方，并由双方协商解决。

   答案 BCD

3. （2018年单选题）税务师张某因入股甲税务师事务所而离开原执业的乙税务师事务所。张某在乙税务师事务所服务未到期的受托顾问服务应（　　）。

   A. 乙税务师事务所单方面终止张某顾问服务
   B. 委托人单方面终止
   C. 办理涉税专业服务变更，由乙税务师事务所另行指派其他税务师继续担任税务顾问
   D. 办理涉税专业服务变更，由甲税务师事务所指派张某继续担任税务顾问

   解析 由于税务师发生变化，属于涉税专业服务关系变更的情形。应当由乙税务师事务所另行指派其他税务师继续担任税务顾问。

   答案 C

精选例题

【例题23·单选题】下列涉税专业服务情形中，委托方不能单方终止代理行为的是（　　）。

A. 涉税服务人员延时提供服务
B. 涉税专业服务机构解散
C. 涉税专业服务机构因经营不善破产
D. 涉税服务人员未按涉税专业服务协议的约定提供服务

解析 有下列情形之一的，委托方在代理期限内可单方终止代理行为：
（1）涉税服务人员未按涉税专业服务协议的约定提供服务；
（2）涉税专业服务机构被注销资格；
（3）涉税专业服务机构破产、解体或被解散。

答案 A

（2）《涉税专业服务监管办法（试行）》规定的违规行为和处理办法，见表2-26。

表2-26 违规行为和处理办法

违规行为	处理办法
①使用税务师事务所名称未办理行政登记的; ②未按照办税实名制要求提供涉税专业服务机构和从事涉税服务人员实名信息的; ③未按照业务信息采集要求报送从事涉税专业服务有关情况的; ④报送信息与实际不符的; ⑤拒不配合税务机关检查、调查的; ⑥其他违反税务机关监管规定的行为	由税务机关责令限期改正或予以约谈;逾期不改正的,由税务机关降低信用等级或纳入信用记录,暂停受理所代理的涉税业务(暂停时间**不超过六个月**);情节严重的,由税务机关纳入涉税服务失信名录,予以公告并向社会信用平台推送,其所代理的涉税业务,税务机关不予受理。 **税务师事务所有上述第①项情形且逾期不改正的,省税务机关应当提请市场监管部门吊销其营业执照**
①违反税收法律、行政法规,造成委托人未缴或者少缴税款,按照《中华人民共和国税收征收管理法》及其实施细则相关规定被处罚的; ②未按涉税专业服务相关业务规范执业,出具虚假意见的; ③采取隐瞒、欺诈、贿赂、串通、回扣等不正当竞争手段承揽业务,损害委托人或他人利益的; ④利用服务之便,谋取不正当利益的; ⑤以税务机关和税务人员的名义敲诈纳税人、扣缴义务人的; ⑥向税务机关工作人员行贿或者指使、诱导委托人行贿的; ⑦其他违反税收法律法规的行为	由税务机关列为重点监管对象,降低信用等级或纳入信用记录,暂停受理所代理的涉税业务(暂停时间**不超过六个月**);情节较重的,由税务机关纳入涉税服务失信名录,予以公告并向社会信用平台推送,其所代理的涉税业务,税务机关不予受理;情节严重的,其中,税务师事务所由省税务机关宣布《税务师事务所行政登记证书》无效,提请市场监管部门吊销其营业执照,提请全国税务师行业协会取消税务师职业资格证书登记、收回其职业资格证书并向社会公告,其他涉税服务机构及其从事涉税服务人员由税务机关提请其他行业主管部门及行业协会予以相应处理

📝 真题精练（客观题）

（2018年多选题）税务师事务所及其税务师服务人员有下列情形且情节严重的可由省税务机关提请市场监管部门吊销其营业执照的有（ ）。

A. 拒不配合税务机关检查
B. 未按照办税实名制要求提供从事涉税服务人员的实名信息
C. 未按照涉税专业服务相关业务规范执行出具虚假意见
D. 指使委托人向税务机关工作人员行贿
E. 违反税法规定造成委托人偷税,按规定被处罚

解析 ▶ 本题考核受托方的法律责任。

答案 ▶ CDE

同步训练 限时55分钟

扫我做试题

一、单项选择题

1. 下列关于"五证合一、一照一码"登记制度的说法中,错误的是( )。

    A. "五证合一"登记制度改革取代了税务登记制度

    B. 新设立企业领取由市场监督部门核发加载法人和其他组织统一社会信用代码的营业执照后,无需再次进行税务登记,不再领取税务登记证

    C. 企业办理涉税事宜时,在完成补充信息

采集后,凭加载统一代码的营业执照可代替税务登记证使用

D. 暂未取得加载统一社会信用代码营业执照的个体户,其营业执照和税务登记证继续有效

2. 从事生产、经营的纳税人应当自首次办理涉税事宜之日起( ),将其财务、会计制度或者财务、会计处理办法等信息报送税务机关备案。

   A. 10日内　　　　B. 15日内
   C. 20日内　　　　D. 30日内

3. 向市场监管部门申请简易注销的纳税人,符合下列情形之一的,可免予到税务机关办理清税证明的是( )。

   A. 因住所、经营地点变动,涉及改变税务登记机关的
   B. 被市场监督管理机关吊销营业执照或者被其他机关予以撤销登记的
   C. 办理过涉税事宜但未领用发票、无欠税(滞纳金)及罚款的
   D. 外国企业常驻代表机构驻在期届满、提前终止业务活动的

4. 下列关于账簿设置的表述,错误的是( )。

   A. 从事生产经营的纳税人应自其领取营业执照之日起15日内按规定设置账簿
   B. 纳税人使用计算机记账的,应当自首次办理涉税事宜之日起15日内将会计电算化系统的会计核算软件、使用说明书及有关资料报送主管税务机关备案
   C. 除法律、行政法规另有规定外,账簿、会计凭证、报表、完税凭证及其他有关资料应当保存10年
   D. 扣缴义务人应当自税收法律、行政法规规定的扣缴义务发生之日起15日内,按照所代扣、代收的税种,分别设置代扣代缴、代收代缴税款账簿

5. 下列纳税人,可以实行简易申报方式的是( )。

   A. 当期未发生纳税义务的纳税人
   B. 当期开始享受免税待遇的纳税人
   C. 实行定期定额方式缴纳税款的纳税人
   D. 不能按期缴税且有特殊困难的纳税人

6. 关于纳税评估,下列表述错误的是( )。

   A. 计算和填写错误等一般性问题经程序认定事实清楚不具有违法嫌疑的,也应当立案查处
   B. 对重点税源户,要保证每年至少重点评估分析一次
   C. 对汇总合并缴纳企业所得税企业的纳税评估,由其总机构汇总合并纳税企业申报所在地税务机关实施
   D. 综合审核对比分析中发现有问题或疑点的纳税人要作为重点评估分析对象;重点税源户、特殊行业的重点企业要列为纳税评估的重点分析对象

7. 下列关于税款征收采取强制执行措施的说法,错误的是( )。

   A. 如果纳税人未按规定期限缴纳税款,税务机关就可以采取强制执行措施
   B. 税务机关采取强制执行措施时,对纳税人、扣缴义务人、纳税担保人未缴纳的滞纳金同时强制执行
   C. 个人及其扶养家属维持生活必需的住房和用品不在强制执行的范围内
   D. 税务机关采取强制执行措施可扣押、查封、依法拍卖或者变卖价值相当于应纳税款的商品、货物或者其他财产,以拍卖、变卖所得抵缴税款

8. 关于税款追征与退还的说法,正确的是( )。

   A. 纳税人多缴的税款,税务机关发现后应自发现之日起10日内办理退还手续
   B. 纳税人多缴的税款,自结算税款之日起5年内发现的,可以向税务机关要求退还
   C. 纳税人多缴的税款退回时,应加算银行同期贷款利息
   D. 由于税务机关适用法规错误导致纳税人少缴税款,税务机关可以在3年内补征税款和加收滞纳金

9. 按照《税收征收管理法》的有关规定，欠缴税款数额较大的纳税人在处分其不动产或大额资产前，应当向税务机关报告。其中欠缴税款数额较大是指欠缴税款在( )万元以上。

   A. 3　　　　　　　B. 5
   C. 10　　　　　　 D. 15

10. 下列不属于税务检查的是( )。

    A. 检查纳税人的账簿、记账凭证、报表和有关资料
    B. 检查纳税人货物、商品、机器设备
    C. 责令纳税人、扣除义务人提供与纳税或代扣代缴有关的文件
    D. 要求纳税人使用不与税收法规相冲突的会计核算方法

11. 对纳税人的应税商品、产品，通过查验数量，按市场一般销售单价计算销售收入，并据以计算应纳税款的是( )的税款征收方式。

    A. 定期定额征收　　B. 查验征收
    C. 核定征收　　　　D. 查账征收

12. 某企业 2020 年 10 月应纳增值税税款 20 万元，于 10 月 25 日申请延期缴纳，税务机关在 11 月 3 日收到该申请报告，11 月 20 日税务机关作出不予批准的决定，则该企业应在 11 月 20 日向税务机关缴纳( )。

    A. 20 万元税款
    B. 20 万元税款和 0.10 万元滞纳金
    C. 20 万元税款和 0.05 万元滞纳金
    D. 20 万元税款和 0.11 万元滞纳金

13. 关于延期纳税的说法正确的是( )。

    A. 经县以上税务局(分局)局长批准，可以延期纳税
    B. 延期纳税最长不得超过 60 日
    C. 特殊困难包括当期货币资金扣除应付账款，应付工资和社会保险费后，不足以缴纳税款的
    D. 经税务机关批准延期纳税的，在批准的期限内不予加收滞纳金

14. 扣缴义务人未按规定设置、保管代扣代缴、代收代缴税款账簿或者记账凭证及有关资料的，其法律责任的表述正确的是( )。

    A. 处以 5 000 元以下的罚款
    B. 情节严重的，处以 2 000 元以上 5 000 元以下的罚款
    C. 情节严重的，处以 2 000 元以上 10 000 元以下的罚款
    D. 处以代扣代缴、代收代缴税款 1 倍以上 3 倍以下的罚款

15. 关于涉税专业服务的法律关系确立，下列表述错误的是( )。

    A. 受托涉税专业服务机构及其涉税服务人员必须接受税务机关实名制管理
    B. 双方达成了代理事项的口头协议
    C. 委托代理项目符合规定的代理范围
    D. 签订涉税专业服务协议书

16. 下列情形中，属于委托方在代理期限内可以单方终止代理行为的是( )。

    A. 涉税服务人员发生变化
    B. 涉税服务人员未按照协议要求提供服务
    C. 客观原因导致委托代理内容发生变化
    D. 税务师事务所代表人变更

17. 关于涉税专业服务关系终止的说法，错误的是( )。

    A. 涉税服务人员没有按照涉税专业服务协议提供服务，委托方欲终止代理行为，应与受托方协商并经过受托方同意后终止
    B. 在代理期限内委托方被法院宣告破产，涉税专业服务机构可以单方终止代理行为
    C. 在代理期限内委托人提供虚假资料造成代理判断错误，涉税专业服务机构可单方终止代理行为
    D. 委托关系存续期间，一方如遇特殊情况需要终止代理行为的，提出终止的一方应及时通知另一方，并向当地主管税

务机关报告,终止的具体事项由双方协商解决

二、多项选择题

1. 关于"五证合一""多证合一"税务登记改革的说法,正确的有( )。
   A. "五证合一"登记制度改革取消了原有税务登记制度
   B. 营业执照在税务机关完成信息补录后具备税务登记证的法律地位和作用
   C. 实行"五证合一"登记制度的企业,领取营业执照后无需再次进行税务登记,不再领取税务登记证并非将税务登记取消,税务登记的法律地位依然存在
   D. 司法机关属于"五证合一、一照一码"的办理范围
   E. "多证合一"改革之外的其他组织,应当依法向税务机关办理税务登记,领取税务登记证件

2. 税务机关自受理之日起20个工作日办结税务注销。若在核查检查过程中发生以下( )情形的,办理时限中止,待相关事项办理完毕后方可继续办理注销事宜,办理时限继续计算。
   A. 发生涉嫌偷逃骗抗税等重大事项的
   B. 需要进行特别纳税调整的
   C. 有欠税、滞纳金及罚款的
   D. 欠缴税款未完结的
   E. 发生涉嫌虚开发票等重大事项的

3. 下列关于纳税申报的说法中,正确的有( )。
   A. 实行定期定额方式缴纳税款的纳税人,可以不进行纳税申报,直接按照核定的税款缴纳
   B. 扣缴义务人在规定的期限内报送代扣代缴、代收代缴税款报告表确有困难的,可以在规定的时间内向税务机关提出书面延期申请,但是纳税人不得申请延期纳税申报
   C. 扣缴义务人办理了延期纳税申报的,应当在申报期限内先预缴税款

   D. 纳税人享受定期减税、免税待遇的,在减税、免税期限内应当按照规定办理纳税申报
   E. 纳税人当期没有销售货物、提供劳务,没有取得应税所得的,应当在规定的时间进行纳税申报

4. 下列情形中,属于税务机关可以核定纳税人其应纳税额的情形有( )。
   A. 甲一般纳税人企业2021年1月1日成立,2021年3月自行将账簿销毁重新设立账簿
   B. 乙小规模纳税人企业由于经营金额较小,没有设立账簿
   C. 丙个体户由于经营规模较小,自己无法设置账簿,由税务机关指定的财务人员代为设置账簿
   D. 丁企业账簿设置较乱,成本资料、收入凭证、费用凭证残缺不全,税务机关无法查账
   E. 戊企业2021年2月1日成立,到2021年5月尚未进行过纳税申报,经税务机关责令限期申报,仍然置之不理

5. 下列有关对于税款征收采取税收保全措施的说法,正确的有( )。
   A. 税务机关责令纳税人提供纳税担保而纳税人拒绝提供纳税担保或无力提供纳税担保的,经县以上税务局(分局)局长批准,税务机关可以采取税收保全措施
   B. 税务机关既可以对纳税人采取税收保全措施,也可以对扣缴义务人、纳税担保人采取税收保全措施
   C. 纳税人唯一住房(非豪华住宅)不在税收保全措施的物品范围内
   D. 税务机关采取税收保全措施可书面通知纳税人开户银行从其存款中扣缴税款
   E. 税收保全措施应该由税务机关做出

6. 税务机关依法采取税收强制执行措施的前提有( )。
   A. 从事生产、经营的纳税人未按照规定的期限缴纳或者解缴税款,由税务机关责

令限期缴纳,逾期仍未缴纳

B. 扣缴义务人未按照规定的期限缴纳或者解缴税款,由税务机关责令限期缴纳,已经在限期内缴纳

C. 纳税担保人未按照规定的期限缴纳所担保的税款,由税务机关责令限期缴纳,逾期仍未缴纳

D. 经县级以上税务局局长批准

E. 经省级以上税务局局长批准

7. 以下关于纳税评估的说法正确的有( )。

A. 纳税评估的对象为税务机关负责管理的所有纳税人及其应纳所有税种

B. 在税收风险应对中,纳税评估一般应用于初等税收风险应对,是最主要的税收风险应对方式

C. 因评估工作需要,必须约谈企业其他相关人员的,应经批准后通过企业财务部门进行安排

D. 发现纳税人有偷税嫌疑的,要移送税务稽查部门处理

E. 对税务约谈中发现的必须到生产经营现场了解情况、审核账目凭证的,可以当即进行实地调查证实

8. 根据规定,税务机关可以在一定范围内进行税务检查,下列符合规定的有( )。

A. 经市以上税务局(分局)局长批准,可以查询案件涉嫌人员的存款账户

B. 到纳税人的生活、经营场所和货物存放地检查纳税人应纳税的商品、货物或者其他财产的有关单据、凭证和有关资料

C. 询问纳税人、扣缴义务人与纳税或者代扣代缴、代收代缴税款有关的问题和情况

D. 检查纳税人的账簿、记账凭证、报表和有关资料

E. 责成纳税人、扣缴义务人提供与纳税或者代扣代缴、代收代缴税款有关的文件、证明材料和有关资料

9. 下列关于税款受偿顺序的说法中,正确的有( )。

A. 除法律另有规定之外,税收优先于无担保债权

B. 税款优先于发生在其之后的以其财产设定抵押的债权

C. 税款优先于发生在其之前的以其财产设定质押的债权

D. 税款优先于发生在其之后的财产被留置的债权

E. 税款优先于发生在其之前的罚款

10. 依据《税收征收管理法》的规定,纳税人应享有的权利包括( )。

A. 税收监督

B. 依法享受税收优惠

C. 索取有关税收凭证

D. 申请延期缴纳税款

E. 按时缴纳税款

11. 下列关于纳税人、扣缴义务人法律责任的说法,符合税法规定的有( )。

A. 伪造税务登记证件的,处 2 000 元以上 5 000 元以下的罚款

B. 逃避缴纳税款数额较大并占应纳税额 10% 以上的,处 5 年以下有期徒刑

C. 发生抗税行为未构成犯罪的,处拒缴税款 1 倍以上 5 倍以下的罚款

D. 伪造完税凭证,情节严重的,处 1 万元以上 5 万元以下的罚款

E. 纳税人向税务人员行贿,处以罚金,不追究刑事责任

12. 纳税人下列行为属于采取欺骗隐瞒手段进行虚假纳税申报的有( )。

A. 甲企业采用两套账簿进行核算,将开具发票的收入凭证账簿应付税务机关的检查,没有开具发票的收入进行内部核算

B. 乙企业在发放职工工资的时候,对超过计税工资部分的工资,让职工以发票报销的方式领取

C. 丙企业财务人员由于家中有事,所以在规定的纳税申报期限未进行纳税申报,在税务机关通知申报后,马上进行了申报

D. 丁企业采用向税务机关人员行贿的方

式，让其在当年度的所得税纳税审查中认可企业上报的应纳税所得额

E. 戊企业采用虚报出口的方式，达到多退税的目的

13. 下列选项中可以引起涉税专业服务关系变更的有( )。

A. 原委托代理项目有了新发展，代理内容超越了原约定范围

B. 由于客观原因，委托代理内容发生变化的

C. 涉税服务人员发生变化的

D. 由于客观原因，需要延长完成协议时间的

E. 由于涉税服务人员刻意安排，需要延长完成协议时间的

14. 下列各项中，涉税专业服务机构在代理期限内可单方面终止代理行为的有( )。

A. 委托人要求降低税务代理费用，涉税专业服务机构认为无法承受的

B. 委托人提供虚假的生产、经营情况和财务会计报表，造成代理错误的

C. 委托人投资方发生重大变化，税务师事务所认为税务代理关系无法继续的

D. 委托人授意涉税服务人员实施违反国家法律、行政法规的行为，经劝告仍不停止其违法活动的

E. 委托方解体

15. 涉税专业服务机构及其涉税服务人员有( )的，由税务机关责令限期改正或予以约谈；逾期不改正的，由税务机关降低信用等级或纳入信用记录，暂停受理所代理的涉税业务(暂停时间不超过6个月)；情节严重的，由税务机关纳入涉税服务失信名录，予以公告并向社会信用平台推送，其所代理的涉税业务，税务机关不予受理。

A. 使用税务师事务所名称未办理行政登记的

B. 未按照办税实名制要求提供税务师事务所和从事涉税服务人员实名信息的

C. 未按照业务信息采集要求报送从事涉税专业服务有关情况的

D. 利用服务之便，谋取不正当利益的

E. 向税务机关工作人员行贿或者指使、诱导委托人行贿的

三、简答题

1. 某电子生产企业系增值税一般纳税人，各纳税期按规定申报缴纳增值税，无留抵税额。2021年4月税务局稽查分局对其2019年1月~2021年3月增值税纳税情况进行检查，发现该企业2019年3月份有一笔销售电子产品业务，开具专票注明：价款500万元，税款80万元，于当月收到购货方出具的商业承兑汇票。该电子生产企业以购货方占用其流动资金为由经协商另收20万元作为补偿，款项已于当月收到，公司新入职的财务人员将其作为利息收入，并按"贷款服务"计提申报缴纳增值税。

税务检查人员认定该项补偿款应按销售货物的价外费用缴纳增值税，经稽查相应程序，税务稽查分局于2021年4月28日制作《税务处理决定书》和《税务行政处罚决定书》，并于当日派员同时送达该电子生产企业，要求其按照16%的税率补缴增值税16 265.45元，按滞纳时间每日收取0.5‰滞纳金，并处以少缴税款50%的罚款。

要求：

(1)判断稽查分局及相关人员作出的各项处理是否正确？简要说明理由。

(2)2019年4月1日增值税税率调整，请问该企业一旦需要补税，应该按照16%还是按照13%的税率补税？简要说明理由。

(3)该企业可以采取哪些有效措施减少经济损失？简要说明理由。

2. 个体户甲在某集贸市场从事服装经营。2021年1月，甲以生意清淡经营亏损为由，没有在规定的期限办理纳税申报，所在地税务所责令其限期申报，但甲逾期仍不申报。随后，税务所核定其应缴纳税款

1 000元,出具《应纳税额核定书》,限期于15日内缴清税款。甲对核定的税款提出异议,在限期内未缴纳税款。15日期满后,税务所到期后直接扣押了其价值1 500元的一批服装。扣押后甲仍未缴纳税款,税务所遂将服装以1 000元的价格委托某商店销售,用以抵缴税款。

问题:

(1)如果甲经营亏损的情况属实,其是否需要办理纳税申报。如果需要办理而未办理,税务机关就此行为可以如何处理?

(2)甲对核定的税款提出异议,未在规定的期限内缴纳税款,税务机关接下来的处理有何不妥?

(3)甲如果对核定的应纳税款有异议,应如何应对?

同步训练答案及解析

一、单项选择题

1. A 【解析】"五证合一"并非取消税务登记,而是政府简政放权将此环节改为由市场监督部门一口受理,核发一个加载法人和其他组织统一社会信用代码营业执照,这个营业执照在税务机关完成信息补录后具备税务登记证的法律地位和作用。

2. B 【解析】从事生产、经营的纳税人应当自首次办理涉税事宜之日起15日内,将其财务、会计制度或者财务、会计处理办法等信息报送税务机关备案。

3. C 【解析】向市场监管部门申请简易注销的纳税人,符合下列情形之一的,可免予到税务机关办理清税证明:①未办理过涉税事宜的;②办理过涉税事宜但未领用发票、无欠税(滞纳金)及罚款的。

4. D 【解析】扣缴义务人应当自税收法律、行政法规规定的扣缴义务发生之日起10日内,按照所代扣、代收的税种,分别设置代扣代缴、代收代缴税款账簿。

5. C 【解析】实行定期定额方式缴纳税款的纳税人,可以实行简易申报、简并征期等申报纳税方式。

6. A 【解析】计算和填写错误等一般性问题,经约谈、举证、调查核实等程序认定事实清楚不具有违法嫌疑,无须立案查处。

7. A 【解析】选项A,从事生产、经营的纳税人、扣缴义务人未按照规定的期限缴纳或者解缴税款,纳税担保人未按照规定的期限缴纳所担保的税款,由税务机关责令限期缴纳,逾期仍未缴纳的,经县以上税务局(分局)局长批准,税务机关可以采取强制执行措施。

8. A 【解析】选项B,纳税人多缴的税款,税务机关发现后应自发现之日起10日内办理退还手续,纳税人自结算税款之日起3年内发现的,可以向税务机关要求退还多缴的税款并加算银行同期存款利息;选项C,纳税人多缴的税款,税务机关发现的,税款退回时,不加算银行同期贷款利息;选项D,因税务机关的责任,致使纳税人、扣缴义务人未缴或少缴税款的,税务机关在3年内可以要求纳税人、扣缴义务人补缴税款,但是不得加收滞纳金。

9. B 【解析】《中华人民共和国税收征收管理法》第49条规定,欠缴税款数额较大的纳税人在处分其不动产或者大额资产之前,应当向税务机关报告。《中华人民共和国税收征收管理法实施细则》第77条,税收征收管理法第49条所称欠缴税款数额较大,是指欠缴税款5万元以上。

10. D 【解析】选项D,不属于税务检查的范围。

11. B 【解析】对纳税人的应税商品、产品,通过查验数量,按市场一般销售单价计算销售收入,并据以计算应纳税款的是查验征收的税款征收方式。

12. C 【解析】税务机关应当自收到申请延期缴纳税款报告之日起20日内作出批准或者不予批准的决定；不予批准的，从缴纳税款期限届满之日起加收滞纳金。滞纳天数从11月16日开始计算，截止至11月20日，滞纳天数是5天，滞纳金 = 20×0.5‰×5 = 0.05(万元)。

13. D 【解析】选项A，延期纳税要经省、自治区、直辖市税务局批准；选项B，延期纳税最长不得超过3个月；选项C，特殊困难包括当期货币资金扣除应付工资、社会保险费后，不足以缴纳税款的。

14. B 【解析】扣缴义务人未按规定设置、保管代扣代缴、代收代缴税款账簿或者记账凭证及有关资料的，由税务机关责令改正；可处以2 000元以下的罚款；情节严重的，处以2 000元以上5 000元以下的罚款。

15. B 【解析】涉税专业服务的法律关系确立必须书面(或其他法律认可的电子形式)协议，不得以口头或其他形式。

16. B 【解析】有下列情形之一的，委托方在代理期限内可单方终止代理行为：(1)涉税服务人员未按涉税专业服务协议的约定提供服务；(2)涉税专业服务机构被注销资格；(3)涉税专业服务机构破产、解体或被解散。

17. A 【解析】涉税服务人员未按涉税专业服务协议提供服务的，委托方可单方终止代理行为，所以选项A错误。

二、多项选择题

1. BCE 【解析】选项A，"五证合一"登记制度并非将税务登记取消，税务登记的法律地位依然存在；选项D，其他机关(编办、民政、司法等)批准设立的主体暂不纳入"五证合一、一照一码"办理范围。

2. ABE 【解析】税务机关自受理之日起20个工作日办结税务注销。若在核查检查过程中发生以下情形的，办理时限中止，待相关事项办理完毕后方可继续办理注销事宜，办理时限继续计算：(1)发生涉嫌偷逃骗抗税或虚开发票等重大事项的；(2)需要进行特别纳税调整等情形的。

3. CDE 【解析】实行定期定额方式缴纳税款的纳税人，可以简易申报，但仍需要进行纳税申报，因此选项A错误。无论纳税人、还是扣缴义务人按照规定的期限办理纳税申报或者报送代扣代缴、代收代缴税款报告表确有困难，均可以申请延期，因此选项B错误。

4. ABDE 【解析】纳税人有下列情形之一的，税务机关有权核定其应纳税额：
(1)依照法律、行政法规的规定可以不设置账簿的；
(2)依照法律、行政法规的规定应当设置但未设置账簿的；
(3)擅自销毁账簿的或者拒不提供纳税资料的；
(4)虽设置账簿，但账目混乱或者成本资料、收入凭证、费用凭证残缺不全，难以查账的；
(5)发生纳税义务，未按照规定的期限办理纳税申报，经税务机关责令限期申报，逾期仍不申报的；
(6)纳税人申报的计税依据明显偏低，又无正当理由的。

5. ACE 【解析】选项B，税务机关不可以对扣缴义务人、纳税担保人采取税收保全措施。选项D，书面通知纳税人开户银行从其存款中扣缴税款是强制执行措施。

6. ACD 【解析】税收强制执行措施是指税务机关对未按照规定的期限缴纳或者解缴税款的纳税人、扣缴义务人以及纳税担保人所采取的强制扣划其存款或拍卖、变卖其财产以抵缴税款的措施。一般条件：对于从事生产、经营的纳税人、扣缴义务人未按照规定的期限缴纳或者解缴税款，纳税担保人未按照规定的期限缴纳所担保的税款，由税务机关责令限期缴纳，逾期未缴纳的，经县级以上税务局局长批准,税务机关可以采取强制执行措施。

7. ACD 【解析】选项 B,在税收风险应对中,纳税评估一般应用于中等税收风险应对,是最主要的税收风险应对方式;选项 E,对税务约谈中发现的必须到生产经营现场了解情况、审核账目凭证的,应经税务机关批准后,进行实地调查证实。

8. CDE 【解析】选项 A,经县以上税务局(分局)局长批准,凭全国统一格式的检查存款账户许可证明,可以查询从事生产、经营的纳税人、扣缴义务人在银行或者其他金融机构的存款账户;选项 B,到纳税人的生产、经营场所和货物存放地检查纳税人应纳税的商品、货物或者其他财产,但不能到纳税人的生活场所检查。

9. ABDE 【解析】选项 C,以其财产设定质押的债权发生在税款之前的,有质押财产的债权优先受偿。

10. ABCD 【解析】选项 E,属于纳税人的义务,而非权利。

11. CD 【解析】选项 A,伪造税务登记证件的,处 2 000 元以上 1 万元以下的罚款;情节严重的,处 1 万元以上 5 万元以下的罚款;选项 B,逃避缴纳税款数额较大并占应纳税额 10% 以上的,处 3 年以下有期徒刑或拘役,并处罚金;选项 E,纳税人向税务人员行贿,不缴或者少缴应纳税款的,依照行贿罪追究刑事责任,并处不缴或者少缴税款 5 倍以下的罚金。

12. AB 【解析】选项 C 已按规定申报,不属于偷税;选项 D 属于行贿行为;选项 E 属于骗税。

13. ABCD 【解析】由于客观原因,需要延长完成协议时间,可以引起涉税专业服务关系变更。税务师刻意安排不是客观原因,所以选项 E 不应该选。

14. BDE 【解析】有下列情形之一的,涉税专业服务机构在服务期限内可单方终止代理行为:(1)委托人死亡或解体、破产;(2)委托人自行实施或授意涉税服务人员实施违反国家法律、法规行为,经劝告仍不停止其违法活动的;(3)委托人提供虚假的生产经营情况和财务会计资料,造成涉税服务错误的。

15. ABC 【解析】涉税专业服务机构及其涉税服务人员有下列情形之一的,由税务机关责令限期改正或予以约谈;逾期不改正的,由税务机关降低信用等级或纳入信用记录,暂停受理所代理的涉税业务(暂停时间不超过 6 个月);情节严重的,由税务机关纳入涉税服务失信名录,予以公告并向社会信用平台推送,其所代理的涉税业务,税务机关不予受理:①使用税务师事务所名称未办理行政登记的;②未按照办税实名制要求提供税务师事务所和从事涉税服务人员实名信息的;③未按照业务信息采集要求报送从事涉税专业服务有关情况的;④报送信息与实际不符的;⑤拒不配合税务机关检查、调查的;⑥其他违反税务机关监管规定的行为。

三、简答题

1.【答案】

(1)①税务检查人员认定该项补偿款应该按照 16% 缴纳增值税是正确的。

增值税的计税依据是销售额。《增值税暂行条例》规定:销售额为纳税人销售货物或者提供应税劳务向购买方收取的全部价款和价外费用。《增值税暂行条例实施细则》规定:价外费用是指价外向购买方收取的手续费、补贴、基金、集资费、返还利润、奖励费、违约金(延期付款利息)、包装费、包装物租金、储备费、优质费、运输装卸费、代收款项、代垫款项及其他各种性质的价外收费。本题目中,该电子生产企业以购货方占用其流动资金为由经协商另收 20 万元作为补偿,实质上是《增值税暂行条例实施细则》中规定的延期付款利息,所以,应当作为价外费用按照销售货物计征增值税,而不是按照贷款服务计征增值税。应当补缴增值税 = 200 000÷(1+16%)×16% − 200 000÷(1+6%)×6% = 16 265.45(元)。

②税务机关要求其补缴增值税 16 265.45 元,按滞纳时间每日收取 0.5‰ 滞纳金是正确的,但并处以少缴税款 50% 的罚款不符合法律规定。

征管法规定,因纳税人、扣缴义务人计算错误等失误,未缴或者少缴税款的,税务机关在 3 年内可以追征税款、滞纳金;有特殊情况的,追征期可以延长到 5 年。但征管法中对于非主观故意造成未交少交税款并没有罚款的规定,所以税务机关不能对其处以罚款。

(2)该企业需要按照 16% 的增值税税率计算补税。因为虽然该企业是在 2019 年 4 月 1 日后被税务机关检查,但是该企业的销售行为发生在 2019 年 3 月 31 日之前,适用的税率是 16%,而非 13%。按照"实体从旧、程序从新"的原则,补税时适用行为发生时的税率 16%,而非税务机关检查时的税率 13%。

(3)该企业应当及时补缴税款及滞纳金,以减少经济损失。征管法规定,纳税人未按照规定期限缴纳税款的,扣缴义务人未按照规定期限解缴税款的,税务机关除责令限期缴纳外,从滞纳税款之日起,按日加收滞纳税款 0.5‰ 的滞纳金。因为滞纳金是按日加收的,所以,尽快补缴税款可以少缴滞纳金,减少经济损失。

2.【答案】

(1)甲应该按期办理纳税申报,不得以生意清淡经营亏损为由拒绝办理纳税申报。对于甲未按期办理纳税申报,税务机关应责令其限期申报,并可以处以 2 000 元以下罚款;情节严重的,可以处 2 000 元以上 1 万元以下的罚款。对于甲在限期申报期逾期仍不申报,税务机关有权核定应纳税款并责令其限期缴纳。

(2)①经县以上税务局(分局)局长批准,才可以采取强制执行措施。税务所未经批准就采取强制执行措施,做法不妥。②纳税人对税务机关作出的具体行政行为有要求听证的权利,有申诉、抗辩权,税务所未听其申诉,做法不妥。③税务机关采取强制执行措施时,应扣押、查封、依法拍卖或变卖其价值相当于应纳税款的商品、货物或其他财产,税务所核定甲某的应纳税款为 1 000 元,而扣押了甲某价值 1 500 元的一批服装,扣押货物的价值超过了应纳税款的价值,该做法不妥。④所扣押的商品未依法拍卖或变卖,而自行委托商店销售,做法不妥。

(3)甲可以在缴纳税款或者提供相应担保的前提下申请行政复议,在缴清税款或者所提供的担保得到作出具体行政行为的税务机关确认之日起 60 日内提出税务行政复议。

第3章 涉税专业服务程序与方法*

考情解密

历年考情概况

本章是2014年教材修订时新增章节,在2020年和2021年均经历了大幅的修订。历年考试本章所占比重不高,是非重点章节,大多以单选题、多选题的形式在考题中出现,预计分值在1~2分。

近年考点直击**

考点	主要考查题型	考频指数	考查角度
涉税专业服务的基本程序	单选题、多选题	★	考查业务承接、计划制定、实施程序、业务记录、业务成果中的具体规定
纳税审核的基本方法	单选题、多选题	★	考查纳税审核基本方法的分类标准和结果

本章2021年考试主要变化

本章变化较大,部分内容重新编写。

考点详解及精选例题

一、涉税专业服务基本程序

扫我解疑难

(一)基本流程***

涉税专业服务通用业务流程包括:业务承接、业务委派、业务计划、业务实施、业务记录、业务成果、业务档案。对于简单的涉税专业服务,可以适当简化流程。

(二)信任保护原则★★★

税务师事务所及其涉税服务人员提供涉税专业服务服务,实行信任保护原则。存在下列情形之一的,税务师事务所及其涉税服务人员有权终止业务:

(1)委托人违反法律、法规及相关规定的;

(2)委托人提供不真实、不完整资料信息的;

(3)委托人不按照业务结果进行申报的;

(4)其他因委托人原因限制业务实施的情形。

如已完成部分约定业务,应当按照协议约定收取费用,并就已完成事项进行免责性声明,由委托人承担相应责任,税务师事务所及其涉税服务人员不承担该部分责任。

📝 精选例题

【例题1·多选题】根据信任保护原则,税务师事务所及其涉税服务人员终止业务时,下列说法正确的有( )。

---

* 本章第3~6节内容在"第三部分重要知识点精讲"加以介绍。

** 本章内容2020、2021年均重新编写,可供参考的题目较少,因此本表内容为预计,供各位学员参考。

*** 涉税专业服务需要按照该流程办理,后续章节不再介绍相关业务的这一基本流程。

A. 对已完成的部分约定业务，无权收费

B. 对已完成的部分约定业务，应当按照协议约定收取费用

C. 就已完成事项进行免责性声明，由委托人承担相应责任，税务师事务所及其涉税服务人员不承担该部分责任

D. 就已完成事项，税务师事务所及其涉税服务人员承担相应责任

E. 就已完成事项，税务师事务所及其涉税服务人员与委托方共同承担责任

解析 根据信任保护原则，税务师事务所及其涉税服务人员终止业务时，如已完成部分约定业务，应当按照协议约定收取费用，并就已完成事项进行免责性声明，由委托人承担相应责任，税务师事务所及其涉税服务人员不承担该部分责任。

答案 BC

（三）具体程序 ★★

1. 涉税专业服务业务承接程序

（1）在确定是否接受和保持业务委托关系前，项目负责人应当对委托人的情况进行调查和评估，充分评估项目风险；重大项目，应由税务师事务所业务负责人对项目负责人的评估情况进行评价和决策。

（2）业务委托协议应当由评估项目涉税风险的涉税服务人员起草，委托协议的起草人或审定人应成为项目组成员。业务委托协议的名称应当根据涉税专业服务业务的性质和分类确定。

（3）税务师事务所与委托人签订业务委托协议后，应当向税务机关报送《涉税专业服务协议要素信息采集表》，并获取协议信息采集编号。如协议内容发生变更或提前终止的，也应当使用《涉税专业服务协议要素信息采集表》向税务机关报送协议变更内容。

（4）对于执业过程中知悉的委托人及其指向第三人的商业秘密，无论业务委托协议是否成立，均不得泄露或者不正当使用。

（5）任何一方因不可抗力无法履行业务委托协议的，根据不可抗力的影响，部分或者全部免除责任，法律另有规定的除外。任何一方迟延履行后发生不可抗力的，违约责任不能免除。

（6）税务师事务所签订业务委托协议后，应当获取委托人出具的授权委托书以及委托人管理层对其提供的会计资料和纳税资料的真实性、合法性和完整性负责的承诺声明。

（7）业务委派

项目组织结构一般可设为项目负责人、项目经理、项目助理三级。

a. 项目负责人是项目最高负责人，全面负责项目管理工作，对项目质量承担最终责任，并对项目组其他成员的工作进行督导和复核。

b. 项目经理。项目经理由项目负责人选定，是项目具体承办人，主要负责项目组人员安排和指导、底稿复核以及与委托人沟通等工作。

c. 项目助理。项目助理由项目经理选定，是项目具体细节工作的执行人员，接受项目负责人和项目经理对其工作的安排和指导。

项目负责人可以根据涉税专业服务业务需要，请求本机构内部或外部相关领域的专家协助工作。项目负责人应当对专家的工作成果负责。

2. 涉税专业服务业务计划制定

（1）项目组负责人应当制定业务计划，项目组成员应当参与制定业务计划，并执行业务计划。

（2）业务计划分为总体业务计划和具体业务计划。总体业务计划指导具体业务计划的制定，具体业务计划是对总体业务计划的执行与落实。

3. 涉税专业服务业务实施程序

（1）涉税专业服务项目组应当对可能影响业务实施的重要方面予以关注，业务实施过程中需要关注的重要方面，见表3-1。

表 3-1 业务实施过程中需要关注的重要方面

类型	关注的具体内容
事实方面	包括环境事实、业务事实和其他事实
会计方面	包括会计账户、交易事项的确认与计量、财务会计报告等
税收方面	包括会计数据信息采集、计税依据、适用税率、纳税调整、纳税申报表或涉税审批备案表等

（2）业务实施阶段。

税务师事务所及涉税服务人员开展业务实施通常包括五个阶段：资料收集、事项判断、实施办理、风险控制、后续管理。简单业务可适当简化。

（3）业务质量复核程序和内容。

税务师事务所对涉税业务应当履行质量复核程序，根据税务师事务所的规模和业务类型确定复核级别：①一级复核由项目经理实施；②二级复核由项目负责人实施；③三级复核由税务师事务所业务负责人实施。税务师事务所原则上应履行三级复核程序，对于小微企业的涉税业务，也应当执行至少二级的质量复核程序。

（4）业务成果提交。

项目组成员之间、项目负责人与业务质量监控人员之间产生意见分歧，得到解决以后，项目负责人方可提交业务成果。

4. 涉税专业服务业务记录

（1）工作底稿的种类。

工作底稿通常分为管理类工作底稿和业务类工作底稿，具体见表 3-2。

表 3-2 工作底稿的类别

类别	界定
管理类工作底稿	涉税服务人员在执业过程中，承接、计划、控制和管理业务形成的工作过程记录及相关资料。包括：①业务委托协议；②业务计划；③业务执行过程中重大问题发现、沟通和处理记录；④业务复核记录；⑤归档和查阅记录
业务类工作底稿	涉税服务人员在执业过程中，按照业务委托协议的要求，对委托人及其指向第三人进行调查，通过记录、复制、审阅、检查、盘点、询问、函证、观察、重新执行、重新分析等方式方法，收集相关证据，形成涉税专业服务结论或意见的工作过程记录及相关资料。业务类工作底稿可按照业务性质确定具体内容

（2）工作底稿的要素。

应当包括下列要素：①涉税专业服务项目名称；②委托人及其指向第三人名称；③项目所属期间或截止日；④工作底稿名称和索引；⑤服务过程和结果的记录；⑥相关证据；⑦工作底稿编制人签名和编制日期；⑧工作底稿复核人签名和复核日期。

（3）工作底稿的形式。

工作底稿可以采用纸质或者电子的形式，如有视听资料、实物等证据，也可同时采用其他形式。

（4）工作底稿的管理。

涉税服务人员应当于业务完成后 90 日内，将工作底稿与业务成果等一并存档，由其所在的税务师事务所按照国家档案管理要求妥善保管。税务师事务所应当建立工作底稿保密管理制度。工作底稿归档后，涉税服务人员因工作需要查阅工作底稿的，应当履行查阅手续，并对查阅内容予以保密。

5. 涉税专业服务业务成果

涉税专业服务业务成果是指税务师事务所通过业务实施活动形成的实现涉税专业服务业务目标的报告、意见、建议及相关资料。

（1）业务成果的形式。

业务成果具体形式应当包括：①标题，根据涉税专业服务的目标和内容设定；②编号,在业务成果首页注明,按照税务师事务所业务成果编号规则统一编码。全部业务成果均应编号;③收件人,即涉税专业服务的委托人;④引言或前言,涉税服务人员在业务成果中向委托人及其指向第三人就业务成果必要事项做出的重要说明,包括具体事项、双方责任、服务目的和成果适用范围等;⑤业务背景,包括委托人及其指向第三人的基本情况、宏观经济状况、行业政策变动、业务现状描述等;⑥业务实施情况,涉税服务人员在业务实施过程中采用的程序和方法、分析事项、具体步骤和计算过程等;⑦结论,涉税服务人员实施涉税专业服务的最终结果,有明确的意见、建议或结论;⑧特殊事项,包括税收风险提示、其他事项说明等;⑨税务师事务所及其涉税服务人员签章,专业税务顾问、税收策划、涉税鉴证和纳税情况审查四类业务,应当由实施该项业务的税务师、注册会计师或者律师签字;⑩出具日期;⑪业务成果说明及附件。

涉税服务人员可以根据业务性质和业务需求调整或增减书面业务成果的内容。

(2)业务成果结论的修改。

在正式出具业务成果前,涉税服务人员可以在不影响独立判断的前提下,与委托人及其指向第三人就拟出具业务成果的有关内容进行沟通。

对委托人及其指向第三人提出的修改业务成果结论的要求,涉税服务人员应当向其询问修改理由,获取新的有效证据并对新证据与原证据进行综合分析后,再决定保持、调整或者修改结论。

(3)涉税专业服务的档案管理。

a. 业务成果的留存。

税务师事务所出具的业务成果,由本机构和委托人留存备查。其中,税收法律、法规及国家税务总局规定报送的,应当向税务机关报送。

涉税服务人员发现委托人及其指向第三人存在下列情形之一的,应当及时提醒,并形成书面记录:对重要涉税事项的处理与国家税收法律、法规及相关规定相抵触的;对重要涉税事项的处理会导致利害关系人产生重大误解的;对重要涉税事项的处理有其他不实内容的。

b. 业务成果的报送。

税务师事务所应当在履行内部审批复核程序及签章手续后,在书面业务成果上加盖印章并送达委托人。其他形式业务成果由税务师事务所履行内部审批复核程序后,按照双方约定,履行相关手续。须报送税务机关的纳税资料,经委托人授权后,由税务师事务所向税务机关报送。

对于专业税务顾问、税收策划、涉税鉴证、纳税情况审查业务四项业务,税务师事务所应于次年3月31日之前*按照要求向税务机关报送《专项业务报告要素信息采集表》。税务师事务所应当于每年3月31日前,按照要求向税务机关报送《年度涉税专业服务总体情况表》。

二、纳税审核基本方法

按照不同的标准,分为不同的类别,如:针对查账的顺序不同,纳税审查的方法可分为顺查法和逆查法;根据审查的内容、范围不同,纳税审查的方法可分为详查法和抽查法。纳税审核基本方法,见表3-3。

---

* 据国家税务总局2019年43号公告《关于进一步完善涉税专业服务监管制度有关事项的公告》延长专项业务报告信息采集时限,教材仅对第1章进行修改,未对本章进行修改,应试指南中均以教材第1章内容为准。

表 3-3　纳税审核基本方法

审核方法	具体内容
顺查法	原始凭证——账簿——报表
逆查法	报表——账簿——原始凭证
详查法	对审查期内的所有会计凭证、账簿、报表进行全面、系统、详细的审核
抽查法	有选择性抽取一部分进行审查
核对法	账证、账表、账账、账实核对。 【知识点拨】即使双方相符，有时并不说明反映经济活动是正确的
查询法	根据审核的线索或者有关人员的反映，通过问询或调查的方式，取得必要的资料或证实有关问题的方法
比较分析法	将纳税人、扣缴义务人审查期间的账表资料和账面同历史的、计划的、同行业的、同类的相关资料进行对比分析，找出存在问题的一种审查方法
控制计算法	根据账簿之间、生产环节等之间的必然联系，进行测算以证实账面数据是否正确的审查方法
审阅法	通过对被审计单位有关书面资料进行仔细观察和阅读来取得审计证据
复算法	对凭证、账簿和报表以及预算、计划、分析等书面资料重新复核、验算的一种方法
调节法	以一定时点的数据为基础，结合因已经发生的正常业务而应增应减的因素，将其调整为所需要的数据，从而验证被查事项是否正确的方法
盘存法	通过对有关财产物资的清点、计量，来证实账面反映的财物是否确实存在的一种审核技术。盘存法通常分为直接盘存法和监督盘存法
观察法	涉税专业服务人员通过实地观看视察来取得审计证据
鉴定法	涉税专业服务人员对于需要证实的经济活动、书面资料及财产物资超出涉税专业服务人员专业技术时，由涉税专业服务人员另聘有关专家运用相应专门技术和知识加以鉴定证实的方法

精选例题

【例题2·多选题】根据审核的内容、范围不同，纳税审核的方法可以分为(　　)。

A. 核对法　　B. 详查法
C. 比较分析法　　D. 抽查法
E. 查询法

解析▶ 根据审核的内容、范围不同，纳税审核的方法可以分为详查法和抽查法。

答案▶ BD

同步训练　限时7分钟

扫我做试题

一、单项选择题

1. 下列关于涉税专业服务的说法，错误的是(　　)。

   A. 对于执业过程中知悉的委托人及其指向第三人的所有秘密，无论业务委托协议是否成立，均不得泄露或者不正当使用

   B. 任何一方迟延履行后发生不可抗力的，违约责任不能免除

   C. 项目负责人应当对专家的工作成果负责

   D. 项目组成员之间、项目负责人与业务质量监控人员之间产生意见分歧，得到解决以后，项目负责人方可提交业务成果

2. (　　)对项目质量承担最终责任，并对项目组其他成员的工作进行督导和复核。

A. 税务师事务所所长
B. 税务师事务所合伙人
C. 项目负责人
D. 项目经理

3. 税务师事务所对涉税业务应当履行质量复核程序，根据税务师事务所的规模和业务类型确定复核级别，一级复核由( )实施。
A. 税务师事务所所长
B. 税务师事务所合伙人
C. 项目负责人
D. 项目经理

4. 涉税服务人员应当于业务完成后( )内，将工作底稿与业务成果等一并存档，由其所在的税务师事务所按照国家档案管理要求妥善保管。
A. 30日 B. 60日
C. 90日 D. 180日

5. 根据凭证、账簿、报表之间的相互关系，对账证、账表、账账、账实的相互勾稽关系进行核对审查的方法称为( )。
A. 核对法 B. 比较分析法
C. 查询法 D. 控制计算法

二、多项选择题

1. 税务师事务所及其涉税服务人员提供其他税务事项代理服务，实行信任保护原则。存在下列( )的，税务师事务所及其涉税服务人员有权终止业务。
A. 委托人违反法律、法规及相关规定的
B. 委托人提供不真实资料信息的
C. 委托人提供不完整资料信息的
D. 委托人不按照业务结果进行申报的
E. 委托人申请延期缴纳税款的

2. 税务师事务所应当于完成( )的次年3月31日之前，按照要求向税务机关报送《专项业务报告要素信息采集表》。
A. 税务咨询 B. 专业税务顾问
C. 税收策划 D. 代理纳税申报
E. 纳税情况审查

同步训练答案及解析

一、单项选择题

1. A 【解析】选项A，对于执业过程中知悉的委托人及其指向第三人的商业秘密、而非所有秘密，无论业务委托协议是否成立，均不得泄露或者不正当使用。

2. C 【解析】项目负责人是项目最高负责人，全面负责项目管理工作，对项目质量承担最终责任，并对项目组其他成员的工作进行督导和复核。

3. D 【解析】税务师事务所对涉税业务应当履行质量复核程序，根据税务师事务所的规模和业务类型确定复核级别，一级复核由项目经理实施，二级复核由项目负责人实施，三级复核由税务师事务所业务负责人实施。

4. C 【解析】涉税服务人员应当于业务完成后90日内，将工作底稿与业务成果等一并存档，由其所在的税务师事务所按照国家档案管理要求妥善保管。

5. A 【解析】根据凭证、账簿、报表之间的相互关系，对账证、账表、账账、账实的相互勾稽关系进行核对审查的方法称为核对法。

二、多项选择题

1. ABCD 【解析】根据信任保护原则。存在下列情形之一的，税务师事务所及其涉税服务人员有权终止业务：①委托人违反法律、法规及相关规定的；②委托人提供不真实、不完整资料信息的；③委托人不按照业务结果进行申报的；④其他因委托人原因限制业务实施的情形。

2. BCE 【解析】税务师事务所应当于完成专业税务顾问、税收策划、涉税鉴证、纳税情况审查业务的次年3月31日之前，按照要求向税务机关报送《专项业务报告要素信息采集表》。

第4章 涉税会计核算*

考情解密

历年考情概况

本章属于"涉税服务实务"科目重点章节,在历年考题中会以各种题型进行考核。单独命题的单选题、多选题等小题年年有,总体分值不高,更多的是在综合分析题或简答题中涉及涉税会计核算的内容,由于本章往往和具体税种结合出题,因此分值很难准确统计,预计本章分值在10分左右。

近年考点直击

考点	主要考查题型	考频指数	考查角度
"应交税费"科目的核算范围	单选题、多选题	★★	考核哪些税种通过"应交税费"科目核算,哪些税种不通过"应交税费"科目核算;哪些非税收或非本企业缴纳的税收通过"应交税费"科目核算
"税金及附加"科目	单选题、多选题	★★	(1)"税金及附加"科目核算的税种; (2)"税金及附加"科目的性质及出现跨年度错账时需要用"以前年度损益调整"科目调账
所得税费用、递延所得税资产、递延所得税负债	单选题、多选题	★★	(1)"应交税费——应交所得税"科目与"所得税费用"科目的关系; (2)何时形成递延所得税资产,何时形成递延所得税负债
以前年度损益调整	单选题、多选题、简答题、综合分析题	★★★	关键是如何利用"以前年度损益调整"科目调账
营业外收入、其他收益	单选题、多选题	★★	核算企业实际收到即征即退、先征后退、先征后返的增值税和直接减免的增值税
增值税涉税会计核算	单选题、多选题、简答题、综合分析题	★★★	各种情况下增值税的核算,尤其要注意将营改增的内容与增值税会计核算结合起来出题
出口退税	单选题、多选题、简答题、综合分析题	★★	免退税与免抵退税的税务处理与账务处理
耕地占用税、车辆购置税、契税的核算	单选题、多选题	★★	注意这三个税种的税费对应的会计科目
账务调整的基本方法	单选题、多选题	★★	(1)特别注意何时调账、何时纳税调整; (2)考查账务调整的基本方法

* 本章中涉及到具体税种核算的内容我们将在"第三部分重要知识点精讲"中结合各个税种的具体规定加以介绍。

考点	主要考查题型	考频指数	考查角度
错账的类型	单选题、多选题、简答题、综合分析题	★★★	(1)掌握当期错账与以往年度错账调整方法的不同； (2)不能直接按审查出的错误数额调整利润情况的账务调整方法

本章2021年考试主要变化

(1)新增会计与税法的一般性差异；
(2)新增涉税会计核算对象和任务；
(3)新增增值税与会计准则的差异；
(4)新增所得税核算相关内容。

考点详解及精选例题

一、涉税会计核算概述

扫我解疑难

(一)会计与税法一般性差异 ★

1. 会计与税法一般性差异

会计与税法一般性差异，见表4-1。

表4-1 会计与税法一般性差异

差异	会计	税法
目的不同	满足投资者等财务报告使用者决策的需要，向委托人反映企业管理层受托责任履行情况，同时要满足政府及有关部门宏观管理的需要，包括税务工作的需要	有效组织财政收入，为各类企业创造公平的市场竞争环境，对经济和社会发展进行调节，规范税收征管行为等
基本前提不同	会计主体	一般情况下，纳税主体是会计主体，但会计主体不一定是纳税主体
	持续经营	大多数税种均未将持续经营作为税制设置的基本前提，如增值税、个税、土地增值税等，但个别税种，如企业所得税，虽未明确持续经营的假设，但也是以持续经营为前提
	会计分期	增值税、企业所得税等需将企业持续的经营活动划分纳税期间；而土地增值税、契税、印花税等财产行为税是以纳税人发生某些特定行为作为征税对象，不是对持续的经营活动进行征税，不需划分纳税期间
	货币计量	以货币计量作为基本前提

续表

差异	会计	税法
遵循的原则不同	可靠性原则	企业发生的交易或事项真实可靠、内容完整，是我国会计管理和税收管理的共同要求
	相关性原则（会计信息应当与财务报告使用者的经济决策需要相关）	支出应当与企业取得收入、企业经营活动相关
	实质重于形式原则（需要会计人员的职业判断）	有条件地适用 要有明确的法律依据
	重要性原则	法定性原则（对任何事项的确认都必须依法行事，有据可依，不能估计）
	谨慎性原则	据实扣除原则和确定性原则
会计基础的差异	权责发生制	权责发生制+征管便利原则，比如利息收入或支出方面；广告支出的扣除时间；房地产企业的预计利润等

2. 常见主要业务差异

在资产、收入、成本费用与税前扣除、改组业务等角度存在差异。

(二)涉税会计核算对象和任务★

1. 涉税会计核算的对象

在企业中，凡是涉税事项都是税务会计的对象，因此，纳税人因纳税而引起的税款的形成、计算、缴纳、补退、罚款等经济活动就是税务会计对象。

【知识点拨】企业因逾期缴纳税款或违反税法规定而支付的各项税收滞纳金、罚款、罚金，也属于涉税会计核算的对象，应该如实记录和反映。

2. 了解涉税会计核算任务

(三)涉税会计核算基本科目设置★★

1. "应交税费"科目

本科目核算企业按税法规定计算应缴纳的各种税费。

(1)"应交税费"的核算范围，见表4-2。

表4-2 "应交税费"的核算范围

情形	具体规定
在本科目核算的非税款或非本企业缴纳的税款	按规定应交纳的代扣代缴的个人所得税、教育费附加、矿产资源补偿费

续表

情形	具体规定
不在本科目核算的税款	不需要预计缴纳的税金，如耕地占用税、车辆购置税、契税等
印花税	需要预计：通过"应交税费"核算
	不需要预计：不通过"应交税费"核算

(2)本科目应按照"应交税费"的税种进行明细核算，一般一个税种设一个二级科目。增值税比较特殊，设置了11个二级科目，"应交增值税"还设10个专栏进行核算，"应交税费"下核算的其他税种，见表4-3。

表4-3 "应交税费"下核算的其他税种

"应交税费"下核算的其他税种	
应交消费税	应交城市维护建设税
应交资源税	应交教育费附加
应交个人所得税	应交地方教育附加
应交所得税	应交土地使用税
应交土地增值税	应交车船税
应交房产税	应交印花税
应交矿产资源补偿费	

(3)本科目期末贷方余额,反映企业尚未缴纳的税费,期末如为借方余额,反映企业多缴或尚未抵扣的税金。

2."税金及附加"科目

(1)核算企业经营活动发生的相关税费。

核算的税种包括消费税、城市维护建设税、资源税、教育费附加、房产税、城镇土地使用税、车船税、印花税、环境保护税等相关税费。上述税种与营业收入相关的记入"税金及附加"。

a. 房地产企业销售开发产品应纳的土地增值税也在此科目中核算;

b. 本科目不含增值税,因为增值税为价外税。

【知识点拨1】 房产税、城镇土地使用税、车船税、印花税原来计入"管理费用"核算,现已调整至"税金及附加"核算。

【知识点拨2】 耕地占用税、契税、车辆购置税、进口关税计入成本核算,不通过"税金及附加"核算。

(2)企业计提的与经营活动相关税费的账务处理。

计提的账务处理:

借:税金及附加
　　贷:应交税费——应交消费税等

a. 企业收到返还的消费税等原记入本科目的各种税金,应按实际收到的金额借记银行存款科目,贷记本科目;

b. 企业收到返还的增值税,计入"营业外收入"或"其他收益"。

(3)期末,应将本科目余额转入"本年利润"科目,结转后本科目应无余额。

根据规定,对实行增值税期末留抵退税的纳税人,允许其从城市维护建设税、教育费附加和地方教育附加的计税(征)依据中扣除退还的增值税税额。

(4)本科目属于损益类科目,一旦发生跨年度错账时,需要通过"以前年度损益调整"科目调账。

真题精练(客观题)

1.(2019年单选题)2018年度某企业购进房产缴纳印花税,下列会计核算中正确的是( )。

A. 借:管理费用
　　贷:银行存款

B. 借:固定资产
　　贷:银行存款

C. 借:固定资产
　　贷:应交税费——应交印花税

D. 借:税金及附加
　　贷:应交税费——应交印花税

借:应交税费——应交印花税
　　贷:银行存款

解析 ▶ 计提的印花税计入"税金及附加"科目。　　　　　　　　**答案** ▶ D

2.(2016年多选题,改)企业经营活动缴纳的税金计入"税金及附加"的有( )。

A. 消费税　　　　B. 增值税
C. 资源税　　　　D. 城市建设维护税
E. 契税

解析 ▶ "税金及附加"科目核算企业经营活动发生的消费税、城市维护建设税、资源税、教育费附加及房产税、土地使用税、车船税、印花税等相关税费。

答案 ▶ ACD

3."所得税费用"科目

(1)本科目核算的是企业根据所得税会计准则确认的应从当期利润总额中扣除的所得税费用。

【知识点拨】 "所得税费用"不同于"应交税费——应交所得税":①"应交税费——应交所得税"按税法确定,属于负债类科目,表示欠国家的税款;②所得税费用是根据会计准则确认的应从当期利润总额中扣除的所得税费用;③"应交税费——应交所得税"与"所得税费用"的差额通过递延所得税资产、递延所得税负债两个科目核算。

(2)本科目应当按照"当期所得税费用""递延所得税费用"进行明细核算。所得税费用的核算,见表4-4。

表 4-4 所得税费用的核算

情形		核算方法
当期所得税		借：所得税费用 　　贷：应交税费——应交所得税
递延所得税 （暂时性差异）	可抵扣暂时性差异，期末>期初 应纳税暂时性差异，期末<期初	形成递延所得税资产 借：递延所得税资产 　　贷：所得税费用 或形成递延所得税负债 借：递延所得税负债 　　贷：所得税费用
	可抵扣暂时性差异，期末<期初 应纳税暂时性差异，期末>期初	形成递延所得税资产 借：所得税费用 　　贷：递延所得税资产 或形成递延所得税负债 借：所得税费用 　　贷：递延所得税负债
永久性差异		对企业所得税的影响不体现在"递延所得税资产或负债"

所得税费用=当期所得税+递延所得税

【知识点拨1】一般情况暂时性差异的所得税影响通过"所得税费用"核算；以公允价值计量且其变动计入综合收益的金融资产公允价值发生变化，暂时性差异的所得税影响通过"其他综合收益"核算。

【知识点拨2】根据税法规定可用以后年度税前利润弥补的亏损产生的所得税资产，也在"递延所得税资产"科目核算。

【知识点拨3】资产负债表日，预计未来期间很可能无法获得足够的应纳税所得额用以抵扣可抵扣暂时性差异的，按应减记的金额，借记"所得税费用——当期所得税费用""资本公积——其他资本公积"科目，贷记"递延所得税资产"科目。

所得税费用的确认，见图4-1。

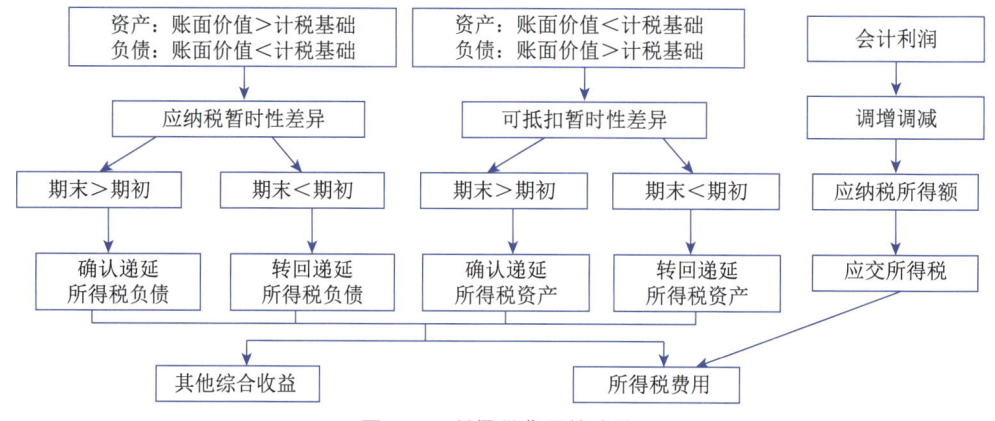

图 4-1 所得税费用的确认

(3)期末，应将本科目的余额转入"本年利润"科目，结转后本科目应无余额。

本科目结转前先结转其他损益类科目，可得出税前利润，本科目结转后的本年利润为税后利润。

精选例题

【例题1·单选题】 2021年3月某啤酒生产企业，适用所得税税率为25%，根据市场情况对资产进行了减值测试，发现现有的固定资产和无形资产发生了减值损失200万元，于是企业计提了减值准备，则该项业务对于企业当年的会计核算产生的影响是( )。

A. 增加递延所得税资产200万元
B. 增加递延所得税资产50万元
C. 增加递延所得税负债50万元
D. 增加递延所得税负债200万元

解析 ▶ 企业计提的减值准备在所得税前不得扣除，属于可抵扣暂时性差异，可抵扣暂时性差异形成递延所得税资产。 **答案** ▶ B

【例题2·简答题】 A公司适用的所得税税率为25%，各年末税前会计利润为1 000万元。税法规定，各项资产减值准备不允许税前扣除。有关业务如下：

（1）2019年12月31日应收账款余额为6 000万元，该公司期末对应收账款计提了600万元的坏账准备。假定该公司应收账款及坏账准备的期初余额均为0。

（2）A公司2020年12月31日应收账款余额为10 000万元，该公司期末对应收账款计提了400万元的坏账准备，累计计提坏账准备1 000万元。

要求：请分别作出2019年与2020年有关所得税的会计处理。

答案 ▶

（1）2019年有关所得税的会计处理：

账面价值 = 6 000 - 600 = 5 400（万元）
计税基础 = 6 000（万元）
可抵扣暂时性差异 = 600（万元）
2019年末"递延所得税资产"余额 = 600×25% = 150（万元）
2019年"递延所得税资产"发生额 = 150（万元）
2019年应交所得税 = (1 000 + 600)×25% = 400（万元）
2019年所得税费用 = 400 - 150 = 250（万元）

借：所得税费用　　　　　2 500 000
　　递延所得税资产　　　1 500 000
　　贷：应交税费——应交所得税
　　　　　　　　　　　　4 000 000

（2）2020年有关所得税的会计处理：

账面价值 = 10 000 - (600 + 400) = 9 000（万元）
计税基础 = 10 000（万元）
可抵扣暂时性差异累计额 = 1 000（万元）
2020年末"递延所得税资产"余额 = 1 000×25% = 250（万元）
2020年"递延所得税资产"发生额 = 250 - 150 = 100（万元）
2020年应交所得税 = (1 000 + 400)×25% = 350（万元）
2020年所得税费用 = 350 - 100 = 250（万元）

借：所得税费用　　　　　2 500 000
　　递延所得税资产　　　1 000 000
　　贷：应交税费——应交所得税
　　　　　　　　　　　　3 500 000

【例题3·简答题】 某企业2020年经主管税务机关核准，按上年应纳税额季度平均数，每季预缴15万元，次年进行所得税汇算清缴时确定全年应纳税所得额为300万元（所得税汇算清缴时，企业上年度已结账）。

要求：请编写企业当年预缴及次年汇算清缴时的会计分录。

答案 ▶

每季度预缴所得税时应编制会计分录：

借：所得税费用　　　　　　150 000
　　贷：应交税费——应交所得税
　　　　　　　　　　　　　150 000

借：应交税费——应交所得税
　　　　　　　　　　　　　150 000
　　贷：银行存款　　　　　150 000

次年汇算清缴，应编制会计分录：

借：以前年度损益调整　　　150 000
　　(3 000 000×25% - 150 000×4)

贷：应交税费——应交所得税
　　　　　　　　　　150 000

若汇算清缴时确定的应纳税所得额为200万元，则多缴所得税=15×4-200×25%=10（万元），应编会计分录：

借：应交税费——应交所得税
　　　　　　　　　　100 000
　　贷：以前年度损益调整　100 000

4. "以前年度损益调整"科目

该知识点要重点掌握，历年考试均会涉及。

（1）核算范围。

只有以前年度损益类科目发生错账时才能使用本科目进行调整。企业在资产负债表日至财务报告批准报出日之间发生的需要调整报告年度损益的事项，也在本科目核算。

（2）"以前年度损益调整"科目账务处理，见图4-2。

a. "以前年度损益调整"的记账规则与"本年利润"的记账规则相同——以前年度利润减少记借方，增加记贷方；

b. 通过"以前年度损益调整"调账时注意对所得税的影响；

c. 本科目的余额转入"利润分配——未分配利润"；

d. 本科目结转后应无余额。

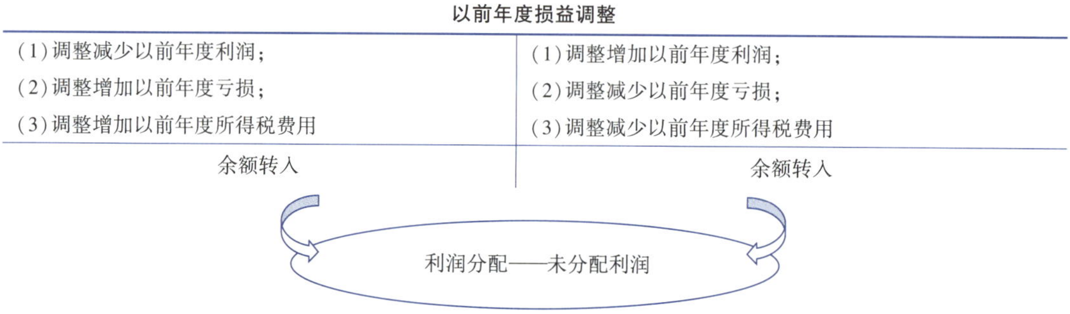

以前年度损益调整	
（1）调整减少以前年度利润； （2）调整增加以前年度亏损； （3）调整增加以前年度所得税费用	（1）调整增加以前年度利润； （2）调整减少以前年度亏损； （3）调整减少以前年度所得税费用
余额转入	余额转入

利润分配——未分配利润

图4-2　"以前年度损益调整"科目账务处理

真题精练（客观题）

（2018年单选题）税务师在纳税审核时，发现企业以前年度少计收益或多计费用的情况时，调账时应（　　）。

A. 借记"利润分配——未分配利润"
B. 借记"以前年度损益调整"
C. 贷记"以前年度损益调整"
D. 贷记"应交税费——应交所得税"

解析 企业调整增加以前年度利润或减少以前年度亏损，借记有关科目，贷记"以前年度损益调整"；调整减少以前年度利润或增加以前年度亏损，借记"以前年度损益调整"，贷记有关科目。　**答案** C

精选例题

【例题4·简答题】2020年某企业会计误将购建固定资产的贷款利息10万元，计入"财务费用"账户。单位为万元，账务处理为：

借：财务费用　　　　　　　　10
　　贷：应付利息　　　　　　　10

2020年税务机关检查时发现了这一问题，该固定资产尚未完工。假设企业适用的所得税税率为25%。企业应如何调账？

答案

调账：
借：在建工程　　　　　　　　10
　　贷：以前年度损益调整　　　10
补提企业所得税：
借：以前年度损益调整　　　　2.5
　　贷：应交税费——应交所得税　2.5
结转"以前年度损益调整"余额：
借：以前年度损益调整　　　　7.5
　　贷：利润分配——未分配利润　7.5

5. "营业外收入"（其他收益）科目

本科目属损益类科目。

（1）核算企业实际收到即征即退、先征后退、先征后返的增值税或直接减免的增值税。

账务处理：

借：银行存款

　　贷：营业外收入——政府补助（或其他收益）

借：营业外收入——政府补助（或其他收益）

　　贷：本年利润

【知识点拨】与日常经营活动有关的优惠，应该计入"其他收益"，否则计入"营业外收入"。

（2）贷方发生额反映实际收到或直接减免的增值税，期末由借方结转至"本年利润"科目，结转后本科目应无余额。

📝 精选例题

【例题5·单选题】某软件开发企业按照增值税的有关规定，收到按即征即退方式退还的增值税，该企业正确的账务处理为（　　）。

A．借：银行存款
　　贷：补贴收入

B．借：银行存款
　　贷：利润分配——未分配利润

C．借：银行存款
　　贷：其他收益

D．借：银行存款
　　贷：以前年度损益调整

解析 ▶ 即征即退方式退还的增值税与企业日常经营活动有关，应该计入"其他收益"。

答案 ▶ C

二、增值税的会计核算

扫我解疑难

该知识点要重点掌握，历年考题均会涉及。

（一）与增值税核算有关的明细科目 ★★★

"应交税费"中与增值税核算有关的明细科目，见表4-5。

表4-5 "应交税费"中与增值税核算有关的明细科目

序号	"应交税费"明细科目
1	应交税费——应交增值税
2	应交税费——未交增值税
3	应交税费——预交增值税
4	应交税费——待抵扣进项税额
5	应交税费——待认证进项税额
6	应交税费——待转销项税额
7	应交税费——增值税留抵税额
8	应交税费——简易计税
9	应交税费——转让金融商品应交增值税
10	应交税费——代扣代交增值税
11	应交税费——增值税检查调整

下面将按照表4-5所列顺序依次介绍与增值税核算有关的"应交税费"的明细科目。

1. "应交增值税"明细科目

一般纳税人的"应交税费——应交增值税"科目的设置，见表4-6。

表4-6 "应交税费——应交增值税"科目的设置

明细	借贷	专栏	核算内容	注意事项
应交增值税	借方(6个)	进项税额	记录一般纳税人购进货物、劳务、服务、无形资产或不动产而支付或负担的、准予从当期销项税额中抵扣的增值税额	①企业购入时支付或负担的进项税额，用蓝字登记； ②退回所购货物应冲销的进项税额，用红字登记，并非通过进项税额转出进行处理； ③本科目期末可以有借方余额
		销项税额抵减	记录一般纳税人按照现行增值税制度规定因扣减销售额而减少的销项税额	①只有按一般计税方法计税允许差额纳税时才使用该科目核算； ②取得合规增值税扣税凭证且允许抵减时进行核算； ③账务处理： 借：主营业务成本等 　　应交税费——应交增值税(销项税额抵减) 　贷：银行存款(或应付账款)
		已交税金	记录一般纳税人当月已缴纳的应交增值税额	①注意区分是缴纳本月增值税还是上月增值税额。如果是企业缴纳上月应交未交的增值税，借记"应交税费——未交增值税"科目，贷记"银行存款"；当月缴纳当月应交纳的增值税才通过"已交税金"专栏核算。 ②退回多缴的增值税额用红字登记。 ③用"应交税费——应交增值税(已交税金)"记账的情形。 a. 辅导期一般纳税人需要增购发票； b. 以1、3、5、10、15日(不足1个月)为1个纳税期的
		减免税款	记录一般纳税人按现行增值税制度规定准予减免的增值税额	①企业按规定减免的增值税额借记本科目，贷记"营业外收入"或"其他收益"科目； ②企业初次购买增值税税控系统专用设备支付的费用以及缴纳的技术维护费允许在增值税应纳税额中全额抵减的，按规定减免的增值税应纳税额，借记"应交税费——应交增值税(减免税款)"科目(小规模纳税人借记"应交税费——应交增值税"科目)
		出口抵减内销产品应纳税额	反映出口企业销售出口货物后，向税务机关办理免抵退税申报，按规定计算的应免抵税额	①账务处理为： 借：应交税费——应交增值税(出口抵减内销产品应纳税额) 　贷：应交税费——应交增值税(出口退税) ②免抵税额是计算城建税和教育费附加的基数
		转出未交增值税	核算企业月终转出应交未缴的增值税	月末企业"应交税费——应交增值税"明细账出现贷方余额时，根据余额借记本科目，贷记"应交税费——未交增值税"科目。结转以后，期末"应交税费——应交增值税"科目贷方无余额

续表

明细	借贷	专栏	核算内容	注意事项
应交增值税	贷方(4个)	销项税额	核算一般纳税人销售货物、劳务、服务、无形资产或不动产应收取的增值税额	退回销售货物应冲减的销项税额，只能在贷方用红字登记
		出口退税	记录企业出口适用零税率的货物、劳务、服务、无形资产，出口后凭相关手续向税务机关申报办理出口退税时计算的退税最高限额——即按"免抵退税额"记账	账务处理为： 借：应收出口退税款——增值税 　　应交税费——应交增值税(出口抵减内销产品应纳税额) 　贷：应交税费——应交增值税(出口退税)
		进项税额转出	记录企业购进货物、劳务、服务、无形资产或不动产等发生非正常损失以及其他原因而不应从销项税额中抵扣、按规定转出的进项税额	①进项税额转出的四种情形。 a. 已经抵扣进项税额的外购货物等改变用途，用于不得抵扣进项税额的用途，做进项税额转出； b. 在产品、产成品、不动产等发生非正常损失，其所用外购货物、劳务、服务等进项税额做转出处理； c. 生产企业出口自产货物的免抵退税不得免征和抵扣税额，做进项税额转出； d. 对同时符合条件的纳税人，可以向主管税务机关申请退还增量留抵税额，纳税人取得退还的留抵税额后，做进项税额转出。 ②转出时按抵扣时的税率或扣除率做转出，而非按照转出时的税率或扣除率做转出——抵扣多少，转出多少
		转出多交增值税	记录一般纳税人月度终了转出当月多交的增值税额	按照"应交税费——应交增值税"的借方余额与已交税金专栏发生额比较，按照较小方转出。 a. 由于进项税额大于销项税额形成的"应交税费——应交增值税"的借方余额：月末无须进行账务处理； b. 由于多预缴税款形成的"应交税费——应交增值税"的借方余额：才需要做转出处理

【知识点拨】"应交税费——应交增值税(销项税额抵减)"VS"应交税费——应交增值税(进项税额)"。

"应交税费——应交增值税(销项税额抵减)"核算的是营改增后在差额纳税时，由于扣减销售额而减少的销项税额。

"应交税费——应交增值税(进项税额)"核算的是取得扣税凭证可以抵扣的进项税额。

销项税额抵减与进项税额抵扣的效果是相同的——均达到降低增值税的效果，不同之处在于：

a. 抵扣进项税额时必须取得合格的扣税凭证，而销项税额抵减无需取得专票、农产品收购或销售发票等扣税凭证，只需要取得合格的发票或相应的凭证即可；

b. 两者账务处理不同；

c. 纳税申报表的填写不同，进项税额抵扣需要填写附表2《本期进项税额明细》，销项税额抵减需要填写附表3《服务、不动产和无形资产扣除项目明细》。

真题精练（客观题）

1. （2020年多选题）下列属于在"应交税费——应交增值税"明细账借方核算的专栏有（　　）。

A. 转出多交增值税

B. 减免税款

C. 出口退税
D. 转出未交增值税
E. 销项税额抵减

解析 本题考核"应交税费—应交增值税"的专栏哪些属于借方专栏,哪些属于贷方专栏。

答案 BDE

2.（2019年单选题）2019年5月份某企业支付税控设备维修费并取得发票,该企业会计核算的借方科目是( )。

A. 应交税费——应交增值税（销项税额）
B. 应交税费——应交增值税（进项税额）
C. 应交税费——应交增值税（销项税额抵减）
D. 应交税费——应交增值税（减免税款）

解析 企业初次购买增值税税控系统专用设备支付的费用以及缴纳的技术维护费允许在增值税应纳税额中全额抵减的,按规定抵减的增值税应纳税额,借记"应交税费——应交增值税(减免税款)"科目(小规模纳税人借记"应交税费——应交增值税"科目)。

答案 D

3.（2017年单选题）某企业为增值税一般纳税人,根据税务机关规定每5天预缴一次增值税,2017年3月当期进项税额40万元,销项税额为90万元,当月已缴纳的增值税为60万元,则月末企业的会计处理( )。

A. 借：应交税费——未交增值税 100 000
　　贷：应交税费——应交增值税（转出多交增值税） 100 000
B. 借：应交税费——应交增值税（转出多交增值税） 100 000
　　贷：应交税费——未交增值税 100 000
C. 借：应交税费——未交增值税 100 000
　　贷：应交税费——应交增值税（转出未交增值税） 100 000
D. 借：应交税费——应交增值税（转出未交增值税） 100 000
　　贷：应交税费——未交增值税 100 000

解析 当月应纳税额=90-40-50（万元）,已经预缴了60万元,多缴纳10万元。月份终了,企业将本月多缴的增值税自"应交税费——应交增值税"科目转入"未交增值税"明细科目。会计分录为：
借：应交税费——未交增值税
　　贷：应交税费——应交增值税（转出多交增值税）

答案 A

4.（2016年单选题,改）2021年1月某家电生产企业（一般纳税人）将其生产的空气加湿器作为福利发放给职工,成本2万元,市场不含增值税价5万元,会计处理正确的是( )。

A. 借：应付职工薪酬——非货币性福利 26 500
　　贷：主营业务成本 20 000
　　　　应交税费——应交增值税（销项税额） 6 500
B. 借：应付职工薪酬——非货币性福利 56 500
　　贷：主营业务收入 50 000
　　　　应交税费——应交增值税（销项税额） 6 500
C. 借：应付职工薪酬——非货币性福利 52 600
　　贷：主营业务收入 50 000
　　　　应交税费——应交增值税（销项税额） 2 600
D. 借：应付职工薪酬——非货币性福利 22 600
　　贷：主营业务收入 20 000
　　　　应交税费——应交增值税（销项税额） 2 600

解析 自产货物分发给职工,会计上做收入核算,增值税视同销售缴纳增值税。
借：应付职工薪酬——非货币性福利 56 500

贷：主营业务收入　　　　　50 000
　　应交税费——应交增值税(销项
　　税额)　　　　　　　　　　6 500

答案▶ B

📝 **精选例题**

【例题6·单选题】 某工业企业为增值税一般纳税人，纳税期限为10天，2021年3月15日缴纳本月1日至10日的应纳增值税额98 000元，则正确的会计处理为(　　)。

A. 借：应交税费——应交增值税(已交税金)　　　　　　　　　　98 000
　　贷：银行存款　　　　　　98 000

B. 借：应交税费——未交增值税
　　　　　　　　　　　　　　98 000
　　贷：应交税费——应交增值税
　　　(转出未交增值税)　　98 000

C. 借：以前年度损益调整　　98 000
　　贷：银行存款　　　　　　98 000

D. 借：应交税费——未交增值税
　　　　　　　　　　　　　　98 000
　　贷：银行存款　　　　　　98 000

解析▶ 一般纳税人当月缴纳当月的增值税应通过"已交税金"核算。

答案▶ A

【例题7·单选题】 2021年1月某经批准从事融资租赁业务的公司(一般纳税人)购进一批车辆用于融资租赁，价款6 000 000元，增值税780 000元，取得机动车销售统一发票；支付车辆购置税600 000元，取得完税凭证。上述款项均已支付。正确的账务处理是(　　)。

A. 借：固定资产　　　　　6 600 000
　　　应交税费——应交增值税(进项税额)　　　　　　　　　780 000
　　贷：银行存款　　　　　7 380 000

B. 借：固定资产　　　　　6 600 000
　　　应交税费——待抵扣进项税额
　　　　　　　　　　　　　　780 000
　　贷：银行存款　　　　　7 380 000

C. 借：固定资产　　　　6 530 973.45
　　　应交税费——应交增值税(销项税额抵减)　　　　　　69 026.55

　　　应交税费——应交增值税(进项税额)　　　　　　　　　780 000
　　贷：银行存款　　　　　7 380 000

D. 借：固定资产　　　　　6 522 000
　　　应交税费——应交增值税(销项税额抵减)　　　　　　　78 000
　　　应交税费——应交增值税(进项税额)　　　　　　　　　780 000
　　贷：银行存款　　　　　7 380 000

解析▶ 经人民银行、银保监会或者商务部批准从事融资租赁业务的试点纳税人，提供融资租赁服务，以取得的全部价款和价外费用，扣除支付的借款利息、发行债券利息和车辆购置税后的余额为销售额。对于差额计税时抵减的销项税额 = 600 000 ÷ 1.13 × 13% = 69 026.55元，抵减的销项税额应通过"销项税额抵减"专栏核算，而不通过"进项税额"专栏核算。固定资产的原值 = 6 000 000 + 600 000 − 69 026.55 = 6 530 973.45(元)。

答案▶ C

【例题8·多选题】 下列经济业务发生后，需要通过"应交税费——应交增值税(进项税额转出)"科目核算的有(　　)。

A. 一般纳税人将外购货物用于集体福利

B. 一般纳税人将自产产品用于个人消费

C. 一般纳税人将自产的产品用于股东分配

D. 一般纳税人的产成品发生了因管理不善造成的非正常损失

E. 一般纳税人将外购货物用于对外投资

解析▶ 选项BCE项属于视同销售，相应进项税额可以抵扣，不需进项税额转出。

答案▶ AD

【例题9·简答题】 某中介公司为增值税一般纳税人，提供经纪代理服务，收取含增值税服务费106 000元，其中21 200元为向委托方收取并代为支付的政府性基金，取得相应的财政票据。当月该中介公司对外支付相应的服务费，取得的专票上注明价款20 000元，增值税1 200元。请做出相应的账务处理。

答案

(1)收取含增值税服务费时：

借：银行存款　　　　　　106 000
　　贷：主营业务收入　　　　100 000
　　　　应交税费——应交增值税(销项税额)　　　　　　　　6 000

(2)代委托方支付政府性基金，差额纳税时：

借：主营业务成本　　　　　20 000
　　应交税费——应交增值税(销项税额抵减)　　　　　　1 200
　　贷：银行存款　　　　　　21 200

(3)对外支付服务费时：

借：主营业务成本　　　　　20 000
　　应交税费——应交增值税(进项税额)　　　　　　　　1 200
　　贷：银行存款　　　　　　21 200

2."未交增值税"明细科目

本科目核算一般纳税人月度终了从"应交增值税"或"预交增值税"明细科目转入当月应交未交、多交或预缴的增值税额，以及当月缴纳以前期间未缴的增值税额。

"应交税费——未交增值税"科目，见图4-3。

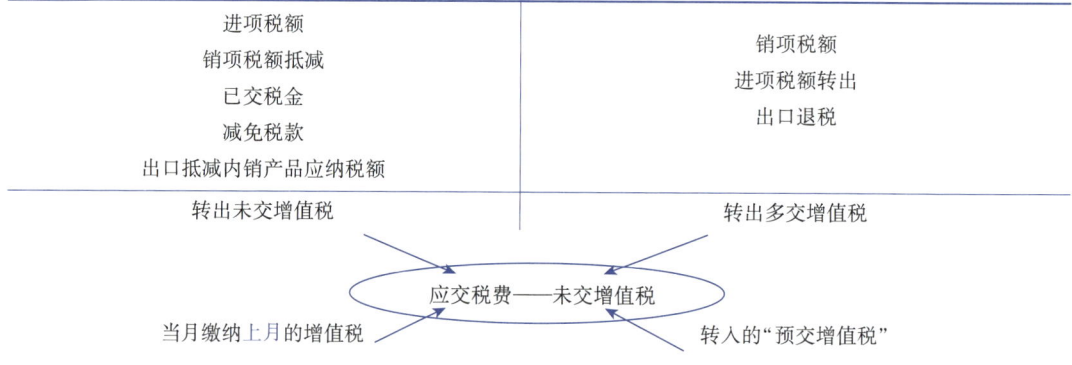

图4-3　"应交税费——未交增值税"科目

【知识点拨】

(1)一般纳税人一般计税方法下的预交增值税，期末要转入本科目。

(2)因销项税额小于进项税额而产生的期末留抵税额，无须转入"应交税费——未交增值税"科目。

(3)企业当月缴纳以前期间未缴的增值税。

借：应交税费——未交增值税
　　贷：银行存款

(4)月末，本科目的借方余额反映的是企业多缴的增值税款，贷方余额反映的是期末结转下期应交的增值税。期末留抵税额反映在"应交税费——应交增值税"的借方，而非"应交税费——未交增值税"处。

(5)用进项留抵税额抵减增值税欠税的问题：①对纳税人因销项税额小于进项税额而产生期末留抵税额的，应以期末留抵税额抵减增值税欠税。②按增值税欠税税额与期末留抵税额中较小的数字，红字借记"应交税费——应交增值税(进项税额)"科目，贷记"应交税费——未交增值税"科目。

"应交税费——应交增值税"的月末结转，见表4-7。

表 4-7 "应交税费——应交增值税"的月末结转

情形	账务处理
月份终了，企业应将当月发生的应交增值税额自"应交税费——应交增值税"科目转入"未交增值税"科目	借：应交税费——应交增值税(转出未交增值税) 　　贷：应交税费——未交增值税
月份终了，企业应将当月多交的增值税额自"应交税费——应交增值税"科目转入"未交增值税"科目——真金白银多缴	借：应交税费——未交增值税 　　贷：应交税费——应交增值税(转出多交增值税)

精选例题

【例题10·单选题】某企业为增值税一般纳税人，2021年1月15日通过银行划账上缴2020年12月应纳增值税额12 000元，则正确的会计处理为(　　)。

A．借：以前年度损益调整　　12 000
　　　贷：银行存款　　　　　12 000

B．借：应交税费——应交增值税(转出未交增值税)　　12 000
　　　贷：银行存款　　　　　12 000

C．借：以前年度损益调整　　12 000
　　　贷：应交税费——应交增值税(转出多交增值税)　　12 000

D．借：应交税费——未交增值税　　12 000
　　　贷：银行存款　　　　　12 000

解析 月末，企业"应交税费——应交增值税"二级科目存在贷方余额，应做分录：
借：应交税费——应交增值税(转出未交增值税)
　贷：应交税费——未交增值税
下月初缴纳本月应纳税款时，做分录：
借：应交税费——未交增值税
　贷：银行存款

答案 D

【例题11·简答题】某一般纳税人的企业2021年5月在税务稽查中应补增值税15万元欠税未补，若2021年5月期末留抵税额10万元，6月末留抵税额8万元。5月末和6月末用留抵税额抵减欠税的账务处理。

答案

5月——期末留抵税额10万元，欠税15万元，按照较小一方即10万元红字记账：
借：应交税费——应交增值税(进项税额)
　　　　　　　　　　　　　　100 000
　贷：应交税费——未交增值税
　　　　　　　　　　　　　　100 000

6月——期末留抵税额8万元，欠税5万元，按照较小一方即5万元红字记账：
借：应交税费——应交增值税(进项税额)
　　　　　　　　　　　　　　50 000
　贷：应交税费——未交增值税
　　　　　　　　　　　　　　50 000

3."预交增值税"明细科目

本科目核算一般纳税人转让不动产、提供不动产经营租赁服务、提供建筑服务、采用预收款方式销售自行开发的房地产项目等，以及其他按现行增值税制度规定应预缴的增值税额。

【知识点拨】

(1)注意"应交税费——预交增值税"与"应交税费——应交增值税(已交税金)"的区别：①"已交税金"：核算纳税人本月缴纳本月的增值税，此时纳税人的增值税纳税义务已经发生；②"预交增值税"核算的四种情形，见表4-8。

(2)只有一般纳税人采用一般计税方法预缴的增值税才通过"预交增值税"核算，一般纳税人采用简易计税方法预缴的增值税通过"简易计税"核算；小规模纳税人预缴增值税通过"应交税费——应交增值税"明细科目核算。

(3)"应交税费——预交增值税"转入"应交税费——未交增值税"的时间，见表4-9。

表 4-8 "预交增值税"核算的四种情形

情形	具体规定
提供建筑服务	跨地级市提供建筑服务或提供建筑服务收到预收款时
不动产经营租赁服务	不动产所在地与机构所在地不在同一县（市、区）的，向不动产所在地主管税务机关预缴的增值税
销售不动产	纳税人转让其取得的不动产，向不动产所在地主管税务机关预缴的增值税
房地产开发企业销售开发产品	收到预收款时预缴的增值税

表 4-9 "应交税费——预交增值税"转入"应交税费——未交增值税"的时间

企业类型	时间规定
一般企业	月末，企业应将"预交增值税"明细科目余额转入"未交增值税"明细科目 借：应交税费——未交增值税 　　贷：应交税费——预交增值税
房地产开发企业	应直至纳税义务发生时方可从"应交税费——预交增值税"科目结转至"应交税费——未交增值税"科目

真题精练（客观题）

（2019年多选题）下列采取增值税一般计税方法的业务，在会计核算时会使用到"应交税费——预交增值税"科目的有（　　）。
A. 房地产开发公司销售商品房预收的销售款
B. 工业企业销售货物预售的货款
C. 建筑公司建造写字楼预收的工程款
D. 商业企业出租包装物收取的押金
E. 工业企业分期收款方式销售货物收到的款项

解析 企业预缴增值税时，借记"应交税费——预交增值税"科目。选项BDE，不涉及增值税的预缴，因此不会涉及该科目。

答案 AC

4. "待抵扣进项税额"明细科目

本科目核算一般纳税人已取得增值税扣税凭证并经税务机关认证，按照现行增值税制度规定准予以后期间从销项税额中抵扣的进项税额。

本明细科目核算的内容*：实行纳税辅导期管理的一般纳税人取得的尚未交叉稽核比对的增值税扣税凭证上注明或计算的增值税额——包括尚未交叉稽核比对的专票抵扣联、海关进口增值税专用缴款书。

5. "待认证进项税额"明细科目

（1）本科目核算一般纳税人由于未经税务机关认证而不得从当期销项税额中抵扣的进项税额。具体包括：①一般纳税人已取得增值税扣税凭证、按照现行增值税制度规定准予从销项税额中抵扣，但尚未经税务机关认证的进项税额。②一般纳税人已申请稽核但尚未取得稽核相符结果的海关缴款书进项税额。

（2）认证（查询）期、稽核比对期的规定。

自2020年3月1日起，取消增值税扣税凭证认证确认期限。取消增值税扣税凭证认证确认期限的具体规定，见表4-10。

---

* 2016年5月1日—2019年3月31日，按固定资产核算的不动产、不动产在建工程进项税额分2年抵扣——取得扣税凭证当月抵扣60%；第13个月抵扣40%。第13个月抵扣的40%进项税额在取得扣税凭证时计入"待抵扣进项税额"。但自2019年4月1日起，不动产进项税额一次性抵扣，此时无需使用"待抵扣进项税额"核算。

表 4-10 取消增值税扣税凭证认证确认期限的具体规定

票据情况	认证规定
增值税一般纳税人取得 2017 年 1 月 1 日及以后开具的专票、海关进口增值税专用缴款书、机动车销售统一发票、收费公路通行费增值税电子普票	取消认证确认、稽核比对、申报抵扣的期限
增值税一般纳税人取得 2016 年 12 月 31 日及以前开具的专票、海关进口增值税专用缴款书、机动车销售统一发票	执行原有认证期限规定。超过认证确认、稽核比对、申报抵扣期限，但符合规定条件的，仍可按规定，继续抵扣进项税额

(3)"待认证进项税额"的账务处理，见表 4-11。

表 4-11 "待认证进项税额"的账务处理

情形	账务处理
购进，未查询、比对时	借：原材料、固定资产等 　　应交税费——待认证进项税额 　贷：银行存款、应付账款等
经查询、比对，准予抵扣时	借：应交税费——应交增值税（进项税额） 　贷：应交税费——待认证进项税额
经查询、比对，不得抵扣时	借：原材料等相应科目 　贷：应交税费——待认证进项税额 或红字记账

(4)增值税一般纳税人采购业务中的核算，见表 4-12。

表 4-12 增值税一般纳税人采购业务中的核算

业务类型	账务处理
材料虽然已经入库，但**未取得扣税凭证**的采购	月末按货物清单或相关合同协议上的价格暂估入账，**不需要将增值税的进项税额暂估入账**。下月初，用红字冲销原暂估入账金额，待取得扣税凭证后再进行相应账务处理。此时不需要通过"待认证进项税额"核算
取得扣税凭证，**未查询**的采购	借：原材料、固定资产等 　　应交税费——**待认证进项税额** 　贷：银行存款或应付账款
辅导期纳税人，取得扣税凭证，**已查询、尚未交叉稽核**的采购	借：原材料、固定资产等 　　应交税费——**待抵扣进项税额** 　贷：银行存款或应付账款
取得扣税凭证，已经认证或查询，**一次性抵扣**进项税额的采购	借：原材料、固定资产等 　　应交税费——应交增值税（**进项税额**） 　贷：银行存款或应付账款

精选例题

【例题 12·单选题】某增值税一般纳税人购进一批原材料，取得专票，但尚未认证，其进项税额应通过（　　）核算。

A. 应交税费——待认证进项税额
B. 应交税费——待抵扣进项税额
C. 应交税费——应交增值税（进项税额）
D. 原材料

答案 ▶ A

6."待转销项税额"明细科目

(1)核算一般纳税人销售货物、劳务、服务、无形资产或不动产,已确认相关收入(或利得)但尚未发生增值税纳税义务而需于以后期间确认为销项税额的增值税额。

(2)与"待转销项税额"有关的账务处理,见表4-13。

表4-13 与"待转销项税额"有关的账务处理

情形	账务处理
增值税纳税义务发生时间早于会计上收入确认时间——比如出租房屋收到预收款	借:银行存款等 　贷:预收账款 　　　应交税费——应交增值税(销项税额)
会计上收入确认时间早于增值税纳税义务发生时间(比如建筑服务完成后被扣留的质押金、保证金)	借:应收账款 　贷:主营业务收入(或工程结算等) 　　　应交税费——待转销项税额

精选例题

【例题13·单选题】某建筑公司为增值税一般纳税人,2021年3月完成A工程项目(采用一般计税方法),但是被建设方扣留了1 090万元的含税质保金,2021年3月,该建筑公司的账务处理为( )。

A. 借:应收账款　　　　10 900 000
　　贷:主营业务收入　　10 900 000

B. 借:应收账款　　　　10 900 000
　　贷:主营业务收入　　10 000 000
　　　　应交税费——应交增值税
　　　　　(销项税额)　　　900 000

C. 借:应收账款　　　　10 900 000
　　贷:主营业务收入　　10 000 000
　　　　应交税费——待转销项税额
　　　　　　　　　　　　　900 000

D. 借:应收账款　　　　10 900 000
　　贷:主营业务收入　　10 000 000
　　　　应交税费——未交增值税
　　　　　　　　　　　　　900 000

解析 对于建筑企业而言,应该按照完工百分比法确认收入,由于该工程已经全部完工,因此会计上应全部确认收入;但按照增值税的规定,被建设方扣留的质押金、保证金,只要既未开具发票,又未收取款项的,增值税纳税义务并未发生。因此该业务属于会计上收入确认时间早于增值税纳税义务发生时间的情形,需于以后期间确认为销项税额的增值税额应通过"应交税费——待转销项税额"明细科目核算。　答案 C

7. "增值税留抵税额"明细科目

由于该科目只在营改增过渡期间使用过,现在已经过时,因此简单了解即可。

8. "简易计税"明细科目

(1)本科目核算一般纳税人采用简易计税方法发生的增值税计提、扣减、预缴、缴纳等业务。

(2)"应交税费——简易计税"无须转入"应交税费——未交增值税"科目中。

【知识点拨】一般纳税人采用一般计税与简易计税的账务处理的不同:①一般纳税人采用简易计税方法发生的增值税计提、扣减、预缴、缴纳等业务,均通过"简易计税"科目核算;②一般纳税人采用一般计税方法发生的增值税计提、扣减、预缴、缴纳等业务,需要通过"应交增值税"的各个专栏、"预交增值税""未交增值税"核算。

精选例题

【例题14·简答题】某建筑公司为增值税一般纳税人,2020年3月对外提供建筑服务,收到预收款1 122.7万元。

问题:

(1)如果该项目采用一般计税方式,如何进行账务处理?

(2)如果该项目采用简易计税方式,如何进行账务处理?

答案

建筑企业预收款时一般计税与简易计税

的账务处理见下表。

业务	账务处理	
	一般计税	简易计税
预收账款时	借：银行存款　　　　1 122.7 　贷：预收账款　　　　　1 122.7	借：银行存款　　　　1 122.7 　贷：预收账款　　　　　1 122.7
预交增值税时	借：应交税费——预交增值税　20.6 　贷：银行存款　　　　　　20.6	借：应交税费——简易计税　32.7 　贷：银行存款　　　　　　32.7
预交税款	=1 122.7÷(1+9%)×2%	=1 122.7÷(1+3%)×3%

真题精练（客观题）

（2018年单选题）甲公司为增值税一般纳税人，2018年5月销售一栋"营改增"前外购的房产，选择简易计税办法，在房产所在地预缴增值税时，会计核算的借方科目应该是（　　）。

A. 应交税费——简易计税
B. 应交税费——已交税金
C. 应交税费——应交增值税
D. 应交税费——预缴增值税

解析 "应交税费——简易计税"明细科目，核算一般纳税人采用简易计税方法发生的增值税计提、扣减、预缴、缴纳等业务。

答案 A

精选例题

【例题15·多选题】 2021年3月某县某企业将厂房对外出售取得含增值税收入1 020万元，已知该厂房是2014年12月购入的，购入价格为600万元，厂房原值为630万元，已经按税法规定计提折旧400万元，账面净值230万元。厂房出售过程中用银行存款支付各种费用5万元，选择简易计税方法计算缴纳增值税，缴纳土地增值税60万元，不考虑印花税、城建税和教育费附加，则正确的账务处理有（　　）。

A. 借：固定资产清理　　2 300 000
　　　累计折旧　　　　4 000 000
　　　贷：固定资产　　　　　6 300 000
B. 借：银行存款　　　　10 200 000
　　　贷：固定资产清理　　　10 000 000
　　　　　应交税费——简易计税
　　　　　　　　　　　　　200 000
C. 借：银行存款　　　　10 200 000
　　　贷：固定资产清理　　　10 000 000
　　　　　应交税费——应交增值税
　　　　　（销项税额）　　　200 000
D. 借：税金及附加　　　　600 000
　　　贷：应交税费——应交土地增
　　　　　值税　　　　　　　600 000
E. 借：固定资产清理　　6 550 000
　　　贷：资产处置损益　　　6 550 000

解析 应纳增值税=(1 020-600)÷(1+5%)×5%=20（万元），对于一般纳税人采用简易计税方法计算的增值税应通过"应交税费——简易计税"核算；固定资产处置损益=(1 020-20 增值税)-230（净值）-5（费用）-60（土地增值税）=705（万元）。

答案 AB

9. "转让金融商品应交增值税"明细科目

本科目核算增值税纳税人转让金融商品发生的增值税额。金融商品转让按规定以盈亏相抵后的余额为销售额。

精选例题

【例题16·简答题】 某公司销售作为交易性金融资产管理的债券，获得收入700万，2020年购入时的价格为600万，请做出相应的账务处理。

答案
借：银行存款　　　　　　700
　贷：交易性金融资产　　　　600
　　　投资收益　　　　　　　100

月末时：
借：投资收益　　　　　　　　　　5.66
　　贷：应交税费——转让金融商品应
　　　　交增值税　　　　　　　　5.66

10."代扣代交增值税"明细科目

（1）本科目核算纳税人购进在境内未设经营机构的境外单位或个人在境内的应税行为代扣代缴的增值税。

（2）在代扣代缴增值税时，无论纳税人是单位还是个人，扣缴义务人均需按照适用税率而非征收率代扣代缴增值税。应扣缴税额＝购买方支付的价款÷(1+税率)×税率。

（3）"代扣代交增值税"的账务处理，见表4-14。

表4-14　"代扣代交增值税"的账务处理

时点	账务处理
扣缴增值税时	借：生产成本、无形资产、固定资产、管理费用等 　　贷：应付账款 　　　　应交税费——代扣代交增值税
实际缴纳代扣代缴增值税时	借：应交税费——代扣代交增值税 　　贷：银行存款
取得扣税凭证，抵扣进项税额时	借：应交税费——应交增值税（进项税额） 　　贷：生产成本、无形资产、固定资产、管理费用等

11. 加计抵减政策下的会计核算

自2019年4月1日至2021年12月31日，允许生产、生活性服务业纳税人按照当期可抵扣进项税额加计10%（自2019年10月1日至2021年12月31日，生活性服务业纳税人，按照15%加计抵减），抵减应纳税额。

（1）日常核算不变。

（2）实际缴纳增值税时，按应纳税额借记"应交税费——未交增值税"等科目，按实际纳税金额贷记"银行存款"科目，按加计抵减的金额贷记"其他收益"科目。

12."增值税检查调整"明细科目

（1）在税务机关对增值税一般纳税人增值税纳税情况进行检查后凡涉及增值税涉税账务调整的，应设立"应交税费——增值税检查调整"专门账户。

（2）调账过程中与增值税有关的账户用"应交税费——增值税检查调整"替代。

（3）全部调账事项入账后，结出"应交税费——增值税检查调整"的余额，并将该余额转至"应交税费——未交增值税"中。处理之后，本账户无余额。

📝 精选例题

【例题17·多选题】2021年4月某公司经主管税务局检查，发现上月购进的甲材料发生非正常损失，企业仅以账面金额10 000元(不含税价格)结转至"待处理财产损溢"科目核算。税务机关要求该公司在本月调账并补交税款，则正确的账务处理为(　　)。

A. 借：待处理财产损溢　　　　1 300
　　贷：应交税费——增值税检查
　　　　调整　　　　　　　　1 300

B. 借：待处理财产损溢　　　　1 300
　　贷：应交税费——应交增值税
　　　　（进项税额转出）　　1 300

C. 借：待处理财产损溢　　　　1 300
　　贷：应交税费——应交增值税
　　　　（销项税额）　　　　1 300

D. 借：应交税费——增值税检查调整
　　　　　　　　　　　　　　1 300
　　贷：应交税费——未交增值税
　　　　　　　　　　　　　　1 300

E. 借：应交税费——未交增值税
　　　　　　　　　　　　　　1 300
　　贷：银行存款　　　　　　1 300

答案 ▶ ADE

13. 小规模纳税人的增值税核算

（1）小规模纳税人的应纳增值税额，也通

过"应交税费——应交增值税"明细科目核算，但不设置上述专栏及除"转让金融商品应交增值税""代扣代交增值税"外的明细科目。

（2）"应交增值税"不需要设置专栏。小规模纳税人"应交税费——应交增值税"科目，见图4-4。

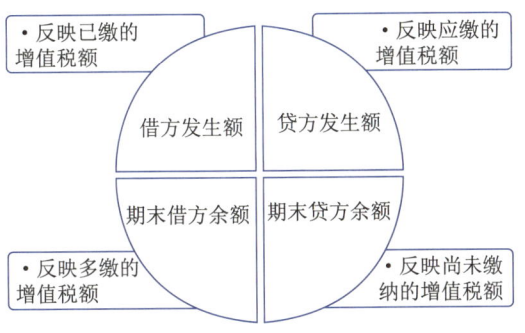

图4-4 小规模纳税人"应交税费——应交增值税"科目

（3）不需要设置其他明细科目。

【知识点拨】小微企业在取得销售收入时，应当按照税法的规定计算应交增值税，并确认为应交税费，在达到免征增值税条件时，将有关应交增值税转入当期损益。

📝 **真题精练（客观题）**

（2020年单选题）小规模纳税人应缴纳的增值税，通过应交税费（ ）科目核算。

A. 预交增值税   B. 应交增值税
C. 简易计税   D. 未交增值税

解析 本题考核小规模纳税人的会计处理。小规模纳税人缴纳增值税通过"应交税费-应交增值税"科目核算；选项ACD，为一般纳税人核算增值税时涉及的相关科目。

答案 B

📝 **精选例题**

【例题18·简答题】某超市为增值税小规模纳税人，2021年3月购入商品一批取得专票注明的价款30 000元，税额3 900元，当月销售取得销售收入为114 800元，销售款已收取。忽略疫情期间的优惠政策，请计算当月应纳增值税，并作出相应计提增值税的会计分录。

答案

当月应纳增值税额 = 114 800 ÷ (1 + 3%) × 3% = 3 343.69(元)

借：银行存款　　　　　　114 800.00
　贷：主营业务收入　　　　111 456.31
　　　应交税费——应交增值税
　　　　　　　　　　　　　3 343.69

14. 增值税税控系统专用设备和技术维护费用抵减增值税额的会计处理

（1）企业初次购买增值税税控系统专用设备支付的费用及每年缴纳的技术维护费允许在增值税应纳税额中全额抵减。

（2）申报表填写：主表第23栏"应纳税额减征额"。

（3）增值税税控系统专用设备和技术维护费用抵减增值税额的账务处理。

购入时：

借：管理费用
　贷：银行存款（应付账款）

按规定抵减的增值税应纳税额：

借：应交税费——应交增值税（减免税款）（一般纳税人）
　　或应交税费——应交增值税（小规模纳税人）
　贷：管理费用

（二）商业零售企业增值税的核算 ★★

该知识点是难点，但并非重点。

与一般企业核算不同的是，商业零售企业零售库存商品的核算：售价记账，实物负责制，有"商品进销差价"科目。

实行售价金额核算的零售企业，其"库存商品"科目是按含税售价记载的，商品含税售价与不含税购进价的差额在"商品进销差价"科目中反映。"库存商品"与"商品进销差价"是形影不离的，只要"库存商品"增加，"商品进销差价"就要增加；只要"库存商品"减少，"商品进销差价"就要减少。

计入商品进销差价的金额 = 商品含税售价 - 商品不含税进价。

商业零售企业的账务处理如下：

1. 购进业务的账务处理

采购商品时：

借：物资采购、在途物资（不含税成本）

  应交税费——应交增值税（进项税额）

  贷：银行存款

办理入库手续：

借：库存商品（含税售价）

  贷：物资采购、在途物资（商品采购不含税价格）

    商品进销差价（含税的进销差价）

2. 进货退回的账务处理

借：银行存款（退货款）

  商品进销差价（进销差价）

  应交税费——应交增值税（进项税额）（红字）

  贷：库存商品（商品含税销售价格）

【知识点拨】退货登记"应交税费——应交增值税"明细账时，应在"进项税额"专栏中用红字反映。

3. 销售商品时

（1）首先要按含税的价格记账：

借：银行存款

  贷：主营业务收入（含增值税）

（2）同时结转成本：

借：主营业务成本（金额与主营业务收入相同）

  贷：库存商品

（3）计算出销项税额，将商品销售收入调整为不含税收入：

借：主营业务收入

  贷：应交税费——应交增值税（销项税额）

（4）月末，按含税的商品进销差价率计算已销商品应分摊的进销差价，根据计算出来的已销商品应分摊的进销差价，调整商品销售成本：

借：商品进销差价

  贷：主营业务成本

三、增值税与会计确认收入的差异（了解）

1. 新收入准则对收入确认时点的规定

新旧收入准则关于收入确认时点的最大区别，是以"控制权转移"替代"风险报酬转移"作为收入确认时点的判断标准。新收入准则将"控制权转移"的判断分为五个步骤：

（1）识别客户合同；

（2）识别履约义务；

（3）确定交易价格；

（4）分摊交易价格；

（5）确认收入。

关键点：《增值税暂行条例》等法规以收款日、取得索取销售款项凭据日、开具发票日、约定的收款日、预收款日、所有权转移日、发货日等作为纳税义务发生时间。

【知识点拨】会计上收入确认时间≠增值税纳税义务发生时间。

2. 新收入准则对收入金额确认的规定

企业应当根据合同条款，并结合其以往的习惯做法确定交易价格。在确定交易价格时，企业应当考虑可变对价、合同中存在的重大融资成分、非现金对价、应付客户对价等因素的影响。

四、出口货物的会计核算

（一）未实行"免、抵、退"办法的一般纳税人出口货物

纳税人按规定退税的，采取的是免退税方式，免退税的账务处理见表4-15。

表 4-15　免退税的账务处理

业务	账务处理
(1)出口免税	借：应收账款(或应收外汇账款) 　　贷：主营业务收入
(2)计算的应收出口退税额	借：应收出口退税款 　　贷：应交税费——应交增值税(出口退税)
(3)收到出口退税时	借：银行存款 　　贷：应收出口退税款
(4)退税额低于购进时取得的增值税专用发票上的增值税额的差额	借：主营业务成本 　　贷：应交税费——应交增值税(进项税额转出)

(二)实行"免、抵、退"办法的一般纳税人出口货物★★

1. 免税

对生产企业出口的自产货物免征本企业生产销售环节的增值税。

账务处理：

借：应收外汇账款

　　贷：主营业务收入——一般贸易出口销售

由于免税，无应交税费——应交增值税(销项税额)；对不予免税的货物，应按规定税率计征销项税额。

2. 抵税——抵税体现在应纳税额的计算中

生产企业出口自产货物所耗用的原材料、零部件、燃料、动力等应予退还的进项税额，抵顶内销货物的应纳税额。

(1)免抵退税不得免征和抵扣税额＝(出口货物离岸价格×外汇人民币牌价－免税购进原材料价格)×(出口货物征税率－出口货物退税率)。

①原因：出口货物征退税率不同。

②账务处理：

借：主营业务成本

　　贷：应交税费——应交增值税(进项税额转出)

(2)抵税——体现在应纳税额的计算中。

①应纳税额的计算。

当期应纳税额

＝内销的销项税额－(进项税额－免抵退税不得免征和抵扣税额)－上期留抵税额

＝内销的销项税额－(内销的进项税额＋外销的进项税额－免抵退税不得免征和抵扣税额)－上期留抵税额

＝(内销的销项税额－内销的进项税额)－(外销的进项税额－免抵退税不得免征和抵扣税额)－上期留抵税额

＝内销应纳税额－外销应退税额－上期留抵税额

②月末账务处理及对退税的影响，见表4-16。

表 4-16　月末账务处理及对退税的影响

情形	月末账务处理	对退税的影响
当期应纳税额大于零	借：应交税费——应交增值税(转出未交增值税) 　　贷：应交税费——未交增值税	不退税，因为无期末留抵税额

续表

情形		月末账务处理	对退税的影响
当期应纳税额小于零	当期进项税额大于销项税额	不进行会计处理	退税
	由于缴纳税款形成的	月末按缴纳税款与借方余额的较小数，作会计分录： 借：应交税费——未交增值税 　　贷：应交税费——应交增值税（转出多交增值税）	月末账务处理后，"应交增值税"仍有借方余额的，退税

3. 退税

生产企业出口的自产货物在当月内应抵顶的进项税额大于应纳税额时，对未抵顶完的部分予以退税——有期末留抵税额时，才会出现退税。退税的计算和账务处理见表4-17和表4-18。

表4-17　退税的计算

步骤	具体规定
计算免抵退税额	（1）免抵退税额 =（出口货物离岸价-免税购进原材料价格）×出口货物退税率 =净出口额×出口货物退税率 （2）免抵退税额是退税的最高限额，而不是真正退还给企业的税款； （3）在账务处理中的作用： 按免抵退税额贷记"应交税费——应交增值税（出口退税）"
比较确定应退税额	（1）期末留抵税额与当期免抵退税额进行比较，哪个小按哪个退； （2）退税的前提：当期期末有留抵税额； （3）退税的账务处理（见表4-18）
收到退税的账务处理	借：银行存款 　　贷：应收出口退税款——增值税

表4-18　退税的账务处理

账务处理	金额的确定
借：应收出口退税款——增值税	按期末留抵税额与免抵退税额较小的一方记账
借：应交税费——应交增值税（出口抵减内销产品应纳税额）	金额等于免抵退税额（当期末留抵税额≥免抵退税额时，金额为0）
贷：应交税费——应交增值税（出口退税）	金额等于免抵退税额

📝 精选例题

【例题19·单选题】某自营出口生产企业是增值税一般纳税人，出口货物的征税税率为13%，退税税率为10%。2021年3月有关经营业务为：购买原材料一批，取得的专票注明的价款200万元，外购原材料准予抵扣进项税额26万元进行用途确认。上期期末留抵税款6万元。本月内销货物不含税销售额100万元，出口货物销售额折合人民币260万元，按实耗法计算的免税进口料件价格100万元。则该公司当期的应退税额为（　　）万元。

A. 1.3　　　　　　　　B. 4.8
C. 14.2　　　　　　　D. 16

解析 ▶ 免抵退税不得免征和抵扣税额＝(260−100)×(13%−10%)＝4.8(万元)。

当期应纳税额＝100×13%−(26−4.8)−6＝−14.2(万元)，即期末留抵税额为14.2万元。

免抵退税额＝(260−100)×10%＝16(万元)。

按期末留抵税额与免抵退税额较小一方退税，因此应退税额为14.2万元。**答案** ▶ C

【知识点拨】免抵退税的计算和会计处理见图4−5。

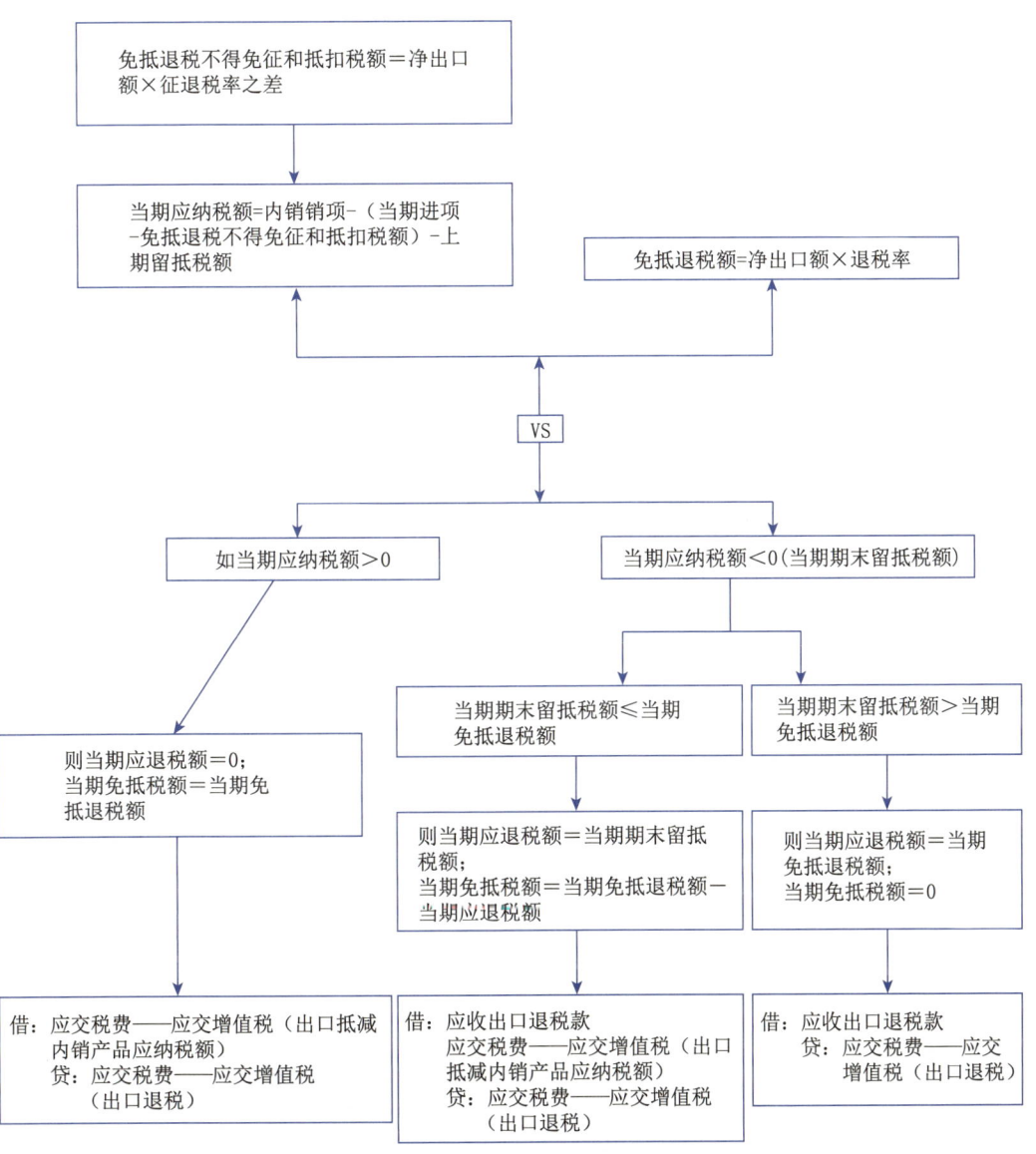

图4−5　免抵退税的计算和会计处理

五、其他税种的核算

扫我解疑难

其他税种的核算，见表4-19。

表4-19 其他税种的核算

税种	对应科目	
消费税、资源税、城市维护建设税、房产税、印花税、城镇土地使用税、车船税、教育费附加、地方教育附加	税金及附加	
土地增值税	房地产企业销售商品房	税金及附加
	转让在"固定资产"或"在建工程"科目核算的房地产	固定资产清理
个人所得税	应付职工薪酬	
耕地占用税	在建工程、固定资产、开发成本等科目	
车辆购置税	固定资产	

【知识点拨】如果是企业处置作为固定资产管理的不动产，土地增值税对应的借方科目为"固定资产清理"；城建税与教育费附加一般月末统一结算，月末直接计入"税金及附加"科目。如果是房地产企业销售作为存货管理的房产，土地增值税、城市维护建设税等对应的借方科目为"税金及附加"科目。

真题精练（客观题）

（2020年单选题）应借记资产成本而非税金及附加科目的税种是（　）。

A. 房产税　　B. 城镇土地使用税
C. 车船税　　D. 车辆购置税

解析 选项ABC，企业按规定计算应缴的房产税、城镇土地使用税、车船税，借记"税金及附加"科目。选项D，车辆购置税应该计入所购买车辆的成本中。

答案 D

六、涉税账务调整

扫我解疑难

（一）账务调整与纳税调整的关系

只有账务处理错误，才需要调账；而判断账务处理是否正确的标准是会计制度，而非税法。如果账务处理正确，只是税会有差异，做纳税调整，而不需要调账。调账与纳税调整的关系，见图4-6。

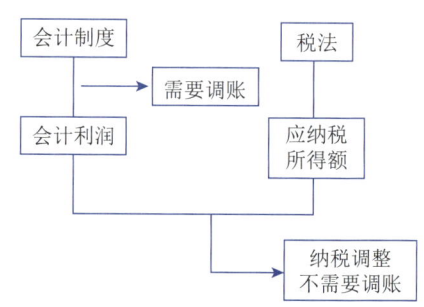

图4-6 调账与纳税调整的关系

真题精练（客观题）

（2016年单选题）税务师在进行企业所得税汇算清缴鉴证时，发现企业当年度允许扣除的职工教育经费金额为12万元，而企业实际发生并计入"管理费用——职工教育经费"的金额为18万元。对此项账务处理，税务师应（　）。

A. 仅作纳税调整增加，不做账务调整
B. 作纳税调整增加，并按红字冲销调整

账务

C．作纳税调整增加，并按补充登记法调整账务

D．作纳税调整增加，并按综合账务调整法调整账务

解析 该项业务账务处理正确，只是税法和会计相关规定有差异，所以只需要做纳税调整即可，不做账务调整。**答案** A

(二)涉税账务调整的类型★★★

根据错账发生的时间不同，可将错账分为当期发生的错账和以前年度发生的错账。

调账时要遵循总的原则：错账+调账＝正确的分录，也就是可以通过"正确的分录－错账"挤出调账分录。

1. 当期错账和以前年度错账的调账方法

错账的调账方法(见表4-20)。

表4-20 错账的调账方法

错账类型		调账方法
当期错账	一般情况	根据正常会计核算，采用上述三种方法进行调账
	按月结转利润	在本月内发现的错账，调整错账本身即可
		在本月以后发现的错账，影响到利润的账项还需要先通过相关科目最终结转到本年利润科目
以前年度错账	对上年度税收发生影响	在上一年度决算报表编制前发现的：可利用上述三种方法进行调整，对于影响利润的错账须一并调整"本年利润"科目核算的内容
		在上一年度决算报表编制之后发现的：(1)对于**不影响上年利润**的项目，可以直接进行调整；(2)对于**影响上年利润**的项目，应通过"**以前年度损益调整**"进行调整
	不影响上一年度的税收	与本年度核算和税收有关的，可以根据上一年度账项的错漏金额影响本年度税收情况，相应调整本年度有关账项

真题精练（客观题）

1．(2020年单选题)2020年1月税务师在对某企业2019年企业所得税汇算清缴进行预审时发现企业将专项工程耗用材料列入"管理费用"科目，金额100 000元，企业账务处理为：
借：管理费用　　　　　　100 000
　　贷：原材料　　　　　　100 000
该企业按月结算利润且2019年度决算报表尚未编制完成。其正确的调账分录是(　　)。

A．借：在建工程　　　　　100 000
　　贷：管理费用　　　　　100 000

B．借：在建工程　　　　　100 000
　　贷：本年利润　　　　　100 000

C．借：在建工程　　　　　100 000
　　贷：原材料　　　　　　100 000

D．借：在建工程　　　　　100 000
　　贷：以前年度损益调整　100 000

解析 对上一年度错账且对上年度税收发生影响的损益类错账，按月结算利润的，通过本年利润科目调整。**答案** B

2．(2015年单选题)税务师在2015年4月对某公司2014年度纳税情况进行审核时，发现该企业多摊销了办公室的装修费30 000元。若该公司2014年度决算报表已编制。对该项费用调整的会计分录应为(　　)。

A．借：长期待摊费用
　　贷：管理费用

B．借：长期待摊费用
　　贷：本年利润

C．借：长期待摊费用
　　贷：以前年度损益调整

D. 借：长期待摊费用
　　贷：利润分配——未分配利润

解析 对于影响上年利润的项目，由于企业在会计年度内已结账，所有的损益账户在当期都结转至"本年利润"账户，凡涉及调整会计利润的，不能用正常的核算程序对"本年利润"进行调整，而应通过"以前年度损益调整"进行调整。　**答案** ▶ C

精选例题

【例题 20 · 简答题】 某稽查局 2020 年年底对县城一企业 2020 年纳税情况进行检查，了解到该厂 7 月 1 日起将闲置不用的临街门面房四间租赁给某服装店。税务检查时，重点审核了"其他业务收入"账户，未发现有租赁收入的记载，而后又审核了"营业外收入"账户，经核对也没有结果。

于是，再进一步审核了往来结算账户，发现在"其他应付款"账户上挂了房租收入。该厂每月收取房租 6 300 元，共计收入 37 800 元，全部挂在"其他应付款——某服装店"账户上。四间门面房下半年已经缴纳房产税 3 600 元，出租四间门面房的合同上约定租期 1 年，已经按规定贴了印花税票。（提示：原有房产；选择简易计税）

请问应该如何调账？

答案 ▶

该企业将应该记入"其他业务收入"的项目错误地记入了"其他应付款"，并且未计算相应税收。调整过程为：

(1)确认收入，计算增值税。

应纳增值税 = 37 800 ÷ (1 + 5%) × 5% = 1 800(元)

调账分录：

借：其他应付款　　　　　　　　37 800
　　贷：其他业务收入　　　　　　36 000
　　　　应交税费——增值税检查调整　1 800

(2)计算补交的其他相关税费。

应补城建税 = 1 800 × 5% = 90(元)

应补教育费附加和地方教育附加 = 1 800 × (3%+2%) = 90(元)

应补房产税 = 37 800 ÷ (1 + 5%) × 12% - 3 600 = 720(元)

(3)补提城建税、教育费附加及地方教育附加、房产税。

借：税金及附加　　　　　　　　900
　　贷：应交税费——应交城建税　　　90
　　　　　　　　　——应交教育费附加　54
　　　　　　　　　——应交地方教育附加　36
　　　　　　　　　——应交房产税　　720

【例题 21 · 简答题】 如果在上例中，查账时间是 2021 年 3 月，其他条件不变，应如何调账？

答案 ▶

本例和上例的不同在于，上例是当年错账的调整，本例是跨年度错账的调整，两者不同之处在于需要将跨年度损益类错账用"以前年度损益调整"替代，同时要考虑需要补交的企业所得税问题。调整过程如下：

(1)确定收入：

借：其他应付款　　　　　　　　37 800
　　贷：以前年度损益调整　　　　36 000
　　　　应交税费——增值税检查调整　1 800

(2)补提城建税、教育费附加、房产税：

借：以前年度损益调整　　　　　　900
　　贷：应交税费——应交城建税　　　90
　　　　　　　　　——应交教育费附加　54
　　　　　　　　　——应交地方教育附加　36
　　　　　　　　　——应交房产税　　720

(3)以前年度损益调整的贷方余额 = 36 000 - 900 = 35 100(元)；

应补所得税 = 35 100 × 25% = 8 775(元)。

补提所得税：

借：以前年度损益调整　　　　　8 775
　　贷：应交税费——应交所得税　8 775

(4)结转以前年度损益调整：

借：以前年度损益调整　　　26 325
　　贷：利润分配——未分配利润
　　　　　　　　　　　　　26 325

【例题22·简答题】2021年3月某企业查账时发现2020年10月份将购进的10 000元甲材料用于扩建办公大楼，企业错误地计入了生产成本，产品已经完工入库，但尚未销售，工程尚未完工。应如何调账？

答案
调账分录为：
借：在建工程　　　　　　　10 000
　　贷：库存商品　　　　　　10 000

【例题23·简答题】如果在例题27中，该基建工程已于2021年1月完工，残值率为5%，折旧年限50年。应如何调账？

答案
由于在建工程已经完工，转入固定资产。因此调账时不再使用"在建工程"科目，而是使用"固定资产"科目，同时还需要补提2月和3月的折旧。
(1)调整错账：
借：固定资产　　　　　　　10 000
　　贷：库存商品　　　　　　10 000
(2)计提折旧：
借：管理费用
　　　　　31.67(10 000×95%÷600×2)
　　贷：累计折旧　　　　　　31.67

2. 不能直接按审查出的错误额调整利润情况的账务调整方法

不能直接按审查出的错误额调整利润情况的账务调整方法，见图4-7。

常见是在材料采购成本、原材料成本的结转、生产成本的核算中发生的错误——应将错误额根据具体情况在期末原材料、在产品、产成品和本期销售产品成本之间进行合理分摊。

第一步：计算分摊率
分摊率=审查出的错误额÷(期末材料结存成本+期末在产品结存成本+期末产成品结存成本+本期销售产品成本)

第二步：计算分摊额
①期末材料应分摊的数额=期末材料成本×分摊率
②期末在产品应分摊的数额=期末在产品成本×分摊率
③期末产成品分摊的数额=期末产成品成本×分摊率
④本期销售产品应分摊的数额=本期销售产品成本×分摊率

第三步：调整相关账户
将计算出的各环节应分摊的成本数额，分别调整有关账户，在期末结账后，当期销售产品应分摊的错账数额应直接调整利润数。

图4-7　不能直接按审查出的错误额调整利润情况的账务调整方法

【知识点拨】在计算分摊率时，应根据错误发生的环节，选择相应的项目进行分摊，不涉及的项目不参加分摊。如企业当月在生产成本转入库存商品的环节多转了金额(假如这部分库存商品部分销售了)，形成了错账，则错账金额后续影响了库存商品、主营业务成本科目，分母就是库存商品结存成本与主营业务成本的合计金额。

精选例题

【例题24·单选题】某税务师2020年12月对企业进行纳税审核，发现企业当月购进原材料时将应计入成本的50 000元运费计入了销售费用，由于企业该批材料已经部分用于产品生产，当期未全部完工，且当期完工的产品部分已经出售，所以无法按照审核发现的50 000元直接作为错账调整金额。已知企业当月的原材料科目余额是300 000元，生产成本科目余额是200 000元，库存商品科目余额是480 000元，当期发生的主营业务成本是420 000元，则本期销售产品应分摊

( )元。

A. 14 994　　B. 15 990
C. 16 994　　D. 14 894

解析 原材料部分用于生产,当期未全部完工,完工产品也只是部分售出,所以影响原材料、在产品、库存商品和已售产品的成本。

分摊率 = 50 000÷(300 000 + 200 000 + 480 000+420 000)×100% = 3.57%

本期销售产品应分摊的数额=本期销售产品成本×分摊率=420 000×3.57%=14 994(元)

答案 A

【例题25·简答题】税务师受托对某企业进行纳税审查,发现该企业2020年6月将新建厂房领用的生产用原材料30 000元计入生产成本。由于当期期末既有期末在产品,也有生产完工产品,完工产品当月对外销售一部分,因此多计入生产成本的30 000元,已随企业的生产经营过程分别进入了生产成本、产成品、产品销售成本之中。经核实,期末在产品成本为150 000元,产成品成本为150 000元,产品销售成本为300 000元。此时税务师应如何调账?

答案

第1步:计算分摊率。

分摊率=审查出的错误额/(期末结存材料成本+期末在产品结存成本+期末产成品结存成本+本期销售产品成本)

注意:具体应用时,应根据错误发生的环节,相应选择某几个项目进行分摊,不涉及的项目不参加分摊。

分摊率 = 30 000÷(150 000 + 150 000 + 300 000)×100% = 5%

第2步:计算各环节的分摊数额。

(1)在产品应分摊数额 = 150 000×5% = 7 500(元);

(2)产成品应分摊数额 = 150 000×5% = 7 500(元);

(3)本期产品销售成本应分摊数额 = 300 000×5% = 15 000(元)。

第3步:调整相关账户。

若审查期在当年:

借:在建工程　　　　　　　30 000
　　贷:生产成本　　　　　　　7 500
　　　　库存商品　　　　　　　7 500
　　　　本年利润　　　　　　 15 000

如果审查期在以后年度,则需要将"本年利润"替换为"以前年度损益调整"。

(三)涉税账务调整的基本方法★★

1. 红字冲销法

红字冲销法就是先用红字冲销原错误的会计分录,再用蓝字重新编制正确的会计分录,重新登记账簿。它适用于会计科目用错及会计科目正确但核算金额错误的情况。一般情况下,在及时发现错误、没有影响后续核算的情况下多使用红字冲销法。

精选例题

【例题26·简答题】某税务师事务所2021年2月对某商场2021年1月的纳税情况进行纳税审查,其中发现一笔业务为销售商品一批,价款45 200元(含税),收妥货款存入银行,该批商品成本30 000元,企业做如下账务处理:

借:银行存款　　　　　　　45 200
　　贷:库存商品　　　　　　 30 000
　　　　应收账款　　　　　　 15 200

请问企业账务处理是否正确?如果不正确,如何调账?

答案

对于销售商品,货物已经发出,货款已经收取,应该计入收入。企业账务处理错误。由于是当年错账,可以采用红字冲销法。

用红字冲销原账错误分录:

借:银行存款　　　　　　　-45 200
　　贷:库存商品　　　　　　-30 000
　　　　应收账款　　　　　　-15 200

再编制一套正确的会计分录:

借:银行存款　　　　　　　45 200
　　贷:主营业务收入　　　　 40 000
　　　　应交税费——应交增值税(销项

税额） 5 200
借：主营业务成本 30 000
　　贷：库存商品 30 000

2. 补充登记法

通过编制转账分录，将调整金额直接入账，以更正错账。它适用于漏记或错账所涉及的会计科目正确，但核算金额小于应计金额的情况。

3. 综合账务调整法

将红字冲销法与补充登记法综合加以运用，一般适用于会计分录借贷方，有一方会计科目用错，而另一方会计科目没有错的情况。正确的一方不调整，错误的一方用错误科目转账调整，使用正确科目及时调整。

精选例题

【例题27·简答题】 某企业将当年专项工程耗用材料列入管理费用6 000元。

借：管理费用 6 000
　　贷：原材料 6 000

对于上述错账，应如何调整？

答案

（1）该项账务处理存在的问题是错用会计科目，将应该记入"在建工程"的项目错误地记入了"管理费用"。

（2）如何调账。

对于当年的错账，调账分为两种情况：

当月发现：

借：在建工程 6 000
　　贷：管理费用 6 000

月后发现，且按月结算利润：

借：在建工程 6 000
　　贷：本年利润 6 000

对于每位刚刚开始学习《涉税服务实务》的学员而言，调账是一项比较难的任务，如何利用综合账务调整法调账，大家可以参阅图4-8。

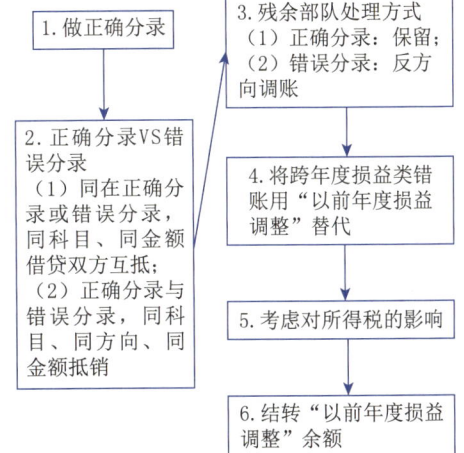

图4-8　综合账务调整法调账的建议思路

在结束本章内容学习时，我们总结一下调账的方法。

（1）首先判断是账务处理错误还是税会差异。

a. 账务处理是否错误，判断标准为会计准则或会计制度，而非税法。如果账务处理错误，需要调账；

b. 如果账务处理正确，只是税会有差异，需要进行纳税调整。纳税调整体现在纳税申报表的填写上。

（2）调账的思路：错账+调账=正确的分录。

（3）如何调账。

a. 无论何时发现错账，非损益类科目用原科目调账；

b. 损益类科目——发现错账的时间不同，调账方式有差异，见表4-21。

表4-21　损益类错账的调整

错账类型			调账所用科目
当年错账	当月已经结账		本年利润
上年错账	影响上年税收	决算报表前	原科目——本年利润
		决算报表编制后	以前年度损益调整
	影响本年税收		直接调整本年损益类科目

错账类型		调账所用科目
不能直接调整	第一步：计算分摊率 第二步：计算分摊数额 第三步：调账	

（4）注意后续影响。

a. 对企业所得税的影响。一旦利润发生变化，可能影响应纳税所得额，就涉及补或者退企业所得税；

b. 将"以前年度损益调整"的余额转入"利润分配——未分配利润"。

同步训练 限时180分钟

扫我做试题

一、单项选择题

1. 甲公司是增值税一般纳税人，2021年1月初次购入一台增值税税控系统专用设备，支付不含增值税价款3 000元，增值税税款390元，取得专票。下列相关会计分录，正确的是（　　）。
   A. 借：固定资产　　　　　　　3 000
         应交税费——应交增值税（进项税额）　　　　　　　　　390
      贷：银行存款　　　　　　　3 390
   B. 借：应交税费——应交增值税（减免税款）　　　　　　　3 390
      贷：管理费用　　　　　　　3 390
   C. 借：固定资产　　　　　　　3 000
         应交税费——应交增值税（减免税款）　　　　　　　　390
      贷：银行存款　　　　　　　3 390
   D. 借：固定资产　　　　　　　3 000
         应交税费——应交增值税（进项税额）　　　　　　　　　390
      贷：应交税费——应交增值税（减免税款）　　　　　　3 390

2. 下列关于"应交增值税"明细科目专栏核算的表述，错误的是（　　）。
   A. 一般纳税人按照现行增值税制度规定因扣减销售额而减少的销项税额在"销项税额抵减"专栏核算
   B. 一般纳税人按规定直接减免的增值税借记"减免税款"专栏
   C. 纳税人取得退还的留抵税额时，贷记"应交税费——应交增值税（进项税额转出）"科目
   D. "销项税额""出口退税""进项税额转出"和"转出未交增值税"专栏在"应交增值税"明细账的贷方

3. 某一般纳税人化工生产企业2021年3月8日销售商品给B公司，不含增值税售价100万元，成本80万元，增值税税率为13%，当天B公司开出商业承兑汇票一张，面值为113万元；3月12日，用银行存款支付2月份的应纳增值税18万元，取得完税凭证。3月份查询通过的专票12张，进项税额合计5.8万元，下列会计处理错误的是（　　）。
   A. 发生销售业务：
   借：应收票据　　　　　　1 130 000
      贷：主营业务收入　　　1 000 000
         应交税费——应交增值税（销项税额）　　　　　130 000
   B. 结转成本：

借：主营业务成本　　　　　　800 000
　　　　贷：库存商品　　　　　　　800 000
　C. 缴纳上月的增值税：
　　借：应交税费——未交增值税 180 000
　　　　贷：银行存款　　　　　　　180 000
　D. 当月月末，结转当月发生的应纳增值税：
　　借：应交税费——应交增值税　72 000
　　　　贷：应交税费——应交增值税（转出未交增值税）　　　　　　72 000
4. 某广告公司系增值税一般纳税人，2021年4月取得一笔广告费业务收入424 000元，开具专票注明价款400 000元、税额24 000元；同时，就此笔广告费业务支付某媒体含增值税广告发布费300 000元，取得专票，当月未查询抵扣。对支付广告发布费业务，广告公司正确的账务处理是（　　）。
　A. 借：主营业务成本　　　　　300 000
　　　　贷：银行存款　　　　　　　300 000
　B. 借：主营业务成本　　　　283 018.87
　　　　应交税费——待认证进项税额
　　　　　　　　　　　　　　　16 981.13
　　　　贷：银行存款　　　　　　　300 000
　C. 借：主营业务成本　　　　283 018.87
　　　　应交税费——应交增值税（销项税额抵减）　　　　　16 981.13
　　　　贷：银行存款　　　　　　　300 000
　D. 借：主营业务收入　　　　283 018.87
　　　　应交税费——应交增值税（销项税额）　　　　　　　16 981.13
　　　　贷：银行存款　　　　　　　300 000
5. 某增值税一般纳税人转让一台使用过的机器设备，该设备2007年8月购入，原价80万元，未抵扣进项税额，现在以30.9万元售出，未放弃减税。账务处理正确的是（　　）。
　A. 借：银行存款　　　　　　　309 000
　　　　贷：固定资产清理　　　　　303 000
　　　　　　应交税费——简易计税　6 000

　B. 借：银行存款　　　　　　　309 000
　　　　贷：固定资产清理　　　　　303 000
　　　　　　应交税费——未交增值税
　　　　　　　　　　　　　　　　6 000
　C. 借：银行存款　　　　　　　309 000
　　　　贷：固定资产清理　　　　　303 000
　　　　　　应交税费——应交增值税（销项税额）　　　　　6 000
　D. 借：银行存款　　　　　　　309 000
　　　　贷：固定资产清理　　　　　300 000
　　　　　　应交税费——应交增值税
　　　　　　　　　　　　　　　　9 000
6. 某房地产公司系增值税一般纳税人，2021年3月预售房地产开发项目取得预收款1 000万元，该项目为老项目，企业选择简易计税方法，收取预收款预缴增值税的账务处理为（　　）。
　A. 借：应交税费——预交增值税
　　　　　　　　　　　　　　　300 000
　　　　贷：银行存款　　　　　　　300 000
　B. 借：应交税费——简易计税
　　　　　　　　　　　　　　　300 000
　　　　贷：银行存款　　　　　　　300 000
　C. 借：应交税费——预交增值税
　　　　　　　　　　　　　　285 714.29
　　　　贷：银行存款　　　　　　285 714.29
　D. 借：应交税费——简易计税
　　　　　　　　　　　　　　285 714.29
　　　　贷：银行存款　　　　　　285 714.29
7. 某软件企业为增值税一般纳税人，2021年2月份销售自主开发的软件，当月取得不含税收入68 000元，本月购进生产资料取得专票注明的增值税为1 346元，3月收到退还税款时，正确的账务处理为（　　）。
　A. 借：银行存款　　　　　　　　2 040
　　　　贷：补贴收入　　　　　　　　2 040
　B. 借：银行存款　　　　　　　　7 494
　　　　贷：利润分配——未分配利润
　　　　　　　　　　　　　　　　7 494
　C. 借：银行存款　　　　　　　　5 454

贷：其他收益　　　　　　5 454
　D. 借：银行存款　　　　　　7 494
　　　贷：以前年度损益调整　　7 494

8. 某一般纳税人2021年3月销项税额为60万元，进项税额为80万元，3月末欠缴税款30万元尚未缴纳，则3月份企业应做的会计分录为（　）。
　A. 借：应交税费——未交增值税
　　　　　　　　　　　　　　200 000
　　　贷：应交税费——应交增值税（转出多交增值税）　　200 000
　B. 借：应交税费——应交增值税（进项税额）　　　　　200 000
　　　贷：应交税费——未交增值税
　　　　　　　　　　　　　　200 000
　C. 借：应交税费——未交增值税
　　　　　　　　　　　　　　100 000
　　　贷：应交税费——应交增值税（转出多交增值税）　　100 000
　D. 借：应交税费——应交增值税（进项税额）　　　　　-200 000
　　　贷：应交税费——未交增值税
　　　　　　　　　　　　　　-200 000

9. 某小规模纳税人2021年3月销售货物，按月申报缴纳增值税。当月开具普票，注明价款8 000元，当月购进材料取得专票上注明价款6 000元，不考虑其他涉税事项和税收优惠。当月增值税账务处理正确的是（　）。
　A. 借：银行存款　　　　　　8 000
　　　贷：主营业务收入　　　　8 000
　B. 借：银行存款　　　　　　8 000
　　　贷：主营业务收入　　7 844.66
　　　　应交税费——未交增值税
　　　　　　　　　　　　　　155.34
　C. 借：银行存款　　　　　　8 000
　　　贷：主营业务收入　　7 766.99
　　　　应交税费——应交增值税
　　　　　　　　　　　　　　233.01
　D. 借：银行存款　　　　　　8 000
　　　贷：主营业务收入　　7 844.66
　　　　应交税费——应交增值税
　　　　　　　　　　　　　　155.34

10. 某拥有进出口经营权的生产企业，2021年1月份，内销货物销项税额为50万元，进项税额为230万元，上期留抵税额为10万元，外销货物的收入是3 000万元，已知该企业增值税税率为13%，退税率为10%，则当期涉及的会计分录正确的是（　）。
　A. 借：应交税费——应交增值税（出口抵减内销产品应纳税额）
　　　　　　　　　　　　　3 000 000
　　　贷：应交税费——应交增值税（出口退税）　　3 000 000
　B. 借：应收出口退税款——增值税
　　　　　　　　　　　　　3 000 000
　　　贷：应交税费——应交增值税（出口退税）　　3 000 000
　C. 借：应收出口退税款——增值税
　　　　　　　　　　　　　1 000 000
　　　应交税费——应交增值税（出口抵减内销产品应纳税额）
　　　　　　　　　　　　　2 000 000
　　　贷：应交税费——应交增值税（出口退税）　　3 000 000
　D. 借：应收出口退税款——增值税
　　　　　　　　　　　　　1 300 000
　　　应交税费——应交增值税（出口抵减内销产品应纳税额）
　　　　　　　　　　　　　1 700 000
　　　贷：应交税费——应交增值税（出口退税）　　3 000 000

11. 某自营出口生产企业是增值税一般纳税人，专门从事进料加工业务，计划分配率为30%，出口货物的征税率为13%，退税率为10%。2021年3月有关经营业务为：购进原材料一批，取得的专票注明的价款200万元，外购原材料准予抵扣进项税额26万元通过认证。上期末留抵税额 6 万元。本月内销货物不含税销售额 100 万元，收款 113 万元存入银行。本月进料加工出口货物离岸价折合人民币 210 万元。该企业当月的增值税免抵税额为( )万元。

A. 0　　　　　　B. 0.11
C. 14.7　　　　　D. 14.59

12. 某一般纳税人股份公司 2016 年 2 月成立，2021 年 4 月将购进的货物与其他公司(一般纳税人)的货物进行交换，双方互开专票，假定上述交易具有商业实质且公允价值能够可靠计量，则该公司正确的会计处理是( )。

A. 借：库存商品
　　　应交税费——应交增值税(进项税额)
　　贷：库存商品
　　　应交税费——应交增值税(进项税额转出)

B. 借：库存商品
　　　应交税费——应交增值税(进项税额)
　　贷：库存商品
　　　应交税费——应交增值税(销项税额)

C. 借：库存商品
　　　应交税费——应交增值税(进项税额)
　　贷：主营业务收入
　　　应交税费——应交增值税(销项税额)
　　借：主营业务成本
　　贷：库存商品

D. 借：库存商品
　　贷：其他业务收入
　　　应交税费——应交增值税
　　借：其他业务成本
　　贷：库存商品

13. 下列会计分录，错误的是( )。
A. 小规模纳税人零售商品：

借：银行存款
　　贷：主营业务收入
　　　应交税费——应交增值税

B. 一般纳税人处置已使用过的 2010 年 3 月份购置的生产设备：

借：银行存款
　　贷：固定资产清理
　　　应交税费——应交增值税(销项税额)

C. 一般纳税人处置已使用过的 2010 年 2 月份购置的小汽车：

借：银行存款
　　贷：固定资产清理
　　　应交税费——应交增值税(销项税额)

D. 小规模纳税人处置已使用过的生产设备：

借：银行存款
　　贷：固定资产清理
　　　应交税费——应交增值税

14. 某化妆品生产企业主要生产销售高档化妆品，2021 年 1 月 15 日，通过银行转账上缴 2020 年 12 月的应纳消费税 150 000 元。则正确的会计处理为( )。

A. 借：以前年度损益调整　150 000
　　贷：银行存款　　　　　150 000

B. 借：税金及附加　　　　150 000
　　贷：银行存款　　　　　150 000

C. 借：以前年度损益调整　150 000
　　贷：应交税费——应交消费税
　　　　　　　　　　　　150 000

D. 借：应交税费——应交消费税
　　　　　　　　　　　　150 000
　　贷：银行存款　　　　　150 000

15. 税务师 2021 年 2 月份受托为某企业(一般纳税人)审核上年的所得税纳税情况，发现该企业 2019 年 10 月销售啤酒收取的包装物押金未退还，仍然在其他应付款中挂账，企业已结账。税务师应做的调整分录为( )。

A. 借：其他应付款

贷：利润分配——未分配利润
　　　应交税费——应交增值税
　　　　（销项税额）

B. 借：其他应付款
　　贷：以前年度损益调整
　　　　应交税费——应交增值税
　　　　　（销项税额）

C. 借：其他应付款
　　贷：本年利润
　　　　应交税费——应交增值税
　　　　　（销项税额）

D. 借：其他应付款
　　贷：以前年度损益调整
　　　　应交税费——应交增值税
　　　　　（销项税额）
　　　　应交税费——应交消费税

16. 某工业企业购置一辆小汽车自用，根据税法规定，缴纳了车辆购置税50 000元，则正确的会计处理为(　　)。

A. 借：管理费用　　　　　　50 000
　　贷：应交税费——应交车辆购置税　　　　　　　　50 000

B. 借：固定资产　　　　　　50 000
　　贷：应交税费——应交车辆购置税　　　　　　　　50 000

C. 借：管理费用　　　　　　50 000
　　贷：银行存款　　　　　　50 000

D. 借：固定资产　　　　　　50 000
　　贷：银行存款　　　　　　50 000

17. 下列关于企业所得税暂时性差异的陈述，正确的是(　　)。

A. 当资产的账面价值小于计税基础时，会产生可抵扣暂时性差异

B. 当资产的账面价值大于计税基础时，会产生可抵扣暂时性差异

C. "递延所得税负债"的余额=该时期发生的应纳税暂时性差异×当时的税率

D. 当负债的账面价值小于计税基础时，会产生可抵扣暂时性差异

18. 下列涉税处理错误的是(　　)。

A. 某煤矿企业销售原煤，应交纳的资源税，借记"税金及附加"，贷记"应交税费——应交资源税"

B. 某房地产开发企业，销售商品房，计算缴纳的土地增值税，借记"开发成本"，贷记"应交税费——应交土地增值税"

C. 某工业企业处置旧厂房，计算缴纳的土地增值税，借记"固定资产清理"，贷记"应交税费——应交土地增值税"

D. 某企业按规定占用耕地修建厂房，计算缴纳的耕地占用税，借记"在建工程"，贷记"银行存款"

19. 下列一般纳税人涉税会计分录中，错误的是(　　)。

A. 企业按规定计算的应代扣代缴的职工个人所得税，应借记"应付职工薪酬"，贷记"应交税费——应交个人所得税"

B. 如果企业当月多缴了增值税，应借记"应交税费——应交增值税"，贷记"应交税费——未交增值税"

C. 企业按规定应交的消费税，应借记"税金及附加"，贷记"应交税费——应交消费税"

D. 使用加计抵减政策的企业实际缴纳增值税时，按应纳税额借记"应交税费——未交增值税"等科目，按实际纳税金额贷记"银行存款"科目，按加计抵减的金额贷记"其他收益"科目

20. 某增值税一般纳税人进口货物取得的属于增值税扣税范围的海关缴款书，并于当月向主管税务机关报送《海关完税凭证抵扣清单》(电子数据)，申请稽核比对。对尚未取得稽核相符结果的海关缴款书进项税额，企业的会计处理为(　　)。

A. 记入"应交税费——应交增值税(进项税额)"科目

B. 记入"应交税费——待认证进项税额"科目

C. 记入"应交税费——未交增值税"科目
D. 记入"应交税费——待抵扣进项税额"科目

21. 金融商品转让按规定以盈亏相抵后的余额作为销售额，其增值税会计核算中涉及的科目是( )。
    A. 应交税费——应交增值税
    B. 应交税费——未交增值税
    C. 应交税费——转让金融商品应交增值税
    D. 应交税费——应交增值税（销项税额抵减）

22. 某商场与某手机代理商签订合同约定，将一柜台出租给手机代理商，租期2021年1月1日-2021年3月31日，共3个月，不含增值税月租金10万元，于2021年3月31日一次性付清。对于该业务该商场选择一般计税方法，则2021年1月31日应进行的账务处理是( )。
    A. 不做任何账务处理
    B. 借：应收账款　　　　　　　109 000
          贷：主营业务收入　　　　100 000
              应交税费——应交增值税
              （销项税额）　　　　　9 000
    C. 借：应收账款　　　　　　　109 000
          贷：主营业务收入　　　　100 000
              应交税费——待转销项税额
              　　　　　　　　　　　9 000
    D. 借：应收账款　　　　　　　100 000
          贷：主营业务收入　　　　100 000

23. 委托方将收回的委托加工应税消费品，用于连续生产应税消费品，其被代收消费税的会计处理是( )。
    A. 借：委托加工物资
          贷：银行存款
    B. 借：委托加工物资
          贷：应交税费——应交消费税
    C. 借：应交税费——应交消费税
          贷：银行存款
    D. 借：税金及附加
          贷：应交税费——应交消费税

24. 下列关于账务调整的说法，错误的是( )。
    A. 因会计核算错误而导致的多缴税或少缴税，应先调整账务处理，然后确定应补或应退税额
    B. 账务调整要与现行的财务会计准则相一致，要与税法的有关会计核算相一致
    C. 在账务调整方法的运用上，能用红字冲销法，则不用补充调整法
    D. 月度结账前的错账或漏账，可以在当期的有关账户直接调整

25. 税务师对某企业纳税情况审核时，发现该企业计提12月份折旧时多计提了上月新购固定资产产生的折旧3 000元，则较为恰当的调账方法是( )。
    A. 红字冲销法
    B. 补充登记法
    C. 综合账务调整法
    D. 分配率调整法

26. 某税务师于2020年12月对企业2020年的纳税情况进行审核时发现，2019年8月销售啤酒收取的已逾期的包装物押金22 600元仍然在其他应付款的贷方挂账，则以下调整分录中正确的是( )。
    A. 借：其他应付款　　　　　　22 600
          贷：以前年度损益调整　　22 600
    B. 借：其他应付款　　　　　　22 600
          贷：利润分配——未分配利润
              　　　　　　　　　　22 600
    C. 借：其他应付款　　　　　　22 600
          贷：其他业务收入　　　　22 600
    D. 借：其他应付款　　　　　　22 600
          贷：其他业务收入　　　　20 000
              应交税费——应交增值税
              （销项税额）　　　　　2 600

27. 税务师于2021年3月份审核某企业纳税情况时发现，2020年11月该企业以含税价60 000元出售一台使用过的固定资产，出售时会计核算为：
    借：银行存款　　　　　　　　60 000

贷：固定资产清理 58 834.95
　　应交税费——简易计税 1 165.05
经进一步审核发现，该固定资产于2012年2月份购进并投入使用，购进时取得专票注明金额80 000元、税额13 600元，进项税额已申报抵扣。对于此项错账，正确的账务调整是(　　)。

A. 借：应交税费——简易计税
　　　　　　　　　　　　1 165.05
　　固定资产清理　　5 737.6
　　贷：应交税费——应交增值税
　　　　（销项税额）　　6 902.65

B. 借：其他应收款　　1 165.05
　　以前年度损益调整　5 737.6
　　贷：应交税费——应交增值税
　　　　（销项税额）　　6 902.65

C. 借：以前年度损益调整　5 737.6
　　贷：应交税费——简易计税
　　　　　　　　　　　　5 737.6

D. 借：应交税费——简易计税
　　　　　　　　　　　　1 165.05
　　以前年度损益调整　6 634.95
　　贷：应交税费——应交增值税
　　　　（进项税额转出）　　7 800

28. 某税务师2021年3月对企业2020年纳税审核时，发现企业在2020年8月份结转完工产品成本时，多结转成本20 000元，进一步审核出、入库单等原始凭证时，确定该批产品已经在2020年12月全部出售，该企业2020年已结账，则以下调整分录中正确的是(　　)。

A. 借：生产成本　　20 000
　　贷：库存商品　　20 000

B. 借：生产成本　　20 000
　　贷：主营业务成本　20 000

C. 借：生产成本　　20 000
　　贷：以前年度损益调整　20 000

D. 借：生产成本　　20 000
　　贷：利润分配——未分配利润
　　　　　　　　　　　　20 000

29. 税务师受托对某企业进行纳税审核，发现该企业某月份将福利部门领用的原材料20 000元，计入生产费用，经核实当月期末材料结存成本为50 000元，期末在产品结存成本为80 000元，期末产成品结存成本为120 000元，本期销售成本发生额为200 000元，则税务师采用"按比例分摊法"计算的分摊系数为(　　)。

A. 0.08　　B. 0.05
C. 0.04　　D. 0.044 4

30. 某税务师2021年3月对企业2020年的纳税情况进行审核，发现企业12月份将福利部门领用的外购库存材料成本30 000元计入生产成本中，由于企业生产产品成本已经进行了部分结转和销售，所以无法按照审核发现的30 000元直接作为错账调整金额。2020年底企业的原材料科目余额是80 000元，生产成本科目余额是120 000元，库存商品科目余额是400 000元，主营业务成本是480 000元，则以下会计调整分录中，错误的是(　　)。(增值税税率13%，所得税税率25%，忽略城建税及附加的影响)

A. 借：以前年度损益调整　10 800
　　贷：利润分配——未分配利润
　　　　　　　　　　　　10 800

B. 借：应付职工薪酬——福利费
　　　　　　　　　　　　33 900
　　贷：生产成本　　3 600
　　　　库存商品　　12 000
　　　　以前年度损益调整　14 400
　　　　应交税费——应交增值税
　　　　（进项税额转出）　　3 900

C. 借：应付职工薪酬——福利费
　　　　　　　　　　　　33 900
　　贷：生产成本　　3 360
　　　　库存商品　　2 240
　　　　以前年度损益调整　24 400
　　　　应交税费——应交增值税
　　　　（销项税额）　　3 900

D. 借：以前年度损益调整　　　3 600
　　　贷：应交税费——应交所得税
　　　　　　　　　　　　　　3 600

31. 2021年1月，税务师受托对某商业批发企业2020年企业所得税纳税情况进行审核，发现该企业销售商品的成本多结转40 000元，若该企业2020年年度决算报表尚未编制，多结转成本的调整分录为（　　）。

A.（1）借：主营业务成本　　-40 000
　　　　　贷：库存商品　　　-40 000
（2）借：本年利润　　　　　-40 000
　　　　贷：主营业务成本　　-40 000

B. 借：利润分配——未分配利润
　　　　　　　　　　　　　　-40 000
　　　贷：库存商品　　　　　-40 000

C. 借：库存商品　　　　　　40 000
　　　贷：以前年度损益调整　40 000

D.（1）借：库存商品　　　　40 000
　　　　贷：以前年度损益调整
　　　　　　　　　　　　　　30 000
　　　　　　应交税费——应交所得税
　　　　　　　　　　　　　　10 000
（2）借：以前年度损益调整　30 000
　　　　贷：利润分配——未分配利润
　　　　　　　　　　　　　　30 000

二、多项选择题

1. 下列项目中，属于增值税一般纳税人的企业应计入收回委托加工物资成本的有（　　）。
   A. 支付的委托加工费
   B. 随同加工费支付的取得专票注明的增值税（已通过查询）
   C. 支付的收回后用于连续生产符合条件应税消费品的委托加工物资的消费税
   D. 随同加工费支付的取得普票包含的增值税
   E. 发出的用于委托加工物资的材料

2. 下列一般纳税人会计核算正确的有（　　）。
   A. 企业当月上缴上月应交未缴的增值税时，借记"应交税费——未交增值税"科目，贷记"银行存款"
   B. 退回所购货物应冲销的进项税额，用红字登记"进项税额"专栏
   C. 企业按规定计算的应代扣代缴的职工个人所得税，借记"应付职工薪酬"科目，贷记"应交税费——应交个人所得税"科目
   D. 月度终了，企业应该将"应交税费——应交增值税"的借方余额转入"应交税费——未交增值税"中
   E. 一般纳税人采用简易计税方法计算增值税时，预缴的增值税通过"应交税费——简易计税"核算

3. 增值税一般纳税人初次购买增值税税控系统专用设备，支付款项取得合规票据后的账务处理中，涉及的会计科目包括（　　）。
   A. 固定资产
   B. 应交税费——应交增值税（进项税额）
   C. 应交税费——应交增值税（减免税额）
   D. 递延收益
   E. 管理费用

4. 2021年3月经税务师事务所检查，发现年初购进的一批原材料用于企业的职工食堂建设，企业以账面金额20 000元（不含税价格）结转至"其他业务成本"科目中核算。工程尚未完工。如果该企业在本月调账，并于3月31日前补缴税款入库（不考虑滞纳金和罚款）。下列会计分录正确的有（　　）。

   A. 借：在建工程　　　　　22 600
      　贷：其他业务成本　　20 000
      　　　应交税费——应交增值税（进项税额转出）　　　　　2 600

   B. 借：应交税费——应交增值税（转出未交增值税）　　　　2 600
      　贷：应交税费——未交增值税　　　　　　　　　　　　2 600

   C. 借：应交税费——未交增值税
      　　　　　　　　　　　　　　2 600
      　贷：银行存款　　　　　2 600

D. 借：在建工程　　　　　　22 600
　　贷：其他业务成本　　　　20 000
　　　　应交税费——应交增值税(销项税额)　　　　　　　　2 600

E. 借：在建工程　　　　　　22 600
　　贷：其他业务成本　　　　20 000
　　　　应交税费——增值税检查调整　　　　　　　　　　2 600

5. 下列税金应在"税金及附加"科目中核算的有( )。
   A. 印花税
   B. 城镇土地使用税
   C. 车辆购置税
   D. 耕地占用税
   E. 房产税

6. 某企业(增值税一般纳税人)2018年1月1日采用具有融资性质分期收款方式销售产品一批，不含税价款1 500 000元，成本800 000元，合同规定货款分别于2019年1月1日、2020年1月1日、2021年1月1日分三次等额支付。假定该产品的现销价格为1 200 000元。下列说法正确的有( )。
   A. 增值税纳税义务于2018年1月1日发生
   B. 增值税纳税义务于合同规定的收款日期，即2019年1月1日、2020年1月1日、2021年1月1日发生
   C. 会计上于2018年1月1日确认收入
   D. 会计上分别于2019年1月1日、2020年1月1日、2021年1月1日确认收入
   E. 由于会计上收入确认时间早于增值税纳税义务发生时间，因此2018年1月1日应该通过"应交税费——待转销项税额"核算增值税

7. 小规模纳税人增值税会计核算中，需要设置的会计科目包括( )。
   A. 应交税费——应交增值税
   B. 应交税费——未交增值税
   C. 应交税费——转让金融商品应交增值税
   D. 应交税费——简易计税
   E. 应交税费——代扣代交增值税

8. 某一般纳税人企业2021年3月购入一台生产设备，取得专票上注明设备价款60 000元，进项税额7 800元，当月认证通过，无其他购进业务，本期销项税额为50 000元，上期留抵税额为32 000元，当月的会计处理正确的有( )。
   A. 借：固定资产　　　　　　60 000
   　　应交税费——应交增值税(进项税额)　　　　　　　　　7 800
   　　贷：银行存款　　　　　　67 800
   B. 借：固定资产　　　　　　67 800
   　　贷：银行存款　　　　　　67 800
   C. 借：应交税费——应交增值税(转出未交增值税)　　　　18 000
   　　贷：应交税费——未交增值税　　　　　　　　　　　　18 000
   D. 借：应交税费——应交增值税(转出未交增值税)　　　　10 200
   　　贷：应交税费——未交增值税　　　　　　　　　　　　10 200
   E. 借：应交税费——未交增值税　　　　　　　　　　　　10 200
   　　贷：应交税费——应交增值税(转出多交增值税)　　　　10 200

9. 月度终了，增值税一般纳税人的( )明细科目的余额应该转入"应交税费——未交增值税"中。
   A. 简易计税
   B. 应交增值税
   C. 预交增值税
   D. 代扣代缴增值税
   E. 待抵扣进项税额

10. 某啤酒厂销售啤酒时，采用购买者可以免费使用啤酒储藏罐1年的优惠政策，为了保证啤酒罐按时收回，啤酒厂在提供啤酒罐时，每个啤酒罐收取2 000元的押金。2020年6月，当月销售啤酒200吨，每吨不含税价格2 800元，共发出免费使

用啤酒罐 20 个。对啤酒罐押金进行审核时，发现以前年度发出的啤酒罐有 50 个已经逾期 1 年，针对 2020 年 6 月业务会计处理中正确的有（　　）。（消费税率：啤酒每吨出厂价格在 3 000 元以上的，税额为每吨 250 元；3 000 元以下的，税额为每吨 220 元。）

A. 借：银行存款　　　　　　　672 800
　　　贷：主营业务收入　　　　560 000
　　　　　应交税费——应交增值税
　　　　　（销项税额）　　　　72 800
　　　　　其他应付款　　　　　40 000

B. 借：银行存款　　　　　　　672 800
　　　贷：主营业务收入　　　　595 398.23
　　　　　应交税费——应交增值税
　　　　　（销项税额）　　　　77 401.77

C. 借：其他应付款　　　　　　100 000
　　　贷：其他业务收入　　　　88 495.58
　　　　　应交税费——应交增值税
　　　　　（销项税额）　　　　11 504.42

D. 借：税金及附加　　　　　　50 000
　　　贷：应交税费——应交消费税
　　　　　　　　　　　　　　　50 000

E. 借：税金及附加　　　　　　44 000
　　　贷：应交税费——应交消费税
　　　　　　　　　　　　　　　44 000

11. 某钢铁公司为上市公司，2021 年 1 月发生如下经济业务，已作出了相应的会计处理，税务师审核时认为正确的有（　　）。（假设相关业务中涉及原外购货物及材料的进项税额均已抵扣）

A. 将外购钢材转用于企业的厂房建设：
　借：在建工程
　　　贷：原材料
　　　　　应交税费——应交增值税（进项税额转出）

B. 委托地板厂为其加工一批办公楼装修用的实木地板，支付的受托方代收代缴的消费税：
　借：委托加工物资

　　　贷：银行存款

C. 将自己生产的产品分配给投资者，作为本期的利润分配：
　借：应付股利
　　　贷：库存商品
　　　　　应交税费——应交增值税（销项税额）

D. 将外购文具用品一批赠送给希望小学：
　借：营业外支出
　　　贷：低值易耗品
　　　　　应交税费——应交增值税（销项税额）

E. 将自产的产品用于抵债：
　借：应付账款
　　　贷：主营业务收入
　　　　　应交税费——应交增值税（销项税额）

12. 下列一般纳税人账务处理正确的有（　　）。

A. 收到出口退还的增值税：
　借：银行存款
　　　贷：应收出口退税款——增值税

B. 直接减免的增值税：
　借：应交税费——应交增值税（减免税款）
　　　贷：其他收益

C. 对于外贸企业出口购进的应税消费品，计提出口应退还的消费税：
　借：应收出口退税款——消费税
　　　贷：主营业务成本

D. 收到即征即退的增值税：
　借：银行存款
　　　贷：其他收益

E. 收到先征后返的增值税：
　借：银行存款
　　　贷：税金及附加

13. 2021 年 4 月某外贸企业本期购进 A 货物用于出口，购进价格为 235 294.12 元，进项税额为 30 588.24 元；内销 B 货物销项税额为 12 000 元。外销 A 货物离岸价折合人民币为 300 000 元，退税率为

10%。该企业经营货物适用的增值税率均为13%。下列正确的会计处理有( )。

A. 借：主营业务成本　　　7 058.83
　　　贷：应交税费——应交增值税
　　　　（进项税额转出）　7 058.83

B. 借：应交税费——应交增值税（出口抵减内销产品应纳税额）
　　　　　　　　　　　　17 000
　　　应收出口退税款——增值税
　　　　　　　　　　　　13 000
　　　贷：应交税费——应交增值税
　　　　（出口退税）　　 30 000

C. 借：应收出口退税款——增值税
　　　　　　　　　　　　23 529.41
　　　贷：应交税费——应交增值税
　　　　（出口退税）　　 23 529.41

D. 借：应收出口退税款　 13 000
　　　贷：应交税费——应交增值税
　　　　（出口退税）　　 13 000

E. 借：应收出口退税款　 20 000
　　　贷：应交税费——应交增值税
　　　　（出口退税）　　 20 000

14. 2021年3月某工业企业（一般纳税人），将自产的一批产品委托某商场（一般纳税人）代销，当期发出产品的成本为80 000元，不含税售价100 000元，按照合同约定，企业按照商场实际不含税销售额的10%支付代销手续费。4月，企业收到商场代销清单，清单注明，销售代销商品的80%，商场已将扣除手续费（含税）8 000元后的金额通过银行转账的方式支付给该企业，该企业取得商场开具的手续费普票后，将专票开具给对方。则工业企业应做的会计处理有( )。

A. 发出代销商品时：
　　借：发出商品　　　　　80 000
　　　贷：库存商品　　　　80 000

B. 发出代销商品时：
　　借：应收账款　　　　　80 000
　　　贷：库存商品　　　　80 000

C. 收到代销清单时：
　　借：银行存款　　　　　82 400
　　　销售费用　　　　　　8 000
　　　贷：主营业务收入　　80 000
　　　　应交税费——应交增值税（销项税额）　　　　　10 400

D. 结转代销商品成本时：
　　借：主营业务成本　　　64 000
　　　贷：应收账款　　　　64 000

E. 结转代销商品成本时：
　　借：主营业务成本　　　64 000
　　　贷：发出商品　　　　64 000

15. 某生产企业2021年6月因管理不善使外购的甲材料损失100吨，生产完工的A产品损失200箱。甲材料采购价格500元/吨，市场价格600元/吨，损失甲材料的账面价值为59 300元，除了材料的购买价款以外，其他为支付的运费，取得专票，并已经抵扣进项税。A产品每箱成本1万元，不含税售价1.3万元，主要耗用外购乙材料生产，原材料占生产成本的60%，则以下说法正确的有( )。（甲材料、乙材料、A产品适用的增值税率均为13%，均不属于应税消费品。该损失经董事会批准计入营业外支出处理）

A. 进项税额转出金额为16.33万元
B. 进项税额转出金额为15.60万元
C. 进项税额转出金额为0.73万元
D. 销项税额为44.20万元
E. 营业外支出金额为222.26万元

16. 甲企业（系增值税一般纳税人）某月"库存商品"账户的贷方发生额大于当期结转的主营业务成本，则甲企业有可能发生了( )。

A. 商业折扣行为
B. 自产货物因管理不善被盗的行为
C. 在建工程领用自产货物行为
D. 将自产货物抵偿债务的行为
E. 将自产货物用于无偿赠送给敬老院行为

17. 甲公司2020年初开始对销售部门用的设备提取折旧，该设备原价为40万元，假定无残值，会计上采用两年期直线法计提折旧，税务口径认可四年期直线法计提折旧。假定每年的税前会计利润为100万元，所得税率为25%，企业已决定不采用特殊性加速折旧方法，不考虑其他事项，2020年的暂时性差异反映分录有( )。

A. 递延所得税资产的借方是2.5万元
B. 递延所得税资产贷方是2.5万元
C. 应交所得税贷方是27.50万元
D. 递延所得税负债贷方是2.5万元
E. 应交所得税贷方是25万元

18. 下列涉税会计处理，正确的有( )。

A. 企业预缴增值税适用一般计税方法时，借记"应交税费——预交增值税"科目，贷记"银行存款"科目
B. 金融商品实际转让月末，如产生转让收益，则按应纳税额借记"投资收益"等科目，贷记"应交税费——转让金融商品应交增值税"科目
C. 进口环节缴纳消费税不通过"应交税费——应交消费税"科目核算
D. 随产品销售但单独计价的包装物，收入计入"其他业务收入"，应交消费税记入"其他业务成本"科目
E. 委托方将委托加工产品收回后用于连续生产应税消费品的，被代收代缴的消费税记入"应交税费——应交消费税"借方

19. 下列关于上一年度错误账务处理的调整方法的表述中，说法正确的有( )。

A. 上一年度错账且对上年度税收发生影响的，如果在上一年度决算报表编制后发现的，即使不影响利润，也要通过"以前年度损益调整"进行调整
B. 上一年度错账且对上年度税收发生影响的，如果在上一年度决算报表编制前发现的，可直接调整上年度账项，对于影响利润的错账须一并调整"本年利润"科目核算的内容
C. 上一年度错账且对上年度税收发生影响的，如果在上一年度决算报表编制后发现的，如果影响上年度会计利润，要通过"以前年度损益调整"账户进行调整
D. 上一年度错账且对上年度税收没有影响的，但是与本年度核算和税收有关的，可以根据上一年度账项的错漏金额影响本年度税收情况，通过"以前年度损益调整"账户进行调整
E. 上一年度错账且对上年度税收没有影响的，但是与本年度核算和税收有关的，可以根据上一年度账项的错漏金额影响本年度税收情况，相应调整本年度有关账项

20. 税务师在2021年4月对某工业企业上半年的纳税情况进行审核时发现，该企业2021年1月有一项办公室装修业务，领用库存材料30 000元的账务处理为：

借：生产成本　　　　　　　30 000
　　贷：原材料　　　　　　　30 000

该企业按月结转利润，各期生产销售均衡，各期原材料、在产品和产成品都有一定数量的余额。税务师按照"比例分摊法"计算调整额，在调账处理时涉及的调整科目有( )。(企业按年结转损益)

A. 原材料
B. 生产成本
C. 库存商品
D. 以前年度损益调整
E. 本年利润

21. 某税务师事务所2021年2月对某企业2020年度纳税情况审核中发现多提厂房租金100 000元，则调账分录应包括( )。

A. 借：其他应付款　　　　　100 000
　　贷：以前年度损益调整　 100 000
B. 借：以前年度损益调整　　 25 000
　　贷：应交税费——应交所得税
　　　　　　　　　　　　　　25 000
C. 借：所得税费用　　　　　 25 000
　　贷：应交税费——应交所得税
　　　　　　　　　　　　　　25 000

D. 借：以前年度损益调整　　75 000
　　贷：利润分配——未分配利润
　　　　　　　　　　　　　75 000
E. 借：本年利润　　　　　25 000
　　贷：所得税费用　　　　25 000

22. 某税务师于 2021 年 2 月对某生产企业 2020 年的纳税情况进行审核时(该企业上年度已经结账)，发现企业 2020 年 8 月将自产的产品(市场价格 60 000 元，成本价格 50 000 元)用于以物易物，换入同价格商品，具有商业实质，双方均未开具专票，作出以下会计分录：
借：库存商品　　　　　　56 500
　贷：库存商品　　　　　　50 000
　　　应交税费——应交增值税（进项税额转出）　　　　　6 500
企业已按照当年利润计缴了企业所得税。则以下调整会计分录中，正确的有（　）。（企业所得税税率 25%，增值税税率为 13%）

A. 借：库存商品　　　　　3 500
　　应交税费——应交增值税（进项税额）　　　　　　7 800
　　贷：以前年度损益调整　10 000
　　　　应交税费——应交增值税（进项税额转出）　　－6 500
　　　　应交税费——应交增值税（销项税额）　　　　7 800

B. 借：库存商品　　　　－6 500
　　贷：应交税费——应交增值税（进项税额转出）　－6 500

C. 借：应交税费——应交所得税
　　　　　　　　　　　　　2 500
　　贷：以前年度损益调整　2 500

D. 借：库存商品　　　　 11 300
　　贷：以前年度损益调整　10 000
　　　　应交税费——应交增值税（进项税额转出）　－6 500
　　　　应交税费——应交增值税（销项税额）　　　　7 800

E. 借：以前年度损益调整　7 500
　　贷：利润分配——未分配利润
　　　　　　　　　　　　　7 500

23. 税务师在 2021 年 3 月对某工业企业 2020 年度年终结账后的纳税情况进行审核时发现，该企业 2020 年 8 月有一笔新建厂房领用库存材料 30 000 元的账务处理为：
借：生产成本　　　　　　30 000
　贷：原材料　　　　　　　30 000
该在建工程尚未完工。该企业各期生产销售均衡，各期原材料、在产品和产成品都有一定数量的余额。税务师按照"比例分摊法"计算调整额，在调账处理时计入贷方调整科目的有（　）。

A. 原材料
B. 生产成本
C. 库存商品
D. 以前年度损益调整
E. 应交税费——应交增值税（进项税额转出）

三、简答题

1. 位于市区的某公司为"营改增"一般纳税人，自 2020 年 7 月 1 日起，签订经营租赁合同出租房产，合同约定租赁期五年，每年含税租金 10 万元，并约定第一年 7 月 1 日一次性向租赁方收取 50 万元房屋租金，一次性开具发票。公司选择简易计税方法计算增值税。问题：
(1)上述出租房产业务 2020 年的增值税和企业所得税应如何处理？
(2)假设当期无其他业务，就第一年收取租金、计提税金及附加、结转收入和税费的业务作出账务处理。

2. 鼎盛公司是一家经人民银行批准专业从事汽车租赁的企业(增值税一般纳税人)，该公司 2020 年发生如下业务：
(1)10 月，公司购入 10 台汽车，收到机动车销售统一发票，支付价款 180 万元，增值税税额 23.4 万元，暂未认证。
(2) 10 月，企业缴纳当年的增值税防伪税控系统技术服务费，用银行存款支付，取得专票，不含税价款 300 元，增值税税额 18 元。
(3) 11 月，鼎盛公司将其 10 月购入的 10 台汽车对外出租，租赁期限 1 个月，取得不含税租金收入 15 万元，款项已经收到。
(4) 10 月取得机动车销售统一发票于 12 月通过查询。
(5) 12 月，购入融资租赁用汽车 5 台，购入价 50 万元，增值税税额 6.5 万元，取得机动车销售统一发票并通过查询；支付车辆购置税 5 万元，并取得完税凭证。
要求：针对上述业务进行相应的涉税会计处理。

3. 东大股份公司主要生产电器。2021 年 3 月内销产品收入 2 000 万元，出口产品 5 万台(包括一般货物出口和进料加工复出口，其中，本期进料加工出口货物人民币离岸价为 12 万元人民币，进料加工计划分配率为 60%)，离岸价格为每台 100 美元，外汇人民币牌价为 1 美元：6.6 元人民币；上期留抵税额 10 万元，本期进项税额 100 万元。另有一批上月购买的原材料 100 万元，增值税税额 13 万元当时计入了进项税额，本月转用于装修职工食堂。该企业的电器产品出口退税率为 12%。该企业按《生产企业出口货物免、抵、退税申报汇总表》申报数进行会计处理，申报数和税务机关审批数一致。企业每月税款集中在下月 15 日前一次性缴纳。
问题：计算当期"免、抵、退"应纳增值税并进行相应的会计处理。

4. 甲公司是一家从事蔬菜批发和深加工业务的大型企业，属于增值税一般纳税人。公司发生如下业务：
(1) 2020 年 6 月 5 日，公司购入一座厂房，取得专票并认证通过，专票上注明的金额为 10 000 万元，增值税税额 900 万元。该厂房既用于增值税应税项目，又用于集体福利项目。甲公司按照固定资产管理该办公楼，假定分 20 年计提折旧，无残值。
(2) 2020 年 10 月将该厂房改变用途，专用于集体福利项目。
要求：针对上述业务，分别作出甲公司增值税相关的会计核算分录(单位：万元)。

5. 某税务师事务所 2021 年 3 月对某市一企业 2020 年度 6 月账册进行审查，发现如下问题：
(1) 该企业将自产产品用于扩建厂房，该项在建工程 2020 年度未完工，产品成本 8 000，市价 12 000。账务处理如下：
借：管理费用　　　　　　　8 000
　　贷：库存商品　　　　　　　8 000
(2) 将自产产品转作固定资产。产品成本 120 000 元，市价 180 000 元。账务处理如下：
借：固定资产　　　　　　120 000
　　贷：库存商品　　　　　　120 000
(3) 对某应收账款计提坏账准备：
借：资产减值损失　　　　　5 000
　　贷：坏账准备　　　　　　　5 000
借：本年利润　　　　　　　5 000
　　贷：资产减值损失　　　　　5 000
假定该企业 2020 年度已经结账，利润总额为 300 万元，计提企业所得税 750 000 元。
请回答以下问题：
(1) 请指出以上账务处理存在哪些问题？
(2) 请作出账务调整分录，并计算应补交的企业所得税？

四、综合分析题

1. 远洋公司为增值税一般纳税人，除农产品外，其余商品适用的增值税税率为 13%。商品销售价格除特别注明外均为不含税价格，销售实现时结转成本。2021 年 2 月，远洋公司业务情况如下：
(1) 2 月 1 日，收到 A 公司来函，要求对

2021年1月15日所购商品在价格上给予10%的折让(远洋公司在该批商品售出时确认销售收入200万元,已开具发票未收款)。经查该批商品外观存在质量问题。远洋公司同意了A公司提出的折让要求。当日凭税务机关核验通过的《开具红字专票信息表》开具了10%折让款的红字专票。

(2)2月6日与B公司签订预收货款销售合同,销售商品一批,销售价格为100万元。合同约定,B公司应当于2月6日支付预付款50万元,远洋公司应于2月6日按全额给B公司开具专票,货物应于3月20日发出。2月6日远洋公司按合同规定开具了发票注明:价款100万元,税款13万元,并将预收款存入银行。该批商品的实际成本80万元。

(3)2月15日,向C公司销售商品一批,专票注明销售价格300万元,增值税额39万元。提货单和专票已交C公司,2月16日收到C公司款项并存入银行。该批商品的实际成本为225万元。

(4)2月直接销售商品给消费者个人,收取含税价款56.5万元,货款存入银行。商品的实际成本为35万元。

(5)2月16日从D公司购入不需要安装的生产用设备一台,取得专票注明价款50万元,增值税6.5万元。取得运输公司开具的专票注明运费5万元,增值税税额0.45万元;物流公司开具装卸费专票,价款1万元,增值税税额0.06万元。

(6)2月18日从F公司购进商品,合同规定,不含税价款200万元,取得F公司开具的专票;货物由G公司负责运输,运费由远洋公司负担,G公司收取含税运输费用10万元、含税装卸费1万元,未分别核算,统一开具专票。货物已验收入库,运费和装卸费通过银行付讫,货款尚未支付。

(7)2月20日将上月从农场购进的、准备直接销售的免税农产品的50%用于职工福利部门使用,50%捐赠给受灾企业,假设成本利润率为10%。农产品收购发票上注明支付货款20万元,一年来农产品收购价格变化较大。

(8)2月25日,出售一辆小轿车,含税售价120 510元,开具普票,该辆小轿车2010年购进,购置原值400 000元,已提折旧360 000元。

(9)出售办公用房一座,开具普票收取含税价2 100 000元,该办公用房2008年3月购进,购进原值1 050 000元,位置在外省某市,销售时已提折旧900 000元,选择简易计税方法缴纳增值税。

(10)其他资料:当月取得的专票当月通过认证,当月期初增值税留抵税额为30万元,未放弃减税优惠。

要求:

(1)根据上述资料,编制远洋公司2月份发生的经济业务的会计分录。

(2)分别计算远洋公司2月份应交纳增值税的销项税额、进项税额和在当地应交增值税额。

2. 甲公司为增值税一般纳税人,主营建筑材料生产、销售,适用的增值税税率13%。该企业执行会计准则。原材料采用实际成本法核算。2020年9月30日,签约的税务师事务所在进行代理申报的准备过程中,发现下列财务会计资料。请根据相关资料回答有关问题。

资料1:9月3日领用上月外购的一批材料用于新建厂房。已知该批材料的购入价格为100 000元(不含增值税),甲公司会计处理如下:

借:在建工程　　　　　　　　　113 000
　　贷:原材料　　　　　　　　　100 000
　　　　应交税费——应交增值税(进项税额转出)　　　　　　13 000

资料2:9月10日,因仓库管理不善导致一批原材料丢失,已知该原材料为6月份购入,已抵扣进项税额,丢失的原材料账面成本为4 000元,经提请公司办公室审核后决定由责任人张某赔偿1 000元,其余作为损失予以核销。甲公司先后进行会计处理如下:

借:待处理财产损溢——待处理流动资产损溢　　　　　　　　4 000
　　贷:原材料　　　　　　　4 000
借:管理费用　　　　　　　3 000
　　其他应收款——张某　　1 000
　　贷:待处理财产损溢——待处理流动资产损溢　　　　　　　　4 000

资料3:9月18日,通知某购货单位B公司归还包装物,B公司告知包装物已破损,同意甲公司没收包装物押金10 000元。已知该押金为本年7月份收取,甲公司会计处理如下:

借:其他应付款——B公司押金
　　　　　　　　　　　　　10 000
　　贷:其他业务收入　　　10 000

资料4:7月份销售一批货物给C公司,开具专票标明销售款20 000元,增值税额2 600元,当月发出货物时收到货款,因质量原因对方要求退货,甲公司接受对方要求。9月15日,按照有关规定开具了红字专票,并将款项退还C公司,当天收到货物并验收入库。该批货物原账面成本为15 000元。甲方未进行会计处理。

资料5:假设经过正确的账务处理调整和会计处理后,甲公司当月"应交税费——应交增值税"科目借方栏目(进项税额)发生额合计为358 000元,贷方栏目(销项税额,进项税额转出)发生额合计为256 000元。

假设甲公司由于资金紧张,8月份应纳增值税额110 000元至9月底仍未缴纳入库,处于欠税状态,该部分税额已计入"应交税费——未交增值税"贷方,该企业8月末"应交税费——应交增值税"科目余额为0。

要求:

(1)根据资料1,判断该项业务的会计处理是否正确?如不正确,请写出账务调整分录。

(2)根据资料2,判断该项业务的会计处理是否正确?如不正确,请写出账务调整分录。

(3)根据资料3,判断该项业务的会计处理是否正确?如不正确,请写出账务调整分录。

(4)根据资料4,请写出9月份对该业务处理的会计分录。

(5)根据资料5,请写出9月末对"应交税费——应交增值税"科目应进行有关核算的会计分录。

同步训练答案及解析

一、单项选择题

1. B 【解析】初次购买增值税税控系统专用设备支付的费用允许在增值税应纳税额中全额抵减,相关的会计分录为。
①购入时:
借:管理费用
　　贷:银行存款(或应付账款)
②按规定抵减的增值税应纳税额:
借:应交税费——应交增值税(减免税款)(一般纳税人)

或应交税费——应交增值税(小规模纳税人)
　　贷:管理费用

2. D 【解析】"销项税额""出口退税""进项税额转出"和"转出多交增值税"专栏在"应交增值税"明细账的贷方;"转出未交增值税"专栏在"应交增值税"的借方。

3. D 【解析】D选项正确的分录应该是:
借:应交税费——应交增值税(转出未交增值税)　　　　　　72 000

贷：应交税费——未交增值税　72 000

4. B　【解析】计入主营业务成本的金额＝300 000÷(1+6%)＝283 018.87(元)，进项税额＝283 018.87×6%＝16 981.13(元)。由于尚未进行用途确认，所以计入待认证进项税额明细科目中。

5. A　【解析】一般纳税人销售自己使用过的不得抵扣且未抵扣进项税额的固定资产，按照简易办法依照3%征收率减按2%征收增值税。
出售时应纳税额＝30.9÷(1+3%)×2%＝0.6(万元)，会计分录为：
借：银行存款　　　　　　　309 000
　　贷：固定资产清理　　　　303 000
　　　　应交税费——简易计税　6 000

6. D　【解析】应预缴增值税＝10 000 000÷(1+5%)×3%＝285 714.29(元)，一般纳税人采用简易计税方法计税时预缴的增值税通过"应交税费——简易计税"核算。

7. C　【解析】增值税一般纳税人销售其自主开发生产的软件，按13%的税率征收增值税后，对其增值税实际税负超过3%的部分，实行即征即退政策。应纳税额＝68 000×13%－1 346＝7 494(元)，实际税负＝7 494÷68 000＝11.02%，实际税负超过3%的部分实行即征即退。实际应负担税额＝68 000×3%＝2 040(元)，应退税额＝7 494－2 040＝5 454(元)。由于增值税即征即退与日常经营活动有关，因此应该通过"其他收益"核算。

8. D　【解析】该企业期末留抵税额20万元，增值税欠税30万元，可以用期末留抵税额与增值税欠税金额较小一方红字借记"应交税费——应交增值税(进项税额)"，红字贷记"应交税费——未交增值税"。

9. C　【解析】应纳增值税＝8 000÷(1+3%)×3%＝233.01(元)。

10. C　【解析】免抵退税额＝3 000×10%＝300(万元)
不得免征和抵扣税额＝3 000×(13%－10%)＝90(万元)
应纳税额＝50－(230－90)－10＝－100(万元)
因为100万元＜300万元，应退税额＝100万元，免抵退税额＝300－100＝200(万元)。
借：应收出口退税款　　　　　　100
　　应交税费——应交增值税(出口抵减内销产品应纳税额)　　　200
　　贷：应交税费——应交增值税(出口退税)　　　　　　　　　　300

11. B　【解析】进料加工出口货物耗用的保税进口料件金额＝210×30%＝63(万元)
免抵退税不得免征和抵扣税额抵减额＝进料加工出口货物耗用的保税进口料件金额×(出口货物征税率－出口货物退税率)＝63×(13%－10%)＝1.89(万元)
免抵退税不得免征和抵扣税额＝210×(13%－10%)－1.89＝4.41(万元)
当期应纳税额＝100×13%－(26－4.41)－6＝－14.59(万元)
免抵退税额抵减额＝63×10%＝6.3(万元)
出口货物免抵退税额＝210×10%－6.3＝14.7(万元)
因为14.59＜14.7，当期应退税额14.59万元。免抵税额＝14.7－14.59＝0.11(万元)。

12. C　【解析】根据企业会计准则，具有商业实质的非货币性资产交易，应作收入处理，计算增值税销项税额，换入货物取得专票，可以抵扣进项税额。

13. C　【解析】选项C，一般纳税人处置2010年购入的小汽车适用简易征收办法(因为小汽车自2013年8月1日起才允许抵扣进项税额，2010年购入的小汽车购入时未抵扣进项税额)，不应通过"应交税费——应交增值税"科目核算，应适用"应交税费——简易计税"科目。

14. D　【解析】应纳消费税，单设"应交税费——应交消费税"科目核算。计提消费税时，借：税金及附加，贷：应交税费——应交消费税；缴纳消费税时，借：应交税费——应交消费税，贷：银行

15. B 【解析】汇算清缴期间影响以前年度损益的调整应当通过"以前年度损益调整"处理。啤酒从量计征消费税，逾期的包装物押金不缴纳消费税。

16. D 【解析】契税、耕地占用税、车辆购置税不通过应交税费核算。车辆购置税应计入固定资产成本。

17. A 【解析】选项AB，当资产的账面价值小于计税基础时，会产生可抵扣暂时性差异；选项C，"递延所得税负债"余额的计算是按该时点上的余额计算，而不是按该时期发生数计算的；选项D，当负债的账面价值小于计税基础时，会产生应纳税暂时性差异。

18. B 【解析】房地产开发企业销售开发产品计算缴纳的土地增值税，应在"税金及附加"科目反映。

19. B 【解析】选项B，如果企业当月多缴了增值税，月末出现借方余额，应借记"应交税费——未交增值税"，贷记"应交税费——应交增值税（转出多交增值税）"。

20. B 【解析】根据财会〔2016〕22号文件的规定，一般纳税人已申请稽核但尚未取得稽核相符结果的海关缴款书进项税额，记入"应交税费——待认证进项税额"科目。

21. C 【解析】增值税纳税人转让金融商品发生的增值税额应通过"应交税费——转让金融商品应交增值税"科目核算。

22. C 【解析】会计按权责发生制按月确认收入，早于增值税纳税义务发生时间和合同约定的付款日期。2021年1月，已确认相关收入但尚未发生增值税纳税义务，需于以后期间确认为销项税额的增值税额应通过"应交税费——待转销项税额"明细科目核算。

23. C 【解析】委托方将收回的委托加工应税消费品，用于连续生产应税消费品，应将受托方代收代缴的消费税计入"应交税费——应交消费税"科目的借方。

24. C 【解析】在账务调整方法的运用上，坚持从简账务调整的原则，能用补充调整法，则不用红字冲销法。

25. A 【解析】红字冲销法适用于会计科目用错及会计科目正确但核算金额错误（多计）的情况。

26. D 【解析】啤酒收取的包装物押金，逾期或超过一年时需要补缴增值税。由于啤酒消费税是从量征收，所以，逾期押金不需要缴纳消费税。该押金2019年8月收取，2020年8月逾期，应该转入"其他业务收入"，但未进行结转，2020年年底发现，属于当年错账。调整会计分录为：

借：其他应付款　　　　　　22 600
　　贷：其他业务收入　　　　　20 000
　　　　应交税费——应交增值税（销项税额）　　　2 600

27. B 【解析】2009年后购入的固定资产，购入时已经抵扣了进项税，转让旧固定资产，应该按适用税率计算销项税额。处置固定资产，正确的账务处理为：

借：银行存款　　　　　　　60 000
　　贷：固定资产清理　　　　　53 097.35
　　　　应交税费——应交增值税（销项税额）　　　6 902.65

之后"固定资产清理"的余额转入"资产处置损益"。该项业务属于跨年度错账，影响到上年度"资产处置损益"的金额为58 834.95-53 097.35 = 5 737.6（元），应该通过"以前年度损益调整"科目来替代，由于上一年度的"应交税费——简易计税"计提后，缴纳时借记"应交税费——简易计税"，贷记"银行存款"，所以调整时应该通过"其他应收款"替代"应交税费——简易计税"，因此选项B正确。

28. C 【解析】产品已经全部售出，所以错计成本影响产品的销售成本。跨年调整，影响损益的科目要通过"以前年度损益调整"科目反映。

29. B 【解析】该错误影响在产品库存、产成品和当期销售成本，由于发出材料时"贷：原材料"是正确的，因此该错误额并未影响期末库存材料金额，因此原材料金额不参与分摊。分摊率=20 000÷(期末在产品结存成本80 000+期末产成品结存成本120 000+本期产品销售成本200 000)=5%。

30. C 【解析】该错误影响在产品库存、产成品和当期销售成本，由于发出材料时"贷：原材料"是正确的，因此该错误额并未影响期末库存材料金额，因此原材料金额不参与分摊。分摊率 = 30 000 ÷ (120 000+400 000+480 000)×100%=3%
在产品应分摊数额 = 120 000 × 3% = 3 600(元)
库存商品应分摊数额 = 400 000 × 3% = 12 000(元)
12月销售产品成本应分摊数额=480 000×3%=14 400(元)
调整分录为：
借：应付职工薪酬——福利费 33 900
　　贷：生产成本　　　　　　 3 600
　　　　库存商品　　　　　　12 000
　　　　以前年度损益调整　　14 400
　　　　应交税费——应交增值税(进项税额转出) 　　　　　3 900
借：以前年度损益调整　　 3 600
　　贷：应交税费——应交所得税 3 600
借：以前年度损益调整　　10 800
　　贷：利润分配——未分配利润10 800

31. A 【解析】对上一年的错账，如果在上一年度决算报表编制前发现的，可直接调整上年度账项，对于影响利润的错账须一并调整"本年利润"科目核算的内容。

二、多项选择题

1. ADE 【解析】对于增值税一般纳税人，委托加工物资成本中包含原材料成本、加工费。对于加工费的进项税额如果是不得抵扣的，也应包含在委托加工物资的成本中。对于委托加工的物资支付的收回后用于连续生产应税消费品的委托加工物资的消费税，且属于可以抵扣消费税情形的，不包含在委托加工物资的成本中，应计入"应交税费——应交消费税"的借方。

2. ABCE 【解析】月度终了，对于纳税人真金白银多预缴的增值税，应该由"应交税费——应交增值税"转入"应交税费——未交增值税"中，如果是由于进项税额大于销项税额形成的留抵税额，则不作账务处理，因此选项D错误。

3. CE 【解析】企业购入增值税税控系统专用设备和每年缴纳的技术维护费，按实际支付或应付的金额，借记"管理费用"科目，贷记"银行存款""应付账款"等科目。按规定抵减的增值税应纳税额，借记"应交税费——应交增值税(减免税款)"科目，贷记"管理费用"科目。

4. ABC 【解析】外购材料用于集体福利部门，应作进项税额转出，而不是视同销售处理。

5. ABE 【解析】"税金及附加"科目核算企业经营活动发生的消费税、城市维护建设税、资源税、教育费附加及房产税、土地使用税、车船税、印花税等相关税费；车辆购置税、耕地占用税计入资产成本。

6. BCE 【解析】对于分期收款方式销售货物，在合同约定的收款日期增值税纳税义务发生，因此选项A错误，选项B正确；对于具有融资性质的分期收款销售商品而言，会计上在发出货物时确认收入，因此选项C正确，选项D错误；由于会计上收入确认时间早于增值税纳税义务发生时间，因此2018年1月1日应该通过"应交税费——待转销项税额"核算增值税，所以选项E正确。

7. ACE 【解析】小规模纳税人只需在"应交税费"科目下设置"应交增值税"明细科目，不需要设置除"转让金融商品应交增值税"

"代扣代交增值税"外的明细科目。

8. AD 【解析】自2009年1月1日起,一般纳税人购进生产经营用设备可以一次性抵扣进项税额。应纳增值税 = 50 000 - 32 000 - 7 800 = 10 200(元)。

9. BC 【解析】月度终了,"应交增值税"或"预交增值税"的余额应该转入"未交增值税"中。

10. ACE 【解析】啤酒单位税额的确定,应根据含包装物及包装物押金的不含增值税的每吨出厂价格来确定。本题中啤酒单位出厂价格 = 2 800 + (20 × 2 000 ÷ 1.13) ÷ 200 = 2 976.99(元),所以啤酒厂适用的单位税额为220元/吨,本月应纳消费税 = 200 × 220 = 44 000(元)。根据规定,对销售除啤酒、黄酒外的其他酒类产品而收取的包装物押金,无论是否返还以及会计上如何核算,均应并入当期销售额征消费税和增值税。对于啤酒的包装物押金,应该采用逾期后才确认销售额计算征收增值税,所以对于当期发出的20个啤酒罐的押金,不应确认销售额计算征收增值税,对于当期逾期的50个啤酒罐,纳税义务发生,根据会计制度的规定,在"其他业务收入"科目进行核算。

11. BDE 【解析】选项A,自2019年4月1日起不动产进项税额一次性抵扣,因此将外购钢材用于修建厂房,无需另行处理增值税的问题,选项A错误;选项C,会计上要确认收入,会计处理为:
借:应付股利
  贷:主营业务收入
    应交税费——应交增值税(销项税额)

12. ABCD 【解析】选项C,外贸企业购进应税消费品时,销售方缴纳的消费税计入采购成本,并随着产品出口,转入"主营业务成本",因此出口应退还的消费税,应冲减"主营业务成本"。选项E,先征

后返的增值税,计入其他收益核算。

13. AC 【解析】外贸企业出口适用增值税先征后退,是按购进价格乘退税率计算应退税额的,应退税额 = 235 294.12 × 10% = 23 529.41(元)。进项税额转出(征退税率差)= 30 588.24 - 23 529.41 = 7 058.83(元)。

14. ACE 【解析】发出代销商品时:
借:发出商品   80 000
  贷:库存商品   80 000
收到代销清单时:
借:银行存款   82 400
  销售费用   8 000
  贷:主营业务收入   80 000
    应交税费——应交增值税(销项税额)   10 400
结转代销商品成本时:
借:主营业务成本   64 000
  贷:发出商品   64 000

15. AE 【解析】外购货物、自产产品、半成品发生因管理不善造成的非正常损失,应当将进项税额转出。甲材料发生非正常损失,应将甲材料原进项税额予以转出,所以进项税额转出 = 50 000 × 13% + (59 300 - 50 000) × 9% = 7 337(元) = 0.73(万元);A产品发生非正常损失,应将对应的成本中包含的进项税额予以转出,所以进项税额转出 = 200 × 1 × 60% × 13% = 15.6(万元)。
进项税额转出 = 0.73 + 15.6 = 16.33(万元),营业外支出金额 = 5.93 + 200 + 16.33 = 222.26(万元),涉及会计处理:
借:营业外支出   222.26
  贷:原材料——甲材料   5.93
    库存商品——A产品   200
    应交税费——应交增值税(进项税额转出)   16.33

16. BCE 【解析】商业折扣行为、将自产货物用于抵偿债务,都是正常结转成本,将"库存商品"的金额结转到"主营业务成本"中;自产货物因管理不善被盗的行

为,"库存商品"的金额要结转到"待处理财产损溢"中;在建工程领用自产货物,"库存商品"的金额应结转到"在建工程"中;将自产货物用于无偿赠送给敬老院,"库存商品"的金额转入"营业外支出"中。所以选项 BCE 都是可能发生的。

17. AC 【解析】(1)设备折旧在会计、税务上的差异:2020 年会计口径 20 万元,税务口径 10 万元,暂时性差异 10 万元;(2)会计处理如下:2020 年税前会计利润 100 万元,暂时性差异 10 万元,应税所得 110 万元,应交所得税 27.5 万元,递延所得税资产 2.5 万元,所得税费用 25 万元。

18. ABE 【解析】进口环节缴纳消费税一般不通过"应交税费——应交消费税"科目核算,特殊情况下可以通过该科目核算的,比如,用于连续生产应税消费品的,选项 C 表述绝对化了。选项 D,随同产品销售但单独计价的包装物,其收入计入其他业务收入,应交消费税记入"税金及附加"。

19. BCE 【解析】对上一年度错误会计账目的调账方法:
(1)对上一年度错账且对上年度税收发生影响的,分以下两种情况:
①如果在上一年度决算报表编制前发现的,可直接调整上年度账项,这样可以应用红字冲销法、补充登记法等方法加以调整,对于影响利润的错账须一并调整"本年利润"科目核算的内容。②如果在上一年度决算报表编制之后发现的,一般不能应用上述方法,而按正常的会计核算对有关账户进行——调整。
第一种:对于不影响上年利润的项目,可以直接进行调整。
第二种:对于影响上年利润的项目,由于企业在会计年度内已结账,所有的损益账户在当期都结转至"本年利润"账户,凡涉及调整会计利润的,不能用正常的

核算程序对"本年利润"进行调整,而应通过"以前年度损益调整"科目进行调整。
(2)对上一年度错账且不影响上一年度的税收,但与本年度核算和税收有关的,可以根据上一年度账项的错漏金额影响本年度税项情况,相应调整本年度有关账项。

20. BCE 【解析】办公室装修支出领用库存材料 30 000 元,应计入管理费用科目。原材料科目是对的,不需要调整,生产成本、库存商品、主营业务成本等科目都受到影响。对于按月结转利润的企业,如果月后发现错账,对于影响到利润的账项还需要先通过相关科目最终结转到本年利润科目调整。

21. ABD 【解析】该企业多计提预提费用,调整分录应该调减预提费用同时调减损益科目,由于是以前年度错账,损益类科目通过以前年度损益调整科目调账。损益类科目变动影响从而影响所得税费用和利润分配——未分配利润。调整分录为:
借:其他应付款　　　　　　　100 000
　　贷:以前年度损益调整　　　100 000
借:以前年度损益调整　　　　 25 000
　　贷:应交税费——应交所得税 25 000
借:以前年度损益调整　　　　 75 000
　　贷:利润分配——未分配利润 75 000

22. DE 【解析】企业将自产产品用于以物易物,会计上应确认收入,计算增值税销项税额和所得税,由于为购进商品未取得专票,不得抵扣进项税额,应将税款计入库存商品成本。正确的账务处理为:
借:库存商品　　　　　　　　 67 800
　　贷:主营业务收入　　　　　 60 000
　　　　应交税费——应交增值税(销项税额)　　　　　　　　 7 800
借:主营业务成本　　　　　　 50 000
　　贷:库存商品　　　　　　　 50 000
我们将"正确的账务处理"-"错误账务处

理"可以挤出调整分录。由于是跨年度调账，因此损益类错账用"以前年度损益调整"替代。

调账分录为：

借：库存商品　　　　　　　　11 300
　　贷：应交税费——应交增值税（进项
　　　　税额转出）　　　　　　-6 500
　　　　应交税费——应交增值税（销项
　　　　税额）　　　　　　　　 7 800
　　　　以前年度损益调整　　　10 000

调整应交所得税：

借：以前年度损益调整　　　　 2 500
　　贷：应交税费——应交所得税 2 500

将以前年度损益调整贷方余额转入未分配利润：

借：以前年度损益调整　　　　 7 500
　　贷：利润分配——未分配利润 7 500

23. BCD　【解析】由于该在建工程尚未完工，企业各期生产销售均衡，各期原材料、在产品和产成品都有一定数量的余额，而且属于跨年度调账，因此损益类错账应该用"以前年度损益调整"替代。

调账分录为：

借：在建工程
　　贷：生产成本
　　　　库存商品
　　　　以前年度损益调整

三、简答题

1. 【答案】

(1)纳税人提供房屋租赁劳务，采取预收款方式的，增值税纳税义务发生时间为收到预收款的当天。所以出租房产业务第一年的增值税 = 500 000÷（1 + 5%）× 5% = 23 809.52(元)。

企业所得税法规定，租金收入按照合同约定的承租人应付租金的日期确认收入的实现。其中，如果交易合同或协议中规定租赁期限跨年度，且租金提前一次性支付的，出租人可对已确认的收入，在租赁期内，分期均匀计入相关年度收入。出租房产业务2020年的企业所得税计算时可将5万元含税金额价税分离后计入应纳税所得额中计算企业所得税。

(2)账务处理。

①收取租金：

借：银行存款　　　　　　　 500 000
　　贷：预收账款　　　　　 476 190.48
　　　　应交税费——简易计税 23 809.52

②计提税金及附加：

借：税金及附加　　　　　　 2 857.14
　　贷：应交税费——应交城市维护建设税
　　　　　　　　　　　　　　1 666.67
　　　　——应交教育费附加
　　　　　　　　　　　　　　　714.28
　　　　——应交地方教育附加
　　　　　　　　　　　　　　　476.19

【思路点拨】按照规定，此部分城市维护建设税及附加应该通过递延税款进行核算，当预收账款转作收入时，再将递延税款转入税金及附加，但由于金额比较小，按照会计上的重要性原则及企业实际操作，往往直接计入"税金及附加"。

③结转收入和税费：

借：预收账款　　　　　　　 47 619.05
　　贷：其他业务收入　　　 47 619.05

2. 【答案】

(1)从事有形动产租赁，属于增值税的征税范围，但是其购入汽车的进项税暂未认证。

借：固定资产——经营租赁资产
　　　　　　　　　　　　　 1 800 000
　　应交税费——待认证进项税额
　　　　　　　　　　　　　　 234 000
　　贷：银行存款　　　　　 2 034 000

(2)增值税纳税人每年支付的防伪税控系统的技术服务费，在增值税应纳税额中全额抵减。所以企业可以按318元全额抵减增值税。

①支付时：

借：管理费用　　　　　　　　　　318

贷：银行存款　　　　　　　　318
②按规定抵减的增值税应纳税额：
借：应交税费——应交增值税（减免税款）
　　　　　　　　　　　　　　　318
　　贷：管理费用　　　　　　　　318
(3)纳税人的有形动产租赁，应该按13%的税率缴纳增值税。
应纳增值税=15×13%=1.95(万元)
借：银行存款　　　　　　　169 500
　　贷：主营业务收入　　　150 000
　　　　应交税费——应交增值税(销项税额)　　　　　　　　　19 500
(4)以前月份的机动车销售统一发票通过查询。
借：应交税费——应交增值税(进项税额)
　　　　　　　　　　　　　234 000
　　贷：应交税费——待认证进项税额
　　　　　　　　　　　　　234 000
(5)购入融资租赁用汽车，其机动车销售发票上注明的增值税可以抵扣。
借：固定资产　　　　　　544 247.79
　　应交税费——应交增值税(进项税额)
　　　　　　　　　　　　　　65 000
　　应交税费——应交增值税(销项税额抵减)　　　　　　　　5 752.21
　　贷：银行存款　　　　　　615 000

【思路点拨】经人民银行、银保监会或者商务部批准从事融资租赁业务的试点纳税人，提供融资租赁服务，以取得的全部价款和价外费用，扣除支付的借款利息(包括外汇借款和人民币借款利息)、发行债券利息和车辆购置税后的余额为销售额。销项税额抵减的金额 = 50 000÷1.13×13% = 5 752.21(元)。

3.【答案】
(1)出口产品销售收入=出口货物离岸价×外汇人民币牌价=50 000×100×6.6=33 000 000(元)。
借：应收账款　　　　　33 000 000
　　贷：主营业务收入——出口销售
　　　　　　　　　　　33 000 000

(2)免抵退税不得免征和抵扣税额=出口货物离岸价×外汇人民币牌价×(出口征税率－出口货物退税率)－免抵退税不得免征和抵扣税额抵减额 = 33 000 000×(13%－12%)－120 000×60%×(13%－12%) = 329 280(元)。
借：主营业务成本　　　　　329 280
　　贷：应交税费——应交增值税(进项税额转出)　　　　　　329 280

(3)当期应纳税额=当期内销货物增值税销项税额－(当期购入货物允许抵扣的进项税额－进项税额转出)－上期留抵的进项税额 = 20 000 000×13%－(1 000 000－329 280－1 000 000×13%)－100 000 = 1 959 280(元)。

从以上计算可以看出，应纳税额为正数，反映企业出口货物给予退税的进项税额，已全部在内销货物应纳税额中抵减完毕，不需退税。

【知识点拨】由于装修职工食堂支出属于用于职工福利，进项税额不得抵扣，需要做进项税额转出处理。

(4)免抵退税额=出口货物离岸价×外汇人民币牌价×出口货物退税率－免抵退税额抵减额 = 33 000 000×12%－120 000×60%×12% = 3 951 360(元)。

由于该企业当期无留抵税额，因此应退税额=0(元)。

免抵税额=免抵退税额－应退税额=3 951 360(元)。

借：应交税费——应交增值税(出口抵减内销产品应纳税额)　3 951 360
　　贷：应交税费——应交增值税(出口退税)　　　　　　　3 951 360

(5)月末把"应交税费——应交增值税"的余额转到"应交税费——未交增值税"中。
借：应交税费——应交增值税(转出未交增值税)　　　　　　1 959 280
　　贷：应交税费——未交增值税
　　　　　　　　　　　　　1 959 280

下月初交税时：

借：应交税费——未交增值税
　　　　　　　　　　　　 1 959 280
　　贷：银行存款　　　　 1 959 280

4.【答案】

（1）借：固定资产　　　　10 000
　　　应交税费——应交增值税（进项税
　　　额）　　　　　　　　　　900
　　　　贷：银行存款　　　　10 900

【思路点拨】自2019年4月1日起，不动产进项税额允许一次性抵扣，无须分期抵扣。

（2）不动产净值率＝[10 000－10 000÷（20×12）×4]÷10 000＝98.333 3%。

不得抵扣的进项税额＝900×98.333 3%＝885.00（万元）。

借：固定资产　　　　　　　885.00
　　贷：应交税费——应交增值税（进项
　　　　税额转出）　　　　　885.00

5.【答案】

（1）业务（1）企业将自产产品用于扩建厂房，应将成本记入在建工程科目，不是记入管理费用科目；全面营改增后，将自产产品用于扩建厂房，属于用于应税项目，无需视同销售计算缴纳增值税；

业务（2）、（3）账务处理正确，无须调账，但企业提取坏账准备，计算企业所得税的应纳税所得额时不得扣除，应纳税调增应纳税所得额。

（2）第（1）项业务的调整分录：

借：在建工程　　　　　　　8 000
　　贷：以前年度损益调整　　8 000

应补缴的企业所得税＝（8 000＋坏账准备纳税调增5 000）×25%＝3 250（元）。

其中坏账准备纳税调增的5 000元属于税会的暂时性差异，属于可抵扣暂时性差异，相应的税款5 000×25%＝1 250元应计入"递延所得税资产"。

账务处理：

借：以前年度损益调整　　　2 000
　　递延所得税资产　　　　1 250
　　贷：应交税费——应交企业所得税
　　　　　　　　　　　　　3 250

结转以前年度损益调整余额：

借：以前年度损益调整　　　6 000
　　贷：利润分配——未分配利润　6 000

四、综合分析题

1.【答案】（1）业务①分录：

借：应收账款　　　　　　－226 000
　　贷：主营业务收入　　－200 000
　　　　应交税费——应交增值税（销项税额）　　　　　　　－26 000

业务②预收款项时：

借：银行存款　　　　　　500 000
　　贷：预收账款　　　　500 000

开具发票：

借：预收账款或应收账款　130 000
　　贷：应交税费——应交增值税（销项税额）　　　　　　　130 000

【思路点拨】由于该项业务只是收到预收款，并未发货，但全额开具了发票，因此按照全额计算缴纳增值税，但不确认收入。

业务③分录：

借：应收账款　　　　　　3 390 000
　　贷：主营业务收入　　3 000 000
　　　　应交税费——应交增值税（销项税额）　　　　　　　390 000

结转成本：

借：主营业务成本　　　　2 250 000
　　贷：库存商品　　　　2 250 000

收款时：

借：银行存款　　　　　　3 390 000
　　贷：应收账款　　　　3 390 000

业务④分录：

发货收款：

借：银行存款　　　　　　565 000
　　贷：主营业务收入　　500 000
　　　　应交税费——应交增值税（销项税额）　　　　　　　65 000

结转成本：
借：主营业务成本　　　　　350 000
　　贷：库存商品　　　　　　　350 000
业务⑤分录：
借：固定资产　　　　　　　560 000
　　应交税费——应交增值税（进项税额）
　　　　　　　　　　　　　　70 100
　　贷：银行存款　　　　　　630 100
业务⑥分录：
借：库存商品　　　　　2 100 917.43
　　应交税费——应交增值税（进项税额）
　　　　　　　　　　　　269 082.57
　　贷：银行存款　　　　　　110 000
　　　　应付账款　　　　　2 260 000
【思路点拨】运费和装卸费未分别核算，统一开具运费发票，从高按9%的税率开票纳税。可抵进项税额=2 000 000×13%+110 000÷(1+9%)×9%=269 082.57(万元)。
业务⑦分录：
由于准备直接销售，因此当时购进初级农产品时按照9%抵扣的进项税额。
a. 分发给职工的账务处理。
借：应付职工薪酬　　　　　100 000
　　贷：库存商品　　　　　　　91 000
　　　　应交税费——应交增值税（进项税额转出）　　　　　　　　 9 000
b. 用于捐赠的税务处理。
借：营业外支出　　　　　　100 009
　　贷：库存商品　　　　　　　91 000
　　　　应交税费——应交增值税（销项税额）　　　　　　　　　　 9 009
【思路点拨】销项税额=91 000×(1+10%)×9%=9 009(元)。
业务⑧分录：
借：银行存款　　　　　　　120 510
　　贷：固定资产清理　　　　　118 170
　　　　应交税费——简易计税　 2 340
借：固定资产清理　　　　　 40 000
　　累计折旧　　　　　　　　360 000
　　贷：固定资产　　　　　　　400 000

借：固定资产清理　　　　　 78 170
　　贷：资产处置损益　　　　　 78 170
【思路点拨】由于该小汽车购入的时间在2013年7月1日之前，未抵扣过进项税额，因此销售时按照3%减按2%征收增值税，应纳税额=120 510÷1.03×2%=2 340(元)。
业务⑨分录：
在外省某市预缴增值税：
借：应交税费——简易计税　 50 000
　　贷：银行存款　　　　　　　 50 000
【思路点拨】预交增值税=(2 100 000-1 050 000)÷1.05×5%=50 000(元)，应纳税额等于预交增值税金额。
当地申报：
借：银行存款　　　　　　2 100 000
　　贷：固定资产清理　　　　2 050 000
　　　　应交税费——简易计税　 50 000
借：固定资产清理　　　　　150 000
　　累计折旧　　　　　　　　900 000
　　贷：固定资产　　　　　　1 050 000
借：固定资产清理　　　　1 900 000
　　贷：资产处置损益　　　　1 900 000
(2)本期应纳增值税的计算：
销项税额=-26 000+130 000+390 000+65 000+9 009=568 009(元)
进项税额=70 100+269 082.57=339 182.57(元)
当期应纳增值税=568 009-(339 182.57-9 000)-300 000=-62 173.57(元)，即本期实际应纳增值税为2 340+50 000-50 000=2 340元，留抵税额为62 173.57元。
【思路点拨】本题多了成本利润率10%的条件，农产品一年前购入，价格变化大，暗示业务(7)使用组价，作为考试，提示使用成本利润率就计算组价，否则使用外购价作为公允价，计算销项税额。

2. 【答案】
(1)该业务的会计处理错误。账务调整分录如下：

借：在建工程　　　　　　　　　-13 000
　　贷：应交税费——应交增值税（进项
　　　　税额转出）　　　　　　-13 000

【思路点拨】 自营改增之日起，修建不动产的进项税额允许抵扣，2019年4月1日起，不动产的进项税额一次性扣除。因此将外购材料用于修建不动产无须分期抵扣，无须做进项税额转出。

(2) 该业务的会计处理不正确。账务调整分录如下：

借：管理费用　　　　　　　　　　520
　　贷：应交税费——应交增值税（进项
　　　　税额转出）　　　　　　　520

(3) 该业务账务处理不正确，没收包装物押金应计销项税额 = 10 000÷(1+13%)×13% = 1 150.44(元)。账务调整分录如下：

借：其他业务收入　　　　　　1 150.44
　　贷：应交税费——应交增值税（销项
　　　　税额）　　　　　　　1 150.44

(4) 会计分录如下：

借：银行存款　　　　　　　　-22 600
　　贷：主营业务收入　　　　　-20 000
　　　　应交税费——应交增值税（销项
　　　　税额）　　　　　　　 -2 600
借：主营业务成本　　　　　　-15 000
　　贷：库存商品　　　　　　　-15 000

(5) 根据题意，调整后的期末留抵税额 = 358 000-256 000 = 102 000(元)，小于增值税欠税110 000元，用留抵税额抵顶欠税，会计分录如下：

借：应交税费——应交增值税（进项税额）
　　　　　　　　　　　　　　-102 000
　　贷：应交税费——未交增值税
　　　　　　　　　　　　　　-102 000

向税务机关缴纳剩余欠税时：

借：应交税费——未交增值税　 8 000
　　贷：银行存款　　　　　　　　8 000

第5章 纳税申报代理服务*

考情解密

历年考情概况

纳税申报代理是涉税专业服务的重要内容,其内容在历年考试中都占有重要比重,但由于我们将各个税种的具体申报调整到"第三部分重要知识点精讲"中加以介绍,因此本章简单学习即可。

近年考点直击

考点	主要考查题型	考频指数	考查角度
增值税纳税申报代理	简答题、综合分析题	★★★	结合企业实际情况,考核申报表的填写
企业所得税纳税申报代理	简答题、综合分析题	★★★	结合企业实际情况,考核申报表的填写,尤其是主表和纳税调整表的填写
个人所得税纳税申报代理	单选题、多选题、简答题	★★	分清预扣预缴、代扣代缴和汇算清缴
土地增值税纳税申报代理	单选题、多选题、简答题	★★	分清房地产开发企业销售开发产品和非房地产开发企业销售房地产纳税申报的不同

本章2021年考试主要变化

(1)本章新增契税相关申报内容;
(2)所得税部分描述变化。

考点详解及精选例题

一、增值税纳税申报代理服务

扫我解疑难

(一)增值税纳税申报期限

增值税的纳税期限分别为1日、3日、5日、10日、15日、1个月或者1个季度。纳税人的具体纳税期限,由主管税务机关根据纳税人应纳税额的大小分别核定。以1个季度为纳税期限的适用于小规模纳税人、银行、财务公司、信托投资公司、信用社,以及财政部和国家税务总局规定的其他纳税人。不能按照固定期限纳税的,可以按次纳税。

纳税人以1个月或者1个季度为1个纳税期的,自期满之日起15日内申报纳税;以1日、3日、5日、10日或者15日为1个纳税期的,自期满之日起5日内预缴税款,次月15日内申报纳税并结清上月应纳税款。

(二)增值税纳税申报资料

增值税的纳税申报分为一般纳税人和小

---

* 本章我们只简单介绍纳税申报代理服务的基本知识。各个税种的具体申报代理我们在"第三部分重要知识点精讲"的第2~4章加以介绍。

规模纳税人的纳税申报两种情况,我们主要介绍一般纳税人的纳税申报。一般纳税人的纳税申报表主要是一张主表、五张附表,具体构成见图 5-1 所示。

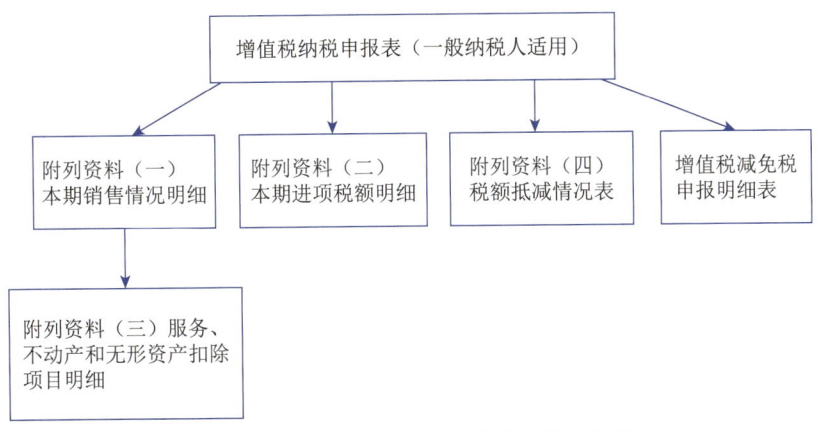

图 5-1 一般纳税人增值税纳税申报表构成

【知识点拨】自 2021 年 5 月 1 日起,海南、陕西、大连和厦门开展增值税与城市维护建设税、教育费附加、地方教育附加申报表整合试点。

具体内容我们将在"第三部分重要知识点精讲"加以介绍。

二、企业所得税纳税申报代理服务

企业所得税的纳税申报分为月度或季度预缴申报和年度汇算清缴申报。企业所得税的年度汇算清缴涉及到多张表格,考试中主要涉及到的是纳税申报主表和纳税调整表的填写。具体内容我们将在"第三部分重要知识点精讲"加以介绍。

三、个人所得税纳税申报代理服务

个人所得税的纳税申报分为综合所得、经营所得的预扣预缴以及汇算清缴,其他所得项目的代扣代缴。具体内容我们将在"第三部分重要知识点精讲"加以介绍。

四、土地增值税纳税申报代理服务

土地增值税的纳税申报分为房地产开发企业销售开发产品的预缴与清算、销售旧房与建筑物的土地增值税纳税申报。具体内容我们将在"第三部分重要知识点精讲"加以介绍。

一、单项选择题

1. 纳税人以 1 个月或者 1 个季度为 1 个纳税期缴纳增值税的,自期满之日起( )内申报纳税。

A. 5 日　　B. 10 日
C. 15 日　　D. 20 日
2. 下列不属于个人所得税代理纳税申报事项是(　)。
   A. 纳税申报和扣缴
   B. 纳税事项审核
   C. 个人所得税计算
   D. 代为编制原始凭证

二、多项选择题
1. (　)增值税纳税人以 1 个季度为纳税期限。
   A. 小规模纳税人
   B. 银行
   C. 保险公司
   D. 财务公司
   E. 信托投资公司
2. 关于增值税的纳税期限，下列符合标准的有(　)。
   A. 1 日
   B. 3 日
   C. 10 日
   D. 20 日
   E. 1 个月或者 1 个季度

同步训练答案及解析

一、单项选择题
1. C　【解析】纳税人以 1 个月或者 1 个季度为 1 个纳税期缴纳增值税的，自期满之日起 15 日内申报纳税。
2. D　【解析】个人所得税代理纳税申报事项包括：税务登记、纳税事项审核、个人所得税计算、纳税申报和扣缴、减免退税申报、申报资料存档等事项。

二、多项选择题
1. ABDE　【解析】以 1 个季度为纳税期限的适用于小规模纳税人、银行、财务公司、信托投资公司、信用社，以及财政部和国家税务总局规定的其他纳税人。不能按照固定期限纳税的，可以按次纳税。
2. ABCE　【解析】增值税的纳税期限分别为 1 日、3 日、5 日、10 日、15 日、1 个月或者 1 个季度。

第6章　涉税鉴证与纳税情况审查服务*

考情解密

历年考情概况

本章是在2020年教材第3章的基础上分离出来的，本章的重点内容是企业所得税和土地增值税的涉税鉴证，但该部分内容我们已经调整到第三部分重要知识点精讲中进行介绍了。保留下来的内容考题多以单选题、多选题的形式出现，预计考试分值在1~3分左右。

近年考点直击

考点	主要考查题型	考频指数	考查角度
信任保护原则	单选题、多选题	★★	什么情况下涉税服务专业机构及涉税服务相应人员有权终止业务；对于终止的业务是否可以收费；如何划分责任
不相容原则	单选题、多选题	★★	涉税鉴证业务与代理业务不相容的含义
涉税鉴证业务基本流程	单选题、多选题	★★	(1)注意鉴证准备、证据收集评价、鉴证事项评价、工作底稿、鉴证报告等环节的具体要求； (2)哪些证据材料不得作为鉴证依据； (3)业务记录和业务成果保密要求
税务司法鉴定服务	单选题、多选题	★★	(1)业务的界定； (2)委托人的范围； (3)时限的规定； (4)终止鉴定、补充鉴定、重新鉴定的情形； (5)鉴定档案保管的规定
纳税情况审查业务	单选题、多选题	★★	(1)业务的界定； (2)委托人的范围； (3)业务基本流程

本章2021年考试主要变化

(1)调整涉税鉴证业务的部分说法；
(2)增加税务司法鉴定服务的内容。

---

* 本章的第2-6节我们在"第三部分重要知识点精讲"中加以介绍。

考点详解及精选例题

一、涉税鉴证业务

扫我解疑难

(一)涉税鉴证业务内容及基本要求 ★

1. 业务定义与内容

涉税鉴证业务：鉴证人接受委托，按照税收法律法规以及相关规定，对被鉴证人涉税事项的合法性、合理性进行**鉴定和证明**，并出具**书面**专业意见的服务活动。

涉税鉴证业务包括企业注销登记鉴证、土地增值税清算鉴证、企业资产损失税前扣除鉴证、研发费用税前加计扣除鉴证、高新技术企业专项认定鉴证、涉税交易事项鉴证、涉税会计事项鉴证、税收权利义务事项鉴证和其他涉税事项鉴证。

税务师事务所及涉税服务人员提供涉税鉴证业务，应按要求向税务机关报送《涉税专业服务机构(人员)基本信息采集表》和其他相关信息。

真题精练（客观题）

(2020年单选题，改)对涉税事项的合法性、合理性出具鉴定和证明的服务是( )。

A. 涉税鉴证
B. 纳税申报代理
C. 其他税务事项代理
D. 纳税情况审查

解析 涉税鉴证业务具有鉴定和证明的作用。 **答案** A

精选例题

【例题1·多选题】下列业务属于涉税鉴证业务的( )。

A. 企业注销登记鉴证
B. 土地增值税清算鉴证
C. 企业所得税汇算清缴
D. 企业资产损失所得税税前扣除的鉴证
E. 高新技术企业专项认定鉴证

解析 选项C属于纳税申报范畴。 **答案** ABDE

2. 基本要求(掌握)

(1)信任保护原则。

税务师事务所及涉税服务人员提供涉税鉴证业务，实行**信任保护原则**。存在以下情形之一的，涉税专业服务机构及涉税服务人员有权终止业务：

①委托人违反法律、法规及相关规定的；
②委托人提供不真实、不完整资料信息的；
③委托人不按照业务结果进行申报的；
④其他因委托人原因限制业务实施的情形。

如已完成部分约定业务，应当按照协议约定收取费用，并就已完成事项进行免责性声明，由委托人承担相应责任，涉税专业服务机构及涉税服务人员不承担该部分责任。

(2)涉税鉴证业务与代理服务不相容原则。

鉴证人提供涉税鉴证业务服务，应当遵循涉税鉴证业务与代理服务不相容原则。承办被鉴证单位代理服务的人员，不得承办被鉴证单位的涉税鉴证业务。

精选例题

【例题2·单选题】关于涉税鉴证业务的说法，正确的是( )。

A. 委托人不按照业务结果进行申报的，涉税专业服务机构及涉税服务人员有权终止业务

B. 委托人违反法律、法规及相关规定的，涉税专业服务机构及涉税服务人员有权终止业务，对于已完成的部分约定业务，无权收款

C. 委托人提供不真实、不完整资料信息的，涉税专业服务机构及涉税服务人员有权终止业务，对于已完成的部分约定业务，税

务师事务所要承担责任

D. 为提高工作效率，承办被鉴证单位代理服务的人员，最好同时承办被鉴证单位的涉税鉴证业务

解析 选项B、C，涉税专业服务机构及涉税服务人员有权终止业务时，如已完成部分约定业务，应当按照协议约定收取费用，并就已完成事项进行免责性声明，由委托人承担相应责任，涉税专业服务机构及涉税服务人员不承担该部分责任。选项D，由鉴证人提供涉税鉴证业务服务，应当遵循涉税鉴证业务与代理服务不相容原则。承办被鉴证单位代理服务的人员，不得承办被鉴证单位的涉税鉴证业务。

答案 A

3. 业务术语

涉税鉴证业务涉及到当事人、鉴证事项、鉴证材料、鉴证结果。涉税鉴证的业务术语，见表6-1。

表6-1 涉税鉴证的业务术语

概念	具体内容
当事人	(1)委托人：委托事务所对涉税事项进行鉴证的单位或个人。 (2)鉴证人、受托人：接受委托，具有提供涉税鉴证业务资质的涉税专业服务机构及涉税服务人员。 (3)被鉴证人：是指鉴证事项相关的单位或个人。被鉴证人可以是委托人，也可以是委托人有权指定的第三人。 (4)使用人，是指使用鉴证结果的单位或个人
鉴证事项	鉴证人评价和证明的对象
鉴证资料	鉴证业务过程中涉及的各类信息载体
鉴证结果	鉴证人执行鉴证项目的最终状态，包括出具鉴证报告或者终止涉税鉴证业务委托合同等其他情况

精选例题

【例题3·多选题】涉税鉴证业务中的当事人包括( )。

A. 委托人 B. 被鉴证人
C. 使用人 D. 鉴证人
E. 保证人

解析 涉税鉴证业务涉及的当事人，包括委托人、鉴证人、被鉴证人和使用人。

答案 ABCD

4. 业务流程

主要环节包括鉴证准备、证据收集评价、鉴证事项评价、工作底稿、鉴证报告等。

(二)鉴证准备★

(1)分析评估。

鉴证人承接涉税鉴证业务，应当对委托事项进行初步调查和了解，并从以下方面进行分析评估，决定是否接受涉税鉴证业务委托：

①委托事项是否属于涉税鉴证业务；

②是否具有承办涉税鉴证业务的专业胜任能力；

③是否可以承担相应的风险；

④承办人员是否为鉴证人提供了涉税服务；

⑤其他相关因素。

(2)签订涉税鉴证业务委托协议。

鉴证人决定接受涉税鉴证业务委托的，应按规定与委托人签订涉税鉴证业务委托协议。鉴证人可以要求委托人、被鉴证人出具书面文件，承诺声明对其所提供的与鉴证事项相关的会计资料、纳税资料及其他相关资料的真实性、合法性负责。

(3)涉税鉴证业务计划。

鉴证人应当根据鉴证事项的复杂程度、风险状况和鉴证期限等情况，制定总体业务计划和具体业务计划。项目负责人可以根据业务需要，请求相关领域的专家协助工作。**项目负责人应当对专家工作成果负责**。

(三)证据收集评价

(1)证据收集。

证据范围主要包括时间范围、职权范围、业务范围。

证据种类包括书证、物证、视听资料、电子数据、证人证言、当事人的陈述、鉴定意见、勘验笔录、现场笔录。

鉴证人可以通过下列途径，获取涉税鉴证业务证据：

①委托人配合提供的鉴证材料；

②被鉴证人协助提供的鉴证材料；

③鉴证人采取审阅、查阅、检查和盘点、询问或函证、记录及其他方法取得的鉴证材料。

(2)证据审查。

从证据的合法性、真实性、相关性角度对证据进行审查。

◆鉴证人从以下方面审查证据的<u>相关性</u>：

a. 证据与待证事实是否具有证明关系；

b. 证据与待证事实的关联程度；

c. 影响证据关联性的其他因素。

◆<u>下列证据材料不得作为鉴证依据(容易作为选择题考点)</u>：

a. 违反法定程序收集的证据材料；

b. 以偷拍、偷录和窃听等手段获取侵害他人合法权益的证据材料；

c. 以利诱、欺诈、胁迫和暴力等不正当手段获取的证据材料；

d. 无正当事由超出举证期限提供的证据材料；

e. 无正当理由拒不提供原件、原物，又无其他证据印证，且对方不予认可的证据的复制件、复制品；

f. 无法辨明真伪的证据材料；

g. 不能正确表达意志的证人提供的证言；

h. 不具备合法性、真实性的其他证据材料。

鉴证人应当取得支持鉴证结果所需的事实证据和法律依据，鉴证人对鉴证事项合法性的证明责任，<u>不能替代或减轻委托人或被鉴证人应当承担的会计责任、纳税申报责任以及其他法律责任。</u>

📝 精选例题

【例题4·单选题】鉴证人获取涉税鉴证证据不可以使用的方法是(　　)。

A. 偷拍偷录　　B. 审阅书面材料

C. 检查盘点实物　D. 询问或函证事项

解析 ▶ 下列证据材料不得作为鉴证依据：①违反法定程序收集的证据材料；②以偷拍、偷录和窃听等手段获取侵害他人合法权益的证据材料；③以利诱、欺诈、胁迫和暴力等不正当手段获取的证据材料；④无正当事由超出举证期限提供的证据材料；⑤无正当理由拒不提供原件、原物，又无其他证据印证，且对方不予认可的证据的复制件、复制品；⑥无法辨明真伪的证据材料；⑦不能正确表达意志的证人提供的证言；⑧不具备合法性、真实性的其他证据材料。

答案 ▶ A

(四)鉴证事项评价

(1)鉴证事项合法性的评价要点包括：事实、证据、依据、程序、内容。

(2)鉴证事项的合理性评价要点包括：处理行为是否客观、是否符合情理。例如，是否符合交易常规、会计常规。

(3)鉴证事项有关的事实，见表6-2。

表6-2　鉴证事项有关的事实

类型	具体内容
交易处理	包括环境事实、业务事实和其他事实
会计处理	包括交易事项的确认与计量的会计凭证、会计账簿、财务会计报告等
税务处理	包括会计数据信息采集、计税依据、适用税率、纳税调整、纳税申报表或涉税审批备案表填写等

(4)鉴证人发表鉴证结论，应关注适用依据是否正确，鉴证业务是否准确适用法律依据。

a. 是否符合《中华人民共和国立法法》规定的法律适用原则；

b. 是否存在应该用该条款(项目)而用了其它条款(项目)。适用法律依据要具体到

"条、款、项、目";

c. 是否存在常见的错误，如适用已经失效或者尚未生效的依据、应当适用上位法却适用了下位法、引用法律条款错误、遗漏法律条款或者适用法律条款不具体不规范等。

(5) 鉴证人发表鉴证结论，应关注适用程序是否合法。

(五) 业务记录与成果

1. 业务记录

涉税鉴证业务工作底稿包括以下要素：

(1) 鉴证项目名称；
(2) 被鉴证人名称；
(3) 鉴证项目所属期间；
(4) 索引；
(5) 鉴证过程和结果的记录；
(6) 证据目录；
(7) 工作底稿编制人签名和编制日期；
(8) 工作底稿复核人签名和复核日期。

鉴证人应对开展的涉税鉴证业务逐笔登记台账，以便在完成业务后向税务机关征管系统涉税专业服务管理信息库填报相关信息。

2. 业务成果

(1) 项目负责人负责编制涉税鉴证业务报告。涉税鉴证业务报告的内容，见表6-3。

表6-3 涉税鉴证业务报告包括内容

内容	具体规定
标题	涉税鉴证业务报告的标题应当规范为"鉴证事项+鉴证报告"
编号	按照鉴证人业务成果编号规则统一编码并在业务成果首页注明，全部业务成果均应编号，以便留存备查或向税务机关报送
收件人	即鉴证人按照业务委托协议的要求致送涉税鉴证业务报告的对象，一般指鉴证业务的委托人。涉税鉴证业务报告应当载明收件人全称
引言	涉税鉴证业务报告引言应当表明委托人与受托人的责任，对委托事项是否进行鉴证审核以及审核标准、审核原则等进行说明
鉴证实施情况	鉴证人在业务实施过程中所采用的程序和方法、分析事项、具体步骤、计算过程等
鉴证结论或鉴证意见	鉴证人提供涉税专业服务的最终结果，有明确的意见、建议或结论
签章	涉税鉴证业务报告，应当由实施该项业务的税务师、注册会计师或律师签章
报告出具日期	完成业务成果外勤工作的日期
附件	鉴证业务说明，鉴证人可以根据业务性质和业务需求调整或增减鉴证业务说明的内容

(2) 出具涉税鉴证业务报告注意事项。

① 涉税鉴证业务报告应当在鉴证人完成内部审批复核程序及签字手续，加盖鉴证人公章后对外出具。

② 在正式出具涉税鉴证业务报告前，项目负责人应与委托人或者被鉴证人就拟出具的涉税鉴证业务报告的有关内容进行沟通。

③ 涉税鉴证业务报告应由两个以上具有涉税鉴证业务资质的涉税服务人员签字。

④ 涉税鉴证业务报告具有特定目的或服务于特定使用人的，鉴证人应当在涉税鉴证业务报告中予以注明，对报告的用途加以限定和说明。

⑤ 鉴证人应当对提供涉税鉴证业务服务过程中形成的业务记录和业务成果以及知悉的委托人和被鉴证人商业秘密和个人隐私予以保密，未经委托人同意，不得向第三方泄露相关信息。但下列情形除外：（掌握）

a. 税务机关因行政执法需要进行查阅的；
b. 涉税专业服务监管部门和行业自律部门因检查执业质量需要进行查阅的；
c. 法律、法规规定可以查阅的其他情形。

⑥ 实施涉税鉴证业务过程中，项目负责人认为委托人提供的会计、税收等基础资料缺乏完整性和真实性，可能对鉴证项目的预期目的产生重大影响的，应当在报告中作出

适当说明。

⑦项目负责人在涉税鉴证业务报告正式出具后,如发现新的重大事项足以影响已出具的涉税鉴证业务报告结论,应当及时报告鉴证人,作出相应的处理。

⑧税务师事务所出具的涉税鉴证业务报告,应当由委托协议双方留存备查。其中,税收法律、法规及国家税务总局规定报送的,应当向税务机关报送。

📝 精选例题

【例题5·单选题】鉴证人应当对提供涉税鉴证业务服务过程中形成的业务记录和业务成果以及知悉的委托人和被鉴证人商业秘密和个人隐私予以保密,以下情形中未经委托人同意,不得向第三方泄露相关信息的是( )。

A. 税务机关因行政执法需要查阅的

B. 涉税专业服务监管部门因检查执业质量需要进行查阅的

C. 事务所之间进行交流

D. 行业自律部门因检查执业质量需要进行查阅的

解析 ▶ 鉴证人应当对提供涉税鉴证业务服务过程中形成的业务记录和业务成果以及知悉的委托人和被鉴证人商业秘密和个人隐私予以保密,未经委托人同意,不得向第三方泄露相关信息。但下列情形除外:①税务机关因行政执法需要进行查阅的;②涉税专业服务监管部门和行业自律部门因检查执业质量需要进行查阅的;③法律、法规规定可以查阅的其他情形。

答案 ▶ C

📝 真题精练(客观题)

(2017年单选题)涉税鉴证业务完成后,负责编制涉税鉴证报告的人员为( )。

A. 项目负责人

B. 辅助人员

C. 税务师事务所所长

D. 执业质量复核人员

解析 ▶ 受托的涉税鉴证业务完成后,由项目负责人编制涉税鉴证业务报告。

答案 ▶ A

二、税务司法鉴定服务

扫我解疑难

(一)业务定义 ★

税务司法鉴定是指在诉讼过程中,涉税服务人员所在的税务师事务所接受办案机关的委托,对诉讼涉及的税务问题进行审查、鉴别、判断并提供鉴定意见的活动。

税务司法鉴定业务鉴定事项的范围:

(1)具体税种纳税义务的发生与税款缴纳情况;

(2)专票开具、认证、抵扣情况;

(3)其他可以用于抵扣税款发票的开具与抵扣情况;

(4)获取国家减税、免税、退税、出口退税情况;

(5)民事平等主体之间发生的涉税争议事项;

(6)其他在诉讼活动中需要进行鉴定的涉税事项。

【知识点拨1】税务司法鉴定实行鉴定人负责制度。

【知识点拨2】鉴定人不得违反规定会见诉讼当事人及其委托的人。

(二)税务司法鉴定业务的业务流程 ★★★

主要环节包括:业务承接、业务实施、出具《税务司法鉴定意见书》、业务记录、鉴定人出庭作证等。

1. 业务承接

(1)在刑事诉讼活动中,税务师事务所统一接受办案机关的税务司法鉴定委托,包括在侦查阶段接受公安机关等侦查机关的委托,在审查起诉阶段接受人民检察院或者公安机关等侦查机关的委托,在审理阶段接受人民法院的委托。

【知识点拨】在刑事诉讼活动中,税务师事务所不得违反法律、法规、规章的有关规定接受犯罪嫌疑人、被告人及其代理人的委托。

（2）在**民事及行政诉讼活动**中，税务师事务所可以接受**人民法院**的委托就争讼有关的涉税事项进行税务司法鉴定。

【知识点拨】在民事及行政诉讼活动中，税务师事务所可以接受**原告、被告、第三人、上诉人、被上诉人等诉讼参与主体**的委托，就争讼有关的涉税事项出具专家意见。

（3）在**仲裁、调解等非诉讼争议解决程序**中，税务师事务所可以接受争议解决机关、争议各方、其他程序参与方的委托就争议有关的涉税事项出具专家意见。

（4）**委托人**对鉴定材料的真实性、合法性、相关性负责。

未经委托人同意，鉴定人不得查阅委托人提供材料范围之外的案卷材料。

（5）税务师事务所应当自收到委托之日起**7个工作日**作出是否承接的决定。对于复杂、疑难或者特殊鉴定事项的委托，税务师事务所可以与委托人协商确定。

（6）对属于税务司法鉴定业务范围、鉴定用途合法、提供的鉴定材料能够满足鉴定需要的委托，税务师事务所可以承接。

对属于税务司法鉴定业务范围、鉴定用途合法，但鉴定材料不完整、不充分且不能满足鉴定需要的，税务师事务所可以要求委托人补充；经补充后能够满足鉴定需要的，可以承接。

（7）税务师事务所决定承接鉴定委托的，应当与委托人签订司法鉴定委托书。司法鉴定委托书应当载明委托人名称、税务师事务所名称、委托鉴定事项、是否属于重新鉴定、鉴定用途、与鉴定有关的基本案情、鉴定材料的提供和退还、鉴定风险，以及双方商定的鉴定时限、鉴定费用、鉴定人出庭费用及收取方式、双方权利义务等其他需要载明的事项。

税务师事务所决定不予承接鉴定委托的，应当向委托人说明理由，退还委托人提供的全部材料。

2. 业务实施

（1）有下列情形的，鉴定人及助理人员应当回避：

①本人或者其近亲属与诉讼当事人、鉴定事项涉及的案件存在利害关系；

②曾经参加过同一鉴定事项鉴定；

③曾经为被鉴定单位提供过涉税代理服务；

④曾经作为专家提供过咨询意见；

⑤曾被聘请为有专门知识的人参与过同一鉴定事项法庭调查活动；

⑥其他可能影响鉴定人独立、客观、公正进行鉴定的情况。

鉴定人自行提出回避的，由其所属的税务师事务所决定；委托人要求鉴定人回避的，应当向该鉴定人所属的税务师事务所提出，由税务师事务所决定。

委托人对税务师事务所作出的鉴定人是否回避的决定有异议的，可以撤销鉴定委托。

（2）熟悉鉴定过程中应遵守和采用的专业领域技术标准和技术规范的顺序。

（3）鉴定人有权了解进行鉴定所需要的案件材料，可以查阅、复制相关资料；必要时在征得委托人同意后，可以询问诉讼当事人、证人。

经委托人同意，税务师事务所可以派员到现场提取鉴定材料。现场提取鉴定材料应当由不少于**2名**涉税专业服务人员进行，其中**至少1名**应为该鉴定事项的鉴定人。现场提取鉴定材料时，应当有委托人指派或者委托的人员在场见证并在提取记录上签名。

（4）鉴定人应当对可能影响鉴定意见的所有重要方面予以关注，主要包括交易事实、会计事实、税务事实。

（5）税务师事务所应当**自税务司法鉴定委托书生效之日起30个工作日**内完成委托事项的鉴定。

鉴定事项涉及复杂、疑难、特殊技术问题或者检验过程需要较长时间的，经委托人同意、本税务师事务所负责人批准，完成鉴定的时限可以延长，延长时限一般不得超过30个工作日。

税务师事务所与委托人对鉴定时限另有约定的，从其约定。

在鉴定过程中补充或者重新提取鉴定资料所需的时间，不计入鉴定时限。

（6）具有下列情形之一的，可以终止鉴定：①发现有规定情形——委托人要求或者暗示税务师事务所、鉴定人按其意图或者特定目的提供鉴定意见的，鉴定人应当拒绝；②鉴定材料发生耗损，委托人不能补充提供；③委托人不履行税务司法鉴定委托书规定的义务或者鉴定活动受到严重干扰，致使鉴定无法继续进行；④委托人主动撤销鉴定委托或者委托人拒绝支付鉴定费用；⑤因不可抗力致使鉴定无法继续进行；⑥其他需要终止鉴定的情形。

（7）鉴定过程中，有下列情形之一的，税务师事务所可以根据委托人的请求进行补充鉴定：①原委托鉴定事项有遗漏的；②委托人就原委托鉴定事项提供新的财务会计资料或证据的；③其他需要补充鉴定的情形。补充鉴定应当由原税务师事务所的原鉴定人进行。补充鉴定的鉴定文书应当与原鉴定文书同时使用。

（8）有下列情形之一的，税务师事务所可以接受委托进行重新鉴定：①原鉴定人不具有从事原委托事项相应资格或能力；②原税务师事务所超出登记的业务范围组织鉴定；③原鉴定人应当回避而没有回避；④委托人或者其他诉讼当事人对原鉴定意见有异议，并能提出合法依据和合理理由；⑤委托人依照法律、法规规定要求重新鉴定；⑥法律、法规规定需要重新鉴定的其他情形。

【知识点拨】重新鉴定应当委托原税务师事务所以外的其他税务师事务所进行。因特殊原因，委托人也可以委托原税务师事务所进行，但原税务师事务所应当指定原鉴定人以外的其他符合条件的鉴定人进行。

（9）鉴定过程中，涉及复杂、疑难、特殊技术问题的，经委托人同意，鉴定人可以向本事务所以外的相关专业领域的专家进行咨询，但最终的鉴定意见应当由本事务所的鉴定人出具。

提供咨询意见的专家应当对其发表的意见进行签名并存入鉴定档案。

3. 税务司法鉴定意见书的出具

（1）受托的税务司法鉴定业务完成后，税务师事务所和鉴定人应当按照统一规定的文本格式制作税务司法鉴定意见书。

（2）税务司法鉴定意见书不应包含的内容：①超出税务司法鉴定范围的结论或意见，如：对相关法律问题的判断、对财务凭证内容真实性的识别、对财务会计资料证据中的形象痕迹的识别、对交易事项主观动机的推断等；②鉴定人未取得相应证据而主观臆断事实；③超出本次鉴定委托事项的结论或意见；④其他不应确认的内容。

（3）税务司法鉴定意见书具有特定目的或服务于特定使用人的，鉴定人应当在鉴定意见书中注明该意见书的特定目的或使用人，对意见书的用途加以限定和说明。

（4）税务司法鉴定意见书出具后，发现有下列情形之一的，可以进行补正：①表格、图像不清晰；②签名、盖章或者编号不符合制作要求；③数字输入错误，但不影响鉴定意见；④文字表达有瑕疵或者有错别字，但不影响鉴定意见。补正应当在原鉴定意见书上进行，由至少一名鉴定人在补正处签名，并在补正处加盖本事务所公章。必要时，可以出具补正书。对鉴定意见书进行补正，不得改变鉴定意见的原意。

（5）税务师事务所应当按照规定将税务司法鉴定意见书以及有关资料整理、存入鉴定档案。

4. 业务记录

（1）鉴定人应当编制税务司法鉴定业务工作底稿，实时记录鉴定过程和结果，并存入鉴定档案。

鉴定过程的记录可以采取笔记、录音、

录像、拍照等方式,并附有鉴定人签名。

(2)税务司法鉴定业务鉴定档案包括以下内容:①《委托书》以及其他委托人的身份证明材料;②税务司法鉴定意见书;③税务司法鉴定业务工作底稿;④鉴定材料目录;⑤其他应当留存的材料。

(3)税务司法鉴定业务鉴定档案属于税务师事务所的业务档案,除另有规定外,应当至少保存10年。

(4)未经税务司法鉴定业务委托人同意,税务师事务所不得向他人提供鉴定档案,但下列情形除外:①税务机关因行政执法需要进行查阅;②涉税专业服务监管部门和行业自律部门因检查执业质量需要进行查阅;③公安机关、人民检察院、人民法院根据有关法律、法规需要进行查阅。

5. 鉴定人出庭作证

(1)经人民法院依法通知,鉴定人应当出庭作证,回答与鉴定事项有关的问题。

(2)有下列情形之一的,经人民法院许可,鉴定人可以通过书面证言、视听传输技术、视听资料和庭外调查等方式作证:①因健康原因不能出庭;②因路途遥远、交通不便不能出庭;③因自然灾害等不可抗力不能出庭;④因人身安全受到重大威胁不能出庭;⑤有其他正当理由不能出庭。

三、纳税情况审查业务

扫我解疑难

(一)业务定义 ★★

纳税情况审查业务是指税务师事务所接受行政机关、司法机关(以下简称委托人)委托,指派<u>本所</u>有资质的涉税服务人员,依法对纳税人、扣缴义务人等(以下简称被审查人)纳税情况进行审查并作出专业结论。

(二)纳税情况审查业务的种类 ★★

包括海关委托保税核查、海关委托稽查、企业信息公示委托纳税情况审查、税务机关委托纳税情况审查、司法机关委托纳税情况审查等。

(三)纳税情况审查业务基本流程 ★★★

包括业务承接、业务计划、业务实施、业务记录、业务成果、质量监控与复核等一般流程。

1. 业务承接与委派

应当对委托事项进行初步调查和了解,并从下列方面进行分析评估,决定是否接受纳税情况审查业务委托:

(1)本所是否具有专业胜任能力;

(2)本所是否可以承担相应的风险;

(3)其他相关因素。

税务师事务所应获取被审查人出具的对其所提供的会计资料及纳税资料的真实性、合法性和完整性负责的承诺声明。

税务师事务所应当指派能够胜任纳税情况审查业务的税务师作为项目负责人。项目负责人应当对专家的工作成果负责。

2. 业务计划与实施

对可能影响审查结果的下列情况,应当重点关注:

(1)组织机构控制、会计系统控制、信息系统控制、物流系统控制等内控制度;

(2)环境事实、业务事实和其他事实;

(3)会计凭证、会计账簿、会计报表等;

(4)计税依据与适用税率是否符合税收法规,相关事务办理程序是否符合税收征管制度,其他有关纳税方面的情况。

3. 业务记录与成果

(1)涉税服务人员应编制纳税情况审查备查类工作底稿和业务类工作底稿,保证工作底稿记录的完整性、真实性和逻辑性。

(2)业务成果。开展纳税情况审查业务,<u>应根据委托协议的约定确定是否出具书面业务报告。</u>

(3)纳税情况审查业务报告应根据委托人的要求和被审查人实际情况编制,主要包括下列内容:①标题;②委托人名称;③纳税情况审查的内容;④被审查人基本情况;⑤纳税情况审查情况;⑥纳税情况审查的支持证据；⑦纳税情况审查适用文件；⑧纳税情况审查意见。

（4）税务师事务所及其涉税服务人员，应当对纳税情况审查服务过程中形成的业务记录和业务结果以及知悉的被审查人商业秘密和个人隐私予以保密，未经被审查人同意，不得向第三人泄露相关信息。但以下情形除外：①税务机关因行政执法检查需要进行查阅的；②涉税专业服务监管部门和行业自律组织因检查执业质量需要进行查阅的；③法律法规规定可以查阅的其他情形。

同步训练 限时10分钟

扫我做试题

一、单项选择题

1. 依据信任保护原则，税务师事务所及其涉税服务人员有权终止业务时，对于已完成的部分约定业务，下列说法正确的是( )。
   A. 无权收取费用，无须承担该部分责任
   B. 有权收取费用，并承担该部分责任
   C. 无权收取费用，由委托人承担相应责任
   D. 应当按照协议约定收取费用，并就已完成事项进行免责性声明，由委托人承担相应责任，税务师事务所及其涉税服务人员不承担该部分责任

2. 代理记账机构、税务代理公司、财税类咨询公司等机构可以承接( )。
   A. 税务政策解答
   B. 资本市场特殊税务处理合规性审核
   C. 长期税务顾问服务
   D. 税收策划业务

3. 下列关于纳税情况审查业务的说法错误的是( )。
   A. 只有税务师事务所、会计师事务所、律师事务所才能从事纳税情况审查业务
   B. 纳税审查的委托人主要是行政机关、司法机关
   C. 项目负责人应当对专家的工作成果负责
   D. 开展纳税情况审查业务，必须出具书面业务报告

二、多项选择题

1. 税务师事务所及其涉税服务人员提供其他税务事项代理服务，实行信任保护原则。存在下列( )情形的，税务师事务所及其涉税服务人员有权终止业务。
   A. 委托人违反法律、法规及相关规定的
   B. 委托人提供不真实、不完整资料信息的
   C. 委托人不按照业务结果进行申报的
   D. 委托人未按期付费的
   E. 委托人善意取得虚开专票的

2. 涉税鉴证中的被鉴证人可以指( )。
   A. 委托人
   B. 委托方指定的第三方
   C. 使用人
   D. 鉴证人
   E. 税务机关

3. 下列关于涉税鉴证业务实施的说法正确的有( )。
   A. 涉税鉴证业务工作底稿可以在业务过程中，通过记录、复制、录音、录像、照相等方式随时形成，并由实施人员签名
   B. 涉税鉴证业务报告应由两个以上具有涉税鉴证业务资质的涉税服务人员签字
   C. 在任何情况下税务师事务所均不得向第三方提供工作底稿
   D. 涉税鉴证业务报告出具日期是鉴证人完成内部审批复核程序及签字手续的日期
   E. 可以采用偷拍、偷录的方式取得相关资料

4. ( )应当由具有税务师事务所、会计师事务所、律师事务所资质的涉税专业服务机

构从事，相关文书应由税务师、注册会计师、律师签字，并承担相应的责任，而不能由其他涉税机构从事。

A．专业税务顾问业务

B．税收策划业务

C．纳税申报代理业务

D．涉税鉴证业务

E．纳税情况审查业务

5. 下列关于税务司法鉴定服务的说法正确的有（　　）。

A．税务司法鉴定实行鉴定人负责制度

B．在刑事诉讼活动中，税务师事务所可以接受犯罪嫌疑人、被告人及其代理人的委托进行税务司法鉴定

C．在民事及行政诉讼活动中，税务师事务所可以接受原告、被告、第三人、上诉人、被上诉人等诉讼参与主体的委托，就争讼有关的涉税事项出具专家意见

D．税务师事务所应当自收到委托之日起10个工作日作出是否承接的决定

E．税务师事务所应当自税务司法鉴定委托书生效之日起30个工作日内完成委托事项的鉴定

6. 有下列情形（　　）之一的，经人民法院许可，鉴定人可以通过书面证言、视听传输技术、视听资料和庭外调查等方式作证。

A．因健康原因不能出庭

B．因路途遥远、交通不便不能出庭

C．因自然灾害等不可抗力不能出庭

D．因人身安全受到重大威胁不能出庭

E．因委托人未足额支付费用不能出庭

同步训练答案及解析

一、单项选择题

1. D　【解析】依据信任保护原则，税务师事务所及其涉税服务人员有权终止业务时，对于已完成的部分约定业务，应当按照协议约定收取费用，并就已完成事项进行免责性声明，由委托人承担相应责任，税务师事务所及其涉税服务人员不承担该部分责任。

2. A　【解析】代理记账机构、税务代理公司、财税类咨询公司等机构可以承接一般税务咨询，包括纳税申报咨询、税务信息提供、税务政策解答、税务事项办理辅导等。资本市场特殊税务处理合规性审核和长期税务顾问服务属于专业税务顾问。专业税务顾问和税收策划业务应当由具有税务师事务所、会计师事务所、律师事务所资质的涉税专业服务机构从事，相关文书应由税务师、注册会计师、律师签字，并承担相应的责任。

3. D　【解析】选项D，开展纳税情况审查业务，应根据委托协议的约定确定是否出具书面业务报告。

二、多项选择题

1. ABC　【解析】税务师事务所及其涉税服务人员提供其他税务事项代理服务，实行信任保护原则。存在下列情形之一的，税务师事务所及其涉税服务人员有权终止业务：①委托人违反法律、法规及相关规定的；②委托人提供不真实、不完整资料信息的；③委托人不按照业务结果进行申报的；④其他因委托人原因限制业务实施的情形。

2. AB　【解析】涉税鉴证服务中的被鉴证人，可以是委托人，也可以是委托人有权指定的第三人。

3. AB　【解析】选项C，鉴证人应当对提供涉税鉴证业务服务过程中形成的业务记录和业务成果以及知悉的委托人和被鉴证人商业秘密和个人隐私予以保密，未经委托人同意，不得向第三方泄露相关信息。但下列情形除外：税务机关因行政执法需要进行查阅的；涉税专业服务监管部门和行

业自律部门因检查执业质量需要进行查阅的；法律、法规规定可以查阅的其他情形。选项 D，涉税鉴证业务报告出具日期是完成业务成果外勤工作的日期。选项 E，不得采用偷拍、偷录的方式取得相关资料。

4. ABDE 【解析】专业税务顾问业务、税收策划业务、涉税鉴证业务、纳税情况审查业务应当由具有税务师事务所、会计师事务所、律师事务所资质的涉税专业服务机构从事，相关文书应由税务师、注册会计师、律师签字，并承担相应的责任。

5. ACE 【解析】选项 B，在刑事诉讼活动中，税务师事务所不得违反法律、法规、规章的有关规定接受犯罪嫌疑人、被告人及其代理人的委托；选项 D，税务师事务所应当自收到委托之日起 7 个工作日作出是否承接的决定。

6. ABCD 【解析】经人民法院许可，鉴定人可以通过书面证言、视听传输技术、视听资料和庭外调查等方式作证的情形。

第7章 税务咨询服务

考情解密

历年考情概况

本章属于非重点章节,考题中涉及得较少,考题有可能以单选题、多选题的形式出现。对于本章,关键不是记住纳税策划的方法,而是结合税法Ⅰ、税法Ⅱ以及第三部分重要知识点精讲的内容,仔细研读本章的案例。对于本章的案例,我们不在本章介绍,而是在第三部分重要知识点精讲中介绍。

近年考点直击

考点	主要考查题型	考频指数	考查角度
一般税务咨询	单选题、多选题	★	(1)服务内容; (2)服务方式; (3)注意经营各阶段部分税务问题的回复
专业税务顾问	单选题、多选题	★	(1)专项税务咨询服务或长期税务顾问服务包括的内容; (2)注意具体问题的回复
税收策划	单选题、多选题、简答题	★	特点、服务内容和基本方法

本章2021年考试主要变化

(1)专业税务顾问服务新增较多内容;
(2)新增税收策划的服务。

考点详解及精选例题

一、一般税务咨询服务

扫我解疑难

一般税务咨询:涉税服务人员对纳税人、扣缴义务人的<u>日常办税事项</u>提供税务咨询服务。一般税务咨询是相对于专业税务顾问或税收策划而言的税务咨询服务,具有对象上的不确定性、时间上的偶发性、程序上的简化和内容上的相对简单等特点。

(一)一般税务咨询的服务内容
(1)适用税收实体法方面的税务咨询。
(2)适用税收程序法方面的税收咨询。
(3)解决税收分歧方面的咨询。
(4)涉税会计处理的咨询。
(5)税务动态方面的咨询。
(二)一般税务咨询的服务方式★
(1)书面咨询。
(2)电话咨询。
(3)晤谈。
(4)网络咨询——新兴的税务咨询形式。

(三)一般税务咨询的实施步骤

税收政策运用方面的咨询是税务咨询中最主要的内容,实施好税收政策适用的咨询服务,应做好如下五个方面。

(1)把握咨询的税务事项实质。

(2)收集咨询问题相关的税收政策文件。

(3)分析税收政策适用条款——这是税务咨询服务的核心。

a. 税收政策适用时效。

b. 不同税种政策规定的差异。

c. 税收政策制定原则和精神。

(4)根据需要作必要的沟通说明。

(5)确定合适的答复方式。

(四)一般税务咨询的案例分析★

1. 企业成立

(1)缴纳税种的咨询。

(2)税收征收管理的咨询。

2. 企业日常经营活动

(1)纳税期限的咨询。

(2)增值税纳税人性质登记的咨询。

(3)凭证使用的咨询。

(4)收入的咨询。

(5)进项税额抵扣的咨询。

(6)扣除的咨询。

(7)享受税收优惠的咨询。

(8)纳税地点的咨询。

(9)代扣税款的咨询。

(10)维护权益的咨询。

3. 企业注销

【知识点拨1】发票是企业所得税税前扣除重要凭证,但不是唯一凭证。不同的支出项目合规的税前扣除凭证不同,税前扣除凭证的具体要求见第三部分重要知识点精讲。

【知识点拨2】发生销售折让时已经开具增值税发票的税务处理:①在增值税处理时,购货方或销售方(开具专票尚未交付购买方,以及购买方未用于申报抵扣并将发票联及抵扣联退回的)在增值税发票系统升级版中填开并上传《开具红字专票信息表》,销售方凭税务机关系统校验通过的《开具红字专票信息表》开具红字专票,退还给购货方的增值税额,可从发生销售折让当期的销项税额中扣减;②在企业所得税处理时,可在发生销售折让当期冲减当期销售商品收入。

精选例题

【例题1·多选题】税务咨询的形式一般有书面咨询、电话咨询、晤谈、网络咨询。对各种形式理解正确的有(   )。

A. 在实现计算机网络化的情况下,书面咨询可以电子信件的形式传输

B. 电话咨询主要用于比较简单明了的税务问题的咨询服务

C. 网络咨询是一种新兴的咨询形式,它要求以网络为载体,即时解答咨询人的提问

D. 晤谈带有共同研讨的特点,往往是对于较为复杂的问题双方进行讨论,最后由纳税人作出结论

E. 电话咨询是税务咨询中较为正式规范的一种咨询方式

解析 选项C,网络咨询可以即时解答,也可以延时留言答复;选项D,晤谈带有共同研讨的特点,往往是对于较为复杂的问题双方进行讨论,最后由税务师作出结论;选项E,书面咨询是税务咨询中较为正式规范的一种咨询方式。

答案 AB

二、专业税务顾问服务

扫我解疑难

(一)专业税务顾问服务及其特点★

专业税务顾问服务是指涉税专业服务机构接受委托人委托,指派涉税服务人员就委托的特定涉税事项提供专项税务咨询服务或者为委托人提供长期税务顾问服务。相比于一般咨询服务,专业税务顾问服务具有如下特点。

1. 时间上的连续性

除特定事项提供专项税务咨询另行约定期限外,常见的提供长期顾问服务的专业税务顾问协议有效期通常在1年以上。

2. 内容上的综合性
3. 方式上的多样性

(二)专业税务顾问服务的基本内容★★

专业税务顾问服务的基本内容包括专项税务咨询服务和长期税务顾问服务。专业税务顾问服务的基本内容,见表7-1。

表7-1 专业税务顾问服务的基本内容

类别	具体内容
专项税务咨询服务	包括但不限于下列服务: (1)涉税尽职审慎性调查; (2)纳税风险评估; (3)资本市场特殊税务处理合规性审核; (4)与特别纳税调整事项有关的服务
长期税务顾问服务	不短于1年的咨询服务包括但不限于以下服务: (1)税务信息提供; (2)税务政策解释和运用咨询; (3)办税事项提醒和风险提示; (4)涉税措施的评价和建议; (5)代表委托人向税务机关咨询问题和协商税务处理等业务

(三)专业税务顾问服务的基本方式★

有书面报告或资料、涉税培训、代理涉税文书和授权代表等服务方式。其中授权代表指的是委托人授权委托涉税服务人员处理授权范围内的涉税事项。

(四)专业税务顾问服务的实施步骤★

注意在提出方案和建议时,涉税服务人员应当结合委托人法规符合性分析结果,有针对性地提出方案和建议,并将分析结果以及形成的方案和建议与委托人进行讨论。在与委托人讨论一致的前提下,按业务约定书的要求出具业务报告。

(五)专业税务顾问服务的案例分析★

熟悉教材中P446的例【7-24】,分析政策性搬迁中涉及到的增值税、土地增值税和企业所得税等,所涉及到的税收规定我们在第三部分的第6章内容中进行介绍。

三、税收策划服务

扫我解疑难

(一)税收策划及其特点★

(1)合法性。
(2)策划性。
(3)目的性。
(4)适用性。

(二)税收策划的服务内容★

主要包括五个方面:
(1)战略规划税收策划。
(2)经营活动税收策划。
(3)企业重组税收策划。
(4)投融资税收策划。
(5)其他事项税收策划。

(三)税收策划的基本方法★

(1)不予征税方法。
(2)减免税方法。
(3)税率或征收率差异方法。
(4)分割方法。
(5)扣除方法。
(6)抵免方法。
(7)延期纳税方法。
(8)退税方法。

📝 真题精练(客观题)

(2020年多选题)在涉税专业服务中承担税收策划服务主要采取的方法有( )。

A. 减免税的方法
B. 税率或征收率差异的方法
C. 利用税法漏洞的方法

D. 延期纳税的方法

E. 不予征税的方法

解析 本题考核税收策划的主要方法。选项C属于避税的方法，而不是税收策划的方法。 **答案** ABDE

(四)税收策划的实施步骤

包括了解业务目标、制定业务计划、收集项目资料、确定法律依据、测算数据结果、制定策划方案、方案综合辩证分析。其中，收集项目资料、确定法律依据、测算数据结果、制定策划方案、方案综合辩证分析是实施税收策划的核心步骤。

税收策划作为高层次的专业服务，业务成果通常以书面形式的业务报告体现，包括出具税收策划报告、方案分析文档、方案试算底稿等。其中税收策划报告是综合体现税收策划成果的书面报告。

税收策划报告包括封面、前言、目录、背景、策划方案、分析比较内容、实施取向以及附件等基本要素。

注意教材P453的【例7-25】重组上市中引入特定投资对象投资的税收策划案例。

精选例题

【例题2·单选题】税务师建议某公司将销售货物的方式由直接收款业务，变更为分期收款销售业务等方式，这属于(　)税收策划方法的运用。

A. 退税　　　　　B. 税收抵免

C. 税法漏洞　　　D. 延期纳税

解析 利用延期纳税策划是指在合法、合理的情况下，使纳税人延期缴纳税款而节税的税务策划方法。根据税法规定，分期收款销售业务的纳税义务发生时间为书面合同约定的收款日期的当天。 **答案** D

同步训练　限时20分钟

扫我做试题

一、单项选择题

1. 下列税务咨询业务中，属于企业成立初期涉税问题的是(　)。

   A. 对不同经营方式收入的确认时间和金额进行咨询

   B. 对享受税收优惠政策进行咨询

   C. 对办理税务登记的咨询

   D. 对纳税期限的咨询

2. 某个人准备在2021年投资新办一商业企业，在向税务师进行咨询时，税务师的以下说法错误的是(　)。

   A. 如果该个人将企业的组织形式设立为个人独资企业，则可以不缴纳企业所得税，只缴纳个人所得税

   B. 如果年应税销售额超过500万元，应当登记成为增值税一般纳税人

   C. 即使企业为小规模纳税人，也可以自行开具专票

   D. 如果该个人将企业的组织形式设立为一人有限责任公司，那么对于企业的经营所得要按照经营所得缴纳个人所得税

3. 某金融企业向税务师咨询关于本企业2020年的捐赠支出企业所得税税前扣除规定，税务师作出以下解答中正确的是(　)。

   A. 公益性捐赠按照企业会计利润12%以内的部分在当年的所得税税前扣除

   B. 企业通过社会力量等向红十字事业、老年服务机关、农村义务教育、青少年活动场所的公益性捐赠可以全额在税前扣除

   C. 企业对外的公益性捐赠支出在应纳税所得额30%以内的部分可以在税前扣除

   D. 企业的非公益救济性捐赠，在企业有盈利时可以按会计利润12%扣除

4. 税务师接受咨询时，下列答复正确的是（ ）。
   A. 白酒生产企业批发给商场白酒收取的优质费，可随销售款一并开具专票，也可单独开具普票
   B. 某商场收到厂家的"平销返利"，可开具专票
   C. 某酒厂销售啤酒同时收取的包装物押金，逾期时并入消费税的计税依据征收消费税
   D. 企业将外购货物用于集体福利，应计算增值税的销项税额

5. 税收策划就是通过对经营、投资、理财等活动事先安排，来达到节税的目的。假如企业依据国家税收法律法规和规章规定，使经营、投资、理财等活动的计税依据中尽量增加可扣除的项目或金额，以减轻税收负担，这种方法称为（ ）。
   A. 扣除方法
   B. 分割方法
   C. 抵免方法
   D. 不予征税方法

6. 关于企业在融资、投资及利润分配过程中的税收策划，以下表述中错误的是（ ）。
   A. 北京市A企业缺少资金，决定采用举债的方式进行融资，因为这样可以达到少缴企业所得税的目的
   B. 天津市B企业缺少资金，决定采用发行股票的方式进行筹资，B企业认为这样可以达到少缴企业所得税的目的
   C. 河北省石家庄市C企业为了融通资金，采用发行股票和债券两种方式，因为发行债券可以达到节税的目的；发行股票可以平衡财务经营风险
   D. 青海省西宁市D企业上市后第三年不发放股利，而是通过增加企业利润以提高股票价格的方式来间接增加股东财富，因为这种方式股东不用缴纳个人所得税

二、多项选择题

1. 某人2021年3月取得自有房屋出租收入，其对税法方面的规定不了解，向某税务师进行咨询，则税务师应该从（ ）税种的相关规定进行解答。
   A. 契税
   B. 增值税
   C. 房产税
   D. 企业所得税
   E. 个人所得税

2. 某企业向税务师王某咨询关于增值税纳税人性质的相关问题，王某的下列观点中正确的有（ ）。
   A. 增值税纳税人有一般纳税人和小规模纳税人之分
   B. 对于不经常发生应税行为的企业，可以选择成为一般纳税人或小规模纳税人
   C. 对于年应税销售额未超过规定的小规模纳税人标准以及新开业的纳税人，不可以向主管税务机关办理一般纳税人资格登记
   D. 对于年应税销售额超过规定的小规模纳税人标准的企业，除非企业性单位和不经常发生应税行为的企业和个体户以外的其他个人外，应当向主管税务机关办理一般纳税人资格登记
   E. 办理一般纳税人资格登记时，应向主管税务机关填报登记表，并提供规定的资料

三、简答题

马先生拟投资成立一家咨询公司，咨询成立一人有限责任公司、个人独资企业或合伙企业在税收上有什么差异？单纯从税收角度看，哪种组织形式更为有利？

同步训练答案及解析

一、单项选择题

1. C 【解析】选项ABD属于企业日常经营活动的涉税问题。

2. D 【解析】如果该个人将企业的组织形式设立为一人有限责任公司，那么，对于企业的经营所得要缴纳企业所得税，对个人

作为股东取得的分配利润要按照"利息、股息、红利所得"缴纳个人所得税。

3. A 【解析】企业的公益性捐赠按照企业的会计利润12%以内的部分在税前扣除。

4. A 【解析】选项 B，商业企业收到的平销返利一律不得开具专票；选项 C，啤酒是从量征收消费税，押金与计税依据无关；选项 D，企业将外购货物用于集体福利，进项税额不允许抵扣，不能做视同销售处理。

5. A 【解析】扣除方法是指依据国家税收法律法规和规章规定，使经营、投资、理财等活动的计税依据中尽量增多可以扣除的项目或金额，以减轻税收负担的方法。

6. B 【解析】采用股权的方式进行筹资，向股东分配的股利税前不得扣除，所以达不到少缴企业所得税的目的。

二、多项选择题

1. BCE 【解析】个人出租房屋不涉及契税和企业所得税。

2. ABDE 【解析】对于年应税销售额未超过规定的小规模纳税人标准以及新开业的纳税人，可以向主管税务机关办理一般纳税人资格登记。

三、简答题

【答案】

三者在税收上的主要差异在于所得税上。

（1）一人有限责任公司，其所得应按规定缴纳企业所得税，如果符合小型微利企业的条件，可以享受小型微利企业的税收优惠。将税后利润分配或转增资本时，分配或转增的部分，应该按照"利息、股息、红利所得"缴纳20%的个人所得税。

（2）个人独资企业，无须缴纳企业所得税，其所得按照"经营所得"缴纳个税，税后利润转增时无须再次缴纳个税。

（3）合伙企业，其所得先按约定分配比例或平均确定为各个合伙人的所得，然后按照"经营所得"缴纳个税，税后利润转增时无须再次缴纳个税。

单纯从税收角度考虑，如果一人有限责任公司无法达到小型微利企业标准，个人独资企业和合伙企业的税收负担会相对轻一些。个人独资企业和合伙企业相比较，由于合伙企业可以在合伙人之间分配所得，可以降低适用税率，建议马先生成立合伙企业。如果一人有限责任公司可以达到小型微利企业标准，需要比较三者的税收负担率之后再进行选择。

第8章 其他税务事项代理服务*

考情解密

历年考情概况

本章为非重点章节,从历年考题来看分值不高,难度不大。考试时大多还是以单选题、多选题的形式出现,偶尔也会以简答题的形式进行考核。预计分值3分左右。

近年考点直击

考点	主要考查题型	考频指数	考查角度
涉税信息报告事项代理服务	单选题、多选题	★★	基础信息报告、制度信息报告、跨区域涉税事项、资格信息报告、特殊事项报告等代理服务所包括的具体内容
证明办理代理服务	单选题、多选题	★	(1)具体的业务内容; (2)办理各项业务的注意事项
代理建账建制的适用范围与基本要求	单选题、多选题	★	(1)考查代理建账建制的适用范围; (2)考查复式账和简易账的基本要求
代建个体户财务会计制度	单选题、多选题	★	(1)简易账和复式账报送报表的不同; (2)可根据实际情况自行增减或合并某些会计科目
代理记账操作规范	单选题、多选题,存在出简答题的可能性	★★	(1)个体户税前允许扣除项目和不得扣除项目; (2)个体户特殊的账务处理,尤其注意"税后列支费用"这一科目的应用; (3)代制会计凭证、代为编制会计账簿、代为编制会计报表等过程中的具体规定
国际税收代理服务	单选题、多选题、简答题	★★	(1)具体业务内容; (2)对外支付扣缴增值税和预提所得税的计算; (3)对外付汇备案的有关规定; (4)再投资暂不征预提所得税的规定; (5)同期资料报告的有关规定; (6)预约定价安排的适用范围及程序; (7)特别纳税调整相互磋商的有关规定

本章2021年考试主要变化

(1)增加税收优惠代理服务;
(2)增加证明办理代理服务;
(3)增加国际税收代理服务的内容。

---

* 本章的第1节在第三部分重要知识点精讲的第1章介绍;本章的第2节"基础信息报告代理业务"、第7节中的"清税注销代理服务"在第二部分的第2章介绍;本章的第6节在第三部分的第5章介绍。

考点详解及精选例题

一、涉税信息报告事项代理服务

扫我解疑难

（一）服务内容

涉税信息报告事项代理业务，是指税务师事务所接受纳税人、扣缴义务人、缴费人（以下简称委托人）委托，在其权限内，以委托人的名义代为办理基础信息报告、制度信息报告、跨区域涉税事项、资格信息报告、特殊事项报告等税务事项的服务业务。涉税信息报告事项代理服务的具体内容，见表8-1。

表8-1 涉税信息报告事项代理服务的具体内容

类别	具体内容
基础信息报告代理业务	代理一照一码户登记信息确认
	代理两证整合个体户登记信息确认
	代理一照一码户信息变更
	代理两证整合个体户信息变更
	代理纳税人（扣缴义务人）身份信息报告
	代理自然人自主报告身份信息
	代理扣缴义务人报告自然人身份信息
	代理解除相关人员关联关系
	代理税务证件增补发业务
制度信息报告代理业务	代理存款账户账号报告
	代理会计制度及核算软件备案报告
	代理银税三方（委托）划缴协议业务
跨区域涉税事项信息报告代理业务	代理跨区域涉税事项报告
	代理跨区域涉税事项报验
	代理跨区域经营涉税事项反馈业务
资格信息报告代理业务	代理增值税一般纳税人登记
	代理选择按小规模纳税人纳税的情况说明
	代理一般纳税人转登记小规模纳税人
	代理货物运输业小规模纳税人异地代开专票备案
	代理增值税适用加计抵减政策声明
	代理农产品增值税进项税额扣除标准备案
	代理软件和集成电路产业企业所得税优惠事项资料报告
	代理软件产品增值税即征即退进项分摊方式资料报送与信息报告业务

续表

类别	具体内容
特殊事项报告代理业务	代理欠税人处置不动产或大额资产报告
	代理纳税人合并分立情况报告
	代理停业登记报告
	代理复业登记报告
	代理个人所得税递延纳税报告
	代理科技成果转化暂不征收个人所得税备案
	代理个人所得税分期缴纳报告
	代理个人所得税抵扣情况报告
	代理合伙制创业投资企业单一投资基金核算方式报告
	代理企业所得税汇总纳税信息报告
	代理核定征收企业所得税重大变化报告
	代理综合税源信息报告
	代理增量房房源信息报告
	代理建筑业项目报告
	代理注销建筑业项目报告
	代理不动产项目报告
	代理注销不动产项目报告
	代理房地产税收一体化信息报告
	税收统计调查数据采集业务

(二) 相关代理业务的界定

相关涉税信息报告事项代理服务的界定，见表 8-2*。

表 8-2 相关涉税信息报告事项代理服务的界定

业务类型	界定
代理综合税源信息报告业务	对从事房地产开发的委托人在取得土地使用权并获得房地产开发项目开工许可后向主管税务机关报送《土地增值税项目报告表》，并在每次转让(预售)房地产时依次填报表中规定栏目的内容，以及委托人在首次申报城镇土地使用税和房产税时，报告城镇土地使用税税源明细采集和房产税税源明细采集的代理业务
代理增量房房源信息报告业务	对房地产开发企业委托人在取得预售许可证 30 日内，进行增量房房源信息报告，申报预售许可证所列房源信息的代理业务
代理建筑业项目报告业务	对提供建筑服务的委托人，在取得建筑工程施工许可证 30 日内，向建筑项目所在地税务机关办理建筑业项目报告的代理业务
代理注销建筑业项目报告业务	对委托人建筑工程项目完工后，自建筑工程项目完工之日起 30 日内向建筑服务发生地主管税务机关进行项目报告的代理业务

---

* 与第二章税收征收管理、具体税种有关的内容我们在第二章和第三部分重要知识点精讲中加以介绍了，本章只介绍剩余的部分内容。

续表

业务类型	界定
代理不动产项目报告业务	对委托人销售不动产的,应在取得《建设工程规划许可证》30日内,向不动产所在地税务机关办理不动产项目报告的代理业务
代理注销不动产项目报告业务	对委托人不动产销售完毕后,应自不动产销售完毕之日起30日内向不动产所在地主管税务机关申请办理注销项目报告的代理业务
代理房地产税收一体化信息报告业务	对委托人房地产税收一体化管理过程中在土地使用权取得、房地产开发、交易和保有等环节,向税务机关报告土地出(转)让、税源申报明细报告、增量房销售、存量房销售等信息的代理业务

二、税收优惠代理服务

扫我解疑难

(一)税收优惠代理的服务内容

税收优惠代理业务包括:

(1)代理减免税办理,包括代理申报享受税收减免、税收减免备案、税收减免核准三项服务;

【知识点拨】申报享受税收减免的优惠办理分为需在申报享受时随申报表报送附列资料和无需报送附列资料两种情形。需报送附列资料的,税务师事务所需直接从委托人处取得的原始资料,应按国家税务总局官网中"纳税服务"下的"办税指南"栏目要求提供的办理材料收集。

(2)代理跨境应税行为免征增值税报告;

(3)代理放弃减免税。

(二)代理业务重点关注事项

(1)委托人对报送材料的真实性和合法性承担责任。

(2)委托人使用符合电子签名法规定条件的电子签名,与手写签名或者盖章具有同等法律效力。

(3)委托人提供的各项资料为复印件的,均须注明"与原件一致"并签章。

(4)享受减税、免税优惠的委托人,减税、免税期满,应当自期满次日起恢复纳税;不再符合减税、免税条件的,应当依法履行纳税义务;未依法纳税的,税务机关应当予以追缴。

(5)质量复核。

一级复核由项目经理实施;二级复核由项目负责人实施;三级复核由税务师事务所业务负责人实施。税务师事务所原则上应履行三级复核程序,对于简单的税收优惠代理,也应当执行至少二级的质量复核程序。

(6)质量监控。

税务师事务所选派项目组以外人员对项目组的工作成果作出客观评价,对一定风险等级的项目分别实施不同的质量监控。

(7)保密要求。

税务师事务所及其涉税服务人员应当对提供税收优惠代理服务过程中形成的业务记录和业务成果以及知悉的委托人商业秘密和个人隐私予以保密,未经委托人同意,不得向第三人泄露相关信息。但下列情形除外:

a. 税务机关因行政执法检查需要进行查阅的;

b. 涉税专业服务监管部门和行业自律组织因检查执业质量需要进行查阅的;

c. 法律、法规规定可以查阅的其他情形。

工作底稿属于税务师事务所的业务档案,应当至少保存10年,法律、行政法规另有规定的除外。

三、证明办理代理服务

扫我解疑难

(一)服务内容

涉税证明代理业务:税务师事务所依法接受委托,代委托人向主管税务机关办理依法为委托人出具的对其资产、行为、收入征(免)税情况的要式证明,供委托人提交第三方使用的服务业务。

主要包括代办开具《税收完税证明》、开具个人所得税《纳税记录》、转开印花税票销售凭证等涉税证明的服务。

(二)具体业务

1. 开具税收完税证明

代理开具《税收完税证明》,是税务师事务所接受委托,代理委托人(纳税人)向税务机关申请开具为证明纳税人已经缴纳税款或者已经退还纳税人税款凭证的业务。

(1)涉税服务人员可通过办税服务厅(场所)、电子税务局、自助办税终端代理开具《税收完税证明》。此事项可在全国、同城通办。服务成果为取得税务机关出具的《税收完税证明》(表格式)或《税收完税证明》(文书式)。

(2)税务师事务所承接代理开具税收完税证明业务时,需要关注事项:

a. 纳税人遗失《出口货物完税分割单》、印花税票和《印花税票销售凭证》,不能重新开具;

b. 个人所得税纳税人就税款所属期为2019年1月1日(含)以后缴(退)税情况申请开具证明的,税务机关为其开具个人所得税《纳税记录》,不再开具《税收完税证明》(文书式);

c. 纳税人提供加盖开具单位的相关业务章戳并已注明扣收税款信息的"成交过户交割凭单"或"过户登记确认书",可以向证券交易场所和证券登记结算机构所在地的主管税务机关申请出具《税收完税证明》;

d. 扣缴义务人未按规定为纳税人开具税收票证的,税务机关核实税款缴纳情况后,应当为纳税人开具《税收完税证明》。

2. 开具个人所得税《纳税记录》

纳税人2019年1月1日以后取得个人所得税应税所得并由扣缴义务人向税务机关办理了全员全额扣缴申报,或根据税法规定自

行向税务机关办理纳税申报的,不论是否实际缴纳税款,均可以.申请开具个人所得税《纳税记录》。

3. 转开印花税票销售凭证

税务师事务所接受委托,在纳税人通过横向联网方式完成印花税款的缴纳或退还后,代理纳税人向主管税务机关申请开具《中华人民共和国印花税销售凭证》(证明凭证)的业务。

(三)业务报告

(1)按照双方约定,或者税务师事务所认为必要的,税务师事务所可对服务事项、涉税建议出具相关报告或者意见书。

(2)涉税证明代理业务报告一般反映代理情况与专业意见等内容,具体包括当期服务过程及实施情况、风险提示和纳税建议等。

出具的业务报告应当取得委托人的确认,做到资料真实可靠,分析合理有据,责任明确。

(3)涉税证明代理业务报告实行多级审核签发制,即代理项目负责人、部门经理、经理(所长)签字后,加盖公章后方可送出。

(4)税务师事务所出具的涉税证明代理服务报告,由委托方、受托方留存备查。其中,税收法律、法规及国家税务总局规定报送的,应当向税务机关报送。

四、代理记账服务

扫我解疑难

(一)代理记账的服务内容——个体户★

(1)有固定经营场所的个体、私营经营业户。

(2)名为国有或集体实为个体、私营经营业户。

(3)个人租赁、承包经营企业。

对于经营规模小、达不到建账标准的业户,均实行代理建账建制规定。

(二)基本业务要求

税务师事务所从事代理记账业务,应当经

县级以上地方人民政府财政部门批准，领取由财政部统一规定样式的代理记账许可证书，不得以税务师个人名义提供代理记账服务。

税务师应区别不同的业户实施分类建账，分别设置复式账或者简易账。达到建账标准的个体户，应对照选择设置复式账或简易账（表8-4），并报主管税务机关备案。账簿方式一经确定，在一个纳税年度内不得进行变更。代理建账建制的基本要求，见表8-3。

表8-3 代理建账建制的基本要求

项目	建立复式账	建立简易账
注册资金	20万元以上	10~20万元
提供增值税应税劳务的纳税人月销售额	40 000元以上	15 000~40 000元
从事货物生产的增值税纳税人月销售额	60 000元以上	30 000~60 000元
从事货物批发或零售的增值税纳税人月销售额	80 000元以上	40 000~80 000元

【知识点拨1】建立简易账的个体户应建立经营收入账、经营费用账、商品（材料）购进账、库存商品（材料）盘点表、利润表。

【知识点拨2】简易账簿均采用订本式。

【知识点拨3】建立简易账簿核算的个体户其会计制度和财务制度应与设立复式账的个体业户相同，只是会计核算科目、核算方法要简单许多。

【知识点拨4】所称纳税人月销售额，是指个体户上一个纳税年度月平均销售额；新办的个体户为业户预估的当年度经营期月平均销售额。

【知识点拨5】在确定账簿方式后，一个纳税年度内不得变更。

精选例题

【例题1·多选题】根据代理建账建制的基本要求，以下个体户，应当设置复式账的有（　　）。

A. 提供加工劳务，月销售额50 000元
B. 注册资金在35万元
C. 从事电动自行车的生产，月销售额55 000元
D. 从事卷烟批发，月销售额30 000元
E. 从事小家电的零售，月销售额70 000元

解析 本题考核建立简易账和复式账的条件。 **答案** AB

（二）代理业务操作规范与重点关注事项 ★★

1. 代理建账建制的基本内容

（1）代建个体户财务会计制度，具体规定，见表8-4。

表8-4 代建个体户财务会计制度

类型	要求
代建个体户复式账会计制度	可根据实际情况自行增减或合并某些会计科目；应按月编制资产负债表、应税所得表和留存收益表
代建个体户简易账会计制度	设置简易会计科目核算，按月编制应税所得表

（2）准确履行纳税义务。

个体、私营业户税款征收的基本方法是定期定额，查账征收所占比例较低。各类组织的所得税情况，见表8-5。

表 8-5　各类组织的所得税情况

组织形式	所得税情况
公司制企业(法人资格)	企业所得税
	个人所得税：个人股东分得的股息、红利所得——按照"利息、股息、红利所得"缴纳个税
个体户、合伙企业、个人独资企业（不具有法人资格）	不纳企业所得税。
	个税：按"经营所得"缴纳

对于个体户，在履行纳税义务时，其要求如下：

①按权责发生制原则确认收入。

②成本列支范围是个体户从事生产经营所发生的各项直接支出和应记入成本的间接费用。

③费用列支范围是个体户从事生产经营过程中所发生的销售费用、管理费用和财务费用，已经计入成本的有关费用除外。

④损失列支范围包括存货、固定资产盘亏、报废毁损和出售的净损失，自然灾害或者意外事故损失。另外，包括在营业外支出科目中核算的赔偿金、违约金等。

个体户发生的损失，以减除责任人赔偿和保险赔款后的余额进行扣除。

⑤下列税前不允许扣除的各项支出，要从成本费用中剔除(重点掌握)：

a. 个人所得税税款；

b. 税收滞纳金；

c. 罚金、罚款和被没收的财物损失；

d. 赞助支出；

e. 不符合扣除规定的捐赠支出；

f. 用于个人和家庭的支出；

g. 与取得生产经营收入无关的其他支出；

h. 国家税务总局规定不准扣除的其他支出。

真题精练（客观题）

1. (2017年单选题)下列项目在计算个体户的个人所得税应纳税所得额时，可以在税前扣除的是( )。

　A. 行政罚款支出

　B. 生产过程中耗费的原料成本

　C. 税款的滞纳金

　D. 被没收的财产损失

　解析 本题考核个体户税前准予扣除和不得扣除的项目。　**答案** B

2. (2016年单选题)依据税法规定，计算经营所得以每一纳税年度的收入总额减除( )税金、其他支出以及以前年度亏损后的余额，为应纳税所得额。

　A. 成本、费用、损失和多种非广告性赞助支出

　B. 成本、费用、损失和罚款

　C. 成本、费用和损失

　D. 成本、费用

　解析 经营所得，以每一纳税年度的收入总额，减除成本、费用、税金、损失、其他支出以及允许弥补的以前年度亏损后的余额，为应纳税所得额。选项 A，非广告性赞助支出不得扣除；选项 B，罚金、罚款和被没收财产的损失不得扣除。　**答案** C

精选例题

【例题 2·单选题】下列可以在计算经营所得时扣除的项目是( )。

　A. 赞助支出

　B. 用于个人和家庭的支出

　C. 被没收的财物损失

　D. 违约金

　解析 选项 ABC 三项属于税前不允许扣除的 8 项支出中的内容，要从可以扣除的成本费用中剔除。　**答案** D

2. 代理记账操作规范

对各种账簿、凭证、报表、完税凭证和其他有关涉税资料应当保存 10 年，销毁时须

经主管税务机关审验和批准。

(1)代制会计凭证。

会计凭证按其填制的程序和用途不同,分为原始凭证和记账凭证两种,税务师代制会计凭证主要是在审核原始凭证的基础上代制记账凭证。

【知识点拨】税务师代理记账但不代客户制作原始凭证,仅指导其正确填制或依法取得有效的原始凭证。

(2)代为编制会计账簿。

a. 现金日记账和银行存款日记账应由纳税单位的出纳人员登记,税务师审核有关凭证和登记内容。

b. 总分类账一般应采用借、贷、余额三栏式的订本账。

c. 明细分类账是总分类账的明细科目。明细分类账一般采用活页式账簿。

d. 税务师将上述账簿登记编制完毕,还要进行对账工作,在会计期末进行结账,并为编制会计报表准备数据。

【知识点拨1】个体户会计科目中的"留存收益"(相当于利润分配——未分配利润)是不同于企业会计制度的科目。

【知识点拨2】期末企业的各项收入、成本费用转入本年利润,不能在税前列支的成本费用通过"税后列支费用",转入"留存收益"。

📝 **精选例题**

【例题3·单选题】下列关于代理建账记账业务的说法,符合有关规定的是( )。

A. 税务师代理记账不包括代理制作原始凭证

B. 税务师为个体户建账时,应严格按个体户会计制度的规定,不得自行减少会计科目

C. 税务师不得代理客户进行对账和结账工作

D. 税务师可代理登记银行存款日记账

解析 ▶ 选项B,税务师为个体户建账时,可根据实际情况自行增减或合并某些会计科目;选项C,税务师可以代理客户进行对账和结账工作;选项D,现金日记账和银行存款日记账应由纳税单位的出纳人员登记,而不是由税务师代理登记,税务师只是审核有关凭证和登记内容。 答案 ▶ A

(3)代为编制会计报表。

a. 复式账需要编制:资产负债表、应税所得表和留存收益表。

b. 简易账需要编制:应税所得表。

📝 **精选例题**

【例题4·单选题】税务师为个体户代建复式账簿,在办理年度个人所得税申报时,应代为编制( ),报送主管财税机关。

A. 资产负债表、损益表、现金流量表

B. 资产负债表、应税所得表、损益表

C. 资产负债表、留存收益表、现金流量表

D. 资产负债表、应税所得表、留存收益表

解析 ▶ 建立复式账的个体户,需要编制3张表:资产负债表、应税所得表、留存收益表。 答案 ▶ D

(4)代理纳税申报。

主要税种有:增值税、房产税、印花税、城镇土地使用税等,个体户的所得税应单独填报《个人所得税经营所得纳税申报表(A表)》,它要依据应税所得表按月填报并附送有关财务报表,在年度终了后3个月内汇算清缴,实行多退少补。

【知识点拨】企业所得税是在年度终了后5个月内汇算清缴;个体户的个人所得税是在年度终了后3个月内汇算清缴。

📝 **真题精练(客观题)**

(2020年单选题)个体户的所得税单独填报《个税经营所得纳税申报表(A表)》,依据( )填报。

A. 应税所得表

B. 留存收益表

C. 小企业会计准则

D. 资产负债表

解析 ▶ 本题考核代理纳税申报的内容,

关于个体户的所得税,单独填报《个人所得税经营所得纳税申报表(A 表)》,它要依据应税所得表按月填报并附送有关财务报表,在年度终了后 3 个月内汇算清缴,实行多退少补。

答案 ▶ A

(5)代理纳税审查。

【知识点拨】

a. 注意教材举例中小企业会计科目的使用。

b. 小企业会计科目中没有"财务费用""管理费用""销售费用"科目,相关费用通过"期间费用"科目核算。

c. 小企业会计科目中没有"营业外收入""营业外支出"科目,而是统一通过"营业外收支"科目核算。

d. 注意"本年利润""留存收益"和"税后列支费用"科目的使用。

"留存收益"相当于企业的"利润分配——未分配利润";不能在税前列支的成本费用通过"税后列支费用"核算,之后转入"留存收益"。

精选例题

【例题 5·单选题】某个体户主营玩具生产,2020 年 12 月列支招待费用 5 000 元,其中 1 000 元为业主为其儿子购买液晶显示器支出,则正确的会计分录应为( )。

A. 借:管理费用　　　　　5 000
　　贷:银行存款　　　　　　　5 000

B. 借:生产成本　　　　　4 000
　　　税后列支费用　　　　1 000
　　贷:银行存款　　　　　　　5 000

C. 借:期间费用　　　　　5 000
　　贷:银行存款　　　　　　　5 000

D. 借:期间费用　　　　　4 000
　　　税后列支费用　　　　1 000
　　贷:银行存款　　　　　　　5 000

解析 ▶ 为业主儿子购买显示器的支出 1 000 元通过"税后列支费用"列示。

答案 ▶ D

五、国际税收代理服务

国际税收事项包括涉税情况报告、享受税收协定待遇、国际税收证明开具、相宜协商程序、预约定价安排共 5 大类。

国际税收代理服务的具体内容,见表 8-6。

表 8-6　国际税收代理服务的具体内容

业务类型	业务范围及关注事项
境内机构和个人发包工程作业或劳务项目备案	就委托人向非居民发包工程或接受劳务项目的发生、变更以及支付项目款的事项,代委托人到主管税务机关办理备案或报告的服务。 【知识点拨 1】对外支付时是否需要扣缴增值税和企业所得税; 【知识点拨 2】扣缴增值税时按照税率、而非征收率扣缴
服务贸易等项目对外支付税务备案	就委托人向境外单笔支付等值>5 万美元以及外国投资者以境内直接投资取得的合法所得在境内再投资(单笔 5 万美元以上)的事项,到委托人所在地税务机关进行税务备案的服务。 【知识点拨 1】对外支付时是否需要扣缴增值税和企业所得税; 【知识点拨 2】2017 年 1 月 1 日起,对境外投资者从中国境内居民企业分配的利润,<u>直接投资</u>于鼓励类投资项目,凡符合规定条件的,实行<u>递延纳税政策,暂不征收预提所得税</u>
同期资料报告	同期资料包括主体文档、本地文档和特殊事项文档。 相关的知识后面介绍

续表

业务类型	业务范围及关注事项
非居民企业间接转让财产事项报告	就非居民企业发生间接转让中国应税财产的事项，代委托人到被间接转让财产的中国居民企业主管税务机关报告相关事项的服务
非居民企业股权转让适用特殊性税务处理备案	就发生的非居民企业股权转让行为选择特殊性税务处理事项，代委托人到税务机关进行备案的服务
境外注册中资控股企业居民身份认定申请	到税务机关办理境外注册中资控股企业居民身份认定申请的服务 【知识点拨】企业所得税以"登记注册地"或"实际管理机构所在地"作为认定居民企业的标准
非居民纳税人享受税收协定待遇办理	代理委托人到税务机关办理非居民企业享受税收协定待遇事项的服务
中国税收居民身份证明的开具	(1)个人所得税以"住所"和"居住时间"作为划分居民纳税人和非居民纳税人的标准； (2)企业所得税以"登记注册地"或"实际管理机构所在地"作为认定居民企业的标准
预约定价安排谈签与执行	相关的知识后面介绍
中国居民(国民)申请启动税务相互协商程序	
特别纳税调整相互协商程序	

（一）再投资递延纳税政策

2018年1月1日起，对境外投资者从中国境内居民企业分配的利润，直接投资于非禁止外商投资的项目和领域，凡符合规定条件的，实行递延纳税政策，暂不征收预提所得税。

（1）境外投资者暂不征收预提所得税须同时满足以下条件：

①境外投资者以分得利润进行的直接投资，包括境外投资者以分得利润进行的增资、新建、股权收购等权益性投资行为，但不包括新增、转增、收购上市公司股份(符合条件的战略投资除外)。具体是指：

a. 新增或转增中国境内居民企业实收资本或者资本公积。

境外投资者以分得的利润用于补缴其在境内居民企业已经认缴的注册资本，增加实收资本或资本公积符合上述情形。

b. 在中国境内投资新建居民企业。

c. 从非关联方收购中国境内居民企业股权。

d. 财政部、税务总局规定的其他方式。

②境外投资者分得的利润属于中国境内居民企业向投资者实际分配已经实现的留存收益而形成的股息、红利等权益性投资收益。

③境外投资者用于直接投资的利润以现金形式支付的，相关款项从利润分配企业的账户直接转入被投资企业或股权转让方账户，在直接投资前不得在境内外其他账户周转；境外投资者用于直接投资的利润以实物、有价证券等非现金形式支付的，相关资产所有权直接从利润分配企业转入被投资企业或股权转让方，在直接投资前不得由其他企业、个人代为持有或临时持有。

（2）境外投资者按规定可以享受暂不征收预提所得税政策但未实际享受的，可在实际缴纳相关税款之日起3年内申请追补享受该政策，退还已缴纳的税款；

（3）收回投资时纳税：境外投资者通过股权转让、回购、清算等方式实际收回享受暂不征收预提所得税政策待遇的直接投资，在实际收取相应款项后7日内，按规定程序向税务部门申报补缴递延的税款；

（4）境外投资者享受暂不征收预提所得税政策待遇后，被投资企业发生重组符合特殊性重组条件，并实际按照特殊性重组进行税务处理的，可继续享受暂不征收预提所得税政策待遇，不补缴递延的税款。

（二）同期资料管理

同期资料包括主体文档、本地文档和特殊事项文档。

1. 主体文档

主体文档主要披露最终控股企业所属企业集团的全球业务整体情况。

（1）符合下列条件之一的企业，应当准备主体文档。①年度发生跨境关联交易，且合并该企业财务报表的最终控股企业所属企业集团已准备主体文档；②年度关联交易总额超过10亿元的企业。

（2）主体文档主要披露最终控股企业所属企业集团的全球业务整体情况，包括：①组织架构；②企业集团业务；③无形资产；④融资活动；⑤财务与税务状况。

2. 本地文档

本地文档主要披露企业关联交易的详细信息。

年度关联交易金额符合下列条件之一的企业，应当就其全部关联交易准备本地文档：

（1）有形资产所有权转让金额（来料加工业务按照年度进出口报关价格计算）超过2亿元；

（2）金融资产转让金额超过1亿元；

（3）无形资产所有权转让金额超过1亿元；

（4）其他关联交易金额合计超过4 000万元。

3. 特殊事项文档

特殊事项文档包括成本分摊协议特殊事项文档和资本弱化特殊事项文档。

4. 同期资料准备的时间及要求

（1）主体文档应当在企业集团最终控股企业会计年度终了之日起12个月内准备完毕；本地文档和特殊事项文档应当在关联交易发生年度次年6月30日之前准备完毕。同期资料应当自税务机关要求之日起30日内提供。企业因不可抗力无法按期提供同期资料的，应当在不可抗力消除后30日内提供同期资料。

（2）同期资料应当使用中文，并标明引用信息资料的出处来源。

（3）同期资料应当自税务机关要求的准备完毕之日起保存10年。

（三）预约定价安排管理

企业可以与税务机关就其未来年度关联交易的定价原则和计算方法，向税务机关提出申请，与税务机关按照独立交易原则协商、确认后达成的协议。按照参与的国家税务主管当局的数量，预约定价安排可以分为单边、双边和多边三种类型。

1. 预约定价安排的谈签与执行通常经过预备会谈、谈签意向、分析评估、正式申请、协商签署和监控执行6个阶段

2. 预约定价安排的适用范围

（1）适用于主管税务机关向企业送达接收其谈签意向的《税务事项通知书》之日所属纳税年度起3至5个年度的关联交易。

（2）企业以前年度的关联交易与预约定价安排适用年度相同或类似的，经企业申请，税务机关可以将预约定价安排确定的定价原则和计算方法追溯适用于以前年度该关联交易的评估和调整。追溯期最长为10年。

（3）预约定价安排的谈签不影响税务机关对企业不适用预约定价安排的年度及关联交易的特别纳税调查调整和监控管理。预约定价安排一般适用于主管税务机关向企业送达接收其谈签意向的《税务事项通知书》之日所属纳税年度前3个年度每年度发生的关联交易金额4 000万元人民币以上的企业。

3. 预约定价安排的监控执行

（1）企业应当在纳税年度终了后6个月内，向主管税务机关报送执行预约定价安排情况的纸质版和电子版年度报告。

（2）预约定价安排执行期间，企业发生影

响预约定价安排的实质性变化，应当在发生变化之日起 30 日内书面报告主管税务机关。但由于非主观原因而无法按期报告的，可以延期报告，但延长期限不得超过 30 日。

（3）预约定价安排期满后自动失效。如企业需要续签的，应在预约定价安排执行期满之日前 90 日内向税务机关提出续签申请。

在预约定价安排签署前，税务机关和企业均可暂停、终止预约定价安排程序。

（四）相应调整及国际磋商

1. 相互协商内容

（1）双边或者多边预约定价安排的谈签。

（2）税收协定缔约一方实施特别纳税调查调整引起另一方相应调整的协商谈判。

2. 企业申请启动相互协商程序的，应当在税收协定规定期限内，向国家税务总局书面提交《启动特别纳税调整相互协商程序申请表》和特别纳税调整事项的有关说明：

（1）企业当面报送上述资料的，以报送日期为申请日期。

（2）邮寄报送的，以国家税务总局收到上述资料的日期为申请日期。

3. 国家税务总局决定启动相互协商程序的，应当书面通知省税务机关，并告知税收协定缔约对方税务主管当局。负责特别纳税调整事项的主管税务机关应当在收到书面通知后 15 个工作日内，向企业送达启动相互协商程序的《税务事项通知书》。

4. 有下列情形之一的，国家税务总局可以拒绝企业申请或者税收协定缔约对方税务主管当局启动相互协商程序的请求：

（1）企业或者其关联方不属于税收协定任一缔约方的税收居民。

（2）申请或者请求不属于特别纳税调整事项。

（3）申请或者请求明显缺乏事实或者法律依据。

（4）申请不符合税收协定有关规定。

（5）特别纳税调整案件尚未结案或者虽然已经结案但是企业尚未缴纳应纳税款。

5. 有下列情形之一的，国家税务总局可以暂停相互协商程序：

（1）企业申请暂停相互协商程序；

（2）税收协定缔约对方税务主管当局请求暂停相互协商程序；

（3）申请必须以另一被调查企业的调查调整结果为依据，而另一被调查企业尚未结束调查调整程序；

（4）其他导致相互协商程序暂停的情形。

6. 有下列情形之一的，国家税务总局可以终止相互协商程序：

（1）企业或者其关联方不提供与案件有关的必要资料，或者提供虚假、不完整资料，或者存在其他不配合的情形。

（2）企业申请撤回或者终止相互协商程序。

（3）税收协定缔约对方税务主管当局撤回或者终止相互协商程序。

（4）其他导致相互协商程序终止的情形。

7. 国家税务总局决定暂停或者终止相互协商程序的，应当书面通知省税务机关。负责特别纳税调整事项的主管税务机关应当在收到书面通知后 15 个工作日内，向企业送达暂停或者终止相互协商程序的《税务事项通知书》。

8. 国家税务总局与税收协定缔约对方税务主管当局签署相互协商协议后，应当书面通知省税务机关，附送相互协商协议。负责特别纳税调整事项的主管税务机关应当在收到书面通知后 15 个工作日内，向企业送达《税务事项通知书》，附送相互协商协议。

应纳税收入或者所得额以外币计算的，应当按照相互协商协议送达企业之日上月最后一日人民币汇率中间价折合成人民币，计算应补缴或者应退还的税款。补缴税款应当加收利息的，按照人民币贷款基准利率执行。

9. 企业按规定向国家税务总局提起相互协商申请的，提交的资料应当同时采用中文和英文文本，企业向税收协定缔约双方税务主管当局提交资料内容应当保持一致。

精选例题

【例题6·单选题】 2021年6月,境外某公司为境内甲公司提供技术咨询服务,合同约定含税价款200万元人民币,该境外公司在境内未设立经营机构,也没有其他境内代理人,则甲公司应当扣缴的增值税为( )万元。

A. 0 B. 11.32 C. 13.59 D. 8.74

解析 甲公司应扣缴增值税=200÷(1+6%)×6%=11.32(万元)

答案 B

此外,税务师事务所还可以从事信用评价事项代理、代理向税务机关咨询涉税(费)事项、涉税信息查询事项代理、纳税服务投诉事项代理、纳税争议前置处理服务和纳税争议代理服务等其他税务事项代理业务。

同步训练 限时30分钟

扫我做试题

一、单项选择题

1. 下列( )属于代理基础信息报告代理业务。
   A. 代理一照一码户登记信息确认
   B. 代理存款账户账号报告
   C. 代理增值税一般纳税人登记
   D. 代理欠税人处置不动产或大额资产报告

2. 下列情形中,( )的个体户应设立简易账。
   A. 注册资金为25万元
   B. 汽车修理修配厂月销售额为30 000元
   C. 从事食品零售的企业月销售额为90 000元
   D. 从事服装生产的增值税纳税人月销售额为70 000元

3. 从事货物生产的个体户月销售额在( )万元以上及从事货物批发或零售的个体户月销售额在( )万元以上的,应当设置复式账。
   A. 1,5
   B. 6,8
   C. 10,20
   D. 5,8

4. 税务师代建个体工商业户简易账,按照制度规定除设置简易会计科目核算外,还要按月编制并向主管财政、税务机关报送的报表是( )。
   A. 留存收益表
   B. 资产负债表
   C. 应税所得表
   D. 银行存款余额调节表

5. 对各种账簿、记账凭证、报表、完税凭证和其他有关涉税资料应当保存( )年。
   A. 3
   B. 5
   C. 10
   D. 15

6. 以下的会计科目中,不属于个体户使用的是( )。
   A. 存货
   B. 税后列支费用
   C. 营业外收入
   D. 累计折旧

7. 某个体户以销售小商品为主,本期计提工资8 000元,其中应在税后列支1 000元,正确的会计分录是( )。
   A. 借:期间费用　　　　　　7 000
       　　税后列支费用　　　　1 000
       　　贷:应付职工薪酬　　　　　8 000
   B. 借:管理费用　　　　　　7 000
       　　税后列支费用　　　　1 000

    贷：应付职工薪酬   8 000
  C. 借：生产成本   8 000
    贷：应付职工薪酬   8 000
  D. 借：管理费用   8 000
    贷：应付职工薪酬   8 000

二、多项选择题

1. 税务师事务所承接代理开具税收完税证明业务时，需要注意（　）不能重新开具。
  A. 纳税人遗失《出口货物完税分割单》
  B. 纳税人遗失印花税票
  C. 纳税人遗失《印花税票销售凭证》
  D. 个人所得税《纳税记录》
  E. 税收居民身份证明

2. 下列关于个体户建账的说法，正确的有（　）。
  A. 设置简易账的个体户应当设置经营收入账、经营费用账、商品（材料）购进账、库存商品（材料）盘点表和利润表
  B. 设置复式账的个体户应按规定设置总分类账、明细分类账、日记账等
  C. 复式账簿中现金日记账、银行存款日记账和总分类账必须使用订本式
  D. 简易账可以采用订本式，也可以不采用
  E. 账簿和凭证应当按照发生的时间顺序填写、装订或者粘贴

3. 个体户的下列支出，税收制度中不允许税前扣除的有（　）。
  A. 用于个人和家庭的支出
  B. 赞助支出
  C. 个人所得税税款
  D. 经营性支出
  E. 税收滞纳金

4. 下列关于个体户的表述，正确的有（　）。
  A. 建立简易账簿的个体户，主要是控制收支两方面的核算和反映盈亏
  B. 凡是按个体户进行税务登记管理的，均以每个纳税年度的应税所得作为计算个税的依据
  C. 个体户的费用列支范围是销售费用和管理费用，不含财务费用
  D. 个体户的家庭支出按比例进行税前扣除
  E. 个体户的所得税，应单独填报《个人所得税经营所得纳税申报表（A表）》

5. 某个体户委托某税务师事务所代理建账记账，该个体户于2020年度计提本年生产人员工资津贴等合计12 000元，其中应在税后列支费用为3 000元，代扣个人所得税100元，根据上述业务编制正确的会计分录为（　）。
  A. 借：生产成本   9 000
    税后列支费用   3 000
    贷：应付职工薪酬   12 000
  B. 借：应付职工薪酬   100
    贷：应交税费——代扣个人所得税   100
  C. 借：留存收益   3 000
    贷：税后列支费用   3 000
  D. 借：生产成本   12 000
    贷：应付职工薪酬   12 000
  E. 借：应付职工薪酬   100
    贷：税后列支费用   100

三、简答题

某个人独资企业2020年购入3辆小汽车，其中2辆奖励本企业2位优秀销售人员，1辆作为投资者儿子的私人用车。3辆小汽车所有权分别登记在相应人员名下。

问题：

（1）说明上述业务涉及的个人独资企业优秀销售人员和投资者儿子的所得税分别应如何处理。

（2）作出相应业务的会计分录（账务处理金额不予考虑）。

同步训练答案及解析

一、单项选择题

1. A 【解析】选项 B，代理存款账户账号报告属于制度信息报告代理业务；选项 C，代理增值税一般纳税人登记属于资格信息报告代理业务；选项 D，代理欠税人处置不动产或大额资产报告属于特殊事项报告代理业务。

2. B 【解析】以下情形应当设置简易账：①注册资金在 10 万元以上 20 万元以下的；②提供增值税应税劳务的纳税人月销售额在 15 000 元至 40 000 元；从事货物生产的增值税纳税人月销售额在 30 000 元至 60 000 元；从事货物批发或零售的增值税纳税人月销售额在 40 000 元至 80 000 元；③省级税务机关确定应设置简易账的其他情形。

3. B 【解析】从事货物生产的增值税纳税人月销售额在 60 000 元以上及从事货物批发或零售的增值税纳税人月销售额在 80 000 元以上的个体户，应当设置复式账。

4. C 【解析】税务师代建个体工商业户简易账，按照制度规定除设置简易会计科目核算外，还要按月编制应税所得表，在办理当期纳税申报时向主管财政、税务机关报送。

5. C 【解析】对各种账簿、记账凭证、报表、完税凭证和其他有关涉税资料应当保存 10 年。

6. C 【解析】个体户无"营业外收入"科目，"营业外收入"的核算内容由"营业外收支"科目替代。

7. A 【解析】个体户企业应该设置"税后列支费用"，对于不得在税前扣除的成本费用，可以直接计入该科目进行核算。对于从事销售的个体户，工资应当计入"期间费用"中核算，个体户会计科目中没有管理费用。税后列支的 1 000 元，通过"税后列支费用"科目核算。

二、多项选择题

1. ABC 【解析】纳税人遗失《出口货物完税分割单》、印花税票和《印花税票销售凭证》，不能重新开具。

2. ABCE 【解析】总账、日记账（其中包括银行存款日记账和现金日记账）应当采用订本式。简易账簿不是可以采用，而是均应采用订本式，所以选项 D 是错误的。

3. ABCE 【解析】经营性支出允许在税前扣除。下列情形不得税前扣除：①个人所得税税款；②税收滞纳金；③罚金、罚款和被没收的财物损失；④赞助支出；⑤不符合扣除规定的捐赠支出；⑥用于个人和家庭的支出；⑦与取得生产经营收入无关的其他支出；⑧国家税务总局规定不准扣除的其他支出。

4. ABE 【解析】选项 C，个体户的费用列支范围和企业相同，包括销售费用和管理费用、财务费用，只是核算科目直接都在"期间费用"科目核算；选项 D，个体户的家庭支出，不允许税前扣除。

5. ABC 【解析】本题考核个体户准予税前列支项目和不得税前列支项目账务处理的不同。不得税前列支项目通过"税后列支费用"，转入"留存收益"。

三、简答题

【答案】

(1) 为个人独资企业优秀销售人员购车，对销售人员来说应按"工资薪金所得"缴纳个人所得税；为投资者或其家庭成员购买财产视为分配，按"经营所得"缴纳个人所得税。

(2) 相应会计分录：

①发放时。

借：应付职工薪酬（提示：销售人员）
    税后列支费用（提示：投资者家庭成

员)
  贷：银行存款
②计提销售人员的工资薪金。
借：期间费用(提示：销售人员)
  贷：应付职工薪酬
③结转销售人员费用。
借：本年利润(提示：销售人员)
  贷：期间费用

④结转投资者儿子的费用。
借：留存收益(提示：投资者家庭成员)
  贷：税后列支费用
⑤扣缴相应的个人所得税。
借：应付职工薪酬(提示：销售人员)
  贷：应交税费——代扣个人所得税
借：留存收益(提示：投资者家庭成员)
  贷：应交税费——应交个人所得税

第9章 其他涉税专业服务*

考情解密

历年考情概况

本章是涉税服务实务科目中相对重要的一章,历年考题多以单选题、多选题的形式考核,存在较大的出简答题的可能性,2018-2020年连续3年出了税务行政复议的简答题。简答题可能涉及第2章税务管理的相关内容、税收实体法及税收相关法律中的有关知识点。预计分值在5~10分。

近年考点直击

考点	主要考查题型	考频指数	考查角度
税务行政复议的受理范围	单选题、多选题	★★★	分清哪些属于必经复议,哪些属于选择复议;注意税务机关作出的征税行为的具体范围,税务行政处罚的种类
税务行政复议的参加人	单选题、多选题	★★★	税务行政复议的申请人、被申请人的有关规定相对重要
税务行政复议的管辖原则	单选题、多选题	★★★	主要是如何确定复议机关
税务行政复议申请	单选题、多选题	★★★	(1)税务行政复议的申请期限; (2)先缴纳税款、滞纳金或提供担保的规定; (3)对加处罚款决定不服申请复议的有关规定
税务行政复议的受理、停止执行、中止与终止	单选题、多选题、简答题	★★★	(1)税务行政复议受理的条件; (2)停止执行的有关规定; (3)中止与终止的区分; (4)税务行政复议过程中有关时间的规定
税务行政复议证据	单选题、多选题	★	税务行政复议证据的范围、收集证据及举证责任的有关规定
税务行政复议的审查和决定	单选题、多选题	★★	(1)注意时间点的有关规定; (2)税务行政复议执行的规定
税务行政复议的和解与调解	单选题、多选题	★★	(1)注意何时可以调解与和解; (2)调解与和解应遵循的原则
代理税务行政复议的基本前提与操作规范	单选题、多选题、简答题	★	(1)考查代理税务行政复议的基本前提; (2)考查代理税务行政复议的操作规范
税务行政诉讼	单选题、多选题	★	税务行政诉讼的受案范围、参加人、原则、管辖、时间规定等

本章2021年考试主要变化

新增税务行政诉讼的内容。

---

* 纳税争议的法律救济方式主要包括行政处罚听证、行政复议、行政诉讼和行政赔偿,我们在本章主要介绍税务行政复议和税务行政诉讼。

考点详解及精选例题

一、税务行政复议的受理范围

扫我解疑难

税务行政复议是纳税人或其他行政相对人认为税务机关的某一具体行政行为侵害了自己的合法权益,向作出具体行政行为的税务机关的上一级税务机关提出申诉,由上级税务机关依法裁决税务争议的过程。税务行政复议的受理范围,见表9-1。

在税务行政复议受理范围的学习中,要特别注意总结哪些属于必经复议,哪些属于选择复议,这是历年考试的重点内容。

表9-1 税务行政复议的受理范围

类型	具体内容
必经复议 (复议前置)	税务机关作出的征税行为(注意具体范围): 包括确认纳税主体、征税对象、征税范围、减税、免税、退税、抵扣税款、适用税率、计税依据、纳税环节、纳税期限、纳税地点和税款征收方式等具体行政行为,以及征收税款、加收滞纳金、扣缴义务人、受税务机关委托的单位和个人作出的代扣代缴、代收代缴、代征行为等
选择复议	1. 行政许可、行政审批行为(改革中) 2. 发票管理行为,包括出售、收缴、代开发票等 3. 税收保全措施、强制执行措施 4. 行政处罚行为: (1)罚款; (2)没收财物和违法所得; (3)停止出口退税权。 5. 不依法履行下列职责的行为: (1)颁发税务登记证; (2)开具、出具完税凭证、外出经营活动税收管理证明——现在改为"跨区域涉税事项报告"; (3)行政赔偿; (4)行政奖励; (5)其他不依法履行职责的行为。 6. 资格认定行为 7. 不依法确认纳税担保行为 8. 政府信息公开工作中的具体行政行为 9. 纳税信用等级评定行为 10. 通知出入境管理机关阻止出境行为 11. 其他具体行政行为

【知识点拨】申请人认为税务机关的具体行政行为所依据的规定不合法,对具体行政行为申请行政复议时,可以一并向行政复议机关提出对有关规定的审查申请(不包括规章)。

📝 **真题精练(客观题)**

(2020年多选题)下列属于税务行政复议受理范围的有( )。

A. 税务机关作出的行政处罚行为
B. 税务机关作出的税收保全措施
C. 税务机关作出的征税行为
D. 发票管理行为
E. 税务机关发出的企业涉税风险提醒

解析 本题考核税务行政复议的受理范

围，选项 E 不属于税务行政复议受理范围。

答案 ▶ ABCD

📌 **精选例题**

【例题 1·单选题】下列涉税相关处罚措施中不属于税务机关作出的税务行政处罚行为的是( )。

A. 罚款
B. 阻止出境
C. 没收违法所得
D. 停止出口退税权

解析 ▶ 税务行政处罚行为的主要种类包括：①罚款；②没收财物和违法所得；③停止出口退税权。

答案 ▶ B

【例题 2·多选题】对于税务机关作出的如下( )行为，纳税人及扣缴义务人可以直接向人民法院提起诉讼。

A. 罚款
B. 加收滞纳金
C. 行政许可
D. 税收保全行为
E. 代开发票

解析 ▶ 选项 B 属于税务机关作出的征税行为，属于必经复议范畴。

答案 ▶ ACDE

二、税务行政复议的参加人

扫我解疑难

税务行政复议的参加人包括申请人、被申请人、第三人、代理人。

(一)税务行政复议的申请人

税务行政复议的申请人，见表9-2。

表 9-2 税务行政复议的申请人

复议情形	申请人
有权申请行政复议的公民**死亡**的	其**近亲属**可以申请行政复议
有权申请行政复议的公民为**无行为能力人或者限制行为能力人**的	其**法定代理人**可以代理申请行政复议
有权申请行政复议的法人或其他组织发生**合并、分立或终止**的	**承受其权利义务的法人或其他组织**可以申请行政复议
合伙企业申请行政复议的	应当以核准登记的**企业**为申请人，由**执行合伙事务的合伙人**代表该企业参加行政复议
其他合伙组织申请行政复议的	由**合伙人共同**申请行政复议
不具备法人资格的**其他组织**申请行政复议的	由该组织的**主要负责人**代表该组织参加行政复议；没有主要负责人的，由**共同推选的其他成员**代表组织参加行政复议
股份制企业的**股东大会、股东代表大会、董事会**认为税务具体行政行为侵犯企业合法权益的	可以以**企业的名义**申请行政复议
非具体行政行为的行政管理相对人，但其权利直接被该具体行政行为所剥夺、限制或者被赋予义务的公民、法人或其他组织，在行政管理相对人没有申请行政复议时	可以单独申请行政复议

【知识点拨】同一行政复议案件申请人超过5人的，应当推选1至5名代表参加行政复议。

(二)税务行政复议的被申请人★★★

税务行政复议的被申请人是指作出该具体行政行为的税务机关。具体规定见表9-3。

表9-3 税务行政复议的被申请人

具体情形	被申请人
申请人对扣缴义务人的扣缴税款行为不服的	主管该扣缴义务人的税务机关
对税务机关委托的单位和个人的代征行为不服的	委托税务机关
税务机关与法律、法规授权的组织以共同的名义作出具体行政行为的	税务机关和法律、法规授权的组织
税务机关与其他组织以共同名义作出具体行政行为的	税务机关
税务机关依照法律、法规和规章规定，经上级税务机关批准作出具体行政行为的	批准机关
申请人对经重大税务案件审理程序作出的决定不服的	审理委员会所在税务机关
税务机关设立的派出机构、内设机构或者其他组织，未经法律、法规授权，以自己名义对外作出具体行政行为的	税务机关

精选例题

【例题3·单选题】税务行政复议的被申请人是指(　　)。

A. 作出引起争议的具体行政行为的税务机关所在地的人民政府

B. 作出引起争议的具体行政行为的税务机关

C. 作出引起争议的具体行政行为的税务机关的负责人

D. 作出引起争议的具体行政行为的税务机关的上一级税务机关

解析 税务行政复议的被申请人，是指作出引起争议的具体行政行为的税务机关。

答案 B

(三)税务行政复议的第三人★

税务行政复议的第三人是指申请人以外的，与申请复议的具体行政行为有利害关系的个人或组织。一般指经济上的债权债务关系、股权控股关系等。第三人不参加行政复议，不影响行政复议案件的审理。

(四)税务行政复议的代理人★★

税务行政复议的代理人是指接受当事人委托，以被代理人的名义，在法律规定或当事人授予的权限范围内，为代理复议行为而参加复议的个人。

申请人、第三人可以委托1至2名代理人参加行政复议。

被申请人不得委托本机关以外人员参加行政复议。

真题精练（客观题）

（2017年单选题）关于行政复议参加人的说法，正确的是(　　)。

A. 被申请人可以委托本机关以外人员参加行政复议

B. 第三人不参加行政复议，不影响行政复议案件的审理

C. 对税务机关委托的单位和个人的代征行为不服的，受托的单位和个人为被申请人

D. 申请人、第三人可以委托1至5名代理人参加行政复议

解析 选项A，被申请人不得委托本机关以外人员参加行政复议；选项C，对税务机关委托的单位和个人的代征行为不服的，委托税务机关为被申请人；选项D，申请人、第三人可以委托1至2名代理人参加行政复议。

答案 B

三、税务行政复议的管辖原则★★★

扫我解疑难

税务行政复议管辖，见表9-4。

表9-4 税务行政复议管辖

申请人	复议机关
对各级税务局的具体行政行为不服的	其上一级税务局
对计划单列市税务局的具体行政行为不服的	国家税务总局
对税务所(分局)、各级税务局的稽查局的具体行政行为不服的	其所属税务局
对国家税务总局的具体行政行为不服的	国家税务总局 对行政复议决定不服，申请人可以向人民法院提起行政诉讼，也可以向国务院申请裁决。国务院的裁决为最终裁决
对两个以上税务机关以共同的名义作出的具体行政行为不服的	共同上一级税务机关
对税务机关与其他行政机关以共同的名义作出的具体行政行为不服的	共同上一级行政机关
对被撤销的税务机关在撤销以前所作出的具体行政行为不服的	继续行使其职权的税务机关的上一级税务机关
对税务机关作出逾期不缴纳罚款加处罚款不服的	作出行政处罚决定的税务机关
对已处罚款和加处罚款都不服的	作出行政处罚决定的税务机关的上一级税务机关

申请人向具体行政行为发生地的县级地方人民政府提交行政复议申请的，由接受申请的县级地方人民政府依照规定予以转送

【知识点拨】税务机关对当事人作出罚款行政处罚决定的，当事人应当在收到行政处罚决定书之日起15日内缴纳罚款，到期不缴纳的，税务机关可以对当事人每日按罚款数额的3%加处罚款。

精选例题

【例题4·单选题】下列关于税务行政复议管辖范围的说法中，错误的是( )。

A. 对计划单列市税务局的具体行政行为不服的，向省税务局申请行政复议

B. 对两个以上税务机关共同作出的具体行政行为不服的，向共同上一级税务机关申请行政复议

C. 对国家税务总局作出的具体行政行为不服的，应向国家税务总局申请行政复议

D. 对税务所(分局)、各级税务局的稽查局的具体行政行为不服的，向其所属税务局申请行政复议

解析 选项A，对计划单列市税务局的具体行政行为不服的，向国家税务总局申请行政复议。   答案 A

四、税务行政复议申请

扫我解疑难

(一)税务行政复议的申请期限★★★

申请人可以在知道税务机关作出具体行政行为之日起60日内提出行政复议申请。因不可抗力或者被申请人设置障碍等原因耽误法定申请期限的，申请期限的计算应当扣除被耽误时间。

行政复议申请期限的计算见表9-5。

表9-5 行政复议申请期限的计算

情形	行政复议申请期限的计算
当场作出具体行政行为的	自具体行政行为作出之日起计算
载明具体行政行为的法律文书直接送达的	自受送达人签收之日起计算
载明具体行政行为的法律文书邮寄送达的	自受送达人在邮件签收单上签收之日起计算；没有邮件签收单的，自受送达人在送达回执上签名之日起计算

续表

情形	行政复议申请期限的计算
具体行政行为依法通过公告形式告知受送达人的	自公告规定的期限届满之日起计算
税务机关作出具体行政行为时未告知申请人，事后补充告知的	自该申请人收到税务机关补充告知的通知之日起计算
被申请人能够证明申请人知道具体行政行为的	自证据材料证明其知道具体行政行为之日起计算
税务机关作出具体行政行为，依法应当向申请人送达法律文书而未送达的	视为该申请人不知道该具体行政行为
申请人依法申请税务机关履行法定职责，税务机关未履行的	有履行期限规定的，自履行期限届满之日起计算
	没有履行期限规定的，自税务机关收到申请满60日起计算

税务机关作出的具体行政行为对申请人的权利、义务可能产生不利影响的，应当告知其申请行政复议的权利、行政复议机关和行政复议申请期限。

(二)税务行政复议申请的提交★★★

1. 提交的方式

申请人可以书面申请税务行政复议，也可以口头申请税务行政复议。

2. 提供证明材料的规定

有下列情形之一的，申请人应当提供证明材料：

(1)认为被申请人不履行法定职责的，提供要求被申请人履行法定职责而被申请人未履行的证明材料；

(2)申请行政复议时一并提出行政赔偿请求的，提供受具体行政行为侵害而造成损害的证明材料；

(3)法律、法规规定需要申请人提供证据材料的其他情形。

(三)税务行政复议申请的其他规定★★★

(1)对税务机关作出的征税行为不服，属于必经复议；对其他具体行政行为不服，属于选择复议。

(2)对税务机关作出的征税行为提出行政复议，申请人必须先行缴纳或者解缴税款及滞纳金或者提供相应的担保，方可在缴清税款和滞纳金后或者所提供的担保得到作出具体行政行为的税务机关确认之日起60日内提出行政复议申请。申请人提供担保的方式包括保证、抵押及质押。

(3)申请人对税务机关作出逾期不缴纳罚款加处罚款的决定不服的，应当先缴纳罚款和加处罚款，再申请行政复议。加处罚款的有关规定见表9-6。

表9-6 加处罚款的有关规定

情形	条件	复议机关
对税务机关作出逾期不缴纳罚款加处罚款的决定不服的	先缴纳罚款和加处罚款，再申请行政复议	向作出行政处罚决定的税务机关申请行政复议
对已处罚款和加处罚款都不服的	无须缴纳罚款和加处罚款	一并向作出行政处罚决定的税务机关的上一级税务机关申请行政复议

加处罚款：税务机关对当事人作出罚款行政处罚决定的，当事人应当在收到行政处罚决定书之日起15日内缴纳罚款，到期不缴纳的，税务机关可以对当事人每日按罚款数额的3%加处罚款

(4)申请人提出行政复议申请时错列被申请人的,行政复议机关应当告知申请人变更被申请人。申请人不变更被申请人的,行政复议机关不予受理,或者驳回行政复议申请。

(5)申请人向行政复议机关申请行政复议,复议机关已经受理的,在法定行政复议期限内申请人不得向人民法院提起行政诉讼;申请人向人民法院提起行政诉讼,人民法院已经依法受理的,不得申请行政复议。

📝 **真题精练(客观题)**

(2020年单选题)税务行政复议申请期限是申请人知晓税务机关作出具体行政行为之日起( )日内。

A. 60 B. 15
C. 30 D. 45

解析 ▶ 本题考核税务行政复议的申请期限。申请人可以在知道税务机关作出具体行政行为之日起60日内提出行政复议申请。

答案 ▶ A

五、税务行政复议受理★★★

税务行政复议的受理、停止执行、中止与终止,见表9-7。

表9-7 税务行政复议的受理、停止执行、中止与终止

情形	条件
应当受理 (简答题 的常见考点)	(1)属于规定的行政复议范围; (2)在法定申请期限内提出; (3)有明确的申请人和符合规定的被申请人; (4)申请人与具体行政行为有利害关系; (5)有具体的行政复议请求和理由; (6)已经按规定缴纳税款、滞纳金或提供相应担保;或已经按规定缴纳罚款和加处罚款; (7)属于收到行政复议申请的行政复议机关的职责范围; (8)其他行政复议机关尚未受理同一行政复议申请,人民法院尚未受理同一主体就同一事实提起的行政诉讼
停止执行	(1)被申请人认为需要停止执行的; (2)行政复议机关认为需要停止执行的; (3)申请人申请停止执行,行政复议机关认为其要求合理,决定停止执行的; (4)法律规定停止执行的
行政复议中止	(1)作为申请人的公民死亡,其近亲属尚未确定是否参加行政复议的; (2)作为申请人的公民丧失参加行政复议的能力,尚未确定法定代理人参加行政复议的; (3)作为申请人的法人或者其他组织终止,尚未确定权利义务承受人的; (4)作为申请人的公民下落不明或者被宣告失踪的; (5)申请人、被申请人因不可抗力,不能参加行政复议的; (6)行政复议机关因不可抗力原因暂时不能履行工作职责的; (7)案件涉及法律适用问题,需要有权机关作出解释或者确认的; (8)案件审理需要以其他案件的审理结果为依据,而其他案件尚未审结的; (9)其他需要中止行政复议的情形
行政复议终止	(1)申请人要求撤回行政复议申请,行政复议机构准予撤回的; (2)作为申请人的公民死亡,没有近亲属,或者其近亲属放弃行政复议权利的; (3)作为申请人的法人或者其他组织终止,其权利义务的承受人放弃行政复议权利的; (4)申请人与被申请人依照《税务行政复议规则》第八十七条的规定,经行政复议机构准予达成和解的; (5)行政复议申请受理以后,发现其他行政复议机关已经先于本机关受理,或者人民法院已经受理的; (6)中止行政复议前三项,满60日行政复议中止的原因未消除的,行政复议终止

【知识点拨1】行政复议机关收到行政复议申请后，应当在5日内进行审查，决定是否受理。

行政复议申请材料不齐全、表述不清楚的，行政复议机构可以自收到该行政复议申请之日起5日内书面通知申请人补正。补正申请材料所用时间不计入行政复议审理期限。

行政复议机关决定不予受理或者受理后超过行政复议期限不做答复的，以及纳税人及其他当事人对行政复议决定不服的，可以自收到不予受理决定书之日起、行政复议期满之日或收到复议决定之日起15日内，依法向人民法院提起行政诉讼。

【知识点拨2】中止和终止的具体情形属于常见考点，需要加以区分。

真题精练（客观题）

（2018年单选题）税务行政复议期间，下列情形引起行政复议终止的是（　　）。

A. 作为申请人公民被宣告失踪的
B. 行政复议机关因不可抗力不能参加行政复议的
C. 经行政复议机构准许达成和解的
D. 行政复议机关认为具体行政行为需要停止执行的

解析 ▶ 本题考核行政复议终止和中止的区别。　　答案 ▶ C

精选例题

【例题5·单选题】2021年1月15日某纳税人经税务部门实施纳税检查后认定其具有偷税行为，处以补缴税款5 000元及一倍罚款、滞纳金300元的处理，当日纳税人不服，在缴完税金但未上交罚款、滞纳金的情况下，委托某税务师事务所代理复议，填写并向税务行政复议机关提交了《复议申请书》，税务行政复议机关答复为（　　）。

A. 决定受理
B. 要求申请人限期补正
C. 不予受理
D. 移送其他税务机关

解析 ▶ 由于纳税人未缴纳滞纳金，不符合行政复议受理的条件，税务行政复议机关不予受理。　　答案 ▶ C

【例题6·多选题】下列情形的税务行政复议，复议机关不予受理的有（　　）。

A. 没有明确的被申请人
B. 已向人民法院提出行政诉讼，未被受理
C. 已向其他法定复议机关提出申请，且受理
D. 纳税人就半年前已知的具体行政行为提出复议
E. 申请人死亡

解析 ▶ 选项B，向人民法院提出行政诉讼，法院未受理，可以提出行政复议；选项E，申请人死亡，其近亲属可以申请行政复议，复议机关应当受理。　　答案 ▶ ACD

六、税务行政复议证据★

扫我解疑难

（1）行政复议证据包括书证；物证；视听资料；<u>电子数据</u>；证人证言；当事人的陈述；鉴定意见；勘验笔录、现场笔录。

（2）在行政复议中，<u>被申请人</u>对其作出的具体行政行为<u>负有举证责任</u>。

（3）在行政复议过程中，被申请人不得自行向申请人和其他有关组织或者个人搜集证据。

（4）行政复议机构认为必要时，可以调查取证。调查取证时，行政复议工作人员不得少于2人。

（5）申请人和第三人可以查阅被申请人提出的书面答复、作出具体行政行为的证据、依据和其他有关材料，除涉及国家秘密、商业秘密或者个人隐私外，行政复议机关不得拒绝。

真题精练（客观题）

（2019年多选题）下列不得作为税务行政复议定案依据的有（　　）。

A. 无正当事由超出举证期限提供的证据

材料

B. 不能正确表达意志的证人提供的证言
C. 虚开的专票原件
D. 涉及个人隐私的证据材料
E. 无法辨明真伪的证据材料

解析 ▶ 本题考核证据的有关规定，属于常识性内容，即使没有学习过，也可以通过判断进行正确选择。下列证据材料不得作为定案依据：①违反法定程序收集的证据材料；②以偷拍、偷录和窃听等手段获取侵害他人合法权益的证据材料；③以利诱、欺诈、胁迫和暴力等不正当手段获取的证据材料；④无正当事由超出举证期限提供的证据材料；⑤无正当理由拒不提供原件、原物，又无其他证据印证，且对方不予认可的证据的复制件、复制品；⑥无法辨明真伪的证据材料；⑦不能正确表达意志的证人提供的证言；⑧不具备合法性、真实性的其他证据材料。**答案** ▶ ABE

七、税务行政复议审查和决定★★

扫我解疑难

（1）行政复议原则上采用书面审查的办法。

（2）行政复议机构应当自受理行政复议之日起7日内，将行政复议申请书副本或者行政复议申请笔录复印件发送被申请人；

被申请人应当自收到申请书副本或者申请笔录复印件之日起10日内，提出书面答复，并提交当初作出具体行政行为的证据、依据和其他有关材料。

（3）行政复议机构审理行政复议案件，应当由2名以上行政复议工作人员参加。

（4）对重大、复杂的案件，申请人提出要求或者行政复议机构认为必要时，可以采取听证的方式审理。

（5）听证应当公开举行，但涉及国家秘密、商业秘密或者个人隐私的除外。行政复议听证人员不得少于2人。

（6）申请人在行政复议决定作出以前撤回行政复议申请的，经行政复议机构同意，可以撤回。

申请人撤回行政复议申请的，不得再以同一事实和理由提出行政复议申请。但是，申请人能够证明撤回行政复议申请违背其真实意思表示的除外。

（7）申请人在申请行政复议时，依据规定一并提出对有关规定的审查申请的，行政复议机关对该规定有权处理的，应当在30日内依法处理；无权处理的，应当在7日内按照法定程序逐级转送有权处理的行政机关依法处理，有权处理的行政机关应当在60日内依法处理。处理期间，中止对具体行政行为的审查。

（8）行政复议机关审查被申请人的具体行政行为时，认为其依据不合法，本机关有权处理的，应当在30日内依法处理；无权处理的，应当在7日内按照法定程序转送有权处理的国家机关依法处理。处理期间，中止对具体行政行为的审查。

（9）行政复议决定的类型。
①维持该具体行政行为；
②被申请人不履行法定职责的，决定其在一定期限内履行；
③撤销、变更或者确认该具体行政行为违法；决定撤销或者确认该具体行政行为违法的，可以责令被申请人在一定期限内重新作出具体行政行为；
④撤销该具体行政行为。

（10）行政复议机关责令被申请人重新作出具体行政行为的，被申请人不得以同一事实和理由作出与原具体行政行为相同或者基本相同的具体行政行为；但是行政复议机关以原具体行政行为违反法定程序决定撤销的，被申请人重新作出具体行政行为的除外；

行政复议机关责令被申请人重新作出具体行政行为的，被申请人不得作出对申请人更为不利的决定；但是行政复议机关以原具体行政行为主要事实不清、证据不足或适用依据错误决定撤销的，被申请人重新作出具体行政行为的除外。

（11）有下列情形之一的，行政复议机关应当决定驳回行政复议申请：

①申请人认为税务机关不履行法定职责申请行政复议，行政复议机关受理以后发现该税务机关没有相应法定职责或者在受理以前已经履行法定职责的；

②受理行政复议申请后，发现该行政复议申请不符合受理条件的。

（12）行政复议机关责令被申请人重新作出具体行政行为的，被申请人应当在60日内重新作出具体行政行为；情况复杂，不能在规定期限内重新作出具体行政行为的，经行政复议机关批准，可以适当延期，但是延期不得超过30日。

（13）行政复议机关应当自受理申请之日起60日内作出行政复议决定。情况复杂，经批准可适当延期，并告知申请人和被申请人，但延长期限最多不超过30日。

行政复议决定书一经送达，即发生法律效力。

（14）被申请人应当履行行政复议决定。申请人、第三人逾期不起诉又不履行行政复议决定的，或者不履行最终裁决的行政复议决定的，按照下列规定分别处理(见表9-8)。

表9-8　行政复议决定的执行

类型	行政复议决定的执行
维持具体行政行为的行政复议决定	由作出具体行政行为的税务机关依法强制执行，或者申请人民法院强制执行
变更具体行政行为的行政复议决定	由复议机关依法强制执行，或者申请人民法院强制执行

真题精练（客观题）

(2018年多选题)下列情况中，行政复议机关可以决定驳回行政复议申请的有（　）。

A. 主要事实不清，证据不足适用依据错误的

B. 认定事实清楚，证据确凿，程序合法，但是明显不当或适用依据错误

C. 认定事实不清，证据不足，但经行政复议机关审理查明事实清楚，证据确凿的

D. 申请人认为税务机关不履行法定职责申请行政复议，行政复议机关受理以后发现该税务机关没有相关法定职责的

E. 受理行政复议申请后发现行政复议申请不符合《行政复议法》及其实施条例规定的受理条件的

解析　有下列情形之一的，行政复议机关应当决定驳回行政复议申请：①申请人认为税务机关不履行法定职责申请行政复议，行政复议机关受理以后发现该税务机关没有相应法定职责或者在受理以前已经履行法定职责的。②受理行政复议申请后，发现该行政复议申请不符合《行政复议法》及其实施条例等规定的受理条件的。

答案　DE

精选例题

【例题7·单选题】税务行政复议机关受理复议申请后，应在受理之日起（　）内将《复议申请书》副本发送被申请人，被申请人应当在收到《复议申请书》副本之日起（　）内，向复议税务机关提交作出具体行政行为的有关资料或证据，并提交《答辩书》。

A. 10日、30日　B. 7日、10日
C. 15日、30日　D. 10日、15日

解析　本题考核税务行政复议有关时间的规定。

答案　B

【例题8·单选题】申请人逾期不起诉又不履行行政复议决定的，或者不履行最终裁决的行政复议决定的，其处理方法错误的是（　）。

A. 维持具体行政行为的行政复议决定，由复议机关依法强制执行

B. 维持具体行政行为的行政复议决定，由作出具体行政行为的行政机关申请人民法院强制执行

C. 变更具体行政行为的行政复议决定，由复议机关依法强制执行

D. 维持具体行政行为的行政复议决定，由作出具体行政行为的行政机关依法强制执行

解析 维持具体行政行为的行政复议决定，由作出具体行政行为的行政机关依法强制执行，或者申请人民法院强制执行。

答案 A

八、税务行政复议和解与调解★★

（1）可以和解与调解的情形。对下列行政复议事项，按照自愿、合法的原则，申请人和被申请人在行政复议机关作出行政复议决定以前可以达成和解，行政复议机关也可以调解：

①行使自由裁量权作出的具体行政行为，如行政处罚、核定税额、确定应税所得率等。

②行政赔偿。

③行政奖励。

④存在其他合理性问题的具体行政行为。

（2）经行政复议机构准许和解终止行政复议的，申请人不得以同一事实和理由再次申请行政复议。

（3）行政复议调解书经双方当事人签字，即具有法律效力。

（4）申请人不履行行政复议调解书的，由被申请人依法强制执行，或者申请人民法院强制执行。

真题精练（客观题）

（2018年单选题）税务机关作出的下列行政行为，在税务行政复议过程中不适用和解和调解的是（ ）。

A. 核定税额

B. 处以少缴税款1倍罚款的处罚决定

C. 补缴税款和滞纳金的处理决定

D. 不予行政赔偿的决定

解析 本题考核和解和调解的适用范围。

答案 C

九、代理税务行政复议的基本前提与操作规范★

1. 代理税务行政复议的基本前提

对于税款滞补罚争议，在主管税务机关下达《税务行政处罚事项告知书》送达后**5日**内，由纳税人、扣缴义务人或者委托税务师向税务机关书面提出听证，由**作出具体行政行为的税务机关**自行审查解决纳税争议。

2. 代理税务行政复议的操作规范

复议机关通知不予受理，如果申请人对此裁决不服可以自收到不予受理裁决书之日起15日内，就复议机关不予受理的裁决向人民法院起诉。

【知识点拨】 关于行政复议期间有关"5日""7日"的规定是指工作日，不包括法定节假日。

税务行政复议过程中的时间规定比较复杂，我们用图9-1总结如下。

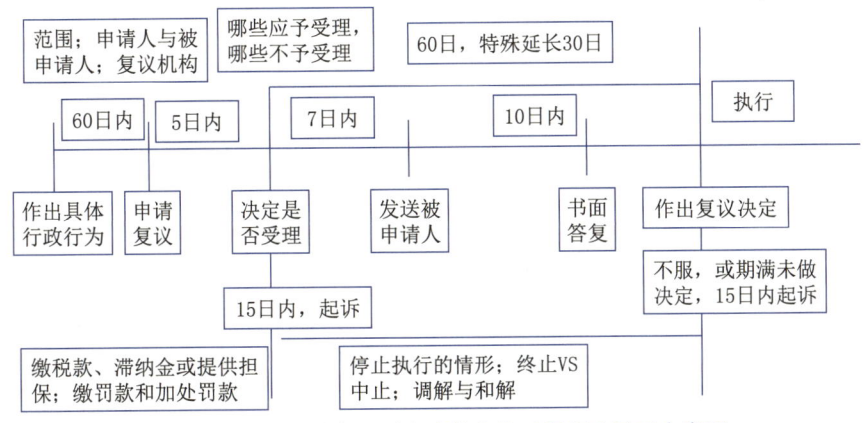

图9-1 税务行政复议过程中的有关时间规定及重点事项

十、税务行政诉讼代理

扫我解疑难

（一）税务行政诉讼的有关规定 ★★

税务行政诉讼：公民、法人和其他组织认为税务机关及其工作人员的**具体**税务行政行为违法或者不当，侵犯了其合法权益，依法向人民法院提起行政诉讼，由人民法院对具体税务行政行为的**合法性**进行审查并作出裁决的司法活动。

1. 税务行政诉讼的特殊性

（1）税务行政诉讼是由**人民法院**进行审理并作出裁决的一种诉讼活动。这是税务行政诉讼与税务行政复议的根本区别。

（2）税务行政诉讼以解决税务行政争议为前提，这是行政诉讼与其他行政诉讼活动的根本区别。

①被告必须是税务机关，或经法律、法规授权的行使税务行政管理权的组织，而不是其他行政机关或组织。

②税务行政诉讼解决的争议发生在税务行政管理过程中。

（3）因税款征纳问题发生的争议，当事人在向人民法院提起行政诉讼前，必须先经税务行政复议程序，即复议前置。

2. 税务行政诉讼的法律特征

（1）税务行政诉讼以涉税争议为前提；

（2）税务行政诉讼以人民法院为审查主体；

（3）税务行政诉讼以税务机关的具体行政行为为客体。

3. 税务行政诉讼与税务行政复议的关系

税务行政诉讼与税务行政复议的不同，见表9-9。

表9-9 税务行政诉讼与税务行政复议的不同

项目	税收行政诉讼	税务行政复议
审查主体	人民法院	上一级税务机关
收费	依法收取诉讼费	不收取任何费用
审查对象	具体行政行为，不审查抽象行政行为	主要审查具体行政行为，也可依申请附带审查抽象行政行为
审查标准	只审查具体行政行为的合法性，一般不审查其适当性	既审查其合法性又审查其适当性，审查标准更全面
程序严格程度	程序更加复杂、严格	程序相对简单、灵活
是否可以直接变更具体行政行为	一般仅对具体行政行为合法性作出判断，不直接变更具体行政行为	可以直接变更具体行政行为
调解、和解的适用性	一般不适用调解、和解	可依法调解、和解
制度	二审终审制	一级复议制
结果	终局裁决	税务行政复议决定作出后，申请人还可再提起税务行政诉讼

（二）税务行政诉讼的受案范围

（1）对税务机关作出的征税行为不服的案件。

（2）对税务机关作出的责令纳税人提供纳税担保行为不服的案件。

（3）对税务机关作出的税收保全措施不服的案件。

（4）对税务机关通知出境管理机关阻止纳税人出境行为不服的案件。

（5）对税务机关税收强制执行措施不服的

案件。

（6）对税务机关税务行政处罚不服的案件。

（7）认为税务机关对要求颁发有关证件的申请予以拒绝或者不予答复的案件。

（8）认为税务机关有不予依法办理或答复的案件。

（9）认为税务机关侵犯法定经营自主权的案件。

（10）认为税务机关违法要求履行义务的案件。

（11）对税务机关复议行为不服的案件。

（12）法律、法规规定可以提起诉讼的其他税务行政案件。

税务行政诉讼受案范围与税务行政复议一致。人民法院不受理公民、法人或者其他组织对税务机关的下列事项提起的诉讼：①行政法规、规章或者行政机关制定、发布的具有普遍约束力的决定、命令；②税务内部行政行为，包括税务机关对税务人员的奖惩、任免等决定；③税务行政调解行为，例如上级税务机关对下级税务机关与纳税人之间的涉税争议进行调解的行为；④不具有强制力的税务行政指导行为，例如税务机关对纳税人咨询税收业务问题的答复；⑤其他对公民、法人或者其他组织权利义务不产生实际影响的税务行政行为，例如税务机关就税收违法案件查处情况据实答复案件检举人的行为。

精选例题

【例题9·多选题】下列各项中，属于税务行政诉讼受案范围的有（　　）。

A. 税务机关通知银行冻结其存款的行为

B. 税务机关逾期未对其复议申请作出答复的行为

C. 税务机关对其所缴的税款没有上交国库的

D. 税务机关制订的规范性文件损害了纳税人合法权益的行为

E. 税务机关以拍卖、变卖所得抵缴税款的行为

解析 选项C，税务机关收缴的税款未上缴国库，不属于税务行政诉讼的受案范围；选项D，对于抽象行政行为，同样不属于税务行政诉讼的受案范围。　**答案** ABE

（三）税务行政诉讼的参加人

包括原告、被告、第三人和诉讼代理人。

1. 原告

原告可以提供证明行政行为违法的证据。原告提供的证据不成立的，不免除被告的举证责任。

在行政赔偿、补偿的案件中，原告应当对行政行为造成的损害提供证据。因被告的原因导致原告无法举证的，由被告承担举证责任。

2. 被告

一般而言，作出具体行政行为的税务机关是被告。税务行政诉讼的被告，见表9-10。

表9-10　税务行政诉讼的被告

情形	被告
两个以上税务机关共同作出同一具体行政行为的	共同被告；共同作出具体行政行为的税务机关
税务机关被撤销的或者职权变更的	继续行使其职权的税务机关
经上级税务机关批准的具体行政行为被提起诉讼的	在法律文书上署名的税务机关
税务机关组建并赋予税务管理职能但不具有独立承担法律责任能力的机构，以自己的名义作出具体行政行为，当事人不服提起诉讼的	应当以组建该机构的税务机关为被告

续表

情形	被告
税务机关的内设机构或者派出机构在没有法律、法规或者规章授权的情况下，以自己的名义作出具体行政行为，当事人不服提起诉讼的	该税务机关
税务机关在没有法律、法规或者规章规定的情况下，授权其内设机构、派出机构或者其他组织行使税务行政职权的，应当视为委托，当事人不服提起诉讼的	该行政机关
由行政机关委托的组织所作的具体行政行为	委托的行政机关
经复议的案件复议机关决定维持原行政行为的	共同被告：作出原行政行为的行政机关和复议机关
复议机关改变原具体行政行为的	复议机关
复议机关在法定期限内未作出复议决定	作出原行政行为的行政机关

3. 第三人

（1）原告之外，与被诉涉税具体行政行为有利害关系的公民、法人或者其他组织，可以作为第三人申请参加诉讼，或者由人民法院通知参加诉讼。

（2）人民法院判决其承担义务或者减损其权益的第三人，有权提出上诉或者申请再审。

（3）第三人因不能归责于本人的事由未参加诉讼，但有证据证明发生法律效力的判决、裁定、调解书损害其合法权益的，自知道或者应当知道其合法权益受到损害之日起6个月内，向上一级人民法院申请再审。

4. 诉讼代理人

当事人、法定代理人可以委托1~2人代为诉讼。

下列人员可以被委托为诉讼代理人：

（1）律师、基层法律服务工作者；

（2）当事人的近亲属或者工作人员；

（3）当事人所在社区、单位以及有关社会团体推荐的公民。

（四）税务行政诉讼的原则

1. 税务行政诉讼的基本原则

（1）审判权独立原则；

（2）以事实为根据，以法律为准绳原则；

（3）合议、回避、公开审判和两审终审原则；合议可由审判员三人以上单数组成合议庭，也可以由审判员和陪审员组成合议庭。

（4）当事人法律地位平等原则；

（5）使用本民族语言文字进行诉讼原则；

（6）辩论原则；

（7）人民检察院对行政诉讼实行法律监督的原则；人民检察院对人民法院已经发生法律效力的判决、裁定，发现违反法律法规规定的，有权按照审判监督程序提出抗诉。

2. 税务行政诉讼的特有原则

（1）依法审查原则。

（2）有限变更原则。人民法院只可直接变更显失公正的税务行政处罚。

（3）被告举证原则。税务机关不能举证的，视为该行为不合法。

（4）诉讼不停止执行原则。有下列情形之一的，停止具体行政行为的执行：①被告认为需要停止执行的；②原告申请停止执行，法院认为该具体行政行为的执行会造成难以弥补的损失，并且停止执行不损害社会公共利益，裁定停止执行的；③法律法规规定停止执行的。

（五）税务行政诉讼的管辖

税务行政诉讼的管辖，见表9-11。

表9-11 税务行政诉讼的管辖

类别		具体规定
法定管辖	级别管辖	(1)基层人民法院管辖第一审税务行政案件； (2)中级人民法院管辖本辖区内重大、复杂的税务行政案件； (3)高级人民法院管辖本辖区内重大、复杂的第一审税务行政案件； (4)最高人民法院管辖全国范围内重大、复杂的第一审税务行政案件
	地域管辖	原告就被告 (1)普通管辖：一般税务行政案件由最初作出具体行政行为的税务机关所在地人民法院管辖，经复议的案件，复议机关改变原具体行政行为的，也可以由复议机关所在地人民法院管辖； (2)专属管辖：因不动产提起的税务行政诉讼，由不动产所在地人民法院管辖； (3)选择管辖：两个以上人民法院都有管辖权的案件，原告可以选择其中一个人民法院提起诉讼，原告向两个以上有管辖权的人民法院提起诉讼的，由最先收到起诉状的人民法院管辖
裁定管辖		包括移送管辖、指定管辖、移转管辖(简单了解即可)

(六)税务行政诉讼的起诉和受理

在税务行政诉讼等行政诉讼中，起诉权是单向性的权利，税务机关不享有起诉权，只有应诉权，即税务机关只能作为被告；与民事诉讼不同，作为被告的税务机关不能反诉。

📝 **精选例题**

【例题10·单选题】税务行政诉讼中，税务机关享有的权利是( )。
A. 起诉权　　B. 反诉权
C. 应诉权　　D. 撤诉权

解析 ▶ 在税务行政诉讼等行政诉讼中，起诉权是单向性的权利，税务机关不享有起诉权，只有应诉权，即税务机关只能作为被告；与民事诉讼不同，作为被告的税务机关不能反诉。
答案 ▶ C

(七)税务行政诉讼的审理

(1)合议庭的成员，应当是3人以上的单数。

(2)除涉及国家秘密、个人隐私和法律另有规定的原因外，税务行政案件应公开审理。

(3)人民法院应在立案之日起5日内，将起诉状副本发送被告。被告应当在收到起诉状副本之日起15日内，提出答辩状。被告不提供或者无正当理由逾期提供的，视为该具体行政行为没有证据和依据。

人民法院应当在收到答辩状之日起5日内，将答辩状副本发送原告。

(4)在诉讼过程中，税务机关及其诉讼代理人不得自行向原告和证人收集证据。

(八)税务行政诉讼的证据

(1)了解证据的范围。

(2)被告对作出的行政行为负有举证责任。被告不提供或者无正当理由逾期提供证据，视为没有相应证据。但是，被诉行政行为涉及第三人合法权益，第三人提供证据的除外。

(3)在诉讼过程中，被告及其诉讼代理人不得自行向原告、第三人和证人收集证据。

(4)原告可以提供证明行政行为违法的证据。原告提供的证据不成立的，不免除被告的举证责任。

(5)在起诉被告不履行法定职责的案件中，原告应当提供其向被告提出申请的证据。但有下列情形之一的除外：
①被告应当依职权主动履行法定职责的；
②原告因正当理由不能提供证据的。

(6)在行政赔偿、补偿的案件中，原告应当对行政行为造成的损害提供证据。因被告的原因导致原告无法举证的，由被告承担举证责任。

(7)与案件有关的下列证据,原告或第三人不能自行收集的,可以申请人民法院调取:

①由国家机关保存而须由人民法院调取的证据;

②涉及国家秘密、商业秘密和个人隐私的证据;

③确因客观原因不能自行收集的其他证据。

在证据可能灭失或者以后难以取得的情况下,诉讼参加人可以向人民法院申请保全证据,人民法院也可以主动采取保全措施。证据应当在法庭上出示,并由当事人互相质证。

对涉及国家秘密、商业秘密和个人隐私的证据,不得在公开开庭时出示。

以非法手段取得的证据,不得作为认定案件事实的根据。

注意教材中的【例9-5】

(九)税务行政诉讼的判决和裁定

人民法院应当在立案之日起3个月内经过审理作出第一审判决或裁定。

税务行政诉讼的判决:

(1)维持判决。

(2)撤销判决。同时可判决税务机关重新作出具体行政行为。

(3)履行判决。税务机关不履行或拖延履行法定职责的,判决其在一定期限内履行。

(4)变更判决。税务行政处罚显失公正的,可以判决变更。

对一审人民法院的判决不服,当事人可以上诉。对发生法律效力的判决,当事人必须执行,否则人民法院有权依对方当事人的申请予以强制执行。

(十)税务行政诉讼的二审程序和再审程序

1. 二审程序

税务行政诉讼的二审程序,见图9-2。

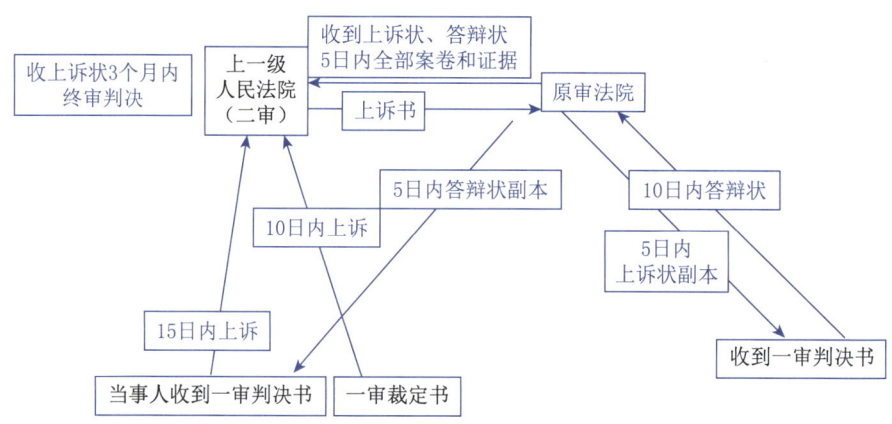

图9-2 税务行政诉讼的二审程序

2. 再审程序

再审程序又称审判监督程序,了解具体规定。

(十一)税务行政诉讼的执行

当事人必须履行人民法院发生法律效力的判决、裁定、调解书。公民、法人或者其他组织拒绝履行判决、裁定、调解书的,行政机关或者第三人可以向第一审人民法院申请强制执,或者由行政机关依法强制执行。

(十二)税务行政诉讼的基本前提与操作规范

1. 提起税务行政诉讼的期限

提起税务行政诉讼的期限,见表9-12。

表 9-12　提起税务行政诉讼的期限

情形	期限
(1) 公民、法人或者其他组织直接向人民法院提起诉讼的	应当在知道作出具体行政行为之日起 6 个月内提出
(2) 公民、法人或者其他组织不服复议决定的	可以在收到复议决定书之日起 15 日内；复议机关逾期不作决定的，可以在复议期满之日起 15 日内
(3) 行政机关作出具体行政行为时，未告知公民、法人或者其他组织诉权或者起诉期限的	起诉期限从公民、法人或者其他组织知道或者应当知道诉权或者起诉期限之日起计算，但从知道或者应当知道具体行政行为内容之日起最长不得超过 1 年
(4) 因不动产提起诉讼的案件	自行政行为作出之日起超过 20 年，人民法院不予受理；其他案件自行政行为为作出之日起超过 5 年提起诉讼的，人民法院不予受理
(5) 公民、法人或者其他组织申请行政机关履行保护其人身权、财产权等合法权益的法定职责	行政机关在接到申请之日起 2 个月内不履行的，公民、法人或者其他组织可以向人民法院提起诉讼
(6) 公民、法人或者其他组织在紧急情况下请求行政机关履行保护其人身权、财产权等合法权益的法定职责，行政机关不履行的	提起诉讼不受规定期限的限制
(7) 公民、法人或者其他组织因不可抗力或者其他不属于其自身的原因耽误起诉期限的	被耽误的时间不计算在起诉期限内

2. 注意事项

(1) 当事人对已经发生法律效力的判决、裁定，认为确有错误的，可以在判决、裁定发生法律效力后 2 年内向原审人民法院或者上级人民法院提出申诉，但判决、裁定不停止执行。

(2) 特殊情况耽误起诉期限的，代理人应在障碍消除后 10 日内，向人民法院申请延长期限。

十一、涉税培训和税务信息化管理服务（简单了解）

扫我解疑难

真题精练（主观题）

1. （2020 年简答题）2020 年初税务稽查局在稽查过程中，对某公司取得的异常扣税凭证认定为虚开的专票，其已抵扣的进项税额造成少缴增值税 30 万元。稽查局按照规定程序，于 2020 年 2 月 15 日分别下达了税务处理决定书和税务行政处罚决定书，决定补缴税款 30 万元，按规定加收滞纳金，并处少缴税款一倍的罚款。该企业不服，认为是善意取得增值税发票，并于 2 月 16 日就补缴税款和滞纳金的税务处理决定向该稽查局的上级税务机关市税务局申请行政复议，市税务局于收到复议申请后的第二天以"未缴税款及滞纳金"为由决定不予受理。请回答下列问题：

(1) 该公司是否可以直接向人民法院起诉？请简述理由。

(2) 市税务局作出不予受理的决定是否正确？依据是什么？

(3) 请说出 2 种以上增值税异常扣税凭证。

2. （2019 年简答题）某公司于 2017 年 5 月 22 日完成上年度企业所得税汇算清缴，办理了纳税申报并缴纳税款入库。2019 年 4 月发现 2016 年度企业所得税汇算清缴时因计算错误多缴了 50 万元，在 2019 年 4 月 18 日向主管税务机关提出退还多缴税款申请。主管税务机关认为这部分税款属于 2016 年度的税款，已超过法律规定的退还期限，决定不予退还，于 2019 年 4 月 25 日制作相关文书，并在 2019 年 4 月 26 日送达该公司签收。

问题：
(1)该公司多缴税款是否可以退还？请简述政策规定。
(2)对税务机关不予退税决定，该公司是否可以直接向人民法院提起行政诉讼？为什么？
(3)若申请税务行政复议，必须从哪一天开始多少天内提出申请？
(4)该公司应向哪个机关申请税务行政复议？
(5)复议机关受理后，应在多长时间内作出复议决定？最长可以延期多少天？

3. (2018年简答题)2018年4月10日，A县税务局制作对甲公司补缴税款和滞纳金的税务处理决定书和处以少缴纳税款1倍的行政处罚决定书，上述文书于4月13日送达甲公司并由甲公司签收，甲公司对A县税务局的处理决定和处罚决定有异议，拟提起税务行政复议，请逐一回答如下问题：
(1)拟提供纳税担保后对应补缴的税款和滞纳金提请复议，纳税担保人资格应由谁确认？提请复议的60天时限应该从哪一天开始计算？
(2)对于处罚决定提请复议是否需要提供纳税担保？可否不经过复议直接提起行政诉讼？
(3)如果复议申请被税务机关受理，复议机关应在多少日作出复议决定？什么情况下可以延期？最长可以延多少天？
(4)如果甲公司对复议决定不服但未在规定时限内起诉，同时又拒绝履行复议决定，可能的后果是什么？

📝 **真题精练（主观题）答案**

1. 【答案】
(1)不可以直接提起诉讼。
因为缴纳税款及滞纳金属于税务机关作出的征税行为，申请人对税务机关作出的征税行为不服的，属于必经复议范畴——应当先向行政复议机关申请行政复议，对行政复议决定不服的，可以向人民法院提起行政诉讼。
(2)税务机关作出的处理是正确的。
因为申请人申请行政复议的，必须先行缴纳或者解缴税款和滞纳金，或者提供相应的担保，才可以在缴清税款和滞纳金以后或者所提供的担保得到作出具体行政行为的税务机关确认之日起60日内提出行政复议申请。
(3)符合下列情形之一的专票，列入异常凭证范围：
①纳税人丢失、被盗税控专用设备中未开具或已开具未上传的增值税专用发票；
②非正常户纳税人未向税务机关申报或未按规定缴纳税款的专票；
③增值税发票管理系统稽核比对发现"比对不符""缺联""作废"的增值税专用发票；
④经国家税务总局、省税务局大数据分析发现，纳税人开具的专票存在涉嫌虚开、未按规定缴纳消费税等情形的；
⑤走逃(失联)企业存续经营期间发生下列情形之一的，所对应属期开具的专票列入：
a.商贸企业购进、销售货物名称严重背离的；生产企业无实际生产加工能力且无委托加工，或生产能耗与销售情况严重不符，或购进货物并不能直接生产其销售的货物且无委托加工的。b.直接走逃失踪不纳税申报，或虽然申报但通过填列增值税纳税申报表相关栏次，规避税务机关审核比对，进行虚假申报的。
⑥增值税一般纳税人申报抵扣异常凭证，同时符合下列情形的，其对应开具的专票列入异常凭证范围：a.异常凭证进项税额累计占同期全部专票进项税额70%(含)以上的；b.异常凭证进项税额累计超过5万元的。

2. 【答案】
(1)多缴税款可以退还。
纳税人超过应纳税额缴纳的税款，纳税人

自结算缴纳税款之日起3年内发现的,可以向税务机关要求退还多缴的税款并加算银行同期存款利息,税务机关将自接到纳税人退还申请之日起30日内查实并办理退还手续。本题时限未超过3年,因此,可以申请退还多缴税款。

(2)不能直接提起行政诉讼。

此项行为属于征税行为,申请人对征税行为不服的,应当先向行政复议机关申请行政复议;对行政复议决定不服的,可以向人民法院提起行政诉讼。

(3)自2019年4月26日起60日内提出申请。

(4)应向主管税务机关的上级税务机关申请行政复议。

(5)复议机关应自受理之日60日内作出复议决定。情况复杂需要延长的,最多不超过30日。

3.【答案】

(1)纳税担保人资格应由作出具体行政行为的税务机关确认。

提请复议的60天时限,应从所提供的担保得到作出具体行政行为的税务机关确认之日开始计算。

(2)对于处罚决定提请复议不需要提供纳税担保,可以不经过复议直接提起行政诉讼。

(3)行政复议机关应当自受理申请之日起60日内作出行政复议决定。

情况复杂,不能在规定期限内作出行政复议决定的,经行政复议机关负责人批准,可以适当延期,并告知申请人和被申请人;但是延期不得超过30日。

(4)如果甲公司对复议决定不服但未在规定时限内起诉,同时又拒绝履行复议决定,属于申请人逾期不起诉又不履行行政复议决定的情形,按照下列规定分别处理:

①维持具体行政行为的行政复议决定,由作出具体行政行为的税务机关依法强制执行,或者申请人民法院强制执行。

②变更具体行政行为的行政复议决定,由行政复议机关依法强制执行,或者申请人民法院强制执行。

真题精练(主观题)总结

近年税务行政复议的简答题主要涉及以下考点:

(1)必经复议与选择复议的范围;

(2)税务行政复议申请的时间;

(3)税务行政复议申请的条件;

(4)税务行政复议书面申请的内容;

(5)税务行政复议申请的管辖(复议机关);

(6)税务行政复议期限;

(7)税务行政复议决定的执行;

(8)多缴税款的退还。

同步训练 限时80分钟

扫我做试题

一、单项选择题

1. 纳税人对税务机关的具体行政行为有异议,必须首先向作出具体行政行为的税务机关的上一级税务机关申请复议的是( )。

A. 税务机关因纳税人非法印制发票而处以罚款

B. 税务机关因纳税人欠缴税款而通知其开户银行暂停支付相当于应纳税额的存款

C. 税务机关因纳税人欠缴税款而扣押其相当于应纳税额的商品

D. 因纳税人过期申报纳税,税务机关征

收税收滞纳金的行为

2. 有权提出税务行政复议申请的法人或者其他组织发生合并、分立或终止的,( )可以提出复议申请。
   A. 法人和其他组织的主管单位
   B. 承受其财产的法人或其他组织
   C. 有权处理其债务关系、控股关系的法人或其他组织
   D. 承受其权利义务的法人或其他组织

3. 下列关于税务行政复议申请人的说法错误的是( )。
   A. 有权申请行政复议的公民是无行为能力人的,其法定代理人可以代理申请行政复议
   B. 同一行政复议案件申请人超过4人的,应当推选1至2名代表参加行政复议
   C. 有权申请行政复议的公民死亡,其近亲属可以申请行政复议
   D. 有权申请行政复议的法人或者其他组织发生合并、分立或终止的,承受其权利义务的法人或其他组织可以申请行政复议

4. 税务行政复议中的被申请人是指( )。
   A. 被税务机关委托的代征人
   B. 与申请人存在控股关系的上级单位
   C. 以共同名义与税务机关共同作出处罚决定的其他组织
   D. 作出具体行政行为的税务机关

5. 下列各项中,不符合《行政复议法》和《税务行政复议规则》规定的是( )。
   A. 对税务机关作出逾期不缴纳罚款加处罚款的决定不服的,向作出行政处罚决定的税务机关申请行政复议
   B. 对国家税务总局作出的具体行政行为不服的,向国家税务总局申请行政复议
   C. 对国家税务总局作出的具体行政行为不服的,向国家税务总局申请行政复议,对行政复议决定不服的,可以向国务院申请裁决
   D. 对计划单列市税务局的具体行政行为不服的,向省级税务局申请行政复议

6. 甲税务机关委托乙银行代征税款,纳税人对代征税款不服提出复议,复议机关为( )。
   A. 甲税务机关上级税务机关
   B. 甲税务机关
   C. 乙银行
   D. 乙银行上级机构

7. 甲市乙县税务机关丙镇税务所在执法时给予本镇纳税人田某以吊销税务行政许可证件的行政处罚,田某不服,向税务行政复议机关申请行政复议,则被申请人是( )。
   A. 甲市税务机关   B. 乙县税务机关
   C. 乙县人民政府   D. 丙镇税务所

8. 纳税人对税务机关作出的征税行为不服的,必须按规定先行缴纳或者解缴税款和滞纳金,或者提供相应的担保,才可以在缴清税款和滞纳金以后或者所提供的担保得到作出具体行政行为的税务机关确认之日起( )日内提出行政复议申请。
   A. 7   B. 15
   C. 30   D. 60

9. 申请人对税务机关作出逾期不缴纳罚款加处罚款决定不服的,应当( )。
   A. 先向复议机关申请行政复议,对复议决定不服的,可以向人民法院起诉
   B. 先缴纳罚款和加处罚款,才能申请行政复议
   C. 先缴纳罚款,再申请行政复议,根据行政复议的结果判断是否需要缴纳加处罚款
   D. 无须缴纳罚款和加处罚款,可以直接提出行政复议申请

10. 复议机关收到行政复议申请后,应当在( )日内进行审查,决定是否受理。对于复议机关不予受理的,纳税人可以在收到不予受理决定书( )日内,依法向人民法院提起行政诉讼。
    A. 5,15   B. 7,15
    C. 5,30   D. 7,30

11. 下列行政复议情形中，需终止行政复议的是( )。
   A. 行政复议申请受理后，发现其他复议机关已经先于本机关受理的
   B. 因不可抗力，致使复议机关暂时无法调查了解情况的
   C. 申请人申请停止执行，复议机关认为其要求合理的
   D. 作为申请人的公民死亡，其近亲属尚未确定权利义务承受人的

12. 复议机关应当自受理申请之日起( )日内作出行政复议决定，情况复杂，不能在规定期限内作出行政复议决定的，经复议机关负责人批准，可以适当延期，但延长期限最长不得超过( )日。
   A. 30，30
   B. 30，60
   C. 60，30
   D. 60，60

13. 申请人和被申请人在行政复议机关作出行政复议决定以前可以达成和解，行政复议机关也可以调解，下列选项中不可以和解与调解的是( )。
   A. 行使自由量裁权作出的具体行政行为
   B. 行政赔偿
   C. 行政奖励
   D. 确定税种

14. 公民、法人或者其他组织直接向人民法院提起诉讼的，应当在知道作出或者应当知道具体行政行为之日起( )提出。
   A. 15日内
   B. 60日内
   C. 6个月内
   D. 1年内

15. 对于税务行政诉讼，人民法院应当在立案之日起( )经过审理作出第一审判决或裁定。
   A. 15日内
   B. 60日内
   C. 3个月内
   D. 6个月内

二、多项选择题

1. 纳税人或扣缴义务人对税务机关作出的具体行政行为不服，可以申请行政复议，也可以直接向人民法院提起行政诉讼，这些行政行为有( )。
   A. 按9%税率缴纳增值税的货物，税务机关认为应适用13%税率，要求补缴增值税并加收滞纳金
   B. 未按规定代扣个人所得税，税务机关对扣缴义务人处以应代扣税款50%的罚款
   C. 对善意取得虚开专票，税务机关作出已抵扣的进项税额应在当期转出的决定
   D. 税务机关通知出入境管理机关阻止欠税企业的法定代表人出境
   E. 举报偷税行为，税务机关未按规定给予奖励

2. 纳税人、扣缴义务人及纳税担保人对税务机关作出的具体行政行为不服的，应当先向复议机关申请行政复议，对行政复议不服的，可以再向人民法院提起行政诉讼，这些行政行为有( )。
   A. 确认抵扣税款
   B. 不予代开发票
   C. 加收滞纳金
   D. 委托代征代缴税款
   E. 税收保全措施

3. 纳税人及其他当事人认为税务机关的具体行政行为所依据的( )不合法，对具体行政行为申请行政复议时，可一并向复议机关提出对该规定的审查申请。
   A. 国务院各部委的部门规章
   B. 其他各级税务机关的规定
   C. 国家税务总局的规定
   D. 地方各级人民政府的规定
   E. 地方人民政府工作部门的规定

4. A税务机关对W公司进行纳税检查时，发现W公司虚报出口退税，违法取得退税款200 000元，税务机关对其作出补缴税款及滞纳金，并处以罚款的具体行政行为。W公司不服，提出行政复议，则该项税务行政复议的参加人可以有( )。
   A. A税务机关
   B. W公司
   C. W公司的税务代理人
   D. W公司的控股母公司

E. W 公司所在地政府部门

5. 税务行政复议的第三人是指与申请复议的具体行政行为有利害关系的个人或组织。这里所说的"利害关系"是指经济上的（　　）等。
   A. 债权关系　　B. 债务关系
   C. 供销关系　　D. 采购关系
   E. 股权控股关系

6. 下列有关税务行政复议的表述，正确的有（　　）。
   A. 税务机关设立的派出机构、内设机构或者其他组织，未经法律、法规授权，以自己名义对外作出具体行政行为的，该派出机构、内设机构或其他组织为被申请人
   B. 税务行政复议代理人是指接受当事人的委托，以被代理人的名义，在法律规定或当事人授予的权限范围内，为代理复议行为而参加复议的法人及自然人
   C. 被申请人可以委托税务师事务所的税务师代本单位参加税务行政复议
   D. 税务机关依照法律、法规和规章规定，经上级税务机关批准作出具体行政行为的，批准机关为被申请人
   E. 对扣缴义务人的扣缴税款行为不服的，主管该扣缴义务人的税务机关为被申请人

7. 下列关于税务行政复议的说法，错误的有（　　）。
   A. 有权申请行政复议的公民死亡的，近亲属可以申请行政复议
   B. 合伙企业可以推举一名合伙人作为申请人
   C. 申请人须在知道税务机关作出具体行政行为之日起60日内提出行政复议申请
   D. 申请人可以委托3名代理人参加行政复议
   E. 税务行政复议的第三人可申请参加行政复议

8. 下列的税务行政复议，复议机关不予受理的有（　　）。
   A. 不服税务机关对工作人员的奖惩提出的复议申请
   B. 已向人民法院提出行政诉讼，且人民法院已经受理
   C. 已向其他复议机关提出申请，但未被受理
   D. 纳税人就3个月前的行政行为提出复议
   E. 申请人死亡

9. 行政复议期间具体行政行为不停止执行，但是有（　　）情形的，可以停止执行。
   A. 被申请人认为需要停止执行的
   B. 被申请人申请停止执行，复议机关认为其要求合理，决定停止执行的
   C. 申请人认为需要停止执行的
   D. 复议机关认为需要停止执行的
   E. 申请人申请停止执行，复议机关认为其要求合理，决定停止执行的

10. 行政复议期间，下列情形中，行政复议中止的有（　　）。
    A. 作为申请人的公民死亡，其近亲属尚未确定是否参加行政复议的
    B. 作为申请人的公民丧失参加行政复议的能力，尚未确定法定代理人参加行政复议的
    C. 申请人、被申请人因不可抗力，不能参加行政复议的
    D. 申请人要求撤回行政复议申请，行政复议机构准予撤回的
    E. 案件审理需要以其他案件的审理结果为依据，而其他案件尚未审结的

11. 行政复议期间，导致行政复议终止的情形有（　　）。
    A. 案件涉及法律适用问题，需要有权机关作出解释或确认的
    B. 申请人、被申请人，因不可抗力不能参加行政复议
    C. 申请人要求撤回行政复议申请，行政复议机构准予撤回的
    D. 申请人与被申请人依规定经行政复议机构准许达成和解的
    E. 申请人张云死亡，没有近亲属或者近

亲属放弃行政复议权利的

12. 按照《税务行政复议规则》规定,不得作为定案依据的证据材料有( )。
   A. 不能到复议机关作证的证人证言
   B. 不能正确表达意志的证人提供的证言
   C. 违反法定程序收集的证据材料
   D. 无法辨明真伪的证据材料
   E. 当事人的陈述

13. 税务行政复议机关经过审理,可以撤销、变更或者确认该具体行政行为违法,并责令被申请人在一定期限内重新作出具体行政行为,该情形包括( )。
   A. 主要事实不清、证据不足
   B. 适用依据错误
   C. 被申请人不履行法定职责
   D. 申请人有特殊困难
   E. 违反法定程序

14. 申请人逾期不起诉又不履行行政复议决定的,或者不履行最终裁决的行政复议决定的,按照下列( )规定分别处理。
   A. 维持具体行政行为的行政复议决定,必须由作出具体行政行为的税务机关依法强制执行
   B. 维持具体行政行为的行政复议决定,由作出具体行政行为的税务机关依法强制执行,或者申请人民法院强制执行
   C. 变更具体行政行为的行政复议决定,由复议机关依法强制执行,或者申请人民法院强制执行
   D. 变更具体行政行为的行政复议决定,必须申请人民法院强制执行
   E. 变更具体行政行为的行政复议决定,可以由复议机关依法强制执行

15. 下列事项中,可以进行行政复议调解的有( )。
   A. 核定税额   B. 行政处罚
   C. 税收保全措施   D. 确定应税所得率
   E. 行政奖励

16. 某直辖市税务局委托某部门代征税款,某纳税人对该部门代征行为不服,纳税人委托某税务师代理税务行政复议。但因遭遇不可抗力,耽误法定复议申请期限,受托税务师认为正确的有( )。
   A. 由于超过了法定复议申请期限,税务机关不会受理纳税人的行政复议申请
   B. 由于税务行政复议的被申请人是某直辖市税务局,因此应向国家税务总局提出复议申请
   C. 对代征部门作出的代征税款行为不服的,代征部门是税务行政复议的被申请人
   D. 税务行政复议机关应自接到《复议申请书》之日起 15 日内对申请人的复议申请作出审查和决定
   E. 纳税人在提出复议申请前,应先按税务机关的规定缴纳税款

17. 根据税务行政法制的规定,税务行政诉讼的受案范围包括( )。
   A. 税务机关作出的罚款行为
   B. 税务机关作出的复议行为
   C. 税务机关作出的税收保全措施
   D. 税务机关作出的税收强制执行措施
   E. 税务机关对税务工作人员作出的行政处罚行为

三、简答题

1. 李某的个体餐馆 2020 年 8 月开业,因一直未申报纳税,县税务局几次通知其申报,其拒不申报。2021 年 3 月 14 日县税务局稽查核定该餐馆欠缴税款 0.5 万元,于 2021 年 3 月 17 日作出补缴税款和加收滞纳金,并处以罚款 1 万元的决定,并送达税务行政处罚决定书。李某认为罚款过重,于 2021 年 3 月 27 日仅向税务机关缴纳了税款和滞纳金,并于同年 4 月 14 日以自己的名义,邮寄了行政复议申请书。行政复议机关以李某未缴纳罚款为由作出了不予受理决定,并书面通知了李某。

问题:

(1)县税务局的处理是否正确?说明理由。
(2)李某能否作为申请人申请行政复议?

李某申请行政复议，行政复议被申请人、行政复议机关分别是谁？

(3)李某应于多长时间内提出行政复议申请。

(4)行政复议机关不予受理决定是否符合规定？并说明理由。

2. 2021年3月20日，A县税务局查实永安建筑公司(增值税一般纳税人)2020年第4季度隐瞒收入200万元(一般计税方式)，依法定程序分别下达了《税务处理决定书》和《税务行政处罚告知书》，要求永安建筑公司补缴增值税18万元，按规定加收滞纳金，并处80万元的罚款；并于3日后下达税务行政处罚决定书。永安建筑公司不服，在缴纳18万元税款后于3月25日向市税务局申请行政复议，市税务局于收到复议申请书后的第8天以"未缴纳罚款为由"决定不予受理。

根据上述资料，回答下列问题：

(1)A县税务局的处理决定是否正确？

(2)永安建筑公司的行政复议申请是否符合规定？为什么？

(3)市税务局在案件处理过程中有哪些做法是不符合规定的？

3. 某市税务局稽查局于2021年4月11日到甲加工企业稽查，发现甲加工企业在2021年1月至3月，少缴增值税280 000元。稽查局就甲加工企业的行为作出税务处理决定，要求其自接到税务处理决定书之日起15日内补缴增值税280 000元。稽查局于2021年4月20日将税务处理决定书送达甲加工企业；甲加工企业于5月20日将税款及滞纳金缴纳入库，但由于对稽查局决定存在异议，于5月21日向市税务局申请行政复议。市税务局对甲加工企业的行政复议申请进行了审查，作出了不予受理的决定。

问题：

(1)市税务局是否应该受理甲加工企业的行政复议申请，并说明理由。

(2)甲加工企业是否可就不予受理行为向法院提起诉讼，并说明理由。

4. 某企业2020年企业所得税年度纳税申报的应纳税所得额为-120万元(假定以前年度均盈利并缴纳企业所得税)。2021年3月税务机关对该企业的2020年度纳税情况进行税务稽查发现如下问题：

(1)2020年度6月企业以上年工资总额的10%标准为全体职工支付补充养老保险，合计30万元，计入"管理费用"，12月进行账务调整，将超过2020年职工工资总额的5%部分计金额12万元调整计入"应付职工薪酬——应付职工福利费"。因当年实际发生的职工福利费用未超过规定标准，2020年企业所得税年度纳税申报时，未做纳税调整；企业为职工支付的这部分补充养老保险超标部分未扣缴个人所得税(经计算为0.3万元)。

(2)2018年已作为"坏账损失"税前扣除的应收账款30万元，于2020年8月重新收回，企业将收到款项计入"其他应付款"，2020年企业所得税年度纳税申报时未缴纳企业所得税。

(3)2020年7月，因违约拒收供货方提供的预定货物，向供货方支付违约金4万元，企业计入"营业外支出"，2020年企业所得税年度纳税申报时未作纳税调整增加。

针对上述问题，税务稽查部门作出如下决定，并于2021年4月制作税务行政处罚告知书通知该企业：

(1)调增该企业2020年度企业所得税应纳税所得额46万元，分别为：超过当年职工工资标准的5%补充养老保险部分计12万元不允许在企业所得税税前扣除、以前年度已作资产损失当年收回的30万元应计入所得额、支付供货方违约金4万元不允许税前扣除。同时作出补税、罚款和加收滞纳金的决定：对调增的所得额按适用税率应补缴企业所得税11.5万元，自2021年1月1日起按日加收万分之五的滞纳金和按应补税额处以 0.5 倍的罚款。
(2)对企业为职工支付的补充养老保险未代扣的个人所得税，责令该企业协助向纳税人追缴税款，并对该企业处以未代扣税款 0.5 倍罚款和自未代扣税款申报期满之日起按日加收万分之五的滞纳金。
问题：

(1)税务机关对该企业 2020 年企业所得税和未按规定代扣个人所得税作出的补税（或追缴）、罚款和加收滞纳金的处理有哪些方面不当？并说明理由。
(2)企业若对税务机关作出的上述处罚规定不服，可采取什么措施？期限是如何规定的？

同步训练答案及解析

一、单项选择题

1. D 【解析】税务机关作出的征税行为包括确认纳税主体、征税对象、征税范围、减税、免税、退税、抵扣税款、适用税率、计税依据、纳税环节、纳税期限、纳税地点和税款征收方式等具体行政行为，以及征收税款、加收滞纳金，扣缴义务人、受税务机关委托的单位和个人作出的代扣代缴、代收代缴、代征行为等。

2. D 【解析】有权申请行政复议的法人或其他组织发生合并、分立或终止的，承受其权利义务的法人或其他组织可以申请行政复议。

3. B 【解析】同一行政复议案件申请人超过 5 人的，应当推选 1 至 5 名代表参加行政复议。

4. D 【解析】税务行政复议中的被申请人是指作出该具体行政行为的税务机关。

5. D 【解析】选项 D，对计划单列市税务局的具体行政行为不服的，向国家税务总局申请行政复议。

6. A 【解析】对税务机关委托的单位和个人的代征行为不服的，委托税务机关为被申请人，即甲税务机关是被申请人，甲税务机关的上一级税务机关为复议机关。

7. B 【解析】税务所是税务局的派出机构。各级税务机关的内设机构、派出机构不具处罚主体资格，不能以自己的名义实施税务行政处罚；但税务所可以实施罚款额在 2 000 元以下的税务行政处罚。在作出罚款处罚时，税务所具有行政主体的资格。但税务所作出的吊销税务行政许可证件的行政处罚，是无授权的情况。税务机关设立的派出机构、内设机构或者其他组织，未经法律、法规授权，以自己名义对外作出具体行政行为的，税务机关是被申请人。

8. D 【解析】纳税人对税务机关作出的征税行为不服的，必须按规定先行缴纳或者解缴税款和滞纳金，或者提供相应的担保，才可以在缴清税款和滞纳金以后或者所提供的担保得到作出具体行政行为的税务机关确认之日起 60 日内提出行政复议申请。

9. B 【解析】申请人对税务机关作出逾期不缴纳罚款加处罚款决定不服的，应当先缴纳罚款和加处罚款，再申请行政复议。

10. A 【解析】复议机关收到行政复议申请后，应当在 5 日内进行审查，决定是否受理。对于复议机关不予受理的，纳税人可以在收到不予受理决定书 15 日内，依法向人民法院提起行政诉讼。

11. A 【解析】行政复议期间，有下列情形之一的，行政复议终止：①申请人要求撤回行政复议申请，行政复议机构准予撤回的；②作为申请人的公民死亡，没有近亲属，或者其近亲属放弃行政复议权利的；③作为申请人的法人或者其他组织终止，其权利义务的承受人放弃行政复议权利的；④申请人与被申请人依照规定，经行政复议机构准许达成和解的；⑤行政复议申请受理以后，发现其他行政复议机关已经先于本机关受理，或者人民法院已经受理的。

12. C 【解析】复议机关应当自受理申请之日起60日内作出行政复议决定，情况复杂，不能在规定期限内作出行政复议决定的，经复议机关负责人批准，可以适当延期，但延长期限最长不得超过30日。

13. D 【解析】对下列行政复议事项，按照自愿、合法的原则，申请人和被申请人在行政复议机关作出行政复议决定以前可以达成和解，行政复议机关也可以调解：①行使自由裁量权作出的具体行政行为，如行政处罚、核定税额、确定应税所得率等；②行政赔偿；③行政奖励；④存在其他合理性问题的具体行政行为。

14. C 【解析】公民、法人或者其他组织直接向人民法院提起诉讼的，应当在知道作出或者应当知道具体行政行为之日起6个月内提出。

15. C 【解析】对于税务行政诉讼，人民法院应当在立案之日起3个月内经过审理作出第一审判决或裁定。

二、多项选择题

1. BDE 【解析】选项AC属于征税行为，必须要先申请行政复议。

2. ACD 【解析】纳税人、扣缴义务人及纳税担保人对税务机关作出的征税行为不服的，应当先向复议机关申请行政复议，对行政复议决定不服的，可以再向人民法院提起行政诉讼。选项ACD属于征税行为。

3. BCDE 【解析】可以一并向行政复议机关提出审查申请的规定有：①国家税务总局和国务院其他部门的规定；②其他各级税务机关的规定；③地方各级人民政府的规定；④地方人民政府工作部门的规定。前款规定中不含规章。

4. ABCD 【解析】税务行政复议的参加人有：税务行政复议的申请人，税务行政复议的被申请人，税务行政复议的第三人，税务行政复议的代理人。

5. ABE 【解析】税务行政复议的第三人是指与申请复议的具体行政行为有利害关系的个人或组织。所谓"利害关系"，一般是指经济上的债权债务关系、股权控股关系等。

6. DE 【解析】选项A，税务机关设立的派出机构、内设机构或者其他组织，未经法律、法规授权，以自己名义对外作出具体行政行为的，该税务机关为被申请人；选项B，税务行政复议代理人是指接受当事人的委托，以被代理人的名义，在法律规定或当事人授予的权限范围内，为代理复议行为而参加复议的个人，不包括法人；选项C，被申请人不得委托本机关以外人员参加行政复议。

7. BD 【解析】选项B，合伙企业申请行政复议的，应当以核准登记的企业为申请人，由执行合伙事务的合伙人代表该企业参加行政复议；选项D，申请人可以委托1~2名代理人参加行政复议。

8. ABD 【解析】选项A，不属于税务行政复议受案范围；选项B，由于人民法院已经受理同一主体就同一事实提起的行政诉讼，因此不予受理税务行政复议申请；选项D，已经超越法定申请期限，因此不予受理税务行政复议申请。

9. ADE 【解析】行政复议期间具体行政行为不停止执行，但是有下列情形之一的，可以停止执行：被申请人认为需要停止执行的；申请人申请停止执行，复议机关认为其要求合理，决定停止执行的；复议机关认为需要停止执行的；法律规定停止执行的。

10. ABCE 【解析】选项D属于行政复议终止的情形。

11. CDE 【解析】选项AB属于行政复议中止的情形。

12. BCD 【解析】下列证据材料不得作为定案依据：①违反法定程序收集的证据材

料；②以偷拍、偷录、窃听等手段获取侵害他人合法权益的证据材料；③以利诱、欺诈、胁迫、暴力等不正当手段获取的证据材料；④当事人无正当事由超出举证期限提供的证据材料；⑤当事人无正当理由拒不提供原件、原物，又无其他证据印证，且对方当事人不予认可的证据的复制件或者复制品；⑥无法辨明真伪的证据材料；⑦不能正确表达意志的证人提供的证言；⑧不具备合法性和真实性的其他证据材料。

13. ABE 【解析】具体行政行为有下列情形之一的，决定撤销、变更或者确认该具体行政行为违法，可以责令被申请人在一定期限内重新作出具体行政行为：主要事实不清、证据不足的；适用依据错误的；违反法定程序的；超越或者滥用职权的；具体行政行为明显不当的。

14. BCE 【解析】申请人逾期不起诉又不履行行政复议决定的，或者不履行最终裁决的行政复议决定的，按照下列规定分别处理：①维持具体行政行为的行政复议决定，由作出具体行政行为的税务机关依法强制执行，或申请人民法院强制执行。②变更具体行政行为的行政复议决定，由复议机关依法强制执行，或者申请人民法院强制执行。

15. ABDE 【解析】对下列行政复议事项，按照自愿、合法的原则，行政复议机关可以调解：①行使自由裁量权作出的具体行政行为，如行政处罚、核定税额、确定应税所得率等；②行政赔偿；③行政奖励；④存在其他合理性问题的具体行政行为。

16. BE 【解析】选项A，因不可抗力或者被申请人设置障碍等原因耽误法定申请期限的，申请期限的计算应当扣除被耽误时间，自障碍消除之日起继续计算；选项C，申请人对税务机关委托代征人作出的代征税款的行为不服申请行政复议，

该委托税务机关为被申请人，因此该直辖市税务局是被申请人；选项D，复议机关收到行政复议申请后，应当在5日内进行审查，决定是否受理，受理的，应当自受理申请之日起60日内作出行政复议决定。

17. ABCD 【解析】本题目考核税务行政诉讼的受案范围。

三、简答题

1. 【答案】

（1）县税务局作出补缴税款和加收滞纳金，并处罚款的处理是正确的。因为纳税人未申报纳税，经税务机关通知后仍拒不申报，税务机关有权核定其应纳税款，并加收滞纳金，对于欠税行为，罚款金额为欠缴税款的50%到5倍。题目中罚款金额是其欠缴税款的2倍，是符合规定的。

（2）李某可以作为申请人申请行政复议，行政复议的被申请人为县税务局，行政复议机关是市税务局。

（3）李某应自3月27日起60日内提出税务行政复议申请。

【思路点拨】按相关规定申请行政复议的，必须先依照税务机关根据法律、行政法规确定的税额、期限，先行缴纳或者解缴税款及滞纳金或者提供相应的担保，方可在实际缴清税款和滞纳金后或者所提供的担保得到作出具体行政行为的税务机关确认之日起60日内申请行政复议。

（4）行政复议机关不予受理决定不符合规定。罚款不是申请行政复议的前提，纳税人对税务机关的处罚决定不服的，可依法申请行政复议。行政复议机关以"未缴纳罚款"作为不予受理复议申请的理由属于适用法律错误。

2. 【答案】

（1）A县税务局的处理正确。因为该建筑企业采取虚假的纳税申报方式造成少缴税款的结果，已经构成了偷税。对纳税人偷税的，由税务机关追缴其不缴或者少缴的

税款、滞纳金,并处不缴或者少缴税款的50%以上5倍以下的罚款;构成犯罪的,依法追究刑事责任。80万元的罚款为不缴税款的4.44倍,符合征管法的规定。

(2)永安建筑公司提出的行政复议申请不符合规定。根据《税收征收管理法》的规定,纳税人对税务机关作出的补税、加收滞纳金决定有异议的,应先解缴税款及滞纳金或者提供相应的担保,然后可依法申请行政复议;对税务机关的罚款决定不服可直接依法申请行政复议。故永安建筑公司应在缴清税款及滞纳金或提供担保后才可依法申请行政复议,或者单独就行政处罚一事依法申请行政复议。

(3)①市税务局作出的不予受理决定的理由不能成立。根据《税收征收管理法》的规定,纳税人对税务机关的处罚决定不服的,可依法申请行政复议。市税务局以"未缴纳罚款"作为不予受理复议申请的理由属于适用法律错误。

②市税务局超出法定期限作出不予受理复议申请的决定。根据《税务行政复议规则》规定,复议机关收到行政复议申请后,应当在5日内进行审查,对不符合规定的行政复议申请,决定不予受理,并书面告知申请人。因此,市税务局于收到复议申请书后的第8天才对复议申请作出不予受理的决定是不符合规定的。

3.【答案】

(1)市税务局应该受理甲加工企业的行政复议申请。纳税人对各级税务局的稽查局的具体行政行为不服的,向其所属税务局申请行政复议。该复议属于市税务局的管辖范围。纳税人对税务机关作出的征税行为(征收税款行为)提出行政复议,属于税务行政复议的受案范围。4月20日收到税务处理决定书,5月20日缴纳了税款及滞纳金,5月21日申请行政复议,即在规定的期限60日内提出的申请,也是符合规定的。有明确的申请人和符合规定的被申请人都是符合条件的,所以市税务局应该受理甲加工企业的行政复议申请。

(2)甲加工企业可以就不予受理行为向法院提起行政诉讼。因为根据税法规定,对应当先向行政复议机关申请行政复议,行政复议机关决定不予受理的,申请人可以自收到不予受理决定书之日起15日内,向人民法院提起行政诉讼。

4.【答案】

(1)税务机关的不当之处。

①企业支付给供货方违约金4万元可以在企业所得税前扣除,无须作纳税调整增加;

②补缴企业所得税11.5万元不当,税务机关对调增的应纳税所得额不应直接按适用税率计算应补缴的企业所得税,而应先弥补企业原已申报的应纳税所得额-120万元。该企业弥补亏损后应纳税所得额为-78万元,无须补缴企业所得税;

③按应补税额处以50%罚款和自2021年1月1日起按日加收万分之五的滞纳金错误。因为该企业以查增的应纳税所得额弥补亏损后,企业的应纳税所得额为负数,因此该企业无须补缴企业所得税,所以无须缴纳滞纳金,税务机关应该按照编造虚假计税依据进行处罚,罚款额度为5万元以下;

④因企业未代扣个人所得税的处罚不当。因扣缴义务人应扣未扣税款的,由税务机关向纳税人追缴税款,对扣缴义务人处应扣未扣税款50%以上3倍以下的罚款,所以税务机关作出的罚款处理是正确的,但不能对扣缴义务人征收滞纳金。因为只有在扣缴义务人未按照规定期限解缴税款的情况下,税务机关除责令限期缴纳外,从滞纳税款之日起,按日加收滞纳税款万分之五的滞纳金。所谓扣缴义务人未按照规定期限解缴税款,指的是扣缴义务人已经代扣税款、但尚未代缴的情形。如果扣缴义务人未扣未缴个人所得税,则对纳税人

和扣缴义务人均不加收滞纳金。
(2)措施。
①收到告知书之日起3日内向作出具体行政行为税务机关申请听证；
②收到处理决定书后：
a. 企业对税务机关作出的补缴税款及滞纳金不服的，必须依照税务机关根据法律、法规确定的税额、期限，先行缴纳或者解缴税款和滞纳金，或者提供相应的担保，才可以在缴清税款和滞纳金以后或者所提供的担保得到作出具体行政行为的税务机关确认之日起60日内提出行政复议申请；
b. 企业对税务机关作出的罚款决定不服的，可采取的措施包括税务行政复议或直接向法院起诉；
c. 提出行政复议申请期限为知道税务机关作出具体行政行为之日起60日内；
d. 对应当先向行政复议机关申请行政复议，对行政复议决定不服再向人民法院提起行政诉讼的具体行政行为，行政复议机关决定不予受理或者受理以后超过行政复议期限不做答复的，申请人可以自收到复议决定书之日起、不予受理决定书之日起或者行政复议期满之日起15日内，依法向人民法院提起行政诉讼；直接向人民法院提起诉讼的，应当自知道或者应当知道作出行政行为之日起六个月内提出。

第三部分

重要知识点精讲

梦想成真辅导丛书

第1章　发票领用与审核代理*

考情解密

历年考情概况

本章是"涉税服务实务"考试中较为重要的章节，随着近几年税收征管中越来越重视发票问题，本章的重要性有所提高。考试时有可能以单选题、多选题、简答题的形式出现。预计分值在5~10分。

近年考点直击

考点	主要考查题型	考频指数	考查角度
发票的种类与使用范围	单选题、多选题，可以作为简答题的考点	★★	(1)行业专业发票的有关规定； (2)小规模纳税人自开专票的规定； (3)一般纳税人不得领购开具专票的情形
增值税发票管理新系统	单选题、多选题	★★	尚未纳入增值税发票管理新系统的发票
发票领用	单选题、多选题，可以作为简答题的考点	★★★	(1)与税款的计算缴纳结合，考核税务机关代开发票的问题——开具发票时需要缴纳哪些税收和金额； (2)跨省、直辖市、自治区从事临时经营活动发票的领购问题； (3)领用专票的时间点； (4)专票最高开票限额； (5)发票领用数量的审批； (6)专用设备的领购和发行中何时变更发行，何时注销发行； (7)发票领购需要准备的资料
发票印制、保管、保存和缴销	单选题、多选题	★★	(1)冠名发票管理规定； (2)发票保管期限的规定
开具发票的代理	单选题、多选题	★★★	(1)由付款方向收款方开具发票的情形； (2)收取款项未发生销售行为开具的发票； (3)不得开具专票的情形； (4)发票开具的基本要求； (5)虚开发票的界定； (6)差额征税差额开票的具体规定； (7)发票备注栏的要求； (8)税率变动对发票开具的影响

---

* 本章内容主要来自教材第2章第2节的"发票管理"和第8章第1节的"发票相关代理服务"的内容，此外将教材第3章和第7章中与企业所得税税前扣除凭证管理的内容整合至本章。

续表

考点	主要考查题型	考频指数	考查角度
发票使用的审核	单选题、多选题、简答题	★★★	(1)丢失发票的处理； (2)异常增值税扣税凭证的认定及处理措施； (3)企业所得税税前扣除凭证管理； (4)取得虚开发票的增值税和企业所得税的处理
发票违章处理	单选题、多选题、简答题	★★	发票违章处理措施

本章2021年考试主要变化

(1)丢失专票的处理措施发生变化；
(2)新增增值税电子专票试点的有关内容。

考点详解及精选例题

一、发票的管理★

扫我解疑难

(1)国务院税务主管部门统一负责全国的发票管理工作。

省级税务机关的发票管理工作由国家税务总局各省、自治区、直辖市和计划单列市税务局负责。

(2)发票的种类、联次、内容以及使用范围由国务院税务主管部门规定。

其中，在全国范围内统一式样的发票，由国家税务总局确定；在省、自治区、直辖市范围内统一式样的发票，由省税务机关确定。

(3)专票由国务院税务主管部门确定的企业印制；其他发票，按照国务院税务主管部门的规定，由省税务机关确定的企业印制。

(4)发票应当套印全国统一发票监制章。

全国统一发票监制章的式样，由国务院税务主管部门规定。发票监制章由省税务机关制作。

二、发票的种类与适用范围

扫我解疑难

发票可以从多种角度进行分类，每种发票都有特定的使用范围。具体分类方法见表1-1。

表1-1 发票的种类

分类标准	分类结果	注意事项
按适用发票管理办法分类	常规发票	——
	行业专业发票	(1)由国家税务总局与行业主管部门共同管理； (2)此类发票有的套印，有的不套印全国统一发票监制章； (3)常见的行业专业发票：金融企业的存贷、汇兑、转账凭证，公路、铁路和水上运输企业的客运发票，航空运输企业提供的航空运输电子客票行程单、收费公路通行费增值税电子普票等； (4)行业专业发票仅适用于特殊行业的特殊经营业务，对于特殊行业的常规经营业务，仍应使用常规发票

续表

分类标准	分类结果	注意事项
按增值税抵扣凭证分类	专票	(1)基本联次：发票联(购买方)、抵扣联(购买方)、记账联(销售方)。 (2)专票限于增值税一般纳税人领用使用。自2020年2月1日起，除其他个人外，增值税小规模纳税人可以自开专票，也可以由税务机关代开专票。选择自行开具增值税专用发票的小规模纳税人，税务机关不再为其代开增值税专用发票。 (3)专票分为纸质发票和电子发票。 具体规定我们将在后面介绍
	普票	

精选例题

【例题1·单选题】 属于行业专业发票类型的是( )。

A. 废旧物资收购发票

B. 专票

C. 收费公路通行费增值税电子普票

D. 产权交易专票

解析 ▶ 常见的行业专业发票：金融企业的存贷、汇兑、转账凭证；公路、铁路和水上运输企业的客运发票；航空运输企业提供的航空运输电子客票行程单、收费公路通行费增值税电子普票等。

答案 ▶ C

(一)增值税专用发票★★★

1. 基本联次

发票联(购买方)、抵扣联(购买方)、记账联(销售方)。

2. 专票限于增值税一般纳税人领用使用

自2020年2月1日起，增值税小规模纳税人(其他个人除外)可以自开专票，也可以由税务机关代开专票。

3. 不得领用开具专票的情形

并不是所有的一般纳税人都可以领用专票。一般纳税人有下列情形之一的，不得领用开具专票：

(1)会计核算不健全，不能向税务机关准确提供增值税销项税额、进项税额、应纳税额数据及其他有关增值税税务资料的；

(2)有《税收征收管理法》规定的税收违法行为，拒不接受税务机关处理的；

(3)有下列行为之一，经税务机关责令限期改正而仍未改正的：①虚开专票；②私自印制专票；③向税务机关以外的单位和个人买取专票；④借用他人专票；⑤未按规定要求开具专票；⑥未按规定保管专票和专用设备；⑦未按规定申请办理防伪税控系统变更发行；⑧未按规定接受税务机关检查。

4. 小规模纳税人自开专票的规定

增值税小规模纳税人(其他个人除外)发生增值税应税行为，需要开具专票的，可以自愿使用增值税发票管理系统自行开具。选择自开专票的小规模纳税人，税务机关不再为其代开专票。

增值税小规模纳税人应当就开具专票的销售额计算增值税应纳税额，并在规定的纳税申报期内向主管税务机关申报缴纳。在填写增值税纳税申报表时，应当将当期开具专票的销售额，按照3%和5%的征收率，分别填写在《增值税纳税申报表(小规模纳税人适用)》第2栏和第5栏"税务机关代开的专票不含税销售额"的"本期数"相应栏次中。

【知识点拨1】 除其他个人外，小规模纳税人无论销售额高低，均可以自愿选择自行开具专票。

【知识点拨2】 选择自开专票的小规模纳税人，税务机关不再为其代开。

【知识点拨3】 选择自开专票的小规模纳税人销售其取得的不动产，需要开具专票的，税务机关不再为其代开。

精选例题

【例题2·多选题】 对以下( )行为经税

务机关责令限期改正而仍未改正者不得领购使用专票。

A. 不能向税务机关准确提供有关增值税计税资料

B. 未按规定开具专票

C. 未按规定接受税务机关检查的

D. 销售的货物全部属于免税项目的

E. 外购货物既用于生产应税货物又用于生产免税货物，无法分清各自耗用数额的

解析 选项 AD 是直接不得领购使用专票的情形；选项 E 属于按比例计算不得抵扣进项税额的情形，而非不得领购使用专票的情形。 **答案** BC

（二）增值税普通发票★★

主要由增值税小规模纳税人使用，增值税一般纳税人发生应税行为在不能开具专票的情况下也可使用普票。

（1）可以作为抵扣增值税进项税额凭证的普票包括：机动车销售统一发票、农产品销售发票、通行费发票、收费公路通行费增值税电子普通发票以及国内旅客运输服务的增值税电子普票、航空运输电子客票行程单、铁路车票和公路、水路等其他客票，<u>除此之外的其他普票不能作为抵扣进项的凭证。</u>

（2）普票常见联次：存根联（收款方或开票方留存备查）、发票联、记账联。

（3）<u>常见的普票</u>：增值税纸质普票、机动车销售统一发票、增值税电子普票、收费公路通行费增值税电子普票、普票（卷式）、普票（折叠式）、门票、过路（过桥）费发票、定额发票、二手车销售统一发票和印有本单位名称的普票等。

📝 **真题精练（客观题）**

（2019年单选题）增值税一般纳税人取得的普票，可以抵扣增值税进项税额的是（　　）。

A. 定额发票

B. 门票

C. 机动车销售统一发票

D. 印有本单位名称的普票

解析 本题考核哪些普票可以抵扣进项税额。可以抵扣进项税额的普票包括机动车销售统一发票、农产品销售发票、通行费发票、收费公路通行费增值税电子普通发票以及国内旅客运输服务的增值税电子普票、航空运输电子客票行程单、铁路车票和公路、水路等其他客票。 **答案** C

三、增值税发票管理系统★★

扫我解疑难

（1）国家税务总局决定自 2015 年 1 月 1 日起在全国范围推行增值税发票系统升级版，即增值税发票管理新系统。

（2）自 2016 年 5 月 1 日起，纳税人应使用增值税发票管理新系统选择相应的商品和服务编码开具增值税发票。

（3）纳入增值税发票管理新系统的纳税人：不仅包括增值税一般纳税人，也包括小规模纳税人。

（4）纳入增值税发票管理新系统的发票：不再限于专票，还包括普票、机动车销售统一发票、增值税电子普票、普票（卷式）、印有本单位名称的普票（折叠票）和收费公路通行费电子普票、二手车销售统一发票。

（5）<u>目前尚未纳入增值税发票管理新系统的发票主要有门票、过路（过桥）费发票、定额发票和客运发票。</u>

📝 **精选例题**

【例题3·多选题】目前尚未纳入增值税发票管理新系统的发票主要有（　　）。

A. 门票

B. 过桥费发票

C. 定额发票

D. 收费公路通行费电子普票

E. 二手车销售统一发票

解析 目前尚未纳入增值税发票管理新系统的发票主要有门票、过路（过桥）费发票、定额发票和客运发票。 **答案** ABC

四、发票领用

扫我解疑难

(一)领用发票的纳税人范围★★(见表1-2)

表1-2 领用发票的纳税人范围

类型	发票领用规定
依法办理税务登记的单位和个人	在领取税务登记证或领取营业执照到税务机关办理落户手续后,可以申请领用发票,属于法定的发票领用对象
依法不需要办理税务登记或领取营业执照需要临时使用发票的单位和个人	可以凭销售商品、提供或接受服务以及从事其他经营活动的<u>书面证明</u>、<u>经办人身份证明</u>,直接向<u>经营地</u>税务机关申请<u>代开发票</u>
临时到本省、自治区、直辖市以外从事经营活动的单位和个人	向机构所在地的税务机关填报《跨地区涉税事项报告表》,对<u>按规定需要领用经营地发票的</u>,应在按要求<u>提供保证人或交纳保证金</u>的前提下,向<u>经营地</u>税务机关领用

(二)首次申领发票★★

首次申请时,办理的主要涉税事项包括:发票票种核定、专票(增值税税控系统)最高开票限额审批、增值税税控系统专用设备初始发行、发票领用等涉税事项。

1. 发票票种核定

(1)申领发票的种类。

包括普票和专票两类。

①领用普票资格。

纳税人办理了税务登记或领取《营业执照》办理落户手续后,即具有领购普票的资格。

②领用专票资格。

a. 纳税人在办理一般纳税人登记手续时,可<u>自行选择</u>登记的<u>当月1日或者次月1日</u>为一般纳税人<u>生效之日</u>;

b. 除另有规定外,一般纳税人自<u>生效之日</u>起可以按照规定领用专票。

(2)专票(增值税税控系统)最高开票限额的审批。

①专票实行最高开票限额管理,最高开票限额由一般纳税人和选择自行开具专票的小规模纳税人申请,<u>区县</u>税务机关依法审批;

②一般纳税人申请最高开票限额。主管税务机关受理纳税人申请以后,根据需要进行实地查验;

③一般纳税人申请专票(包括专票和货物运输业专票)最高开票限额<u>不超过10万元的</u>,主管税务机关不需事前进行实地查验。

(3)发票领用数量的审批。

自2020年1月起,纳税人办理纸质普票、增值税电子普票、收费公路通行费增值税电子普票、机动车销售统一发票、二手车销售统一发票票种核定事项,除税务机关按规定确定的高风险等情形外,主管税务机关应当<u>即时办结</u>。

2. 增值税税控系统专用设备的领购初始发行

(1)使用专票的纳税人或纳入增值税发票管理新系统的纳税人,通过增值税防伪税控系统使用增值税发票,应按规定向批准发行的机构领购金税盘或税控盘等专用设备;

(2)纳税人在领购金税盘或税控盘后,应到主管税务机关进行专用设备的初始发行。

3. 压缩新办纳税人首次申领增值税发票时间(见表1-3)

表1-3 压缩新办纳税人首次申领增值税发票时间的规定

项目	具体规定
符合首次申领发票压缩时间纳税人的纳税人条件	同时满足下列条件的新办纳税人： ①纳税人的办税人员、法定代表人已经进行实名信息采集和验证（需要采集、验证法定代表人实名信息的纳税人范围由各省税务机关确定）； ②纳税人有开具增值税发票需求，主动申领发票； ③纳税人按照规定办理税控设备发行等事项
首次申领时限	符合条件的纳税人首次申领增值税发票，主管税务机关应当自受理申请之日起2个工作日内办结，有条件的主管税务机关当日办结
首次申领发票的票种核定	专票：最高开票限额不超过10万元；每月最高领用数量不超过25份
	普票：最高开票限额不超过10万元；每月最高领用数量不超过50份
首次领用发票的方式	可以通过"非接触式"方式办理——通过电子税务局办理

（三）后续申领发票★★

需要重新（或补充）办理发票领用涉税事项的主要有：

1. 名称变更或纳税识别号变更
2. 提高发票最高开票限额和增加发票领用数量（见表1-4）

表1-4 发票领用数量的规定

纳税信用等级	发票领用规定	注意事项
纳税信用A级	可一次领取不超过3个月的增值税发票用量	生产经营情况发生变化，需要调整增值税发票用量，按照规定及时办理
纳税信用B级	可一次领取不超过2个月的增值税发票用量	

3. 实行纳税辅导期管理的一般纳税人

因税收遵从度低而被主管税务机关实行纳税辅导期管理的一般纳税人，领用的专票采取"限额开票、限量控制"。主管税务机关对实行纳税辅导管理期间的一般纳税人，专票最高开票限额将根据企业实际经营情况重新核定。同时根据经营情况核定每次专票的供应数量，但每次发出专票数量不得超过25份；辅导期纳税人领用的专票未使用完而再次领用的，发出专票的份数不得超过核定的每次领购专票份数与未使用完的专票份数的差额。

4. 小规模纳税人选择自开专票
5. 专用设备的变更发行和注销发行

（1）纳税人名称、开票限额、购票限量、开票机数量等事项发生变更的，纳税人应到主管税务机关办理变更发行；

（2）纳税人识别号发生变化的，纳税人应到主管税务机关办理注销发行。

📝 真题精练（客观题）

（2018年单选题）辅导期纳税人专票的领用实行按次限额控制，每次领用专票数量不得超过（　）份。

A. 15　　　　　　B. 20
C. 30　　　　　　D. 25

解析 ▶ 辅导期纳税人专票的领用实行按次限量控制，主管税务机关可根据纳税人的经营情况核定每次专票的供应数量，但每次发出专票数量不得超过25份。

答案 ▶ D

（四）发票领用手续★★

（1）在领用发票时，应当持经办人身份证明，根据不同情况携带金税盘、税控盘、报税盘、税控收款机用户卡、税务登记副本等，按国务院税务主管部门规定式样制作的发票专用章的印模，向主管税务机关办理发票领用手续。

（2）未纳入增值税发票管理新系统的纳税人，应出示发票领购簿申领相应的发票；纳入增值税发票管理新系统的纳税人，可以持金税盘或税控盘及相关资料到主管税务机关领取相应的增值税发票。

（3）发票领购手续方面的变革：发票领用同城统办和网上领用发票已在许多地区实施。

（五）申领增值税电子普票

对于增值税电子普票，需要注意：

1. 需要建设电子发票服务平台或通过增值税电子发票公共服务平台

电子发票服务平台以纳税人自建为主，也可由第三方建设提供服务平台。自2020年1月起，纳税人也可以通过增值税电子发票公共服务平台开具增值税电子普票。

2. 增值税电子普票的票种核定与普票的票种核定一致

3. 根据业务情况选择税控装置

电子商务企业等用票量大的企业可选用服务器版税控开票系统；

用票量小的企业可使用单机版税控开票系统。

4. 领用增值税电子发票表现为发票赋号

税务机关会将赋予纳税人的发票号段通过后台征管系统通过接口方式同步至增值税电子发票系统。

五、印有本单位名称（冠名发票）的发票印制

扫我解疑难

（1）用票单位可以向税务机关申请使用印有本单位名称的发票——冠名发票，税务机关依规定，确认印有该单位名称发票的种类和数量。

（2）纳税人申请印有本单位名称的发票只限于普票。

（3）印制冠名发票的程序：

①以纳税人名义书面向税务机关要求使用印有本单位名称的普票，税务机关按规定确认印有该单位名称发票的种类和数量。纳税人通过增值税发票管理新系统开具印有本单位名称的普票；

②由国家税务总局统一招标采购的普票中标厂商印制，其式样、规格、联次和防伪措施等与税务机关统一印制的普票一致，并加印企业发票专用章；

③印有本单位名称的普票的发票代码按照规定的编码规则编制；

④使用印有本单位名称的普票的企业，按规定与发票印制企业直接结算印制费用。

六、发票的保管、保存和缴销★

扫我解疑难

（1）开具发票的单位和个人应当建立发票使用登记制度，设置发票登记簿，并定期向主管税务机关报告发票使用情况。

（2）使用发票的单位和个人应当妥善保管发票。发生发票丢失情形时，应当于发现丢失当日书面报告税务机关，按照最新规定，无须登报声明作废。

（3）开具发票的单位和个人应当在办理变更或者注销税务登记的同时，办理发票和发票领购簿的变更、缴销手续。使用增值税发票管理新系统的纳税人，发生注销或票种变更的，需在增值税发票管理新系统中对未开具的发票进行退回或作废操作，并携带增值税发票、专用设备及相关资料到主管税务机关办理发票退回或缴销手续。

（4）开具发票的单位和个人应当按规定存放和保管发票，不得擅自损毁。已经开具的发票存根联和发票登记簿，应当保存5年。保存期满，报经税务机关查验后销毁。

📝 **真题精练（客观题）**

（2019年单选题）发生发票丢失情形时，应当于发生发票丢失的( )向税务机关书面报告。

A. 当日 B. 2日

C. 3日 D. 5日

解析 ▶ 使用发票的单位和个人应当妥善保管发票。发生发票丢失情形时，应当于发现丢失当日书面报告税务机关。

答案 ▶ A

七、开具发票的代理

扫我解疑难

（一）开具发票的范围★★

1. 注意事项

（1）除"未发生销售行为的不征税项目"外，只有发生增值税应税行为，才能开具发票；

（2）销售商品、提供服务以及从事其他经营活动的单位和个人，对外发生经营业务收取款项，收款方应当向付款方开具发票；特殊情况下由付款方向收款方开具发票；

（3）向消费者个人零售小额商品或者提供零星服务的，是否可免予逐笔开具发票，由省税务机关确定；

（4）除另有规定外，填开发票的单位和个人必须在发生经营业务确认营业收入时开具发票。

2. 付款方向收款方开具的发票

（1）收购单位和扣缴义务人支付个人款项时；

（2）国家税务总局认为其他需要由付款方向收款方开具发票的。

📝 **真题精练（客观题）**

（2018年单选题）下列情形中，应由付款方向收款方开具发票的是（　　）。

A. 企业发生销售货物退回

B. 企业销售免税商品

C. 食品加工厂向农民个人收购其自产农产品

D. 加油站发售加油卡

解析 ▶ 收购单位和扣缴义务人支付个人款项时，由付款方向收款方开具发票。

答案 ▶ C

3. 收取款项未发生销售行为开具的发票

这类发票应开具普票，**不得开具增值专票**，并使用"未发生销售行为的不征税项目"编码，**发票税率栏应填写"不征税"**。

目前，收取款项未发生销售行为开具的发票主要情形见表1-5。

表1-5　收取款项未发生销售行为开具的发票

情形	适用范围
预付卡销售和充值	适用于单用途商业预付卡（简称单用途卡）和支付机构预付卡（简称多用途卡）售卡或充值时开具
销售自行开发的房地产项目预收款	在房地产开发企业收取房地产项目预售款时开具
已申报缴纳营业税未开票补开票	在营改增前的业务按规定补开发票时开具
通行费电子发票	在发票服务平台暂由ETC客户服务机构开具，主要适用如下两种情形： （1）ETC后付费客户和用户卡客户通过政府还贷性收费公路部分的通行费； （2）ETC预付费客户选择在充值后索取发票的预付款
建筑服务预收款	自2017年7月1日起，建筑服务收到预收款不再作为纳税义务发生时间，由此，建筑服务收取预收款需要开具发票时，需开这种发票
不征税自来水	水资源费改税试点期间，按照不增加城镇公共供水企业负担的原则，城镇公共供水企业缴纳的水资源税所对应的水费收入不征收增值税，按"不征税自来水"项目开具普票

情形	适用范围
代理进口免税货物货款	纳税人代理进口按规定免征进口增值税的货物，其销售额不包括向委托方收取并代为支付的货款。向委托方收取并代为支付的款项，不得开具专票，可以开具普票

【知识点拨】代收印花税、代收车船税、代收民航发展基金、拍卖行受托拍卖文物艺术品收取的款项、融资性售后回租承租方出售资产、资产重组涉及的不动产、资产重组涉及的土地使用权、**资产重组涉及的货物、与销售行为不挂钩的财政补贴**和有奖发票奖金支付等情形，都是未发生销售行为，不征收增值税，也需要开具此类发票。

📝 **真题精练（客观题）**

1. (2019年单选题)下列业务应开具普票，并使用"未发生销售行为的不征税项目"编码、发票写"不征税"的是( )。
   A. 销售免税货物
   B. 以分期收款方式销售货物
   C. 房地产开发企业以预收款方式销售自行开发的房地产项目
   D. 以赊销方式销售货物

   解析 ▶ 本题考核"未发生销售行为的不征税项目"的范围。 答案 ▶ C

2. (2018年多选题)纳税人支付下列款项取得的增值普票或电子普票，发票税率栏填写为"不征税"的有( )。
   A. 支付按差额征税方法缴纳增值税的劳务派遣费
   B. 支付建筑服务预收款
   C. 通过政府还贷性收费公路的通行费
   D. 商业预付卡充值
   E. 房地产开发企业销售的开发项目的预收款

   解析 ▶ "未发生销售行为的不征税项目"在开具发票时，税率栏填写"不征税"。选项A，纳税人提供劳务派遣服务，选择差额纳税的，发票税率栏填写为"＊＊＊"。
   答案 ▶ BCDE

(二)增值税专用发票的开具范围★★★

一般纳税人和自愿选择自行开具专票的小规模纳税人发生增值税应税行为，可以按规定向购买方开具专票。

不得开具专票的情形见表1-6。

表1-6 不得开具专票的情形

不得开具专票的原因	具体情形
下游不得抵扣进项税额	(1)商业企业一般纳税人**零售**的烟、酒、食品、服装、鞋帽(不包括劳保专用的部分)、化妆品等消费品不得开具专票； (2)销售**免税**货物或者提供**免征**增值税的销售服务、无形资产或者不动产； (3)向**消费者个人**销售货物或者提供销售服务、无形资产或者不动产
与差额纳税有关的(注意差额纳税≠差额开专票)	(1)金融商品转让； (2)经纪代理服务，向委托方收取的政府性基金或者行政事业性收费； (3)2016年4月30日前签订融资性售后回租合同且选择按扣除向承租方收取的价款本金以及对外支付利息方法缴纳增值税的纳税人，向承租方收取的有形动产价款本金； (4)提供旅游服务选择按扣除向旅游服务购买方收取并支付的住宿费、餐饮费、交通费、签证费、门票费和其他接团旅游企业的旅游费用缴纳增值税的，向旅游服务购买方收取并支付的上述费用； (5)提供签证代理服务，向服务接受方收取并代为支付的签证费、认证费

续表

不得开具专票的原因	具体情形
与简易计税有关的(注意简易计税≠不得开具专票)	(1)增值税一般纳税人的单采血浆站销售非临床用人体血液选择简易计税的； (2)销售自己使用过的固定资产，按简易办法依3%征收率**减按2%**征收增值税的。 但纳税人销售自己使用过的固定资产，适用简易办法依照3%征收率减按2%征收增值税政策的，**可以放弃减税，按照简易办法依照3%征收率缴纳增值税，并可以开具专票**
收取款项未发生销售行为	具体见表1-5

真题精练（客观题）

1．(2019年多选题)增值税一般纳税人发生下列业务，可以开具专票的有( )。
   A．金融商品转让
   B．销售古旧图书
   C．销售2018年建造的房屋
   D．销售使用了2年的机动车
   E．销售存货

解析 选项A，金融商品转让不得开具专票；选项B，销售古旧图书，免征增值税，销售免税货物不得开具专票。**答案** CDE

2．(2016年单选题，改)增值税一般纳税人2016年7月份发生的下列经济行为中可以开具专票的是( )。
   A．丙企业将生产的锅炉直接销售给某物业公司(一般纳税人)
   B．乙企业将化妆品销售给消费者
   C．丁企业将一批免税药品销售给医药公司
   D．甲企业为个人提供餐饮服务

解析 不得开具专票的情况：①商业企业一般纳税人零售的烟、酒、食品、服装、鞋帽(不包括劳保专用部分)、化妆品等消费品不得开具专票。②销售免税货物不得开具专票，法律、法规及国家税务总局另有规定的除外。③销售报关出口的货物、在境外销售应税劳务。④将货物用于集体福利或者个人消费。⑤将货物无偿赠送他人(非一般纳税人)。⑥向小规模纳税人销售应税项目，可以不开具专票。⑦向消费者个人销售货物、服务、无形资产或者不动产。⑧适用增值税免税规定的行为。

答案 A

精选例题

【例题4·多选题】 根据增值税发票使用规定，一般纳税人的下列销售行为中，不得开具专票的有( )。
   A．向消费者个人销售服务
   B．向一般纳税人销售生产用设备
   C．金融商品转让
   D．大型超市零售食品、服装等生活用品
   E．汽车厂商将汽车销售给运输公司

解析 选项A，向消费者个人销售服务，不得开具专票；选项C，金融商品转让不得开具专票；选项D，一般纳税人经营商业零售的烟、酒、食品、服装、鞋帽(不包括劳保专用的部分)、化妆品等消费品不得开具专票。**答案** ACD

(三)发票开具 ★★★

1．发票开具的基本要求

在开具发票时，应当**按照规定的时限**，做到按照号码顺序填开，填写项目齐全，内容真实，字迹清楚，全部联次一次打印，内容完全一致，**并在发票联和抵扣联加盖发票专用章。**

开具发票应当使用中文。民族自治地方可以同时使用当地通用的一种民族文字。

任何单位和个人不得有下列虚开发票行为：

(1)为他人、为自己开具与实际经营业务情况不符的发票；

(2)让他人为自己开具与实际经营业务情况不符的发票；

(3)介绍他人开具与实际经营业务情况不

符的发票。

2.专票的开具要求

专票应按下列要求开具：

(1)项目齐全，与实际交易相符；

(2)字迹清楚，不得压线、错格；

(3)发票联和抵扣联加盖发票专用章；

(4)按照增值税纳税义务的发生时间开具。

不符合上述要求的专票，购买方有权拒收。

一般纳税人发生应税行为时可汇总开具专票，同时使用增值税发票管理新系统开具《销售货物或者提供应税劳务清单》，并加盖发票专用章。

📝 真题精练（客观题）

(2017年单选题)下列关于发票开具的说法，错误的是( )。

A. 开具发票应按照号码顺序填开

B. 填开发票单位如有特殊要求，可以自行扩大专票的使用范围

C. 开具发票应该全部联次一次打印

D. 除另有规定外，未发生经营业务一律不得开具发票

解析 ▶ 任何单位和个人不得转借、转让、代开发票；未经税务机关批准，不得拆本使用发票；不得自行扩大专业发票使用范围。

答案 ▶ B

3.运用增值税发票管理新系统开具发票

(1)互联网连接状态下在线开具发票。

①在线使用增值税发票管理新系统开具发票，并自动上传已开具的发票明细数据。

②纳税人因网络故障等原因无法在线开票的，在税务机关设定的离线开票时限和离线开具发票总金额范围内仍可开票，超限将无法开具发票。纳税人开具发票次月仍未连通网络上传已开具发票明细数据的，也将无法开具发票。无法连通网络的需携带专用设备到税务机关进行征期报税或非征期报税后方可开票。

【知识点拨】 离线发票：纳税人已开具未上传的增值税发票。

a.离线开票时限：自第一份离线发票开具时间起开始计算可离线开具的最长时限；

b.离线开票总金额：可开具离线发票的累计不含税总金额，离线开票总金额按不同票种分别计算；

c.纳税人离线开票时限和离线开票总金额的设定标准及方法由各省、自治区、直辖市和计划单列市税务局确定。

③按照有关规定不使用网络办税或不具备网络条件的特定纳税人，以离线方式开具发票，不受离线开票时限和离线开具发票总金额限制。

自2020年2月1日起，下列两类纳税人不得离线开具发票：

a.经税务总局、省税务局大数据分析发现存在涉税风险的纳税人，不得离线开具发票，其开票人员在使用开票软件时，应当按照税务机关指定的方式进行人员身份信息实名验证；

b.新办理增值税一般纳税人登记的纳税人，自首次开票之日起3个月内不得离线开具发票，按照规定不使用网络办税或不具备风险条件的特定纳税人除外。

④纳税人应在纳税申报期内将上月开具发票汇总情况通过增值税发票管理新系统进行网络报税。

(2)选择相应的编码开具增值税发票。

自2018年1月1日起，纳税人通过增值税发票管理新系统开具增值税发票（包括专票、普票、增值税电子普票）时，商品和服务税收分类编码对应的简称会自动显示并打印在发票票面"货物或应税劳务、服务名称"或"项目"栏中。

📝 真题精练（客观题）

(2020年单选题)自2020年2月1日起，纳税人不得离线开具发票的是( )。

A. 2019年因未按期申报被税务机关处罚过的纳税人

B. 纳税信用等级为M级的纳税人

C. 曾取得过异常扣税凭证的纳税人

D. 经税务局分析发现存在涉税风险的纳税人

解析 ▶ 本题考核离线开具发票的规定。

答案 ▶ D

4. 填写购买方的纳税人识别号或统一社会信用代码开具普票

自2017年7月1日起，购买方为企业的，索取普票时，应向销售方提供纳税人识别号或统一社会信用代码；销售方为其开具普票时，应在"购买方纳税人识别号"栏填写购买方的纳税人识别号或统一社会信用代码。不符合规定的发票，不得作为税收凭证。

【知识点拨】企业的范围包括公司、非公司制企业法人、企业分支机构、个人独资企业、合伙企业和其他企业。

5. 增值税发票作废或开具红字发票

开具发票后，如发生误开、销货退回或者销售折让等，必须按规定作废或开具红字增值税发票。

（1）普票的作废或开具红字发票。

①开具发票后，如发生销货退回需开红字发票的，必须收回原发票并注明"作废"字样或取得对方有效证明。

②开具发票后，如发生销售折让的，必须在收回原发票并注明"作废"字样后重新开具发票或取得对方有效证明后开具红字发票。

③纳税人需要开具红字增值税普通发票的，可以在所对应的蓝字发票金额范围内开具多份红字发票。

④红字机动车销售统一发票需与原蓝字机动车销售统一发票一一对应。

（2）专票的作废或开具红字发票。

①作废。纳税人在开具专票当月，发生销货退回、开票有误等情形，收到退回的发票联、抵扣联符合作废条件的，按作废处理；开具时发现有误的，可即时作废。

【知识点拨】作废条件是指同时具有下列情形：

a. 收到退回的发票联、抵扣联，且时间未超过销售方开票当月；

b. 销售方未抄税且未记账；

c. 购买方未认证，或者认证结果为"纳税人识别号认证不符""专票代码、号码认证不符"。

②开具红字发票。纳税人开具专票后，发生销货退回、开票有误、应税服务中止等情形但不符合发票作废条件，或者因销货部分退回及发生销售折让，需要开具红字专票的，按以下方法处理：

a. 填开并上传《开具红字专票信息表》（见表1-7）。

表1-7 填开并上传《开具红字专票信息表》的规定

情形	税务处理
购买方取得专票已用于申报抵扣的	购买方可在增值税发票管理新系统中填开并上传《开具红字专票信息表》，在填开《信息表》时不填写相对应的蓝字专票信息，应暂依《信息表》所列增值税税额从当期进项税额中转出，待取得销售方开具的红字专票后，与《信息表》一并作为记账凭证
购买方取得专票未用于申报抵扣、但发票联或抵扣联无法退回的	购买方填开《信息表》时应填写相对应的蓝字专票信息
销售方开具专票尚未交付购买方，以及购买方未用于申报抵扣并将发票联及抵扣联退回的	销售方可在新系统中填开并上传《信息表》。销售方填开《信息表》时应填写相对应的蓝字专票信息

b. 主管税务机关通过网络接收纳税人上传的《信息表》，系统自动校验通过后，生成带有"红字发票信息表编号"的《信息表》，并将信息同步至纳税人端系统中。

c. 销售方凭税务机关系统校验通过的《信息表》开具红字专票，在增值税发票管理新系统中以销项负数开具。红字专票应与《信息表》一一对应。

d. 纳税人也可凭《信息表》电子信息或纸质资料到税务机关对《信息表》内容进行系统校验。

📝 **精选例题**

【例题5·单选题】下列关于发票开具要求的说法,错误的是( )。

A. 开具发票后,如发生误开、销货退回或者销售折让等,必须按规定作废或开具红字增值税发票

B. 一般纳税人销售货物、提供加工修理修配劳务和发生应税行为可汇总开具专票

C. 开具发票应当使用中文,民族自治地方可以同时使用当地通用的一种民族文字

D. 纳税人在开具专票开具时发现有误的,需要开具红字专票

解析 ▶ 选项 D,纳税人在开具专票当月,发生销货退回、开票有误等情形,收到退回的发票联、抵扣联符合作废条件的,按作废处理;开具时发现有误的,可即时作废。

答案 ▶ D

6. 差额征税发票开具

按照现行政策规定适用差额征税办法缴纳增值税,在开具增值税发票时,有的情形可以全额开具专票,有的只能差额开具专票,即差额征税≠差额开票。具体见表1-8。

表1-8 差额征税发票开票总结

情形	可扣除项目	发票开具
金融商品转让	买入价	不得开专票
经纪代理服务	向委托方收取并代为支付的政府性基金或者行政事业性收费	扣除部分不得开专票
融资租赁服务	借款利息、发行债券利息和车辆购置税	全额开专票
融资性售后回租服务	借款利息、发行债券利息	无必要开专票,因下游不得抵扣进项税额
客运场站服务	支付给承运方运费	无不得开专票规定
旅游服务	向旅游服务购买方收取并支付给其他单位或者个人的住宿费、餐饮费、交通费、签证费、门票费和支付给其他接团旅游企业的旅游费用	扣除部分不得开专票
建筑服务适用简易计税方法的	支付的分包款	全额开专票
房地产开发企业中的一般纳税人销售其开发的房地产项目采用一般计税方法的	受让土地时向政府部门支付的土地价款	全额开专票
劳务派遣	代用工单位支付给劳务派遣员工的工资、福利和为其办理社会保险及住房公积金	差额开专票
提供物业管理服务的纳税人,向服务接受方收取的自来水水费	对外支付的自来水水费	全额开专票

对于差额征税差额开具专票的情形,规定如下:

(1)纳税人通过增值税发票管理新系统中差额征税开票功能,录入含税销售额(或含税评估额)和扣除额,系统自动计算税额和不含税金额,**备注栏自动打印"差额征税"字样,发票开具不应与其他应税行为混开。**

(2)在开具差额征税发票时,计算的税额

系统自动填写于"税额"栏,全部含税价款与税额的差额系统自动填写于"金额"栏,"税率"显示"＊＊＊"。

7. 增值税电子普票开具

(1) 一般的增值税电子普票开具。

①2020年1月起纳税人通过增值税电子发票公共服务平台开具的增值税电子普票生成电子发票的版式文件;

②<u>增值税电子发票系统不支持作废操作</u>,发生退货、电子发票开具有误等情况,开票人应通过<u>开具红字发票进行冲减</u>;

③增值税电子普票的开票方和受票方需要纸质发票的,可以自行打印增值税电子普票的版式文件,其法律效力、基本用途、基本使用规定等与税务机关监制的普票相同。

(2) 通行费电子发票——行业专业发票。

通行费电子发票开具等有关规定由交通运输部和国家税务总局联合制订。

①通行费电子发票的种类(见表1-9)。

表1-9 通行费电子发票的种类

类型	具体规定
通行费征税发票	左上角标识"通行费"字样,且税率栏次显示适用税率或征收率的通行费增值税电子普票
通行费不征税发票	左上角无"通行费"字样,且税率栏次显示"不征税"的通行费增值税电子普票

②通行费电子发票开具规定(见表1-10)。

表1-10 通行费电子发票开具规定

情形			发票类型
ETC后付费客户和用户卡客户	经营性收费公路的部分		通行费征税发票
	政府还贷性收费公路的部分		试点地区开具通行费财政电子票据;非试点地区开具通行费不征税发票
ETC预付费客户	在充值后索取发票的		通行费不征税发票
	实际发生通行费用后	通过经营性收费公路的部分	通行费征税发票
		通过政府还贷性收费公路的部分	试点地区开具通行费财政电子票据;非试点地区开具通行费不征税发票

【知识点拨】客户使用ETC卡或用户卡通行收费公路并交纳通行费,可以在实际发生通行费用后<u>第7个自然日</u>(遇法定节假日顺延)起,登录发票服务平台,选择相应通行记录取得通行费电子发票;客户可以在充值后实时登录发票服务平台,选择相应充值记录取得通行费电子发票。

真题精练(客观题)

(2017年多选题)关于发票的说法,正确的有( )。

A. 单位办理注销税务登记前,应当办理发票的缴销手续

B. 小规模纳税人只能开具普票

C. 增值税一般纳税人在不能开具专票的情况下,也可使用普票

D. 增值税电子普票的受票方自行打印的纸质发票无效

E. 发票应当使用中文印刷,民族自治地方的发票,可以加印当地一种通用的民族文字

解析 选项B，小规模纳税人可以自开专票，也可以申请由税务机关代开专票；选项D，增值税电子普票的开票方和受票方需要纸质发票的，可以自行打印增值税电子普票的版式文件，其法律效力、基本用途、基本使用规定等与税务机关监制的普票相同。

答案 ACE

8. 机动车销售统一发票开具

（1）纳税人从事机动车（旧机动车除外）零售业务须开具机动车销售统一发票；

（2）"纳税人识别号"栏内打印购买方纳税人识别号，如购买方需要抵扣增值税税款，该栏必须填写，其他情况可为空；

（3）纳税人销售免征增值税的机动车，通过新系统开具时应在机动车销售统一发票"增值税税率或征收率"栏选填"免税"，机动车销售统一发票"增值税税率或征收率"栏自动打印显示"免税"，"增值税税额"栏自动打印显示"＊＊＊"；

（4）纳税人丢失机动车销售统一发票的，如在办理车辆登记和缴纳车辆购置税手续前丢失的，应按程序办理补开机动车销售统一发票的手续，再按已丢失发票存根联的信息开红字发票。

9. 稀土企业发票开具

从事稀土产品生产、商贸流通的增值税纳税人（以下简称稀土企业）销售稀土产品或提供稀土应税劳务、服务的，应当通过增值税发票管理系统开具稀土专票；销售非稀土产品或提供非稀土应税劳务、服务的，不得开具稀土专票。

稀土企业开具稀土专票时：

（1）稀土专票开具不得使用增值税发票管理系统"销售货物或者提供应税劳务、服务清单"填开功能。稀土专票"货物或应税劳务、服务名称"栏应当通过增值税发票管理系统中的稀土产品目录选择，"单位"栏选择"公斤"或"吨"，"数量"栏按照折氧化物计量填写。增值税发票管理系统在发票左上角自动打印"XT"字样。

（2）稀土企业销售稀土矿产品、稀土冶炼分离产品、稀土金属及合金，提供稀土加工应税劳务、服务的，应当按照《稀土产品目录》的分类分别开具发票。

10. 成品油发票开具

（1）发售加油卡、加油凭证销售成品油的专票：

①发售加油卡、加油凭证销售成品油的纳税人在售卖加油卡、加油凭证时，应按预收账款方法做相关账务处理，不征收增值税；

②预售单位在发售加油卡或加油凭证时可开具普票，如购油单位要求开具专票，待用户凭卡或加油凭证加油后，根据加油卡或加油凭证回笼记录，向购油单位开具专票；

③接受加油卡或加油凭证销售成品油的单位与预售单位结算油款时，接受加油卡或加油凭证销售成品油的单位根据实际结算的油款向预售单位开具专票。

（2）成品油发票开具。自2018年3月1日起，开具成品油发票时需要遵守下列规定：

①所有成品油发票均须通过增值税发票管理新系统中成品油发票开具模块开具；

②成品油发票：销售汽油、柴油、航空煤油、石脑油、溶剂油、润滑油、燃料油等成品油所开具的发票；

③纳税人需要开具成品油发票的，由主管税务机关开通成品油发票开具模块；

④开具成品油发票时，应遵守以下规则：

a. 正确选择商品和服务税收分类编码；

b. 发票"单位"栏应选择"吨"或"升"，蓝字发票的"数量"栏为必填项且不为"0"；

c. 开具成品油专票后，发生销货退回、开票有误以及销售折让等情形的，应按规定开具红字成品油专票；销货退回、开票有误等原因涉及销售数量的，应在《开具红字专票信息表》中填写相应数量，销售折让的不填写数量；

d. 成品油经销企业某一商品和服务税收分类编码的油品可开具成品油发票的总量，

应不大于所取得的成品油专票、海关进口消费税专用缴款书对应的同一商品和服务税收分类编码的油品总量。

11. 备注栏注明经营业务的发票开具(见表1-11)

表1-11 发票备注栏的要求

发票类型	备注栏要求
提供建筑服务	注明建筑服务发生地县(市、区)名称及项目名称
销售不动产	在发票"货物或应税劳务、服务名称"栏填写不动产名称及房屋产权证书号码(无房屋产权证书的可不填写),"单位"栏填写面积单位,备注栏注明不动产的详细地址
出租不动产	应在备注栏注明不动产的详细地址
货物运输服务	(1)起运地、到达地、车种车号以及运输货物信息; (2)如内容较多可另附清单; (3)铁路运输企业受托代征的印花税款信息,可填写在发票备注栏中
单用途卡或多用途卡结算销售款	(1)单用途商业预付卡,销售方与售卡方不是同一个纳税人的,销售方在向售卡方开具普票,在备注栏注明"收到预付卡结算款"; (2)支付机构预付卡,即多用途卡,特约商户向支付机构开具普票,在备注栏注明"收到预付卡结算款"
保险公司代收车船税	保险机构代收车船税并开具增值税发票时,应在备注栏注明代收车船税款信息。具体包括保险单号、税款所属期(详细至月)、代收车船税金额、滞纳金金额、金额合计等。该增值税发票可作为纳税人缴纳车船税及滞纳金的会计核算原始凭证
个人保险代理人汇总代开	代开发票的税务机关在发票备注栏备注"个人保险代理人汇总代开"字样。证券经纪人、信用卡和旅游等行业的个人代理人可以比照个人保险代理人向统一主管税务机关申请汇总代开普票或专票,代开发票的备注栏备注相应的汇总代开字样
差额征税差额开票	备注栏自动打印"差额征税"字样
异地代开不动产经营租赁服务或建筑服务发票	税务机关为跨县(市、区)提供不动产经营租赁服务、建筑服务的小规模纳税人(不包括其他个人),代开增值税发票时,在发票备注栏中自动打印"yd"字样

真题精练(客观题)

(2019年多选题)纳税人提供建筑劳务自行开具或税务机关代开增值税发票时,应在"备注栏"注明的内容有( )。

A. 建筑服务提供时间
B. 项目总金额
C. 建筑服务发生地县(市、区)名称
D. 建筑服务负责人
E. 项目名称

解析 提供建筑劳务纳税人自行开具或者税务机关代开增值税发票时,应在发票的备注栏注明建筑服务发生地县(市、区)名称及项目名称。 **答案** CE

真题精练(主观题)

(2018年简答题)根据现行政策,有些经营业务在开具发票时,必须在备注栏注明相关信息,请写出其中4类业务及应在备注栏注明的信息。

真题精练(主观题)答案

【答案】
此题的答案从我们的表1-11中任意列示4类业务即可。

(四)税务机关代开发票★★★

需要临时使用发票的单位和个人,可以凭购销商品、提供或者接受服务以及从事其他经营活动的书面证明、经办人身份证明,直接向经营地税务机关申请代开发票。依法应当缴纳税款的,税务机关应当先征收税款,再开具发票。

1. 税务机关代开发票的范围(见表1-12)

表1-12 税务机关代开发票的范围

类别	具体规定	
税务机关代开专票的范围	已办理税务登记的小规模纳税人	选择由税务机关代开专票的，可以向主管税务机关申请代开
	已办理税务登记的小规模纳税人出租不动产	选择由税务机关代开专票的，可向不动产所在地主管税务机关申请代开
	已办理税务登记的小规模纳税人销售其取得的不动产*	选择由税务机关代开专票的，可向不动产所在地主管税务机关申请代开
	其他个人(自然人)委托房屋中介、住房租赁企业等单位出租不动产，需要向承租方开具增值税发票	以由受托单位代其向主管税务机关按规定申请代开增值税发票
	个人保险代理人为保险公司提供保险代理服务，接受税务机关委托代征税款的保险企业向个人保险代理人支付佣金费用后	可代个人保险代理人统一向主管税务机关申请汇总代开
税务机关代开普票的范围	(1)符合代开条件的单位和个人发生增值税应税行为，需要开具普票的； (2)不能自开普票的小规模纳税人销售其取得的不动产，需要开具普票的； (3)其他个人出租不动产，需要开具普票	

【知识点拨】 大多数增值税发票代开是向纳税人机构所在地的主管税务机关申请，但**不动产销售或出租**需要代开发票时，应向**不动产所在地主管税务机关**申请代开。

2. 税务机关代开发票的规范

(1)增值税纳税人应在代开专票的备注栏上，加盖申请代开单位的发票专用章(为其他个人代开的特殊情况除外)；

(2)税务机关在代开普票以及为其他个人代开专票的备注栏上，加盖税务机关代开发票专用章；

(3)增值税小规模纳税人月销售额不超过15万元(按季纳税45万元)的，当期因代开专票已经缴纳的税款，在专票全部联次追回或者按规定开具红字专票后，可以向主管税务机关申请退还。

📝 **精选例题**

【例题6·简答题】 工程师高某是境内某县自然人，2020年9月接受河北某县城设计院委托设计集成电路。高某历时三个月完成所有设计任务，按原约定可向该企业收取设计费50 000元。高某在向该设计院要求支付报酬时，设计院财务人员告知高某必须提供合法的票据。针对该项业务，请回答下列问题(考虑地方教育附加)。

(1)高某应如何取得合法的票据？

(2)高某在取得合法票据时应交纳哪些税费？分别是多少？

答案 ▶

(1)高某应向当地税务机关申请代开设计费发票(集成电路设计属于信息技术服务中的电路设计及测试服务)。

因为依法不需要办理税务登记的单位和个人，临时取得收入，需要开具发票的，主管税务机关可以为其代开发票。

(2)高某在税务机关为其代开设计费发票

---

* 此处去掉"包括自行开具专票试点的小规模纳税人"，因为根据国家税务总局2019年33号文件的规定，"选择自行开具专票的小规模纳税人，税务机关不再为其代开专票"。

时，应当按信息技术服务计算缴纳增值税，此外还需要缴纳城建税及教育费附加和地方教育附加，并按劳务报酬所得预缴个人所得税。

应缴纳增值税 = 50 000÷(1+1%)×1% = 495.05(元)

应缴纳城建税 = 495.05×5%×50% = 12.38(元)

应缴纳教育费附加 = 495.05×(3%+2%)×50% = 12.38(元)

应预缴个人所得税：

预缴时的应纳税所得额 = (50 000÷1.01 - 12.38 - 12.38)×(1-20%) = 39 584.15(元)

预缴个人所得税 = 39 584.15×30% - 2 000 = 9 875.25(元)。

【思路点拨】疫情期间，湖北省内的小规模纳税人免征增值税，其他地区的小规模纳税人减按1%的征收率计算缴纳增值税，对于自然人而言，除不动产租赁外，在适用增值税起征点时以每日500元为准；自2019年1月1日至2021年12月31日，小规模纳税人的6税2费减按50%征收。在考试时要注意相应业务的时间点，时间点不同，税收政策有所不同。

3.税务机关代开货物运输业小规模纳税人专票的特殊之处(见表1-13)

表1-13　税务机关代开货物运输业小规模纳税人专票的特殊之处

类别	具体规定
小规模纳税人申请代开专票的条件	应同时具备以下条件： (1)在境内提供公路或内河货物运输服务，并办理了税务登记(包括临时税务登记)； (2)提供公路货物运输服务的(以4.5吨及以下普通货运车辆从事普通道路货物运输经营的除外)，取得《中华人民共和国道路运输经营许可证》和《中华人民共和国道路运输证》；提供内河货物运输服务的，取得《国内水路运输经营许可证》和《船舶营业运输证》； (3)在税务登记地主管税务机关按增值税小规模纳税人管理
营运资质等向主管税务机关备案	——
可就近代开申请代开专票	可在税务登记地、货物起运地、货物到达地或运输业务承揽地(含互联网物流平台所在地)中任何一地，就近向税务机关申请代开专票
申请代开专票提供的资料	应向代开单位提供以下资料： (1)《货物运输业代开专票缴纳税款申报单》； (2)加载统一社会信用代码的营业执照(或税务登记证或组织机构代码证)复印件； (3)经办人身份证件及复印件
代开的专票作废或红字处理	应由原代开单位按照现行规定予以受理
代开专票的税款缴纳	(1)纳税人申请代开专票时，应按照所代开专票上注明的税额向代开单位全额缴纳增值税； (2)纳税人在非税务登记地申请代开专票，不改变主管税务机关对其实施税收管理——向主管税务机关申报缴纳增值税，代开专票已经缴纳的增值税允许抵减

(五)增值税电子专票的试点

我国自2020年9月开始在试点地区的新办纳税人中试行增值税电子专票。电子专票由各省税务局监制，采用电子签名代替发票专用章，属于专票，其法律效力、基本用途、基本使用规定等与增值税纸质专票相同。

(1)税务机关按照电子专票和纸质专票的合计数，为纳税人核定专票领用数量。电子专票和纸质专票的最高开票限额应当相同。

（2）纳税人开具专票时，既可以开具电子专票，也可以开具纸质专票。受票方索取纸质专票的，开票方应当开具纸质专票。

（3）红字电子专票的开具与纸质专票基本相同，见表1-14。

表1-14　红字电子专票的开具

情形	开具程序
购买方已将电子专票用于申报抵扣的	由购买方在发票管理系统中填开并上传《开具红字专票信息表》，填开《信息表》时不填写相对应的蓝字电子专票信息
购买方未将电子专票用于申报抵扣的	由销售方在发票管理系统中填开并上传《信息表》，填开《信息表》时应填写相对应的蓝字电子专票信息
后续操作	税务机关通过网络接收纳税人上传的《信息表》，系统自动校验通过后，生成带有红字发票信息表编号的《信息表》，并将信息同步至纳税人端系统中。销售方凭税务机关系统校验过的《信息表》开具红字电子专票。红字电子专票应与《信息表》一一对应

（4）纳税人开票完成后，可以通过电子邮件、二维码等方式，远程交付电子专票给受票方。

（5）纳税人可以按规定以电子发票（含电子专票和电子普票）报销入账归档，具体规定见表1-15。

表1-15　电子发票报销入账规定的规定

情形	相关规定
（1）符合下列条件的 a. 接收的电子会计凭证经查验合法、真实； b. 电子会计凭证的传输、存储安全、可靠，对电子会计凭证的任何篡改能够及时被发现； c. 使用的会计核算系统能够准确、完整、有效接收和读取电子会计凭证及其元数据，能够按照国家统一的会计制度完成会计核算业务，能够按照国家档案行政管理部门规定格式输出电子会计凭证及其元数据，设定了经办、审核、审批等必要的审签程序，且能有效防止电子会计凭证重复入账； d. 电子会计凭证的归档及管理符合《会计档案管理办法》等要求； e. 采用电子专票进行报销、入账且本单位财务信息系统能导出符合国家档案部门规定的电子归档格式的	应当将电子专票与其他电子会计记账凭证等一起归档保存，电子专票不再需要打印和保存纸质件
不满足上述条件的单位	采用电子专票纸质打印件进行报销、入账的，电子专票应当与其纸质打印件一并交由会计档案人员保存

（6）来源合法、真实的电子专票作为电子会计凭证与纸质会计凭证具有同等的法律效力，且可作为电子档案进行保存归档。

电子专票的纸质打印件不能单独作为报销入账归档依据使用。

各单位无论采用何种报销、入账方式，只要接收的是电子专票，则必须归档保存电子专票。

（7）了解电子发票归档保存的方法。

（8）如何查验真伪。

①单位和个人可以通过全国增值税发票查验平台（https://inv-veri.chinatax.gov.cn）通过录入发票代码、发票号码、开票日期、发票校验码等字段，对电子专票信息进行查验*；

---

* 此内容为教材内容的补充。

②可以通过全国增值税发票查验平台（https：//inv-veri.chinatax.gov.cn）下载增值税电子发票版式文件阅读器PDF，查阅电子专票并验证电子签名和电子发票监制章有效性。具体如表1-16所示。

表1-16 如何查验电子专票真伪

类型	具体方法
验证电子签名的方法	通过增值税电子发票版式文件阅读器打开已下载的电子专票版式文件，鼠标移动到左下角"销售方"相关信息处，点击鼠标右键，再点击提示框中的"验证"按钮，即可弹出验证结果。
验证电子发票监制章的方法	鼠标右键点击发票上方椭圆形的发票监制章，选择"验证"，即可显示验证结果

验证结果为"该签章有效！受该签章保护的文档内容未被修改。该签章之后的文档内容无变更"，则表明销售方的电子签名有效。

八、发票使用的审核

扫我解疑难

（一）取得发票的基本要求 ★★

1. 取得与经营活动相符的发票

取得发票时，不得要求变更品名和金额。不符合规定的发票，不得作为财务报销凭证，任何单位和个人有权拒收。

2. 使用发票时不得发生的行为

任何单位和个人应当按照发票管理规定使用发票，不得有下列行为：

（1）转借、转让、介绍他人转让发票、发票监制章和发票防伪专用品；

（2）知道或者应当知道是私自印制、伪造、变造、非法取得或者废止的发票而受让、开具、存放、携带、邮寄、运输；

（3）扩大发票使用范围；

（4）以其他凭证代替发票使用。

（二）发票的真伪鉴别 ★★

伪造的虚假发票，不能作为财务核算、税前扣除等有效凭证，发票的真伪鉴别是发票使用审核的首要内容。

发票真伪鉴别方法：

（1）依据发票的防伪措施鉴别——最基本的鉴别方法；

（2）通过发票查验平台（https：//inv-veri.chinatax.gov.cn/index.html）对增值税发票新系统开具的发票信息进行查验；

（3）申请税务机关进行鉴别。

（三）取得发票的合法有效审核 ★★

取得的发票是否合法有效是税务师进行发票审核的最核心内容。

（1）审核发票记载的业务真实性。

（2）审核发票开具的规范性。

（3）审核发票开具的内容逻辑性。

（四）进项税额用于抵扣或出口退税的发票认证确认或用途确认 ★★★

（1）纳税人购进货物、接受劳务或服务取得的专票、机动车销售统一发票和通行费电子发票，在抵扣进项税额时，自2020年1月起，改在增值税发票综合服务平台进行用途确认。纳税人取得符合条件的海关进口增值税专用缴款书后，也可通过增值税发票综合服务平台进行用途确认。

（2）认证有效期限：

自2020年3月1日起，取消增值税扣税凭证认证确认期限。具体规定见表1-17。

表1-17 取消增值税扣税凭证认证确认期限的具体规定

票据情况	认证规定
增值税一般纳税人取得2017年1月1日及以后开具的专票、海关进口增值税专用缴款书、机动车销售统一发票、收费公路通行费增值税电子普票	取消认证确认、稽核比对、申报抵扣的期限
增值税一般纳税人取得2016年12月31日及以前开具的专票、海关进口增值税专用缴款书、机动车销售统一发票	执行原有认证期限规定。超过认证确认、稽核比对、申报抵扣期限,但符合规定条件的,仍可按规定,继续抵扣进项税额

(五)专票或机动车销售统一发票丢失(见表1-18)★★★

表1-18 专票或机动车销售统一发票丢失

具体情形	处理措施
同时丢失已开具专票或机动车销售统一发票的发票联和抵扣联	可凭加盖销售方发票专用章的相应发票记账联复印件,作为增值税进项税额的抵扣凭证、退税凭证或记账凭证
丢失已开具专票或机动车销售统一发票的抵扣联	可凭相应发票的发票联复印件,作为增值税进项税额的抵扣凭证或退税凭证
丢失已开具专票或机动车销售统一发票的发票联	可凭相应发票的抵扣联复印件,作为记账凭证

【知识点拨1】对违反法规发生被盗、丢失专票的纳税人,主管税务机关必须严格按《税收征收管理法》和《发票管理办法》的规定,处以1万元以下的罚款,并可视具体情况,对丢失专票纳税人,在一定期限内(最长不超过半年)停止领购专票。对纳税人申报遗失的专票,如发现非法代开、虚开问题的,该纳税人应承担偷税、骗税的连带责任。

【知识点拨2】纳税人丢失专票后,必须按规定程序向当地主管税务机关、公安机关报失。

(六)关于对非法代开、虚开专票的处理(见表1-19)

表1-19 对非法代开、虚开专票的处理

情形	具体内容
非法代开的界定	为与自己没有发生直接购销关系的他人开具发票的行为
虚开发票的界定	(1)为他人、为自己开具与实际经营业务情况不符的发票; (2)让他人为自己开具与实际经营业务情况不符的发票; (3)介绍他人开具与实际经营业务情况不符的发票
对开票方的处罚	(1)一律按票面所列货物的适用税率全额征补税款,并按偷税给予处罚——50%~5倍的罚款; (2)构成犯罪的,处以刑罚; (3)虚开发票的,由税务机关没收违法所得;虚开金额在1万元以下的,可以处5万元以下的罚款;虚开金额超过1万元的,并处5万元以上50万元以下的罚款;构成犯罪的,依法追究刑事责任。非法代开发票的,依照虚开发票处罚
不属于对外虚开专票	纳税人通过虚增增值税进项税额偷逃税款,但对外开具专票同时符合以下情形的,不属于对外虚开专票——业务流、资金流、发票流一致的要求:①纳税人向受票方纳税人销售了货物,或者提供了增值税应税劳务、应税服务;②纳税人向受票方纳税人收取了所销售货物、所提供应税劳务或者应税服务的款项,或者取得了索取销售款项的凭据;③纳税人按规定向受票方纳税人开具的专票相关内容,与所销售货物、所提供应税劳务或者应税服务相符,且该专票是纳税人合法取得、并以自己名义开具的。受票方纳税人取得的符合上述情形的专票,可以作为增值税扣税凭证抵扣进项税额

续表

情形		具体内容
对受票方的影响	善意取得	(1)增值税：进项税额转出，补增值税，但无需缴纳滞纳金，如重新取得合格扣税凭证，可抵扣进项税额； (2)企业所得税：如重新取得合格票据，可税前扣除；如对方非正常经营，提供证据，可以扣除
	非善意取得	(1)增值税：进项税额转出，补缴增值税，缴纳滞纳金，罚款50%～5倍； (2)企业所得税：不得税前扣除

（七）取得异常增值税扣税凭证★★★

（1）异常增值税扣税凭证的范围。

符合下列情形之一的专票，列入异常凭证范围：

①纳税人丢失、被盗税控专用设备中未开具或已开具未上传的专票；

②非正常户纳税人未向税务机关申报或未按规定缴纳税款的专票；

③增值税发票管理系统稽核比对发现"比对不符""缺联""作废"的专票；

④经税务总局、省税务局大数据分析发现，纳税人开具的专票存在涉嫌虚开、未按规定缴纳消费税等情形的；

⑤走逃（失联）企业存续经营期间发生下列情形之一的，所对应属期开具的专票列入异常增值税扣税凭证：

a.商贸企业购进、销售货物名称严重背离的；生产企业无实际生产加工能力且无委托加工，或生产能耗与销售情况严重不符，或购进货物并不能直接生产其销售的货物且无委托加工的；

b.直接走逃失踪不纳税申报，或虽然申报但通过填列增值税纳税申报表相关栏次，规避税务机关审核比对，进行虚假申报的。

（2）增值税一般纳税人申报抵扣异常凭证，同时符合下列情形的，其对应开具的专票列入异常凭证范围：

①异常凭证进项税额累计占同期全部专票进项税额70%（含）以上的；

②异常凭证进项税额累计超过5万元的。

纳税人尚未申报抵扣、尚未申报出口退税或已作进项税额转出的异常凭证，其涉及的进项税额不计入异常凭证进项税额的计算。

（3）增值税一般纳税人取得异常增值税扣税凭证的处理：

增值税一般纳税人取得的专票列入异常凭证范围的，应按照以下规定处理（见表1-20）。

表1-20　异常增值税扣税凭证的处理

类型	处理措施
①尚未申报抵扣增值税进项税额的	暂不允许抵扣。已经申报抵扣增值税进项税额的，除另有规定外，一律作进项税额转出处理
②尚未申报出口退税或者已申报但尚未办理出口退税的	除另有规定外，暂不允许办理出口退税。适用增值税免抵退税办法的纳税人已经办理出口退税的，应根据列入异常凭证范围的专票上注明的增值税额作进项税额转出处理；适用增值税免退税办法的纳税人已经办理出口退税的，税务机关应按照现行规定对列入异常凭证范围的专票对应的已退税款追回。 纳税人因骗取出口退税停止出口退(免)税期间取得的专票列入异常凭证范围的，按照①执行
③消费税纳税人以外购或委托加工收回的已税消费品为原料连续生产应税消费品	尚未申报扣除原料已纳消费税税款的，暂不允许抵扣；已经申报抵扣的，冲减当期允许抵扣的消费税税款，当期不足冲减的应当补缴税款

续表

类型	处理措施
④纳税信用A级纳税人取得异常凭证且已经申报抵扣增值税、办理出口退税或抵扣消费税的	可以自接到税务机关通知之日起10个工作日内，向主管税务机关提出核实申请。经税务机关核实，符合现行增值税进项税额抵扣、出口退税或消费税抵扣相关规定的，不作进项税额转出、追回已退税款、冲减当期允许抵扣的消费税税款等处理。纳税人逾期未提出核实申请的，应于期满后按照上述规定做相关处理
⑤纳税人对税务机关认定的异常凭证存有异议	可以向主管税务机关提出核实申请。经税务机关核实，符合现行增值税进项税额抵扣或出口退税相关规定的，纳税人可继续申报抵扣或者重新申报出口退税；符合消费税抵扣规定且已缴纳消费税款的，纳税人可继续申报抵扣消费税税款

真题精练（客观题）

1. （2019年多选题，改）关于增值税一般纳税人取得走逃(失联)企业的异常增值税扣税凭证的说法中，正确的有(　　)。
   A. 适用增值税免退税办法的纳税人已经办理出口退税的，税务机关应按照现行规定对列入异常凭证范围的专票对应的已退税款追回
   B. 已经申报抵扣的，可以先不作进项税额转出处理
   C. 经核实，符合现行增值税出口退税相关规定的，企业可重新申报出口退税
   D. 经核实，符合现行增值税进项税额抵扣规定的，企业可继续申报抵扣
   E. 尚未申报抵扣或申报出口退税的，暂不允许抵扣或办理退税

   【解析】增值税一般纳税人取得异常增值税扣税凭证，除另有规定外，暂不允许办理出口退税。适用增值税免抵退税办法的纳税人已经办理出口退税的，应根据列入异常凭证范围的专票上注明的增值税额作进项税额转出处理；适用增值税免退税办法的纳税人已经办理出口退税的，税务机关应按照现行规定对列入异常凭证范围的专票对应的已退税款追回。　【答案】ACDE

2. （2017年多选题，改）增值税一般纳税人取得走逃(失联)企业开具的异常增值税扣税凭证，下列处理符合规定的有(　　)。
   A. 在核实符合增值税进项税额抵扣规定前，尚未申报抵扣的，暂不允许抵扣
   B. 在核实符合增值税进项税额抵扣规定前，已申报抵扣的，除另有规定外，一律先作进项税额转出
   C. 在核实符合增值税进项税额抵扣规定前，尚未申报抵扣的，暂先允许抵扣
   D. 在核实符合增值税进项税额抵扣规定前，已申报抵扣的，暂先不作进项税额转出
   E. 在核实符合增值税进项税额抵扣规定后，尚未申报抵扣的，可继续申报抵扣

   【解析】增值税一般纳税人取得异常凭证，尚未申报抵扣的，暂不允许抵扣；已经申报抵扣的，除另有规定外，一律先作进项税额转出；经核实，符合现行增值税进项税额抵扣相关规定的，企业可继续申报抵扣。　【答案】ABE

九、企业所得税税前扣除凭证管理办法*

扫我解疑难

（一）税前扣除凭证的基本规定★

企业所得税税前扣除凭证在管理中遵循真实性、合法性、关联性原则。

企业应在当年度企业所得税法规定的汇算清缴期结束前取得税前扣除凭证。

企业应将与税前扣除凭证相关的资料，包括合同协议、支出依据、付款凭证等留存

---

* 该内容为国家税务总局2018年28号公告的内容，体现在教材第3章和第7章，本书调整至本章，目的是将与票据管理有关的内容整合在本章。

备查，以证实税前扣除凭证的真实性。

【知识点拨】企业在当年度企业所得税法规定的汇算清缴期**结束前**未取得符合规定的税前扣除凭证时，将涉及纳税调整问题。

(二)企业所得税税前扣除凭证的分类 ★★

税前扣除凭证按照来源分为内部凭证和外部凭证，具体分类见表1-21。

表1-21 企业所得税税前扣除凭证的分类

类别	具体规定		
内部凭证	企业**自制**用于成本、费用、损失和其他支出核算的会计原始凭证。比如领料单、差旅费报销单等		
外部凭证	企业发生经营活动和其他事项时，从其他单位、个人取得的用于证明其支出发生的凭证，**包括但不限于发票（包括纸质发票和电子发票）、财政票据、完税凭证、收款凭证、分割单等**	在**境内**发生的支出属于**增值税应税项目**的	对方为已办理**税务登记**的增值税纳税人	以**发票**（包括按照规定由税务机关代开的发票）作为税前扣除凭证
			对方为依法无须办理税务登记的单位或者从事小额零星经营业务的个人 【知识点拨】小额零星经营业务的判断标准是个人从事应税项目经营业务的销售额不超过增值税相关政策规定的起征点	**以税务机关代开的发票或者收款凭证及内部凭证作为税前扣除凭证**，收款凭证应载明收款单位名称、个人姓名及身份证号、支出项目、收款金额等相关信息
		企业在境内发生的支出项目**不属于**增值税应税项目的	对方为单位的	以对方开具的发票**以外**的**其他外部凭证**作为税前扣除凭证
			对方为个人的	以**内部凭证**作为税前扣除凭证
			但按税务总局规定可以开具发票的	可以发票作为税前扣除凭证。比如"未发生销售行为的不征税项目"发票
		企业从境外购进货物或者劳务发生的支出	以对方开具的发票或者具有发票性质的收款凭证、相关税费缴纳凭证作为税前扣除凭证	

【知识点拨1】发票是税前扣除的重要凭证，但不是唯一凭证。

【知识点拨2】是否以发票作为税前扣除凭证，关键点是支出项目是否属于增值税应税项目。

(三)企业未取得合格税前扣除凭证的处理(见表1-22) ★★★

表1-22 企业未取得合格税前扣除凭证的处理

类别	具体规定
不合规发票、不合规其他外部凭证不得作为税前扣除凭证	企业取得私自印制、伪造、变造、作废、开票方非法取得、虚开、填写不规范等不符合规定的发票(以下简称"不合规发票")，以及取得不符合国家法律、法规等相关规定的其他外部凭证(以下简称"不合规其他外部凭证")，不得作为税前扣除凭证
补救措施1：补开、换开	企业应当取得而未取得发票、其他外部凭证或者取得不合规发票、不合规其他外部凭证的，若支出真实且已实际发生，应当在当年度汇算清缴期**结束前**，要求对方补开、换开发票、其他外部凭证。补开、换开后的发票、其他外部凭证符合规定的，可以作为税前扣除凭证

续表

类别	具体规定
补救措施2：以相应资料证实支出真实性后，其支出允许税前扣除	企业在补开、换开发票、其他外部凭证过程中，因对方注销、撤销、依法被吊销营业执照、被税务机关认定为非正常户等特殊原因无法补开、换开发票、其他外部凭证的，可凭以下资料证实支出真实性后，其支出允许税前扣除： (1)无法补开、换开发票、其他外部凭证原因的证明资料(包括工商注销、机构撤销、列入非正常经营户、破产公告等证明资料)； (2)相关业务活动的合同或者协议； (3)采用非现金方式支付的付款凭证； (4)货物运输的证明资料； (5)货物入库、出库内部凭证； (6)企业会计核算记录以及其他资料。 (1)~(3)项为必备资料
被税务机关发现的处理措施	汇算清缴结束后，税务机关发现企业应当取得而未取得发票、其他外部凭证或者取得不合规发票、不合规其他外部凭证并且告知企业的，企业应当自被告知之日起60日内补开、换开符合规定的发票、其他外部凭证。其中，因对方特殊原因无法补开、换开发票、其他外部凭证的，企业应当按照上述规定，自被告知之日起60日内提供可以证实其支出真实性的相关资料。 企业在规定的期限未能补开、换开符合规定的发票、其他外部凭证，并且未能按规定提供相关资料证实其支出真实性的，相应支出不得在发生年度税前扣除
以后年度取得相应凭证追补扣除的规定	企业以前年度应当取得而未取得发票、其他外部凭证，且相应支出在该年度没有税前扣除的，在以后年度取得符合规定的发票、其他外部凭证或者按规定提供可以证实其支出真实性的相关资料，相应支出可以追补至该支出发生年度税前扣除，但追补年限不得超过五年

(四)分割单作为税前扣除凭证的规定★★

(1)企业与其他企业(包括关联企业)、个人在境内共同接受应纳增值税劳务发生的支出，采取分摊方式的，应当按照独立交易原则进行分摊，企业以发票和分割单作为税前扣除凭证，共同接受应税劳务的其他企业以企业开具的分割单作为税前扣除凭证；

(2)企业与其他企业、个人在境内共同接受非应税劳务发生的支出，采取分摊方式的，企业以发票外的其他外部凭证和分割单作为税前扣除凭证，共同接受非应税劳务的其他企业以企业开具的分割单作为税前扣除凭证；

(3)企业租用(包括企业作为单一承租方租用)办公、生产用房等资产发生的水、电、燃气、冷气、暖气、通讯线路、有线电视、网络等费用，出租方作为应税项目开具发票的，企业以发票作为税前扣除凭证；出租方采取分摊方式的，企业以出租方开具的其他外部凭证作为税前扣除凭证。

真题精练(主观题)

1.(2020年简答题)G公司为建筑安装企业增值税一般纳税人(纳税信用等级为A级)，2018年从一般纳税人B公司购买灯具并取得专票，G公司以银行转账方式支付并取得专票进行认证抵扣，将不含税价在成本费用中列支。2019年6月G公司收到主管税务机关通知，B公司2019年初被认定为走逃(失联)企业，认为其2018年从B公司取得专票为异常增值税扣税凭证，故要求G公司将已抵扣税额作进项税额转出，并补缴增值税，灯具成本不得在企业所得税税前扣除，应调整2018年企业所得税申报表并补缴税款，以上补缴的税款应按规定加收滞纳金。G公司接到通知后5日内向主管税务机关提出审核申请，证明其业务真实性，说明进项税额抵扣与支出税前扣除合理，认为不应补缴增值税、企业所得税和滞纳金。

要求：

(1)判断G公司相关处理是否正确并说明理由。

(2)若税务机关人认为取得的专票为不合规凭证，G公司提供什么资料可以在企业所得税税前扣除。

2. (2019年简答题)某企业系增值税一般纳税人，2019年3月16日收到税务机关通知，经专票协查确认，该企业2018年10月收到并申报抵扣的一份会展服务发票系某会展公司借用其他企业发票虚开的；同时税务机关确认该企业确实参加会展公司举办的展销活动并支付费用，且当时并不知晓会展公司提供的是虚开的专票，属于善意取得虚开的专票。

经与会展公司交涉，该企业于2019年7月12日取得会展公司重新开具的此项会展费用的专票。

请逐一回答下列问题：

(1)对于善意取得的虚开专票，在2019年3月收到税务机关通知时，增值税如何处理？

(2)在2018年企业所得税汇算清缴时，应如何处理？

(3)重新取得会展公司开具的专票，增值税、企业所得税如何处理？

真题精练（主观题）答案

1.【答案】

(1)G公司相关处理正确。理由：B公司走逃，其开出的专票为异常增值税凭证。纳税信用A级纳税人，取得异常凭证且已经申报抵扣增值税、办理出口退税或抵扣消费税的，可以自接到税务机关通知之日起10个工作日内，向主管税务机关提出核实申请。G公司为纳税信用A级纳税人，且提出核实申请的时限(5日内)符合要求。

经税务机关核实，符合现行增值税进项税额抵扣、出口退税或消费税抵扣相关规定的，可不作进项税额转出、追回已退税款、冲减当期允许抵扣的消费税税款等处理。

(2)G公司应提交的资料：

①无法补开、换开发票、其他外部凭证原因的证明资料(包括工商注销、机构撤销、列入非正常经营户、破产公告等证明资料)；

②相关业务活动的合同或者协议；

③采用非现金方式支付的付款凭证；

④货物运输的证明资料；

⑤货物入库、出库内部凭证；

⑥企业会计核算记录以及其他资料。

2.【答案】

(1)2019年3月收到税务机关通知时，增值税应先作进项税额转出处理。

(2)2018年度的该项会展支出不得在企业所得税汇算清缴时扣除，应做纳税调增处理。

(3)2019年7月重新取得发票：

增值税：符合现行增值税进项税额抵扣相关规定的，准予重新抵扣增值税进项税额；

企业所得税：准予追补至实际支出发生年度扣除。即仍作为2018年度的支出进行扣除。

真题精练（主观题）总结

2019年、2020年的主观题不仅考核了纳税人取得异常扣税凭证、善意取得虚开专票的增值税处理，而且考核了企业所得税税前扣除的有关规定。

十、发票违章处理 ★

扫我解疑难

(1)违反发票管理的规定，有下列情形之一的，由税务机关责令改正，可以处1万元以下的罚款；有违法所得的予以没收：

①应当开具而未开具发票，或者未按照规定的时限、顺序、栏目，全部联次一次性开具，发票，或者未加盖发票专用章的；

②使用税控装置开具发票，未按期向主

管税务机关报送开具发票的数据的；

③使用非税控电子器具开具发票，未将非税控电子器具使用的软件程序说明资料报主管税务机关备案，或者未按照规定保存、报送开具发票的数据的；

④拆本使用发票的；

⑤扩大发票使用范围的；

⑥以其他凭证代替发票使用的；

⑦跨规定区域开具发票的；

⑧未按照规定缴销发票的；

⑨未按照规定存放和保管发票的。

（2）跨规定的使用区域携带、邮寄、运输空白发票，以及携带、邮寄或者运输空白发票出入境的，由税务机关责令改正，可以处1万元以下的罚款；情节严重的，处1万元以上3万元以下的罚款；有违法所得的予以没收。

【知识点拨】丢失发票或者擅自损毁发票的，依照上述规定处罚。

（3）违反规定虚开发票的，由税务机关没收违法所得；虚开金额在1万元以下的，可以并处5万元以下的罚款；虚开金额超过1万元的，并处5万元以上50万元以下的罚款；构成犯罪的，依法追究刑事责任。

【知识点拨】非法代开发票的，依照上述规定处罚。

（4）私自印制、伪造、变造发票，非法制造发票防伪专用品，伪造发票监制章的，由税务机关没收违法所得，没收、销毁作案工具和非法物品，并处1万元以上5万元以下的罚款；情节严重的，并处5万元以上50万元以下的罚款；对印制发票的企业，可以并处吊销发票准印证；构成犯罪的，依法追究刑事责任。

（5）有下列情形之一的，由税务机关处1万元以上5万元以下的罚款；情节严重的，处5万元以上50万元以下的罚款；有违法所得的予以没收：

①转借、转让、介绍他人转让发票、发票监制章和发票防伪专用品的；

②知道或者应当知道是私自印制、伪造、变造、非法取得或者废止的发票而受让、开具、存放、携带、邮寄、运输的。

（6）发票违章处理其他相关规定。

①税务机关对违反发票管理法规的行为进行处罚，应当将行政处罚决定书面通知当事人；对违反发票管理法规的案件，应当立案查处。

②对违反发票管理规定2次以上或者情节严重的单位和个人，税务机关可以在办税场所或者广播、电视、报纸、期刊、网络等新闻媒体上公告纳税人发票违法的情况。公告内容包括：纳税人名称、纳税人识别号、经营地点、违反发票管理法规的具体情况。

③违反发票管理法规，导致其他单位或者个人未缴、少缴或者骗取税款的，由税务机关没收违法所得，可以并处未缴、少缴或者骗取的税款1倍以下的罚款。

④对违反发票管理法规情节严重构成犯罪的，税务机关应当依法移送司法机关处理。

⑤当事人对税务机关的处罚决定不服的，可以依法申请行政复议或者向人民法院提起行政诉讼。

⑥税务人员利用职权之便，故意刁难印制、使用发票的单位和个人，或者有违反发票管理法规行为的，依照国家有关规定给予处分；构成犯罪的，依法追究刑事责任。

真题精练（客观题）

(2020年多选题)对违反发票管理规定2次以上的单位和个人，税务机关可以公告纳税人发票违法的情况，公告内容包括(   )。

A. 纳税人名称

B. 经营内容

C. 法定代表人姓名

D. 纳税人识别号

E. 经营地点

解析 对违反发票管理规定2次以上或者情节严重的单位和个人，税务机关可以在办税场所或者广播、电视、报纸、期刊、网络等新闻媒体上公告纳税人发票违法的情况。公告内容包括：纳税人名称、纳税人识别号、经营地点、违反发票管理法规的具体情况。

答案 ▶ ADE

十一、发票相关代理服务

发票相关代理服务业务分为申请办理**发票领用类、发票开具类、发票验旧类、发票缴销类及其他发票相关服务类**等涉税事项服务行为，具体内容简单了解即可。注意在每个申报期内首次领用发票前，委托人需要**完成纳税申报和报税清卡**事项。

📝 **近年来本章主观题的主要考点总结：**

（1）发票备注栏的填写要求；

（2）取得走逃失联企业开具的发票，符合什么条件为增值税异常扣税凭证？申请核实的有关规定？增值税如何处理？企业所得税是否允许税前扣除？如果允许扣除，需要提供哪些资料？是否缴纳滞纳金？

（3）善意取得虚开的专票，增值税和所得税如何进行税务处理？

同步训练 限时60分钟

一、单项选择题

1. 下列发票中( )属于行业专业发票。
   A. 商品销售发票
   B. 餐饮发票
   C. 银行贷款利息发票
   D. 货运发票

2. 关于发票的说法正确的是( )。
   A. 所有小规模纳税人均可以自行开具专票
   B. 自愿选择自行开具专票的小规模纳税人，税务机关不再为其代开专票
   C. 自行开具专票的小规模纳税人在销售不动产时，仍旧由税务机关代开专票
   D. 小规模纳税人只有月销售额达到15万元（按季度纳税的，季度销售额达到45万元），才能自行开具专票

3. 已经开具的发票存根联和发票登记簿，应当保存( )年。
   A. 1   B. 3
   C. 5   D. 10

4. 一般纳税人零售下列商品可以开具专票的是( )。
   A. 食品   B. 劳保用品
   C. 服装   D. 化妆品

5. 自愿选择自行开具专票的小规模纳税人销售其取得的不动产，需要开具专票的，应( )。
   A. 向主管部门申请代开
   B. 向税务机关申请代开
   C. 通过增值税发票管理新系统自行开具
   D. 由税务师事务所利用主机共享服务系统为其代开

6. 除另有规定外，一般纳税人自生效之日起可以按照规定领用专票。下列关于一般纳税人生效之日的说法正确的是( )。
   A. 一般纳税人登记的当月1日
   B. 一般纳税人登记的当天
   C. 一般纳税人登记的次月1日
   D. 纳税人在办理一般纳税人登记手续时，可自行选择登记的当月1日或者次月1日为一般纳税人生效之日

7. 下列关于冠名发票管理的有关规定，错误的是( )。
   A. 用票单位，可以书面申请印有本单位

名称的发票

B. 印有本单位名称的普票，由省税务局统一招标采购的普票中标厂商印制

C. 纳税人申请印有本单位名称的发票只限于普票

D. 使用印有本单位名称的普票的企业，按规定与发票印制企业直接结算印制费用

8. 下列关于增值税电子发票的说法错误的是( )。

A. 目前我国增值税电子发票仅限于增值税电子普票

B. 增值税电子普票的开票方和受票方需要纸质发票的，可以自行打印增值税电子普票的版式文件，其法律效力、基本用途、基本使用规定等与税务机关监制的普票相同

C. 发票服务平台应当将通行费电子发票对应的通行明细清单留存备查

D. 发票服务平台免费向用户提供通行费电子发票及明细信息下载、转发、预览、查询等服务

9. 下列关于发票开具的说法，错误的是( )。

A. 开具发票应按照号码顺序填开

B. 不得扩大发票使用范围

C. 开具发票应该全部联次一次打印

D. 未发生纳税义务一律不得开具发票

10. 下列关于企业开具发票的说法中，正确的是( )。

A. 属于民族自治区的企业，必须同时使用中文和民族文字开具发票

B. 一般纳税人采用简易计税方法时不得对外开具专票

C. 销售非稀土产品或提供非稀土应税劳务、服务的，不得开具稀土专票

D. 差额征收增值税时只能差额开具专票

11. 下列关于企业开具和使用发票的说法中，正确的是( )。

A. 属于民族自治区的企业，必须同时使用中文和民族文字开具发票

B. 填开发票的单位和个人必须在收取款项时开具发票

C. 向消费者个人零售小额商品或提供零星服务的，免予逐笔开具发票

D. 发票换票证仅限于在本县(市)范围内使用

12. 收取款项未发生销售行为开具的发票应开具普票，不得开具增值专票，发票税率栏应填写( )。

A. 不征税   B. 免税
C. 零税率   D. ＊＊＊

13. 纳税人在开具差额征税发票时，计算的税额系统自动填写于"税额"栏，全部含税价款与税额的差额系统自动填写于"金额"栏，"税率"显示( )。

A. 0   B. 免税
C. 不征税   D. ＊＊＊

14. 下列项目中，应由付款方向收款方开具发票的是( )。

A. 商场向消费者个人零售商品

B. 小商品市场向经销商批发商品

C. 转让专利技术的某科研所向受让方收取款项

D. 收购单位向农民收购农副产品支付款项

15. 汇算清缴期结束后，税务机关发现企业应当取得而未取得发票、其他外部凭证或者取得不合规发票、不合规其他外部凭证并且告知企业的，企业应当自被告知之日起( )内补开、换开符合规定的发票、其他外部凭证。

A. 10   B. 15
C. 30   D. 60

16. 企业以前年度应当取得而未取得发票、其他外部凭证，且相应支出在该年度没有税前扣除的，在以后年度取得符合规定的发票、其他外部凭证或者按规定提供可以证实其支出真实性的相关资料，相应支出( )。

A. 可以取得当年度税前扣除

B. 可以追补至该支出发生年度税前扣除，但追补年限不得超过三年

C. 可以追补至该支出发生年度税前扣除，但追补年限不得超过五年

D. 不允许税前扣除

二、多项选择题

1. 具有（ ）行为的纳税人，不得领购开具专票。
   A. 会计核算不健全
   B. 有税收违法行为，接受税务机关处罚的
   C. 虚开专票，税务机关责令限期改正，限期内已经改正的
   D. 借用他人专票，税务机关责令限期改正而逾期仍未改正的
   E. 销售的货物全部属于免税项目

2. 纳税人发生下列（ ）时，不得开具专票。
   A. 未发生销售行为的不征税项目
   B. 销售使用过的、未抵扣过进项税额的固定资产，按3%征收率计算缴纳增值税
   C. 商业企业零售的食品
   D. 商业企业批发的化妆品
   E. 金融商品转让

3. 下列（ ）普票可以作为抵扣增值税进项税额的凭证。
   A. 农产品销售发票
   B. 通行费电子发票
   C. 商品零售发票
   D. 货物运输发票
   E. 保险发票

4. 以下（ ）发票尚未纳入增值税发票管理系统。
   A. 增值税电子普票
   B. 过桥费发票
   C. 门票
   D. 定额发票
   E. 客运发票

5. 山东特色食品公司2020年3月16日到上海市进行为期20天的宣传促销活动，下列关于其领购发票的说法正确的有（ ）。
   A. 应当向山东的税务机关领购发票
   B. 可以向上海的税务机关领购发票
   C. 领购发票需要提供保证人或缴纳保证金
   D. 可以直接领购发票
   E. 领购发票需要提前缴纳税款

6. 保险机构作为车船税扣缴义务人，在代收车船税并开具增值税发票时，应在增值税发票备注栏中注明代收车船税税款信息。具体包括（ ）。
   A. 保险单号
   B. 税款所属期
   C. 代收车船税金额
   D. 滞纳金金额
   E. 车种信息

7. 在开具发票时，必须在备注栏注明的经营业务包括（ ）。
   A. 提供建筑劳务
   B. 销售不动产
   C. 货物运输服务
   D. 有形动产融资租赁服务
   E. 委托加工劳务

8. 在增值税专用设备的领购和发行管理中，（ ）事项发生变化需要办理变更发行。
   A. 纳税人名称   B. 纳税人识别号
   C. 开票限额   D. 购票限量
   E. 开票机数量

9. 增值税一般纳税人申报抵扣异常凭证，同时符合下列（ ）情形的，其对应开具的专票列入异常凭证范围。
   A. 异常凭证进项税额累计占同期全部专票进项税额70%(含)以上的
   B. 异常凭证进项税额累计超过5万元的
   C. 异常凭证进项税额占当年全部专票进项税额70%(含)以上的
   D. 当年异常凭证进项税额超过5万元的
   E. 经税务机关通知申报拒不申报的

10. 需要由税务机关责令改正，可以处1万元以下的罚款，有违法所得的予以没收的行为包括（ ）。
    A. 应当开具而未开具发票
    B. 跨规定区域开具发票

C. 拆本使用发票

D. 虚开发票

E. 未按照规定存放和保管发票

11. 纳入增值税发票管理新系统的发票有( )。

 A. 专票

 B. 普票

 C. 客运发票

 D. 过路费发票

 E. 收费公路通行费增值税电子普票

12. 下列属于收取款项未发生销售行为开具的发票有( )。

 A. 租赁服务预收款

 B. 销售自行开发的房地产项目预收款

 C. 销售工期超过 12 个月的大型机械设备、船舶、飞机等的预收款

 D. 建筑服务预收款

 E. 融资性售后回租承租方出售资产

13. 关于企业所得税税前扣除凭证的说法,正确的有( )。

 A. 企业只有在纳税年度结束前取得税前扣除凭证,才允许税前扣除

 B. 税前扣除凭证包括但不限于发票、财政票据、完税凭证、收款凭证、分割单等

 C. 企业所得税税前扣除凭证在管理中遵循真实性、合法性、关联性原则

 D. 税前扣除凭证按照来源分为内部凭证和外部凭证

 E. 企业在境内发生的支出项目不属于应税项目的,对方为个人的,以对方开具的发票以外的其他外部凭证作为税前扣除凭证

14. 企业在补开、换开发票、其他外部凭证过程中,因对方注销、撤销、依法被吊销营业执照、被税务机关认定为非正常户等特殊原因无法补开、换开发票、其他外部凭证的,可凭相应资料证实支出真实性后,其支出允许税前扣除。其中属于必备资料的有( )。

 A. 无法补开、换开发票、其他外部凭证原因的证明资料

 B. 相关业务活动的合同或者协议

 C. 货物运输的证明资料

 D. 采用非现金方式支付的付款凭证

 E. 企业会计核算记录以及其他资料

三、简答题

1. 张先生 2021 年 7 月 1 日起将位于县城的一幢住房出租给某设计公司专作为职工宿舍,每月收取不含税租金 35 000 元。租期两年。张先生按设计公司要求将房子进行装修后,将房屋出租给设计公司,取得装修发票 7 000 元。张先生将装修发票给设计公司,设计公司拒绝接受张先生的装修发票。

其他相关资料:不考虑其他涉税事项和税收优惠。

请按要求回答下列问题。

(1)设计公司拒绝张先生的发票合理吗?

(2)张先生是否可以申请税务机关代开专票?如果设计公司取得税务机关代开的专票,是否可以抵扣进项税额?为什么?

(3)张先生半年要交什么税,交多少?(考虑地方教育附加)

2. 西城汽车配件销售公司于 2020 年 10 月 28 日销售一批汽车配件给江南汽车修理厂,货物于当日发出,并开具专票给江南汽车修理厂。因户名开具错误,江南汽车修理厂拒收这张专票,并于 2020 年 11 月 7 日将原开具的专票的发票联及抵扣联还给西城汽车配件销售公司,要求重新开具专票。西城汽车配件销售公司的开票人员当即将原开具的专票作废,重新开具专票给江南汽车修理厂。

(1)简述西城汽车配件销售公司开票人员当即将原开具的专票作废的做法错误的理由。

(2)该项业务应由谁向主管税务机关填报《开具红字专票信息表》?

(3)该项业务的《开具红字专票信息表》上应填写哪些信息?

同步训练答案及解析

一、单项选择题

1. C 【解析】常见的行业专业发票包括金融企业的存贷、汇兑、转账凭证;公路、铁路和水上运输企业的客运发票;航空运输企业提供的航空运输电子客票行程单等。

2. B 【解析】选项 A,除其他个人外的小规模纳税人可以自开专票;选项 C,自行开具专票的小规模纳税人在销售不动产,无须税务机关代开,由纳税人自行开具;选项 D,除其他个人外,小规模纳税人无论销售额高低,均可以自愿选择自行开具专票。

3. C 【解析】已经开具的发票存根联和发票登记簿,应当保存 5 年。保存期满,报经税务机关查验后销毁。

4. B 【解析】一般纳税人经营商业零售劳保用品可以开具专票。

5. C 【解析】自愿选择自行开具专票的小规模纳税人销售其取得的不动产,需要开具专票的,应当自行开具,无须向税务机关申请代开。

6. D 【解析】纳税人在办理一般纳税人登记手续时,可自行选择登记的当月 1 日或者次月 1 日为一般纳税人生效之日。

7. B 【解析】印有本单位名称的普票,由国家税务总局统一招标采购的普票中标厂商印制。

8. A 【解析】我国增值税电子发票包括增值税电子普票和电子专票。

9. D 【解析】目前有"未发生销售行为的不征税项目"这一编码的发票,因此选项 D 错误。

10. C 【解析】选项 A,属于民族自治区的企业,开具发票时民族文字可以使用,也可以不使用,而不是必须使用民族文字;选项 B,一般纳税人采用简易计税方法时,除非另有规定,否则可以开具专票;选项 D,差额征收增值税时有的情形应该差额开具专票,也有的情形可以全额开具专票。

11. D 【解析】选项 A,填写发票应当使用中文,民族自治地区可以同时使用一种民族文字;选项 B,除另有规定外,填开发票的单位和个人在发生经营业务确认营业收入时开具发票,而发生经营业务时不一定收取款项;选项 C,向消费者个人零售小额商品或者提供零星服务的,是否可免于逐笔开具发票,由省税务机关确定。

12. A 【解析】收取款项未发生销售行为开具的发票应开具普票,不得开具增值专票,并使用"未发生销售行为的不征税项目"编码,发票税率栏应填写"不征税"。

13. D 【解析】纳税人在开具差额征税发票时,"税率"显示"＊＊＊"。

14. D 【解析】由付款方向收款方开具发票的情形:①收购单位和扣缴义务人支付个人款项时;②国家税务总局认为其他需要由付款方向收款方开具发票的。

15. D 【解析】汇算清缴期结束后,税务机关发现企业应当取得而未取得发票、其他外部凭证或者取得不合规发票、不合规其他外部凭证并且告知企业的,企业应当自被告知之日起 60 日内补开、换开符合规定的发票、其他外部凭证。

16. C 【解析】企业以前年度应当取得而未取得发票、其他外部凭证,且相应支出在该年度没有税前扣除的,在以后年度取得符合规定的发票、其他外部凭证或者按规定提供可以证实其支出真实性的相关资料,相应支出可以追补至该支出发生年度税前扣除,但追补年限不得超过五年。

二、多项选择题

1. ADE 【解析】选项 B,纳税人有税收违法行为,拒不接受税务机关处理的,不得领购开具专票;选项 C,纳税人虚开专票,税务机关责令限期改正而仍未改正的,不得领购开具专票,若是已经改正,是可以领购开具专票的。

2. ACE 【解析】选项 B,销售使用过的、未抵扣过进项税额的固定资产,放弃减税,按3%征收率计算缴纳增值税,可以开具专票;选项 D,商业企业零售的化妆品不得开具专票,但是批发的化妆品可以开具专票。

3. AB 【解析】可以抵扣进项税额的普票包括:农产品销售发票、通行费发票、通行费电子发票以及国内旅客运输服务的增值税电子普票、航空运输电子客票行程单、铁路车票和公路、水路等其他客票。

4. BCDE 【解析】目前尚未纳入增值税发票管理新系统的发票主要有门票、过路(过桥)费发票、定额发票和客运发票。

5. BC 【解析】临时到本省、自治区、直辖市以外从事经营活动的单位或者个人,应当向机构所在地的税务机关填报《跨区域涉税事项报告表》,对按规定需要领用经营地发票的,应在按要求提供保证人或交纳保证金的前提下,向经营地税务机关领用。

6. ABCD 【解析】在代收车船税并开具增值税发票时,应在增值税发票备注栏中注明代收车船税税款信息。具体包括:保险单号、税款所属期(详细至月)、代收车船税金额、滞纳金金额、金额合计等。

7. ABC 【解析】在开具时必须在备注栏注明的经营业务主要有:
(1)提供建筑劳务;
(2)销售不动产;
(3)出租不动产;
(4)货物运输服务;
(5)单用途卡或多用途卡结算销售款;
(6)保险公司代收车船税;
(7)个人保险代理人汇总代开。

8. ACDE 【解析】纳税人名称、开票限额、购票限量、开票机数量等事项发生变更的,纳税人应到主管税务机关办理变更发行;纳税人识别号发生变化的,纳税人应到主管税务机关办理注销发行。

9. AB 【解析】增值税一般纳税人申报抵扣异常凭证,同时符合下列情形的,其对应开具的专票列入异常凭证范围:①异常凭证进项税额累计占同期全部专票进项税额70%(含)以上的;②异常凭证进项税额累计超过5万元的。纳税人尚未申报抵扣、尚未申报出口退税或已作进项税额转出的异常凭证,其涉及的进项税额不计入异常凭证进项税额的计算。

10. ABCE 【解析】选项 D,违反规定虚开发票的,由税务机关没收违法所得;虚开金额在1万元以下的,可以并处5万元以下的罚款;虚开金额超过1万元的,并处5万元以上50万元以下的罚款;构成犯罪的,依法追究刑事责任。

11. ABE 【解析】纳入增值税发票管理新系统的纳税人不限于增值税一般纳税人,也包括小规模纳税人;使用的发票也不再限于专票,还包括普票、机动车销售统一发票、增值税电子普票、普票(卷式)、印有本单位名称的普票(折叠票)和收费公路通行费增值税电子普票等。自2018年4月1日起,二手车销售统一发票也通过增值税发票管理新系统开具。目前,尚未纳入增值税发票管理新系统的发票主要有门票、过路(过桥)费发票、定额发票和客运发票。

12. BDE 【解析】收取款项未发生销售行为开具的发票主要有:①预付卡销售和充值;②销售自行开发的房地产项目预收款;③已申报缴纳营业税未开票补开票(除特殊情况外,2018.1.1 停用);④通行费电子发票;⑤建筑服务预收款;⑥不征税自来水;⑦代理进口免税货物货款;⑧代收印花税、代收车船使用税、融资性售后回租承租方出售资产、资产重组涉及的不动产、资产重组涉及的土地使用权和有奖发票奖金支付等。

13. BCD 【解析】选项A，企业应在当年度企业所得税法规定的汇算清缴期结束前取得税前扣除凭证；选项E，企业在境内发生的支出项目不属于应税项目的，对方为单位的，以对方开具的发票以外的其他外部凭证作为税前扣除凭证；对方为个人的，以内部凭证作为税前扣除凭证。

14. ABD 【解析】企业在补开、换开发票、其他外部凭证过程中，因对方注销、撤销、依法被吊销营业执照、被税务机关认定为非正常户等特殊原因无法补开、换开发票、其他外部凭证的，可凭以下资料证实支出真实性后，其支出允许税前扣除：
(1)无法补开、换开发票、其他外部凭证原因的证明资料(包括工商注销、机构撤销、列入非正常经营户、破产公告等证明资料)；
(2)相关业务活动的合同或者协议；
(3)采用非现金方式支付的付款凭证；
(4)货物运输的证明资料；
(5)货物入库、出库内部凭证；
(6)企业会计核算记录以及其他资料。
(1)~(3)项为必备资料。

三、简答题

1.【答案】
(1)设计公司拒绝接受张先生的发票是合理的。根据双方合同规定，张先生作为出租人按承租人要求进行房屋装修，该笔装修费用由张先生负担，不应该由承租人支付。张先生应提供租金发票给设计公司，而不是提供装修发票。
(2)张先生可以申请由税务机关代开专票。

即使设计公司取得税务机关代开的专票，也不得抵扣进项税额，因为属于用于集体福利，不得抵扣进项税额。
(3)增值税应纳税额为0，因为个人出租不动产，月销售额不超过15万元的，免增值税。城市维护建设税、教育费附加、地方教育附加均为0。
房产税 = 35 000×4%×6×50% = 4 200(元)，每月房产税为700元。
个人所得税 =(35 000-700)×(1-20%)×6×10% = 16 464(元)。

【思路点拨】其他个人出租不动产月租金收入未超过15万元的，免征增值税。自2019年1月1日至2021年12月31日，小规模纳税人的6税2费减按50%征收。

2.【答案】
(1)错误的理由——发票作废需同时满足下列条件：
①收到退回的发票联、抵扣联时间未超过销售方开票的当月；
②销售方未抄税并且未记账；
③购买方未认证或者认证的结果为"纳税人识别号认证不符""专票代码、号码认证不符"。

在本题中，西城汽车配件销售公司的开票时间是10月份，而西城汽车配件销售公司收到退回的发票联、抵扣联时间为11月份，不满足第一项条件，不符合发票直接作废的要求。
(2)应该由西城汽车配件销售公司向主管税务机关填报《开具红字专票信息表》——因为购买方未用于申报抵扣并将发票联及抵扣联退回的，销售方可在新系统中填开并上传《信息表》。
(3)西城汽车配件销售公司填开《信息表》时应填写相对应的蓝字专票信息。

第 2 章 货物与劳务税纳税审核与纳税申报代理*

考情解密

历年考情概况

本章是历年考试的重中之重,每年的分值比重都特别大。本章多以单选题、多选题、简答题和综合分析题的形式考核,预计分值 30~50 分。在近年考试中特别注意"营改增"最新政策及账务处理的内容。

近年考点直击

考点	主要考查题型	考频指数	考查角度
一般纳税人与小规模纳税人管理规定	单选题、多选题	★★★	(1)两类纳税人划分标准; (2)年应税销售额的含义; (3)登记时间点的规定; (4)转登记为小规模纳税人的有关规定; (5)未及时办理的法律责任
增值税的征税范围	单选题、多选题	★★★	(1)不征收增值税的项目; (2)视同销售行为与进项税额抵扣的关系; (3)混合销售行为及兼营行为的区分及税务处理
增值税的税率与征收率	单选题、多选题	★★★	结合具体业务确定适用的税率或征收率,尤其要注意近几年税率调整的影响
一般计税方法与简易计税方法	单选题、多选题	★★★	可以选择简易计税方法的情形;针对不同业务的简易计税,确定适用的征收率
销项税额的确定及账务处理	单选题、多选题、简答题、综合分析题	★★★	历年考试的重点内容: (1)销售额的范围,尤其是价外费用的范围; (2)不同销售方式下销售额的确定及账务处理; (3)差额计税的规定; (4)增值税纳税义务发生时间
销售使用过的固定资产	单选题、多选题、简答题、综合分析题	★★★	历年考试的重点内容: (1)税务处理; (2)发票开具; (3)账务处理

---

* 本章内容主要由教材第 3 章第 3 节、第 4 章第 2 节、第 5 章第 1 节的内容整合而成。

续表

考点	主要考查题型	考频指数	考查角度
进项税额的确定及账务处理	单选题、多选题、简答题、综合分析题	★★★	历年考试的重点内容： (1)区分哪些进项税额准予抵扣，哪些进项税额不准抵扣； (2)采购的账务处理； (3)尤其要注意不动产、农产品、过路费进项税额抵扣的问题； (4)非正常损失的判断及账务处理； (5)进项税额转出的计算及账务处理
应纳税额的计算、账务处理及申报表的填写	单选题、多选题、简答题、综合分析题	★★★	(1)加计抵减的计算、账务处理及申报表填写； (2)月末结账、缴纳增值税税款的账务处理； (3)留抵退税的计算及账务处理； (4)在综合分析题中考查纳税申报表的填写 特别注意： ①销售额指的是扣除项目之前的不含增值税销售额； ②销项税额指的是差额之后的销项税额——已经扣除了"销项税额抵减"； ③第23栏"应纳税额减征额"填写的内容包括：a.初次购买税控专用设备和每年缴纳的技术维护费全额抵减的增值税税额；b.出售使用过的固定资产适用3%的征税率减按2%计算缴纳增值税时，减征的1%增值税税额等
预缴税款的账务处理和税务处理	单选题、多选题、简答题、综合分析题	★★★	(1)需要预缴增值税的情形； (2)预缴税款的税额计算及账务处理； (3)预缴税款申报表的填写
建筑服务纳税申报和纳税审核	单选题、多选题、简答题、综合分析题	★★★	存在着较高的以建筑业为背景信息出简答题、综合分析题的可能性： (1)建筑服务一般计税与简易计税的区分； (2)预缴税款的账务处理与税务处理； (3)不同阶段的账务处理、税务处理； (4)发票开具
房地产开发企业纳税申报和纳税审核	单选题、多选题、简答题、综合分析题	★★★	存在着较高的以房地产业为背景信息出简答题、综合分析题的可能性： (1)房地产业一般计税与简易计税的区分； (2)一般计税时，差额计税的具体范围及账务处理； (3)不同阶段的账务处理、税务处理
销售不动产的纳税申报和纳税审核	单选题、多选题、简答题、综合分析题	★★★	(1)一般纳税人销售不动产，可以选择简易计税方法的情形； (2)销售不动产预交增值税的规定； (3)账务处理
不动产经营租赁服务的纳税申报和纳税审核	单选题、多选题、简答题、综合分析题	★★★	(1)不动产租赁一般计税和简易计税的区分； (2)个人出租住房的税收政策

续表

考点	主要考查题型	考频指数	考查角度
金融服务纳税申报和纳税审核	单选题、多选题、简答题	★★	(1)金融服务，尤其是转让金融商品的税收政策； (2)转让金融商品的账务处理
小规模纳税人应纳税额的计算与审核	单选题、多选题	★★	(1)注意小规模纳税人的征收率：3%、5%、减按2%、1.5%计税的有关规定； (2)小规模纳税人销售使用过的固定资产、初次购买税控专用设备和每年缴纳的技术维护费全额抵减应纳税额的政策
消费税的征税范围、征税环节与税率	单选题、多选题	★★	(1)应税消费品的范围； (2)应税消费品征税环节； (3)可能与增值税结合在一起考查既需要缴纳增值税，也需要缴纳消费税的情形； (4)消费税的税率形式
消费税应纳税额的计算与审核	单选题、多选题、简答题、综合分析题	★★	(1)考查生产、委托加工、进口、批发、零售环节消费税应纳税额的计算和账务处理——特别注意按最高售价计算缴纳消费税的情形、委托加工的税务处理等； (2)可能将增值税和消费税结合起来考查税款计算和账务处理的简答题或综合分析题

本章2021年考试主要变化

(1)从事二手车经销业务的纳税人销售其收购的二手车的增值税征收率发生变化；

(2)废弃物处置业务的增值税发生变化；

(3)小规模纳税人的免税优惠发生变化；

(4)土地所有者依法收回土地支付有形动产、不动产补偿费的增值税政策；

(5)拍卖行受托拍卖文物艺术品开具发票的政策；

(6)单位对外转让解禁后的限售股的买入价，该内容简单了解即可；

(7)纳税人无偿转让股票如何计税。

考点详解及精选例题

一、增值税一般纳税人和小规模纳税人的划分与管理*

扫我解疑难

自2015年4月1日起，增值税一般纳税人资格实行登记制；2018年5月1日起执行新的一般纳税人和小规模纳税人划分标准。

---

* 此部分内容主要体现在教材第3章和第8章中。

(一)划分标准(见表 2-1)★★★

表 2-1 增值税一般纳税人与小规模纳税人的划分标准

登记类型	情形	划分标准
必须登记	自 2018 年 5 月 1 日起，小规模纳税人的标准调整为年应征增值税销售额500 万元及以下	
不能登记	除个体户以外的其他个人	不登记为一般纳税人
选择登记	不经常发生应税行为的非企业性单位、企业和个体户等纳税人	可以选择按小规模纳税人纳税
申请登记	年销售额未超过小规模纳税人标准以及新开业的纳税人，可以向主管税务机关申请一般纳税人资格登记	

【知识点拨 1】一般纳税人资格登记根据纳税人不同情况可分为不能登记、必须登记、申请登记和选择登记四种情形。

【知识点拨 2】从事成品油销售的加油站、航空运输企业、电信企业总机构及其分支机构，一律由主管税务机关登记为增值税一般纳税人。

精选例题

【例题 1·单选题】关于增值税小规模纳税人的说法，错误的是( )。

A. 销售货物的非企业性单位，可选择按小规模纳税人纳税

B. 提供应税服务的企业性单位，可选择按小规模纳税人纳税

C. 不经常发生应税行为的个体户，可选择按小规模纳税人纳税

D. 提供应税服务的其他个人属于小规模纳税人

解析 一般发生增值税应税行为(包括应税服务)的企业性单位，纳税人身份不可自主选择，要根据年应税销售额的大小，判断其纳税人的身份。 **答案** B

(二)年应税销售额的界定★★★

1. 年应税销售额是指纳税人在连续不超过 12 个月或四个季度的经营期内累计应征增值税销售额，包括纳税申报销售额、稽查查补销售额、纳税评估调整销售额，其中纳税申报销售额包括免税销售额和税务机关代开发票销售额，但不包括未发生增值税纳税义务的预售销售额、不征税销售额等。

年应税销售额未超过规定标准的纳税人，会计核算健全，能够提供准确税务资料的，

可以向主管税务机关办理一般纳税人登记。

2. 销售服务、无形资产或者不动产有扣除项目的纳税人，其应税行为年应税销售额按未扣除之前的销售额计算。

3. 稽查查补销售额和纳税评估调整销售额计入查补税款申报当月的销售额，不计入税款所属期销售额。

4. 偶然发生的销售无形资产、转让不动产的销售额，不计入应税行为年应税销售额。

真题精练(客观题)

1.(2020 年多选题)关于增值税一般纳税人登记的说法，正确的有( )。

A. 从事成品油销售的加油站、航空运输企业总机构及其分支机构，一律由主管税务机关登记为增值税一般纳税人

B. 年应税销售额未达到税法规定标准的，一律不予登记为增值税一般纳税人

C. 纳税人一旦登记为小规模纳税人后，一律不得转为一般纳税人

D. 年应税销售额超过规定标准，除另有规定外，都应该向主管税务机关进行增值税一般纳税人登记

E. 纳税人一旦登记为一般纳税人后，一律不得转为小规模纳税人

解析 选项 B，年应税销售额未达到税法规定标准的，但是会计核算健全，能够提供准确税务资料的，可以向主管税务机关办理一般纳税人登记；选项 C，纳税人登记为小规模纳税人后，如果年销售额达到一般纳税人标准，需要登记为一般纳税人；选项 E，已登记为增值税一般纳税人的单位和个人，转登记日前连续 12 个月(以一

个月为1个纳税期限)或者连续4个季度(以一个季度为一个纳税期)累计销售额未超过500万元的一般纳税人,2020年12月31日前,可转登记为小规模纳税人。

答案 ▶ AD

2. (2018年多选题)增值税一般纳税人登记办法规定,纳税人的年应税销售额超过标准时,应登记为一般纳税人,纳税人下列业务的销售额,应包含在年应税销售额范围的有( )。

A. 销售废料取得的销售额
B. 自产货物无偿捐赠公益性组织而视同销售的销售额
C. 出口自产货物取得的销售额
D. 出售闲置不用的仓库取得的销售额
E. 税务稽查于当期查补的上年度隐匿货物销售额

解析 ▶ 年应税销售额是指纳税人在连续不超过12个月或四个季度的经营期内累计应征增值税销售额,包括纳税申报销售额、稽查查补销售额、纳税评估调整销售额。"纳税申报销售额"是指纳税人自行申报的全部应征增值税销售额,其中包括免税销售额和税务机关代开发票销售额。纳税人偶然发生的销售无形资产、转让不动产的销售额,不计入应税行为年应税销售额。

答案 ▶ ABCE

(二)一般纳税人资格登记的有关规定

1. 登记的权限

一般纳税人登记的权限,在县(市、区)税务局或同级别的税务分局。

2. 登记时间规定

(1)纳税人应在年应税销售额超过规定标准的月份(或季度)的所属申报期结束后15日内按照相关规定办理相关手续。

(2)纳税人未按规定时限办理一般纳税人登记的,主管税务机关应当在规定期限结束后5日内制作《税务事项通知书》,告知纳税人应当在5日内向主管税务机关办理相关手续。

真题精练(客观题)

1. (2017年单选题,改)纳税人办理增值税一般纳税人登记时,办理相关手续的时间是申报期结束后( )个工作日内。

A. 10   B. 15
C. 30   D. 40

解析 ▶ 自2018年2月1日起,纳税人应在申报期结束后15个工作日内按照规定向主管税务机关办理一般纳税人登记手续。

答案 ▶ B

2. (2016年单选题,改)年应税销售额已超过小规模纳税人标准的纳税人,未在规定期限内办理一般纳税人登记的,应当在收到《税务事项通知书》后( )日内向主管税务机关报送《增值税一般纳税人登记表》。

A. 30   B. 40
C. 20   D. 5

解析 ▶ 纳税人未按规定时限办理一般纳税人登记的,主管税务机关应当在规定期限结束后5日内制作《税务事项通知书》,告知纳税人应当在5日内向主管税务机关办理相关手续。

答案 ▶ D

3. 未及时登记的责任

逾期仍不办理的,次月起按销售额依照增值税税率计算应纳税额,不得抵扣进项税额,直至纳税人办理相关手续为止。

4. 转登记为小规模纳税人的有关规定

(1)按规定已登记为增值税一般纳税人的单位和个人,在2020年12月31日前,可转登记为小规模纳税人。

(2)转登记为小规模纳税人时,其未抵扣的进项税额作转出处理。

(3)一般纳税人转登记为小规模纳税人(以下简称转登记纳税人)后,自转登记日的下期起,按照简易计税方法计算缴纳增值税;转登记日当期仍按照一般纳税人的有关规定计算缴纳增值税。

(4)转登记纳税人按规定再次登记为一般纳税人后,不得再转登记为小规模纳税人。

(5)自转登记日的下期起连续不超过

12个月或者连续不超过4个季度的经营期内,转登记纳税人应税销售额超过小规模纳税人标准的,应当按规定向主管税务机关办理一般纳税人登记。

📝 真题精练(客观题)

(2016年多选题,改)关于增值税一般纳税人登记的说法,正确的有( )。

A. 个体户不能登记为一般纳税人
B. 不经常发生应税行为的单位可选择小规模纳税人
C. 纳税人办理一般纳税人登记后,转记日前连续12个月经营累计销售额未超过规定标准,2020年12月31日前可再转为小规模纳税人
D. 一般纳税人登记的销售额标准是指一个纳税年度的销售额
E. 偶然发生的不动产的销售额,不计入一般纳税人登记的年销售额中

解析 选项A,年应税销售额超过规定标准的其他个人不能登记为一般纳税人;选项C,按照最新规定,转登记日前连续12个月或者连续4个季度累计应征增值税销售额未超过500万元,2020年12月31日前可以申请转为小规模纳税人;选项D,按现行一般纳税人登记政策规定,纳税人连续不超过12个月或四个季度的经营期内累计销售额超过规定标准,应在申报期结束后15个工作日内办理一般纳税人登记手续。 **答案** BCE

二、增值税征税范围的审核

扫我解疑难

(一)征税范围的基本规定(见表2-2)★★★

表2-2 增值税的征税范围

应税行为		征税范围
销售货物		有形动产,包括电力、热力、气体
销售劳务		劳务指的是加工修理修配劳务,不包括单位或者个体户聘用的员工为本单位或者雇主提供加工、修理修配劳务
销售服务	交通运输服务	包括陆路运输服务、水路运输服务、航空运输服务、管道运输服务
	邮政服务	包括邮政普遍服务、邮政特殊服务、其他邮政服务
	电信服务	包括基础电信服务、增值电信服务
	建筑服务	包括工程服务、安装服务、修缮服务、装饰服务、其他建筑服务
	金融服务	包括贷款服务、直接收费金融服务、保险服务、金融商品转让
	现代服务	包括研发和技术服务、信息技术服务、文化创意服务、物流辅助服务、租赁服务、鉴证咨询服务、广播影视服务、商务辅助服务、其他现代服务
	生活服务	包括文化体育服务、教育医疗服务、旅游娱乐服务、餐饮住宿服务、居民日常服务、其他生活服务
销售无形资产		有偿转让无形资产**所有权或者使用权**的业务活动。无形资产,包括**技术**、**商标**、**著作权**、**商誉**、**自然资源使用权和其他权益性无形资产**
销售不动产		转让不动产所有权的业务活动。不动产包括建筑物、构筑物等。构筑物,包括道路、桥梁、隧道、水坝等建造物
进口货物		在报关进口时缴纳增值税

【知识点拨1】不征收增值税项目：

(1)根据国家指令无偿提供的铁路运输服务、航空运输服务，属于用于公益事业的服务；

(2)存款利息；

(3)被保险人获得的保险赔付；

(4)房地产主管部门或者其指定机构、公积金管理中心、开发企业以及物业管理单位代收的住宅专项维修资金；

(5)在资产重组过程中，通过合并、分立、出售、置换等方式，将全部或者部分实物资产以及与其相关联的债权、负债和劳动力一并转让给其他单位和个人，其中涉及的货物、不动产、土地使用权转让行为。

【知识点拨2】资产重组中涉及到的货物、不动产、土地使用权有不征收增值税的规定，但对于无形资产无相应的规定。

(二)审核征税范围的基本条件★★★

全面营改增后，纳税人所有的经营活动都应交纳增值税。属于增值税征税范围的应税行为应同时具备发生在境内、经营性的业务活动、为他人提供、有偿等四方面条件。

1. 是否属于境内应税行为的审核(见表2-3)

表2-3 境内的判断

业务类型	境内的判断标准
销售货物	销售货物的起运地或所在地在境内
加工、修理修配劳务	提供的应税劳务发生在境内
销售服务、无形资产或不动产	(1)所销售或者租赁的不动产在境内； (2)所销售自然资源使用权的自然资源在境内； (3)除租赁不动产以外的服务或者除自然资源使用权以外的无形资产的销售方或者购买方在境内； (4)财政部和国家税务总局规定的其他情形

【知识点拨】下列情形不属于在境内销售服务或者无形资产：

(1)境外单位或者个人向境内单位或者个人销售完全在境外发生的服务；

(2)境外单位或者个人向境内单位或者个人销售完全在境外使用的无形资产；

(3)境外单位或者个人向境内单位或者个人出租完全在境外使用的有形动产；

(4)财政部和国家税务总局规定的其他情形。

境外单位或者个人在境内发生应税行为，在境内未设有经营机构的，以购买方为增值税扣缴义务人——购买方应该按照适用税率、而非征收率扣缴税款。财政部和国家税务总局另有规定的除外。

2. 审核是否属于经营活动

关键：是否发生应税行为。

对于非经营活动，如向非应税行为购买方收取的补贴、资助或赞助，与应税行为无关的赔偿、违约金，发生搬迁补偿收入，无须缴纳增值税。

【知识点拨】自2020年1月1日起，纳税人取得的财政补贴收入的增值税政策：

(1)与其销售货物、劳务、服务、无形资产、不动产的收入或者数量直接挂钩的：缴纳增值税；

(2)取得的其他情形的财政补贴收入：不征收增值税，可以开具"6. 未发生销售行为的不征税项目"的发票。

3. 审核是否为他人提供

4. 审核应税行为是否属于有偿的

有偿：指的是取得货币、货物或其他经济利益(以物易物、获取股权、豁免债务等)。

不属于增值税征税范围的：

①行政单位收取的同时符合三项条件的政府性基金或者行政事业性收费；

②单位或者个体户聘用的员工为本单位或者雇主提供取得工资的服务，加工、修理

修配劳务；

③单位或者个体户为聘用的员工提供应税服务；

④财政部和国家税务总局规定的其他情形。

（三）审核视同销售货物、服务、无形资产或者不动产★★★

1. 营改增之前视同销售的规定（见表2-4）

表2-4 营改增之前视同销售的规定

视同销售行为	纳税义务发生时间
1. 将货物交付其他单位或者个人代销	收到代销清单、收到全部或部分货款、发出代销商品满180天当天三者中较早一方
2. 销售代销货物	销售代销商品时
3. 设有两个以上机构并实行统一核算的纳税人，将货物从一个机构移送其他机构用于销售，但相关机构设在同一县（市）的除外	货物移送当天
4. 将自产、委托加工的货物用于非增值税应税项目（营改增后此项行为已经很少）	纳税义务发生时间：货物移送当天
5. 将自产、委托加工的货物用于集体福利或者个人消费 注意：个人消费包括纳税人的交际应酬消费	
6. 将自产、委托加工或购进的货物作为投资，提供给其他单位或者个体户	
7. 将自产、委托加工或购进的货物分配给股东或者投资者	
8. 将自产、委托加工或购进的货物无偿赠送其他单位或者个人	

【知识点拨1】增值税应纳税额=销项税额-进项税额，纳税人发生视同销售行为，将产生销项税额，相应的进项税额允许抵扣；未产生销项税额的，进项税额不得抵扣。对于视同销售与进项税额抵扣的关系见表2-5。

表2-5 视同销售与进项税额抵扣的关系

货物类型	用途	税务处理
自产、委托加工的货物	用于非应税项目；集体福利或个人消费；投资、分配；无偿赠送	视同销售，所涉及的进项税额，符合规定可以抵扣
购进的货物	用于非应税项目；集体福利或个人消费（含交际应酬消费）	不视同销售，所涉及的进项税额不得抵扣；已抵扣的，作进项税转出处理
	投资、分配；无偿赠送	视同销售，所涉及的进项税额，符合规定可以抵扣

【知识点拨2】视同销售中的特殊规定：

（1）自2019年1月1日至2022年12月31日，对单位或者个体户将自产、委托加工或购买的货物通过公益性社会组织、县级及以上人民政府及其组成部门和直属机构，或直接无偿捐赠给目标脱贫地区的单位和个人，免征增值税。

（2）2020.1.1~2021.3.31期间，单位和个体户将自产、委托加工或购买的货物，通过公益性社会组织和县级以上人民政府及其部门等国家机关，或者直接向承担疫情防治任务的医院，无偿捐赠用于应对新型冠状病毒感染的肺炎疫情的，免征增值税、消费税、城市维护建设税、教育费附加、地方教育附加。

2. 营改增后新增的视同销售

（1）单位或者个体户向其他单位或者个人无偿提供服务，但用于公益事业或者以社会公众为对象的除外。

【知识点拨】自 2019 年 2 月 1 日至 2023 年 12 月 31 日，对企业集团内单位(含企业集团)之间的资金无偿借贷行为，免征增值税。

(2)单位或者个人向其他单位或者个人无偿转让无形资产或者不动产，但用于公益事业或者以社会公众为对象的除外。

(3)财政部和国家税务总局规定的其他情形。

【知识点拨】增值税和企业所得税对视同销售的判断标准不同，即增值税的视同销售≠企业所得税的视同销售。

精选例题

【例题 2·多选题】将购买的货物用于下列项目，其进项税额准予抵扣的有( )。

A. 用于赠送给关系单位
B. 用于发放职工福利
C. 用于业务招待
D. 用于公司办公
E. 用于投资

解析 选项 BC，属于将外购货物用于集体福利或个人消费，其进项税额是不能抵扣的；选项 AE，属于需要缴纳增值税的业务，进项税额可以抵扣；选项 D，属于用于增值税应税项目，进项税额可以抵扣。

答案 ADE

(四)混合销售行为 VS 兼营行为 ★★★

如何界定混合销售行为和兼营行为，无论在考试中还是实践中都是难点问题。两者的界定与税务处理总结如表 2-6 所示。

表 2-6 混合销售行为 VS 兼营行为的界定与税务处理

	界定	税务处理
混合销售行为	一项销售行为既涉及货物又涉及服务	以从事货物生产、批零为主的纳税人：按照销售货物缴纳增值税。 否则按照销售服务缴纳增值税
兼营行为	多项行为涉及不同税率或征收率的应税行为	分别核算适用不同税率或者征收率的销售额，未分别核算销售额的，从高适用税率或者征收率
关键：行为之间是否具有关联性和从属性		

【知识点拨1】对于混合销售行为，需要关注三点：(1)强调"一项销售行为"；(2)"混合销售"仅仅是指服务和货物的混合，不包括劳务、不动产和无形资产，例如销售不动产的同时销售家电，不能按混合销售统一适用 9%的增值税税率，而应该分别纳税；(3)"混合销售"的纳税人不再考虑"其他个人"，混合销售的最终判定，影响的是税率的选择，其他个人销售货物和服务，按小规模纳税人3%的征收率纳税，再区分混合销售已经没有意义。

【知识点拨2】"兼营"指的是增值税不同应税行为之间的兼营。纳税人应当分别核算适用不同税率或者征收率的销售额；未分别核算的，从高适用税率。

【知识点拨3】纳税人销售货物并提供建筑、安装服务及提供后续维修保养服务的税务处理(见表 2-7)。

表 2-7 销售货物并提供建筑、安装服务及提供后续维修保养服务的税务处理

情形	税务处理
一般纳税人销售自产机器设备、活动板房、钢结构件等的同时提供安装服务	分别核算；分别按税率或征收率计算纳税 如果销售的是自产机器设备：安装服务可以按照甲供工程选择简易

续表

情形	税务处理
一般纳税人销售外购机器设备的同时提供安装服务	(1)按照混合销售进行税务处理； (2)如已按兼营的有关规定，分别核算： a. 机器设备销售额按照13%计算纳税，安装服务按照9%计算纳税； b. 机器设备销售额按照13%计算纳税，安装服务可以按照甲供工程选择适用简易计税方法计税——征收率3%
纳税人对安装运行后的机器设备提供维护保养服务	按照"其他现代服务"缴纳增值税。 注意：(1)修理修配劳务：税率13%； (2)维修保养服务：税率6%

精选例题

【例题3·单选题】根据增值税规定，下列税务处理错误的是( )。

A. 美容院销售美容产品的同时提供美容服务，应按照混合销售行为缴纳增值税

B. 商场销售货物并提供餐饮服务，应按照兼营行为缴纳增值税

C. 2021年1月活动板房生产企业销售自产活动板房并提供安装服务，应按照13%的税率缴纳增值税

D. 2021年1月装修公司包工包料提供装修服务，应按照9%的税率缴纳增值税

解析 纳税人销售活动板房、机器设备、钢结构件等自产货物的同时提供建筑、安装服务，不属于混合销售行为，应分别核算货物和建筑服务的销售额，分别适用不同的税率或者征收率计算缴纳增值税。所以选项C错误。

答案 C

三、计税方法的审核——一般计税方法 VS 简易计税方法

扫我解疑难

(一)计税方法的规定★★★

增值税的计税方法，包括一般计税方法和简易计税方法，具体适用见表2-8。

表2-8 一般计税和简易计税方法的适用

纳税人类型	计税方法
一般纳税人	一般情况下，采用一般计税方法
	可以选择适用简易计税办法——需要备案
	暂按或按简易计税办法计税
小规模纳税人	简易计税办法
一般纳税人发生财政部和国家税务总局规定的特定应税行为，可以选择适用简易计税方法计税，但一经选择，36个月内不得变更	

【知识点拨】提供建筑服务的一般纳税人按规定适用或选择适用简易计税方法计税的，不再实行备案制。证明材料无须向税务机关报送，改为自行留存备查。

(二)一般纳税人可以选择适用简易计税办法的情形(见表2-9)★★★

表2-9 一般纳税人可以选择适用简易计税办法的主要情形

情形		征收率
建筑业	老项目、甲供、清包	3%

续表

情形		征收率
不动产	销售2016.4.30之前取得的不动产、转让房地产老项目	5%
	租赁原有不动产、转租2016.4.30之前租入的不动产	5%（个人住房：1.5%）
	收取试点前开工的一级公路、二级公路、桥、闸通行费	5%
	收取试点前开工的高速公路的车辆通行费	减按3%
其他	公共交通服务、电影放映服务等	3%

【知识点拨1】一般纳税人可以选择适用简易计税方法的具体情形

（1）县级及县级以下小型水力发电单位生产的自产电力。

（2）自产建筑用和生产建筑材料所用的砂、土、石料。

（3）以自己采掘的砂、土、石料或其他矿物连续生产的砖、瓦、石灰（不含黏土实心砖、瓦）。

（4）自己用微生物、微生物代谢产物、动物毒素、人或动物的血液或组织制成的生物制品。

（5）自产的自来水。

（6）自来水公司销售自来水。

（7）自产的商品混凝土（仅限于以水泥为原料生产的水泥混凝土）。

（8）单采血浆站销售非临床用人体血液。

（9）寄售商店代销寄售物品（包括居民个人寄售的物品在内）。

（10）典当业销售死当物品。

（11）药品经营企业销售生物制品。

（12）公共交通运输服务。

（13）经认定的动漫企业为开发动漫产品提供的相关服务，以及在境内转让动漫版权。

（14）电影放映服务、仓储服务、装卸搬运服务、收派服务和文化体育服务。

（15）销售自己使用过的、纳入营改增试点之日前取得的固定资产。

（16）以纳入营改增试点之日前取得的有形动产为标的物提供的经营租赁服务。

（17）在纳入营改增试点之日前签订的尚未执行完毕的有形动产租赁合同。

（18）销售其2016年4月30日前取得的不动产。

（19）出租其2016年4月30日前取得的不动产。

（20）在2016年4月30日前签订的不动产融资租赁合同，或以2016年4月30日前取得的不动产提供的融资租赁服务。

（21）纳税人转让2016年4月30日前取得的土地使用权。

（22）公路经营企业收取试点前开工的高速公路的车辆通行费（减按3%）。

（23）收取试点前开工的一级公路、二级公路、桥、闸通行费——按照不动产经营租赁适用5%的征收率。

（24）以清包工方式提供的建筑服务。

（25）为甲供工程提供的建筑服务。

特别注意：自2017年7月1日起，建筑工程总承包单位为房屋建筑的地基与基础、主体结构提供工程服务，建设单位自行采购全部或部分钢材、混凝土、砌体材料、预制构件的，适用简易计税方法计税——此时只能适用简易计税方法，不得选择一般计税方法。

（26）为建筑工程老项目（开工日期在2016年4月30日前的建筑工程项目）提供的建筑服务。

（27）房地产开发企业销售自行开发的房地产老项目。

（28）提供劳务派遣服务，选择差额纳税时（5%）。

（29）提供人力资源外包服务（5%）。

（30）提供非学历教育服务。

（31）提供教育辅助服务。

（32）非企业性单位提供的研发和技术服

务、信息技术服务、鉴证咨询服务，以及销售技术、著作权等无形资产。

【知识点拨2】审核一般纳税人选择简易计税或采用简易计税方法时，是否按规定办理计税办法的备案手续或资料留存备查。

真题精练（客观题）

（2016年单选题）根据增值税现行政策规定，一般纳税人的下列应税行为中，不能选择简易计税方法的是(　　)。

A. 货运客运场站服务
B. 以清包工方式提供的建筑服务
C. 为建筑工程老项目提供的建筑服务
D. 销售其2015年购买的不动产

解析 选项BCD均可以选择简易计税办法。

答案 A

精选例题

【例题4·多选题】一般纳税人发生下列(　　)可以选择适用简易计税方法。

A. 以清包工方式提供的建筑服务
B. 为甲供工程提供的建筑服务
C. 销售其2016年4月30日前取得的不动产
D. 销售其2016年5月18日取得的不动产
E. 公共交通运输服务

解析 选项D，一般纳税人只能选择一般计税方法。

答案 ABCE

(三)如何选择★★★

如果一般纳税人可以选择简易计税方法计税，那么此时该纳税人应选择简易计税方法，还是一般计税方法？在选择时，<u>应该按照利润最大化进行选择，而不应该按照税款最低进行选择</u>，因为纳税最少的方案不一定是利润最大的方案，企业进行经营的目的不是纳最少的税，而是利润最大。

精选例题

【例题5·简答题*】2021年3月，A建筑公司以甲供工程方式为某企业修建道路，并将其中一部分工程分包给B公司，B公司可以按照3%的征收率向A公司开具专票。该工程购进的辅助材料可以取得13%的专票。按税法规定，该工程可以选择简易计税方法，已知按照12%计算城市维护建设税、教育费附加和地方教育附加。该项工程经营情况如下表所示，请为A公司选择合理的计税方法。

	一般计税方法	简易计税方法
含税总包价格	327(不含税300)	311.06
含税分包价格	103(不含税100)	103
含税辅料价格	33.9(不含税30)	33.9

答案

我们在进行选择时，先计算其应纳税额和利润，再进行选择。应纳税额和利润的计算见下表。

	一般计税方法	简易计税方法
含税总包价格	327(不含税300)	311.06
含税分包价格	103(不含税100)	103
含税辅料价格	33.9(不含税30)	33.9
销项税额	27(327÷1.09×9%)	
进项税额	6.9(103÷1.03×3%+33.9÷1.13×13%)	
应纳增值税	20.1	6.06[(311.06-103)÷1.03×3%]
应纳城建税等	2.41	0.73
利润	167.59(300-100-30-2.41)	167.37(311.06÷1.03-103÷1.03-33.9-0.73)

＊ 简易计税方法的报价和一般计税方法的报价没有换算关系，只是根据各方谈判的结果确定，特此说明。

虽然一般计税方法的应纳增值税及城建和附加均高于简易计税方法,但是由于一般计税方法的含税收入高于简易计税,因此利润反而是一般计税方法高,因此应选择一般计税方法计税对该公司更为有利。

四、税率与征收率

扫我解疑难

【知识点拨】增值税税率的变动情况

自 2017 年 7 月 1 日起,增值税的税率经历过 3 次变动(见表 2-10)。

表 2-10 增值税税率的变动情况

2017.6.30 之前	2017.7.1~2018.4.30	2018.5.1~2019.3.31	2019.4.1 之后
17%	17%	16%	13%
13%	11%	10%	9%
11%			
6%	6%	6%	6%

各位考生一定要重视增值税税率的学习,无论做何种类型的增值税计算题目,都首先要考虑增值税的税率。

(一)税率★★★

1. 增值税税率的基本规定(见表 2-11 和表 2-12)

表 2-11 增值税税率的基本规定

税率	具体内容
13%基本税率	(1)增值税一般纳税人销售货物、进口货物,提供加工修理修配劳务,除下列适用 9%低税率外,均适用 13%的税率; (2)有形动产租赁服务适用 13%的税率
9%	适用 9%税率货物:生活必需品、初级农产品等,具体内容见表 2-12
	9%的营改增应税行为:提供交通运输服务、邮政服务、基础电信、建筑服务、不动产租赁服务(含纳税人以经营租赁方式将土地出租给他人使用),销售不动产,转让土地使用权
6%	金融服务、生活服务、增值电信服务、现代服务(有形动产租赁、不动产租赁除外)、销售无形资产(转让土地使用权除外)
零税率	除另有规定外,出口货物;境内单位和个人发生的跨境应税行为

表 2-12 适用 9%税率的货物

类别	具体货物
(1)生活必需品类	(1)粮食、食用植物油(包括花椒油、橄榄油、核桃油、杏仁油、葡萄籽油和牡丹籽油,不包括环氧大豆油和氢化植物油); (2)鲜奶、符合国标规定的巴氏杀菌乳和灭菌乳(调制乳:13%); (3)食用盐; (4)自来水、暖气、冷气、热水、煤气、石油液化气、天然气、沼气和居民用煤炭制品等
(2)文化用品类	图书、报纸、杂志、音像制品和电子出版物
(3)农业生产资料类	饲料、化肥、农机(含农用挖掘机、养鸡设备系列、养猪设备系列,不含农机零部件)、农药、农膜

续表

类别	具体货物
（4）（初级）农产品	（1）干姜、姜黄的增值税适用税率为9%； （2）纳税人销售自产人工合成牛胚胎免征增值税； （3）麦芽、复合胶、人发、肉桂油、桉油、香茅油、淀粉应适用13%的增值税税率
（5）其他	如二甲醚、密集型烤房设备、频振式杀虫灯、自动虫情测报灯、黏虫板等

2. 相关行业增值税税率总结（见表2-13）

表2-13 相关行业增值税税率总结

类型	具体情况	税务处理
与交通运输服务有关的业务	出租车公司向使用本公司自有出租车的出租车司机收取的管理费用	陆路运输服务9%
	程租、期租、湿租（既租赁交通运输工具，又配备操作人员）	交通运输服务（9%）
	干租、光租（只租赁交通运输工具，不配备操作人员）	有形动产租赁服务（13%）
	航天运输服务	属于航空运输服务，但按国际运输适用零税率
	无运输工具承运业务	交通运输服务9%
	运输工具舱位承包业务	交通运输服务9%
	运输工具舱位互换业务	交通运输服务9%
	货运代理服务	经纪代理服务6%
	装卸搬运服务	物流辅助服务6%
	已售票但客户逾期未消费取得的运输逾期票证收入	交通运输服务9%
	为客户办理退票而向客户收取的退票费、手续费等收入	其他现代服务6%
与财产租赁有关的业务	有形动产租赁服务	有形动产租赁服务13%
	不动产租赁服务	不动产租赁服务9%
	出租建筑施工设备并配备操作人员	建筑服务9%
	出租建筑施工设备未配备操作人员	有形动产租赁服务13%
	融资性售后回租	金融服务中的贷款服务6%
	仓储服务	物流辅助服务6%
与建筑服务有关的业务	物业服务企业为业主提供的装修服务	建筑服务9%
	平整土地	建筑服务9%
	园林绿化	建筑服务9%
	苗木销售	销售货物（9%，农业生产者自产自销苗木免税）
	出租建筑设备，配备操作人员	建筑服务9%
	出租建筑设备，不配备操作人员	有形动产租赁13%
	工程勘察勘探服务	现代服务6%

续表

类型	具体情况	税务处理
与金融服务有关的业务	金融商品持有期间(含到期)取得的保本收益	金融服务 6%
	金融商品持有期间(含到期)取得的非保本收益	不纳增值税
	融资性售后回租	金融服务中的贷款服务 6%
	经营租赁、融资租赁	租赁服务(有形动产租赁服务 13%、不动产租赁服务 9%)
	以货币资金投资收取固定利润或保底利润	金融服务中的贷款服务 6%
	资管产品管理人资管产品运营业务	简易计税 3%
与软件有关的税率	销售软件产品	销售货物 13%
	软件开发服务、软件咨询服务、软件维护服务、软件测试服务	信息技术服务中的软件服务 6%
邮政服务	中国邮政集团公司及其所属邮政企业提供邮件寄递、邮政汇兑和机要通信等邮政基本服务的业务活动。包括邮册等邮品销售、邮政代理等业务活动	邮政服务 9%
	其他企业销售邮品	销售货物 13%
电信服务	利用固网、移动网、卫星、互联网,提供语音通话服务的业务活动,以及出租或者出售带宽、波长等网络元素的业务活动	基础电信服务 9%
	利用固网、移动网、卫星、互联网、有线电视网络,提供短信和彩信服务、电子数据和信息的传输及应用服务、互联网接入服务等业务活动;卫星电视信号落地转接服务	增值电信服务 6%
与代理有关的业务	邮政代理服务	邮政服务 9%
	其他代理服务	经纪代理服务 6%
与现代服务有关的业务	宾馆、旅馆、旅社、度假村和其他经营性住宿场所提供会议场地及配套服务的活动	会议展览服务 6%
	港口设施经营人收取的港口设施保安费	港口码头服务 6%
	装卸搬运服务	物流辅助服务 6%
	货运代理服务	经纪代理服务 6%
	拍卖行受托拍卖取得的手续费或佣金收入	经纪代理服务 6%
	将建筑物、构筑物等不动产或飞机、车辆等有形动产的广告位出租给其他单位或个人用于发布广告	不动产租赁服务 9%或有形动产租赁服务 13%
	车辆停放服务、道路通行服务(包括过路费、过桥费、过闸费等)	不动产经营租赁服务 9%
	武装守护押运服务	安全保护服务 6%
	安全保护服务	比照劳务派遣政策,一旦差额计税,5%征收率
	对安装运行后的电梯、机器设备提供的维护保养服务	其他现代服务 6%

续表

类型	具体情况	税务处理
与生活服务有关的业务	提供餐饮服务的纳税人销售的外卖食品	餐饮服务6%
	纳税人现场制作食品并直接销售给消费者	餐饮服务6%
	在旅游场所经营索道、摆渡车、电瓶车、游船等取得的收入	文化体育服务6%
	提供植物养护服务	其他生活服务6%
与无形资产有关的业务	纳税人通过省级土地行政主管部门设立的交易平台转让补充耕地指标	转让无形资产6%
自2020.5.1起，纳税人受托对垃圾、污泥、污水、废气等废弃物进行专业化处理	采取填埋、焚烧等方式进行专业化处理后未产生货物的	受托方属于提供"现代服务"中的"专业技术服务"，收取的处理费用：6%
	专业化处理后产生货物，且货物归属委托方的	受托方属于提供"加工劳务"，收取的处理费用：13%
	专业化处理后产生货物，且货物归属受托方的	受托方属于提供"专业技术服务"，其收取的处理费用：6%；受托方将产生的货物用于销售时，适用货物的增值税税率
	纳税人销售自产的综合利用产品和提供资源综合利用劳务，可享受增值税即征即退政策	

【知识点拨】软件产品的税务处理：

(1)增值税一般纳税人销售其自行开发生产的软件产品，按13%的税率征收增值税后，对实际税负超过3%的部分实行即征即退；

(2)享受软件产品增值税即征即退政策的增值税一般纳税人*，在销售软件产品的同时销售其他货物或者应税劳务，对进项有严格要求：

a.对于水、电等共同耗费，增值税一般纳税人在销售软件产品的同时销售其他货物或者应税劳务，难以直接划分的进项税额，按照实际成本或销售收入比例确定软件产品应分摊的进项税额；

b.对专用于软件产品开发生产设备及工具的进项税额，不得进行分摊。专用于软件产品开发生产的设备及工具，包括但不限于用于软件设计的计算机设备、读写打印器具设备、工具软件、软件平台和测试设备；

c.纳税人应将选定的分摊方式报主管税务机关备案，并自备案之日起一年内不得变更。

(3)增值税一般纳税人将进口软件产品进行本地化改造后对外销售，享受增值税即征即退政策。

本地化改造：对进口软件产品进行重新设计、改进、转换等，单纯对进口软件产品进行汉字化处理不包括在内。

3.单位和个人销售的下列服务和无形资产，适用增值税零税率

(1)国际运输服务。

(2)航天运输服务。

(3)向境外单位提供的完全在境外消费的下列服务：

①研发服务。

②合同能源管理服务。

③设计服务。

---

* 由于教材第8章增加了"代理软件产品增值税即征即退进项分摊方式资料报送与信息报告业务"，因此我们结合税法一的内容增加该项知识。

④广播影视节目(作品)的制作和发行服务。
⑤软件服务。
⑥电路设计及测试服务。
⑦信息系统服务。
⑧业务流程管理服务。
⑨离岸服务外包业务。
⑩转让技术。

(4)财政部和国家税务总局规定的其他服务。

精选例题

【例题6·单选题】 根据税法的规定，下列对增值税处理错误的是( )。

A. 农民销售自产农产品应按9%计征增值税

B. 小规模纳税人销售外购农产品按3%计征增值税

C. 纳税人已售票但客户逾期未消费取得的运输逾期票证收入，按照交通运输服务9%的税率计征增值税

D. 音像制品和电子出版物均适用9%的低税率

解析 农业生产者销售自产农产品是免税的。
答案 A

【例题7·多选题】 下列各项业务所取得的收入中，应按9%的税率征收增值税的有( )。

A. 搬家公司从事的搬家业务
B. 无运输工具承运业务
C. 货运代理业务
D. 仓储服务
E. 出租建筑施工设备并配备操作人员

解析 选项A、C、D适用6%的税率。
答案 BE

(二)征收率 ★★

一般情况征收率为3%，不动产租售的征收率一般为5%。征收率的特殊规定见表2-14。

表2-14 征收率的特殊规定

情形	征收率
销售原有(2016.4.30之前取得)不动产、转让房地产老项目；租赁原有不动产、转租2016.4.30之前租入的不动产；收取试点前开工的一级公路、二级公路、桥、闸通行费	5%
个人出租住房	减按1.5%
收取试点前开工的高速公路的车辆通行费	减按3%
一般纳税人和小规模纳税人提供劳务派遣服务，选择差额纳税的	5%
一般纳税人提供人力资源外包服务，选择适用简易计税方法的	5%
销售使用过的不得抵扣且未抵扣进项税额的固定资产(见表2-16)	可减按2%

真题精练(客观题)

(2018年单选题)小规模纳税人的下列应税行为适用3%征收率的是( )。

A. 跨县(市)提供建筑服务
B. 销售自建的不动产
C. 提供劳务派遣服务并选择差额计税方法
D. 出租其取得的不动产

解析 选项BCD适用5%的征收率。
答案 A

(三)销售使用过的固定资产或物品 ★★

【知识点拨】 固定资产中的有形动产进项税额抵扣的变化

在学习本部分内容之前，我们先了解一下固定资产中的有形动产进项税额抵扣的变化，见图2-1。

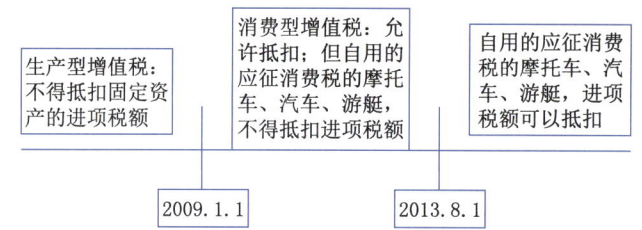

图 2-1　固定资产中有形动产进项税额抵扣的变化

销售使用过的固定资产或物品的税务处理和账务处理见表 2-15

表 2-15　销售使用过的固定资产、物品

纳税人类别	情形	税务处理	计税公式	发票开具
一般纳税人	销售使用过的、已抵扣进项税额的固定资产	按适用税率征收增值税	销项税额＝含税售价/（1＋13%或9%）×13%或9%	可以开具专票
	销售使用过的、不得抵扣且未抵扣进项税额的固定资产	依照3%征收率减按2%征收增值税	应纳税额＝含税售价/（1+3%）×2%	只能开普票，不得开专票
		可以放弃减税，按3%征收率开具发票	应纳税额＝含税售价/（1+3%）×3%	可以开具专票
	销售旧货——进入二次流通的具有部分使用价值的货物(含旧汽车、旧摩托车和旧游艇)	依照3%征收率减按2%征收增值税	应纳税额＝含税售价/（1+3%）×2%	只能开普票，不能开专票
	销售自己使用过的除固定资产、旧货外的其他物品	按适用税率征收增值税	销项税额＝含税售价/（1＋13%或9%）×13%或9%	可以开具专票
小规模纳税人	销售自己使用过的固定资产	减按2%的征收率征收增值税	应纳税额＝含税售价/（1+3%）×2%	只能开普票，不得开具专票(包括不得由税务机关代开专票)
		可以放弃减税，按照3%征收率计税	应纳税额＝含税售价/（1+3%）×3%	可以由税务机关代开专票
	销售旧货	依照3%征收率减按2%征收增值税	应纳税额＝含税售价/（1+3%）×2%	只能开普票，不能开专票
一般纳税人、小规模纳税人	2020.5.1～2023.12.31，从事二手车经销业务的纳税人销售其收购的二手车*	减按0.5%征收增值税	应纳税额＝含税销售额/（1+0.5%）×0.5%	纳税人应当开具二手车销售统一发票。购买方索取专票的，应当再开具征收率为0.5%的专票

＊二手车：从办理完注册登记手续至达到国家强制报废标准之前进行交易并转移所有权的车辆。

纳税人类别	情形	税务处理	计税公式	发票开具
其他个人	销售自己使用过的物品	免增值税	——	——

【知识点拨1】判断一般纳税人销售的固定资产是否抵扣过进项税额(见表2-16)。

表2-16 如何判断固定资产是否抵扣过进项税额

判断依据	未抵扣过进项税额	可能抵扣过进项税额
购入资产时纳税人类型	小规模纳税人、营业税纳税人	一般纳税人
购入时点	2008.12.31前	2009.1.1后
资产类型(自用的应征消费税的摩托车、汽车、游艇)	2013.7.31前	2013.8.1后
资产用途	不得抵扣用途	可以抵扣用途
未抵扣原因		自身原因(视同抵扣过进项税额)

【知识点拨2】纳税人发生固定资产视同销售行为，对已使用过的固定资产无法确定销售额的，以固定资产净值为销售额。

【知识点拨3】所称旧货是指进入二次流通的具有部分使用价值的货物(含旧汽车、旧摩托车和旧游艇)，但不包括自己使用过的物品。

精选例题

【例题8·单选题】某企业(一般纳税人)2021年4月16日销售一台旧机器设备，取得含增值税销售收入64 200元，该设备为2014年5月购入，购入时抵扣了进项税额，则该项销售行为应纳增值税为( )元。

A. 0 B. 1 153.85
C. 7 385.84 D. 8 855.17

解析 ▶ 应纳增值税 = 64 200÷(1+13%)×13% = 7 385.84(元)。 答案 ▶ C

【例题9·单选题】某电器修理部系小规模纳税人，2021年1月取得修理收入20 600元，当月出售一台使用过的旧设备，收取价税合计数123 600元，未放弃减税优惠，在不考虑疫情期间税收优惠的情况下，当月应纳增值税( )元。

A. 600 B. 2 953.85
C. 3 000 D. 4 200

解析 ▶ 应纳税额 = 20 600÷1.03×3% + 123 600÷1.03×2% = 3 000(元)。 答案 ▶ C

五、增值税税收优惠的审核与筹划

扫我解疑难

(一)小规模纳税人的税收优惠

(1)2021.4.1—2022.12.31，小规模纳税人发生增值税应税销售行为，合计月销售额未超过15万元(以1个季度为1个纳税期的，季度销售额未超过45万元，下同)的，免征增值税。

(2)小规模纳税人月销售额超过15万元，但扣除本期发生的销售不动产的销售额后未超过15万元的，其销售货物、劳务、服务、无形资产取得的销售额免征增值税。

(3)适用增值税差额征税政策的小规模纳税人，以差额后的销售额确定是否可以享受上述规定的免征增值税政策。

(4)其他个人，采取一次性收取租金形式出租不动产取得的租金收入，可在对应的租赁期内平均分摊，分摊后的月租金收入未超过15万元的，免征增值税。

(5)小规模纳税人月销售额未超过15万元的，当期因开具专票已经缴纳的税款，在专票全部联次追回或者按规定开具红字专票后，可以向主管税务机关申请退还。

(二)扶贫捐赠免征增值税的规定

1. 基本规定

自 2019 年 1 月 1 日至 2022 年 12 月 31 日,对单位或者个体户将自产、委托加工或购买的货物通过公益性社会组织、县级及以上人民政府及其组成部门和直属机构,或直接无偿捐赠给目标脱贫地区的单位和个人,免征增值税。在政策执行期限内,目标脱贫地区实现脱贫的,可继续适用上述政策。

"目标脱贫地区"包括 832 个国家扶贫开发工作重点县、集中连片特困地区县(新疆阿克苏地区 6 县 1 市享受片区政策)和建档立卡贫困村。

2. 追溯执行问题

在 2015 年 1 月 1 日至 2018 年 12 月 31 日期间已发生的符合上述条件的扶贫货物捐赠,可追溯执行上述增值税政策。

(三)疫情捐赠免征增值税的规定

2020.1.1–2021.3.31 期间,单位和个体户将自产、委托加工或购买的货物,通过公益性社会组织和县级以上人民政府及其部门等国家机关,或者直接向承担疫情防治任务的医院,无偿捐赠用于应对新型冠状病毒感染的肺炎疫情的,免征增值税、消费税、城市维护建设税、教育费附加、地方教育附加。

【知识点拨】扶贫捐赠和疫情捐赠中直接捐赠,也可以享受免征增值税的规定。

(四)放弃免税权的有关规定

1. 较为重要的免税政策

(1)自 2012 年 1 月 1 日起,对从事蔬菜批发、零售的纳税人销售的蔬菜,免征蔬菜流通环节增值税。

(2)自 2012 年 10 月 1 日起,免征部分鲜活肉蛋产品流通环节增值税。

2. 纳税人放弃免税权(重要,可以作为纳税筹划点)

(1)纳税人销售货物、劳务等适用免税规定的,可以放弃免税。放弃免税后,36 个月内不得再申请免税。

增值税纳税人放弃免税权的原因:销售方放弃免税权,购买方可以抵扣进项税额。

(2)放弃免税权应以书面形式提交放弃免税权声明,报主管税务机关备案。

(3)放弃免税权的纳税人符合一般纳税人认定条件尚未认定为增值税一般纳税人的,应当按现行规定认定为增值税一般纳税人,其销售的货物或劳务可开具专票。

(4)如放弃,需全部放弃,不得部分放弃。

(5)纳税人在免税期内购进用于免税项目的货物等所取得的增值税扣税凭证,一律不得抵扣。

📝 精选例题

【例题 10·单选题】2021 年 4 月 1 日至 2022 年 12 月 31 日,下列关于小规模纳税人免征增值税的规定,表述不正确的是( )。

A. 小规模纳税人发生增值税应税销售行为,合计月销售额超过 15 万元,但扣除本期发生的销售不动产的销售额后未超过 15 万元的,其销售货物、劳务、服务、无形资产取得的销售额免征增值税

B. 适用增值税差额征税政策的小规模纳税人,以差额前的销售额确定是否可以享受免征增值税政策

C. 其他个人,采取一次性收取租金形式出租不动产取得的租金收入,可在对应的租赁期内平均分摊,分摊后的月租金收入未超过 15 万元的,免征增值税

D. 按照现行规定应当预缴增值税税款的小规模纳税人,凡在预缴地实现的月销售额未超过 15 万元的,当期无须预缴税款

解析 ▶ 适用增值税差额征税政策的小规模纳税人,以差额后的销售额确定是否可以享受免征增值税政策。 答案 ▶ B

六、销项税额的审核

扫我解疑难

一般纳税人采用一般计税方法时应纳税额的计算见图 2-2。

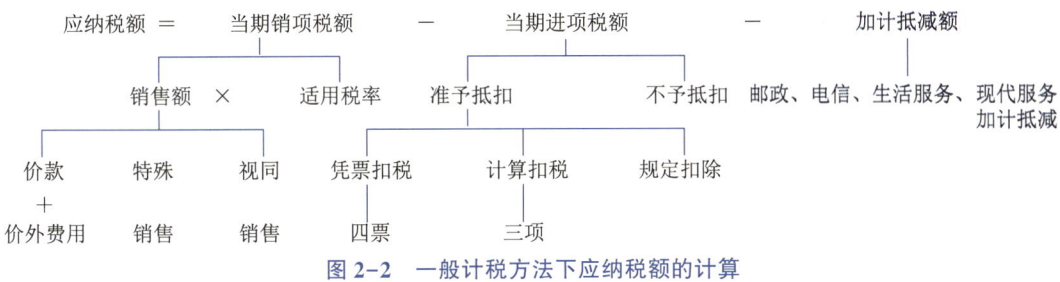

图 2-2 一般计税方法下应纳税额的计算

可见，一般纳税人应纳增值税额的计算，围绕三个关键环节：一是销项税额如何计算；二是进项税额如何抵扣，三是加计抵减如何处理。

销项税额＝销售额×税率

上图中的"四票"是指专票（含机动车销售统一发票）、进口增值税专用缴款书、税收缴款完税凭证和收费公路通行费增值税电子普票。"三项"是指农产品收购发票、通行费发票和国内旅客运输票据。

销售过程中的账务处理为：

借：应收账款、应收票据、银行存款等
  贷：主营业务收入、其他业务收入等
    应交税费——应交增值税（销项税额）

发生的销售退回，作相反的会计分录，但注意用红字贷记销项税额。

在对销项税额进行审核时，关键销售额和税率的审核。

销售额包括全部价款和价外费用，但不包括收取的销项税额。

销售额＝含税销售额／（1+增值税税率）

前面我们已经介绍了增值税的税率和征收率，在本部分内容中我们重点介绍销售额的审核。

（一）审核销售收入的结算方式——增值税纳税义务发生时间（见表2-17）★★★

表 2-17 增值税纳税义务发生时间

销售方式	纳税义务发生时间	注意事项
一般规定	纳税人发生应税行为并收讫销售款或者取得索取销售款项凭据的当天；先开具发票的，为开具发票的当天	只要纳税人先开出发票，无论款项是否收到，无论合同如何签订，增值税纳税义务均已发生
直接收款	不论货物是否发出，均为收到销售款或者取得索取销售款凭据的当天	纳税人生产经营活动中采取直接收款方式销售货物，已将货物移送对方并暂估销售收入入账，但既未取得销售款或取得索取销售款凭据也未开具销售发票的，其增值税纳税义务发生时间为取得销售款或取得索取销售款凭据的当天；先开具发票的，为开具发票的当天
托收承付和委托银行收款	为发出货物并办妥托收手续的当天	无论货款是否收到，纳税义务均已发生
赊销和分期收款	为书面合同约定的收款日期的当天，无书面合同的或者书面合同没有约定收款日期的，为货物发出的当天	在书面合同约定的收款日期当天，无论款项是否收到，纳税义务均已发生
预收货款	为货物发出的当天	生产销售生产工期超过12个月的大型机械设备、船舶、飞机等货物，为收到预收款或者书面合同约定的收款日期的当天

续表

销售方式	纳税义务发生时间	注意事项
委托其他纳税人代销货物	收到代销单位的代销清单、收到全部或者部分货款的当天、发出代销货物满180天的当天三者中较早一方	——
其他视同销售行为	货物移送的当天	——
销售应税劳务	为提供劳务同时收讫销售款或者取得索取销售款的凭据的当天	——
进口货物	报关进口当天	——
提供租赁服务采取预收款方式	收到预收款的当天	——
金融商品转让	金融商品所有权转移的当天	——
视同销售服务、无形资产或不动产情形	服务、无形资产转让完成的当天或不动产权属变更的当天	——

【知识点拨1】 先开具发票的，纳税义务发生时间为发票开具的当天。

【知识点拨2】 截至目前，收到预收款时增值税纳税义务发生的情形：

(1)生产销售生产工期超过12个月的大型机械设备、船舶、飞机等货物；

(2)提供租赁服务。

【知识点拨3】 自2017年7月1日起，提供建筑服务，收到预收款时增值税纳税义务不再发生，只是需要预缴增值税——在收到预收款时，以取得的预收款扣除支付的分包款后的余额，按照规定的预征率预缴增值税。即适用一般计税方法计税的项目预征率为2%，适用简易计税方法计税的项目预征率为3%。

按规定应在建筑服务发生地预缴增值税的项目，纳税人收到预收款时在建筑服务发生地预缴增值税。按规定无须在建筑服务发生地预缴增值税的项目，纳税人收到预收款时在机构所在地预缴增值税。

纳税人提供建筑服务，被工程发包方从应支付的工程款中扣押的质押金、保证金、未开具发票的，以纳税人实际收到质押金、保证金的当天为纳税义务发生时间。

【知识点拨4】 如果会计上收入确认时间早于增值税纳税义务发生时间，应通过"应交税费——待转销项税额"核算增值税。

(二)价外费用是否并入应税销售额 ★★★

一般销售方式下的销售额：全部价款和价外费用，不含销项税额(价外税)。价外费用是指价外向购买方收取的手续费、补贴、基金、集资费、返还利润、奖励费、违约金、滞纳金、延期付款利息、赔偿金、代收款项、代垫款项、包装费、包装物租金、储备费、优质费、运输装卸费以及其他各种性质的价外收费。

价外费用不包括以下项目：

1. 同时符合以下条件的代垫运输费用：

(1)承运部门的运输费用发票开具给购买方的；

(2)纳税人将该项发票转交给购买方的。

2. 代为收取并符合三项条件的政府性基金或者行政事业性收费。

(1)依法批准设立；

(2)收取时开具省级以上财政部门印制的财政票据；

(3)所收款项全额上缴财政。

3. 以委托方名义开具发票代委托方收取的款项。

【知识点拨1】 价外费用不包括的内容——未形成纳税人的收入。

（1）受托加工应征消费税的消费品所代收代缴的消费税。

（2）同时符合两项条件的代垫运费。

（3）同时符合三项条件代为收取的政府性基金或者行政事业性收费。

（4）销售货物的同时代办保险等而向购买方收取的保险费，以及向购买方收取的代购买方缴纳的车辆购置税、车辆牌照费。

（5）以委托方名义开具发票代委托方收取的款项。

（6）航空运输服务的销售额不包括代收的机场建设费和代售其他航空运输企业客票而代收转付的价款。

其他价外费用，无论会计制度上如何核算，均应并入销售额计算应纳税额。

【知识点拨2】是否属于价外费用的判断。

（1）谁收取的——销售方或劳务、服务提供方收取的，可能包括在价外费用中；

（2）收取的原因——是否发生了货物劳务税的应税行为，如果发生了货物劳务税的应税行为，可能包括在价外费用中；

（3）是否属于价外费用的排除事项。

【知识点拨3】价格是否含税的理解。

对于价格是否含税需要在多做习题中体会总结，下面总结供您参考：

（1）专票的价格是不含增值税的。

（2）普票的价格往往是含税的。

（3）一般纳税人的销售价格如果没有特别指明，则是不含税的。

（4）零售价格，如果没有特别指明，一般是含税的。

（5）价外费用的价格是含税的。

（6）隐瞒的收入是含增值税的。

【知识点拨4】考试注意事项：企业销售残次品（废品）、半残品、副产品和下脚料、边角料等取得的收入应并入应税销售额。考试中，尤其是综合分析题中经常涉及这部分内容。

精选例题

【例题11·多选题】增值税的销售额包括价款和价外费用，下列向购买方收取的（　　）不属于价外费用的组成部分。

A．赔偿金

B．延期付款利息

C．受托加工应征消费税的消费品所代收代缴的消费税

D．纳税人销售货物的同时代办保险而向购买方收取的保险费

E．从事汽车销售的纳税人向购买方收取的代购买方缴纳的车辆购置税

解析　本题考核销售额的范围。

答案　CDE

（三）审核特殊销售方式下的销售额（见表2-18）★★★

表2-18　特殊销售方式下销售额的确定

方式	具体类型	税务处理	提示
折扣折让	折扣销售（商业折扣）	如果销售额和折扣额在同一张发票金额栏上分别注明的，可按折扣后的余额作为销售额征收增值税；如果将折扣额仅在发票的"备注"栏注明，不得从销售额中减除折扣额	实物折扣：按视同销售中"无偿赠送"处理
	销售折扣（现金折扣）	不得从销售额中减除现金折扣额	现金折扣计入"财务费用"
	销售折让	可以从销售额中减除折让额	凭税务机关系统校验通过的《开具红字专票信息表》开具红字专票

续表

方式	具体类型	税务处理	提示
以旧换新	一般货物	按新货物同期销售价格确定销售额，不得扣减旧货物的收购价格	消费税的计算也按此原则理解
	金银首饰	可按销售方实际收取的不含增值税的全部价款征收增值税	
还本销售		不得扣减还本支出	还本支出应计入财务费用或销售费用
以物易物		双方均作购销处理，以各自发出的货物核算销售额并计算销项税额，以各自收到的货物按规定核算购货额并计算进项税额。 【知识点拨】在以物易物活动中，应分别开具合法的票据，如收到的货物不能取得相应的专票或其他合法扣税凭证的，不能抵扣进项税额	会计准则：非货币性资产交换同时满足有商业实质和公允价值能够可靠计量的，作购销处理；不能满足规定条件的，按换出资产的价值减去可抵扣的增值税，加上支付的相关税费作为换入资产的实际成本
带包装销售货物		按照所包装货物适用税率征收增值税	随同产品出售但单独计价的包装物，按规定应交纳的增值税，借记"应收账款"等科目，贷记"其他业务收入""应交税费——应交增值税（销项税额）"等科目
包装物押金	一般货物	(1)如单独记账核算，时间在1年以内，又未逾期的，不并入销售额征税； (2)因逾期未收回包装物不再退还的押金，应并入销售额征税	征税时注意： (1)逾期包装物押金为含税收入，需换算成不含税价再并入销售额； (2)税率为所包装货物适用税率
	除啤酒、黄酒外的其他酒类产品	无论是否返还以及会计上如何核算，均应并入当期销售额征税	
包装物租金		需要缴纳增值税	借：银行存款等 　　贷：其他业务收入 　　　　应交税费——应交增值税（销项税额） 　　　　或应交税费——简易计税

精选例题

【例题12·单选题】某工艺品厂为增值税一般纳税人，2021年1月2日销售给甲企业200套工艺品，每套不含税价格600元。由于部分工艺品存在瑕疵，该工艺品厂给予甲企业15%的销售折让，已开具红字专票。为了鼓励甲企业及时付款，该工艺品厂提出2/20，n/30的付款条件，甲企业于当月15日付款。该工艺品厂此项业务的销项税额为（　　）元。

A. 15 600　　B. 12 994.8
C. 16 320　　D. 13 260

解析　销售折扣不得减少销售额，销售折让可以从销售额中减除。销项税额＝600×200×（1－15%）×13%＝13 260（元）。答案　D

【例题13·多选题】税务师审核时，认

为下列增值税一般纳税人2021年2月销项税额计税依据处理正确的有( )。

A. 电器超市推出以A牌旧冰箱加500元可换取同品牌不含税价为2 000元的新冰箱的业务，超市按每台500除以1.13计算此项业务的应税销售额

B. 企业销售设备一台，按协议约定，5年后返还不含税售价200万元的10%款项给购买方，企业按200万元作为增值税销项税额的计税依据计算销项税额

C. 商场当月销售货物500万元，其中300万元开具专票，150万元开具普票，50万元未开具发票，商场当月按450万元计算增值税销项税额

D. 对化妆品销售收取的包装物押金500元，企业在收取时未计算增值税销项税额

E. 金店销售金项链零售价2 000元/条，同时收取旧项链一条作价500元/条，实际收取价款1 500元，金店按照2 000元计算缴纳增值税

解析 普通货物以旧换新业务应当按新货物的不含税价计算增值税销项税额，金银首饰以旧换新业务应当以实际收取的不含增值税的价款计算销项税额。所以选项AE是错误的。纳税人的应税销售额无论是否开具发票均发生纳税义务，所以选项C是错误的。

答案 BD

(四)审核视同销售行为是否计算征收增值税★★★

视同销售行为的整体账务处理为：
借：长期股权投资、应付职工薪酬——非货币性福利、营业外支出等
　　贷：库存商品(主营业务收入、原材料等)
　　　　应交税费——应交增值税(销项税额)

1. 将货物交付其他单位或者个人代销
手续费式代销方式下委托方的账务处理：
(1)发出代销商品
借：发出商品(或委托代销商品)
　　贷：库存商品
(2)收到代销清单时：
借：应收账款
　　贷：主营业务收入
　　　　应交税费——应交增值税(销项税额)
同时结转成本：
借：主营业务成本
　　贷：发出商品(或委托代销商品)
(3)收到手续费结算发票时：
借：销售费用
　　应交税费——应交增值税(进项税额)
　　贷：应收账款
(4)收到代销货款：
借：银行存款
　　贷：应收账款

2. 销售代销货物——受托方
按实际售价计算销项税额；取得委托方专票，可以抵扣进项税额；受托方收取的代销手续费，应按"现代服务"税目6%的税率征收增值税。
手续费式代销方式下受托方账务处理：
(1)售出代销商品时：
借：银行存款
　　贷：应付账款
　　　　应交税费——应交增值税(销项税额)
(2)结转应收手续费收入：
借：应付账款
　　贷：其他业务收入(或主营业务收入)
　　　　应交税费——应交增值税(销项税额)
(3)收到委托方的专票并支付剩余货款：
借：应付账款
　　应交税费——应交增值税(进项税额)
　　贷：银行存款

3. 货物异地移送用于销售
设有两个以上机构并实行统一核算的纳税人，将货物从一个机构移送其他机构用于

销售,但相关机构设在同一县(市)的除外。

移送货物的一方:
借:其他应收款——内部应收款
　　贷:库存商品(或主营业务收入)等
　　　　应交税费——应交增值税(销项税额)

接受货物的一方:
借:库存商品
　　应交税费——应交增值税(进项税额)
　　贷:其他应付款——内部应付款

4. 将自产、委托加工的货物用于非应税项目(营改增后此项视同销售行为很少)

5. 将自产、委托加工的货物用于集体福利或者个人消费

(1)用于集体福利和交际应酬时:
借:应付职工薪酬、管理费用——业务招待费
　　贷:库存商品(按成本记账)
　　　　应交税费——应交增值税(销项税额)(按售价或按组价计算)

(2)发给职工个人做福利时:
借:应付职工薪酬——非货币性福利等
　　贷:主营业务收入(按售价记账)
　　　　应交增值税——应交增值税(销项税额)(按售价或按组价计算)

同时结转成本。
借:主营业务成本
　　贷:库存商品

6. 将自产、委托加工或者购进的货物作为投资、分配给股东或者投资者、无偿赠送时

借:长期股权投资、应付股利、销售费用(实物折扣)、营业外支出等
　　贷:库存商品(或原材料、主营业务收入等)
　　　　应交税费——应交增值税(销项税额)(按售价或按组价)

精选例题

【例题14·单选题】某食品加工厂系增值税一般纳税人,生产生、熟肉制品。税务师受托对其进行纳税审查时,发现该厂2021年1月份第318号凭证,会计分录为:
借:应付职工薪酬——非货币性福利
　　　　　　　　　16 000(成本价)
　　贷:库存商品——腊肠
　　　　　　　　　16 000(成本价)

凭证下附有该厂全体职工签名册。经核实,为春节之前以福利形式向职工发放的腊肠食品。次月增值税纳税申报表中未含此项,则正确的说法是( )。

A. 该厂的行为不属于偷税行为,属于正常的集体福利支出

B. 该厂的行为属于偷税行为,按税法规定属于视同销售货物行为,按同类产品售价计提销项税额

C. 该厂的行为属于偷税行为,应将"库存商品——腊肠"调整为"主营业务收入"16 000元,并计提相应的销项税额

D. 该厂的行为不属于偷税行为,但应按本月腊肠实际生产成本计算扣减外购原料的进项税额,作进项税额转出的账务处理

解析 该行为属于将自产货物用于职工福利,应该视同销售计算销项税额,在账务处理上应该按照同类产品售价而非成本计入主营业务收入。　**答案** B

(五)价格明显偏低或偏高时销售额的确定★★★

价格明显偏低或偏高,或者视同发生应税销售行为而无销售额的,应税销售额的核算顺序(先售价,后组价)。

(1)按照纳税人最近时期发生同类应税销售行为的平均价格确定;

(2)按照其他纳税人最近时期发生同类应税销售行为的平均价格确定;

(3)按组成计税价格确定(见表2-19)。

表 2-19 组成计税价格的确定

情形		组成计税价格	成本利润率
只征增值税的		成本×(1+成本利润率)	10%
既征增值税，又征消费税的	①从量定额征收消费税的	成本×(1+成本利润率)+消费税	消费税中规定的成本利润率
	②从价定率征收消费税的	成本×(1+成本利润率)÷(1-消费税比例税率)	
	③复合计税办法征收消费税的	[成本×(1+成本利润率)+视同销售数量×定额税率]÷(1-消费税比例税率)	

(六)审核混合销售行为的销售额——分清混合销售 VS 兼营★

精选例题

【例题 15·简答题】企业销售高端设备，不含税价为 1 000 000 元，适用增值税税率为 13%，同时收取培训费 100 000 元，企业会计处理如下：

借：银行存款　　　　　　1 230 000
　贷：主营业务收入　　　　1 000 000
　　　应交税费——应交增值税(销项税额)　　　　　　　130 000
　　　其他业务收入　　　　　100 000

企业的账务处理是否正确？应如何调账？

答案

企业账务处理是错误的，收取的培训费应该并入销售额计算缴纳增值税。此行为属于混合销售行为，收取的培训费属于销售高端设备的价外费用，应该按照 13% 的税率计算纳税。

调账分录
借：其他业务收入　　　　　11 504.42
　贷：应交税费——应交增值税(销项税额)　　　　　　11 504.42

(七)应税销售额扣除的审核——差额纳税(见表 2-20)★★★

表 2-20 "营改增"业务差额计税的规定

具体业务	销售额的确定
金融商品转让	按照卖出价扣除买入价后的余额为销售额。 【知识点拨1】买入价中不包括买入或销售过程中的税费；可选择加权平均法或移动加权平均法确定买入价，确定后 36 个月不得变动； 【知识点拨2】转让金融商品出现的正负差，按盈亏相抵后的余额为销售额。若相抵后出现负差，可结转下一纳税期与下期转让金融商品销售额相抵，但年末时仍出现负差的，不得转入下一个会计年度； 【知识点拨3】金融商品转让不得开具专票
经纪代理服务	经纪代理服务以取得的全部价款和价外费用，扣除向委托方收取并代为支付的政府性基金或者行政事业性收费后的余额为销售额
融资租赁服务	融资租赁以取得的全部价款和价外费用，扣除支付的两息一税——借款利息(包括外汇借款和人民币借款利息)、发行债券利息和车辆购置税后的余额为销售额
融资性售后回租	以取得的全部价款和价外费用(不含本金)，扣除对外支付的两息——借款利息(包括外汇借款和人民币借款利息)、发行债券利息后的余额作为销售额。 【知识点拨1】试点纳税人根据 2016 年 4 月 30 日前签订的有形动产融资性售后回租合同，在合同到期前提供的有形动产融资性售后回租服务，可继续按照有形动产融资租赁服务缴纳增值税。 【知识点拨2】融资租赁和融资性售后回租业务差额计税时，应审核纳税人是否具备资质，是否有经规定的部门批准取得的批文或经营许可证书

续表

具体业务	销售额的确定
一般纳税人提供客运场站服务	以其取得的全部价款和价外费用，扣除支付给承运方运费后的余额为销售额
旅游服务	可以选择以取得的全部价款和价外费用，扣除向旅游服务购买方收取并支付给其他单位或者个人的住宿费、餐饮费、交通费、签证费、门票费和支付给其他接团旅游企业的旅游费用后的余额为销售额
提供建筑服务适用简易计税方法的	以取得的全部价款和价外费用扣除支付的分包款后的余额为销售额。 【知识点拨】适用简易计税方法计税的建筑服务包括： （1）一般纳税人以清包工方式提供的建筑服务； （2）一般纳税人为甲供工程提供的建筑服务； （3）一般纳税人为建筑工程老项目提供的建筑服务
房地产开发企业中的一般纳税人销售其开发的房地产项目	采用一般计税方法的，以取得的全部价款和价外费用，扣除受让土地时向政府部门支付的土地价款后的余额为销售额
劳务派遣服务	一般纳税人全额计税，税率6%，可以开专票
	小规模纳税人全额计税，征收率3%，可以开专票
	差额计税：扣除代用工单位支付给劳务派遣员工的工资、福利和为其办理社会保险及住房公积金，征收率5%，差额部分只能开普票
自来水水费	提供物业管理服务的纳税人，向服务接受方收取的自来水水费，以扣除其对外支付的自来水水费后的余额为销售额按照简易计税方法依3%的征收率计算缴纳增值税
航空运输销售代理企业提供境内、境外航段机票代理服务	自2018年1月1日起，以取得的全部价款和价外费用，扣除向客户收取并支付给其他单位或者个人的境外航段机票结算款和相关费用后的余额为销售额。其中，支付给境内单位或者个人的款项，以发票或行程单为合法有效凭证；支付给境外单位或者个人的款项，以签收单据为合法有效凭证，税务机关对签收单据有疑义的，可以要求其提供境外公证机构的确认证明航空运输销售代理企业提供境内机票代理服务，以取得的全部价款和价外费用，扣除向客户收取并支付给航空运输企业或其他航空运输销售代理企业的境内机票净结算款和相关费用后的余额为销售额

差额纳税可以扣除项目、开发票情况总结见表2-21。

表2-21 差额纳税可以扣除项目、开发票情况总结

类别	可扣除项目	发票开具
金融商品转让	买入价	不得开专票
经纪代理服务	向委托方收取并代为支付的政府性基金或者行政事业性收费	扣除部分不得开专票
融资租赁服务	两息一税：借款利息、发行债券利息和车辆购置税	全额开专票
融资性售后回租服务	两息：借款利息、发行债券利息	无必要开专票，因下游不得抵扣进项税额
客运场站服务	支付给承运方运费	无不得开专票规定

续表

类别	可扣除项目	发票开具
旅游服务	向旅游服务购买方收取并支付给其他单位或者个人的住宿费、餐饮费、交通费、签证费、门票费和支付给其他接团旅游企业的旅游费用	扣除部分不得开专票
建筑服务适用简易计税方法的	支付的分包款	全额开专票
房地产开发企业中的一般纳税人销售其开发的房地产项目采用一般计税方法的	受让土地时向政府部门支付的土地价款	全额开专票
劳务派遣	代用工单位支付给劳务派遣员工的工资、福利和为其办理社会保险及住房公积金	差额开专票
提供物业管理服务的纳税人，向服务接受方收取的自来水水费	对外支付的自来水水费	全额开专票

【知识点拨1】向消费者个人销售服务、无形资产或者不动产均不得开具专票。

【知识点拨2】试点纳税人按照上述规定从全部价款和价外费用中扣除的价款（不包括贷款服务、直接收费金融服务和金融商品转让），应当取得符合法律、行政法规和国家税务总局规定的有效凭证。否则，不得扣除。

上述凭证是指：

①支付给境内单位或者个人的款项，以发票为合法有效凭证。

②支付给境外单位或者个人的款项，以该单位或者个人的签收单据为合法有效凭证，税务机关对签收单据有疑义的，可以要求其提供境外公证机构的确认证明。

③缴纳的税款，以完税凭证为合法有效凭证。

④扣除的政府性基金、行政事业性收费或者向政府支付的土地价款，以省级以上（含省级）财政部门监（印）制的财政票据为合法有效凭证。

⑤国家税务总局规定的其他凭证。

纳税人取得的上述凭证属于增值税扣税凭证的，其进项税额不得从销项税额中抵扣。

【知识点拨3】差额计税的账务处理：

借：财务费用、主营业务成本等

应交税费——应交增值税（销项税额抵减）（一般纳税人一般计税）

应交税费——简易计税（一般纳税人简易计税）

应交税费——应交增值税（小规模纳税人）

贷：银行存款（或应付账款等）

【知识点拨4】自2018年1月1日起，资管产品管理人运营资管产品提供的贷款服务以2018年1月1日起产生的利息及利息性质的收入为销售额计算缴纳增值税。

真题精练（客观题）

（2020年单选题）小规模纳税人不适用差额征税的是（ ）。

A. 金融商品转让

B. 劳务派遣

C. 出租不动产

D. 将购买的房屋销售

解析 本题考核增值税差额纳税的范围。小规模纳税人出租不动产，是全额纳税，不适用差额纳税规定。 **答案** C

精选例题

【例题16·单选题】某劳务派遣公司为一般纳税人，选择差额缴纳增值税。2020年3月获得含增值税劳务派遣收入380万元，支付给派遣员工的工资、福利和为其办理社会保险及住房公积金350万元，支付给本单位员工工资、福利和为其办理社会保险及住房公积金18万元。该公司3月份应纳增值税（　　）万元。

A. 1.70　　　　B. 1.43
C. 0.87　　　　D. 0.57

解析 ▶ 应纳税额=(380-350)÷(1+5%)×5%=1.43(万元)　　**答案** ▶ B

【例题17·多选题】下列关于销售额确定的说法中，正确的有（　　）。

A. 金融商品转让，按照卖出价扣除买入价后的余额为销售额

B. 经纪代理服务，以取得的全部价款和价外费用，扣除向委托方收取并代为支付的政府性基金或者行政事业性收费后的余额为销售额

C. 经批准的纳税人，提供融资租赁服务，以取得的全部价款和价外费用，扣除支付的借款利息、发行债券利息、保险费、安装费和车辆购置税后的余额为销售额

D. 航空运输销售代理企业提供境外航段机票代理服务，以取得的全部价款和价外费用，扣除向客户收取并支付给其他单位或者个人的境外航段机票结算款和相关费用后的余额为销售额

E. 提供旅游服务，可以选择以取得的全部价款和价外费用，扣除向旅游服务购买方收取并支付给其他单位或者个人的住宿费、餐饮费、交通费、签证费、门票费和支付给其他接团旅游企业的旅游费用后的余额为销售额

解析 ▶ 选项C，经人民银行、银保监会或者商务部批准从事融资租赁业务的试点纳税人，提供融资租赁服务，以取得的全部价款和价外费用，扣除支付的借款利息(包括外汇借款和人民币借款利息)、发行债券利息和车辆购置税后的余额为销售额。保险费、安装费不能作为扣除项目，发生上述支出，凭取得的专票抵扣进项税额。　　**答案** ▶ ABDE

七、进项税额的审核

扫我解疑难

关键之处在于区分哪些进项税额允许抵扣，哪些进项税额不得抵扣，以及如何进行账务处理。

（一）准予抵扣的进项税额 ★★★

1. 准予抵扣进项税额的具体规定

（1）从销售方取得的专票上注明的增值税额。

接受投资转入的货物，接受捐赠转入的货物，接受应税劳务时，其扣税凭证符合规定的，允许抵扣进项税额。

📝 精选例题

【例题18·简答题】2021年3月，A企业接受甲企业捐赠的注塑机一台，收到的专票上注明设备价款100 000元，配套模具价款4 000元，增值税税额分别为13 000元和520元。请问应如何进行账务处理？

答案 ▶

借：固定资产　　　　　　　100 000
　　低值易耗品　　　　　　　4 000
　　应交税费——应交增值税(进项税额)
　　　　　　　　　　　　　　13 520
贷：营业外收入　　　　　　117 520

（2）从海关取得的海关进口增值税专用缴款书上注明的增值税额。

取得海关增值税专用缴款书后：

借：应交税费——待认证进项税额(辅导期纳税人通过"应交税费——待抵扣进项税额")
贷：银行存款(应付账款等)

稽核比对相符以及核查后允许抵扣的：

借：应交税费——应交增值税(进项税额)
贷：应交税费——待认证进项税额(辅导期纳税人通过"应交税费——待抵扣进项税额")

（3）从税务机关或者扣缴义务人取得的代扣代缴税款的完税凭证上注明的增值税额。

①适用情形：自境外单位或者个人购进劳务、服务、无形资产或者境内的不动产，所代扣代缴的增值税。

②境外单位或个人在境内发生应税行为，在境内未设有经营机构的，以购买方为增值税扣缴义务人。购买方在扣缴增值税时，应该按照税率、而非征收率扣缴增值税。

③不管一般纳税人还是小规模纳税人，购进在境内未设经营机构的境外单位或个人在境内的应税行为，代扣代缴的增值税均通过"应交税费——代扣代交增值税"科目核算；

购买方是一般纳税人的，允许抵扣的进项税额通过"应交税费——应交增值税(进项税额)"核算。

（4）农产品进项税额抵扣。

购进农产品的扣税凭证包括专票、海关进口增值税专用缴款书、农产品收购发票或者销售发票。农产品进项税额抵扣分为核定扣除、计算扣除、凭票抵税三种类型。

①农产品进项税额的凭票抵扣和计算扣除(见表2-22)。

表2-22 农产品进项税额的凭票抵扣和计算扣除(2019年4月1日起的最新政策)

抵扣类型	扣税凭证	用途	可以抵扣进项税额
凭票抵扣	海关进口增值税专用缴款书或一般纳税人开具的9%税率的专票	生产、加工13%税率货物	扣税凭证上注明的增值税额+1%税额
		用于生产或提供9%、6%等税率货物、服务	扣税凭证上注明的增值税额
计算抵扣	农产品销售发票或收购发票或小规模纳税人处取得3%征收率的专票	生产、加工13%税率货物	买价(或金额)×10%
		用于生产或提供9%、6%等税率货物、服务	买价(或金额)×9%
		购进烟叶可以抵扣的进项税额	买价包括价款和烟叶税 购进烟叶可抵扣进项税额的计算公式如下： ①价外补贴按价款10%：收购价款×(1+10%)×(1+20%)×10%(或9%)； ②实际价外补贴：(收购价款+实际支付的价外补贴)×(1+20%)×10%(或9%)
不得抵扣	从流通环节取得普票		不得抵扣进项税额

【知识点拨1】烟厂购进烟叶生产卷烟时：

购进烟叶可抵扣进项税额 = 收购价款×(1+10%)×(1+20%)×扣除率

其中：10%是价外补贴；20%是烟叶税税率；购进烟叶用于生产卷烟的，扣除率为10%。

【知识点拨2】纳税人购进用于生产或者委托加工13%税率货物的农产品，按照10%的扣除率计算进项税额。

【知识点拨3】计算烟叶税时的价外补贴是统一按照10%计算的。而计算抵扣进项税额时，价外补贴是按照实际支付的金额计算的。

真题精练（客观题）

(2018年单选题，改)2021年4月20日某食品厂支付10 300元，从某小规模纳税人收购一批农产品(用于生产13%税率的食品)并取得专票，则该批农产品可抵扣的进项税额为( )元。

A. 360　　　　　　B. 1 000
C. 0　　　　　　　D. 1 339

解析 ▶ 农产品进项税额的抵扣非常特殊，取得3%的专票，根据用途，也可以按照

9%或10%抵扣进项税额。用于生产13%税率的食品可以按照10%抵扣进项税额，可以抵扣的进项税额＝10 300÷(1+3%)×10%＝1 000(元)

答案 B

②农产品核定扣除政策见表2-23。

自2012年7月1日起，以购进农产品为原料生产销售液体乳及乳制品、酒及酒精、植物油的增值税一般纳税人，对农产品进项税额实行核定扣除。

表2-23 农产品进项税额核定办法

范围	方法	注意事项
以购进农产品为原料生产货物	投入产出法：当期允许抵扣农产品增值税进项税额＝当期农产品耗用数量×农产品平均购买单价×扣除率/(1+扣除率)	a. 当期农产品耗用数量＝当期销售货物数量(不含采购除农产品以外的半成品生产的货物数量)×农产品单耗数量 b. 平均购买单价是指购买农产品期末平均买价，不包括买价之外单独支付的运费和入库前的整理费用。期末平均买价＝(期初库存农产品数量×期初平均买价+当期购进农产品数量×当期买价)/(期初库存农产品数量+当期购进农产品数量) c. 扣除率：销售货物的适用税率
	成本法：当期允许抵扣农产品增值税进项税额＝当期主营业务成本×农产品耗用率×扣除率/(1+扣除率)	a. 农产品耗用率由试点纳税人向主管税务机关申请核定； b. 扣除率：销售货物的适用税率
	参照法：新办的试点纳税人或者试点纳税人新增产品的，试点纳税人可参照所属行业或者生产结构相近的其他试点纳税人确定农产品单耗数量或者农产品耗用率。次年调整	
购进农产品直接销售的	当期允许抵扣农产品增值税进项税额＝当期销售农产品数量/(1-损耗率)×农产品平均购买单价×9%/(1+9%)	a. 损耗率＝损耗数量/购进数量； b. 扣除率按照农产品9%的税率确定
购进农产品用于生产经营但不构成货物实体的	当期允许抵扣农产品增值税进项税额＝当期农产品耗用数量×农产品平均购买单价×扣除率/(1+扣除率)	

【知识点拨1】如何抵扣农产品进项税额

(1)计算扣除时：

取得时先抵扣9%；

使用时按照用途确定是否"加计抵扣"1%；

(2)核定扣除时：

购进时全额计入采购成本，销售时按照核定的税额抵扣进项税额，减少相应的成本。

【知识点拨2】农产品计算扣除时如何填写增值税纳税申报表——附列资料(二)本期进项税额明细的填写

(1)首先按照取得票据的类型，将9%的进项税额填写在"认证相符的增值税专用发票""海关进口增值税专用缴款书""农产品收购发票或者销售发票"处，特别注意如果取得的是小规模纳税人开具或代开的专票，在抵扣时填写在"农产品收购发票或者销售发票"处。

(2)实际使用时按照用途确定是否加计扣除1%，如果需要加计扣除，则填写在"加计扣除农产品进项税额"处。

【知识点拨3】农产品进项税额核定扣除时如何填表

（1）填写《农产品核定扣除增值税进项税额计算表（汇总表）》《投入产出法核定农产品增值税进项税额计算表》等。

（2）将《农产品核定扣除增值税进项税额计算表（汇总表）》中"当期允许抵扣农产品增值税进项税额"合计数填入《附列资料（表二）》第6栏的"税额"栏，**不填写第6栏"份数"和"金额"数据**。

（3）应转出的进项税额，填入《附列资料（表二）》第17栏"**按简易征收办法征税货物用**""税额"栏。

精选例题

【例题19·单选题】某白酒生产企业2020年8月购进玉米一批用于生产白酒。当月销售1 000吨白酒，主营业务成本为1 800万元，农产品耗用率为80%，玉米平均购买单价为5 000元/吨。按照成本法计算，当月允许抵扣的农产品进项税额为（　）万元。

A. 130.91　　　B. 154.29
C. 165.66　　　D. 155.66

解析 ▶ 当期允许抵扣农产品增值税进项税额＝当期主营业务成本×农产品耗用率×扣除率÷（1+扣除率），其中扣除率为销售货物的适用税率，本题中扣除率为白酒的适用税率13%。

当月允许抵扣的农产品进项税额＝1 800×80%×13%÷（1+13%）＝165.66（万元）。

答案 ▶ C

（5）不动产进项税额的抵扣。

①不动产≠固定资产，即两者的判断标准不同。

固定资产和流动资产是会计上的概念，是按照资产的价值和使用年限进行划分的。

不动产与有形动产相对而言，不动产是指不能移动或者移动后会引起性质、形状改变的财产，包括建筑物、构筑物等。

a. 建筑物：包括住宅、商业营业用房、办公楼等可供居住、工作或者进行其他活动的建造物。

b. 构筑物：包括道路、桥梁、隧道、水坝等建造物。

②不动产进项税额抵扣分为两个阶段

a. 2016.5.1~2019.3.31：分期抵扣进项税额；

b. 2019.4.1之后：一次性抵扣进项税额。

③已抵扣进项税额的不动产，发生非正常损失，或者改变用途，**专用于**简易计税方法计税项目、免征增值税项目、集体福利或个人消费的，按下列公式计算不得抵扣的进项税额：

不得抵扣的进项税额＝已抵扣进项税额×不动产**净值率**

不动产净值率＝不动产净值÷不动产原值×100%

④不动产在建工程发生非正常损失的，其所耗用的购进货物、设计服务和建筑服务已抵扣的进项税额应于当期全部转出。

⑤按照规定不得抵扣进项税额的不动产，发生用途改变，用于允许抵扣进项税额项目的，在改变用途的**次月**计算可抵扣进项税额。

可抵扣进项税额＝增值税扣税凭证注明或计算的进项税额×不动产**净值率**

（6）道路通行费进项税额的抵扣（见表2-24）。

表2-24　道路通行费进项税额的抵扣

情形		进项税额的处理
财政票据、通行费**不征税**发票		不得抵扣进项税额
高速公路通行费	通行费电子发票（**征税发票**）	通行费发票上注明的增值税额
一级公路、二级公路	通行费电子发票（**征税发票**）	通行费发票上注明的增值税额
桥、闸通行费	通行费发票	通行费发票上注明的金额÷（1+5%）×5%

（7）国内旅客运输费用进项税额的抵扣。

自 2019 年 4 月 1 日起，纳税人购进国内旅客运输服务，其进项税额允许从销项税额中抵扣。具体见表 2-25。

表 2-25　国内旅客运费进项税额抵扣的规定

情形		可抵的进项税额
支付的国际旅客运费		不得抵扣进项税额
支付的国内旅客运费	取得专票	发票上注明的税额
	取得增值税电子普票	发票上注明的税额
	取得注明旅客身份信息的航空运输电子客票行程单	（票价+燃油附加费）÷（1+9%）×9%
	取得注明旅客身份信息的铁路车票	票面金额÷（1+9%）×9%
	取得注明旅客身份信息的公路、水路等其他客票	票面金额÷（1+3%）×3%

【知识点拨 1】国际旅客运费不得抵扣进项税额——因为国际运输免税或零税率。

【知识点拨 2】国内旅客运输服务进项税抵扣限于与本单位签订了劳动合同的员工，以及本单位作为用工单位接受的劳务派遣员工发生的国内旅客运输服务。

【知识点拨 3】除专票、增值税电子普票外，其他旅客运输费用要想抵扣进项税额，必须在票面注明旅客身份信息，否则不得抵扣进项税额，例如纸质的出租车票、定额车票等，由于未注明旅客身份信息，因此不得抵扣进项税额。

【知识点拨 4】纳税人购进国内旅客运输服务，以取得的增值税电子普票上注明的税额为进项税额的，增值税电子普票上注明的购买方"名称""纳税人识别号"等信息，应当与实际抵扣税款的纳税人一致，否则不予抵扣。

【知识点拨 5】航空运输电子客票行程单抵扣进项税额时，只有"票价+燃油附加费"能够计算抵扣进项税额，机场建设费等不得计算抵扣进项税额。

【知识点拨 6】国内旅客运费抵扣进项税额时需要同时填写增值税纳税申报表附列资料（二）（本期进项税额明细）的第 1 栏"认证相符的专票""8b"中的"其他"和第 10 栏的"本期用于抵扣的旅客运输服务扣税凭证"。其中第 1 栏和"8b"是用来抵扣进项税额的；第 10 栏是用于作信息统计之用的。

（8）保险服务进项税抵扣。（见表 2-26）

表 2-26　保险服务进项税额抵扣

提供保险服务的纳税人以实物赔付方式承担机动车辆保险责任的，自行向车辆修理劳务提供方购进的车辆修理劳务	进项税额可以抵扣
提供保险服务的纳税人以现金赔付方式承担机动车辆保险责任的，将应付给被保险人的赔偿金直接支付给车辆修理劳务提供方	不属于保险公司购进车辆修理劳务，其进项税额不得抵扣
纳税人提供的其他财产保险服务，比照上述规定执行	

2. 准予抵扣进项税额的账务处理——按价税分别记账
借：原材料（材料采购、固定资产等）
　　应交税费——应交增值税（进项税额）
　　应交税费——待抵扣进项税额*

---

* 随着不动产进项税额一次性抵扣，该科目的使用减少。

应交税费——待认证进项税额
贷：银行存款[应付账款、应付票据、实收资本(接受投资)、营业外收入(接受捐赠)等]

不同的业务类型下，一般纳税人采购业务的账务处理见表2-27。

表2-27 增值税一般纳税人采购业务中的核算

业务类型	账务处理
材料虽然已经入库，但未取得扣税凭证的采购	月末按货物清单或相关合同协议上的价格暂估入账，不需要将增值税的进项税额暂估入账。下月初，用红字冲销原暂估入账金额，待取得扣税凭证后再进行相应账务处理。此时不需要通过"待认证进项税额"核算
取得扣税凭证，未认证或查询的采购	借：原材料、固定资产等 　　应交税费——待认证进项税额 　贷：银行存款或应付账款
辅导期纳税人，取得扣税凭证，已认证或查询、尚未交叉稽核的采购	借：原材料、固定资产等 　　应交税费——待抵扣进项税额 　贷：银行存款或应付账款
取得扣税凭证，已经认证或查询，一次性抵扣进项税额的采购	借：原材料、固定资产等 　　应交税费——应交增值税(进项税额) 　贷：银行存款或应付账款

(二)不得抵扣的进项税额 ★★★

纳税人未按照规定取得并保存增值税扣税凭证的，进项税额不得抵扣。

【知识点拨】扣税凭证包括专票、进口增值税专用缴款书、税收缴款完税凭证、农产品收购发票和销售发票、国内旅客运费发票、道路通行费电子发票等。

1. 不得抵扣进项税额的具体规定

(1)用于简易计税方法计税项目、免征增值税项目、集体福利或者个人消费(简称"简、免、福、消")的购进货物、加工修理修配劳务、服务、无形资产和不动产。

【知识点拨1】纳税人的交际应酬消费属于个人消费。外购货物用于交际应酬，其进项税额不得抵扣。

【知识点拨2】涉及的固定资产、无形资产、不动产，仅指专用于上述项目的固定资产、无形资产(不包括其他权益性无形资产)、不动产。如果固定资产、无形资产、不动产既用于一般计税项目，又用于简易计税项目、免税项目、集体福利或个人消费，进项税额允许全额抵扣。具体处理见表2-28和2-29。

【知识点拨3】自2018年1月1日起，纳税人租入固定资产、不动产，既用于一般计税方法计税项目，又用于简易计税方法计税项目、免征增值税项目、集体福利或者个人消费的，其进项税额准予从销项税额中全额抵扣。

表2-28 准予抵扣、不得抵扣进项税额的划分

资产类别	用于一般计税项目	专用于简、免、福、消	既用于一般，又用于免简
其他权益性无形资产	可以抵扣税额	可以抵扣税额	全额抵扣税额
购入或租人的 固定资产、无形资产、不动产	可以抵扣税额	不得抵扣进项税额	全额抵扣进项税额
其他资产	可以抵扣税额	不得抵扣进项税额	按比例抵扣进项税额

表 2-29　不得抵扣进项税额的计算

企业类型	不得抵扣的进项税额
一般企业	不得抵扣的进项税额*＝当期无法划分的全部进项税额×(当期简易计税方法计税项目销售额＋免征增值税项目销售额)÷当期全部销售额
房地产开发企业	不得抵扣的进项税额＝当期无法划分的全部进项税额×(简易计税、免税房地产项目建设规模÷房地产项目总建设规模)

📝 **真题精练（主观题）**

（2017年简答题，改）某货运公司是增值税一般纳税人，主营业务为货物运输和仓储，其中仓储业务企业选择简易计税方法，2020年8月租入一幢房产作为公司行政办公楼，年租金为65.4万元。于当日支付一年的租金，取得专票，金额60万元，税额5.4万元，为使该房产满足办公要求，采取自行采购材料，委托装修公司对该房产进行改建，改建所采购的材料于2020年9月结算，取得的专票载明金额58.4万元，税额7.592万元；2020年10月支付装修公司建筑服务费，取得的增值税专票载明金额10万元，税额0.3万元。假定取得的专票都按规定查询相符，公司货物运输业和仓储业务的销售额比例为8∶2。

问题：

(1) 2020年8月支付租金的进项税额应如何抵扣？金额为多少？

(2) 2020年9月采购的用于改建材料的进项税额应如何抵扣？金额为多少？

(3) 2020年10月支付建筑服务的进项税额应如何抵扣？金额为多少？

📝 **真题精练（主观题）答案**

【答案】

(1) 支付的租金取得专票上注明的进项税额5.4万元可以全额抵扣。

(2) 购进材料用于办公楼改建，取得的专票可以抵扣进项税额。

改建购进材料可以抵扣的进项税额为7.592万元。

(3) 取得建筑服务专票，可以抵扣进项税额。

办公楼改建建筑服务可以抵扣的进项税额为0.3万元。

【思路点拨】购入不动产、无形资产、固定资产，既用于一般计税方法计税项目，又用于简易计税方法计税项目、免征增值税项目、集体福利或者个人消费的，其进项税额准予从销项税额中全额抵扣；自2018年1月1日起，纳税人租入固定资产、不动产，既用于一般计税方法计税项目，又用于简易计税方法计税项目、免征增值税项目、集体福利或者个人消费的，其进项税额准予从销项税额中全额抵扣。

(2) 非正常损失的购进货物，以及相关的加工修理修配劳务和交通运输服务。

(3) 非正常损失的在产品、产成品所耗用的购进货物(不包括固定资产)、加工修理修配劳务和交通运输服务。

(4) 非正常损失的不动产，以及该不动产所耗用的购进货物、设计服务和建筑服务。

(5) 非正常损失的不动产在建工程所耗用的购进货物、设计服务和建筑服务。

纳税人新建、改建、扩建、修缮、装饰不动产，均属于不动产在建工程。

【知识点拨1】非正常损失是指纳税人因管理不善造成货物被盗、丢失、霉烂变质等损失，以及因违反法律法规造成货物或者不

---

* 在"计算不得抵扣的进项税额"公式中如何确定销售额，一直有争议，根据近年来注会税法及税务师税务类考题的答案，我们可以得出结论：按照纳税人全部业务的差额后销售额计算不得抵扣的进项税额比例。

动产被依法没收、销毁、拆除的情形。

【知识点拨2】自然灾害造成的损失允许抵扣进项税额。

(6)购进的贷款服务、餐饮服务、居民日常服务和娱乐服务。

【知识点拨1】2019.4.1起，旅客运输服务可以抵扣进项税额。

【知识点拨2】纳税人接受贷款服务<u>向贷款方支付</u>的与该笔贷款<u>直接相关</u>的投融资顾问费、手续费、咨询费等费用，其进项税额不得从销项税额中抵扣。

【知识点拨3】餐饮服务的进项税额不得抵扣，但住宿费的进项税额允许抵扣。

(7)财政部和国家税务总局规定的其他情形。

【知识点拨】允许抵扣的进项税额、进项税额转出与视同销售行为的关系：纳税发生视同销售行为，计算销项税额，相应的进项税额允许抵扣；而将外购的货物用于集体福利或个人消费，无须视同销售，相应的进项税额不得抵扣。

2. 不得抵扣进项税额的账务处理

按价税合一记账。

借：原材料(材料采购、在途物资、周转材料等)

　　贷：银行存款[应付账款、应付票据、实收资本(接受投资)、营业外收入(接受捐赠)]

真题精练(客观题)

(2017年多选题，改)购进的下列服务中进项税额不能从销项税额中抵扣的有( )。

A. 娱乐服务　　B. 餐饮服务
C. 住宿服务　　D. 贷款服务
E. 货物运输服务

解析 自2019年4月1日起，购进的贷款服务、餐饮服务、居民日常服务和娱乐服务的进项税额不得从销项税额中抵扣。

答案 ABD

精选例题

【例题20·多选题】一般纳税人发生的下列经济业务，进项税额允许抵扣的有( )。

A. 用于交际应酬的外购礼品
B. 购买的办公用品
C. 购买制造车间中央空调系统的支出
D. 从小规模纳税人处购买的并取得普票的低值易耗品
E. 利息支出

解析 外购货物用于个人消费，进项税额不允许抵扣；取得普票进项税额不允许抵扣；购进贷款服务的利息支出不可以抵扣进项税额。

答案 BC

【例题21·多选题】某企业财务主管前往税务师事务所咨询，下列业务的进项税额允许抵扣的有( )。

A. 用于生产免税产品的外购原材料
B. 改扩建生产车间所用的钢材
C. 因管理不善发生霉烂变质等损失的库存材料
D. 外购的应征消费税的摩托车
E. 纳税人接受贷款服务向贷款方支付的与该笔贷款直接相关的投融资顾问费

解析 本题考核准予抵扣与不得抵扣进项税额的划分。

答案 BD

【例题22·多选题】关于现行增值税一般纳税人进项税额抵扣的说法，正确的有( )。

A. 某公司进口货物，取得国外的运输发票计算的增值税进项税额准予抵扣
B. 某公司自制设备器具，财务上直接转入"固定资产"核算，用于增值税一般计税项目，自制固定资产的进项税额不做进项税额转出
C. 某汽车销售公司装修汽车销售展厅，所耗用的装饰材料均取得专票，这些装饰材料进项税额准予抵扣
D. 某生产企业，办公室和车间共用一块电表，每月电费开具专票结算，办公室用电的进项税额不准抵扣
E. 企业正常损耗的货物的进项税额需要做转出处理

解析 选项A，国外运费不得抵扣进项

税额；选项 D，办公室和车间共用一块电表，每月电费开具专票结算，进项税额允许全额抵扣；选项 E，正常损耗的货物不属于非正常损失，无须做进项税额转出处理。

答案 ▶ BC

(三)进项税额的抵扣时间——认证(查询)期、稽核比对期的规定★★★

自 2020 年 3 月 1 日起，取消增值税扣税凭证认证确认期限。具体规定见表 2-30。

表 2-30 取消增值税扣税凭证认证确认期限的具体规定

票据情况	认证规定
增值税一般纳税人取得 2017 年 1 月 1 日及以后开具的专票、海关进口增值税专用缴款书、机动车销售统一发票、收费公路通行费增值税电子普票	取消认证确认、稽核比对、申报抵扣的期限
增值税一般纳税人取得 2016 年 12 月 31 日及以前开具的专票、海关进口增值税专用缴款书、机动车销售统一发票	执行原有认证期限规定。超过认证确认、稽核比对、申报抵扣期限，但符合规定条件的，仍可按规定，继续抵扣进项税额

(四)进项税额转出★★★

1. 用于简易计税项目、免税项目、集体福利或个人消费的进项税额转出

账务处理：

借：应付职工薪酬——非货币性福利等

　　贷：原材料

　　　　应交税费——应交增值税(进项税额转出)

2. 非正常损失进项税额转出

(1)应转出进项税额的计算(见表 2-31)。

表 2-31 应转出进项税额的计算

情形	应转出的进项税额
取得专票、海关增值税专用缴款书的外购货物发生非正常损失	损失货物的账面价值×适用税率
取得农产品收购发票、销售发票、小规模纳税人 3%专票的外购货物发生非正常损失	损失货物的账面价值÷(1-9%)×9% 【知识点拨】用于生产 13%货物的适用 10%
在产品、产成品的非正常损失	账面价值×(在产品、产成品所耗外购货物或劳务成本÷在产品、产成品总成本)×适用税率

【知识点拨】在计算应转出的进项税额时，应该以购进时抵扣进项税额的税率或扣除率为准计算，而非以发生非正常损失时的税率或扣除率为准。

(2)转出进项税额的账务处理。

借：待处理财产损溢

　　贷：库存商品(原材料、固定资产等)

　　　　应交税费——应交增值税(进项税额转出)

精选例题

【例题 23·单选题】某饼干加工厂为增值税一般纳税人，2021 年 5 月因发生自然灾害损失库存的一批包装物，成本 20 000 元，已抵扣进项税额。外购的一批免税农产品因管理不善发生霉烂，账面成本 43 000 元(其中运费成本为 2 000 元，取得一般纳税人开具的运费专票)，2021 年 4 月购进时已抵扣进项税额。该加工厂当期应转出进项税额(　　)元。

A. 4 234.95　　　B. 4 755.56

C. 8 822.60　　　D. 9 618.39

解析 购进时先按9%抵扣，使用时再决定是否加计抵扣，由于尚未使用，因此只按照9%抵扣了进项税额，所以应转出进项税额=（43 000－2 000）÷（1－9%）×9%＋2 000×9%=4 234.95（元）。　　　**答案** A

【例题24·简答题】 2021年1月，甲服装生产企业原从纺织厂手中购进的布匹因管理人员粗心发生损失，损失布匹的账面成本为80 000元。布匹的购进时间为2019年2月。计算应转出的进项税额并编写相关会计处理分录。

答案

布匹购入时间为2019年2月，抵扣进项税额的时间为2019年2月，发生损失的时间为2021年1月，在计算应转出的进项税额时应以抵扣进项税额时的税率或扣除率为准，而非以发生非正常损失的时间为准。纳税人购进布匹时布匹适用的税率为16%。

非正常损失应转出的进项税额=80 000×16%=12 800（元）

借：待处理财产损溢——待处理流动
　　　资产损溢　　　　　　　92 800
　　贷：原材料　　　　　　　80 000
　　　　应交税费——应交增值税（进项
　　　　税额转出）　　　　　12 800

（五）进项税额的扣减——红字借记"进项税额"★★★

1. 因进货退出或折让而收回的增值税额，应从发生进货退出或折让当期的进项税额中扣减。

审核时，注意是否在取得红字专票的当期从进项税额中扣减。

2. 对商业企业向供货方收取的与商品销售量、销售额挂钩的各种返还收入，应按平销返利行为的有关规定冲减当期增值税进项税额。

当期应冲减的进项税额=当期取得的返还资金÷（1＋所购货物的适用税率）×所购货物的适用税率

八、加计抵减应纳税额

扫我解疑难

自2019年4月1日至2021年12月31日，允许生产、生活性服务业纳税人按照当期可抵扣进项税额加计10%，抵减应纳税额；自2019年10月1日至2021年12月31日，允许生活性服务业纳税人按照当期可抵扣进项税额加计15%，抵减应纳税额。

（一）加计抵减政策的适用范围

1. 允许加计抵减的行业——四项服务

四项服务指的是邮政服务、电信服务、现代服务、生活服务取得的销售额占全部销售额的比重超过50%的纳税人。

（1）2019年3月31日前设立的纳税人，自2018年4月至2019年3月期间的销售额（经营期不满12个月的，按照实际经营期的销售额）符合上述规定条件的，自2019年4月1日起适用加计抵减政策。

（2）2019年4月1日后设立的纳税人，自设立之日起3个月的销售额符合上述规定条件的，自登记为一般纳税人之日起适用加计抵减政策。

（3）纳税人确定适用加计抵减政策后，当年内不再调整，以后年度是否适用，根据上年度销售额计算确定。

（4）纳税人可计提但未计提的加计抵减额，可在确定适用加计抵减政策当期一并计提。

自2019年10月1日至2021年12月31日，允许生活性服务业纳税人按照当期可抵扣进项税额加计15%，抵减应纳税额。生活性服务业纳税人是指提供生活服务取得的销售额占全部销售额的比重超过50%的纳税人。2019年9月30日前设立的纳税人，自2018年10月至2019年9月的销售额（经营期不满12个月的，按照实际经营期的销售额）符合上述规定条件的，自2019年10月1日起适用加计抵减15%政策；2019年10月

1日后设立的纳税人,自设立之日起3个月的销售额符合上述规定条件的,自登记为一般纳税人之日起适用加计抵减15%政策。纳税人确定适用加计抵减15%政策后,当年内不再调整,以后年度是否适用,根据上年度销售额计算确定。

2. 纳税人出口货物劳务、发生跨境应税行为不适用加计抵减政策,其对应的进项税额不得计提加计抵减额。

纳税人兼营出口货物劳务、发生跨境应税行为且无法划分不得计提加计抵减额的进项税额,按照以下公式计算:

不得计提加计抵减额的进项税额=当期无法划分的全部进项税额×当期出口货物劳务和发生跨境应税行为的销售额÷当期全部销售额

📝 **真题精练(客观题)**

(2019年单选题)自2019年4月1日至2021年12月31日,对一般纳税人提供下列服务取得的销售额占全部销售额比重超过50%的,不适用增值税加计抵减政策的是( )。

A. 邮政服务　　B. 电信服务
C. 建筑服务　　D. 家政服务

解析 ▶ 提供邮政服务、电信服务、现代服务、生活服务(题目中的家政服务属于生活服务)取得的销售额占全部销售额的比重超过50%的纳税人适用增值税加计抵减政策。

答案 ▶ C

(二)办理程序

应在年度首次确认适用加计抵减政策时,通过电子税务局(或前往办税服务厅)提交《适用加计抵减政策的声明》。适用加计抵减政策的纳税人,同时兼营邮政服务、电信服务、现代服务、生活服务的,应按照四项服务中收入占比最高的业务在《适用加计抵减政策的声明》中勾选确定所属行业。

已经提交《适用加计抵减政策的声明》并为享受加计抵减政策的纳税人,在2020年、2021年,是否继续适用,应分别根据其2019年、2020年销售额确定,如果符合规定,需再次提交《适用加计抵减政策的声明》。

(三)当期可抵减加计抵减额的计算

1. 纳税人应按照当期可抵扣进项税额的10%(生活服务业15%)计提当期加计抵减额。

2. 按照现行规定不得从销项税额中抵扣的进项税额,不得计提加计抵减额。

3. 已计提加计抵减额的进项税额,按规定作进项税额转出的,应在进项税额转出当期,相应调减加计抵减额。计算公式如下:

当期计提加计抵减额=当期可抵扣进项税额×10%(或15%)

4. 当期可抵减加计抵减额=上期末加计抵减额余额+当期计提加计抵减额-当期调减加计抵减额

【知识点拨】只有已计提加计抵减额的进项税额按规定作进项税额转出的,才需要调减加计抵减额;如果转出的进项税额未计提过加计抵减额,发生转出时无须调减加计抵减额。

(四)实际抵减额的确定

抵减前的应纳税额 VS 可抵减加计抵减额,<u>较小者</u>。

(五)适用加计抵减政策后的应纳税额计算(见表2-32)

表2-32 加计抵减政策对应纳税额计算的影响

情形	应纳增值税额
不适用加计抵减政策纳税人	当期销项税额-当期进项税额
适用加计抵减政策纳税人	当期销项税额-当期进项税额-当期实际加计抵减额

骗取适用加计抵减政策或虚增加计抵减额的,按照《中华人民共和国税收征收管理法》等有关规定处理。

(六)适用加计抵减政策时纳税申报表的

填写

纳税人适用加计抵减政策时,应填写增值税纳税申报表附列资料(四)(税额抵减情况表)的"二、加计抵减情况",之后将"本期可抵减额"与主表的"抵减前的应纳税额"(即"第11栏—第18栏")比较,按照较小一方进行抵减。

(七)加计抵减的账务处理*

生产、生活性服务业纳税人取得资产或接受劳务时,应当按照《增值税会计处理规定》的相关规定对增值税相关业务进行会计处理;实际缴纳增值税时,按应纳税额借记"应交税费——未交增值税"等科目,按实际纳税金额贷记"银行存款"科目,按加计抵减的金额贷记"其他收益"科目。

精选例题

【例题25·简答题】A税务师事务所主要从事税务咨询、鉴证等工作,无其他业务。2020年1月税务咨询、鉴证实现不含税销售额为300万元,当月购买货物取得专票,不含税价为40万元。此外购进的办公用品等因管理不善丢失,账面价值20万元,其中15万元的办公用品为2019年2月购入,其余5万元为本月购入。请回答下列问题:

(1)该事务所是否可以享受加计抵减政策?如果要享受加计抵减政策需要办理什么手续?

(2)该事务所实际应该缴纳多少增值税?

(3)应如何进行账务处理?

答案

(1)A税务师事务所提供的税务咨询、鉴证服务属于现代服务,可以享受加计抵减政策。A税务师事务所提供的税务咨询、鉴证服务属于现代服务,其销售额比例占总销售额的比例为100%,超过50%,符合加计抵减条件。

即使A税务师事务所已经提交《适用加计抵减政策的声明》并为享受加计抵减政策的纳税人,在2021年,是否继续适用,应根据其2020年销售额确定,如果符合规定,需再次提交《适用加计抵减政策的声明》。

(2)当期可抵减加计抵减额=上期末加计抵减额余额+当期计提加计抵减额-当期调减加计抵减额

= 0 + 400 000 × 13% × 10% − 50 000 × 13%×10%

= 5 200−650

= 4 550(元)

【思路点拨】损失的15万元办公用品为2019年2月购入,当时未加计抵减,因此无须计提加计抵减额。

加计抵减前的应纳税额=300×6%−(40×13%−15×16%−5×13%)= 15.85(万元)

当期可抵减加计抵减额4 550元小于加计抵减前的应纳税额15.85万元,因此按照4 550元加计抵减。

实际应纳税额 = 158 500 − 4 550 = 153 950(元)

(3)账务处理。

月末:

借:应交税费——应交增值税(转出未交增值税) 158 500

  贷:应交税费——未交增值税 158 500

实际缴纳时:

借:应交税费——未交增值税 158 500

  贷:银行存款 153 950

    其他收益 4 550

(八)政策执行到期后的处理

加计抵减政策执行到期后,纳税人不再计提加计抵减额,结余的加计抵减额停止抵减。

真题精练(客观题)

(2020年多选题)关于增值税加计抵减政策的说法,正确的有( )。

---

* 此项为第二部分第4章内容,为了便于理解,特调整至本章。

A. 抵减前按一般计税方法计算的应纳税额等于零的,当期可抵减加计抵减额全部结转下期抵减

B. 抵减前按一般计税方法计算的应纳税额大于当期可抵减加计抵减额的,当期可抵减加计抵减额全部抵减

C. 抵减前按一般计税方法计算的应纳税额等于零的,当期可抵减加计抵减额不得结转下期抵减

D. 加计抵减政策执行到期后,结余的加计抵减额可继续抵减至零为止

E. 加计抵减政策执行到期后,结余的加计抵减额停止抵减

解析 ①抵减前的应纳税额等于零的,当期可抵减加计抵减额全部结转下期抵减;②抵减前的应纳税额大于零,且大于当期可抵减加计抵减额的,当期可抵减加计抵减额全额从抵减前的应纳税额中抵减;③抵减前的应纳税额大于零,且小于或等于当期可抵减加计抵减额的,以当期可抵减加计抵减额抵减应纳税额至零;未抵减完的当期可抵减加计抵减额,结转下期继续抵减;加计抵减政策执行到期后,纳税人不再计提加计抵减额,结余的加计抵减额停止抵减。因此 CD 不对,ABE 符合规定。

答案 ABE

九、预缴税款的规定及账务处理

扫我解疑难

(一)需要预缴增值税的四种情形(见表 2-33)★★★

表 2-33 需要预缴增值税的四种情形

情形	具体规定
提供建筑服务	**跨地级市**提供建筑服务或提供建筑服务收到预收款时预缴增值税
不动产经营租赁服务	不动产所在地与机构所在地不在同一县(市、区)的,向不动产所在地主管税务机关预缴增值税

续表

情形	具体规定
销售不动产	纳税人转让其取得的不动产,向不动产所在地主管税务机关预缴增值税
房地产开发企业销售开发产品	收到预收款时预缴增值税

【知识点拨】自 2017 年 7 月 1 日起,纳税人提供建筑服务取得预收款,应在收到预收款时,以取得的预收款扣除支付的分包款后的余额,按照规定的预征率预缴增值税。纳税人跨地级市提供建筑服务的,收到预收款时在建筑服务发生地预缴增值税;在本地级市范围内提供建筑服务的,收到预收款时在机构所在地预缴增值税。适用一般计税方法计税的项目预征率为 2%,适用简易计税方法计税的项目预征率为 3%。

(二)《增值税预缴税款表》填写注意事项

(1)预缴增值税时填写。

(2)"销售额"和"扣除金额"都按照含税金额填写。

(三)预缴税款的账务处理(见表 2-34)★★

表 2-34 预缴税款的账务处理

类型	账务处理
一般纳税人一般计税方法	借:应交税费——预交增值税 　　贷:银行存款
一般纳税人简易计税方法	借:应交税费——简易计税 　　贷:银行存款
小规模纳税人	借:应交税费——应交增值税 　　贷:银行存款

(四)预缴税款的抵减(见表 2-35)★★

表 2-35 预缴税款的抵减

一般企业	**月末**将"预交增值税"明细科目余额转入"未交增值税"明细科目 借:应交税费——未交增值税 　　贷:应交税费——预交增值税

续表

房地产开发企业	直至纳税义务发生时方可从"应交税费——预交增值税"科目结转至"应交税费——未交增值税"科目。
填表	附列资料(四)税额抵减情况表

【知识点拨】一般情况下,月末企业应将"预交增值税"明细科目余额转入"未交增值税"明细科目,借记"应交税费——未交增值税"科目,贷记"应交税费——预交增值税"科目。房地产开发企业等在预缴增值税后,应直至纳税义务发生时方可从"应交税费——预交增值税"科目结转至"应交税费——未交增值税"科目。

十、应纳税额的审核、增值税纳税申报表的填写及留抵退税

扫我解疑难

(一)应纳税额的审核 ★★★

1. 应纳税额的核算(见表2-36)

表2-36 应纳税额的核算

情形	账务处理
月份终了,对于当月发生的应交未缴增值税额	借:应交税费——应交增值税(转出未交增值税) 贷:应交税费——未交增值税
对于当月多缴的增值税额(真金白银多缴)	借:应交税费——未交增值税 贷:应交税费——应交增值税(转出多交增值税)
因当期销项税额小于当期进项税额不足抵扣时	其不足部分可以结转下期继续抵扣。月末无须进行账务处理

2. 增值税税控系统专用设备和技术维护费抵减增值税额的财税处理

(1)企业初次购买增值税税控系统专用设备支付的费用及每年缴纳的技术维护费允许在增值税应纳税额中全额抵减。

(2)申报表填写:主表第23栏"应纳税额减征额"。

(3)账务处理。

①购入时:
借:管理费用
　　贷:银行存款(应付账款)

②按规定抵减的增值税应纳税额
借:应交税费——应交增值税(减免税款)(一般纳税人)
　　或应交税费——应交增值税(小规模纳税人)
　　贷:管理费用

真题精练(客观题)

(2016年单选题)税务师受托对某公司增值税纳税情况进行审批,发现该公司下列税务处理错误的是( )。

A. 将交付他人代销的货物销售额并入应税销售额

B. 销售时已开具增值税普票的货物发生退货,向购买方开具红字增值税普票,冲减了应税销售额

C. 进项税额抵扣中,抵扣了为生产免税项目购进货物发生运费对应的增值税

D. 企业凭技术维护服务单位开具的技术维护费发票,将缴纳的防伪税控技术维护费在增值税应纳税额中全额抵减

解析 选项A,交付他人代销货物,属于视同销售行为,所以代销货物的销售额应并入应税销售额;选项B,纳税人发生销货退回时,按规定开具了红字发票后,冲减销售额,同时冲减销项税额;选项C,购进货物、交通运输服务用于免税项目,进项税额不得抵扣;选项D,增值税纳税人购买增值税税控系统专用设备(包括分开票机)支付的费用以及缴纳的技术维护费,可在增值税应纳税额中全额抵减。 答案 C

(二)计算应纳税额时销项税额不足抵扣进项税额的处理 ★★★

1. 结转下期继续抵扣

2. 增量留抵退税

(1)享受增量留抵退税的条件(见表2-37)。

表 2-37 享受增量留抵退税的条件

一般企业(2019.4.1 起)	部分先进制造业(2019.6.1 起) 先进制造业(2021.4.1 起)
①自 2019 年 4 月税款所属期起，连续六个月(按季纳税的，连续两个季度)增量留抵税额均大于零，且第六个月增量留抵税额不低于 50 万元	①增量留抵税额大于零
②纳税信用等级为 A 级或者 B 级	
③申请退税前 36 个月未发生骗取留抵退税、出口退税或虚开专票情形	
④申请退税前 36 个月未因偷税被税务机关处罚两次及以上的	
⑤自 2019 年 4 月 1 日起未享受即征即退、先征后返(退)政策的	

【知识点拨】部分先进制造业是指生产并销售非金属矿物制品、通用设备、专用设备及计算机、通信和其他电子设备销售额占全部销售额的比重超过 50% 的纳税人。

除上述"部分先进制造业"外，自 2021 年 4 月 1 日起，还包括医药，化学纤维、铁路、船舶、航空航天和其他运输设备，电气机械和器材，仪器仪表。与"部分先进制造业纳税人"统称为"先进制造业纳税人"。

(2)增量留抵税额的含义和可退税额计算(见表 2-38)。

表 2-38 增量留抵税额的含义和可退税额计算

	一般企业(2019.4.1 起)	部分先进制造业(2019.6.1 起) 先进制造业(2021.4.1 起)
增量留抵税额	与 2019 年 3 月底相比新增加的期末留抵税额	
允许退还的增量留抵税额	增量留抵税额×进项构成比例×60% 进项构成比例，为 2019 年 4 月至申请退税前一税款所属期内已抵扣的专票(含税控机动车销售统一发票)、海关进口增值税专用缴款书、解缴税款完税凭证注明的增值税额占同期全部已抵扣进项税额的比重。	增量留抵税额×进项构成比例

【知识点拨】一般企业和先进制造业在增量留抵退税中的差别之处：

(1)一般企业享受增量留抵退税的条件比先进制造业纳税人更为严格，主要体现在第一个条件上。

(2)一般企业在计算允许退还的增量留抵税额时需要打六折计算，而先进制造业纳税人不需要打折计算。

(3)留抵退税的账务处理(注：此项为第二部分第 4 章内容，为了便于理解，特调整至本章。)

取得退还的留抵税额时，借记"银行存款"科目，贷记"应交税费—应交增值税(进项税额转出)"科目。

(4)留抵退税对城建、教育费附加、地方教育附加计税(征)依据的影响(注：此项为第二部分第 4 章内容，为了便于理解，特调整至本章。)

对实行增值税期末留抵退税的纳税人，允许其从城市维护建设税、教育费附加和地方教育附加的计税(征)依据中扣除退还的增值税额。

(三)一般纳税人纳税申报表的填写

增值税纳税期限分别为 1 日、3 日、5 日、10 日、15 日、1 个月或者 1 个季度。其中以 1 个季度为纳税期限的规定适用于小规模纳税人、银行、财务公司、信托投资公司、信用社，以及财政部和国家税务总局规定的其他纳税人；不能按固定期限纳税的，可以按次纳税。

增值税纳税申报表主表的整体架构见表2-39。

表2-39 增值税纳税申报表主表的整体架构

栏次	项目名称	对应的附表项目	填写说明
销售额： 第1~10栏	按适用税率计税销售额	对应附表一第一部分：一般计税方法计税	（1）有差额计税项目的，销售额应填写<u>扣除之前</u>的<u>不含税</u>销售额； （2）"销售额"栏数据，包括视同销售货物和价外费用销售额； （3）享受增值税<u>即征即退</u>政策的货物、劳务和服务、不动产、无形资产，经纳税检查属于<u>偷税</u>的，不填入"即征即退项目"列，而应填入"<u>一般项目</u>"列； （4）第7栏"免、抵、退办法出口销售额"：填写纳税人本期适用免、抵、退办法的出口货物、劳务和服务、无形资产的销售额； （5）第8栏"免征销售额"：不包括适用免、抵、退税办法的销售额
	按简易办法计税销售额	对应附表一第二部分：简易计税方法计税	
	免、抵、退办法出口销售额	对应附表一第三部分：免抵退税 免抵退税申报表	
	免税销售额	对应附表一第四部分：免税	
税款计算： 第11~24栏	按适用税率计算的应纳税额 第11~20栏		第11栏"销项税额"： 有差额计税项目的，应填写<u>扣除之后</u>的销项税额
	简易征收办法计算的应纳税额 第21~22栏		第21栏"简易计税办法计算的应纳税额"：<u>不包括</u>按简易计税方法计算的<u>纳税检查应补缴税额</u>。 营业税改征增值税的纳税人，服务、不动产和无形资产按规定汇总计算缴纳增值税的分支机构，应将预征增值税额填入本栏。 预征增值税额=应预征增值税的销售额×预征率
	应纳税额减征额 第23栏		填写纳税人本期按照税法规定减征的增值税应纳税额。例如，初次购买税控专用设备和每年缴纳的技术维护费全额抵减的增值税；销售使用过的固定资产适用3%的征税率减按2%征收，减征的1%增值税等，填入本栏
税款缴纳： 第25~38栏	——		第27栏"本期已缴税额"<u>不包括本期入库查补税额</u>（反映在第37栏）

十一、建筑服务纳税申报和纳税审核

扫我解疑难

（一）一般纳税人可以选择简易计税的情形（见表2-40）★★★

表2-40 建筑业一般纳税人可以选择简易计税的情形

情形	含义
老项目	《建筑工程施工许可证》或建筑工程承包合同注明的合同<u>开工日期在2016.4.30之前</u>

续表

情形	含义
甲供工程	<u>全部或部分</u>设备、材料、动力由工程发包方自行采购的建筑工程
清包工	施工方不采购建筑工程所需的材料或只采购辅助材料，并收取人工费、管理费或者其他费用的建筑服务

【知识点拨1】自2017年7月1日起，建筑工程总承包单位为房屋建筑的地基与基础、主体结构提供工程服务，建设单位自行采购全部或部分钢材、混凝土、砌体材料、预制构件的，适用简易计税方法计税。即<u>此时只</u>

能适用简易计税方法计税,而不能选择一般计税方法。

【知识点拨2】出租建筑施工设备的税务处理。

(1)出租设备+配备操作人员:纳税人将建筑施工设备出租给他人使用并配备操作人员的,按照"建筑服务"缴纳增值税,税率9%;

(2)只出租设备,不配备操作人员的:按照"有形动产租赁服务"缴纳增值税,税率13%。

【知识点拨3】提供建筑服务的一般纳税人按规定适用或选择适用简易计税方法计税的,不再实行备案制。证明材料无需向税务机关报送,改为自行留存备查。

(二)计税方法(见表2-41)★★★

表2-41 建筑业纳税人的计税方法

项目	一般计税方法	简易计税方法
计税销售额	全额计税	差额计税:(全部价款和价外费用-支付的分包款) 注意:只允许减分包款
税率或征收率	9%	3%
收到预收款时预缴	不含税差额×2%	不含税差额×3%
进项税额	可抵进项税额	不得抵扣进项税额

【知识点拨1】纳税人提供建筑服务,按照规定允许从其取得的全部价款和价外费用中扣除的分包款,是指支付给分包方的全部价款和价外费用。

【知识点拨2】建筑服务简易计税时差额计税的账务处理:

(1)一般纳税人采用简易计税方法,应通过"应交税费——简易计税"核算;

(2)小规模纳税人采用简易计税方法,应通过"应交税费——应交增值税"核算。

(三)建筑业预缴税款的财税处理(见表2-42)★★★

表2-42 建筑业预缴税款的财税处理

要点		具体内容	
预缴地点	跨地级市提供建筑服务	建筑服务发生地	
	本地级市范围内提供建筑服务	机构所在地	
预缴金额	一般计税	差额÷1.09×2%	
	简易计税	差额÷1.03×3%	
账务处理	一般纳税人	一般计税	借:应交税费——预交增值税 贷:银行存款
		简易计税	借:应交税费——简易计税 贷:银行存款
	小规模纳税人		借:应交税费——应交增值税 贷:银行存款

【知识点拨】《增值税预缴税款表》填写注意事项。

(1)纳税人(不含其他个人)跨地级市提供建筑服务、收到预收款需要填写《增值税预缴税款表》;

(2)"销售额"和"扣除金额"都按照含税金额填写。

(四)不同阶段的财税处理★★★

1. 收到预收款时的财税处理

(1)会计上、企业所得税上不确认收入;

(2)未发生增值税纳税义务,但是需要预缴增值税;

(3)开具612编码的发票:建筑服务预收款;

(4)账务处理(见表2-43)。

表2-43 建筑服务收到预收款时的账务处理

情形	收到预收款	预缴时
一般纳税人一般计税	借:银行存款 　　贷:预收账款	借:应交税费——预交增值税 　　贷:银行存款
一般纳税人简易计税	借:银行存款 　　贷:预收账款	借:应交税费——简易计税 　　贷:银行存款
小规模纳税人	借:银行存款 　　贷:预收账款	借:应交税费——应交增值税 　　贷:银行存款

2. 施工过程中的财税处理

(1)采购材料等。

借:库存材料、周转材料(合同履约成本)等
　　应交税费——应交增值税(进项税额)(一般计税方法下)
　贷:银行存款、应付账款等

(2)支付分包工程款、机械设备租赁款的账务处理(见表2-44)。

表2-44 支付分包工程款、机械设备租赁款的账务处理

情形	账务处理
一般纳税人一般计税	借:合同履约成本等 　　应交税费——应交增值税(进项税额) 　贷:银行存款、应付账款等
一般纳税人简易计税	借:合同履约成本等 　　应交税费——简易计税(只针对分包,不包括其他部分) 　贷:银行存款、应付账款等
小规模纳税人	借:合同履约成本等 　　应交税费——应交增值税(只针对分包,不包括其他部分) 　贷:银行存款、应付账款等

(3)月末上报计量,业主给予批复(假设已到合同约定付款时间)的账务处理(见表2-45)。

表2-45 建筑服务月末上报计量、业主给予批复的账务处理

情形	账务处理
一般纳税人一般计税	借:应收账款、预收账款 　贷:合同结算(主营业务收入) 　　应交税费——应交增值税(销项税额)

续表

情形	账务处理
一般纳税人简易计税	借：应收账款、预收账款 　　贷：合同结算（主营业务收入） 　　　　应交税费——简易计税
小规模纳税人	借：应收账款、预收账款 　　贷：合同结算（主营业务收入） 　　　　应交税费——应交增值税

3. 工程完工，预留一定比例质保金、保证金

（1）纳税人提供建筑服务，被工程发包方从应支付的工程款中扣押的质押金、保证金，未开具发票的，以纳税人实际收到质押金、保证金的当天为纳税义务发生时间——即质押金、保证金，如果既未开发票，又未收款，增值税纳税义务未发生，但是会计上、企业所得税上需要根据完成的工作量确定收入。

（2）账务处理。

一般纳税人采用一般计税方法时，被工程发包方从应支付的工程款中扣押的质押金、保证金(未开票、未收款)的账务处理为：

借：应收账款
　　贷：合同结算（主营业务收入）
　　　　应交税费——待转销项税额

收到质押金、保证金时：

借：银行存款
　　贷：应收账款

借：应交税费——待转销项税额
　　贷：应交税费——应交增值税（销项税额）

（五）发票开具★★★

1. 增值税：总机构和分支机构不在同一县(市)的，应当分别向各自所在地的主管税务机关申报纳税；经批准，可以汇总纳税。

总公司、分公司：均为增值税纳税人。

项目部：不是增值税纳税人，但跨地级市提供建筑服务，需要在项目所在地预缴增值税，发票应该由总公司或者分公司开具。

2. 企业在预收工程款时，应该开具"6. 未发生销售行为的不征税项目"发票中的"建筑服务预收款"。

3. 建筑企业与发包方签订建筑合同后，以内部授权或者三方协议等方式，授权集团内其他纳税人(以下称"第三方")为发包方提供建筑服务，并由第三方直接与发包方结算工程款的，由第三方缴纳增值税并向发包方开具增值税发票，与发包方签订建筑合同的建筑企业不缴纳增值税。发包方可凭实际提供建筑服务的纳税人开具的专票抵扣进项税额。

十二、房地产开发企业纳税申报和纳税审核

扫我解疑难

（一）一般纳税人可以选择简易计税的情形★★★

1. 一般纳税人销售自行开发的房地产老项目，可以选择适用简易计税方法按照5%的征收率计税。

房地产老项目：《建筑工程施工许可证》或建筑工程承包合同注明的开工日期在2016年4月30日前的建筑工程项目。

2. 房地产开发企业中的一般纳税人以围填海方式取得土地并开发的房地产项目，围填海工程《建筑工程施工许可证》或建筑工程承包合同注明的围填海开工日期在2016年4月30日前的，属于房地产老项目，可以选择适用简易计税方法按照5%的征收率计算缴纳增值税。

3. 房地产开发企业中的一般纳税人购入未完工的房地产老项目继续开发后，以自己名义立项销售的不动产，属于房地产老项目，可选简易。

(二)计税方法(见表 2-46) ★★★

表 2-46 房地产开发企业的增值税计税方法

项目	一般计税方法	简易计税方法
计税销售额	差额计税:全部价款和价外费用-支付给政府部门的土地价款	全额计税
税率或征收率	9%	5%
进项税额	可以抵扣进项税额	不得抵扣进项税额

【知识点拨】
(1)允许扣除支付给政府部门的土地价款的政策仅限于房地产开发企业适用;
(2)仅限于一般计税项目;
(3)不是在支付土地价款时差额计税,而是在销售开发产品时才可以差额。

当期允许扣除的土地价款=(当期销售房地产项目建筑面积÷房地产项目可供销售建筑面积)×支付的土地价款

当期销售房地产项目建筑面积:当期进行纳税申报的增值税销售额对应的建筑面积——不包括预售面积。

(4)差额部分:支付给政府部门的土地价款。具体规定见表 2-47。

表 2-47 房地产开发企业允许扣除项目及原始凭证的要求

允许扣除项目	原始凭证的要求
①包括土地受让人向政府部门支付的征地和拆迁补偿费用、土地前期开发费用和土地出让收益等	应当取得省级以上(含省级)财政部门监(印)制的财政票据
②在取得土地时向其他单位或个人支付的拆迁补偿费用也允许在计算销售额时扣除	应提供拆迁协议、拆迁双方支付和取得拆迁补偿费用凭证等能够证明拆迁补偿费用真实性的材料
③取得土地使用权支付的契税等不得差额	

📝 真题精练(客观题)

(2017 年多选题)房地产开发企业中的增值税一般纳税人,销售其开发的房地产项目(选择简易计税的老项目除外),其销售额应以取得的全部价款和价外费用,扣除受让土地时支付的( )。
A. 向政府部门支付的征地费用
B. 向政府部门支付的拆迁补偿费用
C. 向建筑企业支付的土地前期开发费用
D. 向其他单位或个人支付的土地出让收益
E. 向其他单位或个人支付的拆迁补偿费用

解析 本题考核房地产开发企业差额计税的规定。
答案 ABE

发企业在销售其开发产品时,差额缴纳增值税的表述正确的有( )。
A. 如果采用简易计税方式,可以差额纳税
B. 支付给政府部门的土地价款,允许在计算销售额时扣除
C. 在取得土地时向其他单位或个人支付的拆迁补偿费用允许在计算销售额时扣除
D. 房地产开发企业应该在销售开发产品时差额计税
E. 房地产开发企业应该在支付土地价款时差额计税

解析 本题考核房地产开发企业差额纳税的有关规定。
答案 BCD

📝 精选例题

【例题 26·多选题】下列关于房地产开

(三)预缴税款的财税处理★★★

1. 预缴税款的计算

一般纳税人采取预收款方式销售自行开发的房地产项目,收到预收款时增值税纳税义务并未发生,按照3%的预征率预缴增值税。

房地产开发企业预缴税款计算见表2-48。

表2-48 房地产开发企业预缴税款计算

计税方法	预缴税款的计算
一般计税	应预缴税款=预收款÷(1+9%)×3%
简易计税	应预缴税款=预收款÷(1+5%)×3%

2. 一般纳税人预交税款的账务处理(见表2-49)

表2-49 一般纳税人预交税款的账务处理

计税方法	预缴税款的账务处理
一般计税	借:应交税费——预交增值税 　　贷:银行存款
简易计税	借:应交税费——简易计税 　　贷:银行存款

3.《增值税预缴税款表》填写注意事项

(1)纳税人预售开发产品时需要填写《增值税预缴税款表》;

(2)一般纳税人应在取得预收款的次月纳税申报期向主管税务机关预缴税款;

(3)"销售额"和"扣除金额"都按照含税金额填写。

4. 收到预收款时开具"6. 未发生销售行为的不征税项目"中的"602:销售自行开发的房地产项目预收款"。

5. 房地产开发企业预缴的增值税款,应直至纳税义务发生才允许抵减。

(四)不同阶段的财税处理★★★

1. 取得土地使用权的账务处理(见表2-50)

表2-50 房地产开发企业取得土地使用权的账务处理

计税方法	账务处理
一般计税	借:开发成本 　　贷:银行存款等 不体现差额纳税:销售开发产品时才差额纳税
简易计税	借:开发成本 　　贷:银行存款等

2. 预售时账务处理(见表2-51)

表2-51 房地产开发企业预售时账务处理

计税方法	收取预收款	预缴税款
一般计税	借:银行存款 　　贷:预收账款	借:应交税费——预交增值税 　　贷:银行存款 金额=预收账款÷1.09×3%

续表

计税方法	收取预收款	预缴税款
简易计税	借：银行存款 　贷：预收账款	借：应交税费——简易计税 　贷：银行存款 金额=预收账款÷1.05×3%

3. 将房屋交付业主的账务处理(见表2-52)

表 2-52　房地产开发企业将房屋交付业主的账务处理

计税方法	账务处理
一般计税和简易计税	原则：交付业主，确认收入，结转成本
一般计税	借：银行存款、预收账款 　贷：主营业务收入 　　　应交税费——应交增值税(销项税额) 结转预缴税款 借：应交税费——未交增值税 　贷：应交税费——预交增值税 处理销项税额抵减： 金额=按销售面积比例计算的土地价款÷1.09×9% 借：应交税费——应交增值税(销项税额抵减) 　贷：主营业务成本 因为随着产品销售，应抵减的销项税额已经随着开发成本转入开发产品，进而转入主营业务成本了
简易计税	借：银行存款、预收账款 　贷：主营业务收入 　　　应交税费——简易计税

十三、销售不动产的纳税申报和纳税审核

扫我解疑难

不包括房地产开发企业销售自行开发的房地产项目。

(一)自然人销售不动产(见图2-3)★★★

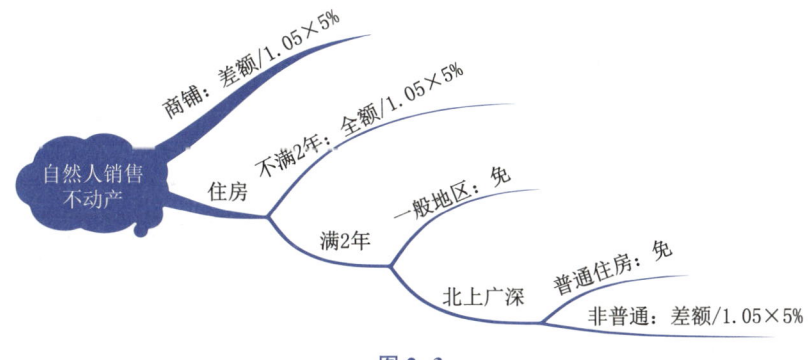

图 2-3

(二)除自然人销售不动产外，销售不动产的税务处理(见表2-53)★★★

表2-53 销售不动产的税务处理

	销售非自建不动产		销售自建不动产	
	简易计税方法	一般计税方法	简易计税方法	一般计税方法
计税依据	差额计税	全额计税	全额计税	全额计税
税率或征收率	5%	9%	5%	9%
预缴依据	差额/1.05×5%		全额/1.05×5%	
预缴地点	不动产所在地			
申报纳税	机构所在地			

【知识点拨1】对于表2-53，我们可以总结一句话：自建全额；非自建预缴差额，申报一般计税全额，简易计税差额。

具体解释是，如果纳税人销售自建不动产，无论采用何种计税方法，无论是预缴还是纳税申报，均全额计税；纳税人销售非自建不动产，无论采用何种计税方法，预缴时差额计税，纳税申报时如果采用一般计税方法，则全额计税；如果采用简易计税方法，则差额计税。

【知识点拨2】纳税人销售不动产时，何时采用一般计税方法？何时采用简易计税方法？

(1)小规模纳税人销售不动产，采用简易计税方法；

(2)一般纳税人销售营改增之前(2016年4月30日之前)取得的不动产，可以选择简易计税方法计税；一般纳税人销售营改增之后取得的不动产，只能采用一般计税方法计税。

📝 精选例题

【例题27·多选题】A工业企业系增值税一般纳税人，2021年4月销售转让其2014年购买的一幢写字楼，取得含税转让收入1 800万元。A企业2014年购买时的价格为700万元，保留有合法有效凭证。关于该项业务的税务处理，下列说法正确的有( )。

A. A企业可以选择简易计税方法依5%的征收率计算缴纳增值税

B. A企业应该在不动产所在地主管税务机关预缴增值税

C. A企业应该向机构所在地主管税务机关进行纳税申报

D. 一旦选择简易征收，应纳增值税为52.38万元

E. 一旦选择简易征收，应纳增值税为32.04万元

解析 ▶ 一旦选择简易征收，应纳增值税=(1 800-700)÷1.05×5%=52.38(万元)

答案 ▶ ABCD

十四、不动产经营租赁服务的纳税申报和纳税审核★★★

扫我解疑难

不动产经营租赁的税务处理见表2-54。

表2-54 不动产经营租赁的税务处理

	个人出租住房	可选简易	一般计税
税率或征收率	减按1.5%	5%	9%
预缴	租金/1.05×1.5%(如为自然人，则是缴纳)	租金/1.05×5%	租金/1.09×3%
预缴地点	不动产所在地		

续表

	个人出租住房	可选简易	一般计税
申报纳税	机构所在地(其他个人特殊)		

【知识点拨1】

(1)纳税人提供道路通行服务不适用不动产经营租赁的有关规定;

(2)上述政策是针对经营租赁而言的,对融资租赁不适用;

(3)动产所在地与机构所在地不管是否在同一县(市、区)的,均需要预缴增值税。

【知识点拨2】 个人出租住房

(1)个人出租住房,包括个体户和其他个人(自然人)出租住房两类情况。

(2)其他个人(自然人)出租不动产(包括住房与非住房),在不动产所在地纳税申报(申报、预缴合二为一)。

【知识点拨3】 纳税人出租不动产时,何时采用一般计税方法?何时采用简易计税方法?

(1)小规模纳税人出租不动产,采用简易计税方法;

(2)一般纳税人出租营改增之前(2016年4月30日之前)取得的不动产,可以选择简易计税方法计税;一般纳税人出租营改增之后取得的不动产,只能采用一般计税方法计税。

【知识点拨4】 租赁服务,在收到预收款时增值税纳税义务发生。

【知识点拨5】 2021年4月1日至2022年12月31日,小规模纳税人月销售额未超过15万元的,当期无需预缴税款。

📝 **真题精练(客观题)**

(2017年单选题)甲县某企业为增值税一般纳税人,2017年1月在乙县购进一商铺并将其出租,其取得的商铺租金收入应在乙县按( )预征率预缴。

A. 2%   B. 5%
C. 1.5%   D. 3%

解析 ▶ 一般纳税人出租其2016年5月1日后取得的不动产,适用一般计税方法计税。不动产所在地与机构所在地不在同一县(市、区)的,纳税人应按照3%的预征率预缴税款。   **答案** ▶ D

十五、金融服务纳税申报和纳税审核

扫我解疑难

(一)金融服务的范围★★

包括贷款服务、直接收费金融服务、保险服务和金融商品转让。

1. 贷款服务

(1)包括融资性售后回租——差额纳税;

(2)以货币资金投资收取的固定利润或者保底利润,按照贷款服务缴纳增值税。

2. 金融商品转让

(1)范围:转让外汇、有价证券、非货物期货和其他金融商品所有权的业务活动。

其他金融商品转让包括基金、信托、理财产品等各类资产管理产品和各种金融衍生品的转让。

(2)金融商品转让的税务处理见表2-55。

表2-55 金融商品转让的税务处理

时间	情形	账务处理
金融商品持有期间(含到期)取得的收益	保本收益	按贷款服务缴纳增值税
	非保本收益	不征收增值税
金融商品转让	企业转让金融商品取得的收益	按照买卖价差缴纳增值税
	个人转让金融商品取得的收益	免征增值税

(二)金融商品转让的计税依据★★

差额计税：按照卖出价扣除买入价后的余额为销售额。

(1)买入价：可以选择加权平均法或者移动加权平均法进行核算，选择后36个月内不得变更。

【知识点拨】限售股的买入价见表2-56。

表2-56 限售股的买入价

情形	买入价
上市公司实施股权分置改革时，在股票复牌之前形成的原非流通股股份，以及股票复牌首日至解禁日期间由上述股份孳生的送、转股	该上市公司完成股权分置改革后股票复牌首日的开盘价
公司首次公开发行股票并上市形成的限售股，以及上市首日至解禁日期间由上述股份孳生的送、转股	该上市公司股票首次公开发行(IPO)的发行价
因上市公司实施重大资产重组形成的限售股，以及股票复牌首日至解禁日期间由上述股份孳生的送、转股	该上市公司因重大资产重组股票停牌前一交易日的收盘价
单位将其持有的限售股在解禁流通后对外转让，按上述规定确定的买入价，低于该单位取得限售股的实际成本价的	实际成本价
纳税人无偿转让股票时，转出方以该股票的买入价为卖出价，在转入方将该股票再转让时	原转出方的卖出价

(2)正负差年内可以相抵，年末负差，不得转入下一年度。

(3)金融商品买卖不得开具专票。

真题精练（客观题）

(2020年多选题)纳税人转让通过多次购买持有的金融商品，可选择( )进行买入价的核算。

A. 先进先出法　　B. 移动加权平均法
C. 加权平均法　　D. 后进先出法
E. 个别计价法

解析 ▶ 对于多次购买的金融商品可以选择加权平均法或者移动加权平均法进行买入价核算。 答案 ▶ BC

(三)金融商品转让的账务处理(见表2-57)★★

表2-57 金融商品转让的账务处理

情形	账务处理
月末，产生转让收益	借：投资收益等科目 　　贷：应交税费——转让金融商品应交增值税
产生转让损失（按结转下月抵扣税额）	借：应交税费——转让金融商品应交增值税 　　贷：投资收益等

续表

情形	账务处理
缴纳增值税时	借：应交税费——转让金融商品应交增值税 　　贷：银行存款 注意："转让金融商品应交增值税"无须转入"未交增值税"中
年末，本科目如有借方余额	借：投资收益 　　贷：应交税费——转让金融商品应交增值税

(四)其他需要注意的税收政策★★

1. 资管产品运营过程中发生的增值税应税行为，以资管产品管理人为增值税纳税人。自2018年1月1日起，资管产品管理人运营资管产品过程中发生的增值税应税行为，暂适用简易计税方法，按照3%的征收率缴纳增值税。

2. 证券公司、保险公司、金融租赁公司、证券基金管理公司、证券投资基金以及其他经人民银行、银保监会、证监会批准成立且经营金融保险业务的机构发放贷款后，自结息日起90天内发生的应收未收利息按现行规定缴纳增值税，自结息日起90天后发生的应收未收利息暂不缴纳增值税，待实际收到利息时按规定缴纳增值税。

3. 自2018年1月1日起,金融机构开展贴现、转贴现业务,以其实际持有票据期间取得的利息收入作为贷款服务销售额计算缴纳增值税。

十六、税收优惠★★

扫我解疑难

(1)《增值税暂行条例》规定的免税项目。

①农业生产者销售的自产农产品。

②避孕药品和用具。

③直接用于科学研究、科学试验和教学的进口仪器、设备。

④外国政府、国际组织无偿援助的进口物资和设备。

⑤由残疾人的组织直接进口供残疾人专用的物品。

⑥销售自己使用过的物品。指其他个人自己使用过的物品。

(2)农膜免征增值税;批发和零售种子、种苗、化肥、农药、农机免征增值税;对纳税人生产销售、批发、零售有机肥产品免征增值税。

(3)自2012年1月1日起,对从事蔬菜批发、零售的纳税人销售的蔬菜,免征蔬菜流通环节增值税。

(4)自2012年10月1日起,免征部分鲜活肉蛋产品流通环节增值税。

(5)《营业税改征增值税试点过渡政策》规定的免税项目。

①托儿所、幼儿园提供的保育和教育服务。

②养老机构提供的养老服务。

③残疾人福利机构提供的育养服务。

④婚姻介绍服务。

⑤殡葬服务。

⑥残疾人员本人为社会提供的服务。

⑦医疗机构提供的医疗服务。

⑧从事学历教育的学校提供的教育服务。

⑨学生勤工俭学提供的服务。

⑩农业机耕、排灌、病虫害防治、植物保护、农牧保险以及相关技术培训业务,家禽、牲畜、水生动物的配种和疾病防治。

⑪纪念馆、博物馆、文化馆、文物保护单位管理机构、美术馆、展览馆、书画院、图书馆在自己的场所提供文化体育服务取得的第一道门票收入。

⑫个人转让著作权。

⑬个人销售自建自用住房。

⑭纳税人提供的直接或者间接国际货物运输代理服务。

⑮以下利息收入。

a. 国家助学贷款。

b. 国债、地方政府债。

c. 人民银行对金融机构的贷款。

d. 住房公积金管理中心用住房公积金在指定的委托银行发放的个人住房贷款。

⑯保险公司开办的一年期以上人身保险产品取得的保费收入。

⑰个人从事金融商品转让业务。

⑱金融同业往来利息收入。

⑲纳税人提供技术转让、技术开发和与之相关的技术咨询、技术服务。

⑳满足条件的合同能源管理服务。

㉑家政服务企业由员工制家政服务员提供家政服务取得的收入。

㉒福利彩票、体育彩票的发行收入。

㉓军队空余房产租赁收入。

㉔企业、行政事业单位按房改成本价、标准价出售住房取得的收入。

㉕将土地使用权转让给农业生产者用于农业生产。

㉖涉及家庭财产分割的个人无偿转让不动产、土地使用权。

㉗随军家属就业。

㉘军队转业干部就业。

(6)其他减免税项目。

①为支持小微企业发展,2021年4月1日至2022年12月31日对月销售额不超过15万元(季度销售额不超过45万元)的增值

税小规模纳税人，免征增值税。

②自2016年5月1日起，社会团体收取的会费，免征增值税。2017年12月25日前已征的增值税，可抵减以后月份应缴纳的增值税，或办理退税。

③扶贫货物捐赠免征增值税。

自2019年1月1日至2022年12月31日，对单位或者个体户将自产、委托加工或购买的货物通过公益性社会组织、县级及以上人民政府及其组成部门和直属机构，或直接无偿捐赠给目标脱贫地区的单位和个人，免征增值税。在政策执行期限内，目标脱贫地区实现脱贫的，可继续适用上述政策。

十七、小规模纳税人应纳税额的计算、审核

扫我解疑难

（一）销售额的审核★★

1. 销售额为不含税销售额、含价外费用的销售额

销售额=含税销售额÷(1+征收率)

2. 应税销售额扣除的审核

小规模纳税人可以差额纳税的情形及可以扣除的项目见表2-58。

表2-58 小规模纳税人可以差额纳税的情形及可以扣除的项目

情形	可以扣除的项目
金融商品转让	买入价
经纪代理服务	向委托方收取并代为支付的政府性基金或者行政事业性收费
旅游服务	向旅游服务购买方收取并支付给其他单位或者个人的住宿费、餐饮费、交通费、签证费、门票费和支付给其他接团旅游企业的旅游费用
销售不动产	不动产购置原价或者取得不动产时的作价
建筑服务	支付的分包款
劳务派遣	代用工单位支付给劳务派遣员工的工资、福利和为其办理的社会保险及住房公积金
自来水水费	提供物业管理服务的纳税人，向服务接受方收取的自来水水费：扣除对外支付的自来水水费
境外航段机票代理服务	向客户收取并支付给其他单位或者个人的境外航段机票结算款和相关费用

（二）征收率的审核★★

小规模纳税人适用的征收率见表2-59。

表2-59 小规模纳税人适用的征收率

情形	征收率
一般情况	3%
销售不动产；租赁不动产等	5%
个人出租住房	减按1.5%
销售使用过的固定资产	可以减按2%

（三）全额抵减的规定★★

自2011年12月1日起，增值税纳税人初次购买增值税税控系统专用设备支付的费用以及缴纳的技术维护费可在增值税应纳税额中全额抵减。

（四）销售自己使用过的固定资产★★

小规模纳税人销售自己使用过的固定资产的税务处理见表2-60。

表2-60 小规模纳税人销售自己使用过的固定资产的税务处理

税务处理	应纳税额	发票开具
减按2%的征收率征收增值税	含税销售额÷(1+3%)×2%	不得由税务机关代开专票
可以放弃减税	含税销售额÷(1+3%)×3%	可以代开专票

(五)账务处理★★

借：应收账款、应收票据、银行存款等
　　贷：主营业务收入、其他业务收入等
　　　　应交税费——应交增值税

此外小规模纳税人可以根据需要设置"转让金融商品应交增值税""代扣代交增值税"明细科目。

十八、消费税的征税范围与征税环节

扫我解疑难

(一)消费税的征税范围(见表2-61)★★

表2-61　消费税的征税范围

税目	子目	注释
一、烟	1. 卷烟 2. 雪茄烟 3. 烟丝	(1)卷烟复合计税； (2)卷烟批发环节加征消费税
二、酒	1. 白酒 2. 黄酒 3. 啤酒 4. 其他酒	(1)果啤属于啤酒； (2)调味料酒不征消费税； (3)符合条件的配制酒按其他酒适用税率征收消费税； (4)其他配制酒按白酒税率征收消费税
三、高档化妆品	包括成套化妆品	不包括舞台、戏剧、影视演员化妆用的上妆油、卸妆油、油彩
四、贵重首饰及珠宝玉石	—	金银首饰、铂金首饰、钻石及钻石饰品，在零售环节征收消费税
五、鞭炮、焰火	—	体育上用的发令纸、鞭炮引线，不按本税目征收
六、成品油	包括汽油、柴油等7个子目	航空煤油暂缓征收消费税
七、摩托车	气缸容量≥250毫升	气缸容量<250毫升不征消费税
八、小汽车	—	(1)零售价格130万元(不含增值税)及以上的超豪华小汽车在零售环节加征消费税； (2)电动汽车不属于本税目征收范围； (3)货车或厢式货车改装生产的商务车、卫星通讯车等专用汽车不征消费税
九、高尔夫球及球具	—	—
十、高档手表	—	销售价格(不含增值税)每只10 000元(含)以上
十一、游艇	—	游艇中的无动力艇和帆艇不属于本税目的范围
十二、木制一次性筷子	—	—
十三、实木地板	—	—
十四、电池	—	—
十五、涂料	—	—

【知识点拨】

(1) 2014年12月1日起，酒精、汽车轮胎不再征收消费税。

(2) 2015年2月1日起，增加电池、涂料税目。

(3) 2016年10月1日起，"化妆品"改为"高档化妆品"，税率由30%调整为15%。

"高档化妆品"征收范围包括高档美容、修饰类化妆品、高档护肤类化妆品和成套化妆品。高档美容、修饰类化妆品和高档护肤类化妆品是指生产(进口)环节销售(完税)价格(不含增值税)在10元/毫升(克)或15元/片(张)及以上的美容、修饰类化妆品和护肤类化妆品。

(4) 2016年12月1日起，对"超豪华小汽车"在零售环节加征10%的消费税。

征收范围为每辆不含增值税零售价格130万元及以上的乘用车和中轻型商用客车，即乘用车和中轻型商用客车子税目中的超豪华小汽车。

(5) 注意卷烟与雪茄烟、烟丝的不同，只有卷烟复合计税，并且在批发环节加征一道消费税，而雪茄烟、烟丝是比例税率，而且只在生产、委托加工、进口环节征税，在批发环节不加征消费税。

◆ **真题精练（客观题）**

(2017年单选题) 下列选项中应征消费税的是( )。

A. 涂料　　　　B. 高档家用电器
C. 电动自行车　D. 实木家具

解析 ▶ 选项BCD不属于消费税的征税范围。

答案 ▶ A

◆ **精选例题**

【例题28·单选题】下列不征收消费税的产品是( )。

A. 配制酒　　B. 调味料酒
C. 黄酒　　　D. 果啤

解析 ▶ 调味料酒不征消费税。　**答案** ▶ B

【例题29·单选题】某筷子生产企业为增值税一般纳税人。2021年3月取得不含税销售额如下：销售烫花木制筷子15万元；销售竹制筷子18万元；销售木制一次性筷子12万元。另外没收逾期未退还的木制一次性筷子包装物押金0.23万元，该押金于2020年3月收取。已知消费税税率为5%，则该企业当月应纳消费税( )万元。

A. 0.609 8
B. 0.610 2
C. 2.259 9
D. 2.261 5

解析 ▶ 只有木制一次性筷子才属于消费税征税范围，对应的逾期包装物押金也要计算消费税。

应纳消费税 = 12×5% + 0.23÷1.13×5% = 0.610 2(万元)

答案 ▶ B

(二) 消费税的征税环节(见表2-62) ★★

表2-62　消费税的征税环节

消费品	征税环节
金银首饰、铂金首饰、钻石及钻石饰品	零售环节纳税，其他环节不纳税
卷烟	生产、委托加工、进口+批发
超豪华小汽车	生产、委托加工、进口+零售（含进口自用，加征10%）
其他应税消费品	生产、委托加工、进口缴纳

◆ **真题精练（客观题）**

(2018年单选题) 下列不发生消费税的纳税义务的是( )。

A. 汽车销售公司销售超豪华小汽车
B. 首饰店销售金银首饰
C. 卷烟批发商销售卷烟给零售商
D. 礼品店销售高档手表

解析 ▶ 选项D，高档手表在生产销售环节缴纳消费税，零售环节无需缴纳消费税。

答案 ▶ D

(三) 税率 ★★

消费税的具体税率无需记忆，考试中会给出，但需要注意消费税的税率形式(见表2-63)。

表 2-63 消费税的税率形式

消费品	税率形式
啤酒、黄酒、成品油	从量定额
卷烟(含批发环节)、白酒(粮食白酒和薯类白酒)	复合征税
其他应税消费品	从价定率

注意：2015 年 5 月 10 日起，将卷烟批发环节从价税税率由 5%提高至 11%，并按 0.005 元/支加征从量税

【知识点拨】从高适用税率的情况：

(1)纳税人兼营不同税率的应税消费品，应当分别核算不同税率应税消费品的销售额或销售数量，未分别核算的，按最高税率征税。

(2)纳税人将应税消费品与非应税消费品以及适用不同税率的应税消费品组成成套消费品销售的，应根据组合产制品的销售金额按应税消费品中适用最高税率的消费品税率征税——无论是否分开核算，都按最高税率。

📝 精选例题

【例题 30·多选题】实行从量定额和从价定率相结合计算应纳消费税的消费品有( )。

A. 啤酒　　　　B. 黄酒
C. 粮食白酒　　D. 卷烟
E. 果木酒

解析 ▶ 选项 AB 从量计征消费税，选项 E 从价计征消费税。　　答案 ▶ CD

十九、消费税应纳税额的计算及账务处理

扫我解疑难

(一)消费税应纳税额的计算方法(见表 2-64)★★

表 2-64 消费税应纳税额的计算方法

计算方法	应纳税额
从量定额 (成品油、啤酒、黄酒)	应纳税额=销售数量×单位税额 (1)销售：应税消费品的销售数量。纳税人通过自设非独立核算门市部销售自产消费品的，应按门市部对外销售数量征收消费税； (2)自产自用：应税消费品的移送使用数量； (3)委托加工：为纳税人收回的应税消费品数量； (4)进口：为海关核定的应税消费品进口征税数量
从价定率	销售额×适用税率
复合计税 (卷烟、白酒)	销售额×适用税率+课税数量×单位税额

【知识点拨】

(1)代理消费税的纳税申报与审核可与增值税同步进行，尤其是采用从价定率征收办法的应税消费品，因其计税依据都是含消费税、不含增值税的销售额。

(2)考试可能将增值税和消费税的账务处理、纳税审核放在一起以综合分析题和简答题的形式考查。

(二)销售自产应税消费品★★

1. 视为应税消费品的生产行为

工业企业以外的单位和个人的下列行为视为应税消费品的生产行为，按规定征收消费税。

(1)将外购的消费税非应税产品以消费税应税产品对外销售的；

(2)将外购的消费税低税率应税产品以高

税率应税产品对外销售的。

2. 销售额的确定

(1)一般规定：应税消费品的销售额包括销售应税消费品从购买方收取的全部价款和价外费用。

(2)"销售额"不包括向购买方收取的增值税税额。

对于从价定率征收消费税的应税消费品，计算消费税的销售额与计算增值税的销售额一般是一致的。

应税消费品的销售额 = 含增值税的销售额÷(1+增值税税率或征收率)

(3)白酒生产企业向商业销售单位收取的"品牌使用费"应并入白酒的销售额中缴纳消费税。

真题精练（客观题）

（2016年单选题）税务师审核某消费税应税消费品生产企业纳税情况时，发现企业在销售应税消费品时，除了收取价款外，还向购货方收取了其他费用，按照现行税法规定，下列费用中不应并入应税销售额中计税的是( )。

A. 将承运部门开具的运费发票转交给购买方而向购买方收取的代垫运费

B. 因采用新的包装材料而向购买方收取的包装费

C. 因物价上涨，购货方向买方收取的差价补贴

D. 购货方违约延期付款支付的利息

解析 销售额包括向购买方收取的全部价款和价外费用。价外费用不包括同时符合两项条件的运费：(1)承运部门的运费发票开具给购货方的；(2)纳税人将该项发票转交给购货方的。选项 A 属于不包括在内的代垫运输费用，不应并入应税销售额中计税。

答案 A

精选例题

【例题 31 · 多选题】纳税人销售应税消费品收取的下列款项，应计入消费税计税依据的有( )。

A. 集资款
B. 增值税销项税额
C. 未逾期的啤酒包装物押金
D. 白酒品牌使用费
E. 装卸费

解析 选项 ADE，集资款、白酒品牌使用费和装卸费属于价外费用，要并入计税依据计算消费税；选项 B，增值税销项税额不需要并入消费税的计税依据；选项 C，啤酒从量计征消费税，包装物押金不计算消费税。

答案 ADE

3. 销售自产应税消费品的账务处理

纳税人用应税消费品换取生产资料和消费资料、支付代购手续费等也视为销售行为。

(1)确认销售收入，并计提增值税销项税额。

(2)计提应纳消费税额：

借：税金及附加
　　贷：应交税费——应交消费税

4. 包装物缴纳消费税的规定及账务处理（见表2-65）

表 2-65 包装物缴纳消费税的规定及账务处理

	税法规定	具体情形	账务处理
销售包装物	应税消费品连同包装销售的，无论包装物是否单独计价，均应并入应税消费品的销售额中缴纳消费税	随同产品销售且不单独计价的包装物	收入记入"主营业务收入"，消费税记入"税金及附加"
		随同产品销售但单独计价的包装物	收入记入"其他业务收入"，消费税记入"税金及附加"

续表

税法规定	具体情形	账务处理
包装物押金 - 一般商品	收取时，不缴纳消费税和增值税 逾期时，缴纳消费税和增值税	(1)收取时： 借：银行存款 　　贷：其他应付款 (2)逾期时： 借：其他应付款 　　贷：其他业务收入 　　　　应交税费——应交增值税(销项税额) 应交纳的消费税： 借：税金及附加 　　贷：应交税费——应交消费税
包装物押金 - 啤酒、黄酒以外的其他酒类产品	在收取押金时计征消费税和增值税	(1)收取时： 借：银行存款 　　贷：其他应付款 借：其他应付款 　　贷：应交税费——应交增值税(销项税额) 　　　　应交税费——应交消费税 (2)逾期时： 借：其他应付款 　　税金及附加 　　贷：其他业务收入
包装物已作价随同产品销售，但为促使购货人将包装物退回而另外收取的押金	在包装物逾期未收回，没收押金时	借：其他应付款 　　贷：应交税费——应交增值税(销项税额) 　　　　应交税费——应交消费税 　　　　营业外收入

精选例题

【例题32·简答题】某企业2021年2月销售白酒不含税价10 000元，另收取包装物押金1 000元，消费税税率20%，从量计征的消费税500元。企业本月应如何进行账务处理？

答案

(1)收取款项时

借：银行存款　　　　　　　　　12 300
　　贷：主营业务收入　　　　　10 000
　　　　应交税费——应交增值税(销项税额)　　　　1 300
　　　　其他应付款　　　　　　1 000

(2)押金增值税的账务处理

借：其他应付款
　　115.04(1 000÷1.13×13%)
　　贷：应交税费——应交增值税(销项税额)　　　　115.04

(3)销售额及押金的消费税的账务处理

借：税金及附加
　　2 500(10 000×20%+500)
　　其他应付款
　　176.99(1 000÷1.13×20%)
　　贷：应交税费——应交消费税
　　　　2 676.99

【例题33·简答题】2021年3月某生产企业(一般纳税人)向当地商城销售高尔夫球具10套，不含增值税销售单价为1 000元/套，随同高尔夫球具销售出借的包装物的押金是600元。2021年6月包装物押金逾期，押金不退。请对此业务做相应的会计分录。(消费税税率为10%)

答案

销售时：

借：银行存款　　　　　　　11 300
　　贷：主营业务收入
　　　　　　　　10 000（10×1 000）
　　　　应交税费——应交增值税（销项税额）　　　　　　　　　1 300
借：银行存款　　　　　　　　600
　　贷：其他应付款　　　　　　600
借：税金及附加　　　　　　1 000
　　贷：应交税费——应交消费税 1 000

2021 年 6 月包装物逾期，没收押金时：

借：其他应付款　　　　　　　600
　　贷：其他业务收入　　　　530.97
　　　　应交税费——应交增值税（销项税额）
　　　　　　69.03［600÷（1+13%）×13%］
借：税金及附加
　　　　　53.10［600÷（1+13%）×10%］
　　贷：应交税费——应交消费税 53.10

【例题 34·简答题】2020 年 5 月某生产企业（一般纳税人）向当地娱乐城及商业机构销售葡萄酒 10 吨，不含税单价为 1 000 元/吨，随同葡萄酒销售的包装物不含税收入是 600 元，另收取了包装物的押金 113 元，双方约定 6 个月内归还包装物。到期后包装物未收回，押金不退。请对此业务做相应的会计分录（消费税税率为 10%）。

答案

销售时：

借：银行存款　　　　　　　11 978
　　贷：主营业务收入
　　　　　　　　10 000（10×1 000）
　　　　其他业务收入　　　　　600
　　　　应交税费——应交增值税（销项税额）
　　　　　　1 378［（10 000+600）×13%］
借：银行存款　　　　　　　　113
　　贷：其他应付款　　　　　　113
借：其他应付款　　　　　　　 13
　　贷：应交税费——应交增值税（销项税额）
　　　　　　　　　　　　　　　13
借：税金及附加
　　　1 060（10 000×10%+600×10%）
　　其他应付款10（113÷1.13×10%）
　　贷：应交税费——应交消费税 1 070

押金逾期时：

借：其他应付款　　　90（113-13-10）
　　贷：营业外收入　　　　　　 90

5. 应税消费品以物易物、以货抵债、投资入股的税务处理（非常重要，考试中经常涉及）

纳税人将应税消费品用于换取生产资料和消费资料、投资入股和抵偿债务（简称"换抵投"）等方面，应按纳税人同类应税消费品的**最高**销售价格作为消费税的计税依据。用于上述四项用途的货物确认的消费税、增值税、企业所得税的计税依据见表 2-66。

表 2-66　四项用途下消费税、增值税、企业所得税的计税依据

税种	计税依据
消费税	最高销售价格
增值税	平均售价
企业所得税	平均售价

以物易物在不同情形下的账务处理见表 2-67。

表 2-67 以物易物的账务处理

情形	账务处理
具有商业实质，且换入资产与换出资产的公允价值能够可靠计量的：按换出资产的公允价值作为换入资产的成本	(1)确认收入： 借：长期股权投资、原材料、应付账款等 　　贷：主营业务收入 　　　　应交税费——应交增值税(销项税额)(按平均售价计算) (2)计提消费税： 借：税金及附加 　　贷：应交税费——应交消费税(按最高售价计算)
不符合上述条件：以换出资产的账面价值为基础确定换入资产的成本	借：长期股权投资、原材料、应付账款等 　　贷：库存商品(按成本核算) 　　　　应交税费——应交增值税(销项税额)(按平均售价计算销项) 　　　　应交税费——应交消费税(按最高售价计算)

精选例题

【例题 35·单选题】某化妆品生产企业为增值税一般纳税人，2021 年 1 月将自产的高档化妆品与某商场进行商品交换，用 5 箱高档化妆品折价 10 万元(不含税)换进劳保用品一批。已知该化妆品本月最高不含税售价是每箱 3 万元，平均不含税售价是每箱 2.5 万元。则该批高档化妆品交换商品应缴纳消费税( )万元。(化妆品的消费税税率为 15%)

A. 0　　　　　B. 2.25
C. 1.875　　　D. 4.50

解析 ▶ 应纳消费税 = 3×5×15% = 2.25 (万元)

答案 ▶ B

6. 关联企业转让定价审核要点

价格明显偏低，无正当理由的，进行纳税调整。方法：
①按独立企业之间进行相同或类似业务活动的价格；
②按照销售给无关联关系的第三者的价格所应取得的收入和利润水平；
③按成本加合理的费用和利润；
④按照其他合理方法。

7. 白酒消费税最低计税价格的规定

白酒消费税最低计税价格核定标准如下表 2-68。

表 2-68 白酒消费税最低计税价格的核定标准

情形	税务处理
①白酒生产企业销售给销售单位的白酒，生产企业消费税计税价格高于销售单位对外销售价格 70%(含 70%)以上的	税务机关暂不核定消费税最低计税价格
②白酒生产企业销售给销售单位的白酒，生产企业消费税计税价格低于销售单位对外销售价格 70% 以下的	消费税最低计税价格由税务机关根据生产规模、白酒品牌、利润水平等情况在销售单位对外销售价格 50% 至 70% 范围内自行核定
其中生产规模较大、利润水平较高的企业生产的需要核定消费税最低计税价格的白酒	税务机关核价幅度原则上应选择在销售单位对外销售价格 60% 至 70% 范围内
③已核定最低计税价格的白酒，生产企业实际销售价格高于消费税最低计税价格的	按实际销售价格申报纳税
实际销售价格低于消费税最低计税价格的	按最低计税价格申报纳税

续表

情形	税务处理
④已核定最低计税价格的白酒，销售单位对外销售价格持续上涨或下降时间达到 3 个月以上、累计上涨或下降幅度在 20%(含)以上的白酒	税务机关重新核定最低计税价格

【知识点拨 1】销售单位的含义。

(1)销售单位：销售公司、购销公司以及委托境内其他单位或个人包销本企业生产白酒的商业机构；

(2)销售公司、购销公司：专门购进并销售白酒生产企业生产的白酒，并与该白酒生产企业存在关联性质；

(3)包销：销售单位依据协定价格从白酒生产企业购进白酒，同时承担大部分包装材料等成本费用，并负责销售白酒。

【知识点拨 2】对于生产企业销售白酒，消费税有最低计税价格的规定；增值税无最低计税价格的规定。

(三)自产自用应税消费品 ★★

1. 纳税的规定

(1)用于连续生产应税消费品的：不纳税；

(2)用于其他方面的：应于移送使用时纳税。

2. 销售额的确定——顺序(先售价，后组价)

(1)同类产品售价；

(2)组成计税价格：

组成计税价格 = 成本 + 利润 + 消费税税额

适用不同消费税征税方式的，自产应税消费品组成计税价格的确定具体见表 2-69。

表 2-69 自产应税消费品组成计税价格的确定

征税方式	消费税	增值税	成本利润率
从价定率	(成本+利润)÷(1−消费税比例税率)		按消费税中成本利润率
从量定额（啤酒、黄酒、成品油）	按销售数量征消费税	成本+利润+消费税税额	10%
复合计税	(成本+利润+自产自用数量×消费税定额税率)÷(1−消费税比例税率)		按消费税中成本利润率

3. 账务处理

(1)会计上做收入的：消费税通过"税金及附加"核算。

(2)会计上未做收入的：消费税不能列入收入的备抵科目"税金及附加"，只能由有关科目来负担。

📝 精选例题

【例题 36·单选题】某酒厂 2021 年 3 月份生产一种新的粮食白酒，企业用于招待客户使用 0.2 吨，已知该种白酒无同类产品出厂价，生产成本每吨 35 000 元，成本利润率为 10%，粮食白酒定额税率为每斤 0.5 元，比例税率为 20%。当月应缴纳消费税( )元。

A. 2 175　　　　B. 2 125

C. 2 135　　　　D. 2 210

解析 ▶ 组成计税价格 = [0.2×35 000×(1+10%)+200]÷(1−20%) = 9 875(元)

应纳消费税 = 9 875×20% + 0.2×2 000×0.5 = 2 175(元)

验算：组成计税价格 = 0.2×35 000×(1+10%)+2 175 = 9 875(元)，说明计算是正确的。

答案 ▶ A

(四)委托加工应税消费品 ★★

1. 注意审查是否属于假委托加工

(1)委托加工：由委托方提供原料和主要材料，受托方只收取加工费和代垫部分辅助材料加工的应税消费品。

(2)不属于委托加工的情形。

①由受托方提供原材料生产的应税消费品；

②受托方先将原材料卖给委托方，然后再接受加工的应税消费品；

③由受托方以委托方名义购进原材料生产的应税消费品。

2. 委托加工如何纳税

委托加工应税消费品的税务处理见表2-70。

表2-70　委托加工应税消费品的税务处理

税种	委托方	受托方
增值税	增值税的负税人	增值税的纳税人（提供加工劳务）
消费税	消费税的纳税人	除个体经营者外，代收代缴消费税
	如果受托方是个体经营者，委托方须在收回加工应税消费品后向所在地主管税务机关缴纳消费税。 如果受托方没有代收代缴消费税，委托方应补缴税款，补税的计税依据为： (1)已直接销售的：按销售额计税； (2)未销售或不能直接销售的：按照受托方同类消费品销售价格计税；否则按组价计税	

【知识点拨】委托加工应税消费品，一般是由受托方办理代收代缴消费税的申报。委托个人加工的应税消费品，由委托方收回后缴纳消费税。

3. 委托加工的计税依据

(1)增值税——加工费用。

(2)消费税——四个字：顺序、组价。

委托加工消费税的计税依据见表2-71。

表2-71　委托加工消费税的计税依据

第一顺序	第二顺序	
受托方同类应税消费品的售价	从价定率	（材料成本+加工费）÷(1-消费税比例税率)
	复合计税	（材料成本+加工费+委托加工数量×消费税定额税率）÷(1-消费税比例税率)
	材料成本：不含增值税的材料成本； 加工费：包括代垫辅助材料的成本，但是不包括随加工费收取的增值税和代收代缴的消费税	

4. 委托方将收回的应税消费品销售的税务处理（见表2-72）

表2-72　委托方将收回的应税消费品销售的税务处理

类型	界定	税务处理
直接出售	以不高于受托方的计税价格出售的	不再缴纳消费税
非直接出售	委托方以高于受托方的计税价格出售的	按规定缴纳消费税，在计税时准予扣除受托方已代收代缴的消费税

5. 账务处理

委托方收回应税消费品的账务处理见表2-73和表2-74。

表 2-73 委托方收回应税消费品的账务处理

用途	税收政策	对账务处理的影响
委托方将委托加工产品收回后用于销售的	直接出售：不再缴纳消费税	将受托方代收代缴的消费税计入委托加工的应税消费品成本 借：委托加工物资等 　　贷：应付账款、银行存款等
	以高于受托方的计税价格出售的：缴纳消费税；可扣除受托方已代收代缴的消费税	受托方代收代缴的消费税记入"应交税费——应交消费税"科目的借方，待最终应税消费品缴纳消费税时予以抵扣
委托加工产品收回后用于连续生产产品	已纳税款按规定准予抵扣的	将受托方代收代缴的消费税记入"应交税费——应交消费税"科目的借方，待最终应税消费品缴纳消费税时予以抵扣
	不予抵扣的	将受托方代收代缴的消费税计入委托加工的应税消费品成本

表 2-74 委托方收回应税消费品账务处理的关键点

类别	具体情形	账务处理
上个环节已纳消费税可抵	非直接出售；用于连续生产应税消费品：可抵消费税的情形	"应交税费——应交消费税"借方
上个环节已纳消费税不可抵	直接出售；用于生产非应税消费品：不可抵消费税的情形	计入"委托加工物资"

委托加工物资成本的构成见表 2-75。

表 2-75 "委托加工物资"成本的构成

计入"委托加工物资"成本	不计入"委托加工物资"成本
发出的用于委托加工物资的材料	—
支付的委托加工费	—
随同加工费支付的、不得抵扣的增值税	随同加工费支付的、可以抵扣的增值税进项税额
不得抵扣的消费税	可以抵扣的消费税

真题精练（客观题）

1. （2020年单选题）关于消费税的说法，正确的是（　）。
   A. 自产自用的应税消费品用于连续生产应税消费品的，于领用时纳税
   B. 委托方收回委托加工的已税消费品，以不高于受托方的计税价格出售的，不再缴纳消费税
   C. 纳税人将不同税率的应税消费品组成套消费品销售的，应当分别核算，分别适用税率
   D. 纳税人兼营不同税率的应税消费品，从高适用税率计算消费税

   解析 选项A，自产自用的应税消费品用于连续生产应税消费品的，不需要缴纳消费税；选项C，纳税人将不同税率的应税消费品组成成套消费品销售的，从高适用税率；选项D，纳税人兼营不同税率的应税消费品，应分开核算，未分别核算的，从高适用税率。 **答案** B

2. （2017年多选题）某卷烟厂（增值税一般纳税人）委托其他企业加工烟丝，收回后用于生产卷烟，下列项目中应计入收回烟丝成本的有（　）。

A. 随同加工费支付的专票注明的增值税
B. 加工企业代收代缴的消费税
C. 随同加工费支付的取得普票的增值税
D. 支付的委托加工费
E. 发出用于委托加工烟丝的材料成本

解析 委托加工应税消费品的加工费和材料成本计入烟丝成本，取得普票不得抵扣增值税，可以计入成本。　　**答案** CDE

精选例题

【例题37·多选题】2020年12月，某市化妆品公司A由于生产能力饱和，委托该市另一家化妆品生产企业B(一般纳税人)加工一批高档化妆品，发出委托加工材料成本50 000元，支付加工费6 000元，增值税780元，取得专票。受托方B无同类型化妆品销售。当月末，该批化妆品生产完毕，A化妆品公司收回，直接按100 000元不含税的价格销售出去，货款已经收到。关于此项业务A化妆品公司的会计分录正确的有(　　)。(高档化妆品消费税税率为15%)

A. 支付加工费、增值税
　借：委托加工物资　　　　　 6 000
　　　应交税费——应交增值税(进项税额)　　　　　　　　　 780
　　贷：银行存款　　　　　　 6 780
B. 支付代收代缴的消费税
　借：委托加工物资　　　 9 882.35
　　贷：银行存款　　　　　 9 882.35
C. 化妆品对外销售缴纳的消费税
　借：税金及附加　　　　　 15 000
　　贷：应交税费——应交消费税
　　　　　　　　　　　　　 15 000
D. 收回化妆品
　借：库存商品　　　　　　 56 000
　　贷：委托加工物资　　　 56 000
E. 支付代收代缴的消费税
　借：应交税费——应交消费税
　　　　　　　　　　　　 9 882.35
　　贷：银行存款　　　　　 9 882.35

解析 应代收代缴消费税=(50 000+6 000)÷(1-15%)×15%=9 882.35(元)

委托加工收回后加价销售，A公司销售时应补缴消费税=100 000×15%-9 882.35=5 117.65(元)。

相关的会计处理：
(1)发出委托加工材料
　借：委托加工物资　　　　　 50 000
　　贷：库存商品　　　　　　 50 000
(2)支付加工费、增值税
　借：委托加工物资　　　　　　6 000
　　　应交税费——应交增值税(进项税额)
　　　　　　　　　　　　　　　780
　　贷：银行存款　　　　　　　6 780
(3)支付代收代缴的消费税
　借：应交税费——应交消费税
　　　　　　　　　　　　 9 882.35
　　贷：银行存款　　　　　 9 882.35
(4)收回化妆品
　借：库存商品　　　　　　 56 000
　　贷：委托加工物资　　　 56 000
(5)化妆品对外销售
　借：银行存款　　　　　　113 000
　　贷：主营业务收入　　　100 000
　　　　应交税费——应交增值税(销项税额)
　　　　　　　　　　　　　 13 000
　借：主营业务成本　　　　 56 000
　　贷：库存商品　　　　　 56 000
　借：税金及附加　　　　　 15 000
　　贷：应交税费——应交消费税
　　　　　　　　　　　　　 15 000
　　　　　　　　　　　　答案 ACDE

(五)用外购或委托加工收回的已税消费品连续生产应税消费品★★

纳税人用外购或委托加工收回的已税消费品连续生产应税消费品，允许按生产领用数量计算扣除外购或委托加工收回的应税消费品已纳的消费税税款。——原因：除卷烟、超豪华小汽车外，消费税为一次课征制。

(1)以外购或委托加工收回的已税烟丝为原料生产的卷烟。

（2）以外购或委托加工收回的已税高档化妆品为原料生产的高档化妆品。

（3）以外购或委托加工收回的已税珠宝玉石为原料生产的贵重首饰及珠宝玉石。

（4）以外购或委托加工收回的已税鞭炮、焰火为原料生产的鞭炮、焰火。

（5）以外购或委托加工收回的汽油、柴油、石脑油、燃料油、润滑油用于连续生产应税成品油。

（6）以外购或委托加工收回的已税杆头、杆身和握把为原料生产的高尔夫球杆。

（7）以外购或委托加工收回的已税木制一次性筷子为原料生产的木制一次性筷子。

（8）以外购或委托加工收回的已税实木地板为原料生产的实木地板。

（9）外购葡萄酒连续生产应税葡萄酒。

自 2015 年 5 月 1 日起，从葡萄酒生产企业购进、进口葡萄酒连续生产应税葡萄酒的，准予从葡萄酒消费税应纳税额中扣除所耗用应税葡萄酒已纳消费税税款。如本期消费税应纳税额不足抵扣的，余额留待下期抵扣。

（10）啤酒生产集团内部企业间用啤酒液连续罐装生产的啤酒。

【知识点拨】

（1）酒（除外购、进口葡萄酒可抵外）、摩托车、小汽车、高档手表、游艇、电池、涂料不抵税；

（2）按生产领用数量抵扣已纳消费税 VS 增值税的购进扣税法，即只有生产领用，才能抵扣已纳消费税，而增值税在抵扣进项税额时，采用的是购进扣税法，只要购进，无论是否使用，均允许抵扣进项税额；

（3）同类消费品才能抵税，如果用于生产不同类的消费品，不得抵扣已纳消费税；

（4）继续生产应税消费品抵税；委托加工收回后非直接销售抵税；其他情形不得抵税。

📝 精选例题

【例题 38·多选题】以下企业外购已税消费品用于连续生产应税消费品的业务中，可以抵扣已纳消费税的有（　　）。

A．某烟厂购买烟丝用于卷烟的生产

B．某酒厂购买酒精用于白酒的生产

C．某化妆品厂购买高档化妆品用于生产高档化妆品

D．某木筷厂购买木制一次性筷子用于生产木制一次性筷子

E．某焰火厂购买焰火用于生产焰火

解析 ▶ 选项 B 不能抵扣已纳消费税。

答案 ▶ ACDE

（六）批发应税消费品——卷烟批发环节的消费税 ★★

卷烟不仅在生产、委托加工、进口环节征收消费税，而且在批发环节加征一道消费税。

（1）只有卷烟在批发环节加征一道消费税，雪茄烟、烟丝在批发环节不征收消费税。

（2）卷烟批发环节的消费税税率为：比率税率 11%，并按 0.005 元/支加征从量税。

调整后的烟类消费税税目税率表见表 2-76。

表 2-76　烟类消费税税目税率表

税目	税率	征收环节
1. 卷烟		
（1）甲类卷烟 ［调拨价 70 元（不含增值税）/条以上（含 70 元）］	56%加 0.003 元/支	生产、委托加工、进口环节
（2）乙类卷烟 ［调拨价 70 元（不含增值税）/条以下］	36%加 0.003 元/支	生产、委托加工、进口环节
商业批发	11%加 0.005 元/支	批发环节
2. 雪茄	36%	生产、委托加工、进口环节

续表

税目	税率	征收环节
3. 烟丝	30%	生产、委托加工、进口环节

（3）纳税人应将卷烟销售额与其他商品销售额分开核算，未分开核算的，一并征收消费税。

（4）纳税人销售给纳税人以外的单位和个人的卷烟于销售时纳税，纳税人之间销售的卷烟不缴纳消费税。

（5）卷烟批发企业的机构所在地，总机构与分支机构不在同一地区的，由总机构申报纳税。

（6）批发企业在计算纳税时不得扣除已含的生产环节的消费税税款。

（七）零售应税消费品★★

1. 金银首饰

金银首饰的税务处理见表2-77。

表 2-77　金银首饰的税务处理

情形	消费税计税依据
金银首饰与其他产品组成成套消费品销售	销售额全额
金银首饰连同包装物销售	包装物应并入金银首饰的销售额
带料加工的金银首饰	按受托方销售同类金银首饰的销售价格确定计税依据征收消费税；没有同类金银首饰销售价格的，按组成计税价格计算纳税
以旧换新（含翻新改制）销售金银首饰	实际收取的不含增值税的全部价款

2. 超豪华小汽车

自 2016 年 12 月 1 日起，超豪华小汽车在零售环节加征 10% 的消费税。

（1）超豪华小汽车。

每辆不含增值税零售价格≥130 万元的乘用车和中轻型商用客车。

纳税审核时，注意关注销售单价略低于 130 万的小汽车，检查其是否有人为隐瞒、降低售价的问题。

（2）国内汽车生产企业直接销售给消费者的超豪华小汽车，消费税税率按照生产环节税率和零售环节税率加总计算。消费税应纳税额计算公式：

应纳税额=销售额×（生产环节税率+零售环节税率）

（3）对我国驻外使领馆工作人员、外国驻华机构及人员、非居民常住人员、政府间协议规定等应税（消费税）进口自用，且完税价格 130 万元及以上的超豪华小汽车消费税，按照生产（进口）环节税率和零售环节税率（10%）加总计算，由海关代征。

进口自用超豪华小汽车：进口环节消费税+10% 零售环节消费税。

3. 金银首饰消费税的核算

（1）自购自销金银首饰应缴消费税的核算。

商业企业销售金银首饰的收入计入"主营业务收入"科目，其应缴的消费税相应记入"税金及附加"科目。

金银首饰以旧换新业务的会计处理如下：

①销售时：

借：库存商品（按旧首饰的作价记账）/
　　物资采购（按旧首饰的作价记账）
　　库存现金（实际收取的含税价格）
　贷：主营业务收入（倒挤）
　　　应交税费——应交增值税（销项税额）（实际收取的不含税价格×13%）

②计提消费税：

借：税金及附加（实际收取的不含税价格×5%）
　贷：应交税费——应交消费税（实际收取的不含税价格×5%）

（2）金银首饰的包装物缴纳消费税的核算。

不管是随同金银首饰销售不单独计价的包装物，还是随同金银首饰销售单独计价的包装物，包装物收入缴纳的消费税均计入"税金及附加"。

（3）自购自用金银首饰应缴消费税的核算。

从事批发、零售商品业务的企业将外购的金银首饰用于馈赠、赞助的金银首饰应缴纳的消费税，应记入"营业外支出"科目；

用于广告的金银首饰应缴纳的消费税，应记入"销售费用"科目；

用于职工福利、奖励的金银首饰应缴纳的消费税，应记入"应付职工薪酬"科目。

（八）进口应税消费品

1. 计税依据

进口应税消费品的计税依据为组成计税价格，不同征税方式下进口应税消费品的组成计税价格见表2-78。

表2-78 进口应税消费品的组成计税价格

征税方式	消费税	增值税
从价定率		（关税完税价格+关税）÷（1-消费税比例税率）
从量定额 （啤酒、黄酒、成品油）	按销售数量征消费税	关税完税价格+关税+消费税税额
复合计税 （卷烟、白酒）		（关税完税价格+关税+进口数量×消费税定额税率）÷（1-消费税比例税率）

【知识点拨】一旦涉及到进口卷烟，无法确定是甲类卷烟还是乙类卷烟，在确定组价时，先按照乙类卷烟计算组价，如果确定的每标准条组价≥70元，则为甲类卷烟，需要按照甲类卷烟的税率重新计算组价。

精选例题

【例题39·单选题】2020年12月某公司进口卷烟200标准箱，每箱关税完税价格6 000元，关税税率25%，该公司应缴纳的消费税为（　）元。

A. 100 905　　B. 69 405.03
C. 890 625　　D. 109 050.06

解析 （1）进口卷烟的关税=6 000×200×25%=300 000（元）

（2）先按照乙类卷烟计算组价，每标准条进口卷烟（200支）的组价=（6 000+300 000÷200+150）÷（1-36%）÷250=47.81（元）

（3）每标准条进口卷烟（200支）确定消费税适用比例税率的价格<70元人民币，为乙类卷烟，适用比例税率为36%。

（4）进口卷烟消费税组价=（6 000+300 000÷200+150）÷（1-36%）×200=2 390 625（元）

（5）进口消费税=2 390 625×36%+200×150=890 625（元）

答案 C

2. 账务处理

（1）企业进口应税消费品，应当自海关填发税款缴款书之日起15日内缴纳税款，企业不缴税不得提货。进口应税消费品缴纳的消费税一般不通过"应交税费——应交消费税"科目核算，在将消费税计入进口应税消费品成本时，直接贷记"银行存款"科目；

（2）在特殊情况下，如出现先提货、后缴纳消费税的，或者用于连续生产其他应税消费品按规定允许扣税的，可以通过"应交税费——应交消费税"科目核算。

二十、消费税纳税筹划

扫我解疑难

除金银首饰、铂金首饰、钻石及钻石饰品改在零售环节缴纳消费税，超豪华小汽车、卷烟双环节征税外，其他应税消费品均在生产、委托加工、进口环节缴纳，因此为了降低税负，可以考虑以下方法：

1. 单独设立销售公司；

2. 将不同税率应税消费品的组合、包装由生产环节改为在销售环节进行。

真题精练（主观题）

(注：由于本章的简答题与具体的知识点联系紧密，因此已经在知识点中加以介绍了，所以本部分内容只介绍综合分析题。但是在主观题总结中既包括综合分析题的知识点总结，也包括简答题的知识点总结。)

1. (2020年综合分析题)甲公司2019年6月成立，位于A市城区，主营装饰服务和设计服务(包括平面设计、广告设计和创意策划)2019年7月登记为增值税一般纳税人，某税务师事务所为甲公司提供常年税务顾问服务。

2020年8月，甲公司财务人员就以下交易事项，咨询有关税务处理问题。

请逐一回答下列问题，需计算的，保留小数点后两位，金额单位为元。

资料一：

甲公司2019年度各月份装饰服务和设计服务销售额如下表所示(金额单位为万元)

月份(2019)年	7	8	9	10	11	12	合计
装饰服务	36	28	30	40	46	58	238
设计服务	35	30	35	41	55	62	258
合计	71	58	65	81	101	120	496

资料二：甲公司2020年7月共发生两项装饰服务(开工和完工日期均在7月)一项在本市，实现销售额128 000元(不含税)，一项在邻省B市，实现销售额400 000元(不含税)。上述款项均已收到。已知两项业务既非甲供工程、亦非清包方式，甲公司也未将上述工程对外分包。7月份，甲公司无其他应税行为。

资料三：甲公司2020年7月份取得专票注明增值税额合计12 860元(均已在增值税发票综合服务平台完成用途确认)，其中包括一张为本公司工人在B市施工期间住宿费的专票注明金额4 000元、增值税税额120元。另外7月份本公司员工往返A、B市的交通支出，共有10张火车票(均注明本公司员工身份信息)，票面金额合计1 360元。

(1)根据资料一，请问甲公司2019年度能否适用加计抵减10%的政策？判断的依据是什么？甲公司如果适用该政策，应向税务机关提供什么资料？最早可在何时提供该资料？

(2)根据资料二，请问甲公司对两项装饰服务是否可选择简易计税？为什么？甲公司需要在B市预缴多少增值税(请列式计算)？在B市的装饰服务在开具增值税发票时有什么特殊要求？

(3)根据资料三，请问本公司工人住宿费的进项税额是否可以抵扣？火车票的进项税额可以抵扣多少(请列式计算)？已知甲公司适用加计抵减政策，则甲公司7月份在A市实际应缴纳增值税额多少(请列式计算)？

(4)甲公司2020年8月向境外某公司支付一项设计服务费，合同约定含税价款折合人民币50万元，已知该境外公司在境内没有经营机构，甲公司应扣缴增值税多少(请列式计算)？该扣缴税额作为进项税额抵扣的凭证是什么？进项税额抵扣应留存什么资料？

(5)甲公司2020年8月份采购项目较多，如果留抵税额超过50万元，是否可以适用留抵税额退税政策？

(6)甲公司2021年度能否继续适用加计抵减政策的判断依据是什么？

2. (2019年综合分析题，改)某物业公司为增值税一般纳税人,2021年3月向某税务师事务所咨询如下问题。

资料1:2021年3月,一次性预收业主物业费合计636万元(含税),并向业主开具增值税普票(物业费所属期间为2021年3月至2022年2月,物业公司与所有业主签订的物业服务合同约定,物业费按年收取);收到部分业主自来水费22.66万元(含税),根据对应的水表数据向自来水公司付款21.63万元(含税);为部分业主提供装修服务收取装修费635.47万元(含税)。

资料2:物业公司从2021年3月起向业主收取A楼盘车位管理费。已知该楼盘车位是业主在购房时一并购买的,并已获得车位产权证书。

资料3:2018年10月1日甲房地产公司将B楼盘的可出租地下车位经营权转让给物业公司。2021年3月起物业公司对外出租地下车位。

资料4:2021年1月1日物业公司与乙餐饮集团签订房屋出租合同,将其自有商铺出租给乙餐饮集团,月租金4万元(含税),租期3年,其中合同约定2021年1月1日至2021年3月31日免收租金。

问题:

(1)资料1中物业公司预收的物业费,增值税纳税义务何时发生?请简述政策规定。3月份物业费的增值税销项税额是多少?

(2)资料1中物业公司预收的物业费,在2021年第一季度预缴企业所得税时,应计入应纳税所得额是多少?若物业公司有符合规定的以前年度亏损,季度预缴时是否可以从应纳税所得额中扣除?

(3)资料1中物业公司收取的自来水费,如选择适用简易计税方法,增值税应纳税额是多少?请列出计算过程,金额单位为万元,保留小数点后两位。

(4)资料1中物业公司收取的装修费,增值税销项税额是多少?请列出计算过程,金额单位为万元,保留小数点后两位。

(5)资料2中物业公司收取的这部分车位管理费,应按哪个应税服务项目缴纳增值税?适用税率多少?

(6)资料3中物业公司出租该地下车位收取的租金,应按哪个应税服务项目缴纳增值税?能否适用简易计税方法缴纳增值税?请简述政策规定。

(7)资料4中商铺免租期内物业公司是否需要缴纳增值税?请简述政策规定。

(8)资料4中物业公司免租期内房产税应如何缴纳?

3.(2019年综合分析题)(一)基本情况

某食品饮料有限公司,系增值税一般纳税人,主营果汁饮料生产销售。未实行农产品增值税进项税额核定扣除办法。

2020年6月"应交税费——应交增值税"各栏合计数为:销项税额122 200元;进项税额33 215元;进项税额转出3 900元,转出未交增值税92 885元。该公司销售产品和包装物的增值税税率:2018年5月1日-2019年3月31日为16%;2019年4月1日起为13%。

(二)审核获取的资料

税务师受托审核该公司2020年6月的增值税相关情况,发现如下一些业务:

(1)与某商场结算5月份代销的果汁饮料,开具专票并收取货款。账务处理:

借:银行存款　　　　　　　101 700
　　贷:主营业务收入　　　　　90 000
　　　　应交税费——应交增值税(销项税额)　　　　　　　11 700

后附原始凭证:

①商场代销果汁结算清单1份:代理果汁价税合计收入113 000元,商场代销手续费11 300元,实收101 700元;

②专票记账联1份:金额为90 000元,税额为11 700元;

③银行进账单1份:金额为101 700元。

(2)购置临街商铺作为零售门市部,取得专票。账务处理:

借：固定资产——商铺　　　1 030 000
　　应交税费——应交增值税（进项税额）
　　　　　　　　　　　　　　10 000
　　贷：银行存款　　　　　1 040 000
后附原始凭证：
①专票的发票联 1 份（抵扣联另存）：金额为 1 000 000 元，税率为＊＊＊，税额为 10 000 元，备注栏注明"差额征税"；
②契税完税凭证 1 份：金额为 30 000 元；
③银行付款凭证回执 2 份，金额分别为 1 010 000 元和 30 000 元。
（3）向林场购进苹果，取得增值税普票。账务处理：
借：原材料——苹果　　　　108 000
　　应交税费——应交增值税（进项税额）
　　　　　　　　　　　　　　12 000
　　贷：银行存款　　　　　　120 000
后附原始凭证：
①增值税普票的发票联 1 份，数量为 25 吨，金额为 120 000 元，税率为免税，税额为＊＊；
②银行付款凭证回执 1 份，金额为 120 000 元；
③入库单 1 份：苹果入库 25 吨。
注：根据仓库记录，苹果的期初余额 0 吨；入库 25 吨；生产领用 20 吨。
（4）包装物被市场监督部门没收。账务处理：
借：营业外支出　　　　　　33 900
　　贷：周转材料——包装物　　30 000
　　　　应交税费——应交增值税（进项税额转出）　　　　　　3 900
后附原始凭证：
①市场监督管理部门出具的处理决定书

1 份：饮料包装瓶塑化剂超标，予以没收；
②市场监督管理部门出具的收据 1 份：饮料包装瓶 1 批，金额 30 000 元。
经核查，该批饮料包装瓶于 2019 年 2 月购入，取得专票，金额为 30 000 元，税额为 4 800 元。进项税额已于 2019 年 2 月申报抵扣。
（5）销售人员报销差旅费，账务处理（汇总）：
借：销售费用　　　　　　　　16 645
　　应交税费——应交增值税（进项税额）
　　　　　　　　　　　　　　　1 335
　　贷：现金　　　　　　　　17 980
后附原始凭证：
①住宿费专票 10 份：合计金额 8 000 元，税额 480 元；
②注明本公司销售人员信息的国内航空运输电子客票行程单 4 份：合计金额 7 000 元；
③注明本公司销售人员信息的国内公路客票 12 份：合计金额 2 500 元。
（6）除上述审核业务外，该企业还购进调味品等原材料，均取得专票，合计金额 76 000 元，税额 9 880 元。
当月取得的专票均已登录发票平台选择、确认。
问题：
（1）根据上述材料，对公司处理不符合现行增值税政策的，请逐项指出错误之处。
（2）分别计算确认该公司 2020 年 6 月的销项税额、进项税额、进项税额转出及应纳增值税额。请列出计算过程，金额单位为元，保留小数点后两位。
（3）填写该公司 2020 年 6 月的《增值税纳税申报表附列资料（二）》（摘要）中的税额。

《增值税纳税申报表附列资料（二）》（摘要）

单位：元

一、申报抵扣的进项税额		
项目	栏次	税额
（一）认证相符的专票	1	

续表

栏目	栏次	
其中：本期认证相符且本期申报抵扣	2	
前期认证相符且本期申报抵扣	3	
(二)其他扣税凭证	4	
其中：海关进口增值税专用缴款书	5	
农产品收购发票或者销售发票	6	
代扣代缴税收缴款凭证	7	
加计扣除农产品进项税额	8a	
其他	8b	
(三)本期用于购建不动产的扣税凭证	9	
(四)本期用于抵扣的旅客运输服务扣税凭证	10	
(五)外贸企业进项税额抵扣证明	11	
当期申报抵扣进项税额合计	12	

二、进项税额转出额

栏目	栏次	税额
本期进项税额转出额	13	
其中：免税项目用	14	
集体福利、个人消费	15	
非正常损失	16	
简易计税方法征税项目用	17	
免抵退税办法不得抵扣的进项税额	18	
纳税检查调减进项税额	19	
红字专票信息表注明的进项税额	20	
上期留抵税额抵减欠税	21	
上期留抵税额退税	22	
其他应作进项税额转出的情形	23	

4.（2017年综合分析题，改）某化妆品生产企业是增值税一般纳税人，2021年3月发生如下业务：

(1)采取直接收款方式销售生产的 A 类面霜1 500瓶，每瓶20克，每瓶不含税售价400元，款项678 000元已收存银行。

(2)销售生产的 B 类护肤液50箱，每箱20瓶，每瓶60毫升，每瓶含税售价61.02元，货物已发，款项61 020元，已收存银行。

(3)销售生产的 C 类面膜300盒，每盒5片，已开具专票，注明价款27 000元，增值税3 510元，款项尚未收到。

(4)将 A 类面霜、B 类护肤液各1瓶和 C 类面膜2片组成套装，以每套不含税价款490元，委托甲企业代销，已收到代销清单，当期代销100套，款项尚未收到。

(5)将本单位生产的 C 类面膜120盒作为"三八"节福利发放给本单位女职工。

(6)将2015年在本地自建的办公楼对外出租，一次性收取3年租金1 050 000元，该企业采用简易计税方法计算增值税。

(7)本月材料采购情况如下表：

	采购内容	数量(斤)	不含税单价(元)
1	香水精	50	1 000

续表

采购内容	数量(斤)	不含税单价(元)
2	酒精	100	20
3	珍珠粉	500	50
4	面霜	500	600

(8)支付销售化妆品发生的运输费用21 800元,取得的专票载明金额20 000元,税额1 800元,当月已认证通过。已知高档化妆品消费税税率15%。采购时均取得专票,当月除珍珠粉的专票未认证外,其他专票均已通过认证,以上材料均未领用。

问题:

(1)根据资料,逐笔计算当期应纳增值税(销项税额、进项税额或应纳增值税)和消费税。

(2)根据资料填写下列增值税纳税申报表(摘要)中所列字母金额。

	项目	金额
销售额	(一)按适用税率计税销售额	A
	其中:应税货物销售额	B
	应税劳务销售额	
	销项税额	C
	进项税额	D
	实际抵扣进项税	E
	应纳税额	F
	(二)按简易办法计税销售额	G
	简易计税办法计算的应纳税额	H
	应纳税额合计	I

5.(2016年综合分析题,改)税务师受托为某建材商行编制2020年7月的增值税纳税申报表,建材商行系增值税一般纳税人,主营各类洁具的批发零售。已知建材商行当月专票和机动车销售统一发票已通过增值税发票查询平台进行用途确认,2020年6月增值税纳税申报时,留抵税额为0元。无待抵扣进项税额、预缴税额和待抵扣销售额。假定除税务师审核发现的问题外无其他增值税涉税业务。

税务师审核2020年7月增值税相关的会计核算及资料发现:

(一)收入方面

资料1:销售洁具,开具专票部分价税合计收款2 260 000元,开具普票部分合计收款452 000元,未开具发票部分合计收款339 000元。账务处理如下(汇总):
借:银行存款 3 051 000
 贷:主营业务收入 2 700 000
  应交税费——应交增值税(销项税额) 351 000

资料2:销售旧款和残次品洁具,未开具发票合计收款56 500元。账务处理如下:
借:银行存款 56 500
 贷:营业外收入 56 500

资料3:销售小轿车:开具普票共收款120 510元,未放弃减税优惠。账务处理如下:
借:银行存款 120 510
 贷:固定资产清理 118 170
  应交税费——应交增值税(销项税额) 2 340

经审核确认,该小轿车于2011年购进,购置原值为400 000元,已提折旧360 000元。

资料4:办公用房出售:开具普票共收款2 100 000元,账务处理如下:
借:银行存款 2 100 000
 贷:固定资产清理 2 100 000

经审核确认,该办公用房购置发票显示,于2009年3月购进,购进原值为2 310 000元,位置为外省某市,销售时已累计计提折旧900 000元,由商行在出售时自行开具增值税普票,在外省某市未预缴增值税,选择简易计税方法缴纳增值税。

(二)购进货物或接受服务方面

资料5:购进洁具:购进各类洁具,均取得专票载明合计价款2 500 000元,合计税额325 000元,账务处理如下(汇总):

借:库存商品　　　　　　　2 500 000
　　应交税费——应交增值税(进项税额)
　　　　　　　　　　　　　　325 000
　贷:银行存款　　　　　　　2 825 000

资料6:洁具被盗损失:上月购入的一批洁具因管理不善被盗发生损失,账面成本为70 000元。账务处理如下:

借:待处理财产损溢——待处理流动资产
　　　损溢　　　　　　　　　70 000
　贷:库存商品　　　　　　　70 000

资料7:购进小轿车:购进一台小轿车取得机动车销售统一发票载明价款800 000元,税额104 000元,账务处理如下:

借:固定资产　　　　　　　800 000
　　应交税费——应交增值税(进项税额)
　　　　　　　　　　　　　104 000
　贷:银行存款　　　　　　　904 000

资料8:支付油费、房租费及过路费等:支付车辆加油费,取得专票载明价款40 000元,税额5 200元;支付8—12月房租费,取得专票载明价款100 000元,税额5 000元;支付运输车辆高速公路通行费,取得高速公路通行费电子普票,注明税额300元。账务处理如下(汇总):

借:销售费用　　　　　　　　50 300
　　待摊费用　　　　　　　　100 000
　　应交税费——应交增值税(进项税额)
　　　　　　　　　　　　　　10 200

　贷:银行存款(或现金)　　　160 500

问题:

(1)按照资料1说明企业账务处理是否准确?当月增值税应如何处理?对企业错误处理,用综合账务调整法作出账务调整分录。

(2)按照资料2说明企业账务处理是否准确?当月增值税应如何处理?对企业错误处理,用综合账务调整法作出账务调整分录。

(3)按照资料3说明企业账务处理是否准确?当月增值税应如何处理?对企业错误处理,用综合账务调整法作出账务调整分录。

(4)按照资料4说明企业账务处理是否准确?当月增值税应如何处理?对企业错误处理,用综合账务调整法作出账务调整分录。

(5)按照资料5说明企业账务处理是否准确?当月增值税应如何处理?对企业错误处理,用综合账务调整作出账务调整分录。

(6)按照资料6说明企业账务处理是否准确?当月增值税应如何处理?对企业错误处理,用综合账务调整法作出账务调整分录。

(7)按照资料7说明企业账务处理是否准确?当月增值税应如何处理?对企业错误处理,用综合账务调整法作出账务调整分录。

(8)按照资料8说明企业账务处理是否准确?当月增值税应如何处理?对企业错误处理,用综合账务调整法作出账务调整分录。

(9)计算当月增值税销项税额、可抵扣的进项税额、进项税额转出和应缴纳(留抵)的增值税额。

(10)填写《增值税纳税申报表》(摘要)相关栏目中的金额。

项 目		栏次	一般货物及劳务
			本月数
销售额	(一)按适用税率计税销售额	1	
	其中:应税货物销售额	2	
	(二)按简易计税办法计税货物销售额	5	
税款计算	销项税额	11	
	进项税额	12	
	进项税额转出	14	
	应抵扣税额合计	17	
	实际抵扣税额	18	
	应纳税额	19	
	期末留抵税额	20	
	简易计税办法计算的应纳税额	21	
	应纳税额减征额	23	
	应纳税额合计	24	
税款缴纳	本期应补(退)税额	34	

真题精练(主观题)答案

1.【答案】

(1)①甲公司 2019 年度符合加计抵减政策。

②依据:自 2019 年 4 月 1 日至 2021 年 12 月 31 日,生产、生活性服务业纳税人适用加计抵减 10% 的政策。

甲公司主营设计服务属于现代服务,6 月-8 月份的销售额占全部销售额的比重=(350 000+300 000)÷(710 000+580 000)×100%=50.39%,超过 50%。所以甲公司 2019 年度可以适用加计抵减 10% 的政策。

【思路点拨】 生产、生活性服务业纳税人,是指提供邮政服务、电信服务、现代服务、生活服务取得的销售额占全部销售额的比重超过 50% 的纳税人。2019 年 4 月 1 日后设立的纳税人,自设立之日起 3 个月的销售额符合上述规定条件的,自登记为一般纳税人之日起适用加计抵减政策。

③甲公司应向税务机关提供《适用加计抵减政策的声明》。

④提供的时间:年度首次确认适用加计抵减政策时。

【思路点拨】 适用加计抵减政策的生产、生活性服务业纳税人,应在年度首次确认适用加计抵减政策时,通过电子税务局(或前往办税服务厅)提交《适用加计抵减政策的声明》。

(2)①甲公司提供的两项装饰服务不可以采用简易计税。

②理由:两项建筑服务的开工日期均在 2020 年 7 月,不属于老项目,且并非甲供工程或清包工,所以不适用简易计税。

③甲公司需要在 B 市预缴增值税=400 000×2%=8 000(元)

④甲公司在 B 市开具装饰服务增值税发票时应在发票的备注栏注明建筑服务发生地县(市、区)名称及项目名称。

(3)①甲公司工人住宿费的进项税额可以抵扣。

②火车票可抵进项税额=1 360÷(1+9%)×9%=112.29(元)

③可抵扣的进项税额=12 860+112.29=12 972.29(元)

当期可加计抵减额=12 972.29×10%=1 297.23(元)

抵减前应纳增值税 = 128 000×9% + 400 000×9% - 12 972.29 = 34 547.71(元)

抵减前应纳税额34 547.71>当期可加计抵减额1 297.23，按照1 297.23抵减。

甲公司7月份在A市实际应缴纳的增值税 = 34 547.71 - 1 297.23 - 8 000 = 25 250.48(元)

(4)①甲公司应扣缴的增值税金额 = 500 000÷(1+6%)×6% = 28 301.89(元)

②自境外单位或者个人购进劳务、服务、无形资产或者境内的不动产，从税务机关或者代扣代缴义务人取得的代扣代缴税款的完税凭证上注明的增值税额，准予从销项税额中抵扣。

甲公司抵扣进项税额的凭证是从税务机关取得的代扣代缴税款的完税凭证。

③纳税人凭完税凭证抵扣进项税额的，应当具备书面合同、付款证明和境外单位的对账单或者发票。

(5)不可以。甲企业2020年7月份无留抵税额，不满足连续6个月(按季纳税的，连续2个季度)增量留抵税额均大于零的条件，所以甲公司8月份不适用留抵税额退税政策。

(6)计算2020年设计服务年销售额占全部销售额的比例是否超过50%。

2.【答案】

(1)物业费纳税义务发生时间是开具发票的当天。

纳税人发生应税销售行为，其增值税纳税义务发生时间为收讫销售款项或者取得索取销售款项凭据的当天；先开具发票的，为开具发票的当天。

3月物业费销项税额 = 636÷(1+6%)×6% = 36(万元)

(2)2021年1季度预缴企业所得税，应计入应纳税所得额的金额 = 636÷(1+6%)÷12 = 50(万元)。

季度预缴时，可以弥补以前年度亏损。

(3)自来水费增值税应纳税额 = (22.66 - 21.63)÷(1+3%)×3% = 0.03(万元)

(4)装修费增值税销项税额 = 635.47÷(1+9%)×9% = 52.47(万元)

(5)资料2中物业公司收取的这部分车位管理费按现代服务——商务辅助服务(物业管理服务)项目征税，税率为6%。

(6)资料3中物业公司出租该地下车位收取的租金应按不动产经营租赁服务缴纳增值税。不适用简易计税政策。

物业公司的车位经营权是在2018年10月1日(营改增之后)取得，适用一般计税方法。

(7)免租期内不需要缴纳增值税。

纳税人出租不动产，租赁合同中约定免租期的，不属于规定的视同销售服务，无需缴纳增值税。

(8)免租期内的房产税应由产权所有人采用从价计征的方式缴纳。

对出租房产，租赁双方签订的租赁合同约定有免收租金期限的，免收租金期间由产权所有人按照房产原值缴纳房产税。

3.【答案】

(1)错误之处：

①代销手续费直接冲抵代销收入不符合规定，少确认销项税额。

②购入不动产取得专票错误。

a. 差额开票存在问题，属于差额征税，全额开票；

b. 备注栏填写有误，未注明不动产的详细地址。

由于扣税凭证存在问题，不得抵扣进项税额，企业处理有误。

③购入苹果进项税额计算抵扣错误。购入时不得加计抵扣，生产领用时可以加扣1%。

④没收包装物进项税额转出适用税率错误。

⑤差旅费进项税额抵扣错误。

(2)当期销项税额 = 122 200 - 11 700 + 113 000÷(1+13%)×13% = 123 500(元)

当期进项税额 = 33 215 - 12 000 - 1 335 + 120 000×9% + 120 000÷25×20×1% + 480÷(1+9%)×9% + 2 500÷(1+3%)×3% = 32 770.80(元)

『提示』代销手续费未取得专票，不得抵

扣进项税额。
进项税额转出=10 000+4 800=14 800(元)
应纳增值税=123 500-(32 770.8-14 800)=105 529.20(元)

(3)

《增值税纳税申报表附列资料(二)》(摘要)

单位：元

一、申报抵扣的进项税额		
项目	栏次	税额
(一)认证相符的专票	1	20 360
其中：本期认证相符且本期申报抵扣	2	20 360(10 000+480+9 880)
前期认证相符且本期申报抵扣	3	
(二)其他扣税凭证	4	12 410.8
其中：海关进口增值税专用缴款书	5	
农产品收购发票或者销售发票	6	10 800(120 000×9%)
代扣代缴税收缴款凭证	7	
加计扣除农产品进项税额	8a	960
其他	8b	650.8
(三)本期用于购建不动产的扣税凭证	9	
(四)本期用于抵扣的旅客运输服务扣税凭证	10	650.8
(五)外贸企业进项税额抵扣证明	11	
当期申报抵扣进项税额合计	12	32 770.8

二、进项税额转出额		
栏目	栏次	税额
本期进项税额转出额	13	14 800
其中：免税项目用	14	
集体福利、个人消费	15	
非正常损失	16	4 800
简易计税方法征税项目用	17	
免抵退税办法不得抵扣的进项税额	18	
纳税检查调减进项税额	19	
红字专票信息表注明的进项税额	20	
上期留抵税额抵减欠税	21	
上期留抵税额退税	22	
其他应作进项税额转出的情形	23	10 000

4.【答案】

(1)业务1增值税销项税额=400×1 500×13%=78 000(元)；消费税=400×1 500×15%=90 000(元)。

业务2增值税销项税额=61 020÷1.13×13%=7 020(元)；消费税：0。

【思路点拨】高档美容、修饰类化妆品和高档护肤类化妆品是指生产(进口)环节销售(完税)价格(不含增值税)在10元/毫升(克)或15元/片(张)及以上的美容、修饰类化妆品和护肤类化妆品。

业务3 增值税销项税额=3 510元；消费税=27 000×15%=4 050(元)。

业务4 增值税销项税额=490×100×13%=6 370(元)；消费税=490×100×15%=7 350(元)。

业务5 增值税销项税额=120×27 000÷300×13%=1 404(元)；消费税=120×27 000÷300×15%=1 620(元)。

业务6 简易计税应纳增值税=1 050 000÷1.05×5%=50 000(元)。

业务7 增值税进项税额=(1 000×50+20×100+600×500)×13%=45 760(元)。

业务8 增值税进项税额：1 800元。

(2)

	项目	栏次	金额
销售额	(一)按适用税率计税销售额	A	740 800
	其中：应税货物销售额	B	740 800
	应税劳务销售额		
	销项税额	C	96 304
	进项税额	D	47 560
	实际抵扣进项税	E	47 560
	应纳税额	F	48 744
	(二)按简易办法计税销售额	G	1 000 000
	简易计税办法计算的应纳税额	H	50 000
	应纳税额合计	I	98 744

A栏按适用税率计税销售额=600 000+61 020÷1.13+27 000+49 000+10 800=740 800(元)

B栏应税货物销售额=740 800(元)

C栏销项税=740 800×13%=96 304(元)

D栏已认证的进项税额=45 760+1 800=47 560(元)

E栏可以实际抵扣进项税额=47 560(元)

F栏一般计税方法计算的应纳税额=96 304-47 560=48 744(元)

G栏按简易计税方法计税销售额=1 050 000÷1.05=1 000 000(元)

H栏按简易计税方法应纳税额=1 050 000÷1.05×5%=50 000(元)

I栏应纳税合计=48 744+50 000=98 744(元)

5.【答案】

(1)资料1的账务处理没有问题。

(2)处理不正确，销售旧款和残次品洁具，虽然未开具发票，但也要确认增值税，并且按照销售货物计算增值税。

调账分录为：

借：营业外收入　　　　　　56 500
　　贷：主营业务收入　　　　50 000
　　　　应交税费——应交增值税(销项税额)　　　　　　　　6 500

【思路点拨】销售旧款和残次品洁具属于销售产品，而非销售使用过的固定资产，因此应该按照适用税率计算纳税，而非简易征收。

(3)处理不正确，本题销售小轿车采用简易办法，不应该在销项税额中核算，应在简易计税中核算。

调账分录为：

借：应交税费——简易计税　　-2 340
　　贷：应交税费——应交增值税(销项税额)　　　　　　　-2 340

(4)处理正确，一般纳税人销售2016年

4月30日之前购入的不动产，选择适用简易计税办法的，以取得的全部价款和价外费用扣除不动产购置原价或者取得不动产时的作价后的余额为销售额，按照5%的征收率计算应纳税额，并在不动产所在地预缴税款＝(全部价款和价外费用－不动产购置原价或者取得不动产时的作价)÷(1＋5%)×5%，本办公用房销售价格为2 100 000元，购置原价为2 310 000元，销售价格扣除购置原价之后小于零，本办公用房不需要纳税，也不需要预缴，所以本业务处理没有问题。

(5) 处理正确。

(6) 处理错误，由于被盗发生的损失属于非正常损失，需要进项税额转出。

调账分录为：

借：待处理财产损溢——待处理流动资产
　　损溢　　　　　　　　　　　　9 100
　　贷：应交税费——应交增值税(进项税额转出)　　　　　　　　　　9 100

(7) 处理正确。

(8) 处理不正确，一般纳税人支付的道路、桥、闸通行费，暂凭取得的通行费发票(不含财政票据，下同)上注明的收费金额按照下列公式计算可抵扣的进项税额：

高速公路通行费可抵扣进项税额＝高速公路通行费发票上注明的金额÷(1＋3%)×3%

调账分录为：

借：应交税费——应交增值税(进项税额)　　　　　　　　　　　　　　300
　　贷：销售费用　　　　　　　　　　300

(9) 销项税额＝351 000＋6 500＝357 500 (元)

进项税额＝325 000＋104 000＋10 200＋300＝439 500(元)

进项税额转出额＝9 100(元)

应纳增值税＝357 500－439 500＋9 100＝－72 900(元)

留抵税额为72 900元，当月简易计税办法应纳增值税＝2 340(元)。

(10)

《增值税纳税申报表》(摘要)

	项目	栏次	一般货物及劳务 本月数
销售额	(一)按适用税率计税销售额	1	2 750 000
	其中：应税货物销售额	2	2 750 000
	(二)按简易办法计税销售额	5	2 117 000
税款计算	销项税额	11	357 500
	进项税额	12	439 500
	进项税额转出	14	9 100
	应抵扣税额合计	17	430 400
	实际抵扣税额	18	357 500
	应纳税额	19	0
	期末留抵税额	20	72 900
	简易计税办法计算的应纳税额	21	3 510
	应纳税额减征额	23	1 170
税款计算	应纳税额合计	24	2 340
	本期应补(退)税额	34	2 340

【思路点拨】

填写增值税纳税申报表时,如果有差额计税项目,销售额填写差额前的销售额,税额(包括销项税额和应纳税额)则是填写差额后的税额。因此:

按适用税率计税销售额=(2 260 000+452 000+339 000)÷1.13+56 500÷1.13=2 750 000(元)

按简易办法计税销售额=120 510÷1.03+2 100 000÷1.05=2 117 000(元)

同步训练   限时323分钟

扫我做试题

一、单项选择题

1. 纳税人应当向其主管税务机关办理一般纳税人登记手续,其中主管税务机关指的是( )。
   A. 机构所在地主管税务机关
   B. 法定代表人住所所在地主管税务机关
   C. 纳税人经营地主管税务机关
   D. 就近选择主管税务机关

2. 下列关于办理增值税一般纳税人登记的表述中,错误的是( )。
   A. 纳税人在年应税销售额超过规定标准的月份(或季度)的所属申报期结束后15日内按照规定办理相关手续
   B. 未按规定时限办理相关手续的,主管税务机关应当在规定时限结束后5日内制作《税务事项通知书》,告知纳税人应当在5日内向主管税务机关办理相关手续
   C. 逾期仍不办理的,次月起按销售额依照增值税税率计算应纳税额,不得抵扣进项税额,直至纳税人办理相关手续为止
   D. 纳税人办理一般纳税人登记,纳税人填报内容与税务登记信息一致的,主管税务机关应该于收到申请之日起10日内登记

3. 增值税纳税人年应税销售额超过财政部、国家税务总局规定的小规模纳税人标准的,除特殊情况规定外,应当向主管税务机关办理一般纳税人登记,下列相关说法错误的是( )。
   A. 年应税销售额,是指纳税人在连续不超过12个月或四个季度的经营期内累计应征增值税销售额,包括纳税申报销售额、稽查查补销售额、纳税评估调整销售额
   B. 销售服务、无形资产或者不动产有扣除项目的纳税人,其应税行为年应税销售额按未扣除之前的销售额计算
   C. 纳税人偶然发生的销售无形资产、转让不动产的销售额,应计入应税行为年应税销售额
   D. 年应税销售额未超过规定标准的纳税人,会计核算健全,能够提供准确税务资料的,可以向主管税务机关办理一般纳税人登记

4. 自2018年5月1日起,增值税小规模纳税人标准为年应征增值税销售额( )万元及以下。
   A. 100   B. 200
   C. 300   D. 500

5. 装卸搬运服务属于营改增中的( )应税服务。
   A. 交通运输服务
   B. 邮政普遍服务
   C. 物流辅助服务
   D. 其他邮政服务

6. 下列关于营改增应税服务的表述错误的是( )。
   A. 将建筑物、构筑物等不动产或者飞机、车辆等有形动产的广告位出租给其他单位或者个人用于发布广告,按照经营租赁服

务缴纳增值税

B. 纳税人为客户办理退票而向客户收取的退票费、手续费等收入,按照其他现代服务缴纳增值税

C. 纳税人现场制作食品并直接销售给消费者,按照餐饮服务缴纳增值税

D. 车辆停放服务,按物流辅助服务缴纳增值税

7. 下列各项中,应当计算缴纳增值税的是( )。

A. 存款利息
B. 农业生产者销售自产农产品
C. 软件公司提供技术服务
D. 社会团体收取的会费

8. 根据增值税规定,下列税务处理错误的是( )。

A. 美容院销售美容产品的同时提供美容服务,应按照兼营行为缴纳增值税
B. 商场销售货物并提供餐饮服务,应按照兼营行为缴纳增值税
C. 建材商店销售木地板的同时提供铺装服务,应按照13%的税率缴纳增值税
D. 装修公司包工包料提供装修服务,应按照9%的税率缴纳增值税

9. 下列各项业务所取得的收入中,应按6%的税率征收增值税的是( )。

A. 搬家公司从事的搬家业务
B. 无运输工具承运业务
C. 建筑服务
D. 出租建筑施工设备并配备操作人员

10. 某经商务部批准成立的融资租赁公司为增值税一般纳税人,为提供融资租赁服务向银行借款,支付借款利息100万元。对于该笔利息,税务处理正确的是( )。

A. 进项税额可以抵扣
B. 可以差额纳税,抵减的税额通过"应交税费——应交增值税(销项税额抵减)"核算
C. 可以差额纳税,抵减的税额通过"应交税费——简易计税"核算
D. 相应的进项税额通过"应交税费——应交增值税(进项税额)"核算

11. 税务师在审核纳税人的增值税销售额时,下列表述正确的是( )。

A. 经纪代理服务,以取得的全部价款和价外费用为销售额
B. 贷款服务,以提供贷款服务取得的全部利息及利息性质的收入为销售额
C. 金融商品转让,按照卖出价扣除买入价后的余额为销售额,转让金融商品出现的正负差,不得相抵
D. 航空运输销售代理企业提供境外航段机票代理服务,以取得的全部价款和价外费用为销售额

12. 税务师在代理委托人的增值税纳税审核时,对于销售货物收入的结算方式的审核中,以下说法中正确的是( )。

A. 税务师应该重点审核企业产品赊销业务是否属实,特别关注合同中规定的收款日期与实际收款日期,有无在合同规定的收款日期没有收到款项,不确认销售收入的问题
B. 税务师应该重点审核企业在按照预收货款结算方式确认销售收入时,是否在收到货款时,确认销售收入,有无在收到货款、没有发出存货的情况下,不确认收入的问题
C. 税务师应该重点审核企业采用托收承付结算方式时,有无货物已经发出不做销货处理的情况,重点审核企业的购销合同和年末发出商品备查簿
D. 税务师应该重点审核纳税人在采用分期收款的结算方式下,有无只在全部货款收齐时结转收入,而不是在每次收到货款时结转收入,有无在实际收款时确认收入的问题

13. 关于增值税纳税义务发生时间,下列说法错误的是( )。

A. 采取预收款方式销售货物的,为货物发出的当天

B. 先开具发票的,增值税纳税义务发生时间为开具发票的当天

C. 进口货物为报关进口的当天

D. 将货物交付给他人代销,为发出代销货物的当天

14. 将购买的货物用于下列项目,其进项税额不得抵扣的是( )。

    A. 用于赠送给其他单位
    B. 用于修建厂房
    C. 作为集体福利
    D. 用于餐饮业

15. 2021 年 5 月某酒厂采用投入产出法核定农产品进项税额扣除,投入产出标准为 1 吨玉米生产 0.6 吨白酒。企业期初无农产品余额,本月购进 100 吨玉米,买价为 300 000 元。本月销售 43 吨白酒,则允许扣除的进项税额为( )元。

    A. 24 734.51   B. 24 735.66
    C. 31 240.77   D. 39 000

16. 自 2019 年 4 月 1 日至 2021 年 12 月 31 日,允许生产、生活性服务业纳税人按照当期抵扣进项税额加计 10%,下列不属于生产、生活性服务业的是( )。

    A. 贷款服务
    B. 邮政普遍服务
    C. 文化创意服务
    D. 文化体育服务

17. 某医疗器械厂为增值税一般纳税人,其本期发生的经济业务中,需要做进项税额转出处理的购进货物是( )。

    A. 生产本企业应税产品耗用的上期购买原材料
    B. 捐赠给医院的医疗器械耗用上期购买的原材料
    C. 本企业医院使用的自产医疗器械耗用的外购原材料
    D. 管理人员监守自盗,被盗产品耗用的前期购买原材料

18. 某公司员工张某 2021 年 5 月出差,取得乘坐高铁的车票,上面注明了旅客身份信息,金额为 625 元,则该项业务可以抵扣的进项税额是( )元。

    A. 18.20   B. 29.76
    C. 35.38   D. 51.61

19. 某公司员工王某 2021 年 5 月出差,取得飞机票,上面注明了旅客身份信息,票价 1 820 元,燃油费附加 60 元,机场建设费 50 元,该项业务可以抵扣的进项税额是( )元。

    A. 150.28   B. 154.40
    C. 155.23   D. 159.36

20. 某制药厂(增值税一般纳税人)2021 年 2 月份销售抗生素药品取得含税收入 113 万元,销售免税药品 50 万元(不含税),当月购入生产用原材料一批,取得专票上注明税款 6.8 万元,抗生素药品与免税药品无法划分耗料情况,则该制药厂当月应纳增值税为( )万元。

    A. 9.20   B. 11.47
    C. 11.25   D. 8.47

21. 某餐厅 2021 年 1 月允许抵扣的进项税额为 30 万元,由于管理不善霉烂变质的原料转出的进项税额为 3 万元,其中本月购进的原料对应的进项税额为 1.2 万元,2020 年 3 月购进并查询抵扣的原料对应的进项税额为 1.8 万元,已知该餐厅符合加计抵减政策。该餐厅当期可抵减加计抵减额为( )万元。

    A. 2.7   B. 2.82
    C. 4.05   D. 4.32

22. 鼎盛公司是一家专门从事挖掘机租赁的企业,作为试点营业税改征增值税的一般纳税人核算。2021 年 3 月公司购入 10 台挖掘机,收到专票,支付价款 180 万元,增值税税额 23.4 万元。企业初次购买一套增值税税控系统专用设备,用银行存款支付,取得专票,不含税价款 2 000 元,增值税税额 260 元。当月鼎盛公司将其新购入的 10 台挖掘机对外出租,租赁期限 1 个月,取得不含税租金收

入15万元，款项已经收到。公司当月应纳增值税为( )元(上述取得的专票已经进行用途确认)。

A. 0　　　　　　B. 21 680
C. 24 000　　　　D. 216 760

23. 增值税一般纳税人，因购买货物从销售方取得的各种形式的返还资金，应当冲减当期的进项税额，计算公式为( )。

A. 当期应冲减的进项税额 = 当期取得的返还资金×所购货物适用的增值税税率

B. 当期应冲减的进项税额 = 当期取得的返还资金÷所购货物适用的增值税税率

C. 当期应冲减的进项税额 = 当期取得的返还资金÷(1+所购货物适用的增值税税率)×所购货物适用的增值税税率

D. 当期应冲减的进项税额 = 当期取得的返还资金×(1+所购货物适用的增值税税率)×所购货物适用的增值税税率

24. 某企业为增值税一般纳税人，2021年3月对外转让一栋闲置厂房，取得收入1 800万元。该厂房为企业2014年购入，购入成本为1 200万元，该企业选择按简易计税方法计算纳税。则该企业应纳增值税为( )万元。

A. 28.57　　　　B. 59.46
C. 85.71　　　　D. 163.64

25. 某旅行社为增值税一般纳税人，2021年3月组织境内旅游取得收入150万元，替旅游者支付给其他单位的住宿、门票、餐费共计80万元，支付广告费10万元，均取得相应的普票。企业选择差额计算缴纳增值税，则当月需要缴纳的增值税为( )万元(以上价格均为含税价格)。

A. 2.04　　　　B. 3.96
C. 4.37　　　　D. 8.49

26. 一般纳税人跨地级市提供建筑服务，适用一般计税方法计税的，纳税人应以取得的全部价款和价外费用扣除支付的分包款后的余额，按照( )的预征率在建筑服务发生地预缴税款。

A. 5%　　　　　B. 3%
C. 2%　　　　　D. 9%

27. 下列选项不可以免征增值税的是( )。

A. 个人销售自建自用住房

B. 保险公司开办的一年期以上人身保险产品取得的保费收入

C. 纳税人为个体户借款提供融资担保取得的担保费收入

D. 银行向企业贷款取得的利息收入

28. 某食品厂为增值税小规模纳税人，2021年3月销售糕点一批，取得含税销售额400 000元，经主管税务机关核准初次购进增值税税控专用设备一台，取得的专票注明价税合计1 800元。不考虑疫情期间的税收优惠，该食品厂当月应纳增值税( )元。

A. 9 850.49　　　B. 11 001.05
C. 11 012.62　　D. 11 065.05

29. 某从事二手车经销业务的纳税人，2021年3月销售其收购的二手车，取得含税销售额30万元，该项业务应该缴纳的增值税是( )元。

A. 1 492.54　　　B. 5 825.24
C. 5 882.35　　　D. 8 737.86

30. 某外贸企业2021年3月，外购商品一批，支付价款(价税合计)7 000万元，其中50%内销，取得不含税收入4 000万元，外销30%，取得收入300万美元。则税务机关核定的应退增值税税款是( )万元(增值税率13%，退税率10%，美元的外汇牌价1∶6.2)。

A. 273　　　　　B. 210
C. 185.84　　　　D. 233.33

31. 根据消费税的相关规定，下列纳税人涉及应税消费品业务中，需缴纳消费税的是( )。

A. 加油站用于本站车辆的汽油

B. 卷烟厂用于生产卷烟的自产烟丝

C. 将生产的小汽车用于企业管理部门自用

D. 某金店进口金银首饰

32. 下列有关消费税征税规定的表述,正确的是( )。

   A. 商场零售高档化妆品时,其包装物不能分别核算的,计征消费税

   B. 收取白酒包装物押金时间超过12个月不再退还的,该押金应按不含税价计征消费税

   C. 收取的应税消费品包装物押金,具有保证金的性质,所以不征收消费税

   D. 按现行税法规定,白酒的包装物押金无论如何核算均在收取当期计征消费税

33. 某日化厂为增值税一般纳税人,2020年10月香水生产成本2 000元/瓶,每瓶50ml,不含税售价2 500元/瓶;香粉生产成本1 800元/瓶,每瓶50克,不含税售价2 000元/瓶。该企业将自产的3 000瓶香水和2 000瓶香粉移送用于连续生产套装化妆品;将香水和香粉各500瓶分给职工用作福利,则上述业务应纳消费税( )元(高档化妆品消费税税率15%)。

   A. 0   B. 1 080 000
   C. 173 478   D. 337 500

34. 2021年3月份,某手表生产企业外购高档手表一批,取得专票一张,发票上注明的价款是300万元,当月将其中的70%用于本企业继续生产A型高档手表,完工后当月销售A型高档手表150件,每件不含税价格为8.50万元,当月应纳的消费税税额是( )万元(高档手表的消费税税率20%)。

   A. 175   B. 255
   C. 200   D. 100

35. 下列关于消费税的纳税义务发生时间的规定,错误的是( )。

   A. 采取赊销和分期收款结算方式的,为书面合同约定的收款日期的当天

   B. 纳税人自产的应税消费品,用于连续生产应税消费品的,不纳税

   C. 采取预收货款结算方式的,为收到预收款的当天

   D. 纳税人进口应税消费品的,为报关进口的当天

36. 消费税纳税人出口按规定不予退税或免税的应税消费品,正确的涉税处理是( )。

   A. 办理退(免)税
   B. 视同出口应税消费品
   C. 视同国内销售处理
   D. 出口免税但不退税

二、多项选择题

1. 下列关于2018年5月1日起增值税一般纳税人登记的说法,正确的有( )。

   A. 已经登记为一般纳税人,不得再转为小规模纳税人

   B. 从事货物生产的纳税人,年应税销售额超过50万元的,应当向税务机关办理一般纳税人登记手续

   C. 年应税销售额超过规定标准的其他个人,不办理一般纳税人登记

   D. 纳税人应税销售额超过一般纳税人标准,未办理一般纳税人登记手续的,应按销售额依照增值税税率计算应纳税额,不得抵扣进项税额

   E. 纳税人未按规定时限办理一般纳税人登记的,主管税务机关应当在规定期限结束后5日内制作《税务事项通知书》,告知纳税人应当在5日内向主管税务机关办理相关手续

2. 下列关于增值税征税范围的说法,正确的有( )。

   A. 非上市公司的股权转让不征收增值税
   B. 资产重组中涉及的货物,应征收增值税
   C. 资产重组中涉及的不动产、土地使用权,不征收增值税
   D. 各燃油电厂从政府财政专户取得的发电补贴,不征收增值税
   E. 由于电梯属于不动产,因此电梯厂销售电梯应该按照9%征收增值税

3. 某污水处理厂接受政府委托，对污水进行处理，2021年3月收到政府的污水处理费用5 000万元，污水处理后产生的中水归污水处理厂所有，销售收入为600万元，下列税务处理正确的有(　　)。

A. 收取的政府污水处理费用按照6%计算缴纳增值税

B. 收取的政府污水处理费用按照13%计算缴纳增值税

C. 中水销售收入按照13%计算缴纳增值税

D. 中水销售收入按照6%计算缴纳增值税

E. 该污水处理厂销售自产的综合利用产品和提供资源综合利用劳务，符合条件的，可享受增值税即征即退政策

4. 税务师在对企业的增值税情况进行审核时，应该关注的视同销售行为有(　　)。

A. 啤酒厂将自产的啤酒用于职工福利

B. 机械厂将自产的机器设备用于对外投资

C. 面粉厂将外购的面粉用于本企业职工食堂

D. 食品厂将收购的原奶捐赠给了养老院

E. 体育场将外购的体育器材抵偿了银行借款

5. 下列增值税税务处理正确的有(　　)。

A. 纳税人销售自产的活动板房的同时提供安装服务，应按照混合销售行为计算缴纳增值税

B. 纳税人销售自产机器设备的同时提供安装服务，应分别核算货物和建筑服务的销售额，分别适用不同的税率或者征收率，其中安装服务可以按照甲供工程选择简易计税

C. 一般纳税人对损坏的设备进行修理，按照"修理修配劳务"缴纳增值税

D. 纳税人对安装运行后的电梯提供的维护保养服务，按照"其他现代服务"缴纳增值税

E. 纳税人提供植物养护服务，按照"其他生活服务"缴纳增值税

6. 下列关于营改增应税行为纳税人与扣缴义务人的表述中，正确的有(　　)。

A. 境外单位或者个人在境内发生应税行为，在境内未设有经营机构的，以购买方为增值税扣缴义务人

B. 年应税销售额超过规定标准但不经常发生应税行为的单位和个体户可选择按照小规模纳税人纳税

C. 符合一般纳税人条件的纳税人应当向主管税务机关办理一般纳税人资格登记

D. 年应税销售额超过规定标准但不经常发生应税行为的单位和个体户必须按照一般纳税人纳税

E. 单位以承包、承租、挂靠方式经营的，承包人、承租人、挂靠人以发包人、出租人、被挂靠人名义对外经营并由发包人承担相关法律责任的，以该发包人、出租人、被挂靠人为纳税人

7. 下列应税行为中，应该按照6%的税率征收增值税的有(　　)。

A. 会议展览服务

B. 工程设计服务

C. 远洋运输的光租业务

D. 航空运输的湿租业务

E. 装卸搬运服务

8. 下列选项中，适用9%税率的有(　　)。

A. 交通运输服务

B. 邮政服务

C. 有形动产租赁

D. 不动产租赁

E. 销售不动产

9. 下列关于"营改增"应税行为的表述中，正确的有(　　)。

A. 以货币资金投资收取的固定利润或者保底利润，按照"贷款服务"缴纳增值税

B. 提供餐饮服务的纳税人销售的外卖食品，按照"餐饮服务"缴纳增值税

C. 纳税人已售票但客户逾期未消费取得的运输逾期票证收入，按照"交通运输服务"缴纳增值税

D. 度假村提供会议场地及配套服务的活动，按照"不动产经营租赁服务"缴纳增值税

E. 纳税人在游览场所经营索道、游船等取得的收入，按照"有形动产租赁服务"缴纳增值税

10. 一般纳税人发生下列应税行为，可以选择适用简易计税方法计税的有（　　）。

    A. 公共交通运输服务

    B. 电影放映服务

    C. 以纳入营改增试点之日前取得的有形动产为标的物提供的经营租赁服务

    D. 公路经营企业中的一般纳税人收取试点前开工的高速公路的车辆通行费

    E. 一般纳税人以包工包料方式提供的建筑服务

11. 下列各项业务所取得的收入中，如果选择简易计税，适用5%征收率的有（　　）。

    A. 以清包工方式提供的建筑服务

    B. 为甲供工程提供的建筑服务

    C. 销售其2016年4月30日前取得的不动产

    D. 收取试点前开工的一级公路、二级公路、桥、闸通行费

    E. 收取试点前开工的高速公路的车辆通行费

12. 下列各项业务所取得的收入中，应按9%的税率征收增值税的有（　　）。

    A. 园林绿化

    B. 销售不动产

    C. 邮政服务

    D. 转让土地使用权

    E. 有形动产租赁服务

13. 下列对销项税额处理错误的有（　　）。

    A. 农业生产者销售农产品不确认销项税额

    B. 进料加工企业有进料加工复出口收入500万元，未在规定期限内办理相关手续，按税法规定，应当视同内销计算销项税额65万元

    C. 一般纳税人企业销售已使用的2008年购置的未抵扣过进项税的固定资产，应当缴纳的增值税计入当期销项税额

    D. 一般纳税人以货物抵债，按同类产品销售价格计算销项税额

    E. 一般纳税人将自产的货物用于捐赠，应按同类产品销售价格计算销项税额

14. 下列项目中，不得将其进项税额从销项税额中抵扣的有（　　）。

    A. 用于简易计税方法计税项目

    B. 非正常损失的购进货物

    C. 购进的国内旅客运输服务

    D. 非正常损失的不动产在建工程所耗用的购进货物

    E. 因自然灾害导致毁损的购进货物

15. 下列旅客运费发票可以计算抵扣进项税额的有（　　）。

    A. 纸质出租车票

    B. 定额车票

    C. 国际机票

    D. 注明旅客身份信息的高铁票

    E. 注明旅客身份信息的轮船票

16. 下列关于销售使用过的固定资产、旧车、二手车的涉税处理，正确的有（　　）。

    A. 会计网校将2008年购进的在固定资产核算的一台夏普打印机出售，放弃减税的，可以开具专票

    B. 化工厂将自用3年的奥迪车赠给客户，无法确定销售额，以该车账面净值作为销售额

    C. 某小规模纳税人销售自己的一台旧货车，未放弃减税的，可以由税务机关代开专票

    D. 小规模纳税人销售自己使用过的固定资产，可以减按2%的征收率征收

    E. 纳税人销售二手车，均按照3%减按2%缴纳增值税

17. 下列项目可以差额计算缴纳增值税的有（　　）。

    A. 金融商品转让

B. 融资租赁服务

C. 建筑服务适用简易计税方法的

D. 房地产开发企业中的一般纳税人销售其开发的房地产项目采用一般计税方法的

E. 房地产开发企业中的一般纳税人销售其开发的房地产项目采用简易计税方法的

18. 下列关于营改增应税行为销售额的表述中，正确的有（   ）。

A. 金融商品转让，以卖出时取得的全部收入为销售额

B. 贷款服务，以提供贷款服务取得的全部利息及利息性质的收入为销售额

C. 经纪代理服务，以取得的全部价款和价外费用，扣除向委托方收取并代为支付的政府性基金或者行政事业性收费后的余额为销售额

D. 航空运输企业的销售额，不包括代收的机场建设费和代售其他航空运输企业客票而代收转付的价款

E. 一般纳税人提供客运场站服务，以其取得的全部价款和价外费用，扣除支付给承运方运费后的余额为销售额

19. 关于增值税销售额的说法，正确的有（   ）。

A. 分期收款结算方式下，货物发出时确认销售额

B. 将销售代销货物的销售金额并入应税销售额

C. 以旧换新方式销售货物时，一律按实际收到货款确认应税销售额

D. 外汇结算销售额人民币折合率可选择当天或当月1日外汇牌价

E. 采取还本销售方式，可从应税销售额中减除还本支出

20. 税务师在审核某增值税一般纳税人申报缴纳增值税时，发现下列情况应作为纳税义务发生确认应税销售额的有（   ）。

A. 发出的代销商品，货款尚未收到，在第90天收到代销清单时

B. 发出的代销商品，尚未收到代销清单，在第15天收到部分货款

C. 发出的代销商品，未收到货款和代销清单，于货物发出后满150天时

D. 发出的代销商品，未收到货款和代销清单，于货物发出后满80天时

E. 发出的代销商品，未收到货款和代销清单，于货物发出后满180天时

21. 某服装厂下列业务的进项税额允许抵扣的有（   ）。

A. 生产车间为一线职工购买的劳保服装

B. 工会组织给职工过节外购的食用植物油

C. 财务科首次购置增值税防伪税控系统专用设备

D. 非独立核算的汽车队发生的汽车修理费用

E. 购入扩建车间所用的智能化楼宇设备

22. 下列关于进项税额的陈述，正确的有（   ）。

A. 2020年5月自农场购进农产品，按照农产品收购发票或者销售发票上注明的农产品买价和10%的扣除率计算进项税额

B. 纳税人购进货物，取得的增值税扣税凭证不符合有关规定的，其进项税额不得从销项税额中抵扣

C. 非正常损失的在产品、产成品所耗用的购进货物或者应税劳务的进项税额不得抵扣

D. 纳税人租入不动产，既用于一般计税方法计税项目，又用于免征增值税项目，其进项税额不得从销项税额中抵扣

E. 根据最新规定，纳税人外购的应征消费税的摩托车、汽车、游艇，其进项税额可以从销项税额中抵扣

23. 增值税一般纳税人发生的下列业务，属于可以抵扣进项税额的有（   ）。

A. 购进职工食堂的专用设备

B. 购进生产空气净化器的生产设备

C. 购进用于发放职工福利的食品

D. 购进用于厂房建设的中央空调

E. 租入不动产既用于一般计税项目，又用于简易计税项目

24. 税务师对一般纳税人的"应交税费——应交增值税"明细账进行审核时，企业的以下处理中，正确的有（ ）。

A. 企业当期发生进货退回业务，应该减少当期进项税额，贷记"应交税费——应交增值税（进项税额转出）"科目

B. 企业职工餐厅领用了上月购进的面粉一批，贷记"应交税费——应交增值税（进项税额转出）"科目

C. 企业因地震造成自产面粉发生损失，贷记"应交税费——应交增值税（进项税额转出）"科目

D. 商业企业用外购汽车对外捐赠，贷记"应交税费——应交增值税（进项税额转出）"科目

E. 企业用上月外购的牛奶发放给职工，作为国庆节的福利，贷记"应交税费——应交增值税（进项税额转出）"科目

25. 自2019年4月1日至2021年12月31日，提供（ ）取得的销售额占全部销售额的比重超过50%的纳税人，按照当期可抵扣进项税额加计10%，抵减应纳税额。

A. 邮政服务　　B. 电信服务

C. 现代服务　　D. 建筑服务

E. 金融服务

26. A企业为一家建筑公司，系增值税一般纳税人，2020年8月销售转让其2013年自建的一幢写字楼，取得含税转让收入1 800万元。该写字楼的建造成本为700万元，保留有合法有效凭证。关于该项业务的税务处理，下列说法正确的有（ ）。

A. A企业可以选择简易计税方法依3%的征收率计算缴纳增值税

B. A企业应该在不动产所在地主管税务机关预缴增值税

C. A企业应该在机构所在地主管税务机关进行纳税申报

D. 一旦选择简易征收，应纳增值税为52.38万元

E. 一旦选择简易征收，应纳增值税为85.71万元

27. 张欣2020年8月销售了自己位于北京市朝阳区的住房，含增值税销售价格为900万元，该住房系2019年4月购入，购入价600万元。关于该项业务的税务处理，下列说法正确的有（ ）。

A. 张欣应该向住房所在地主管税务机关申报缴纳增值税

B. 张欣应该向户籍所在地主管税务机关申报缴纳增值税

C. 该项业务无须申报缴纳增值税

D. 应纳增值税为42.86万元

E. 应纳增值税为14.29万元

28. 下列关于金融服务涉税处理的说法正确的有（ ）。

A. 融资性售后回租按照贷款服务缴纳增值税

B. 以货币资金投资收取的固定利润，无须缴纳增值税

C. 金融商品持有期间（含到期）取得的收益无须缴纳增值税

D. 个人转让金融商品取得的收益应按简易计税方法计算缴纳增值税

E. 金融商品买卖不得开具专票

29. 2020年8月25日，稽查局对某公司的增值税纳税情况进行检查，发现该公司2020年6月收取价外费用200万元，计入"其他应付款"科目中核算，企业已经按照税务机关的要求当月将应补的增值税额缴纳。则9月5日在填写《增值税纳税申报表》时，以下填表中正确的有（ ）。

A. 第1行"（一）按适用税率计税销售额"200万元

B. 第4行"纳税检查调整的销售额"176.99万元

C. 第11行"销项税额"23.01万元

D. 第16行"按适用税率计算的纳税检查应补缴税额"26万元

E. 第37行"本期入库查补税额"23.01万元

30. 根据增值税规定，下列行为需要填列在增值税纳税申报表"（一）按适用税率计税销售额"中的有（　　）。

A. 将自产的办公桌用于财务部门办公使用

B. 将外购的服装作为福利发给企业员工

C. 将委托加工收回的卷烟用于赠送客户

D. 将新研发的玩具交付某商场代为销售

E. 将外购的水泥用于本企业仓库的修建

31.《增值税纳税申报表附列资料（二）》中"二、进项税额转出额"中填写的项目有（　　）。

A. 不动产在建工程因自然灾害发生损失

B. 免抵退税办法出口货物不得抵扣进项税额

C. 用于个人消费的进项税额

D. 用于按简易征收办法征税货物的进项税额

E. 红字专票信息表注明的进项税额

32. 下列各项不同用途的应税消费品，不需缴纳消费税的有（　　）。

A. 将自产应税消费品用于职工福利

B. 委托加工的应税消费品，委托方收回后用于连续生产应税消费品

C. 自产的应税消费品用于连续生产非应税消费品

D. 某金银首饰生产企业销售金饰给某商场

E. 某卷烟批发企业批发一批卷烟给零售企业

33. 税务师对某酒厂的消费税纳税情况进行审核，发现该酒厂销售应纳消费品除收取价款外，还收取了其他费用，按现行消费税规定，下列费用中应并入销售额计征消费税的有（　　）。

A. 承运部门将发票开具给购货方的、由酒厂收取的代垫运费

B. 因购买方延期付款收取的违约金

C. 购买方收取的品牌使用费

D. 因采用新包装材料收取的包装费

E. 向购买方收取的增值税

34. 消费税纳税人应当按照最高销售价格确定消费税的计税依据的情况有（　　）。

A. 纳税人将自产的白酒换取果酒

B. 纳税人将自产的卷烟用于招待客户

C. 纳税人用自产的高档化妆品换取原材料

D. 纳税人用外购的高档化妆品用于职工福利

E. 纳税人用自产的高尔夫球投资某娱乐城

35. 关于消费税纳税人销售自产应税消费品，下列表述中错误的有（　　）。

A. 甲啤酒厂销售啤酒，同时租借酒桶给购货方使用，约定在12个月内归还，甲纳税人应当在收取酒桶押金时，确认包装物押金为消费税的计税依据

B. 乙商店销售珠宝玉石，应当将收取的全部货款，包括价外费用，作为计算消费税的依据

C. 丙商场从事金银业务，销售金银首饰确认消费税的纳税义务时间应当与计算增值税一致

D. 丁木制品厂，将废木料做成一次性筷子，对外出售，不用缴纳消费税，但是需要缴纳增值税

E. 戊高尔夫球杆制造公司，将自产的球杆以成本价销售给母公司，戊公司在缴纳消费税时应当按照最高销售价格

36. 纳税人用外购或委托加工收回的应税消费品连续生产应税消费品的，按照税法规定，可以扣除已纳消费税的情况有（　　）。

A. 用外购或委托加工的酒生产其他酒

B. 用外购的鞭炮生产加工自己品牌的鞭炮

C. 用外购的烟叶生产烟丝

D. 用外购或委托加工的石脑油为原料生产的成品油

E. 用外购或委托加工的高尔夫杆头、杆身和握把为原料生产的高尔夫球杆

37. 对销售金银首饰的企业进行纳税审核时，以下说法正确的有（　）。

A. 在以旧换新、翻新改制的业务中，审核企业是否均按照实际收取的不含增值税的全部价款作为计税依据计算消费税和增值税

B. 在带料加工业务中，审核企业是否按照组成计税价格计算消费税

C. 在销售金银首饰业务中，审核企业是否按照不含增值税的销售额计算消费税

D. 在销售金银首饰时，审核企业是否按照以下原则处理：同时销售包装物的，如果包装物单独计价的，不用计算消费税；如果包装物与销售额无法划分的，应该合并计征消费税

E. 在将金银首饰用于赞助的，审核企业是否按照同类金银首饰的销售价格为依据计算征收消费税、增值税

三、简答题

1. 某新西兰保健品公司拟在中国设立一家商贸公司专门从事其保健品在中国的销售业务。中国境内的商贸子公司，会计核算健全，2020年4月1日开始运营，预计2020年保健品的不含增值税年销售额为人民币70万元，销售对象是具有增值税一般纳税人资格的大型百货商场；预计2020年采购额折合人民币40万元（含关税但不含进口增值税），采购全部来自新西兰。2020年6月该公司财务经理向税务师咨询关于一般纳税人登记事宜。

『提示』不考虑疫情期间小规模纳税人征收率调整政策，按照3%确定小规模纳税人的征收率。

问题：

（1）此种情况下是否允许该商贸公司办理增值税一般纳税人登记？

（2）若允许，单从增值税税额及其对获利影响的角度看，该商贸公司选择按小规模纳税人纳税还是按一般纳税人纳税更为有利？

2. 位于某县城的甲公司，系增值税一般纳税人，2020年8月将自建的老办公楼及配置的家具一起出售，有关情况如下：

（1）老办公楼及家具出售时固定资产原值2 260万元，已提折旧2 071万元，净值189万元。其中：

①老办公楼1986年自建并投入使用，固定资产原值2 100万元，净值105万元。

②家具中，2008年购置的一部分，固定资产原值40万元，净值2万元，2012年购置的一部分，固定资产原值120万元，净值82万元。

（2）评估情况。甲公司出售前聘请当地具有资质的房地产评估事务所对老办公楼进行了评估，建造同样的房产需4 000万元，该老办公楼为4成新。

（3）出售情况。经协商，甲公司按2 063.2万元的市场价格，将该办公楼及家具出售给丙公司，产权转移书据中注明老办公楼折价2 000万元，2008年购置的家具折价5.2万元，2012年购置的家具折价58万元，上述增值税业务的价格均为含增值税价格。

问题：

（1）甲公司处置资产涉及哪些税费（暂不考虑企业所得税，出售办公楼增值税选择简易计税）？分别列式计算。

（2）作出相应资产处置的账务处理。

3. 某代理记账公司业务人员2020年1月向税务师提出了下列增值税一般纳税人的涉税问题：

（1）某软件企业销售自行开发的软件产品如何缴纳增值税？

（2）某加油站管理公司经营用车辆所耗用汽油应作进项税额转出处理，还是按视同销售货物处理？

(3)某市最近遭遇了较强降雨,甲公司虽将货物全部存于仓库做好了相关措施。但仓库仍浸水,导致存货无法使用而损失,请问这种损失需要做进项税额转出吗?

(4)企业在不动产在建工程核算的办公楼内安装了视频会议系统,取得了专票。该视频会议系统是否要作为建筑物的组成部分? 其进项税额是否能够抵扣?

问题:请根据税法规定分别予以回答。

4. 位于北京市朝阳区的甲公司,系增值税一般纳税人,主要经营大型连锁超市,并下设运输队,从事超市货物的运输,并为周边商场提供运输服务。2020 年 12 月发生如下业务:

(1)超市当月零售收入合计 500 万元,其中蔬菜 5 万元,鲜猪肉 8 万元,鸡蛋 2 万元;

(2)从北京周边郊区农场购入一批新鲜蔬菜,支付金额 30 000 元,开具农产品收购发票;

(3)为周边商场运输一批家具给客户,本月共收取运费价税合计 5 000 元,按规定开具一般纳税人专票;

(4)将公司 2008 年购置的一台运输车辆出售,原值 40 万元,净值 2 万元,出售价格 5.2 万元。

根据上述资料,请回答下列问题:

(1)不考虑其他业务,计算甲公司 12 月应纳的增值税。

(2)作出处置资产的账务处理(不考虑城建税及教育费附加)。

5. A 房地产开发公司位于北京,于 2016 年 6 月开发建设 A 楼盘。为开发建设该楼盘,A 公司支付给政府部门的土地价款 3 亿元,支付给个人的拆迁补偿款 5 000 万元。2020 年 6 月房屋取得预售许可证,预售房屋,收取了 1.2 亿元的首付款。2021 年 2 月份将房屋交付业主,交付业主时房屋销售了 65%,已经收到 8.5 亿元的房屋预收款。对于该项业务 A 公司选择了一般计税方法,请回答下列问题(以万元为单位)。

(1)A 公司支付土地价款和拆迁补偿款时如何进行账务处理?

(2)A 公司收到业主的首付款是否需要预缴增值税? 预缴多少? 如何进行账务处理?

(3)将房屋交付业主时如何进行账务处理?

6. A 工业企业为增值税一般纳税人,机构所在地在 A 县,2021 年 3 月 10 日转让其 2014 年购买的一幢写字楼,取得含税转让收入 3 600 万元。该写字楼位于 B 县,2014 年购买时的价格为 2 500 万元,保留有合法有效凭证;该写字楼资产原值 2 600 万元,已经计提折旧 150 万元。该工业企业对于该项业务选择了简易计税方法,请回答下列问题(以万元为单位):

(1)A 企业需要向哪个税务机关预缴增值税? 预缴多少? 如何进行账务处理?

(2)A 企业需要向哪个税务机关申报缴纳增值税? 计提增值税时应如何进行账务处理?

(3)如果 A 企业对该项业务选择了一般计税方法,计提增值税时应如何进行账务处理?

7. 甲企业是制造摩托车的内资企业,最近与乙企业合办了一家摩托车经营公司。双方协定,甲企业不投资现金,而以其制造的某品牌摩托车作为投资。假定该品牌摩托车当月的售价有高有低。请根据该业务回答下列问题。

问题:

(1)甲企业这笔投资业务的增值税和消费税的计税依据如何确定?

(2)甲企业这笔投资业务的企业所得税应如何处理?

8. A 公司主营业务是生产销售计算机,收入的 90% 来源于计算机销售业务。2021 年 3 月份的增量留抵税额为 82 万元,假设进项构成比例为 95%。请回答以下问题:

(1)A 公司享受增量留抵退税的条件是什么?

(2)A 公司可以退还的税额是多少?

(3)收到留抵退税时应如何进行账务处理？

9. 某省公交集团公司对于提供的公共交通服务选择了一般计税方式。2021年收到下列政府补贴，(1)乘客刷卡补贴；(2)按照公交公司的亏损情况给予的里程补贴；(3)购置新能源汽车的补贴；(4)稳岗补贴。请回答下列问题：

(1)上述补贴哪些需要缴纳增值税？哪些无需缴纳增值税？为什么？

(2)如果需要缴纳增值税，按照什么税率缴纳增值税？

(3)如果相关政府部门在给予政府补贴时要求企业开具发票，该公交集团公司应该开具何种类型的发票？

10. 某垃圾发电企业接受政府委托，利用垃圾发电，产生的电力归企业所有。2021年3月收到政府的价税合计的垃圾处置费5 000万元，产生的垃圾销售收入价税合计为4 000万元。当月收到政府给予的购置环保设备的补贴款3 000万元，增值税即征即退款30万元。请做出上述业务的账务处理(以万元为单位，保留小数点后两位数字)。

四、综合分析题

1. 某建筑公司为增值税一般纳税人，承接了两个工程项目，这两个项目均为跨省项目。

(1)A项目为包工包料提供建筑服务，采用一般计税方法计税。含增值税总包款为3 100万元，含税分包款1 000万元；2020年7月10日A项目收到500万元预付工程款；2020年11月15日A项目完工，收到2 500万元工程款，并支付1 000万元分包款，剩余的100万元为质保金。

(2)B项目是为甲供工程提供的建筑服务，选择了简易计税，含税总包款为1 000万元，含税分包款100万元。2020年8月收到300万元预付款；2020年12月工程完工，收到700万元的工程款，并支付了100万元分包工程款。

根据上述情况，请回答以下问题(以元为单位)。

(1)A项目在收到500万元预付工程款时，应如何进行账务处理？

(2)A项目后续收款2 500万元，并支付分包款1 000万元时应预缴多少增值税？后续收款预缴增值税时应如何进行账务处理？

(3)请为A项目填写后续收款并支付分包款时的《增值税预缴税款表》。

增值税预缴税款表

税款所属时间： 年 月 日至 年 月 日

纳税人识别号：□□□□□□□□□□□□□□□□□□□□ 是否适用一般计税方法 是□ 否□

纳税人名称：(公章)				金额单位：元(列至角分)		
项目编号				项目名称		
项目地址						
预征项目和栏次		销售额	扣除金额		预征率	预征税额
		1	2		3	4
建筑服务	1					
销售不动产	2					
出租不动产	3					
	4					
	5					
合计	6					

(4)A项目在支付1 000万元分包工程款时，取得税率9%的专票，应如何进行账务处理？

(5)A项目完工时，发包方扣留100万元质保金时，应如何进行账务处理？

(6)B项目在收到300万元预付工程款时，应如何进行账务处理？

(7)B项目后续收款700万元，并支付100万元的分包工程款，此时应预缴多少增值税？预交增值税应如何进行账务处理？

(8)请为B项目填写后续收款、支付分包款时的《增值税预缴税款表》。

增值税预缴税款表

税款所属时间： 年 月 日至 年 月 日

纳税人识别号：□□□□□□□□□□□□□□□□□□□　是否适用一般计税方法　是□ 否□

纳税人名称：(公章)			金额单位：元(列至角分)	
项目编号			项目名称	
项目地址				
预征项目和栏次		销售额	扣除金额	预征率	预征税额
		1	2	3	4
建筑服务	1				
销售不动产	2				
出租不动产	3				
	4				
	5				
合计	6				

(9)B项目在支付100万元分包工程款时，应如何进行账务处理？

2. A房地产开发公司位于北京，开发的甲楼盘位于河北廊坊，系2015年10月开工建设的项目，A公司对其选择了简易计税方法。2020年6月开始收取客户的诚意金，收到诚意金2 000万元；2020年8月房屋取得预售许可证，预售房屋，当月原有的诚意金2 000万元转作业主购房的首付款，另外又收取了12 000万元的首付款。房屋2020年12月份交付业主。对于该项业务A公司选择了简易计税方法，请回答下列问题：

(1)A公司收到诚意金时是否发生了增值税纳税义务？是否需要预缴增值税？

(2)A公司收到业主的首付款时是否发生纳税义务？是否需要预缴增值税？

(3)A公司是否需要填写《增值税预缴税款表》，为什么？

(4)请问A公司应该在什么时间预缴税款，为什么？

(5)请为A公司填写《增值税预缴税款表》。

增值税预缴税款表

税款所属时间： 年 月 日至 年 月 日

纳税人识别号：□□□□□□□□□□□□□□□□□□□□　　是否适用一般计税方法　是□ 否□

纳税人名称：（公章）　　　　　　　　　金额单位：元(列至角分)

项目编号　　　　　　　项目名称

项目地址

预征项目和栏次		销售额	扣除金额	预征率	预征税额
		1	2	3	4
建筑服务	1				
销售不动产	2				
出租不动产	3				
	4				
	5				
合计	6				

3. 某市白酒生产公司为一般纳税人，2021年3月发生以下业务：

（1）当月外购材料一批，取得专票，注明材料价款60.9万元，增值税7.917万元。

（2）购入普通白酒3 000斤，取得的专票上注明的销售额是10万元，白酒公司将购入的白酒全部直接对外销售，取得的不含税销售额为16万元。

（3）将业务(1)中外购材料账面成本的40%及其他原材料20万元发出，委托某县白酒加工厂（一般纳税人）加工A牌白酒5 000斤，白酒加工厂代垫的辅料为5万元，另收取加工费8万元，取得加工厂开具的专票注明加工费13万元，加工厂无同类白酒的售价，加工厂按规定代收代缴了相应的税金及附加。

（4）将加工收回的A牌白酒的50%用于抵偿A公司货款，经计算，企业该部分A牌白酒的平均不含税售价为90万元，最高不含税售价为110万元。

（5）将加工收回的A牌白酒的10%用于对外销售，当月全部售出。将自产的成本为20万元的10 000斤B牌白酒发给下设非独立核算门市部对外销售（不含税售价为38万元的），当月实际售出60%。

（6）将自产的高级白酒5 000斤(成本为40万元，不含税售价为80万元)与其他饮品500斤(成本为30万元，不含税售价为40万元)组成套装出售，取得不含税销售额110万元。

（7）企业自有房产原值为5 000万元，其中原值为1 000万元的房产对外出租，每月收取租金50万元(含税)，采用简易计税方法计算增值税。本月按规定计提了房产税(当地房产税的扣除率为30%)。

（8）接受乙酒厂的委托代销白酒1 200斤，代销白酒的成本35万元，委托方指定的不含税售价是60万元，本月已全部售出，委托方按代销清单开具专票。按双方协议约定，企业将代销手续费5万元(含税)扣下之后将剩余款项支付给乙酒厂。

已知：白酒消费税税率为20%，从量税每斤0.5元。

要求：根据上述资料，按下列序号计算有关纳税事项：

（1）计算业务(3)白酒加工厂代收代缴的消费税及相应的城建税和教育费附加。

（2）计算业务(4)中A牌白酒抵债应确认的销项税额和消费税额。

（3）计算业务(5)中应确认的销项税额和消

费税额。
(4)计算业务(6)中应确认的销项税额和消费税额。
(5)计算房产出租业务中当月应计的增值税和房产税(增值税选择简易计税方法)。
(6)计算代销业务应该缴纳的增值税。
(7)计算企业本月应交纳的增值税。
(8)计算企业本月在企业所在地应交纳的城建税及教育费附加。

4. 红发电子有限公司位于河北省石家庄市××区,系增值税一般纳税人,从事电子设备研发、生产、销售、技术服务。2021年4月,诚信税务师事务所受红发电子有限公司的委托,对该公司2020年度的增值税及2021年第一季度的纳税情况进行审核,获得下列资料:

(1)2020年12月31日,"应交税费——未交增值税"贷方余额125 800元;具体涉税问题如下:

①在审查有关账目时,发现每个月末"营业外收入"贷方都有一笔收入,经调查核实,该公司2020年1月和A客户签订合同(合同期为一年),每月保证向A客户供货6万件电子产品,由于该电子产品系A客户生产环节的关键资源,对按时保质保量供货有相当高的要求,每月双方根据合同对供货数量和质量进行核对,A客户每月都会支付优质费2万元,经过核查,全年共12次,合计收取24万元,企业以收据入账。企业每月账务处理为:

借:银行存款　　　　　　20 000
　　贷:营业外收入　　　　　20 000

②11月,为支持省政府组织的全省运动会,以公司自己生产制造的电子产品180万元(不含税销售价)对运动会进行赞助,获得比赛赞助冠名权。该公司财务部门将该批电子设备依其账面成本113万元全部结转到"销售费用"科目,企业账务处理为:

借:销售费用　　　　　　1 130 000

贷:库存商品　　　　　　1 130 000

③12月5日16号凭证:购进原材料一批,已验收入库,取得专票一张,注明价款100 000元,税额13 000元;取得运输部门开具的专票一张,注明运费6 000元,增值税540元;取得普票上注明的装卸费3 000元,款项均未支付;取得的专票已认证,经现场检查,该原材料未被领用,企业账务处理为:

借:原材料　　　　　　　108 830.19
　　应交税费——应交增值税(进项税额)
　　　　　　　　　　　　13 709.81
　　贷:应付账款　　　　　122 540

④12月30日201号凭证:年末盘库发生原材料盘亏,材料系2020年5月购入,企业账务处理为:

借:待处理财产损溢　　　20 000
　　贷:原材料　　　　　　20 000

后附:存货盘点表一张,业务内容:盘亏原材料成本20 000元。经核查,该损失于次年2月批准转入营业外支出,企业会计分录:

借:营业外支出　　　　　20 000
　　贷:待处理财产损益　　20 000

(2)2021年第一季度相关材料:

①2月8日,企业将一台旧设备处置,取得收入50万元。该设备于2008年购进,原值80万元,已提折旧20万元,未放弃减税优惠。企业账务处理为:

借:固定资产清理　　　　600 000
　　累计折旧　　　　　　200 000
　　贷:固定资产　　　　　800 000
借:银行存款　　　　　　500 000
　　贷:固定资产清理　　　500 000
借:资产处置损益　　　　100 000
　　贷:固定资产清理　　　100 000

附件:收款收据一份,表明价款50万元;固定资产处置审批单一份,审批手续完备。

②3月10日,从国内采购机器设备2台给

生产基地使用,专票上注明每台设备价款100万元,增值税税额13万元,购进固定资产所支付的运输费用价税合计1万元,取得一般纳税人专票,均用银行存款支付。取得的专票当月尚未认证,企业账务处理为:

借:固定资产　　　　　2 010 000
　　应交税费——应交增值税(进项税额)
　　　　　　　　　　　　260 000
　　贷:银行存款　　　　2 270 000

③3月15日,支付当年的税控系统专用设备技术维护费,取得服务单位开具的技术维护费发票,企业用银行存款支付2 000元。企业账务处理为:

借:管理费用——维护费　　2 000
　　贷:银行存款　　　　　　2 000

问题:

(1)按照所给资料顺序,指出公司存在的纳税问题。

(2)按照所给资料顺序,计算并进行相应的涉税账务调整(计算结果以元为单位)。

5. 鑫鑫宾馆系增值税一般纳税人,设有客房部、餐饮部、营销部和商场等业务部门,分别从事住宿服务、餐饮服务、会展服务和货物销售等经营业务,各业务部门的收入和成本费用等分别进行明细核算。已于2020年和2021年5月分别向主管税务机关提交了《适用加计抵减政策的声明》。

该宾馆2021年5月发生与增值税相关的业务如下:

(1)住宿服务价税合计收入为3 180 000元,此外因住客损坏住宿设施而收取赔偿款合计21 200元。

(2)餐饮服务价税合计收入为1 060 000元,均开具普票。

(3)会展服务价税合计为848 000元。均开具专票,金额合计800 000元、税额合计48 000元。

(4)商场销售货物价税合计为783 000元,均采取现金或转账结算。其中出售农林特产取得价税合计收入为218 000元。另外,因2020年3月销售的一批工艺品存在质量问题,经协商商场于当月退货,购买方无法退回原开具的专票的发票联和抵扣联,凭购买方填开并上传、税务机关校验的《开具红字专票信息表》,开具红字专票金额80 000元、税额10 400元。

(5)客房重新装修更换新的设施,将客房中原有300台电视机以价税合计金额160 000元出售,宾馆选择按3%征收率并减按2%征收。

(6)省外出租的办公用房按协议预收2020年6—12月份房屋租赁费价税合计436 000元,未开具发票。已向办公房所在地税务机关填报《增值税预缴税款表》并预缴12 000元,取得办公房所在地税务机关出具的完税凭证。

(7)将营改增前以2 000 000元购置的省外一间商铺出售,取得价税合计收入2 525 000元,宾馆选择简易计税方法,并以"差额征税开具功能"开具专票金额2 500 000元、税额25 000元。当月在商铺所在地预缴增值税25 000元,取得商铺所在地税务机关出具的完税凭证。

(8)销售单用途商业预付卡价税合计金额2 000 000元、接受单用途商业预付卡的持卡人充值价税合计金额300 000元,均开具不征税的普票。

(9)本月餐饮部从农场、渔场处购进蔬菜、海鲜等农产品,取得普票(免税)金额合计300 000元,从小规模纳税人处购进水果等农产品,取得对方由税务机关代开的专票,上面注明金额70 000元,增值税额2 100元。

(10)本月商场部从林场购进大枣一批,取得林场开具的普票(免税)金额合计100 000元,商场已经将该批大枣发往加工厂委托加工粽子。

(11)宾馆管理人员和员工报销出差的旅客运输费用,航空运输电子客票行程单

12份,其中10份为境内航空运输,票价和燃油附加费合计金额15 000元;另两份为国际航空运输,票价和燃油附加费合计金额20 000元。铁路车票18份,合计票面金额6 800元。公路客票4份,合计票面金额721元。以上旅客运输发票均载明有宾馆相关工作人员的身份信息。

(12)除上述购进票据外,其他专票上注明的增值税额为185 000元。

(13)支付增值税税控系统技术维护费,取得专票1份,金额1 320.75元,税额79.25元,价税合计金额1 400元。

(14)商场一批工艺品被盗,经确认该工艺品购进时取得专票,金额50 000元、税额6 500元。该进项税额于2020年4月抵扣。

经核实,宾馆2021年4月增值税纳税申报后,无留抵税额;服务、不动产和无形资产扣除项无期末余额;加计抵减期末无余额;也无税额抵减的期末余额。当期开具的增值税发票都已按规定进行报税,取得的专票以及有关扣税凭证都已登录增值税发票综合服务平台查询、选择用于申报抵扣、出口退税或者代办退税的增值税发票信息。

请计算该企业2021年5月份应纳增值税。

同步训练答案及解析

一、单项选择题

1. A 【解析】纳税人应当向其机构所在地主管税务机关办理一般纳税人登记手续。

2. D 【解析】纳税人办理一般纳税人登记的程序如下:
   (1)纳税人向主管税务机关填报《增值税一般纳税人登记表》,如实填写固定生产经营场所等信息,并提供税务登记证件;
   (2)纳税人填报内容与税务登记信息一致的,主管税务机关当场登记;
   (3)纳税人填报内容与税务登记信息不一致,或者不符合填列要求的,税务机关应当场告知纳税人需要补正的内容。

3. C 【解析】选项C,纳税人偶然发生的销售无形资产、转让不动产的销售额,不计入应税行为年应税销售额。

4. D 【解析】自2018年5月1日起,增值税小规模纳税人标准为年应征增值税销售额500万元及以下。

5. C 【解析】装卸搬运服务属于现代服务中的物流辅助服务。

6. D 【解析】车辆停放服务,按不动产经营租赁服务缴纳增值税。

7. C 【解析】存款利息不征收增值税;农业生产者销售自产农产品、社会团体收取的会费,免征增值税。

8. A 【解析】本题目考核的是混合销售行为与兼营行为的税务处理。选项A,美容院销售美容产品的同时提供美容服务,属于一项销售行为既涉及货物又涉及服务,为混合销售行为,而非兼营行为。

9. A 【解析】选项A,搬家公司从事的搬家业务按照物流辅助服务计算缴纳增值税,适用税率6%;选项B,无运输工具承运业务按照交通运输服务计算缴纳增值税,适用税率9%;选项CD,按照建筑服务计算缴纳增值税,适用税率9%。

10. B 【解析】对于融资租赁企业而言,在销售额中可以扣减利息支出。扣减的利息支出通过"应交税费——应交增值税(销项税额抵减)"核算。

11. B 【解析】选项A,经纪代理服务,以取得的全部价款和价外费用,扣除向委托方收取并代为支付的政府性基金或者行政事业性收费后的余额为销售额;选项C,金融商品转让,按照卖出价扣除买入价后的余额为销售额,转让金融商品出现的正负差,按盈亏相抵后的余额为销售额；选项 D，航空运输销售代理企业提供境外航段机票代理服务，以取得的全部价款和价外费用，扣除向客户收取并支付给其他单位或者个人的境外航段机票结算款和相关费用后的余额为销售额。

12. A 【解析】选项 B，采用预收款结算方式的，应该是在货物发出时确认收入，不是收到货款时；选项 C，采用托收承付结算方式的，应该是在发出货物、办妥银行托收手续时确认收入，并不仅仅是发出货物时确认收入；选项 D，采用分期收款结算方式的，应该是按照合同约定的收款日期确认收入的，并不一定是实际收款的日期。

13. D 【解析】将货物交付他人代销，纳税义务发生时间为收到代销清单的当天，在收到代销清单前已收到全部或部分货款的，其纳税义务发生时间为收到全部或部分货款的当天；对于发出代销商品超过 180 天仍未收到代销清单及货款的，其纳税义务发生时间为发出代销商品满 180 天的当天。

14. C 【解析】选项 A 属于视同销售，进项税额可以抵扣；选项 BD 属于将外购货物用于增值税应税项目，进项税额可以抵扣。

15. B 【解析】当期农产品耗用数量 = 43÷0.6 = 71.67(吨)。
农产品平均每吨购买单价 = 300 000÷100 = 3 000(元)
核定扣除的扣除率采用销售货物(白酒)适用的增值税税率。
允许抵扣农产品增值税进项税额 = 71.67×3 000×13%÷(1+13%) = 24 735.66(元)

16. A 【解析】允许加计抵减进项税额的生产、生活性服务业纳税人，包括邮政服务、电信服务、现代服务、生活服务。选项 A 属于金融服务。

17. D 【解析】选项 D，因管理不善造成的

非正常损失的产成品所耗购进货物，其进项税额不准予抵扣，已经抵扣的需作进项税额转出处理。

18. D 【解析】铁路旅客运输进项税额 = 票面金额÷(1+9%)×9% = 625÷(1+9%)×9% = 51.61(元)

19. C 【解析】航空旅客运输进项税额 = (票价+燃油附加费)÷(1+9%)×9% = (1 820+60)÷1.09×9% = 155.23(元)

20. D 【解析】纳税人兼营免税项目或非应税项目无法准确划分不得抵扣的进项税额部分，按公式计算不得抵扣的进项税额 = 当月无法划分的全部进项税额×当月免税项目销售额÷当月全部销售额合计 = 6.8×50÷(113÷1.13+50) = 2.27(万元)，应纳增值税 = 113÷(1+13%)×13%-(6.8-2.27) = 8.47(万元)。

21. C 【解析】纳税人应按照当期可抵扣进项税额的 15% 计提当期加计抵减额。按照现行规定不得从销项税额中抵扣的进项税额，不得计提加计抵减额；已计提加计抵减额的进项税额，按规定作进项税额转出的，应在进项税额转出当期，相应调减加计抵减额。
当期可抵减加计抵减额 = 30×15%-3×15% = 4.05(万元)

22. A 【解析】公司当月应纳的增值税 = 150 000×13%-234 000-2 260 = -216 760(元)，因此本月应纳增值税为 0。

23. C 【解析】返还资金属于含税金额，所以要换算为不含税金额后，再计算应当冲减的进项税额。

24. A 【解析】一般纳税人转让其 2016 年 4 月 30 日前外购的不动产，可以选择适用简易计税方法计税，以取得的全部价款和价外费用减去该项不动产购置原价或者取得不动产时的作价后的余额为销售额，按照 5% 的征收率计算应纳税额。
应纳增值税 = (1 800-1 200)÷(1+5%)×

5%=28.57(万元)。

25. B 【解析】试点纳税人提供旅游服务，可以选择以取得的全部价款和价外费用，扣除向旅游服务购买方收取并支付给其他单位或者个人的住宿费、餐饮费、交通费、签证费、门票费和支付给其他接团旅游企业的旅游费用后的余额为销售额，但不得扣除广告费。应纳增值税=(150-80)÷(1+6%)×6%=3.96(万元)。

26. C 【解析】一般纳税人跨地级市提供建筑服务，适用一般计税方法计税的，应以取得的全部价款和价外费用为销售额计算应纳税额。纳税人应以取得的全部价款和价外费用扣除支付的分包款后的余额，按照2%的预征率在建筑服务发生地预缴税款后，向机构所在地主管税务机关进行纳税申报。

27. D 【解析】银行向企业贷款取得的利息收入，以提供贷款服务取得的全部利息及利息性质的收入为销售额计算缴纳增值税。

28. A 【解析】小规模纳税人初次购进税控专用设备，取得专票或普票均可以全额抵免税额。应纳增值税=400 000÷(1+3%)×3%-1 800=9 850.49(元)。

29. A 【解析】从事二手车经销业务的纳税人销售其收购的二手车，减按0.5%计算缴纳增值税。应纳增值税=300 000÷(1+0.5%)×0.5%=1 492.54(元)。

30. C 【解析】应退税额=7 000÷(1+13%)×30%×10%=185.84(万元)

31. C 【解析】选项A，加油站属于商业零售性的企业，所以对其自用的汽油不缴纳消费税；选项B，自产烟丝用于连续生产卷烟的，不缴纳消费税；选项C，自产小汽车用于企业管理部门自用的，属于视同销售行为，应当缴纳消费税；选项D，金银首饰应当在零售环节征税，所以进口时不征消费税。

32. D 【解析】选项A，高档化妆品应在生产环节征税，零售环节不征税。选项BC，对于包装物押金，除啤酒、黄酒以外的酒类产品的包装物押金，在收取时，就需要计入销售额中，计算增值税和消费税；普通包装物押金在逾期时或者超过12个月时应当并入销售额征税。

33. D 【解析】该企业将自产的香水、香粉移送用于连续生产套装化妆品属于将自产的应税消费品继续生产应税消费品，不缴纳消费税；将香水、香粉分给职工用作福利，属于将自产的应税消费品用于其他方面，要视同销售征收消费税。该企业上述业务应纳消费税=500×(2 500+2 000)×15%=337 500(元)。

34. B 【解析】外购的高档手表用于生产A型高档手表，不得扣除外购手表已经缴纳的消费税额，本月应交纳的消费税额=8.50×150×20%=255(万元)。

35. C 【解析】采取预收货款结算方式的，为发出应税消费品的当天。

36. C 【解析】消费税纳税人出口按规定不予退税或免税的应税消费品，应当视同国内销售征税。

二、多项选择题

1. CDE 【解析】选项A，2020年12月31日之前，符合条件的一般纳税人可以转登记为小规模纳税人；选项B，自2018年5月1日起，无论何种行业的企业，增值税一般纳税人和小规模纳税人的划分标准为年应征增值税销售额500万元。

2. ACD 【解析】资产重组中涉及的货物、不动产、土地使用权，均不征收增值税，所以选项B错误；电梯在安装前属于有形动产，电梯厂销售电梯应该按照13%的税率征收增值税，所以选项E错误。

3. ACE 【解析】对废弃物进行专业化处理后产生货物，且货物归属受托方的，受托方属于提供"专业技术服务"，其收取的处理费用适用6%的增值税税率；受托方将产生的货物用于销售时，适用货物的增值税税率，中水的增值税税率为13%。此外纳税人销售自产的综合利用产品和提供资源综合利用劳务，符合条件的，可享受增值税即征即退政策。

4. ABD 【解析】选项C属于外购货物用于集体福利，应该是进项税额不得抵扣；选项E属于外购货物抵偿债务，应该属于特殊销售行为，并不是视同销售行为。

5. BCDE 【解析】纳税人销售活动板房、机器设备、钢结构件等自产货物的同时提供建筑、安装服务，不属于混合销售行为，应分别核算货物和建筑服务的销售额，分别适用不同的税率或者征收率计算缴纳增值税。所以选项A错误。

6. ABCE 【解析】年应税销售额超过规定标准但不经常发生应税行为的单位和个体户可选择按照小规模纳税人纳税。

7. ABE 【解析】选项C，远洋运输的光租业务按照有形动产租赁服务计算缴纳增值税，适用税率13%。选项D，航空运输的湿租按照交通运输服务计算缴纳增值税，适用税率9%。

8. ABDE 【解析】提供交通运输、邮政、基础电信、建筑、不动产租赁服务，销售不动产，转让土地使用权，税率为9%；选项C，有形动产租赁服务适用13%的税率。

9. ABC 【解析】选项D，宾馆、旅馆、旅社、度假村和其他经营性住宿场所提供会议场地及配套服务的活动，按照"会议展览服务"缴纳增值税；选项E，纳税人在游览场所经营索道、摆渡车、电瓶车、游船等取得的收入，按照"文化体育服务"缴纳增值税。

10. ABCD 【解析】选项E，一般纳税人以清包工方式提供的建筑服务可以选择简易计税办法，采用包工包料方式提供建筑劳务，要按一般计税办法纳税。

11. CD 【解析】以清包工方式提供的建筑服务、为甲供工程提供的建筑服务、收取试点前开工的高速公路的车辆通行费，

如果选择简易计税，适用3%的税率。

12. ABCD 【解析】选项E，有形动产租赁服务适用13%的税率。

13. BC 【解析】选项B，进料加工复出口业务视同内销征税的，应当将外销收入视为含税收入，所以销项税额为57.52万元；选项C，一般纳税人销售旧的未抵扣过进项税额的固定资产，应按简易办法征收增值税，税额计入"应交税费——简易计税"科目，不是销项税额，不能并入销项税额抵扣进项税额后再缴纳。

14. ABD 【解析】选项C，从2019年4月1日起，国内旅客运输服务可以抵扣进项税额；选项E，因自然灾害导致毁损的购进货物可以抵扣进项税额。

15. DE 【解析】由于纸质出租车票和定额车票未注明旅客身份信息，因此不得抵扣进项税额；国内旅客运费可以抵扣进项税额，国际旅客运费不得抵扣进项税额，因此国际机票不得抵扣进项税额。

16. ABD 【解析】选项C，纳税人销售自己使用过的固定资产，适用简易办法，一般情况下，不得开具专票；纳税人可以放弃减税，按照简易办法依照3%征收率缴纳增值税，并可以开具专票；选项E，需要区分是二手车经销单位还是其他企业。2020.5.1～2023.12.31，从事二手车经销业务的纳税人销售其收购的二手车，减按0.5%缴纳增值税；其他企业销售二手车，需要看该车辆购进时是否抵扣过进项税额，再确定适用的税收政策。

17. ABCD 【解析】房地产开发企业中的一般纳税人销售其开发的房地产项目采用简易计税方法的，只能全额计税。

18. BCDE 【解析】选项A，金融商品转让，按照卖出价扣除买入价后的余额为销售额。

19. BD 【解析】选项A，采取分期收款方式销售货物，确认增值税销售额的时间为

书面合同约定的收款日期的当天，无书面合同的或者书面合同没有约定收款日期的，为货物发出的当天；选项C，金银首饰以旧换新，按实际收取的差价款确认应税销售额；选项E，采取还本销售方式，其销售额就是货物的销售价格，不得从销售额中减除还本支出。

20. ABE 【解析】委托其他纳税人代销货物，纳税义务发生时间为收到代销单位的代销清单或者收到全部或者部分货款的当天。未收到代销清单及货款的，为发出代销货物满180天的当天。

21. ADE 【解析】选项B，用于集体福利的外购货物，进项税额不得抵扣；选项C，纳税人首次购置增值税防伪税控系统专用设备允许全额抵减应纳税额，进项税额不得抵扣。

22. BCE 【解析】选项A，自农场购进农产品，如果用于生产销售或委托受托加工13%税率货物的，允许按10%计算抵扣进项税额，否则按9%计算抵扣进项税额；选项D，自2018年1月1日起，纳税人租入固定资产、不动产，既用于一般计税方法计税项目，又用于简易计税方法计税项目、免征增值税项目、集体福利或者个人消费的，其进项税额准予从销项税额中全额抵扣。

23. BDE 【解析】选项AC，外购货物用于集体福利的进项税额不可以抵扣。选项E，自2018年1月1日起，租入不动产既用于一般计税项目，又用于简易计税项目，进项税额允许抵扣。

24. BE 【解析】选项A，应该是红字借记"应交税费——应交增值税（进项税额）"科目；选项C，按现行规定只有因管理不善造成的非正常损失才作进项税额转出，地震等自然灾害造成的损失不做转出处理；选项D，应该是视同销售业务，贷记"应交税费——应交增值税（销项税额）"科目。

25. ABC 【解析】自2019年4月1日至2021年12月31日，提供邮政服务、电信服务、现代服务、生活服务（以下简称四项服务）取得的销售额占全部销售额的比重超过50%的纳税人，按照当期可抵扣进项税额加计10%（自2019年10月1日起，生活服务业调整为15%），抵减应纳税额。

26. BCE 【解析】非房地产开发企业销售房产，向不动产所在地主管税务机关预缴税款，向机构所在地主管税务机关申报纳税。应纳增值税 = 1 800 ÷ 1.05 × 5% = 85.71（万元）。

27. AD 【解析】其他个人销售购买不满两年的住房，全额计征增值税。
应纳增值税 = 900 ÷ 1.05 × 5% = 42.86（万元）

28. AE 【解析】选项B，以货币资金投资收取的固定利润或保底利润，按照贷款服务缴纳增值税；选项C，金融商品持有期间（含到期）取得的保本收益需要缴纳增值税，非保本收益无须缴纳增值税；选项D，个人转让金融商品取得的收益免征增值税。

29. BCE 【解析】税务机关查补的增值税额，属于少计收入的项目，在《增值税纳税申报表》中的填写为：第1行"（一）按适用税率计税销售额"176.99万元；第4行"纳税检查调整的销售额"176.99万元；第11行"销项税额"23.01万元；第16行"按适用税率计算的纳税检查应补缴税额"23.01万元；第37行"本期入库查补税额"23.01万元。

30. CD 【解析】选项CD均属于增值税视同销售的范围。增值税纳税申报表第1项，"（一）按适用税率计税销售额"，填写纳税人本期按一般计税方法计算缴纳增值税的销售额，包括按税法规定应交纳增值税的视同销售货物和价外费用销售额等。选项A、选项E，属于将自产货物用于应税项目，无需视同销售，无需计算销售额，选项 B，属于不得抵扣进项税额的情形，而非视同销售的情形。

31. BCDE 【解析】《增值税纳税申报表附列资料(表二)》中"二、进项税额转出"中反映的本期进项税额转出额中包括：免税项目用；集体福利、个人消费；非正常损失；按简易计税方法征税项目用；免抵退税办法出口货物不得抵扣进项税额；纳税检查调减进项税额；红字专票信息表注明的进项税额；上期留抵税额抵减欠税；上期留抵税额退税；其他应作进项税额转出的情形。

32. BD 【解析】选项 A 是用于集体福利，属于视同销售行为，应该缴纳消费税；选项 C，将自产应税消费品用于非应税消费品的连续生产，应当缴纳消费税；选项 E，对卷烟批发环节应复合计征消费税。

33. BCD 【解析】选项 A，对于代垫运费，承运部门将发票开具给购货方或者纳税人将发票转给购买方的，是不计入销售额的。

34. ACE 【解析】纳税人将自产的应税消费品用于换取生产资料和消费资料、投资入股和抵偿债务等方面，应当以纳税人同类应税消费品的最高销售价格为计税依据计算消费税。

35. ABDE 【解析】选项 A，啤酒消费税是从量计征的，包装物押金不构成计税依据；选项 B，商店销售珠宝玉石，不属于消费税的征收环节，所以不用计算消费税；选项 D，木制一次性筷子属于应税消费品的征收范围，应当征收消费税；选项 E，关联企业间转让定价规定，消费税、增值税均应当按照以下的顺序确定计税依据：按照独立企业之间同类或类似业务活动的价格；按照销售给无关联关系的第三者的价格；按照成本加上合理的费用和利润；按照其他合理的方法。

36. BDE 【解析】选项 A，用外购或委托加工的酒生产其他酒，已纳的消费税不允许抵扣；选项 C，烟叶不属于消费税的征税范围。

37. ACE 【解析】选项 B，对于金银首饰的带料加工业务，应该按照受托方销售同类金银首饰的销售价格确定计税依据征收消费税；没有同类金银首饰销售价格的，按照组成计税价格计算纳税；选项 D，金银首饰连同包装物销售的，无论包装物是否单独计价，也无论会计上如何核算，均应并入金银首饰的销售额中，计征消费税。

三、简答题

1. 【答案】

(1) 允许登记为一般纳税人。自 2018 年 5 月 1 日起，增值税小规模纳税人标准为年应征增值税销售额 500 万元及以下。该公司的销售额虽然没有超过规定的标准，属于年应税销售额未超过规定标准的纳税人，但会计核算健全，能够提供准确税务资料的，可以向主管税务机关办理一般纳税人登记。

(2) 纳税人身份的选择。

① 如果选择作为小规模纳税人：

预计 2020 年应交纳的增值税 = $70 \times 3\%$ = 2.1(万元)

预计 2020 年毛利 = $70 - (40 + 40 \times 13\%^*)$ = $70 - 45.2 = 24.8$(万元)

② 如果选择登记为一般纳税人：

预计 2020 年应交纳的增值税 = $70 \times 13\% - 40 \times 13\% = 3.9$(万元)

预计 2020 年毛利 = $70 - 40 = 30$(万元)

综上所述，从利润最大化角度，选择登记为增值税一般纳税人更为有利。

---

* 由于小规模纳税人不允许抵扣进项税额，因此进口保健品时在海关缴纳的增值税计入采购成本中。

2. 【答案】
(1)甲公司处置资产涉及增值税、城建税、教育费附加、地方教育附加、印花税及土地增值税。
①处置2008年购置的家具应纳增值税 = 5.2÷(1+3%)×2% = 0.1(万元)
【思路点拨】2008年12月31日之前我国实行的是生产型增值税,购进的固定资产不得抵扣进项税额。纳税人销售不得抵扣且未抵扣过进项税额的固定资产按照3%减按2%征收增值税。
②处置2012年购置的家具应纳增值税 = 58÷(1+13%)×13% = 6.67(万元)
③处置老办公楼应纳增值税 = 2 000÷1.05×5% = 95.24(万元)
应纳增值税合计 = 0.1 + 6.67 + 95.24 = 102.01(万元)
④应纳城建税 = 102.01×5% = 5.10(万元)
⑤应纳教育费附加 = 102.01×3% = 3.06(万元)
⑥应纳地方教育附加 = 102.01×2% = 2.04(万元)
⑥应纳印花税 = 2 000×0.5‰ = 1(万元)
⑦土地增值税:
不含增值税收入 = 2 000 - 95.24 = 1 904.76(万元)
扣除项目 = 4 000×40% + 95.24×(5% + 5‰) + 2 000×0.5‰ ≈ 1 610.52(万元)
增值额 = 1 904.76 - 1 610.52 = 294.24(万元)
增值率 = 294.24÷1 610.52×100% = 18.27%,由此判断适用税率为30%。
应纳土地增值税 = 294.24×30% = 88.27(万元)
(2)账务处理
①固定资产转入清理:
借:固定资产清理　　　　　1 890 000
　　累计折旧　　　　　　　20 710 000
　　贷:固定资产　　　　　　22 600 000
②收到处置收入:

借:银行存款　　　　　　　20 632 000
　　贷:固定资产清理　　　　19 611 900
　　　　应交税费——简易计税　953 400
　　　　应交税费——应交增值税(销项税额)　　　　　　　66 700
③发生相关税费:
借:固定资产清理　　　　　994 700
　　贷:应交税费——应交城建税　51 000
　　　　——应交教育费附加　30 600
　　　　——应交地方教育附加　20 400
　　　　——应交土地增值税　882 700
　　　　——应交印花税　10 000
④结转处置资产净损益:
借:固定资产清理　　　　　16 727 200
　　贷:资产处置损益　　　　16 727 200

3. 【答案】
(1)对增值税一般纳税人销售其自行开发生产的软件产品,按13%的法定税率征收增值税后,对其增值税实际税负超过3%的部分实行即征即退政策。
(2)经主管税务机关确定的加油站自有车辆自用油,允许在当月成品油销售数量中扣除。该行为不属于不得抵扣进项税额的范围,不需作进项税额转出,也不属于视同销售货物行为,不需计算销项税额。进项税额可以正常抵扣。
(3)不需要做进项税额转出。因为较强降雨属于不可抗力的自然灾害,公司已经做好管理措施,所以发生的损失不是因管理不善造成的损失,是可以抵扣其进项税额的。
(4)购入的安装视频会议系统,进项税额可以抵扣。而且自2019年4月1日起,即使该视频会议系统是作为不动产的组成部分出现的,也允许一次性抵扣进项税额。

4. 【答案】
(1)业务(1),增值税销项税 = (500 - 5 - 8 - 2)÷1.13×13%×10 000 = 557 964.6(元)。

业务(2)，由于已经免征蔬菜流通环节的增值税，所以其进项税不得抵扣。

业务(3)，提供运输劳务，应该缴纳增值税。销项税额 = 5 000÷1.09×9% = 412.84(元)。

业务(4)，处置2008年购置的运输车辆应纳的增值税 = 5.2÷(1+3%)×2%×10 000 = 1 009.71(元)。

应纳增值税合计 = 557 964.6 + 412.84 + 1 009.71 = 559 387.15(元)。

(2)固定资产转入清理：

借：固定资产清理　　　　　20 000
　　累计折旧　　　　　　　380 000
　　贷：固定资产　　　　　400 000

收到处置收入：

借：银行存款　　　　　　　52 000
　　贷：固定资产清理　　　52 000

发生相关税费：

借：固定资产清理　　　　1 009.71
　　贷：应交税费——简易计税　1 009.71

结转处置资产净损益：

借：固定资产清理　　　　30 990.29
　　贷：资产处置损益　　30 990.29

5.【答案】

(1)A公司支付土地价款和拆迁补偿款时的账务处理：

借：开发成本　　　　　　　35 000
　　贷：银行存款　　　　　35 000

(2)A公司收到业主的首付款时需要预缴增值税。

预缴税款 = 12 000÷1.09×3% = 330.28(万元)

账务处理：

借：银行存款　　　　　　　12 000
　　贷：预收账款　　　　　12 000

借：应交税费——预交增值税　330.28
　　贷：银行存款　　　　　330.28

(3)将房屋交付业主时账务处理：

借：预收账款　　　　　　　85 000
　　贷：主营业务收入　　　77 981.65
　　　　应交税费——应交增值税(销项税额)　　　　　　7 018.35

结转成本(分录略)，同时做销项税额抵减(35 000×65%÷1.09×9%)。

借：应交税费——应交增值税(销项税额抵减)　　　　　1 878.44
　　贷：主营业务成本　　　1 878.44

6.【答案】

(1)A企业需要向B县税务机关预缴增值税。

预缴增值税 = (3 600 - 2 500)÷1.05×5% = 52.38(万元)

账务处理：

借：应交税费——简易计税　52.38
　　贷：银行存款　　　　　52.38

(2)A企业应该向A县主管税务机关纳税申报。

计提增值税的账务处理为：

借：银行存款　　　　　　　3 600
　　贷：固定资产清理　　　3 547.62
　　　　应交税费——简易计税　　52.38

(3)若选择一般计税方法，账务处理：

借：银行存款　　　　　　　3 600
　　贷：固定资产清理　　　3 302.75
　　　　应交税费——应交增值税(销项税额)　　　　　　297.25

7.【答案】

(1)该投资业务增值税和消费税的计税依据的确定：

a. 应按当月该品牌摩托车的平均销售价格确定销售额，作为增值税的计税依据；

b. 应按当月该品牌摩托车的最高销售价格作为消费税的计税依据。

(2)该投资业务企业所得税的处理：

a. 企业以自产产品对外投资，应分解为按公允价格销售该品牌摩托车和投资两笔业务，应按当月该品牌摩托车的平均销售价格确认收入，并确认相应的销售成本，以收入减去成本及相关的税金及附加后确认资产转让所得；

b. 企业可在不超过 5 年期限内,分期均匀计入相应年度的应纳税所得额,按规定计算缴纳企业所得税。

8.【答案】

(1) A 公司属于先进制造业,享受留抵退税的条件为:

① 增量留抵税额大于零;

② 纳税信用等级为 A 级或者 B 级;

③ 申请退税前 36 个月未发生骗取留抵退税、出口退税或虚开专票情形;

④ 申请退税前 36 个月未因偷税被税务机关处罚两次及以上的;

⑤ 自 2019 年 4 月 1 日起未享受即征即退、先征后返(退)政策的。

(2) A 公司可以退还的税额 = 82×95% = 77.9(万元)

(3) 收到留抵退税时的账务处理:

借:银行存款　　　　　　　779 000
　　贷:应交税费——应交增值税(进项税额转出)　　　　　779 000

9.【答案】

(1) 乘客刷卡补贴需要缴纳增值税;里程补贴、购置新能源汽车的补贴、稳岗补贴无需缴纳增值税。因为上述四项补贴只有乘客刷卡补贴是与公交公司销售公交服务的数量直接挂钩的补贴,需要缴纳增值税,而其他补贴与销售收入或数量不直接挂钩,无需缴纳增值税。

(2) 乘客刷卡补贴应该按照"交通运输服务"9%的税率缴纳增值税。

(3) 收取乘客刷卡补贴时,应该按照"交通运输服务"开具 9%税率的发票;收取其他补贴时,应该开具"未发生销售行为的不征税项目"中的"与销售行为不挂钩的财政补贴收入"票据。

10.【答案】

(1) 收到垃圾处置费:

借:银行存款　　　　　　　5000

贷:主营业务收入
　　　　　　　4 716.98(5 000÷1.06)
　应交税费——应交增值税(销项税额)　283.02(5 000÷1.06×6%)

(2) 收到垃圾销售收入:

借:银行存款　　　　　　　4 000
　　贷:主营业务收入
　　　　　　　3 539.82(4 000÷1.13)
　应交税费——应交增值税(销项税额)
　　　　　　　460.18(4 000÷1.13×13%)

【思路点拨】废弃物专业化处理后产生货物,且货物归属受托方的,受托方属于提供"专业技术服务",其收取的处理费用按照 6%计算缴纳增值税;受托方将产生的货物用于销售时,适用货物的增值税税率,电力产品的增值税税率为 13%。

(3) 收到政府给予的购置环保设备的补贴款:

借:银行存款　　　　　　　3 000
　　贷:递延收益　　　　　　3 000*

(4) 收到增值税即征即退款:

借:银行存款　　　　　　　30
　　贷:其他收益　　　　　　30

四、综合分析题

1.【答案】

(1) 跨省提供建筑服务,收到预收款时增值税纳税义务未发生,但需要向建筑服务发生地税务机关预缴增值税 91 743.12 元(5 000 000÷1.09×2%)。

账务处理:

借:银行存款　　　　　　　5 000 000
　　贷:预收账款　　　　　　5 000 000

借:应交税费——预交增值税
　　　　　　　　　　　　91 743.12
　　贷:银行存款　　　　　91 743.12

(2) 跨省提供建筑服务,纳税义务发生时需要向建筑服务发生地税务机关预缴增值税,

---

* 净额法下,应该"贷:固定资产"

应预缴增值税=(25 000 000-10 000 000)÷1.09×2%=275 229.36(元)。

账务处理：

借：应交税费——预交增值税
        275 229.36

　　贷：银行存款   275 229.36

(3)填写《增值税预缴税款表》。

增值税预缴税款表

税款所属时间：2020年11月1日至2020年11月30日

纳税人识别号：□□□□□□□□□□□□□□□□□□□□　　是否适用一般计税方法　　是☑ 否□

纳税人名称：(公章)			金额单位：元(列至角分)		
项目编号			项目名称		
项目地址					
预征项目和栏次		销售额	扣除金额	预征率	预征税额
		1	2	3	4
建筑服务	1	25 000 000	10 000 000	2%	275 229.36
销售不动产	2				
出租不动产	3				
	4				
	5				
合计	6				

(4)

借：合同履约成本   9 174 311.93
　　应交税费——应交增值税(进项税额)
            825 688.07(10 000 000÷1.09×9%)
　　贷：银行存款   10 000 000

(5)

借：应收账款   1 000 000
　　贷：合同结算(或主营业务收入)
                917 431.19
　　　　应交税费——待转销项税额
            82 568.81(1 000 000÷1.09%×9%)

(6)跨省提供建筑服务，收到预收款时增值税纳税义务未发生，但需要向建筑服务发生地税务机关预缴增值税=3 000 000÷1.03×3%=87 378.64(元)。

账务处理：

借：银行存款   3 000 000
　　贷：预收账款   3 000 000

借：应交税费——简易计税87 378.64
　　贷：银行存款   87 378.64

(7)跨省提供建筑服务，纳税义务发生时需要向建筑服务发生地税务机关预缴增值税，预缴增值税=(7 000 000-1 000 000)÷1.03×3%=174 757.28(元)。

账务处理：

借：应交税费——简易计税174 757.28
　　贷：银行存款   174 757.28

(8)填写《增值税预缴税款表》。

增值税预缴税款表

税款所属时间：2020年12月1日至2020年12月31日

纳税人识别号：＊＊＊＊　　　　　　　　　　　　　　　是否适用一般计税方法：是×否√

纳税人名称：(公章)　　　　　　　　　　　　　　　　　金额单位：元(列至角分)

项目编号		项目名称		B项目	
预征项目和栏次		销售额	扣除金额	预征率	预征税额
		1	2	3	4
建筑服务	1	7 000 000	1 000 000	3%	174 757.28
销售不动产	2				
出租不动产	3				

(9)
借：合同履约成本　　　　　970 873.79
　　应交税费——简易计税
　　29 126.21(1 000 000÷1.03×3%)
　　贷：银行存款　　　　　1 000 000

2.【答案】

(1)A公司收到诚意金时，未发生增值税纳税义务，因为纳税人销售不动产，应该在收讫销售款项或取得索取销售款项凭据的当天发生纳税义务，而收讫销售款项是指纳税人销售不动产过程中或者完成后收到款项；

A公司收到诚意金时，无须预缴增值税，因为一般纳税人采取预收款方式销售自行开发的房地产项目，应在收到预收款时按照3%的预征率预缴增值税。诚意金不属于预收款范畴。

(2)A公司收到业主的首付款时，未发生增值税纳税义务；

A公司收到业主的首付款属于A公司收到的预收款，需要预缴增值税。

(3)A公司需要填写《增值税预缴税款表》。因为纳税人发生以下情形按规定在税务机关预缴增值税时需要填写《增值税预缴税款表》：

①纳税人(不含其他个人)跨地级市提供建筑服务或提供建筑服务收到预收款。

②房地产开发企业预售自行开发的房地产项目。

③纳税人(不含其他个人)出租与机构所在地不在同一县(市)的不动产。

(4)A公司应该在2020年9月份预缴税款，因为一般纳税人应在取得预收款的次月纳税申报期向主管税务机关预缴税款。

预缴税款＝(20 000 000＋120 000 000)÷1.05×3%＝4 000 000(元)

(5)填写《增值税预缴税款表》。

增值税预缴税款表

税款所属时间：2020年8月1日至2020年8月31日

纳税人识别号：＊＊＊＊　　　　　　　　　　　　　　　是否适用一般计税方法：是×否√

纳税人名称：(公章)　　　　　　　　　　　　　　　　　金额单位：元(列至角分)

项目编号		项目名称		甲楼盘项目	
预征项目和栏次		销售额	扣除金额	预征率	预征税额
		1	2	3	4
建筑服务	1				
销售不动产	2	140 000 000	0	3%	4 000 000
出租不动产	3				

3. 【答案】
(1)发出的材料账面的成本=60.9×40%=24.36(万元)
县加工厂应代收代缴消费税=(24.36+20+13+5 000×0.5÷10 000)÷(1-20%)×20%+5 000×0.5÷10 000=14.65(万元)
县加工厂应代收代缴的城建税和教育费附加=14.65×(5%+3%)=1.17(万元)
(2)业务(4)中A牌白酒抵债应确认的销项税额=90×13%=11.7(万元)
业务(4)中A牌白酒抵债应缴纳的消费税=110×20%+2 500×0.5÷10 000-14.65×50%=14.80(万元)

【思路点拨】纳税人用于换取生产资料和消费资料,投资入股和抵偿债务等方面的应税消费品,应当以纳税人同类应税消费品的最高销售价格作为计税依据计算消费税。

(3)业务(5)中下设门市部销售的A牌白酒应确认的销项税额=(90÷50%×10%)×13%=2.34(万元)
业务(5)中委托加工收回的A牌白酒应确认的消费税额=(90÷50%×10%)×20%+5 000×10%×0.5÷10 000-14.65×10%=2.16(万元)
B牌白酒应确认的销项税额=38×60%×13%=2.96(万元)
B牌白酒应确认的消费税额=38×60%×20%+10 000×60%×0.5÷10 000=4.86(万元)
销项税额合计=2.34+2.96=5.30(万元)
消费税额合计=2.16+4.86=7.02(万元)
(4)销项税额=110×13%=14.3(万元)
将高级白酒与其他饮品组成套装出售的,应当将全部销售额按白酒计征消费税。
消费税=110×20%+(5 000+500)×0.5÷10 000=22.28(万元)
(5)增值税=50÷(1+5%)×5%=2.38(万元)
房产税=50÷(1+5%)×12%=5.71(万元)
(6)代销业务属于税法规定的视同销售,应当确认销项税额=60×13%=7.8(万元)
取得的专票可以抵扣,应当抵扣的进项税额=60×13%=7.8(万元)
代销业务应纳增值税=7.8-7.8=0(万元)
代销手续费应确认的增值税销项税=5÷(1+6%)×6%=0.28(万元)
(7)业务(1)取得的进项税额7.917万元
业务(2)中:应抵扣的进项税额=10×13%=1.3(万元)
应确认的销项税额=16×13%=2.08(万元)
业务(3)进项税额=13×13%=1.69(万元)
本月进项税额=7.917+1.3+1.69+7.8=18.707(万元)
本月销项税额=11.7+5.30+14.3+7.8+2.08+0.28=41.46(万元)
本月应纳增值税=41.46-18.707+2.38=25.13(万元)
(8)本月应纳消费税=14.80+7.02+22.28=44.10(万元)
本月在企业所在地应纳城建税及教育费附加=(25.13+44.10)×(7%+3%)=6.92(万元)

【思路点拨】由受托方代收代缴的消费税应该由受托方代收代缴城建及教育费附加,因此在计算该企业本月应纳城建及附加时不计算在内。

4. 【答案】
(1)2020年存在的纳税问题:
①企业销售货物,因保质保量的履行合同而获得的优质费,属于企业销售货物的价外费用,应该计算增值税销项税额。企业没有考虑增值税是错误的。
②企业将自产的电子设备对外赞助宣传,属于增值税的视同销售,应该计算增值税的销项税额。企业没有考虑视同销售是错误的。
③装卸费取得普票,不能抵扣进项税。企业计算的增值税进项税抵扣金额是错误的。
④年末原材料盘亏,没有进行相应的进项税转出是错误的。

2021年第1季度存在的纳税问题：
①企业销售旧设备，应该按简易办法计算缴纳增值税，企业没有考虑是错误的。
②企业购进固定资产发生的运输费用允许抵扣进项税额，企业没有考虑是错误的。同时，尚未认证抵扣的进项税额，应通过"应交税费——待认证进项税额"明细科目核算。
③企业支付的税控系统专用设备技术维护费可以在增值税应纳税额中全额抵减，企业没有考虑是错误的。

（2）2020年：
①增值税销项税额＝（2×3＋2×9）×10 000÷（1＋13%）×13%＝27 610.62（元）
借：以前年度损益调整　　　27 610.62
　　贷：应交税费——应交增值税（销项税额）　　　27 610.62
②增值税销项税额＝180×13%×10 000＝234 000（元）
借：以前年度损益调整　　　234 000
　　贷：应交税费——应交增值税（销项税额）　　　234 000
③多抵扣进项税＝3 000÷（1＋6%）×6%＝169.81（元）
借：应交税费——应交增值税（进项税额）　　　－169.81
　　贷：原材料　　　－169.81
④盘亏材料对应的进项税额＝20 000×13%＝2 600（元）
借：营业外支出　　　2 600
　　贷：应交税费——应交增值税（进项税额转出）　　　2 600

2021年：
①应纳增值税＝50÷（1＋3%）×2%×10 000＝9 708.74（元）
借：固定资产清理　　　9 708.74
　　贷：应交税费——简易计税　　　9 708.74
借：资产处置损益　　　9 708.74
　　贷：固定资产清理　　　9 708.74
②运费可抵扣进项税额＝1÷（1＋9%）×9%×10 000＝825.69（元）
借：应交税费——待认证进项税额　　　260 825.69
　　应交税费——应交增值税（进项税额）　　　－260 000
　　贷：固定资产　　　825.69
③技术维护费全额抵减应纳的增值税2 000元
借：应交税费——应交增值税（减免税款）　　　2 000
　　贷：管理费用——维护费　　　2 000

5.【答案】
（1）销项税额：
业务1销项税额＝（3 180 000＋21 200）÷（1＋6%）×6%＝181 200（元）
业务2的销项税额＝1 060 000÷（1＋6%）×6%＝60 000（元）
业务3的销项税额＝48 000（元）
业务4的销项税额＝218 000÷（1＋9%）×9%＋（783 000－218 000）÷（1＋13%）×13%－10 400＝72 600（元）
【思路点拨】农业生产者销售自产农产品免征增值税，商场销售农林特产征收增值税。
业务6销项税额＝436 000÷（1＋9%）×9%＝36 000（元），预缴税额12 000元。
业务8销项税额为0
销项税额合计＝181 200＋60 000＋48 000＋72 600＋36 000＝397 800（元）

（2）进项税额：
业务9可以抵扣的进项税额＝（300 000＋70 000）×9%＝33 300（元）
业务10可以抵扣的进项税额＝100 000×10%＝10 000（元），因为该批大枣用于加工13%税率货物，因此扣除率为10%。
业务11可以抵扣的进项税额＝（15 000＋6 800）÷（1＋9%）×9%＋721÷（1＋3%）×3%＝1 821（元）
业务12可以抵扣的进项税额185 000元
可以抵扣的进项税额合计＝33 300＋

10 000+1 821+185 000=230 121(元)

业务14转出的进项税额为6 500元

(3)按一般计税方法计算的应税业务，抵减前的应纳增值税额：

应纳税额=397 800-(230 121-6 500)=174 179(元)

(4)当期加计抵减税额：

当期计提加计抵减额=230 121×15%=34 518.15(元)

当期调减加计抵减额=6 500×15%=975(元)

当期可抵减加计抵减额=34 518.15-975=33 543.15(元)

【思路点拨】自2019年10月1日起，生活服务业纳税人可以加计抵减15%。

(5)实际加计抵减额：

应纳税额174 179元>可抵减加计抵减额33 543.15元，实际加计抵减额33 543.15元。

一般计税方法应纳税额=174 179-33 543.15=140 635.85(元)

(6)简易计税应纳税额及预缴税额：

业务5的应纳税额=160 000÷(1+3%)×2%=3 106.80(元)

业务7应纳税额=25 000元；预缴25 000元。

(7)业务13全额抵减应纳税额为1 400元，2021年5月应纳税额=140 635.85+3 106.80+25 000-25 000-1 400-12 000=130 342.65(元)。